D'accord! 1B

LANGUE ET CULTURE DU MONDE FRANCOPHONE

VISTA®
HIGHER LEARNING

Boston, Massachusetts

Cover photos: clockwise from top left: characters from the **D'ACCORD!**
Roman-photo video program in Aix-en-Provence, France; door detail, Rabat, Morocco;
grapes at a local market, Troyes, France; Sénanque Abbey with lavender fields,
Provence, France

Publisher: José A. Blanco
Vice President, Editorial Director: Amy Baron
Executive Editor: Sharla Zwirek
Senior National Language Consultant: Norah Lulich Jones
Editorial Development: Diego García
Rights Management: Jorgensen Fernandez, Annie Pickert Fuller, Caitlin O'Brien
Technology Production: Paola Ríos Schaaf, Erica Solari
Design: Mark James, Jhoany Jiménez, Andrés Vanegas
Production: Manuela Arango, Oscar Díez, Jennifer López

Student Text ISBN: 978-1-68004-106-4
Teacher's Edition ISBN: 978-1-68004-108-8
Printed in the United States of America.

1 2 3 4 5 6 7 8 9 RW 20 19 18 17 16 15

TEACHER'S EDITION

Table of Contents

D'accord! 1A & 1B Scope and Sequence

1A

Unit/Lesson	Contextes	Structures	Culture/Panorama
Unité 1 Salut!			
Leçon 1A	Greetings and goodbyes Introductions and expressions of courtesy	Nouns and articles Numbers 0–60	Greetings and manners
Leçon 1B	People and things around a classroom	The verb **être** Adjective agreement	French diversity **Le monde francophone**
Unité 2 Au lycée			
Leçon 2A	Academic life	Present tense of regular –**er** verbs Forming questions and expressing negation	French school life
Leçon 2B	Everyday activities	Present tense of **avoir** Telling time	**Le bac** **La France**
Unité 3 La famille et les copains			
Leçon 3A	Family, friends, and pets	Descriptive adjectives Possessive adjectives	The family in France
Leçon 3B	More descriptive adjectives Professions and occupations	Numbers 61–100 Prepositions of locations and disjunctive pronouns	Relationships **Paris**
Unité 4 Au café			
Leçon 4A	Places and activities around town	The verb **aller** Interrogative words	Popular leisure activities
Leçon 4B	Going to a **café**	The verbs **prendre** and **boire**; Partitives Regular –**ir** verbs	**Café** culture **La Normandie** **La Bretagne**

1B

Unit/Lesson	Contextes	Structures	Culture/Panorama
Reprise			
A brief overview of the contexts and grammar from Level 1A			
Unité 5 Les loisirs			
Leçon 5A	Leisure activities	The verb **faire** Irregular –**ir** verbs	Soccer in France
Leçon 5B	Weather	Numbers 101 and higher Spelling-change –**er** verbs	Public spaces in France **Les Pays de la Loire** **Le Centre**
Unité 6 Les fêtes			
Leçon 6A	Parties and celebrations	Demonstrative adjectives The **passé composé** with **avoir**	**Carnaval**
Leçon 6B	Clothing and colors	Indirect object pronouns Regular and irregular –**re** verbs	Fashion **L'Aquitaine** **Le Midi-Pyrénées** **Le Languedoc-Roussillon**
Unité 7 En vacances			
Leçon 7A	Travel arrangements Transportation	The **passé composé** with **être** Direct object pronouns	Tahiti
Leçon 7B	Hotels and accomodations	Adverbs The formation of the **imparfait**	Vacations **Provence-Alpes-Côte d'Azur** **Rhône-Alpes**
Unité 8 Chez nous			
Leçon 8A	Parts of the house Furniture	The **passé composé** vs. the **imparfait**	Housing in the Francophone world
Leçon 8B	Household chores	The **passé composé** vs. the **imparfait** The verbs **savoir** and **connaître**	Household interiors **L'Alsace** **La Lorraine**

D'accord! 1 Scope and Sequence

Unit/Lesson	Contextes	Structures	Culture/Panorama
Unité 1 Salut!			
Leçon 1A	Greetings and goodbyes Introductions and expressions of courtesy	Nouns and articles Numbers 0–60	Greetings and manners
Leçon 1B	People and things around a classroom	The verb **être** Adjective agreement	French diversity **Le monde francophone**
Unité 2 Au lycée			
Leçon 2A	Academic life	Present tense of regular **–er** verbs Forming questions and expressing negation	French school life
Leçon 2B	Everyday activities	Present tense of **avoir** Telling time	**Le bac** **La France**
Unité 3 La famille et les copains			
Leçon 3A	Family, friends, and pets	Descriptive adjectives Possessive adjectives	The family in France
Leçon 3B	More descriptive adjectives Professions and occupations	Numbers 61–100 Prepositions of locations and disjunctive pronouns	Relationships **Paris**
Unité 4 Au café			
Leçon 4A	Places and activities around town	The verb **aller** Interrogative words	Popular leisure activities
Leçon 4B	Going to a **café**	The verbs **prendre** and **boire**; Partitives Regular **–ir** verbs	**Café** culture **La Normandie** **La Bretagne**
Unité 5 Les loisirs			
Leçon 5A	Leisure activities	The verb **faire** Irregular **–ir** verbs	Soccer in France
Leçon 5B	Weather	Numbers 101 and higher Spelling-change **–er** verbs	Public spaces in France **Les Pays de la Loire** **Le Centre**
Unité 6 Les fêtes			
Leçon 6A	Parties and celebrations	Demonstrative adjectives The **passé composé** with **avoir**	**Carnaval**
Leçon 6B	Clothing and colors	Indirect object pronouns Regular and irregular **–re** verbs	Fashion **L'Aquitaine** **Le Midi-Pyrénées** **Le Languedoc-Roussillon**
Unité 7 En vacances			
Leçon 7A	Travel arrangements Transportation	The **passé composé** with **être** Direct object pronouns	Tahiti
Leçon 7B	Hotels and accomodations	Adverbs The formation of the **imparfait**	Vacations **Provence-Alpes-Côte d'Azur** **Rhône-Alpes**
Unité 8 Chez nous			
Leçon 8A	Parts of the house Furniture	The **passé composé** vs. the **imparfait**	Housing in the Francophone world
Leçon 8B	Household chores	The **passé composé** vs. the **imparfait** The verbs **savoir** and **connaître**	Household interiors **L'Alsace** **La Lorraine**

Unit/Lesson	Contextes	Structures	Culture/Panorama
Reprise			
	Review of Level 1 vocabulary	Review of Level 1 grammar	Summer vacation activities
Unité Préliminaire Chez nous			
Leçon PA	Parts of the house Furniture	The **passé composé** vs. **the imparfait**	Housing in the Francophone world
Leçon PB	Household chores	The **passé composé** vs. the **imparfait** The verbs **savoir** and **connaître**	Household interiors **L'Alsace** **La Lorraine**
Unité 1 La nourriture			
Leçon 1A	Food	The verb **venir** and the **passé récent** **Devoir, vouloir, pouvoir**	French gastronomy and the **Guide Michelin**
Leçon 1B	Dining Specialty food shops	Comparatives and superlatives of adjectives and adverbs Double object pronouns	French meals **La Bourgogne** **La Franche-Comté**
Unité 2 La santé			
Leçon 2A	Parts of the body Daily routine	Reflexive verbs Reflexives: **Sens idiomatique**	Healthcare in France
Leçon 2B	Maladies and remedies	The **passé composé** of reflexive verbs The pronouns **y** and **en**	**La sécurité sociale** **La Suisse**
Unité 3 La technologie			
Leçon 3A	Computers and electronics	Prepositions with the infinitive Reciprocal reflexives	Technology
Leçon 3B	Cars and driving	The verbs **ouvrir** and **offrir** The **conditionnel**	Cars **La Belgique**
Unité 4 En ville			
Leçon 4A	Errands	**Voir, croire, recevoir,** and **apercevoir** Negative/Affirmative expressions	Small shops
Leçon 4B	Giving and getting directions	**Le futur simple** Irregular future forms	French cities and towns **Le Québec**
Unité 5 L'avenir et les métiers			
Leçon 5A	At the office Making phone calls	**Le futur simple** with **quand** and **dès que** The interrogative pronoun **lequel**	Telephones in France
Leçon 5B	Professions	**Si** clauses Relative pronouns **qui, que, dont, où**	Unions and strikes **L'Afrique du Nord**
Unité 6 L'espace vert			
Leçon 6A	Environmental concerns	Demonstrative pronouns The subjunctive	The ecological movement in France
Leçon 6B	Nature	The subjunctive Comparatives and superlatives of nouns	National parks **L'Afrique de l'Ouest** **L'Afrique centrale**
Unité 7 Les arts			
Leçon 7A	Performance arts	The subjunctive Possessive pronouns	Theater in France
Leçon 7B	Literary arts TV and movies	The subjunctive	Haitian painting **Les Antilles** **La Polynésie française**

D'accord! 3 Scope and Sequence

Lesson	Contextes	Structures	Imaginez/Culture	Film/Littérature
Reprise	Review of Levels 1 and 2 vocabulary	Review of Levels 1 and 2 grammar		
Leçon 1 **Ressentir et vivre**	Relationships	Spelling-change verbs The irregular verbs **être**, **avoir**, **faire**, and **aller** Forming questions	**Les États-Unis** **Les francophones d'Amérique**	**Court métrage:** *À tes amours* (France) **Littérature:** *Il pleure dans mon cœur* de Paul Verlaine
Leçon 2 **Habiter en ville**	Towns and cities	Reflexive and reciprocal verbs Descriptive adjectives and adjective agreement Adverbs	**La France** **Rythme dans la rue: La fête de la Musique**	**Court métrage:** *J'attendrai le suivant* (France) **Littérature:** *Mai 1968* de Jacques Prévert
Leçon 3 **L'influence des medias**	News and media	The **passé composé** with **avoir** The **passé composé** with **être** The **passé composé** vs. the **imparfait**	**Le Québec** **Guy Laliberté, un homme hors du commun**	**Court métrage:** *Le Technicien* (Canada) **Littérature:** *99 Francs* de Fréderic Beigbeder
Leçon 4 **La valeur des idées**	Human rights Politics	The **plus-que-parfait** Negation and indefinite adjectives and pronouns Irregular –**ir** verbs	**Les Antilles** **Haïti, soif de liberté**	**Court métrage:** *La révolution des crabes* (France) **Littérature:** *Discours sur la misère* de Victor Hugo
Leçon 5 **La société en évolution**	Contemporary life	Partitives The pronouns **y** and **en** Order of pronouns	**L'Afrique de l'Ouest** **La jeunesse africaine va à l'école sur Internet**	**Court métrage:** *Samb et le commissaire* (Suisse) **Littérature:** *Le marché de l'espoir* de Ghislaine Sathoud
Leçon 6 **Les générations que bougent**	Families Stages of life Food	The subjunctive: impersonal expressions; will, opinion, and emotion Demonstrative pronouns Irregular –**re** verbs	**L'Afrique du Nord et le Liban** **Jour de mariage**	**Court métrage:** *De l'autre côté* (Algérie/France) **Littérature:** *La logique des grands* de Olivier Charneux
Leçon 7 **À la recherche du progrès**	Technology and inventions The sciences	The comparative and superlative of adjectives and adverbs The **futur simple** The subjunctive with expressions of doubt and conjunctions; the past subjunctive	**La Belgique, la Suisse, et le Luxembourg** **CERN: À la découverte d'un univers particulier**	**Court métrage:** *Le Manie-Tout* (France) **Littérature:** *Solitude numérique* de Didier Daeninckx
Leçon 8 **S'évader et s'amuser**	Leisure activities Sports Shopping	Infinitives Prepositions with geographical names The **conditionnel**	**L'océan Indien** **La Réunion, île intense**	**Court métrage:** *Le ballon prisonnier* (France) **Littérature:** *Le football* de Sempé-Goscinny
Leçon 9 **Perspectives de travail**	At the office Banking and finances	Relative pronouns The present participle Irregular –**oir** verbs	**L'Afrique Centrale** **Des Africaines entrepreneuses**	**Court métrage:** *Bonne nuit Malik* (France) **Littérature:** *Profession libérale* de Marie Le Drian
Leçon 10 **Les richesses naturelles**	Nature The environment	The past conditional The future perfect **Si** clauses	**La Polynésie française, la Nouvelle-Calédonie, l'Asie** **Les richesses du Pacifique**	**Court métrage:** *L'homme qui plantait des arbres* (Québec, Canada) **Littérature:** *Baobab* de Jean-Baptiste Tati-Loutard

An extended sequence of study
that just makes sense.

Middle School

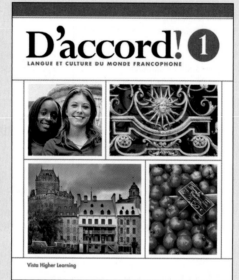

Level 1

Level 2

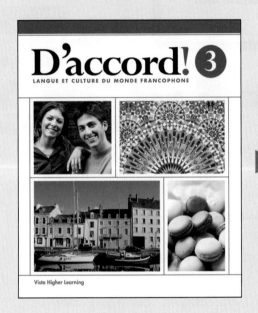

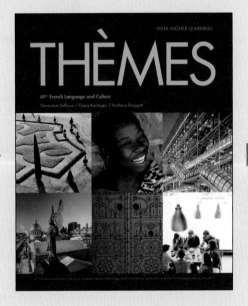

Level 3   Advanced Placement   Advanced Conversation

- Sequenced instruction builds interpretive, interpersonal, and presentational communication skills

- Consistent pedagogy enables a seamless transition from year to year

- Focus on personalized language learning enhances the student experience

- A single technology platform—the Supersite—built specifically for world language education

Program Components

For you

- Teacher's Edition
- Teacher Supersite
- Video Program DVD
  - *Roman-photo*
  - *Flash culture*
- Testing Program
- Answer Key
- Activity Pack
- Middle School Activity Pack

For your students

- Student Edition with Supersite Plus (vText)
- *Cahier de l'élève*
- *eCahier* online workbook
- vText interactive, online textbook

Integrated content
means a better student experience

- All textbook "mouse-icon" activities and additional online-only practice activities
- Immediate feedback for most activities via auto-grading
- Interactive French Grammar Tutorials
- Partner Chat tool for recording live student conversations and submitting to the gradebook
- My Vocabulary tool for compiling, saving, and organizing words
- Virtual Chat activities for simulating conversations that build students' confidence
- Streaming video of the *Roman-photo* episodic series, *Le Zapping* authentic TV clips, and *Flash culture*
- Textbook and Audio Program MP3s
- Audio-sync readings for all Lecture selections
- Oral record-submit activities
- Internet search activities
- Reference resources: online dictionary, audio flashcards
- iPad®-friendly for on-the-go access
- **v̂Text**—the online, interactive Student Edition

Visit: **vistahigherlearning.com/demo-request-SE** for trial access.

⑤upersite

Specialized resources
ensure successful implementation

- Online assessments
- Answer Keys
- MP3 files of the complete Textbook, Audio Program, and Testing Audio Programs
- Audio and video scripts with English translations
- Activity Pack (PDF) with communicative and directed activities for every lesson
- Middle School Activity Pack (PDF)
- Lesson Plans in an editable format
- Grammar Presentation slides
- Digital Image Bank (PDFs)

Online tools
facilitate instruction

- A gradebook to manage classes, view rosters, set assignments, and manage grades
- Online administration of quizzes, tests, and exams
- A communication center for announcements, notifications, and responding to help requests
- Live Chat tool for instant messaging, audio, and video chat with students
- Voiceboards for oral assignments, group discussion, and projects
- Tools to add your own content to the Supersite
  - Create, assign, and grade your own Partner Chats, open-ended activities, and assessments
  - Incorporate your own or external video
  - Add your own notes to existing content
- Single sign on for easy Blackboard integration
- Reporting tools for summarizing student data
- Complete access to the Student Supersite

Also available:

- *eCahier* Interactive, online version of the *Cahier de l'élève* with full integration with the Supersite gradebook

Communication beyond the classroom

A major goal of language instruction is to help students express themselves efficiently and appropriately during oral conversation. **Virtual Chat** and video **Partner Chat** features help accomplish that goal in a way that's familiar to students—after all, online chatting is part of their everyday lives!

Supersite chat activities provide:

- A communication tool that today's students prefer to use

- Increased opportunities for spoken production, beyond the face-to-face classroom

- A portal that helps reduce students' affective filter and build confidence

- An easy-to-use grading tool that makes grading a breeze

- Integration with the Supersite, so that chat activities can be assigned, and graded work flows into the gradebook

- A recorded portfolio of students' spoken work

A fresh approach to grammar

Interactive **French Grammar Tutorials** entertain and inform students by pairing grammar rules with fun explanations and examples.

Featuring *le professeur*—an amusing character who grabs students' attention with his humorous gags and lighthearted approach to grammar—, these assignable, interactive presentations are a handy reference tool and support students' independent study. Interactive questions help check understanding, plus end-of-tutorial activities can be submitted for a grade.

Lighten backpacks!
The Supersite and vText are **iPad®-friendly.***

* Students must use a computer for audio recording and select presentations and tools that require Flash or Shockwave.

Beginning with the student in mind

All chapters open with images that provide visual context for the chapter theme.

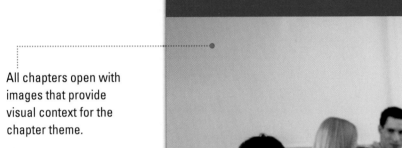

Au lycée

Unité 2

Leçon 2A

CONTEXTES ..... pages 46–49
- Academic life
- Liaisons

ROMAN-PHOTO . pages 50–51
- **Trop de devoirs!**

CULTURE .... pages 52–53
- Au lycée
- **Flash culture**

STRUCTURES.... pages 54–61
- Present tense of regular **-er** verbs
- Forming questions and expressing negation

SYNTHÈSE ...... pages 62–63
- **Révision**
- **Le Zapping**

Leçon 2B

CONTEXTES ..... pages 64–67
- Everyday activities
- The letter **r**

ROMAN-PHOTO . pages 68–69
- **On trouve une solution.**

CULTURE .... pages 70–71
- **Le bac**

STRUCTURES.... pages 72–79
- Present tense of **avoir**
- Telling time

SYNTHÈSE ...... pages 80–81
- **Révision**
- **À l'écoute**

Savoir-faire ... pages 82–87
- **Panorama:** La France
- **Lecture:** Read an academic brochure.
- **Écriture:** Write a description of yourself.

Content summaries provide an at-a-glance view of the vocabulary, grammar, and cultural topics covered in the chapter.

Each chapter includes two lessons and an end-of-chapter *Savoir-faire* section.

Pour commencer
- Which room at school is pictured?
  a. la bibliothèque   b. la salle de classe
  c. le café
- What are the students looking at?
  a. un cahier   b. un professeur   c. un livre
- How do the students look in this photo?
  a. intelligents   b. sociables   c. sérieux
- Which item is not visible in the photo?
  a. une table   b. une fenêtre
  c. un ordinateur

Pour commencer activities jump-start the chapters, allowing students to use the French they know to talk about the photos.

 Look for the S located at the beginning of every section to see the corresponding resources available on the Supersite!

Setting the stage for communication

You will learn how to… highlights the communicative goals and real-life tasks students will be able to carry out in French by the end of each lesson.

Theme-related vocabulary is introduced through expansive, full-color illustrations and easy-to-reference lists.

Mise en pratique starts the lesson's activity sequence with controlled practice.

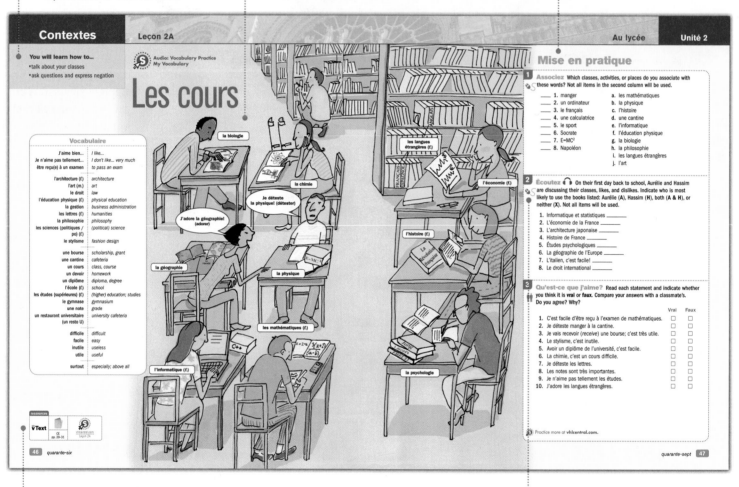

Ressources boxes reference additional print and digital student resources.

Mouse icons indicate activities that teachers can assign on the Supersite. All close-ended practice activities are auto-graded with immediate feedback.

 The **v̂Text** online textbook is fully interactive. Students can click the links to access practice activities, audio, and video.

Visually engaging formats

The ***Communication*** section includes personalized communicative activities that allow students to use the vocabulary creatively in interactions with a partner, a small group, or the entire class.

Contextes — Leçon 2A

Communication

4 Conversez In pairs, fill in the blanks according to your own situations. Then, act out the conversation for the class.

Élève A: _____, comment ça va?
Élève B: _____. Et toi?
Élève A: _____ merci.
Élève B: Est-ce que tu aimes le cours de _____?

Élève A: J'adore le cours de _____.
Élève B: Moi aussi. Tu aimes _____?
Élève A: Non, j'aime mieux (better) _____.
Élève B: Bon, à bientôt.
Élève A: À _____.

5 Qu'est-ce que c'est? Write a caption for each image, stating where the students are and how they feel about the classes they are attending. Then, in pairs, take turns reading your captions for your partner to guess about whom you are talking.

MODÈLE
C'est le cours de français.
Le français, c'est facile.

Nietzsche, philosophe allemand...

1. _____
2. _____
3. _____

4. _____
5. _____
6. _____

6 Vous êtes... Imagine what subjects these famous people liked and disliked as students. In pairs, take turns playing the role of each one and guessing the answer.

MODÈLE
Élève 1: J'aime la physique et la chimie, mais je n'aime pas tellement les cours d'économie.
Élève 2: Vous êtes Albert Einstein!

- Albert Einstein
- Louis Pasteur
- Donald Trump
- Bill Clinton
- Christian Dior
- Le docteur Phil
- Bill Gates
- Frank Lloyd Wright

7 Sondage Your teacher will give you a worksheet to conduct a survey (**un sondage**). Go around the room to find people that study the subjects listed. Ask what your classmates think about their subjects. Keep a record of their answers to discuss with the class.

MODÈLE
Élève 1: Jean, est-ce que tu étudies (do you study) la chimie?
Élève 2: Oui, j'aime bien la chimie. C'est un cours utile.

48 quarante-huit

Hands-on activities encourage interaction and communication.

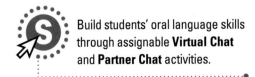

Build students' oral language skills through assignable **Virtual Chat** and **Partner Chat** activities.

Pronunciation and spelling practice

Les sons et les lettres presents the rules of French pronunciation and spelling.

The headset icon indicates that the explanation and activities are recorded for use inside or outside of class.

The last activity features illustrative sayings and proverbs to practice the pronunciation or spelling point in an entertaining cultural context.

An abundance of model words and phrases focus students' attention on the target sounds and letters.

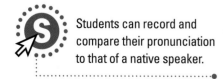

Students can record and compare their pronunciation to that of a native speaker.

Roman-photo bridges language and culture

Follow characters through all the levels of **D'accord!**.

Roman-photo storyline video brings lesson vocabulary and grammar to life. Students experience local life with a group of students living in Aix-en-Provence, France.

Products, practices, and perspectives are featured in every episode.

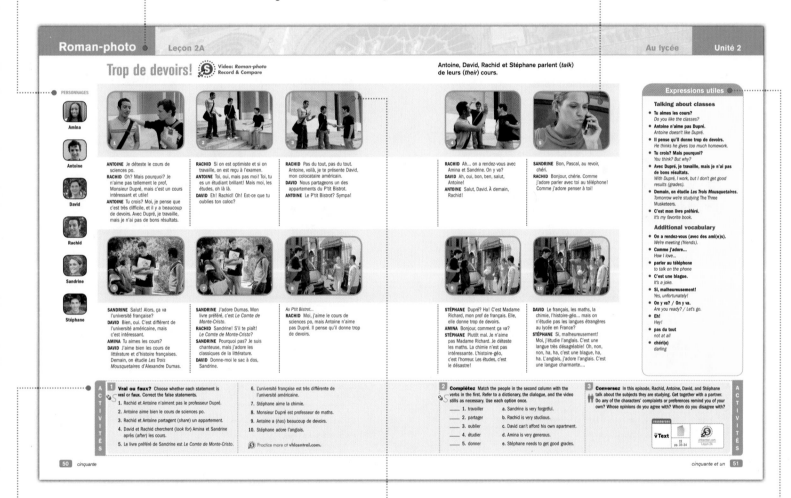

Activities feature comprehension questions, a communicative task, and a research-based task.

The easy-to-follow storyboard sets the context for the video and the dialogue boxes reinforce the lesson's vocabulary and preview the language structures that will be covered later in the lesson.

Expressions utiles organizes the most important words and expressions from the episode by language function, showing how students can apply them in real, practical ways.

 Assign pre- and post-viewing activities to test student comprehension of lesson vocabulary and key language functions.

Culture presented in context

Culture à la loupe explores the chapter's theme in-depth—in English in early chapters of level 1A and in French thereafter for true cultural comprehension.

Le monde francophone continues the exploration of the lesson's cultural theme, but with a regional focus.

Le français quotidien presents familiar words and phrases related to the lesson's theme that are used in everyday spoken French.

Portrait focuses on Francophone personalities and places of high interest to students.

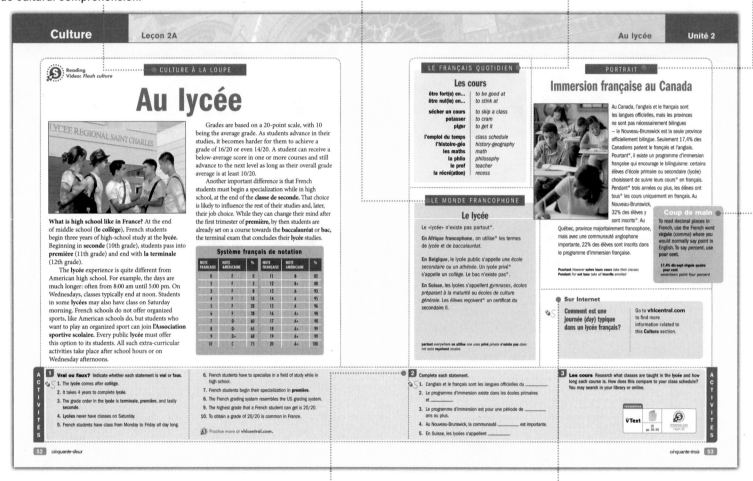

Comprehension activities solidify learning.

Sur Internet features additional cultural explorations online.

Coup de main boxes provide handy, on-the-spot language or grammar information that supports student learning.

Students don't just read about Francophone culture, they experience it themselves by watching the **Flash culture** video.

Grammar as a tool not a topic

The **Structures** sections include two grammar points, each with an explanation and practice activities.

Boîte à outils boxes provide additional information about the grammar.

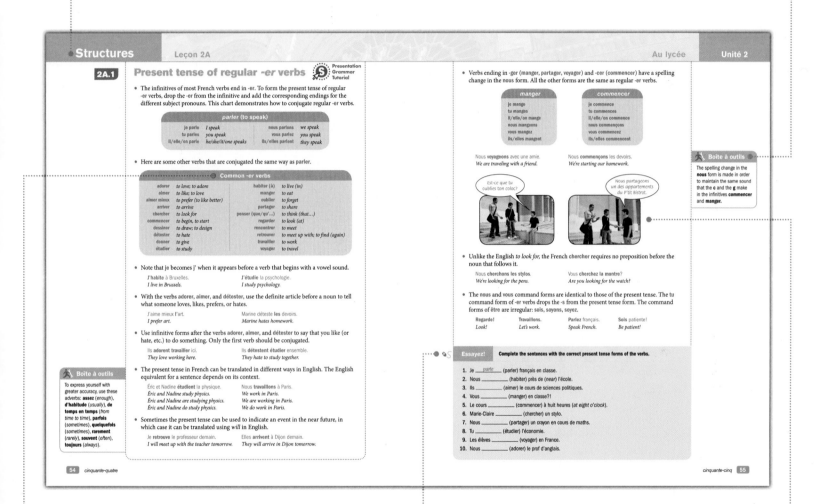

Structures — Leçon 2A — Au lycée — Unité 2

2A.1 **Present tense of regular -er verbs** · Presentation Grammar Tutorial

- The infinitives of most French verbs end in -er. To form the present tense of regular -er verbs, drop the -er from the infinitive and add the corresponding endings for the different subject pronouns. This chart demonstrates how to conjugate regular -er verbs.

parler (to speak)

je parle	I speak	nous parlons	we speak
tu parles	you speak	vous parlez	you speak
il/elle/on parle	he/she/it/one speaks	ils/elles parlent	they speak

- Here are some other verbs that are conjugated the same way as parler.

Common -er verbs

adorer	to love; to adore	habiter (à)	to live (in)
aimer	to like; to love	manger	to eat
aimer mieux	to prefer (to like better)	oublier	to forget
arriver	to arrive	partager	to share
chercher	to look for	penser (que/qu'...)	to think (that...)
commencer	to begin, to start	regarder	to look (at)
dessiner	to draw; to design	rencontrer	to meet
détester	to hate	retrouver	to meet up with; to find (again)
donner	to give	travailler	to work
étudier	to study	voyager	to travel

- Note that je becomes j' when it appears before a verb that begins with a vowel sound.

  J'habite à Bruxelles. / J'étudie la psychologie.
  I live in Brussels. / *I study psychology.*

- With the verbs adorer, aimer, and détester, use the definite article before a noun to tell what someone loves, likes, prefers, or hates.

  J'aime mieux l'art. / Marine déteste les devoirs.
  I prefer art. / *Marine hates homework.*

- Use infinitive forms after the verbs adorer, aimer, and détester to say that you like (or hate, etc.) to do something. Only the first verb should be conjugated.

  Ils adorent travailler ici. / Ils détestent étudier ensemble.
  They love working here. / *They hate to study together.*

Boîte à outils

To express yourself with greater accuracy, use these adverbs: **assez** (enough), **d'habitude** (usually), **de temps en temps** (from time to time), **parfois** (sometimes), **quelquefois** (sometimes), **rarement** (rarely), **souvent** (often), **toujours** (always).

- The present tense in French can be translated in different ways in English. The English equivalent for a sentence depends on its context.

  Éric et Nadine étudient la physique. / Nous travaillons à Paris.
  Éric and Nadine study physics. / *We work in Paris.*
  Éric and Nadine are studying physics. / *We are working in Paris.*
  Éric and Nadine do study physics. / *We do work in Paris.*

- Sometimes the present tense can be used to indicate an event in the near future, in which case it can be translated using *will* in English.

  Je retrouve le professeur demain. / Elles arrivent à Dijon demain.
  I will meet up with the teacher tomorrow. / *They will arrive in Dijon tomorrow.*

- Verbs ending in -ger (manger, partager, voyager) and -cer (commencer) have a spelling change in the nous form. All the other forms are the same as regular -er verbs.

manger

je mange
tu manges
il/elle/on mange
nous mangeons
vous mangez
ils/elles mangent

commencer

je commence
tu commences
il/elle/on commence
nous commençons
vous commencez
ils/elles commencent

Nous voyageons avec une amie. / Nous commençons les devoirs.
We are traveling with a friend. / *We're starting our homework.*

Est-ce que tu oublies ton coloc? / Nous partageons un des appartements du P'tit Bistrot.

- Unlike the English *to look for*, the French chercher requires no preposition before the noun that follows it.

  Nous cherchons les stylos. / Vous cherchez la montre?
  We're looking for the pens. / *Are you looking for the watch?*

- The nous and vous command forms are identical to those of the present tense. The tu command form of -er verbs drops the -s from the present tense form. The command forms of être are irregular: sois, soyons, soyez.

  Regarde! / Travaillons. / Parlez français. / Sois patiente!
  Look! / *Let's work.* / *Speak French.* / *Be patient!*

Boîte à outils

The spelling change in the **nous** form is made in order to maintain the same sound that the **c** and the **g** make in the infinitives **commencer** and **manger**.

Essayez! Complete the sentences with the correct present tense forms of the verbs.

1. Je _parle_ (parler) français en classe.
2. Nous _____ (habiter) près de (near) l'école.
3. Ils _____ (aimer) le cours de sciences politiques.
4. Vous _____ (manger) en classe?!
5. Le cours _____ (commencer) à huit heures (at eight o'clock).
6. Marie-Claire _____ (chercher) un stylo.
7. Nous _____ (partager) un crayon en cours de maths.
8. Tu _____ (étudier) l'économie.
9. Les élèves _____ (voyager) en France.
10. Nous _____ (adorer) le prof d'anglais.

54 *cinquante-quatre*

cinquante-cinq 55

Carefully designed charts and diagrams call out key grammatical structures and forms, as well as important related vocabulary.

Essayez! offers students their first practice of each new grammar point.

Photos from the **Roman-photo** show the grammar in context.

Students can watch the grammar rules come alive with 60 brand-new, animated **French Grammar Tutorials** featuring *le professeur*.

Carefully scaffolded activities

Mise en pratique sections include contextualized, personalized activities.

Communication sections feature pair and group activities for interpersonal and presentational practice.

| Structures | Leçon 2A | Au lycée | Unité 2 |

Mise en pratique

1 Complétez Complete the conversation with the correct forms of the verbs.

ARTHUR Tu (1) _____ (parler) bien français!

OLIVIER Mon ami Marc et moi, nous (2) _____ (retrouver) un professeur de français et nous (3) _____ (étudier) ensemble. Et toi, tu (4) _____ (travailler)?

ARTHUR Non, j' (5) _____ (étudier) l'art et l'économie. Je (6) _____ (dessiner) bien et j' (7) _____ (aimer) beaucoup l'art moderne. Marc et toi, vous (8) _____ (habiter) à Paris?

2 Phrases Form sentences using the words provided. Conjugate the verbs and add any necessary words.

1. je / oublier / devoir de littérature
2. nous / commencer / études supérieures
3. vous / rencontrer / amis / au / lycée
4. Hélène / détester / travailler
5. tu / chercher / cours / facile
6. élèves / arriver / avec / dictionnaires

3 Après l'école Say what Stéphanie and her friends are doing after (**après**) school.

▶ MODÈLE
Nathalie cherche un livre.

1. André _____ à la bibliothèque.
2. Édouard _____ Caroline au café.
3. Jérôme et moi, nous _____.
4. Julien et Audrey _____ avec Simon.
5. Robin et toi, vous _____ avec la classe.
6. Je _____.

4 Le verbe logique Complete the following sentences logically with the correct form of an -er verb.

1. La chimie, c'est très difficile. Je _____ !
2. Qu'est-ce que tu _____ dans le sac à dos?
3. Nous _____ souvent à la cantine.
4. Tristan et Irène _____ toujours les clés (keys).
5. Le film _____ dans dix minutes.
6. Yves et toi, vous _____ que Martine est charmante?
7. M. et Mme Legrand _____ à Paris.
8. On n'aime pas _____ la télévision.

Communication

5 Activités In pairs, tell your partner which of these activities you and your best friend both do. Then, share your partner's answers with the class. Later, get together with a second partner and report to the class again.

MODÈLE
To your partner: Nous parlons au téléphone, nous...
To the class: Ils/Elles parlent au téléphone, ils/elles...
To your partner: Nous travaillons, nous...
To the class: Ils/Elles travaillent, ils/elles...

manger à la cantine	étudier une langue étrangère
oublier les devoirs	commencer les devoirs
retrouver des amis au café	arriver en classe
travailler	voyager

6 Les études In pairs, take turns asking your partner if he or she likes one academic subject or another. If you don't like a subject, mention one you do like. Then, use **tous** (m.)/**toutes** (f.) **les deux** (both of us) to tell the class what subjects both of you like or hate.

MODÈLE
Élève 1: Tu aimes la chimie?
Élève 2: Non, je déteste la chimie. J'aime mieux les langues.
Élève 1: Moi aussi... Nous adorons tous/toutes les deux les langues.

7 Un sondage In groups of three, survey your partners to find out how frequently they do certain activities. First, prepare a chart with a list of eight activities. Then take turns asking your partners how often they do each one, and record each person's response.

MODÈLE
Élève 1: Moi, je dessine rarement. Et toi?
Élève 2: Moi aussi, je dessine rarement.
Élève 3: Moi, je dessine parfois.

Activité	souvent	parfois	rarement
dessiner		Sara	David, Clara
voyager	Clara, David, Sara		

8 Adorer, aimer, détester In groups of four, ask each other if you like to do these activities. Then, use an adjective to tell why you like them or not and say whether you do them often (**souvent**), sometimes (**parfois**), or rarely (**rarement**).

MODÈLE
Élève 1: Tu aimes voyager?
Élève 2: Oui, j'adore voyager. C'est amusant! Je voyage souvent.
Élève 3: Moi, je déteste voyager. C'est désagréable! Je voyage rarement.

dessiner	partager
étudier le week-end	une chambre
manger au restaurant	retrouver des amis
oublier les devoirs	travailler à
parler avec	la bibliothèque
les professeurs	voyager

Practice more at **vhlcentral.com**.

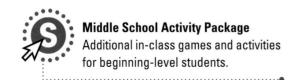

Middle School Activity Package
Additional in-class games and activities for beginning-level students.

Targeted review and recycling

Révision activities integrate the lesson's two grammar points with previously learned vocabulary and structures, providing consistent, built-in review and recycling as students progress through the text.

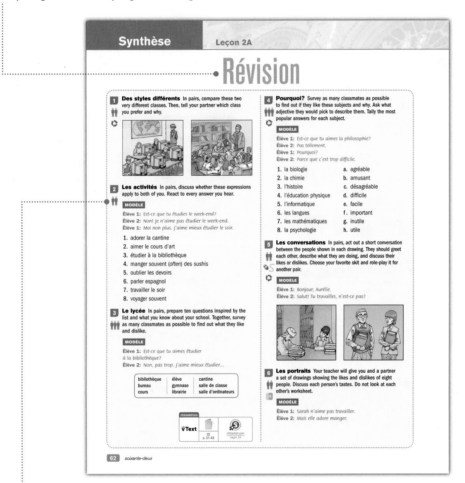

Interpersonal activities encourage students to demonstrate proficiency with the chapter's vocabulary and grammar. Activity types include situations, role-plays, games, personal questions, interviews, and surveys.

The **Activity Pack** in the Teacher Resources section of the Supersite contains the student worksheets for the **Info Gap activities**. In the Student Edition, these are identified by the interlocking puzzle pieces.

Authentic media and listening for interpretive communication

Le Zapping TV clips from around the Francophone world feature the language, vocabulary, and theme of the chapter.

À l'écoute builds students' listening skills with a recorded conversation or narration.

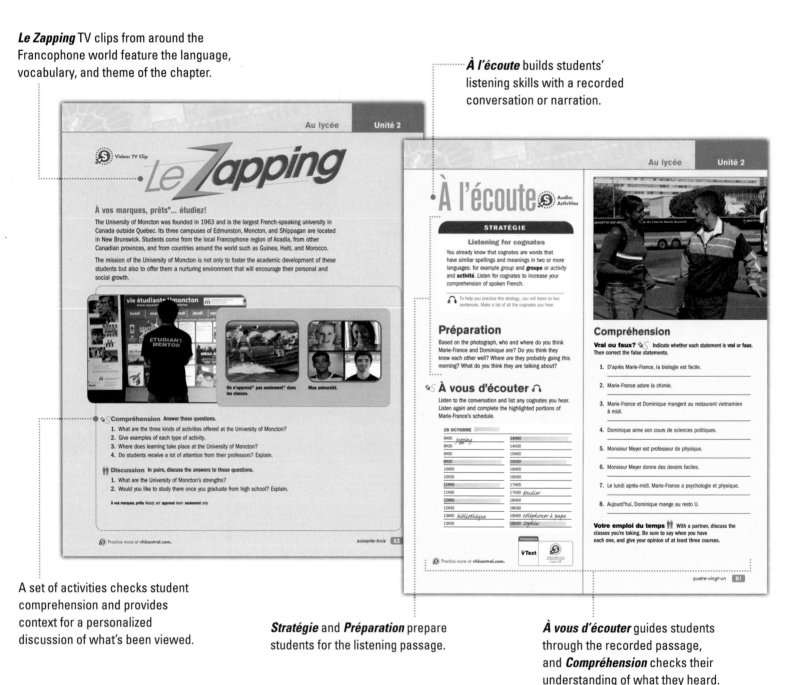

A set of activities checks student comprehension and provides context for a personalized discussion of what's been viewed.

Stratégie and **Préparation** prepare students for the listening passage.

À vous d'écouter guides students through the recorded passage, and **Compréhension** checks their understanding of what they heard.

Generate lively discussions by playing the TV clip in class.

Perspective through geography

Panorama presents interesting details about Francophone countries and regions.

Maps point out major cities, rivers, and other geographical features and situate the featured place in the context of its immediate surroundings and the world.

Art, history, and daily life are vividly described through language-rich text and photos.

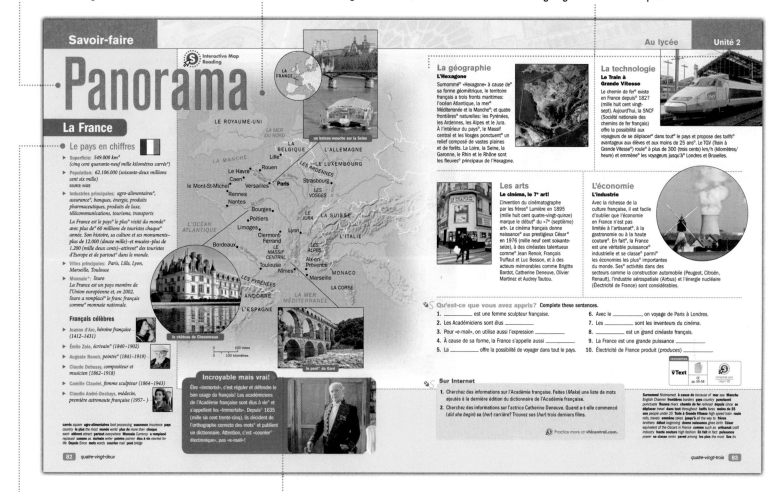

La ville/Le pays/La région en chiffres provides interesting key facts about the featured city, country, or region.

Incroyable mais vrai! highlights an "Isn't that cool?" fact about the featured place or its people.

Assign **Sur Internet** online research activities about a Francophone region of the world.

Reading skills developed in context

Avant la lecture presents valuable reading strategies and pre-reading activities.

Context-based readings pull all the chapter elements together.

Après la lecture activities include comprehension checks and post-reading expansion exercises.

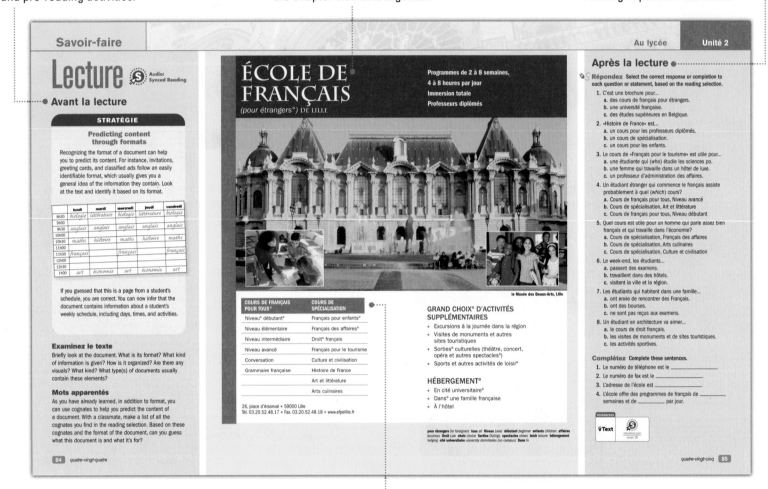

Graphic organizers, photos, and other visual elements support reading comprehension.

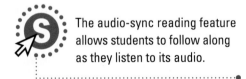

The audio-sync reading feature allows students to follow along as they listen to its audio.

Writing skills developed in context

Stratégie boxes provide strategies for preparation and execution of the writing task related to the chapter's theme.

Thème describes the writing topic and includes suggestions for approaching it.

Après l'écriture provides post-writing tasks and problem-solving exercises for pairs or groups.

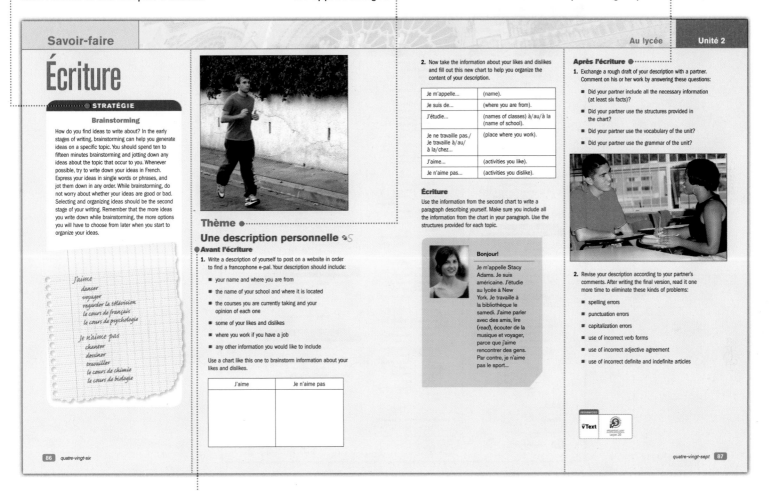

Savoir-faire

Au lycée | Unité 2

Écriture

STRATÉGIE

Brainstorming

How do you find ideas to write about? In the early stages of writing, brainstorming can help you generate ideas on a specific topic. You should spend ten to fifteen minutes brainstorming and jotting down any ideas about the topic that occur to you. Whenever possible, try to write down your ideas in French. Express your ideas in single words or phrases, and jot them down in any order. While brainstorming, do not worry about whether your ideas are good or bad. Selecting and organizing ideas should be the second stage of your writing. Remember that the more ideas you write down while brainstorming, the more options you will have to choose from later when you start to organize your ideas.

J'aime
danser
voyager
regarder la télévision
le cours de français
le cours de psychologie

Je n'aime pas
chanter
dessiner
travailler
le cours de chimie
le cours de biologie

Thème

Une description personnelle

Avant l'écriture

1. Write a description of yourself to post on a website in order to find a francophone e-pal. Your description should include:

- your name and where you are from
- the name of your school and where it is located
- the courses you are currently taking and your opinion of each one
- some of your likes and dislikes
- where you work if you have a job
- any other information you would like to include

Use a chart like this one to brainstorm information about your likes and dislikes.

J'aime	Je n'aime pas

2. Now take the information about your likes and dislikes and fill out this new chart to help you organize the content of your description.

Je m'appelle...	(name).
Je suis de...	(where you are from).
J'étudie...	(names of classes) à/au/à la (name of school).
Je ne travaille pas./ Je travaille à/au/ à la/chez...	(place where you work).
J'aime...	(activities you like).
Je n'aime pas...	(activities you dislike).

Écriture

Use the information from the second chart to write a paragraph describing yourself. Make sure you include all the information from the chart in your paragraph. Use the structures provided for each topic.

Bonjour!

Je m'appelle Stacy Adams. Je suis américaine. J'étudie au lycée à New York. Je travaille à la bibliothèque le samedi. J'aime parler avec des amis, lire (read), écouter de la musique et voyager, parce que j'aime rencontrer des gens. Par contre, je n'aime pas le sport...

Après l'écriture

1. Exchange a rough draft of your description with a partner. Comment on his or her work by answering these questions:

- Did your partner include all the necessary information (at least six facts)?
- Did your partner use the structures provided in the chart?
- Did your partner use the vocabulary of the unit?
- Did your partner use the grammar of the unit?

2. Revise your description according to your partner's comments. After writing the final version, read it one more time to eliminate these kinds of problems:

- spelling errors
- punctuation errors
- capitalization errors
- use of incorrect verb forms
- use of incorrect adjective agreement
- use of incorrect definite and indefinite articles

vText

86 quatre-vingt-six

quatre-vingt-sept 87

Avant l'écriture includes step-by-step tasks and problem-solving exercises for pairs or groups.

The composition engine allows students to submit their writing online, and for you to easily grade and post feedback.

Vocabulary as a reference and study tool

Vocabulaire summarizes all the active vocabulary in the chapter.

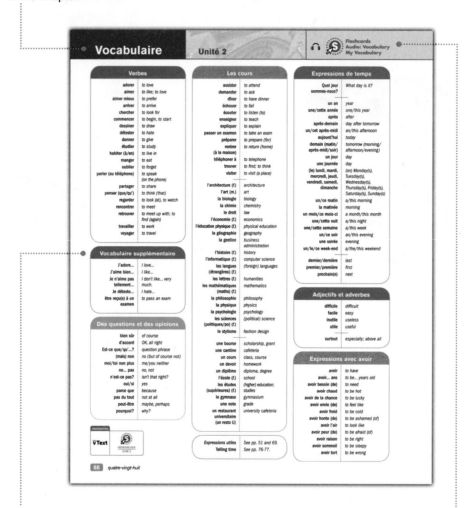

Each grouping includes active vocabulary that ties to the **You will learn how to…** goals presented at the beginning of each lesson.

Active vocabulary is recorded for convenient study and practice.

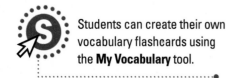

Students can create their own vocabulary flashcards using the **My Vocabulary** tool.

The Vista Higher Learning Story
Your Specialized Foreign Language Publisher

Independent, specialized, and privately owned, Vista Higher Learning was founded in 2000 with one mission: to raise the teaching and learning of world languages to a higher level. This mission is based on the following beliefs:

- It is essential to prepare students for a world in which learning another language is a necessity, not a luxury.
- Language learning should be fun and rewarding, and all students should have the tools they need to achieve success.
- Students who experience success learning a language will be more likely to continue their language studies both inside and outside the classroom.

With this in mind, we decided to take a fresh look at all aspects of language instructional materials. Because we are specialized, we dedicate 100 percent of our resources to this goal and base every decision on how well it supports language learning.

That is where you come in. Since our founding, we have relied on the invaluable feedback of language teachers and students nationwide. This partnership has proved to be the cornerstone of our success, allowing us to constantly improve our programs to meet your instructional needs.

The result? Programs that make language learning exciting, relevant, and effective through:

- unprecedented access to resources
- a wide variety of contemporary, authentic materials
- the integration of text, technology, and media
- a bold and engaging textbook design

By focusing on our singular passion, we let you focus on yours.

The Vista Higher Learning Team

VISTA®
HIGHER LEARNING

500 Boylston Street, Suite 620, Boston, MA 02116-3736 TOLL-FREE: 800-618-7375
TELEPHONE: 617-426-4910 FAX: 617-426-5209 www.vistahigherlearning.com

Differentiation

Knowing how to appeal to learners of different abilities and learning styles will allow you to foster a positive teaching environment and motivate all your students. Here are some strategies for creating inclusive learning environments. Consider also the ideas at the base of the Teacher's Edition (TE) pages. Extension and expansion activities are also suggested.

Learners with Special Needs

Learners with special needs include students with attention priority disorders or learning disabilities, slower-paced learners, at-risk learners, and English-language learners. Some inclusion strategies that work well with such students are:

Clear Structure By teaching concepts in a predictable order, you can help students organize their learning. Encourage students to keep outlines of materials they read, classify words into categories such as colors, or follow prewriting steps.

Frequent Review and Repetition Preview material to be taught and review material covered at the end of each lesson. Pair proficient learners with less proficient ones to practice and reinforce concepts. Help students retain concepts through continuous practice and review.

Multi-sensory Input and Output Use visual, auditory, and kinesthetic tasks to add interest and motivation, and to achieve long-term retention. For example, vary input with the use of audio recordings, video, guided visualization, rhymes, and mnemonics.

Additional Time Consider how physical limitations may affect participation in special projects or daily routines. Provide additional time and recommended accommodations.

Different Learning Styles

Visual Learners learn best by seeing, so engage them in activities and projects that are visually creative. Encourage them to write down information and think in pictures as a long-term retention strategy; reinforce their learning through visual displays such as diagrams, videos, and handouts.

Auditory Learners best retain information by listening. Engage them in discussions, debates, and role-playing. Reinforce their learning by playing audio versions of texts or reading aloud passages and stories. Encourage them to pay attention to voice, tone, and pitch to infer meaning.

Kinesthetic Learners learn best through moving, touching, and doing hands-on activities. Involve such students in skits and dramatizations; to infer or convey meaning, have them observe or model gestures such as those used for greeting someone or getting someone's attention.

Advanced Learners

Advanced learners have the potential to learn language concepts and complete assignments at an accelerated pace. They may benefit from assignments that are more challenging than the ones given to their peers. The key to differentiating for advanced learners is adding a degree of rigor to a given task. Examples include sharing perspectives on texts they have read with the class, retelling detailed stories, preparing analyses of texts, or adding to discussions. Here are some other strategies for engaging advanced learners:

Timed Answers Have students answer questions within a specified time limit.

Persuading Adapt activities so students have to write or present their points of view in order to persuade an audience. Pair or group advanced learners to form debating teams.

Pre-AP®

While Pre-AP® strategies are associated with advanced students, all students can benefit from the activities and strategies that are categorized as Pre-AP® in **D'accord!** Long-term success in language learning starts in the first year of instruction, so these strategies should be incorporated throughout students' language-learning career.

D'accord! is particularly strong in fostering interpretive communication skills. Students are offered a variety of opportunities to read and listen

Pre-AP is a registered trademark of the College Board, which was not involved in the production of, and does not endorse, this product.

to spoken language. The *Lecture* sections provide various types of authentic written texts, and the *Le Zapping* and *Flash culture* videos feature French spoken at a natural pace. Encourage students to interact with as much authentic language as possible, as this will lead to long-term success.

Heritage Language Learners

Heritage language learners are students who come from homes where a language other than English is spoken. French heritage learners are likely to have adequate comprehension and conversation skills, but they could require as much explicit instruction of reading and writing skills as their non-heritage

peers. Because of their background, heritage language learners can attain, with instruction adapted to their needs, a high level of proficiency and literacy in French. Use these strategies to support them:

Support and Validate Experiences Acknowledge students' experiences with their heritage culture and encourage them to share what they know.

Develop Literacy and Writing Skills Help students focus on reading as well as grammar, punctuation, and syntax skills, but be careful not to assign a workload significantly greater than what is assigned to non-heritage learners.

Best Practices

The creators of **D'accord!** understand that there are many different approaches to successful language teaching and that no one method works perfectly for all teachers or all learners. These strategies and tips may be applied to any language-teaching method.

Maintain the Target Language

As much as possible, create an immersion environment by using French to *teach* French. Encourage the exclusive use of the target language in your classroom, employing visual aids, mnemonics, circumlocution, or gestures to complement what you say. Encourage students to perceive meaning directly through careful listening and observation, and by using cognates and familiar structures and patterns to deduce meaning.

Cultivate Critical Thinking

Prompt students to reflect, observe, reason, and form judgments in French. Engaging students in activities that require them to compare, contrast, predict, criticize, and estimate will help them to internalize the language structures they have learned.

Encourage Use of Circumlocution

Prompt students to discover various ways of expressing ideas and of overcoming potential blocks to communication through the use of circumlocution and paraphrasing.

Assessment

As you use the **D'accord!** program, you can employ a variety of assessments to evaluate progress. The program provides comprehensive, discrete answer assessments, as well as more communicative assessments that elicit open-ended, personalized responses.

Testing Program

The **D'accord!** Testing Program offers two quizzes for each **Contextes** section and every grammar point in **Structures** in Levels 1 and 2. Each **Quiz I** uses discrete answer formats, such as multiple-choice, fill-in-the-blanks, matching, and completing charts, while **Quiz II** uses more open-ended formats, such as asking students to write sentences using prompts or respond to a topic in paragraph format. There is no listening comprehension section for the **Quizzes**. Level 3 **Quizzes** for the **Pour commencer** and **Structures Quizzes** follow a similar format to those in Levels 1 and 2.

Two **Lesson** and **Unit Tests** are available for Levels 1 and 2. Versions **I** and **II** are interchangeable, for purposes of administering make-up tests. All of the **Tests** contain a listening comprehension section. Level 3 has one **Test** for each lesson. Cumulative **Exams** in all three levels encompass the main vocabulary fields, key grammar points, and the principal language functions covered in corresponding textbook chapters. All levels contain **Optional Test Sections**.

The Testing Program is also available on the Supersite so that you can customize the components by adding, eliminating, or moving items according to your classroom and student needs.

Portfolio Assessment

Portfolios can provide further valuable evidence of your students' learning. They are useful tools for evaluating students' progress in French and also suggest to students how they are likely to be assessed in the real world. Since portfolio activities often comprise classroom tasks that you would assign as part of a lesson or as homework, you should think of the planning, selecting, recording, and interpreting of information about individual performance as a way of blending assessment with instruction.

You may find it helpful to refer to portfolio contents, such as drafts, essays, and samples of presentations when writing student reports and conveying the status of a student's progress to his or her parents.

Ask students regularly to consider which pieces of their own work they would like to share and help them develop criteria for selecting representative samples. Prompt students to choose a variety of media to demonstrate development in all four language skills.

Strategies for Differentiating Assessment

Here are some strategies for modifying tests and other forms of assessment according to your students' needs.

Adjust Questions Direct complex or higher-level questions to students who are equipped to answer them adequately and modify questions for students with greater needs. Always ask questions that elicit thinking, but keep in mind the students' abilities.

Provide Tiered Assignments Assign tasks of varying complexity depending on individual student needs.

Promote Flexible Grouping Encourage movement among groups of students so that all learners are appropriately challenged. Group students according to interest, oral proficiency levels, or learning styles.

Adjust Pacing Pace the sequence and speed of assessments to suit your students' needs. Time advanced learners to challenge them and allow slower-paced learners more time to complete tasks or to answer questions.

Student Objectives

Students can assess their own progress by using "I Can" (or "Can-Do") Statements. The template below may be customized with the Student Objectives found in **D'accord!** to guide student learning within and between chapters, and to train students to assess their progress.

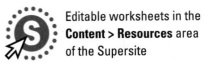

Editable worksheets in the **Content > Resources** area of the Supersite

STUDENT OBJECTIVES
Leçon 1A D'accord! 1

Nom _____   Date _____

Objectifs: Contextes	Date	Barème
1. I can use basic greetings and farewells.		
2. I can introduce myself and others.		
3. I can respond appropriately to people.		

Barème:

4   Formidable!: I know this well enough to teach it to someone.

3   Très bien: I can do this with almost no mistakes.

2   Assez bien: I can do much of this but I have questions.

1   C'est dur: I can do this only with help.

0   Au secours!: I do not understand this, even with help.

Commentaire: _____

_____

_____

_____

Integrated Performance Assessment

Integrated performance assessments (IPA) begin with a goal—a real-life task that makes sense to students and engages their interest. To complete the task, students progress through the three modes of communication: they read, view, and listen for information (interpretive mode); they talk and write with classmates and others on what they have experienced (interpersonal mode); and they share formally what they have learned (presentational mode). A critical step in administering the IPA is to define and share rubrics with students before beginning the task. They need to be aware of what successful performance should look like.

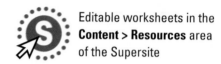

Editable worksheets in the **Content > Resources** area of the Supersite

assessment   Unité 2

Integrated Performance Assessment Rubric

	5 points	3 points	1 point
Interpretive	The student has identified a substantial list of classes and additional activities for the brochure.	The student has identified a short list of classes and additional activities for the brochure.	The student has difficulty identifying classes and additional activities for the brochure.
Interpersonal	Using grammatically-correct French, students compare their lists and agree on the best items to include in the brochure.	Students compare their lists and agree on the best items to include in the brochure, but with some errors in French.	Students have difficulty comparing their lists and agreeing on the best items to include in the brochure.
Presentational	The brochure has an appropriate and substantial list of classes and additional activities. The brochure is attractively laid out, with all relevant information and attractive use of imagery.	The brochure has an adequate list of classes and additional activities. The brochure is attractively laid out, with some relevant information and some imagery.	The conversation does not include an appropriate list of classes and additional activities. The brochure is not attractively laid out, with little relevant information and few images.

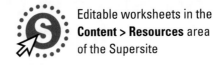
All responses and communication must be in French.

Context

A French student exchange program wants to evaluate the class offerings at your school to see if it would be a good place to send French students. You and your classmates need to create a brochure for your school to attract exchange students.

Interpretive task

Read the **Lecture** section on pages 68–69 of the textbook, paying particular attention to the course listings. Make a list of the classes you would include on the brochure, as well as additional activities you think would be attractive to a French exchange student.

Interpersonal task

Compare your list with a partner, asking each other if each course on the individual lists should go in the brochure. Come to an agreement on the classes you want to include in your brochure, as well as several supplementary activities.

Presentational task

Compile your information into an attractive brochure for your school, including photos, using the model shown on pages 68–69.

Within the **D'accord!** activity sequence, you will find several opportunities for performance assessment. Consider using the Voiceboard tool or Partner Chat activities as the culmination of an oral communication sequence. The *Écriture* assignment in the *Savoir-faire* section has students apply the chapter context to a real-life task.

Six Steps in Using the D'accord! Instructional Design

Step 1: Context

Begin each lesson by asking students to provide *from their own experience* words, concepts, categories, and opinions related to the theme. Spend quality time evoking words, images, ideas, phrases, and sentences; group and classify concepts. You are giving students the "hook" for their learning, focusing them on their most interesting topic—themselves—and encouraging them to invest personally in their learning.

Step 2: Vocabulary

Now turn to the vocabulary section, inviting students to experience it as a new linguistic *code* to express what they *already know and experience* in the context of the lesson theme. Vocabulary concepts are presented in context, carefully organized, and frequently reviewed to reinforce student understanding. Involve students in brainstorming, classifying and grouping words and thoughts, and personalizing phrases and sentences. In this way, you will help students see French as a new tool for self-expression.

Step 3: Media

Once students see that French is a tool for expressing their own ideas, bridge their experiences to those of French speakers through the *Roman-photo* section. The *Roman-photo* Video Program storyline presents and reviews vocabulary and structure in accurate cultural contexts for effective training in both comprehension and personal communication.

Step 4: Culture

Now bring students into the experience of culture as seen *from the perspective* of those living in it. Here we share Francophone cultures' unique geography, history, products, perspectives, and practices. Through *Flash culture* (instructional video) and *Le Zapping* (authentic video) students experience and reflect on cultural experiences beyond their own.

Step 5: Structure

We began with students' experiences, focusing on bridging their lives and language to the target cultures. Through context, media, and culture, students have incorporated both previously-learned and new grammatical structures into their personalized communication. Now a formal presentation of relevant grammar demonstrates that grammar is a tool for clearer and more effective communication. Clear presentations and invitations to compare French to English build confidence, fluency, and accuracy.

Step 6: Skill Synthesis and Communication

Pulling all their learning together, students now integrate context, personal experience, communication tools, and cultural products, perspectives, and practices. Through extended reading, writing, listening, speaking, and cultural exploration in scaffolded progression, students apply all their skills for a rich, personalized experience of French.

D'accord! and the *Standards for Foreign Language Learning*

D'accord! promotes and enhances student learning and motivation through its instructional design, based on and informed by the best practices of the *Standards for Foreign Language Learning in the 21st Century* as presented by the American Council on the Teaching of Foreign Languages (ACTFL).

D'accord! blends the underlying principles of the five Cs (Communication, Cultures, Connections, Comparisons, Communities) with features and strategies tailored specifically to build students' speaking, listening, reading, and writing skills. As a result, right from the start students are given the tools to express themselves articulately, interact meaningfully with others, and become highly competent communicators in French.

Key Standards annotations, at the beginning of each section in the TE, highlight the most important standards met in that section. Below is a complete list of the standards.

The Five Cs of Foreign Language Learning

1. Communication
Students:
1. Engage in conversation, provide and obtain information, express feelings and emotions, and exchange opinions. (Interpersonal mode)
2. Understand and interpret written and spoken language. (Interpretive mode)
3. Present information, concepts, and ideas to an audience of listeners or readers. (Presentational mode)

2. Cultures
Students demonstrate an understanding of the relationship between:
1. The practices and perspectives of the culture studied.
2. The products and perspectives of the culture studied.

3. Connections
Students:
1. Reinforce and further their knowledge of other disciplines through French.
2. Acquire information and recognize distinctive viewpoints only available through French language and cultures.

4. Comparisons
Students demonstrate understanding of:
1. The nature of language through comparisons of the French language and their own.
2. The concept of culture through comparisons of the cultures studied and their own.

5. Communities
Students:
1. Use French both within and beyond the school setting.
2. Show evidence of becoming life-long learners by using French for personal enjoyment and enrichment.

Adapted from ACTFL's *Standards for Foreign Language Learning in the 21st Century*

D'accord! 1B Pacing Guide

DAY	Warm-up / Activate	Present / Practice / Communicate	Reflect / Conclude / Connect
1 Context for Communication	• Evoke student experiences & vocabulary for context; present **Pour commencer** [5] 5 minutes	• Hand out Student Objectives Worksheet for **Contextes**. Explain how they can track their own progress using the Worksheet [5] • Present vocabulary through illustrations, phrases, categories, association [20] • Student pairs begin **Mise en pratique** [15] 30 minutes	• Students restate context [5] • Introduce homework: Complete **Mise en pratique** Act. 1 (text/**Supersite**) [5] 10 minutes
2 Vocabulary as a Tool	• Review vocabulary [5] 5 minutes	• Do the **Écoutez** activity with the whole class, playing the audio as many times as needed [15] • Have student pairs finish **Mise en pratique** [15] 30 minutes	• Students review and personalize key vocabulary in context [5] • Introduce homework: **Supersite** flashcards, context illustrations & audio; end-of-chapter list with audio [5] 10 minutes
3 Vocabulary as a Tool	• Student groups review **Mise en pratique** [5] 5 minutes	• Students do **Communication** [20] • Choose one activity from the Middle School Activity Pack as a class activity [10] 30 minutes	• Students review and personalize key vocabulary in context [5] • Introduce homework: **Supersite** flashcards, context illustrations & audio; end-of-chapter list with audio; remaining auto-graded activities (as applicable) [5] 10 minutes
4 Vocabulary as a Tool	• Student groups review **Communication** [5] 5 minutes	• Present **Les sons et les lettres** (**Supersite**/CD) [15] • Allow all students to check their pronunciation through classroom practice and repetition [15] 30 minutes	• Have students check their progress on their Student Objectives Worksheet [5] • Introduce homework: Continue practicing pronunciation on the **Supersite**; **My Vocabulary**; end-of-chapter list with audio; remaining auto-graded activities (as applicable) [5] 10 minutes
5 Media as a Bridge	• Assessment: **Contextes** [5] 5 minutes	• Distribute the **Roman-photo** activities in the **Cahier**. Answer the questions in the **Avant de regarder** [5] • Orient students to **Roman-photo** and **Expressions utiles** through video stills with observation, role-play, and prediction [10] • Read the storyboard in the Student Edition [20] 35 minutes	• Introduce homework: **Roman-photo** activities (Text/**Supersite**) [5] 5 minutes
6 Media as a Bridge	• Go over the activities in **En regardant la vidéo** (**Cahier**) [10] 10 minutes	• View **Roman-photo** while students answer the questions from the **Cahier** [25] • Check comprehension and practice using the activities in the Student Edition [10] 35 minutes	• Introduce homework: **Roman-photo** activities (**Supersite**) [5] 5 minutes
7 Media as a Bridge	• Distribute the **Flash culture** activities in the **Cahier**. Answer the questions in the **Avant de regarder** [5] 5 minutes	• View **Flash culture** while students answer the questions from the **Cahier** [25] • View, discuss, re-view **Flash culture** [10] 35 minutes	• Introduce homework: Students complete **Flash culture** activities (Text/**Supersite**) [5] 5 minutes
8 Culture for Communication	• Review **Flash culture** activities [5] 5 minutes	• Present (select) **Culture** features in whole class or small groups, jigsaw, numbered heads together, etc. [20] • Assign Activity 3 to student pairs, allowing time for students to present their work to the whole class [15] 35 minutes	• Introduce homework: **Sur Internet** or **Activités** (Text/**Supersite**) [5] 5 minutes
9 Structure as a Tool	• Student pairs/groups review **Culture** activities [5] • Assessment: **Roman-photo, Culture** [5] 10 minutes	• Present about half of grammatical concept A.1 using text, **Supersite** (slides), and **Roman-photo** segments [10] • Do a whole class quick check to ensure students understand the explanation [5] • Present the balance of grammatical concept A.1 [10] • Do a whole class quick check to ensure students understand the explanation [5] 30 minutes	• Introduce homework: Students complete **Essayez!** (text/**Supersite**) [5] 5 minutes

DAY	Warm-up / Activate	Present / Practice / Communicate	Reflect / Conclude
10 Structure in Context	• Go over **Essayez!** [5] _5 minutes_	• Hand out Student Objectives Worksheet for **Structures** [5] • Re-present grammar topic using the Grammar Tutorial (**Supersite**) [10] • Students pairs do assigned activities from A.1 **Mise en pratique** and **Communication** [20] _35 minutes_	• Introduce homework: Students complete A.1 **Mise en pratique** and **Communication** (text/**Supersite**); watch tutorials (**Supersite**) [5] _5 minutes_
11 Structure in Context	• Review Homework [5] _5 minutes_	• Choose a class game/activity from the Middle School Activity Pack or TE wrap [20] • Students do A.1 **Cahier** written activities [15] _35 minutes_	• Introduce homework: Students complete **Cahier** (written) activities (text/**Supersite**) [5] _5 minutes_
12 Structure in Context	• Review Homework [5] _5 minutes_	• Students do A.1 **Communication** [15] • Complete selected **Cahier** audio activities [15] • Start **Révision** activities [5] _35 minutes_	• Introduce homework: Students do selected **Révision** activities (text/**Supersite**) [5] _5 minutes_
13 Structure as a Tool	• Review Homework [5] • Assessment: **Structure A.1** [5] _10 minutes_	• Present about half of grammatical concept A.2 using text, **Supersite** (slides), and **Roman-photo** segments [10] • Do a whole class quick check [5] • Present the balance of grammatical concept A.2 [10] • Do a whole class quick check [5] _30 minutes_	• Introduce homework: Students complete **Essayez!** (text/**Supersite**) [5] _5 minutes_
14 Structure in Context	• Go over **Essayez!** [5] _5 minutes_	• Hand out Student Objectives Worksheet for **Structures** [5] • Re-present grammar topic using the Grammar Tutorial (**Supersite**) [10] • Students pairs do assigned activities from A.2 **Mise en pratique** and **Communication** [20] _35 minutes_	• Introduce homework: Students complete A.2 **Mise en pratique** and **Communication** (text/**Supersite**); watch tutorials (**Supersite**) [5] _5 minutes_
15 Structure in Context	• Review Homework [5] _5 minutes_	• Choose a class game/activity from the Middle School Activity Pack or TE wrap [20] • Students do A.2 **Cahier** written activities [15] _35 minutes_	• Introduce homework: Students complete **Cahier** (written) activities (text/**Supersite**) [5] _5 minutes_
16 Structure in Context	• Review Homework [5] _5 minutes_	• Students do A.2 **Communication** [15] • Complete selected **Cahier** audio activities [15] • Start **Révision** activities [5] _35 minutes_	• Introduce homework: Students do selected **Révision** activities (text/**Supersite**) [5] _5 minutes_
17 Authentic Media	• Student groups present and complete **Révision** [10] _10 minutes_	• Introduce, guide discussion of **Le Zapping**; show clip via **Supersite** [10] • Student pairs do post-viewing activities; show clip again as necessary [15] _25 minutes_	• Student pairs/groups use unit context to review grammar concepts [5] • Introduce homework: Prepare for **Structures** assessment [5] _10 minutes_
18 Context for Communication	• Assessment **Structures** [10] _10 minutes_	• Hand out Student Objectives Worksheet for **Contextes** [5] • Present vocabulary through illustrations, phrases, categories, association [20] • Student pairs begin **Mise en pratique** [5] _30 minutes_	• Introduce homework: Complete **Mise en pratique** Act. 1 (text/**Supersite**) [5] _5 minutes_
19 Vocabulary as a Tool	• Review vocabulary [5] _5 minutes_	• Do the **Écoutez** activity with the whole class, playing the audio as many times as needed [15] • Have student pairs finish **Mise en pratique** [15] _30 minutes_	• Students review and personalize key vocabulary in context [5] • Introduce homework: **Supersite** flashcards, context illustrations & audio [5] _10 minutes_
20 Vocabulary as a Tool	• Student groups review **Mise en pratique** [5] _5 minutes_	• Students do **Communication** [20] • Choose one activity from the Middle School Activity Pack as a class activity [10] _30 minutes_	• Students review and personalize key vocabulary in context [5] • Introduce homework: context illustrations & audio; remaining auto-graded activities (as applicable) [5] _10 minutes_

D'accord! 1B Pacing Guide

DAY	Warm-up / Activate	Present / Practice / Communicate	Reflect / Conclude / Connect
21 Vocabulary as a Tool	• Student groups review **Communication** [5] *5 minutes*	• Present **Les sons et les lettres** (**Supersite**/CD) [15] • Allow all students to check their pronunciation through classroom practice and repetition [15] *30 minutes*	• Have students check their progress on their Student Objectives Worksheet [5] • Introduce homework: Continue practicing pronunciation on the **Supersite**; remaining auto-graded activities (as applicable) [5] *10 minutes*
22 Media as a Bridge	• Assessment: **Contextes** [5] *5 minutes*	• Distribute the **Roman-photo** activities in the **Cahier**. Answer the questions in the **Avant de regarder** [5] • Orient students to **Roman-photo** and **Expressions utiles** through video stills with observation, role-play, and prediction [10] • Read the storyboard in the Student Edition [20] *35 minutes*	• Introduce homework: **Roman-photo** activities (Text/**Supersite**) [5] *5 minutes*
23 Media as a Bridge	• Go over the activities in **En regardant la vidéo** (**Cahier**) [10] *10 minutes*	• View **Roman-photo** while students answer the questions from the **Cahier** [25] • Check comprehension and practice using the activities in the Student Edition [10] *35 minutes*	• Introduce homework: **Roman-photo** activities (**Supersite**) [5] *5 minutes*
24 Culture for Communication	• Review **Roman-photo** activities [5] *5 minutes*	• Present (select) **Culture** features in whole class or small groups, jigsaw, numbered heads together, etc. [20] • Assign Activity 3 to student pairs, allowing time for students to present their work to the whole class [15] *35 minutes*	• Introduce homework: **Sur Internet** or **Activités** (Text/**Supersite**) [5] *5 minutes*
25 Structure as a Tool	• Student pairs/groups review **Culture** activities [5] • Assessment: **Roman-photo**, **Culture** [5] *10 minutes*	• Present about half of grammatical concept B.1 using text, **Supersite** (slides), and **Roman-photo** segments [10] • Do a whole class quick check to ensure students understand the explanation [5] • Present the balance of grammatical concept B.1 [10] • Do a whole class quick check to ensure students understand the explanation [5] *30 minutes*	• Introduce homework: Students complete **Essayez!** (text/**Supersite**) [5] *5 minutes*
26 Structure in Context	• Go over **Essayez!** [5] *5 minutes*	• Hand out Student Objectives Worksheet for **Structures** [5] • Re-present grammar topic using the Grammar Tutorial (**Supersite**) [10] • Students pairs do assigned activities from B.1 **Mise en pratique** and **Communication** [20] *35 minutes*	• Introduce homework: Students complete B.1 **Mise en pratique** and **Communication** (text/**Supersite**); watch tutorials (**Supersite**) [5] *5 minutes*
27 Structure in Context	• Review Homework [5] *5 minutes*	• Choose a class game/activity from the Middle School Activity Pack or TE wrap [20] • Students do B.2 **Cahier** written activities [15] *35 minutes*	• Introduce homework: Students complete **Cahier** (written) activities (text/**Supersite**) [5] *5 minutes*
28 Structure in Context	• Review Homework [5] *5 minutes*	• Students do B.1 **Communication** [15] • Complete selected **Cahier** audio activities [15] • Start **Révision** activities [5] *35 minutes*	• Introduce homework: Students do selected **Révision** activities (text/**Supersite**) [5] *5 minutes*
29 Structure as a Tool	• Review Homework [5] • Assessment: **Structures B.1** [5] *10 minutes*	• Present about half of grammatical concept B.2 using text, **Supersite** (slides), and **Roman-photo** segments [10] • Do a whole class quick check [5] • Present the balance of grammatical concept B.2 [10] • Do a whole class quick check [5] *30 minutes*	• Introduce homework: Students complete **Essayez!** (text/**Supersite**) [5] *5 minutes*

DAY	Warm-up / Activate	Present / Practice / Communicate	Reflect / Conclude
30 Structure in Context	• Go over **Essayez!** [5] 5 minutes	• Hand out Student Objectives Worksheet for **Structures** [5] • Re-present grammar topic using the Grammar Tutorial (**Supersite**) [10] • Students pairs do assigned activities from B.2 **Mise en pratique** and **Communication** [20] 35 minutes	• Introduce homework: Students complete B.2 **Mise en pratique** and **Communication** (text/ **Supersite**); watch tutorials (**Supersite**) [5] 5 minutes
31 Structure in Context	• Review Homework [5] 5 minutes	• Choose a class game/activity from the Middle School Activity Pack or TE wrap [20] • Students do A.1 **Cahier** written activities [15] 35 minutes	• Introduce homework: Students complete **Cahier** (written) activities (text/**Supersite**) [5] 5 minutes
32 Structure in Context	• Review Homework [5] 5 minutes	• Students do B.2 **Communication** [15] • Complete selected **Cahier** audio activities [15] • Start **Révision** activities [5] 35 minutes	• Introduce homework: Students do selected **Révision** activities (text/**Supersite**) [5] 5 minutes
33 Skill Synthesis: Interpretive (Listening)	• Share & discuss **Révision** [5] • Assessment: **Structures** [5] 10 minutes	• Guide students through **Stratégie** and preparation in **À l'écoute**; present selection [20] • Students (individuals, pairs, or small groups) do **Compréhension** activities [10] 30 minutes	• Introduce homework: Complete **À l'écoute** (text or **Supersite**) [5] 5 minutes
34 Geographical Context	• Review content & context of **À l'écoute** [5] 5 minutes	• Use the Interactive Map on the **Supersite** to situate the featured area geographically [10] • Present **Panorama** through whole class or small groups, jigsaw, numbered heads together, etc. [20] • Student pairs/groups begin activities [5] 35 minutes	• Introduce homework: **Sur Internet** activity (text/ **Supersite**) [5] 5 minutes
35 Skill Synthesis: Interpretive (Reading)	• Have student report and compare their answers to the **Sur Internet** activity [10] 10 minutes	• Guide students through **Avant la lecture** [15] • Students read **Lecture** (whole class or small groups) [15] 30 minutes	• Introduce homework: begin **Après la lecture** activities (text/**Supersite**)[5] 5 minutes
36 Skill Synthesis: Interpretive (Reading)	• Discussion/assessment: **Panorama** [10] 10 minutes	• Go over homework and then do the second **Après la lecture** activity [15] • Assign student pairs or groups to the interpersonal activity at the end of the activity sequence [15] 30 minutes	• Introduce homework: begin **Cahier** activities (**Cahier/Supersite**)[5] 5 minutes
37 Skill Synthesis: Presentational (Writing)	• Discussion/assessment: **Lecture** [10] 10 minutes	• Guide students through **Écriture**, including **Stratégie** and **Thème**, connected to unit context [15] • Students prepare writing plan, sharing with partner [15] 30 minutes	• Introduce homework: First draft of **Thème** of **Écriture** [5] 5 minutes
38 Skill Synthesis: Presentational (Writing)	• Student groups present drafts of **Thème** of **Écriture** [15] 15 minutes	• Student pairs exchange papers and work through **Après l'écriture** [15] • Students discuss their partners' comments and corrections [10] 25 minutes	• Introduce homework: Final draft of **Thème** of **Écriture** [5] 5 minutes
39 Communication-based Synthesis and Review	• Have students report on how the **Stratégie** helped them on their writing assignment [5] 5 minutes	• Connect unit context to language structures & communication via a synthesis of grammar, vocabulary, & skills to prepare for the test [30] 30 minutes	• Confirm understanding of assessment content & grading rubric [5] • Introduce homework: prepare for lesson test using text & **Supersite**; complete **Thème** [5] 10 minutes
40 Assessment	**Orientation** Students look over lesson content in preparation 5 minutes	**Lesson Test: 40 minutes**	

D'accord! 1B Pacing Guide

DAY	Warm-up / Activate	Present / Practice / Communicate
1 Context for Communication	• Evoke student experiences & vocabulary for context; present **Pour commencer** [10] **10 minutes**	• Hand out Student Objectives Worksheet for **Contextes**. Explain how they can track their own progress using the Worksheet [5] • Present vocabulary through illustrations, phrases, categories, association [20] • Student pairs begin **Mise en pratique** [5] **30 minutes**
2 Vocabulary as a Tool	• Student groups review **Mise en pratique** [10] **10 minutes**	• Students do **Communication** [20] • Choose one activity from the Middle School Activity Pack as a class activity [10] **30 minutes**
3 Media as a Bridge	• Assessment: **Contextes** [10] **10 minutes**	• Distribute the **Roman-photo** activities in the **Cahier**. Answer the questions in the **Avant de regarder** [5] • Orient students to **Roman-photo** and **Expressions utiles** through video stills with observation, role-play, and prediction [10] • Read the storyboard in the Student Edition [15] **30 minutes**
4 Media and Culture	• Distribute the **Flash culture** activities in the **Cahier**. Answer the questions in the **Avant de regarder** [10] **10 minutes**	• View **Flash culture** while students answer the questions from the **Cahier** [20] • View, discuss, re-view **Flash culture** [10] **30 minutes**
5 Structure as a Tool	• Assessment: **Roman-photo, Culture, Flash Culture** [10] **10 minutes**	• Present about half of grammatical concept A.1 using text, **Supersite** (slides), and **Roman-photo** segments [10] • Do a whole class quick check to ensure students understand the explanation [5] • Present the balance of grammatical concept A.1 [10] • Do **Essayez!** [5] **30 minutes**
6 Structure in Context	• Review Homework [10] **10 minutes**	• Choose a class game/activity from the Middle School Activity Pack or TE wrap [15] • Students do A.1 **Cahier** written activities [15] **30 minutes**
7 Structure as a Tool	• Assessment: **Structure A.1** [10] **10 minutes**	• Present about half of grammatical concept A.2 using text, **Supersite** (slides), and **Roman-photo** segments [10] • Do a whole class quick check to ensure students understand the explanation [5] • Present the balance of grammatical concept A.2 [10] • Do **Essayez!** [5] **30 minutes**
8 Structure in Context	• Review Homework [10] **10 minutes**	• Choose a class game/activity from the Middle School Activity Pack or TE wrap [15] • Students do A.2 **Cahier** written activities [15] **30 minutes**
9 Authentic Media / Context for Communication	• Assessment **Structures** [10] **10 minutes**	• Introduce, guide discussion of **Le Zapping**; show clip via **Supersite** [15] • Student pairs do post-viewing activities; show clip again as necessary [15] **30 minutes**
10 Vocabulary as a Tool	• Review vocabulary [10] **10 minutes**	• Do the **Écoutez** activity with the whole class, playing the audio as many times as needed [15] • Have student pairs finish **Mise en pratique** [15] **30 minutes**

Reflect	Present / Practice / Communicate	Reflect / Conclude	DAY
• Students pairs restate context of vocabulary [5] 5 minutes	• Do the **Écoutez** activity with the whole class, playing the audio as many times as needed [15] • Have student pairs finish **Mise en pratique** [15] 30 minutes	• Students review and personalize key vocabulary in context [5] • Introduce homework: **Supersite** flashcards, context illustrations & audio; end-of-chapter list with audio [5] 10 minutes	**1**
• Students review and personalize key vocabulary in context [5] 5 minutes	• Present **Les sons et les lettres** (**Supersite**/CD) [15] • Allow all students to check their pronunciation through classroom practice and repetition [15] 30 minutes	• Have students check their progress on their Student Objectives Worksheet [5] • Introduce homework: Continue practicing pronunciation on the **Supersite**; **My Vocabulary**; end-of-chapter list with audio; remaining auto-graded activities (as applicable) [5] 10 minutes	**2**
• Student pairs restate media's use of vocabulary in context [5] 5 minutes	• View **Roman-photo** while students answer the questions from the **Cahier** [20] • Check comprehension and practice using the activities in the Student Edition [10] 30 minutes	• Introduce homework: **Roman-photo** activities (**Supersite**) [5] 5 minutes	**3**
• Student pairs restate media's use of vocabulary in context [5] 5 minutes	• Present (select) **Culture** features in whole class or small groups, jigsaw, numbered heads together, etc. [20] • Assign Activity 3 to student pairs, allowing time for students to present their work to the whole class [15] 35 minutes	• Introduce homework: **Sur Internet** or **Activités** (Text/**Supersite**) [5] 5 minutes	**4**
• Student pairs restate grammar concept to each other [5] 5 minutes	• Hand out Student Objectives Worksheet for **Structures**. Explain how they can track their own progress using the Worksheet [5] • Re-present grammar topic using the Grammar Tutorial (**Supersite**) [10] • Students pairs do assigned activities from A.1 **Mise en pratique** and **Communication** [20] 35 minutes	• Introduce homework: Students complete A.1 **Mise en pratique** and **Communication** (text/**Supersite**); watch tutorials (**Supersite**) [5] 5 minutes	**5**
• Student pairs restate grammar concept to each other [5] 5 minutes	• Students do A.1 **Communication** [15] • Complete selected **Cahier** audio activities [15] • Start **Révision** activities [5] 35 minutes	• Introduce homework: Students do selected **Révision** activities (text/**Supersite**) [5] 5 minutes	**6**
• Student pairs restate grammar concept to each other [5] 5 minutes	• Hand out Student Objectives Worksheet for **Structures**. Explain how they can track their own progress using the Worksheet. [5] • Re-present grammar topic using the Grammar Tutorial (**Supersite**) [10] • Students pairs do assigned activities from A.2 **Mise en pratique** and **Communication** [20] 35 minutes	• Introduce homework: Students complete A.2 **Mise en pratique** and **Communication** (text/**Supersite**); watch tutorials (**Supersite**) [5] 5 minutes	**7**
• Introduce homework: Students complete **Cahier** (written) activities (text/**Supersite**) [5] 5 minutes	• Students do A.2 **Communication** [15] • Complete selected **Cahier** audio activities [15] • Start **Révision** activities [5] 35 minutes	• Introduce homework: Students do selected **Révision** activities (text/**Supersite**) [5] 5 minutes	**8**
• Student pairs restate media's use of vocabulary in context [5] 5 minutes	• Hand out Student Objectives Worksheet for **Contextes**. Explain how they can track their own progress using the Worksheet [5] • Present vocabulary through illustrations, phrases, categories, association [20] • Student pairs begin **Mise en pratique** [5] 30 minutes	• Introduce homework: Complete **Mise en pratique** Act. 1 (text/**Supersite**) [5] 5 minutes	**9**
• Students review and personalize key vocabulary in context [5] 5 minutes	• Students do **Communication** [20] • Choose one activity from the Middle School Activity Pack as a class activity [15] 35 minutes	• Introduce homework: **Supersite** flashcards, context illustrations & audio; end-of-chapter list with audio; remaining auto-graded activities (as applicable) [5] 5 minutes	**10**

D'accord! 1B Pacing Guide

DAY	Warm-up / Activate	Present / Practice / Communicate
11 Vocabulary and Media	• Student groups review **Communication** [10] 10 minutes	• Present **Les sons et les lettres** (**Supersite**/CD) [15] • Allow all students to check their pronunciation through classroom practice and repetition [15] 30 minutes
12 Media and Culture	• Assessment: **Contextes** [10] 10 minutes	• View **Roman-photo** while students answer the questions from the **Cahier** [20] • Check comprehension and practice using the activities in the Student Edition [10] 30 minutes
13 Structure as a Tool	• Assessment: **Roman-photo, Culture** [10] 10 minutes	• Present about half of grammatical concept B.1 using text, **Supersite** (slides), and **Roman-photo** segments [10] • Do a whole class quick check to ensure students understand the explanation [5] • Present the balance of grammatical concept B.1 [10] • Do **Essayez!** [5] 30 minutes
14 Structure in Context	• Review Homework [5] 5 minutes	• Choose a class game/activity from the Middle School Activity Pack or TE wrap [20] • Students do B.2 **Cahier** written activities [15] 35 minutes
15 Structure as a Tool	• Assessment: **Structures B.1** [10] 10 minutes	• Present about half of grammatical concept B.2 using text, **Supersite** (slides), and **Roman-photo** segments [10] • Do a whole class quick check to ensure students understand the explanation [5] • Present the balance of grammatical concept B.2 [10] • Do **Essayez!** [5] 30 minutes
16 Structure in Context	• Review Homework [5] 5 minutes	• Choose a class game/activity from the Middle School Activity Pack or TE wrap [20] • Students do A.1 **Cahier** written activities [15] 35 minutes
17 Skill Synthesis	• Assessment: **Structures** [10] 10 minutes	• Guide students through **Stratégie** and preparation in **À l'écoute**; present selection [20] • Students (individuals, pairs, or small groups) do **Compréhension** activities [10] 30 minutes
18 Skill Synthesis: Interpretive (Reading)	• Discussion/assessment: **Panorama** [10] 10 minutes	• Guide students through **Avant la lecture**, including **Stratégie** [15] • Students read **Lecture** (whole class or small groups) [15] 30 minutes
19 Skill Synthesis: Presentational (Writing)	• Discussion/assessment: **Lecture** [10] 10 minutes	• Guide students through **Écriture**, including **Stratégie** and **Thème**, connected to unit context [15] • Students prepare writing plan, sharing with partner [15] 30 minutes
20 Assessment	• Student groups present **Écriture** [15] 15 minutes	• Connect unit context to language structures & communication via a synthesis of grammar, vocabulary, & skills to prepare for the test [20] 20 minutes

Reflect	Present / Practice / Communicate	Reflect / Conclude	DAY
• Have students check their progress on their Student Objectives Worksheet [5] **5 minutes**	• Distribute the **Roman-photo** activities in the **Cahier**. Answer the questions in the **Avant de regarder** [5] • Orient students to **Roman-photo** and **Expressions utiles** through video stills with observation, role-play, and prediction [10] • Read the storyboard in the Student Edition [20] **35 minutes**	• Introduce homework: **Roman-photo** activities (Text/**Supersite**) [5] **5 minutes**	11
• Student pairs restate media's use of vocabulary in context [5] **5 minutes**	• Present (select) **Culture** features in whole class or small groups, jigsaw, numbered heads together, etc. [20] • Assign Activity 3 to student pairs, allowing time for students to present their work to the whole class [15] **35 minutes**	• Introduce homework: **Sur Internet** or Activités (Text/**Supersite**) [5] **5 minutes**	12
• Student pairs restate grammar concept to each other [5] **5 minutes**	• Hand out Student Objectives Worksheet for **Structures**. Explain how they can track their own progress using the Worshee. [5] • Re-present grammar topic using the Grammar Tutorial (**Supersite**) [10] • Students pairs do assigned activities from B.1 **Mise en pratique** and **Communication** [20] **35 minutes**	• Introduce homework: Students complete B.1 **Mise en pratique** and **Communication** (text/**Supersite**); watch tutorials (**Supersite**) [5] **5 minutes**	13
• Student pairs restate grammar concept to each other [5] **5 minutes**	• Students do B.1 **Communication** [15] • Complete selected **Cahier** audio activities [15] • Start **Révision** activities [5] **35 minutes**	• Introduce homework: Students do selected **Révision** activities (text/**Supersite**) [5] **5 minutes**	14
• Student pairs restate grammar concept to each other [5] **5 minutes**	• Hand out Student Objectives Worksheet for **Structures**. Explain how they can track their own progress using the Worksheet [5] • Re-present grammar topic using the Grammar Tutorial (**Supersite**) [10] • Students pairs do assigned activities from B.2 **Mise en pratique** and **Communication** [20] **35 minutes**	• Introduce homework: Students complete B.2 **Mise en pratique** and **Communication** (text/**Supersite**); watch tutorials (**Supersite**) [5] **5 minutes**	15
• Student pairs restate grammar concept to each other [5] **5 minutes**	• Students do B.2 **Communication** [15] • Complete selected **Cahier** audio activities [15] • Start **Révision** activities [5] **35 minutes**	• Introduce homework: Students do selected **Révision** activities (text/**Supersite**) [5] **5 minutes**	16
• Student pairs connect **À l'écoute** selection to unit content [5] **5 minutes**	• Use the Interactive Map on the **Supersite** to situate the featured area geographically. Review (or teach) country names, capitals, and bordering nations. [10] • Present **Panorama** through whole class or small groups, jigsaw, numbered heads together, etc. [20] • Student pairs/groups begin activities [5] **35 minutes**	• Introduce homework: **Sur Internet** activity (text/**Supersite**) [5] **5 minutes**	17
• Student pairs begin **Après la lecture** activities [5] **5 minutes**	• Complete the second **Après la lecture** activity [15] • Assign student pairs or groups to the interpersonal activity at the end of the activity sequence, giving students time to prepare and practice [15] **30 minutes**	• Introduce homework: begin **Cahier** activities (**Cahier**/**Supersite**)[5] **5 minutes**	18
• Student pairs confirm understanding of assessment content & grading rubric [5] **5 minutes**	• Student pairs exchange papers and work through **Après l'écriture** [15] • Students discuss their partners' comments and corrections [10] **25 minutes**	• Introduce homework: Final draft of **Thème** of **Écriture** [5] **5 minutes**	19
• Student pairs confirm understanding of assessment content & grading rubric [10] **10 minutes**	**Assessment** **Lesson Test: 40 minutes**		20

D'accord! 1B Index of Cultural References

D'accord! 1B

LANGUE ET CULTURE DU MONDE FRANCOPHONE

VISTA®
HIGHER LEARNING

Boston, Massachusetts

Cover photos: clockwise from top left: characters from the **D'ACCORD!**
Roman-photo video program in Aix-en-Provence, France; door detail, Rabat, Morocco;
grapes at a local market, Troyes, France; Sénanque Abbey with lavender fields,
Provence, France

Publisher: José A. Blanco
Vice President, Editorial Director: Amy Baron
Executive Editor: Sharla Zwirek
Senior National Language Consultant: Norah Lulich Jones
Editorial Development: Diego García
Rights Management: Jorgensen Fernandez, Annie Pickert Fuller, Caitlin O'Brien
Technology Production: Paola Ríos Schaaf, Erica Solari
Design: Mark James, Jhoany Jiménez, Andrés Vanegas
Production: Manuela Arango, Oscar Díez, Jennifer López

Student Text ISBN: 978-1-68004-106-4
Printed in the United States of America.
Library of Congress Control Number: 2014955377

1 2 3 4 5 6 7 8 9 WC 20 19 18 17 16 15

D'accord! 1B

LANGUE ET CULTURE DU MONDE FRANCOPHONE

TABLE OF CONTENTS

LA FAMILLE

AU CAFÉ

structures | synthèse | savoir-faire

TABLE OF CONTENTS

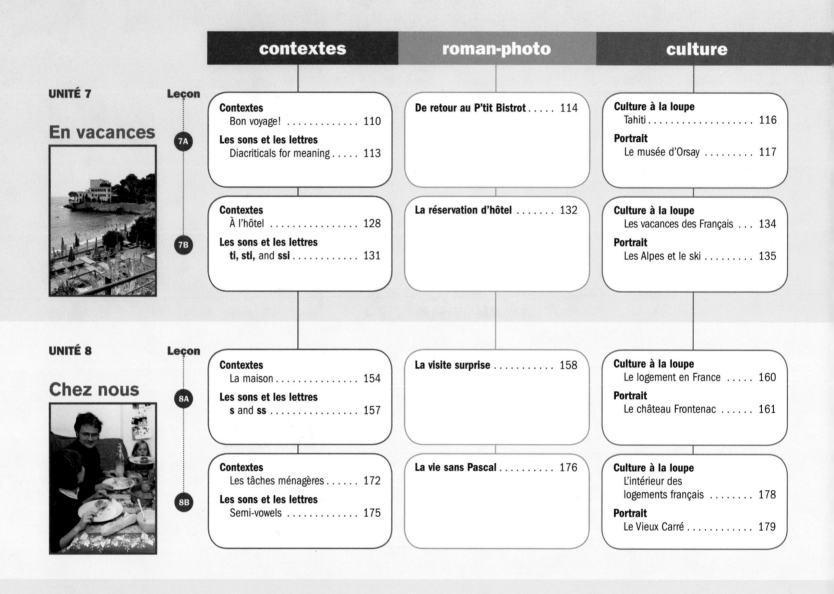

structures	synthèse	savoir-faire

Le monde francophone

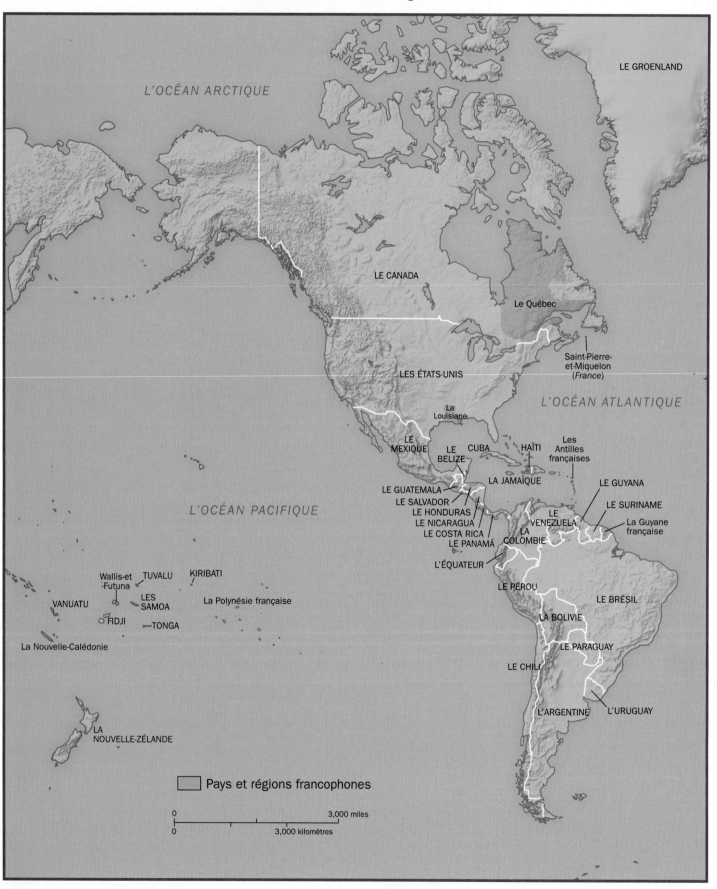

LE GROENLAND

L'OCÉAN ARCTIQUE

LE CANADA

Le Québec

Saint-Pierre-
et-Miquelon
(France)

LES ÉTATS-UNIS

L'OCÉAN ATLANTIQUE

La Louisiane

LE
MEXIQUE

LE
BELIZE   CUBA   HAÏTI   Les
Antilles
françaises

LA JAMAÏQUE

LE GUATEMALA
LE SALVADOR
LE HONDURAS
LE NICARAGUA
LE COSTA RICA
LE PANAMÁ

LE GUYANA

LE SURINAME

La Guyane
française

LE
VENEZUELA

LA
COLOMBIE

L'ÉQUATEUR

L'OCÉAN PACIFIQUE

LE PÉROU

LE BRÉSIL

Wallis-et
-Futuna   TUVALU   KIRIBATI

VANUATU   LES
SAMOA   La Polynésie française

FIDJI   TONGA

La Nouvelle-Calédonie

LA BOLIVIE

LE PARAGUAY

LE CHILI

L'ARGENTINE   L'URUGUAY

LA
NOUVELLE-ZÉLANDE

Pays et régions francophones

0   3,000 miles
0   3,000 kilomètres

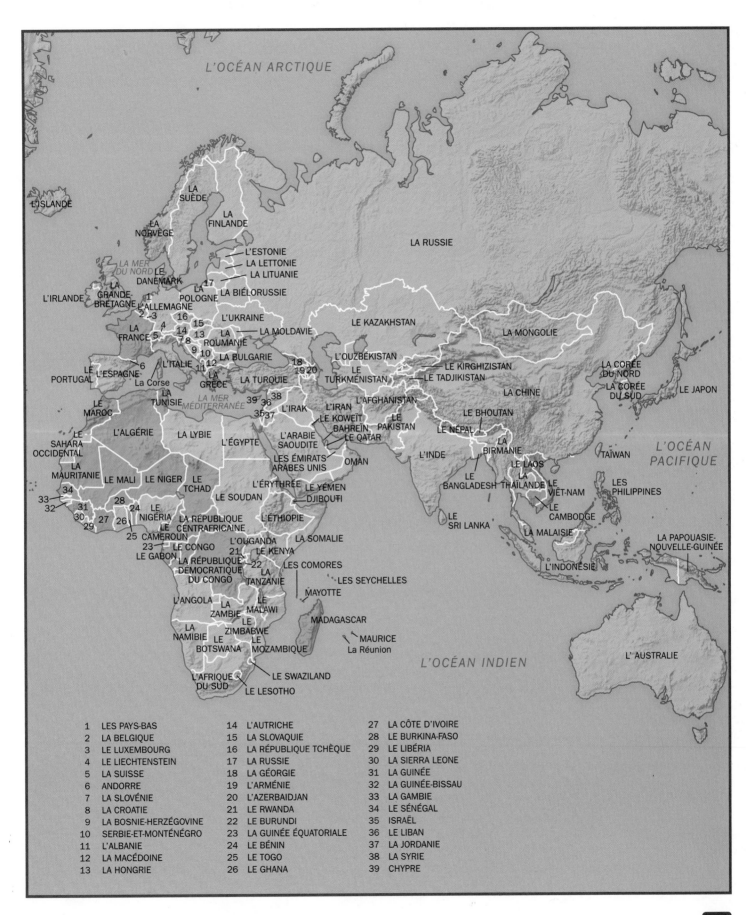

L'OCÉAN ARCTIQUE

L'ISLANDE

LA SUÈDE
LA NORVÈGE
LA FINLANDE

LA RUSSIE

LA MER DU NORD

L'ESTONIE
LA LETTONIE
LA LITUANIE

L'IRLANDE
LA GRANDE-BRETAGNE

LE DANEMARK
LA POLOGNE
L'ALLEMAGNE
LA BIÉLORUSSIE

17

1
2 3
16
15
L'UKRAINE
LE KAZAKHSTAN
LA MONGOLIE

LA FRANCE
4
5
14
13
7 8
LA ROUMANIE
9 10
12
L'ITALIE
11
LA MOLDAVIE
L'OUZBÉKISTAN
LE KIRGHIZISTAN
LA CORÉE DU NORD
LA CORÉE DU SUD
LE JAPON

6
LA BULGARIE
18
19 20
LE TURKMÉNISTAN
LE TADJIKISTAN
LA CHINE

LE PORTUGAL
L'ESPAGNE
La Corse
LA GRÈCE
LA TURQUIE

LA TUNISIE
38
39 36
35 37
L'IRAK
L'IRAN
L'AFGHANISTAN
LE BHOUTAN

LA MER MÉDITERRANÉE
LE MAROC
LE KOWEÏT
BAHREÏN
LE QATAR
LE PAKISTAN
LE NÉPAL
TAÏWAN

L'ALGÉRIE
LA LYBIE
L'ÉGYPTE
L'ARABIE SAOUDITE
LA BIRMANIE
L'OCÉAN PACIFIQUE

LE SAHARA OCCIDENTAL
LES ÉMIRATS ARABES UNIS
OMAN
L'INDE
LE LAOS

LA MAURITANIE
LE MALI
LE NIGER
LE TCHAD
L'ÉRYTHRÉE
LE YÉMEN
LE BANGLADESH
LA THAÏLANDE
LE VIÊT-NAM
LES PHILIPPINES

34
33
32
31
28
24
LE SOUDAN
DJIBOUTI
LE SRI LANKA
LE CAMBODGE

30 27 26
LE NIGÉRIA
L'ÉTHIOPIE
LA MALAISIE

29
25
LE CAMEROUN
LA RÉPUBLIQUE CENTRAFRICAINE
LA PAPOUASIE-NOUVELLE-GUINÉE

23
LE CONGO
L'OUGANDA
21
LE KENYA
LA SOMALIE

LE GABON
LA RÉPUBLIQUE DÉMOCRATIQUE DU CONGO
22
LA TANZANIE
LES COMORES
L'INDONÉSIE

LES SEYCHELLES
MAYOTTE

L'ANGOLA
LA ZAMBIE
LE MALAWI
MADAGASCAR

LA NAMIBIE
LE ZIMBABWE
MAURICE
La Réunion

LE BOTSWANA
LE MOZAMBIQUE
L'OCÉAN INDIEN
L'AUSTRALIE

L'AFRIQUE DU SUD
LE SWAZILAND
LE LESOTHO

1	LES PAYS-BAS	14	L'AUTRICHE	27	LA CÔTE D'IVOIRE
2	LA BELGIQUE	15	LA SLOVAQUIE	28	LE BURKINA-FASO
3	LE LUXEMBOURG	16	LA RÉPUBLIQUE TCHÈQUE	29	LE LIBÉRIA
4	LE LIECHTENSTEIN	17	LA RUSSIE	30	LA SIERRA LEONE
5	LA SUISSE	18	LA GÉORGIE	31	LA GUINÉE
6	ANDORRE	19	L'ARMÉNIE	32	LA GUINÉE-BISSAU
7	LA SLOVÉNIE	20	L'AZERBAIDJAN	33	LA GAMBIE
8	LA CROATIE	21	LE RWANDA	34	LE SÉNÉGAL
9	LA BOSNIE-HERZÉGOVINE	22	LE BURUNDI	35	ISRAËL
10	SERBIE-ET-MONTÉNÉGRO	23	LA GUINÉE ÉQUATORIALE	36	LE LIBAN
11	L'ALBANIE	24	LE BÉNIN	37	LA JORDANIE
12	LA MACÉDOINE	25	LE TOGO	38	LA SYRIE
13	LA HONGRIE	26	LE GHANA	39	CHYPRE

L'Amérique du Nord et du Sud

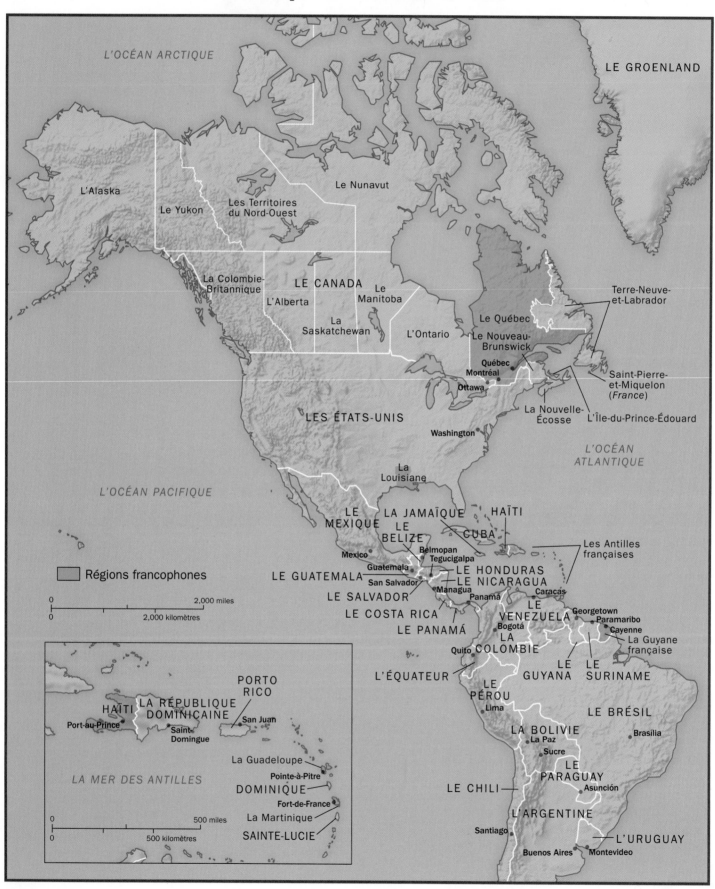

L'OCÉAN ARCTIQUE

LE GROENLAND

L'Alaska

Le Yukon

Les Territoires du Nord-Ouest

Le Nunavut

La Colombie-Britannique

LE CANADA

L'Alberta

La Saskatchewan

Le Manitoba

L'Ontario

Le Québec

Terre-Neuve-et-Labrador

Le Nouveau-Brunswick

Québec

Montréal

Ottawa

Saint-Pierre-et-Miquelon (France)

La Nouvelle-Écosse

L'Île-du-Prince-Édouard

LES ÉTATS-UNIS

Washington

L'OCÉAN ATLANTIQUE

La Louisiane

L'OCÉAN PACIFIQUE

LE MEXIQUE

LA JAMAÏQUE

HAÏTI

LE BELIZE

CUBA

Belmopan

Mexico

Tegucigalpa

Les Antilles françaises

Régions francophones

Guatemala

LE HONDURAS

0   2,000 miles

LE GUATEMALA

San Salvador

LE NICARAGUA

0   2,000 kilomètres

Managua

Caracas

LE SALVADOR

Panamá

LE COSTA RICA

LE VENEZUELA

Georgetown

Paramaribo

LE PANAMÁ

Bogotá

Cayenne

La Guyane française

Quito

LA COLOMBIE

LE GUYANA

LE SURINAME

L'ÉQUATEUR

LE PÉROU

Lima

LE BRÉSIL

PORTO RICO

HAÏTI

LA RÉPUBLIQUE DOMINICAINE

San Juan

LA BOLIVIE

La Paz

Brasília

Port-au-Prince

Saint-Domingue

Sucre

LE PARAGUAY

La Guadeloupe

Asunción

Pointe-à-Pitre

LE CHILI

LA MER DES ANTILLES

DOMINIQUE

Fort-de-France

L'ARGENTINE

0   500 miles

La Martinique

Santiago

L'URUGUAY

0   500 kilomètres

SAINTE-LUCIE

Buenos Aires

Montevideo

La France

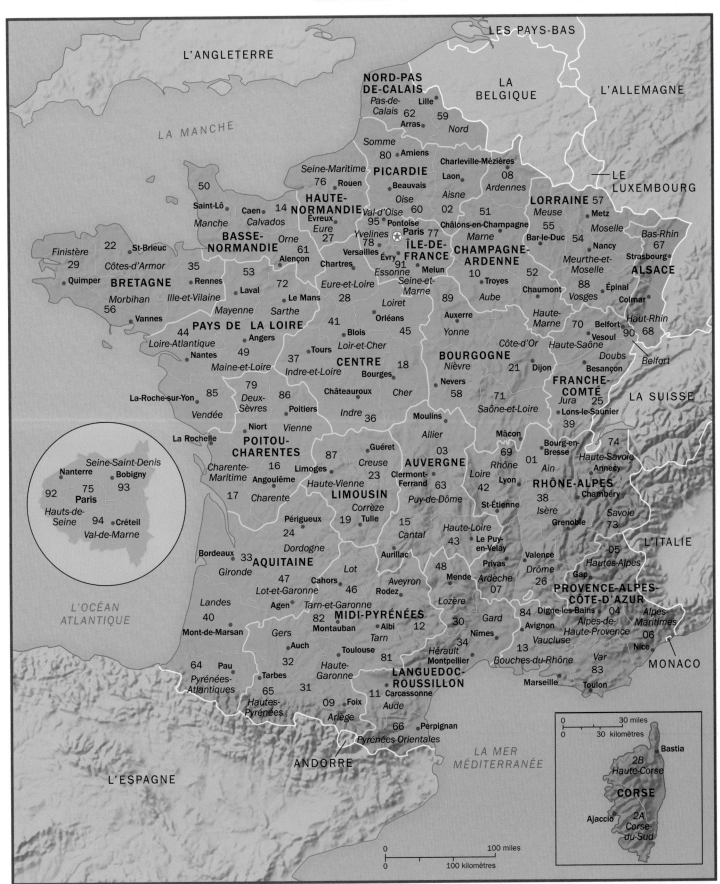

L'ANGLETERRE

LES PAYS-BAS

L'ALLEMAGNE

LA BELGIQUE

LE LUXEMBOURG

LA MANCHE

NORD-PAS DE-CALAIS
Pas-de-Calais 62 Lille
Arras 59 *Nord*

Somme
80 Amiens

Charleville-Mézières
Seine-Maritime **PICARDIE** Laon 08
76 Rouen Beauvais *Ardennes*
HAUTE- *Oise* *Aisne*
Saint-Lô Caen 14 **NORMANDIE** *Val-d'Oise* 60 02 51 **LORRAINE** 57
Manche *Calvados* Évreux 95 Pontoise Châlons-en-Champagne *Meuse* Metz
Eure Paris 77 *Marne* Bar-le-Duc 55 54 *Moselle*
BASSE- *Orne* *Yvelines* Versailles 78 Évry **ÎLE-DE-** Nancy
St-Brieuc **NORMANDIE** 61 Chartres 91 FRANCE **CHAMPAGNE-** *Meurthe-et-* Bas-Rhin 67
22 Alençon *Essonne* **ARDENNE** *Moselle* Strasbourg
Côtes-d'Armor 35 53 *Eure-et-Loire* Melun 10 Troyes Chaumont 88 Épinal **ALSACE**
Finistère 72 28 *Seine-et-* *Aube* *Vosges* Colmar
29 Quimper Rennes *Marne* 89 *Haute-* 70 Belfort Haut-Rhin
BRETAGNE Laval Le Mans *Loiret* Auxerre *Marne* Vesoul 90 68
Morbihan *Ille-et-Vilaine* Orléans *Yonne* *Côte-d'Or* *Haute-Saône* Belfort
56 Vannes *Mayenne* *Sarthe* 41 45 **BOURGOGNE** Dijon Besançon
44 Angers Tours Blois *Nièvre* 21 **FRANCHE-**
PAYS DE LA LOIRE 49 37 *Loir-et-Cher* 18 Nevers 71 **COMTÉ** *Jura* 25
Loire-Atlantique Nantes *Maine-et-Loire* **CENTRE** Bourges 58 *Saône-et-Loire* Lons-le-Saunier
79 *Indre-et-Loire* Châteauroux *Cher* Moulins 39
La-Roche-sur-Yon 85 86 Poitiers *Indre* 36 Mâcon 74
Vendée Niort *Vienne* *Allier* 69 Bourg-en-Bresse *Haute-Savoie*
La Rochelle 87 Guéret 03 *Rhône* 01 Annecy
POITOU- 16 Limoges *Creuse* **AUVERGNE** Lyon *Ain*
Charente- **CHARENTES** 23 Clermont- 63 42 **RHÔNE-ALPES**
Maritime Angoulême *Haute-Vienne* Ferrand *Loire* Chambéry
17 *Charente* **LIMOUSIN** *Puy-de-Dôme* St-Étienne 38 Savoie
Corrèze 15 *Haute-Loire* *Isère* 73
Périgueux 19 Tulle *Cantal* 43 Le Puy- Grenoble
24 en-Velay Valence 05
Dordogne Aurillac 48 Privas *Drôme* *Hautes-Alpes* L'ITALIE
Bordeaux 33 **AQUITAINE** *Lot* Mende *Ardèche* 26 Gap
Gironde 47 Cahors *Aveyron* 07 **PROVENCE-ALPES-**
Lot-et-Garonne 46 Rodez *Lozère* 84 Digne-les-Bains 04 **CÔTE-D'AZUR**
Landes Agen *Tarn-et-Garonne* 30 *Gard* *Alpes-de-* *Alpes-*
40 82 **MIDI-PYRÉNÉES** Albi 12 Nîmes *Haute-Provence* *Maritimes*
Mont-de-Marsan Montauban *Tarn* 34 Avignon 06 Nice
Gers Toulouse 81 *Hérault* 13 *Vaucluse* MONACO
64 Pau 32 *Haute-* Montpellier *Bouches-du-Rhône* *Var*
Pyrénées- Tarbes *Garonne* **LANGUEDOC-** 83
Atlantiques 65 31 11 **ROUSSILLON** Marseille Toulon
Hautes- 09 Foix Carcassonne
Pyrénées Ariège *Aude*
66 Perpignan
Pyrénées-Orientales
ANDORRE LA MER MÉDITERRANÉE

L'OCÉAN ATLANTIQUE

L'ESPAGNE

Seine-Saint-Denis
Nanterre Bobigny
92 75 93
Paris
Hauts-de-Seine 94 Créteil
Val-de-Marne

LA SUISSE

0   30 miles
0   30 kilomètres

CORSE
Bastia
2B
Haute-Corse
Ajaccio 2A
Corse-du-Sud

0   100 miles
0   100 kilomètres

L'Europe

Pays francophones

LA MER DE BARENTS

LA MER DE NORVÈGE

L'ISLANDE
Reykjavik

LA SUÈDE

LA FINLANDE

LA NORVÈGE
Oslo
Stockholm
Helsinki
Tallinn
L'ESTONIE

LA RUSSIE

Moscou

Riga
LA LETTONIE

LA MER DU NORD
LE DANEMARK
Copenhague

LA MER BALTIQUE

LA LITUANIE
Vilnius
LA RUSSIE
Minsk

Dublin
L'IRLANDE
LA GRANDE BRETAGNE

LES PAYS-BAS

Berlin

Varsovie

LA BIÉLORUSSIE

Londres
La Haye

L'OCÉAN ATLANTIQUE

Bruxelles
LA BELGIQUE
L'ALLEMAGNE

LA POLOGNE

Kiev
L'UKRAINE

Paris

Luxembourg
LE LUXEMBOURG

LE LIECHTENSTEIN

Prague
LA RÉPUBLIQUE TCHÈQUE
LA SLOVAQUIE
Bratislava
Vienne
Budapest

LA MOLDAVIE
Chisinau

LA FRANCE

Berne
LA SUISSE

L'AUTRICHE
LA HONGRIE
LA ROUMANIE

LA MER NOIRE

Ljubljana
LA SLOVÉNIE
Zagreb
LA CROATIE

Belgrade
Bucarest

Monte Carlo
ANDORRE
Andorre-la-Vieille
MONACO

LA BOSNIE-HERZÉGOVINE
Sarajevo
SERBIE-ET-MONTÉNÉGRO

LA BULGARIE
Sofia
Skopje

LE PORTUGAL
L'ITALIE
Rome
Tirana
LA MACÉDOINE

LA TURQUIE

Madrid
La Corse
L'ALBANIE

Lisbonne
L'ESPAGNE
La Sardaigne

LA GRÈCE

La Sicile
Athènes
Nicosie

CHYPRE

La Valette
MALTE

LA MER MÉDITERRANÉE

LE MAROC
L'ALGÉRIE
LA TUNISIE

L'ÉGYPTE

LA LIBYE

0   500 miles
0   500 kilomètres

L'Afrique

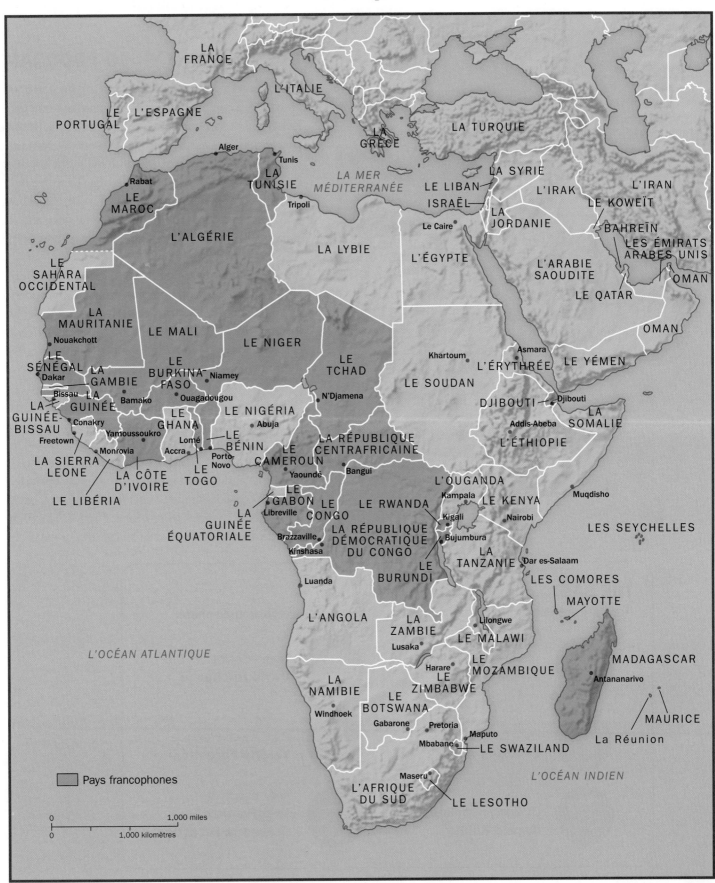

LA FRANCE

L'ITALIE

LE PORTUGAL   L'ESPAGNE

LA TURQUIE

LA GRÈCE

Alger

Tunis

LA TUNISIE

LA MER MÉDITERRANÉE

LA SYRIE

LE LIBAN   L'IRAK   L'IRAN

ISRAËL   LE KOWEÏT

Rabat

LE MAROC

Tripoli

LA JORDANIE   BAHREÏN

Le Caire   LES ÉMIRATS ARABES UNIS

L'ALGÉRIE

LA LYBIE   L'ÉGYPTE   L'ARABIE SAOUDITE   OMAN

LE SAHARA OCCIDENTAL   LE QATAR

OMAN

LA MAURITANIE   LE MALI   LE NIGER   Khartoum   Asmara   LE YÉMEN

Nouakchott   L'ÉRYTHRÉE

LE SÉNÉGAL   LE BURKINA FASO   LE TCHAD   LE SOUDAN

Dakar   LA GAMBIE   Niamey

Bissau   Bamako   Ouagadougou   N'Djamena   DJIBOUTI   Djibouti

LA GUINÉE   LA SOMALIE

LA GUINÉE-BISSAU   Conakry   LE NIGÉRIA   Addis-Abeba

Freetown   LE GHANA   Abuja   LA RÉPUBLIQUE CENTRAFRICAINE   L'ÉTHIOPIE

Yamoussoukro   Lomé   LE BÉNIN

LA SIERRA LEONE   Accra   LE CAMEROUN

Monrovia   Porto-Novo   L'OUGANDA   LE KENYA   Muqdisho

LA CÔTE D'IVOIRE   LE TOGO   Yaoundé   Bangui

LE LIBÉRIA   LE GABON   LE RWANDA   Kampala   LES SEYCHELLES

LA GUINÉE ÉQUATORIALE   Libreville   LE CONGO   Kigali   Nairobi

LA RÉPUBLIQUE DÉMOCRATIQUE DU CONGO   Bujumbura

Brazzaville   LA TANZANIE   Dar es-Salaam

Kinshasa   LE BURUNDI

Luanda   LES COMORES

L'ANGOLA   MAYOTTE

LA ZAMBIE   Lilongwe

L'OCÉAN ATLANTIQUE   Lusaka   LE MALAWI

Harare   LE MOZAMBIQUE   MADAGASCAR

LA NAMIBIE   LE ZIMBABWE   Antananarivo

Windhoek   LE BOTSWANA   MAURICE

Gabarone   Pretoria   Maputo   La Réunion

Mbabane   LE SWAZILAND

Maseru   L'OCÉAN INDIEN

L'AFRIQUE DU SUD   LE LESOTHO

☐ Pays francophones

0 ———— 1,000 miles
0 ———— 1,000 kilomètres

xiii

ROMAN-PHOTO VIDEO PROGRAM

Fully integrated with your textbook, the **Roman-photo** video series contains 36 dramatic episodes—one for each lesson in Levels 1 and 2, and 6 episodes in the **Reprise** chapter in Level 3. The episodes present the adventures of four college students who are studying in the south of France at the Université Aix-Marseille. They live in apartments above and near Le P'tit Bistrot, a café owned by Valérie Forestier. The videos tell their story and the story of Madame Forestier and her teenage son, Stéphane.

The **Roman-photo** dialogues in the printed textbook are an abbreviated version of the dramatic version of the video episodes. Therefore, each **Roman-photo** section in the text can used as a preparation before you view the corresponding video episode, as post-viewing reinforcement, or as a stand-alone section.

Each episode in Levels 1 and 2 feature the characters using the vocabulary and grammar you are studying, as well as previously taught language. Each episode ends with a **Reprise** segment, which features the key language functions and grammar points used in the episode. The first four episodes in the Level 3 **Reprise** chapter review the topics and structures from Levels 1 and 2. The final two episodes bring you up-to-date on the lives of the characters.

THE CAST
Here are the main characters you will meet when you watch **Roman-photo**:

Of Senegalese heritage
Amina Mbaye

From Washington, D.C.
David Duchesne

From Paris
Sandrine Aubry

From Aix-en-Provence
Valérie Forestier

Of Algerian heritage
Rachid Kahlid

And, also from
Aix-en-Provence
Stéphane Forestier

FLASH CULTURE VIDEO PROGRAM

For one lesson in each chapter, a **Flash culture** segment allows you to experience the sights and sounds of the French-speaking world and the daily life of French speakers. Each segment is from two-to-three minutes long and is correlated to your textbook in one **Culture** section in each unit.

Hosted by narrators Csilla and Benjamin, these segments of specially shot footage transport you to a variety of venues: schools, parks, public squares, cafés, stores, cinemas, outdoor markets, city streets, festivals, and more. They also incorporate mini-interviews with French speakers in various walks of life: for example, family members, friends, students, and people in different professions.

The footage was filmed taking special care to capture rich, vibrant images that will expand your cultural perspectives with information directly related to the content of your textbook. In addition, the narrations were carefully written to reflect the vocabulary and grammar covered in **D'ACCORD!**

Each section of your textbook comes with activities on the **D'ACCORD!** Supersite, many of which are auto-graded with immediate feedback. Plus, the Supersite is iPad®-friendly, so it can be accessed on the go! Visit vhlcentral.com to explore the wealth of exciting resources.

Audio:
Vocabulary Practice
My Vocabulary

CONTEXTES
Listen to the audio recording of the vocabulary, and practice using Flashcards, My Vocabulary, and activities that give you immediate feedback.

Audio: Explanation
Record and Compare

LES SONS ET LES LETTRES
Improve your accent by listening to native speakers, then recording your voice and comparing it to the samples provided.

Video: *Roman-photo*
Record and Compare

ROMAN-PHOTO
Travel with David to Aix-en-Provence, France, and meet a group of students living there. Watch the video again at home to see the characters use the vocabulary in a real context.

Reading
Video: *Flash culture*

CULTURE
Experience the sights and sounds of the Francophone world. Watch the **Flash culture** video to expand your cultural perspectives by listening to a variety of native speakers of French. Explore cultural topics through the **Sur Internet** activity.

Presentation
Tutorial

STRUCTURES
Watch an animated, interactive tutorial or review the presentation.

Video: TV Clip
Audio: Activities

SYNTHÈSE
Watch the **Le Zapping** video again outside of class so that you can pause and repeat to really understand what you hear. Practice listening strategies with the online audio activities for **À l'écoute**.

Audio: Synced Reading
Interactive Map
Reading

SAVOIR-FAIRE
Listen along with the Audio-Synced Reading. Use the Interactive Map to explore the places you might want to visit. There's a lot of additional practice, including Internet searches and auto-graded activities.

Audio: Vocabulary
Flashcards
My Vocabulary

VOCABULAIRE
Just what you need to get ready for the test! Review the vocabulary with audio and Flashcards.

Icons

Familiarize yourself with these icons that appear throughout **D'ACCORD!**

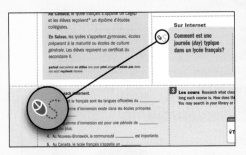

Activity Online
The mouse icon indicates when an activity is also available on the Supersite.

Pair/Group Activities
Two faces indicate a pair activity, and three indicate a group activity.

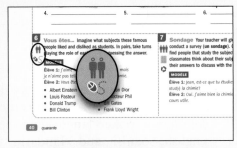

Partner Chat/Virtual Chat Activities
Pair and mouse icons together indicate that the activity may be assigned as a Partner Chat or Virtual Chat video or audio activity on the Supersite.

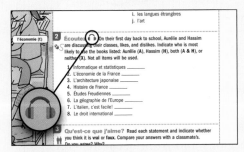

Listening
The headphones icon indicates that audio is available. You will see it in the lesson's **Contextes**, **Les sons et les lettres**, **À l'écoute**, and **Vocabulaire** sections, as well as with all activities that require audio.

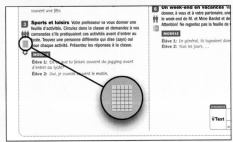

Handout
The activities marked with these icons require handouts that your teacher will give you to help you complete the activities.

Recycle
The recycling icon indicates that you will need to use vocabulary and grammar learned in previous lessons.

Resources

Ressources boxes let you know exactly which print and technology ancillaries you can use to reinforce and expand on every section of the lessons in your textbook. They even include page numbers when applicable.

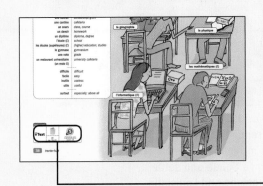

vText
Materials also available in the interactive online textbook

Cahier de l'élève
All-in-one workbook with additional vocabulary and grammar practice; audio activities; and pre-, while-, and post-viewing activities for the video programs

Supersite
Additional practice on the Supersite, not included in the textbook

The French-speaking World

Do you know someone who speaks French? Chances are you do! French is the fourth most commonly spoken language in the U.S., after English, Spanish, and Mandarin, and is the second most common language in some states. More than 1 million Americans speak French at home. It is the official language of more than twenty-five countries and an official language of the European Union and United Nations. English and French are the only two languages that are spoken on every continent of the world.

The French-speaking World

Speakers of French
(approx. 200 million worldwide)

■ America and the Caribbean	7%
■ Asia and Oceania	1%
■ Europe	42%
■ North Africa and the Middle-East	11%
■ Sub-Saharan Africa and the Indian Ocean	39%

Source: Organisation internationale de la Francophonie

The Growth of French

Have you ever heard someone say that French is a Romance language? This doesn't mean it's romantic—although some say it is the language of love!—but that it is derived from Latin, the language of the Romans. Gaul, a country largely made up of what is now France and Belgium, was absorbed into the Roman Empire after the Romans invaded Gaul in 58 B.C. Most Gauls began speaking Latin. In the third century, Germanic tribes including the Franks invaded the Roman territories of Western Europe. Their language also influenced the Gauls. As the Roman empire collapsed in the fifth century, people in outlying regions and frontiers were cut off from Rome. The Latin spoken by each group was modified more and more over time. Eventually, the language that was spoken in Paris became the standard for modern-day French.

French in the United States

1500

1600

1700

1534
Jacques Cartier claims territories for France as he explores the St. Lawrence river, and the French establish fur-trading posts.

1600s
French exploration continues in the Great Lakes and the Mississippi Valley. La Salle takes the colony of Louisiana for France in 1682.

1685–1755
The Huguenots (French Protestants) form communities in America. French Acadians leave Nova Scotia and settle in northern New England and Louisiana.

French in the United States

French came to North America in the 16th and 17th centuries when French explorers and fur traders traveled through what is now America's heartland. French-speaking communities grew rapidly when the French Acadians were forced out of their Canadian settlement in 1755 and settled in New England and Louisiana. Then, in 1803, France sold the Louisiana territory to the United States for 80 million francs, or about 15 million dollars. Overnight, thousands of French people became citizens of the United States, bringing with them their rich history, language, and traditions.

This heritage, combined with that of the other French populations that have immigrated to the United States over the years, as well as U.S. relations with France in World Wars I and II, has led to the remarkable growth of French around the country. After English and Spanish, it is the third most commonly spoken language in the nation. Louisiana, Maine, New Hampshire, and Vermont claim French as the second most commonly spoken language after English.

You've made a popular choice by choosing to take French in school; it is the second most commonly taught foreign language in classrooms throughout the country! Have you heard people speaking French in your community? Chances are that you've come across an advertisement, menu, or magazine that is in French. If you look around, you'll find that French can be found in some pretty common places. Depending on where you live, you may see French on grocery items such as juice cartons and cereal boxes. In some large cities, you can see French language television broadcasts on stations such as TV5Monde. When you listen to the radio or download music from the Internet, some of the most popular choices are French artists who perform in French. In fact, French music sales to the United States have more than doubled since 2004. French and English are the only two official languages of the Olympic Games. More than 20,000 words in the English language are of French origin. Learning French can create opportunities within your everyday life.

1800   **1900**   **2000**

1803
The United States purchases Louisiana, where Cajun French is widely spoken.

1980s
Nearly all high schools, colleges, and universities in the United States offer courses in French as a foreign language. It is the second most commonly studied language.

2009
French is the fourth most commonly spoken language in the U.S., with 1.3 million speakers.

Why Study French?

Connect with the World

Learning French can change how you view the world. While you learn French, you will also explore and learn about the origins, customs, art, music, and literature of people all around the world. When you travel to a French-speaking country, you'll be able to converse freely with the people you meet. And whether here in the U.S. or abroad, you'll find that speaking to people in their native language is the best way to bridge any culture gap.

Learn an International Language

There are many reasons for learning French, a language that has spread to many parts of the world and has along the way embraced words and sounds of languages as diverse as Latin, Arabic, German, and Celtic. The French language, standardized and preserved by the **Académie française** since 1634, is now among the most commonly spoken languages in the world. It is the second language of choice among people who study languages other than English in North America.

Understand the World Around You

Knowing French can also open doors to communities within the United States, and it can broaden your understanding of the nation's history and geography. The very names Delaware, Oregon, and Vermont are French in origin. Just knowing their meanings can give you some insight into, of all things, the history and landscapes for which the states are known. Oregon is derived from a word that means "hurricane," which tells you about the windiness of the Columbia River; and Vermont

City Name	Meaning in French
Bel Air, California	"good air"
Boise, Idaho	"wooded"
Des Moines, Iowa	"river of the monks"
Montclair, New Jersey	"clear mountain"

comes from a phrase meaning "green mountain," which is why its official nickname is The Green Mountain State. You've already been speaking French whenever you talk about these states!

Explore Your Future

How many of you are already planning your future careers? Employers in today's global economy look for workers who know different languages and understand other cultures. Your knowledge of French will make you a valuable candidate for careers abroad as well as in the United States. Doctors, nurses, social workers, hotel managers, journalists, businesspeople, pilots, flight attendants, and many other kinds of professionals need to know French or another foreign language to do their jobs well.

Expand Your Skills

Studying a foreign language can improve your ability to analyze and interpret information and help you succeed in many other subject areas. When you begin learning French, much of your studies will focus on reading, writing, grammar, listening, and speaking skills. You'll be amazed at how the skills involved with learning how a language works can help you succeed in other areas of study. Many people who study a foreign language claim that they gained a better understanding of English and the structures it uses. French can even help you understand the origins of many English words and expand your own vocabulary in English. Knowing French can also help you pick up other related languages, such as Portuguese, Spanish, and Italian. French can really open doors for learning many other skills in your school career.

How to Learn French

Start with the Basics!

As with anything you want to learn, start with the basics and remember that learning takes time!

Vocabulary Every new word you learn in French will expand your vocabulary and ability to communicate. The more words you know, the better you can express yourself. Focus on sounds and think about ways to remember words. Use your knowledge of English and other languages to figure out the meaning of and memorize words like **téléphone**, **l'orchestre**, and **mystérieux**.

Grammar Grammar helps you put your new vocabulary together. By learning the rules of grammar, you can use new words correctly and speak in complete sentences. As you learn verbs and tenses, you will be able to speak about the past, present, or future; express yourself with clarity; and be able to persuade others with your opinions. Pay attention to structures and use your knowledge of English grammar to make connections with French grammar.

Culture Culture provides you with a framework for what you may say or do. As you learn about the culture of French-speaking communities, you'll improve your knowledge of French. Think about a word like **cuisine** and how it relates to a type of food as well as the kitchen itself. Think about and explore customs observed at **le Réveillon de la Saint-Sylvestre** (New Year's Eve) or **le Carnaval** (or **Mardi Gras**, "fat Tuesday") and how they are similar to celebrations you are familiar with. Observe customs. Watch people greet each other or say good-bye. Listen for sayings that capture the spirit of what you want to communicate!

Listen, Speak, Read, and Write

Listening Listen for sounds and for words you can recognize. Listen for inflections and watch for key words that signal a question such as **comment** (how), **où** (where), or **qui** (who). Get used to the sound of French. Play French pop songs or watch French movies. Borrow books on CD from your local library, or try to attend a meeting with a French language group in your community. Download a podcast in French or watch a French newscast online. Don't worry if you don't understand every single word. If you focus on key words and phrases, you'll get the main idea. The more you listen, the more you'll understand!

Speaking Practice speaking French as often as you can. As you talk, work on your pronunciation, and read aloud texts so that words and sentences flow more easily. Don't worry if you don't sound like a native speaker, or if you make some mistakes. Time and practice will help you get there. Participate actively in French class. Try to speak French with classmates, especially native speakers (if you know any), as often as you can.

Reading Pick up a French-language newspaper or a magazine on your way to school, read the lyrics of a song as you listen to it, or read books you've already read in English translated into French. Use reading strategies that you know to understand the meaning of a text that looks unfamiliar. Look for cognates, or words that are related in English and French, to guess the meaning of some words. Read as often as you can, and remember to read for fun!

Writing It's easy to write in French if you put your mind to it. Memorize the basic rules of how letters and sounds are related, practice the use of diacritical marks, and soon you can probably become an expert speller in French! Write for fun—make up poems or songs, write e-mails or instant messages to friends, or start a journal or blog in French.

Tips for Learning French

- **Listen** to French radio shows, often available online. Write down words you can't recognize or don't know and look up the meaning.

- **Watch** French TV shows or movies. Read subtitles to help you grasp the content.

- **Read** French-language newspapers, magazines, Websites, or blogs.

- **Listen** to French songs that you like—anything from a best-selling pop song by Shy'm to an old French ballad by Edith Piaf. Sing along and concentrate on your pronunciation.

- **Seek** out French speakers. Look for neighborhoods, markets, or cultural centers where French might be spoken in your community. Greet people, ask for directions, or order from a menu at a French restaurant in French.

- **Pursue** language exchange opportunities in your school or community. Try to join language clubs or cultural societies, and explore opportunities for studying abroad or hosting a student from a French-speaking country in your home or school.

Practice, practice, practice!

Seize every opportunity you find to listen, speak, read, or write French. Think of it like a sport or learning a musical instrument—the more you practice, the more you will become comfortable with the language and how it works. You'll marvel at how quickly you can begin speaking French and how the world that it transports you to can change your life forever!

- **Connect** your learning to everyday experiences. Think about naming the ingredients of your favorite dish in French. Think about the origins of French place names in the U.S., like Baton Rouge and Fond du Lac, or of common English words and phrases like **café, en route, fiancé, matinée, papier mâché, petite,** and **souvenir.**

- **Use** mnemonics, or a memorizing device, to help you remember words. Make up a saying in English to remember the order of the days of the week in French (L, M, M, J, V, S, D).

- **Visualize** words. Try to associate words with images to help you remember meanings. For example, think of a **pâté** or **terrine** as you learn the names of different types of meats and vegetables. Imagine a national park and create mental pictures of the landscape as you learn names of animals, plants, and habitats.

- **Enjoy** yourself! Try to have as much fun as you can learning French. Take your knowledge beyond the classroom and find ways to make your learning experience your very own.

Common Names

Get started learning French by using a French name in class. You can choose from the lists on these pages, or you can find one yourself. How about learning the French equivalent of your name? The most popular French female names are Marie, Jeanne, Françoise, Monique, and Catherine. The most popular male names in French are Jean, Pierre, Michel, André, and Philippe. Is your name, or that of someone you know, in the French top five?

The top five names for boys:	The top five names for girls:
Jean	Marie
Michel	Jeanne
Pierre	Françoise
André	Monique
Philippe	Catherine

More Boys Names	More Girls Names
Thomas	Léa
Lucas	Manon
Théo	Chloé
Hugo	Emma
Maxime	Camille
Alexandre	Océane
Antoine	Marie
Enzo	Sarah
Quentin	Clara
Clément	Inès
Nicolas	Laura
Alexis	Julie
Romain	Mathilde
Louis	Lucie
Valentin	Anaïs
Léo	Pauline
Julien	Marine
Paul	Lisa
Baptiste	Eva
Tom	Justine
Nathan	Maéva
Arthur	Jade
Benjamin	Juliette
Florian	Charlotte
Mathis	Émilie

Useful French Expressions

The following expressions will be very useful in getting you started learning French. You can use them in class to check your understanding, and to ask and answer questions about the lessons. Learn these ahead of time to help you understand direction lines in French, as well as your teacher's instructions. Remember to practice your French as often as you can!

Expressions utiles	Useful expressions
Corrigez les phrases fausses	Correct the false statements.
Créez/Formez des phrases…	Create/Form sentences…
D'après vous/Selon vous…	According to you…
Décrivez les images/ dessins…	Describe the images/ drawings…
Désolé(e), j'ai oublié.	I'm sorry, I forgot.
Déterminez si…	Decide whether…
Dites si vous êtes/Dis si tu es d'accord ou non.	Say if you agree or not.
Écrivez une lettre/une phrase.	Write a letter/a sentence.
Employez les verbes de la liste.	Use the verbs from the list.
En utilisant…	Using…
Est-ce que vous pouvez/ tu peux choisir un(e) …	Can you please choose …
autre partenaire/ quelqu'un d'autre?	another partner/ someone else?
Êtes vous prêt(e)?/ Es-tu prêt(e)?	Are you ready?
Excusez-moi, je suis en retard.	Excuse me for being late.
Faites correspondre…	Match…
Faites les accords nécessaires.	Make the necessary agreements.

Expressions utiles	Useful expressions
Allez à la page 2.	Go to page 2.
Alternez les rôles.	Switch roles.
À tour de rôle…	Take turns…
À voix haute	Aloud
À votre/ton avis	In your opinion
Après une deuxième écoute…	After a second listening…
Articulez.	Enunciate.; Pronounce carefully.
Au sujet de, À propos de	Regarding/about
Avec un(e) partenaire/ un(e) camarade de classe	With a partner/a classmate
Avez-vous/As-tu des questions?	Do you have any questions?
Avez-vous/As-tu fini/ terminé?	Are you done?/Have you finished?
Chassez l'intrus.	Choose the item that doesn't belong.
Choisissez le bon mot.	Choose the right word.
Circulez dans la classe.	Walk around the classroom.
Comment dit-on _____ en français?	How do you say _____ in French?
Comment écrit-on _____ en français?	How do you spell _____ in French?

Expressions utiles	*Useful expressions*
Félicitations!	*Congratulations!*
Indiquez le mot qui ne va pas avec les autres.	*Indicate the word that doesn't belong.*
Indiquez qui a dit…	*Indicate who said…*
J'ai gagné!/Nous avons gagné!	*I won!/We won!*
Je n'ai pas/Nous n'avons pas encore fini.	*I/We have not finished yet.*
Je ne comprends pas.	*I don't understand.*
Je ne sais pas.	*I don't know.*
Je ne serai pas là demain.	*I won't be here tomorrow.*
Je peux continuer?	*May I continue?*
Jouez le rôle de…/ la scène…	*Play the role of…/ the scene…*
Lentement, s'il vous plaît.	*Slowly, please.*
Lisez…	*Read…*
Mettez dans l'ordre…	*Put in order…*
Ouvrez/Fermez votre livre.	*Open/Close your books.*
Par groupes de trois/ quatre…	*In groups of three/four…*
Partagez vos résultats…	*Share your results…*
Posez-vous les questions suivantes.	*Ask each other the following questions.*
Pour demain, faites…	*For tomorrow, do…*

Expressions utiles	*Useful expressions*
Pour demain, vous allez/ tu vas faire…	*For tomorrow you are going to do…*
Prononcez.	*Pronounce.*
Qu'est-ce que _____ veut dire?	*What does _____ mean?*
Que pensez-vous/ penses-tu de…	*What do you think about…*
Qui a gagné?	*Who won?*
…qui convient le mieux.	*…that best completes/is the most appropriate.*
Rejoignez un autre groupe.	*Get together with another group.*
Remplissez les espaces.	*Fill in the blanks.*
Répondez aux questions suivantes.	*Answer the following questions.*
Soyez prêt(e)s à…	*Be ready to…*
Venez/Viens au tableau.	*Come to the board.*
Vous comprenez?/ Tu comprends?	*Do you understand?*
Vous pouvez nous expliquer/m'expliquer encore une fois, s'il vous plaît?	*Could you explain again, please?*
Vous pouvez répéter, s'il vous plaît?	*Could you repeat that, please?*
Vrai ou faux?	*True or false?*

ACKNOWLEDGMENTS

On behalf of its authors and editors, Vista Higher Learning expresses its sincere appreciation to the many educators nationwide who reviewed materials from **D'ACCORD!**. Their input and suggestions were vitally helpful in forming and shaping the program in its final, published form.

We also extend a special thank you to Stephen Adamson and Séverine Champeny, whose hard work was central to bringing **D'ACCORD!** to fruition.

We are especially grateful to our Senior National Language Consultant, Norah Jones, for her continued support and feedback regarding all aspects of the text.

Reviewers

Campbell Ainsworth
The White Mountain School
Bethlehem, NH

Nancy Aykanian
Westwood High School
Westwood, MA

Maureen Mahany Berger
Moses Brown School
Providence, RI

Joyce Besserer
Brookfield Academy
Brookfield, WI

Liette Brisebois
New Trier High School
Winnetka, IL

Susan Brown
Gaston Day School
Gastonia, NC

Felice Carr
Kingswood Regional High School
Wolfeboro, NH

Allégra Clément-Bayard
John Burroughs School
St. Louis, MO

Ann Clogan
Strake Jesuit College Preparatory
Houston, TX

Wynne M. Curry
The Seven Hills School
Cincinnati, OH

Dr. Sherry Denney
Truman Middle School
St. Louis, MO

Gissele Drpich
Burlington High School
Burlington, VT

Pamela S. Dykes
Notre Dame de Sion High School
Kansas City, MO

Dagmar Ebaugh
Woodward Academy
College Park, GA

Lou Ann Erikson
Deerfield High School
Deerfield, IL

Morganne C. Freeborn
New Hampton School
New Hampton, NH

Kim Frisinger
West Ottawa High School
Hollana, MI

Julie Frye
Lexington High School
Lexington, OH

Walter Giorgis-Blessent
The Bronx High School of Science
Bronx, NY

Andreea Gorodea
Marion L. Steele High School
Amherst, OH

Holly Hammerle
Bloomfield Hills High School
Bloomfield Hills, MI

Dalila Hannouche
Professional Children's School
New York, NY

Michael Houston
Montclair Kimberley Academy
Montclair, NJ

Luciana Jeler
Academy of the Sacred Heart
Bloomfield Hills, MI

Cathy Kendrigan
Loyola Academy
Wilmette, IL

Emily Kunzeman
Boston Trinity Academy
Boston, MA

Jennifer L. Lange
Jefferson High School
Cedar Rapids, IA

Julie LaRocque
Assumption High School
Louisville, KY

Sharon Lawrence
The Knox School
St. James, NY

Laura Longacre
Cheshire Academy
Cheshire, CT

Véronique Lynch
Parkway South High School
Manchester, MO

Rachel M. Martin
Cheney High School
Cheney, WA

Irene Marxsen
First Presbyterian Day School
Macon, GA

Mindy Orrison
Centennial High School
Champaign, IL

Margharita Sandillo Reiter
Ranney School
Tinton Falls, NJ

Rebecca Richardson
Sage Hill School
Newport Coast, CA

Caroline M. Ridenour
Heritage Christian School
North Hills, CA

Sonya Rotman
Horace Mann School
Bronx, NY

Renee Saylor
Walcott Intermediate School
Davenport, IA

Laura Schmuck
Carl Sandburg High School
Orland Park, IL

Lisa Slyman
Sperreng Middle School
St. Louis, MO

Christine Stafford
Holy Innocents' Episcopal School
Atlanta, GA

Claudia S. Travers
Ross School
East Hampton, NY

Nitya Viswanath
Amos Alonzo Stagg High School
Palos Hills, IL

Michelle Webster
Watertown High School
Watertown, WI

Abigail Wilder
Champaign Centennial High School
Champaign, IL

Jason R. Wyckoff
Brunswick High School
Brunswick, OH

Valerie N. Yoshimura
The Archer School for Girls
Los Angeles, CA

Reprise

YOU WILL REVIEW HOW TO...

- Greet and say goodbye to people
- Identify yourself and others
- Describe classes and schedules
- Discuss family, friends, and occupations
- Say where you are going
- Order food and beverages

Pour commencer

- Qui est dans la photo?
  a. des filles   b. une fille et deux garçons
  c. deux profs
- Quel âge ont-ils, à votre avis?
  a. six ans   b. vingt ans   c. douze ans
- Où sont-ils?
  a. au lycée   b. au café   c. chez des amis
- Comment vont-ils?
  a. Ils ont l'air content.   b. Ils sont malheureux.
  c. Ils ont l'air fatigué.

Reprise Goals

In **Reprise**, students will review:
- greeting and saying goodbye to people
- identifying themselves and others
- describing classes and schedules
- discussing family, friends, and occupations
- saying where they are going
- ordering food and beverages
- telling time
- numbers 0–60 and 61–100
- nouns and articles
- the present tense of regular and irregular verbs
- adjectives and adjective agreement
- forming questions and expressing negation
- prepositions of location and disjunctive pronouns

 21ˢᵗ CENTURY SKILLS

Initiative and Self-Direction
Students can monitor their progress online using the Supersite activities and assessments.

Pour commencer
- b. une fille et deux garçons
- c. douze ans
- a. au lycée
- a. Ils ont l'air content.

EXPANSION

Descriptions Have students work in pairs. Ask the pairs to create a description of one of the boys in the photo. Students should include a physical description as well as information about family, activities, or school. Encourage students to use their imagination as necessary. Call on volunteer pairs to read their description aloud.

PRE-AP®

Interpersonal Speaking Have students work in pairs to imagine a conversation between the two boys in the photo. The situation might be, for example, the two students meeting for the first time or the two discussing what they are going to do after the scene in the photo. Have students present their conversations to the class.

Section Goals

In this section, students will review:
• gender and number of nouns
• definite and indefinite articles
• the numbers 0–60
• the expression **il y a**

Student Resources
Supersite: Activities, Grammar Tutorials

Suggestions
• Write these words on the board: **le café, les cafés, l'ami, les amis, la personne, les personnes.** Explain the use of the definite article. Point out that singular nouns beginning with a vowel or silent **h** use **l'**.
• Follow the same procedure for indefinite articles using these words: **un café, des cafés, un ami, des amis, une personne, des personnes.** Point out that the **-n** of **un** is pronounced before a vowel.
• Write **bureau** and **bureaux** on the board. Explain that words ending in **-eau** add **-x** to form the plural.
• Consider demonstrating how the French count numbers on their fingers, starting with the thumb for *one*; the thumb and index finger for *two*; and so on. Ask if other cultures have a different way of counting with their fingers.
• Ask questions like the following: **Il y a combien d'élèves dans la classe? (Il y a seize élèves dans la classe.)**

Essayez! Have students write four more plural nouns and four more numbers from 0–60. Tell them to exchange papers with a classmate. Give the correct singular form of the nouns and write the numbers as words.

1.1

Boîte à outils

Articles tell the gender and number of the nouns they precede. As you learn new nouns, study them with their corresponding articles.

This will help you remember their gender.

Nouns and articles

Articles

• All French nouns have gender (masculine/feminine) and number (singular/plural).

	Definite articles *(the)*			Indefinite articles *(a, an, some)*	
	Singular (before consonants)	Singular (before vowel sound)	Plural	Singular	Plural
Masculine	le livre	l'étudiant	les ordinateurs	un résultat	des résultats
Feminine	la carte	l'amie	les actrices	une horloge	des horloges

Plural of nouns

• For most nouns: add *-s*

la table ▸ les tables

• For nouns ending in *-eau*: add *-x*; for nouns ending in *-al*: change *-al* to *-aux*

un bureau ▸ des bureaux   l'animal ▸ les animaux

1.2

Boîte à outils

The numbers **41-49** and **51-59** follow the same pattern as the numbers **31-39.**

Numbers 0–60

Numbers 0–30

0–10	11–20	21–30
0 zéro		
1 un	**11** onze	**21** vingt et un
2 deux	**12** douze	**22** vingt-deux
3 trois	**13** treize	**23** vingt-trois
4 quatre	**14** quatorze	**24** vingt-quatre
5 cinq	**15** quinze	**25** vingt-cinq
6 six	**16** seize	**26** vingt-six
7 sept	**17** dix-sept	**27** vingt-sept
8 huit	**18** dix-huit	**28** vingt-huit
9 neuf	**19** dix-neuf	**29** vingt-neuf
10 dix	**20** vingt	**30** trente

Numbers 31–60

31–34	35–38	39, 40, 50, 60
31 trente et un	**35** trente-cinq	**39** trente-neuf
32 trente-deux	**36** trente-six	**40** quarante
33 trente-trois	**37** trente-sept	**50** cinquante
34 trente-quatre	**38** trente-huit	**60** soixante

• Use **un** before all masculine nouns and **une** before all feminine nouns when counting.

un objet   une calculatrice
quarante et un objets   cinquante et une calculatrices

• Use **il y a** to express *there is/are*. Use **il n'y a pas de (d')** followed directly by a noun to express *there is/are not*.

Essayez!	Make the singular nouns plural and the plural nouns singular in items 1-5. Give the number in French in items 6-10.

1. un dictionnaire des dictionnaires
2. des filles une fille
3. la table les tables
4. les actrices l'actrice
5. l'élève les élèves

6. 43 quarante-trois
7. 32 trente-deux
8. 8 huit
9. 57 cinquante-sept
10. 60 soixante

TEACHING OPTIONS

Using Video Show the video episode for **D'accord! 1A Unité 1 Leçon 1A** to offer more input on singular and plural nouns and their articles. With their books closed, have students write down every noun and article that they hear. After viewing the video, ask volunteers to list the nouns and articles they heard.

DIFFERENTIATION

For Kinesthetic Learners Give ten students a card with a number from 0–60. (You may want to assign numbers in fives to simplify the activity.) The card must be visible to the other students. Then call out simple math problems (addition or subtraction) involving the assigned numbers. When the first two numbers are called, each student steps forward. The student whose assigned number completes the math problem has five seconds to join them.

1.3

Present tense of *être*

être (to be)			
je suis	I am	nous sommes	we are
tu es	you are	vous êtes	you are
il/elle est	he/she/it is	ils/elles sont	they are
on est	one is		

- Use **c'est** or **ce sont** plus an article and noun to identify who someone is or what something is, except with proper nouns.

- Use **il/elle est** and **ils/elles sont** to refer to someone or something already mentioned. Nouns that follow do not use an article or adjective.

1.4

Adjective agreement

Il est américain.   **Elle est française.**

- Most adjectives agree in number and gender with the nouns they describe. For most adjectives, add an **-e** to form the feminine and an **-s** to form the plural.

Masculine	Masculine plural	Feminine	Feminine plural
élégant	élégants	élégante	élégantes

- To form the feminine of adjectives that end with **-ien**: change to **-ienne**.

  algérien ▶ algérienne

- Masculine singular adjectives that end in **-s** keep the identical form in the plural.

- Most adjectives are placed after the noun they describe.

  un homme égoïste   **une étudiante réservée**

Essayez!   Complete each sentence with the correct form of the adjective and the verb **être**.

1. Marc (timide) _est timide._.
2. Ils (anglais) _sont anglais._.
3. Je (français) _suis français/française._.
4. Mme Malbon (réservé) _est réservée._.
5. Marie, tu (agréable) _es agréable._.
6. Le cours (facile) _est facile._.
7. Vous (charmant) _êtes charmant/charmante/charmants/charmantes._.
8. Nous (italien) _sommes italiens/italiennes._.
9. Ils (désagréable) _sont désagréables_.
10. Les enfants (indépendant) _sont indépendants_.
11. Vous (poli) _êtes poli/polie/polis/polies_.
12. Nous (sincère) _sommes sincères_.
13. La fille (égoïste) _est égoïste_.
14. Je (occupé) _suis occupé/occupée_
15. L'examen (difficile) _est difficile_.
16. Ma tante (intéressant) _est intéressante_.

Section Goals

In this section, students will review:
- subject pronouns
- the verb **être**
- **c'est** and **il/elle est**
- forms, agreement, and position of adjectives
- some descriptive adjectives
- some adjectives of nationality

Student Resources
Supersite: Activities, Grammar Tutorials

Suggestions
- Point to yourself and say: **Je suis professeur**. Then walk up to a student and say: **Tu es…** The student should say: **élève**. Include other subject pronouns and forms of **être** while pointing to other students.
- Point out that in French you do not use an article before a profession after **il/elle est** and **ils/elles sont**. Example: **Il est acteur**.
- When teaching the difference between **c'est/ce sont** and **il(s)/elle(s) est/sont**, explain that **c'est/ce sont** is most often followed by a noun and **il(s)/elle(s) est/sont** is most often followed by an adjective.
- Write these adjectives on the board: **impatient, impatiente, impatients, impatientes**. Model each adjective in a sentence and ask volunteers to tell you whether it is masculine or feminine and singular or plural.
- Point out that in English most adjectives are placed before the noun, but in French they are placed after the noun. Write the following example on the board, circle the adjective, and draw an arrow pointing to the noun. Example: **C'est un examen difficile**.

Essayez! Have students create additional simple sentences using the verb **être**.

EXPANSION

Rapid Drill As a rapid-response drill, call out subject pronouns and have students respond with the correct form of **être**. Examples: **tu (es)** and **vous (êtes)**. Then reverse the drill; say the forms of **être** and have students give the subject pronouns. Accept multiple answers for **est** and **sont**.

DIFFERENTIATION

For Visual Learners Have students collect several interesting pictures of people from magazines or newspapers. Have them prepare a description of one of the pictures ahead of time. Invite them to show the pictures to the class and then give their descriptions orally without indicating which picture they are talking about. The class will guess which of the pictures is being described.

2.1 Present tense of regular *-er* verbs

- To form the present tense of regular -**er** verbs, drop the -**er** and add the appropriate endings for the different subject pronouns.

parler (to speak)			
je parle	*I speak*	**nous parlons**	*we speak*
tu parles	*you speak*	**vous parlez**	*you speak*
il/elle/on parle	*he/she/it/one speaks*	**ils/elles parlent**	*they speak*

- When two verbs are used together without a change in subject, only the first verb should be conjugated.

  J'adore voyager.   **Ils détestent étudier ensemble.**

- Verbs ending in -**ger** and -**cer** have a spelling change in the **nous** form.

  voyager ▶ **nous voyageons**   commencer ▶ **nous commençons**

2.2 Forming questions and expressing negation

Forming questions

- There are several ways to ask a question in French: by raising the pitch of your voice at the end of a sentence; by placing **est-ce que** before a statement; by adding tag questions to the end of a statement; by inverting the subject before the verb.

  Vous habitez à Bordeaux?
  You live in Bordeaux?

  Est-ce que vous parlez français?
  Do you speak French?

  Nous mangeons à midi, **n'est-ce pas?**
  We eat at noon, don't we?

  Parlez-vous français?
  Do you speak French?

- When using inversion, if the verb ends in a vowel and the subject pronoun is **il, elle,** or **on,** insert a -**t**- between the verb and the pronoun.

  Parle-t-elle français?

Expressing negation

- To make a sentence negative, place **ne (n')** before the conjugated verb and **pas** after it.

  Je **ne** mange **pas** souvent à la cantine.   Étienne **n'aime pas** étudier la chimie.

- After negative statements, indefinite articles change to **de (d')** except with the verb **être.**

🎯 **Essayez!** Create questions with **est-ce que (qu')** using the subjects provided. Then answer each question negatively.

MODÈLE

tu: aimer/art
Est-ce que tu aimes l'art?
Non, je n'aime pas l'art.

1. vous: parler/espagnol
   Est-ce que vous parlez espagnol? Non, je ne parle pas/nous ne parlons pas espagnol.
2. Luc: manger/cantine
   Est-ce que Luc mange à la cantine? Non, il ne mange pas à la cantine.
3. tu: détester/cours d'informatique
   Est-ce que tu détestes le cours d'informatique? Non, je ne déteste pas le cours d'informatique.
4. Élodie et Mireille: retrouver/copines/à la librairie
   Est-ce qu'Élodie et Mireille retrouvent des copines à la librairie? Non, elles ne retrouvent pas de copines à la librairie.
5. ils: aimer mieux/dessiner
   Est-ce qu'ils aiment mieux dessiner? Non, ils n'aiment pas mieux dessiner.
6. nous: passer/examen demain
   Est-ce que nous passons un examen demain? Non, nous ne passons pas d'examen demain.

2.3 ## Present tense of *avoir*

Present tense of *avoir*

j'ai	*I have*	nous avons	*we have*	
tu as	*you have*	vous avez	*you have*	
il/elle/on a	*he/she/it/one has*	ils/elles ont	*they have*	

Expressions with *avoir*

avoir... ans	*to be... years old*	avoir froid	*to be cold*
avoir besoin (de)	*to need*	avoir honte (de)	*to be ashamed (of)*
avoir de la chance	*to be lucky*	avoir l'air	*to look like, to seem*
		avoir peur (de)	*to be afraid (of)*
avoir chaud	*to be hot*	avoir raison	*to be right*
avoir envie (de)	*to feel like*	avoir sommeil	*to be sleepy*
		avoir tort	*to be wrong*

2.4 ## Telling time

- There are two ways to ask what time it is.

  Quelle heure est-il?

  Est-ce que vous avez l'heure?

Stéphane! Quelle heure est-il? Tu n'as pas de montre?

Il est **une** heure.	*It's 1:00.*	Il est **trois** heures **moins le quart**.	*It's 2:45.*
Il est **six** heures.	*It's 6:00.*	Il est **quatre** heures **moins vingt**.	*It's 3:40.*
Il est **onze** heures **dix**.	*It's 11:10.*	Il est **midi**.	*It's noon.*
Il est **neuf** heures **et quart/quinze**.	*It's 9:15.*	Il est **minuit**.	*It's midnight.*
Il est **huit** heures **et demie/trente**.	*It's 8:30.*	Il est **dix** heures **pile**.	*It's ten o'clock.*

- To ask what time an event takes place, use **à quelle heure**. To say at what time something takes place, use **à** + *time*.

  À quelle heure commence la classe de géographie?
  La classe commence **à dix heures et demie**.

- The 24-hour clock is often used to express departure times, movie times, and store hours.

  Le train arrive **à quinze heures huit**.

Essayez! Complete sentences 1-5 with the correct forms of **avoir**. Complete sentences 6-10 with the correct time using the cues provided.

1. Vous _____avez_____ l'heure?
2. J' _____ai_____ quatorze ans.
3. Nous _____avons_____ envie de danser.
4. _____As_____ -tu besoin d'une calculatrice?
5. Il _____a_____ de la chance!

6. (1:00) Il est _____une heure_____.
7. (4:20) Il est _____quatre heures vingt_____.
8. (2:45) Il est _____trois heures moins le quart_____.
9. (noon) Il est _____midi_____.
10. (8:30) Il est _____huit heures et demie/trente_____.

1 Sur le campus Étienne's little sister wants to know everything about his campus. Answer each of her questions using the number in parentheses.

MODÈLE

Il y a combien de bibliothèques? (2)
Il y a deux bibliothèques.

1. Il y a combien de salles de classe? (43) Il y a quarante-trois salles de classe.
2. Il y a combien de tables dans les bibliothèques? (11) Il y a onze tables dans les bibliothèques.
3. Il y a combien de filles dans la classe de sociologie? (21) Il y a vingt et une filles dans la classe de sociologie.
4. Il y a combien de professeurs? (52) Il y a cinquante-deux professeurs.
5. Il y a combien de tableaux dans la classe de français? (1) Il y a un tableau dans la classe de français.
6. Il y a combien de chaises dans le café? (60) Il y a soixante chaises dans le café.
7. Il y a combien de fenêtres dans la librairie? (0) Il n'y a pas de fenêtres dans la librairie.
8. Il y a combien de cartes dans la classe de géographie? (3) Il y a trois cartes dans la classe de géographie.
9. Il y a combien de professeurs de français? (4) Il y a quatre professeurs de français.
10. Il y a combien d'ordinateurs dans la classe d'informatique? (25) Il y a vingt-cinq ordinateurs dans la classe d'informatique.

2 Identifiez Describe these photos using **c'est/ce sont**, **il est/elle est**, or **ils sont/elles sont**.

1. ___C'est___ un téléphone.

2. ___Ce sont___ des photos.

3. ___Elle est___ chanteuse.

4. ___Elles sont___ copines.

5. ___Ils sont___ là.

6. ___C'est___ Amina.

3 Les nationalités Tell everyone's nationalities according to the cities from which they come. Use **être** and the correct form of the adjective.

algérien	anglais	espagnol	japonais	québécois
allemand	américain	français	marocain	vietnamien

MODÈLE

Monique: Paris.
Elle est française.

1. Les copains Gilbert et Marc: Montréal. Ils sont québécois.
2. Georges: Marseille. Il est français.
3. Yasmine: Alger. Elle est algérienne.
4. Moi: Dallas. Je suis américain/américaine.
5. Les amis Takanobu et Satoshi: Tokyo. Ils sont japonais.
6. Lucie et Andrea: Madrid. Elles sont espagnoles.
7. Les copines Kym et Lien: Da Nang. Elles sont vietnamiennes.
8. Nous: Paris. Nous sommes français/françaises.
9. Katja: Berlin. Elle est allemande.
10. Salim: Casablanca. Il est marocain.

Ⓢ Practice more at **vhlcentral.com**.

4 Complétez Complete the sentences using the correct present tense form of a verb from the box.

| aimer | habiter | partager |
| commencer | parler | regarder |

1. Nous ___parlons___ français en classe.
2. Monique et Claire ___habitent___ près du lycée?
3. Vous ___aimez___ le cours de sciences?
4. Je ___regarde___ le professeur.
5. Les cours ___commencent___ à huit heures et demie.
6. Est-ce que tu ___partages___ le livre?
7. Est-ce que vous ___parlez___ anglais?
8. Tu ___habites___ à Dakar?
9. La classe ___commence___ à huit heures.
10. Nous ___regardons___ la télévision.

5 A-t-on? Use the correct forms of avoir to form questions using inversion. Provide an affirmative or negative answer based on the icon provided.

MODÈLE

Arnaud et Fatou/ordinateur ☺
Arnaud et Fatou ont-ils un ordinateur?
Oui, ils ont un ordinateur.

1. Vous/cours d'art ☹ Avez-vous un cours d'art? Non, je n'ai pas de cours d'art.
2. Amina et Rachid/copines ☺ Amina et Rachid, ont-ils des copines? Oui, ils ont des copines.
3. Julie/dictionnaire ☹ Julie a-t-elle un dictionnaire? Non, elle n'a pas de dictionnaire.
4. Tu/téléphone ☺ As-tu un téléphone? Oui, j'ai un téléphone.
5. Antoine/diplôme ☹ Antoine a-t-il un diplôme? Non, il n'a pas de diplôme.
6. Nous/devoirs aujourd'hui ☺
Avons-nous des devoirs aujourd'hui? Oui, nous avons (vous avez) des devoirs aujourd'hui.

6 Est-ce que vous avez l'heure? Write the following times in French.

1. 4:05 Il est quatre heures cinq.
2. 1:15 Il est une heure et quart/quinze.
3. 8:30 Il est huit heures et demie/trente.
4. 12:00 ☀ Il est midi.
5. 12:00 ☾ Il est minuit.
6. 10:35 Il est onze heures moins vingt-cinq.
7. 3:55 Il est quatre heures moins cinq.
8. 2:45 Il est trois heures moins le quart.
9. 5:20 Il est cinq heures vingt.
10. 6:15 Il est six heures et quart/quinze.
11. 10:00 Il est dix heures.
12. 11:30 Il est onze heures et demie/trente.

7 À quelle heure? Find out when you and your friends are going to do certain things.

MODÈLE

À quelle heure est-ce qu'on étudie? (about 8 p.m.)
On étudie vers huit heures du soir.

À quelle heure...

1. ... est-ce qu'on arrive au cours? (at 10:30 a.m.)
On arrive au cours à dix heures et demie du matin.
2. ... est-ce que vous parlez avec le professeur?
(at noon) Nous parlons avec le professeur à midi.
3. ... est-ce que tu rentres? (late, at 11:15 p.m.)
Je rentre tard, à onze heures et quart du soir.
4. ... est-ce qu'on regarde la télé? (at 9:00 p.m.)
On regarde la télé à neuf heures du soir.
5. ... est-ce que Marlène et Nadine mangent?
(around 1:45 p.m.) Elles mangent vers deux heures moins le quart de l'après-midi.
6. ... est-ce que le cours commence? (very early,
at 8:20 a.m.) Il commence très tôt, à huit heures vingt du matin.

8 Télémonde Look at this French TV guide. Tell at what time each of the following programs start. Change the time from the official time.

MODÈLE

Pomme d'Api
À trois heures et demie.

VENDREDI		
Antenne 2	**Antenne 4**	**Antenne 5**
15h30 Pomme d'Api (dessins animés)	**14h00** Football: match France-Italie	**18h25** Montréal: une ville à visiter
17h35 Reportage spécial: le sport dans les lycées	**19h45** Les informations	**19h30** Des chiffres et des lettres (jeu télévisé)
20h15 La famille Menet (feuilleton télévisé)	**20h30** Concert: Orchestre de Nice	**21h05** Reportage spécial: les Sénégalais
21h35 Télé-ciné: L'inspecteur Duval (film policier)	**22h10** Télé-ciné: Une chose difficile (comédie dramatique)	**22h05** Les informations

1. Télé-Ciné: Une chose difficile À dix heures dix.
2. Des chiffres et des lettres À sept heures et demie/trente.
3. La famille Menet À huit heures et quart/quinze.
4. Montréal: une ville à visiter À six heures vingt-cinq.
5. Football: match France-Italie À deux heures.
6. Télé-Ciné: L'inspecteur Duval À dix heures moins vingt-cinq.

sept **7**

4 Suggestion Have volunteers read the verbs in the list aloud. Tell students to read all ten items before attempting to start filling in the blanks.

4 Expansion Have students create additional sentences with blanks using each verb. Have them exchange papers with another student and complete each sentence with the correct verb.

5 Suggestion This activity can be done in pairs. Tell students to alternate asking and answering the questions.

5 Expansion Have students work in pairs. Change each question to the **tu** form. Each student will interview the other student and record his/her answers.

6 Suggestion This activity can be done orally or in writing.

6 Expansion Write the times given randomly on the board using the 24-hour clock. Have students match the answers from the activity with the times on the board. Example: **16h05: Il est quatre heures cinq.**

7 Read the **modèle** aloud with a volunteer. Working in pairs, have students take turns asking and answering the questions.

8 Suggestion This activity can be done orally in pairs. Students should alternate asking and answering questions about the TV program. Example: **Pomme d'Api est à quelle heure? (Pomme d'Api est à trois heures et demie.).**

8 Expansion Have students ask questions about the times that their favorite TV shows start. Circulate around the room and ask different students the questions they have created.

TEACHING OPTIONS

Skits Working in groups of three or four, have students create a short skit in which they have to decide on a day, time, and place to meet for a study session in order to prepare for the next French test. Have groups perform their skits for the class.

DIFFERENTIATION

For Kinesthetic Learners Assign gestures to expressions with **avoir**. Examples: **avoir chaud**: *wipe brow*, **avoir froid**: *wrap arms around oneself and shiver*, **avoir peur**: *hold one's hand over mouth in fear*, **avoir faim**: *rub stomach*; **avoir sommeil**: *yawn and stretch*. Have students stand. Say an expression at random as you point to a student who performs the appropriate gesture. Vary by indicating more than one student at a time.

Communication

1 Suggestion Tell students to add two elements of their own to each column.

1 Expansion Have students create three responses using the elements from each column, using different subject pronouns. Have another student determine the question for each of those responses.

2 Partner Chat You can also assign Activity 2 on the Supersite. Students work in pairs to record the activity online. The pair's recorded conversation will appear in your gradebook.

PRE-AP®

2 Interpersonal Speaking Encourage students to personalize the information and add additional information. Examples: **étudier** _a different subject_, **retrouver des amis** _in a different place_.

3 Suggestion Have a few volunteers read their descriptions to the class. Then ask the class to point out the differences between the various descriptions.

3 Expansion Have students write a description of you as the teacher. After students have written their descriptions, have them read the descriptions to a partner and compare the descriptions.

4 Suggestion Before beginning the activity, have the class decide on names for some of the people in the drawings.

4 Expansion Have students choose one of the illustrations and work in small groups to create a conversation between the people in the illustration they chose.

1 Assemblez In pairs take turns creating questions and answering. Use the verb **être** to combine elements from both columns. Answers will vary.

MODÈLE

Élève 1: *Est-ce que tu es d'origine française?*
Élève 2: *Non, je ne suis pas d'origine française.*

A	B
Singulier:	
Je	agréable
Tu	d'origine française
Mon (*My*, masc.) prof	difficile
Mon/Ma (*My*, fem.) camarade de classe	élève sincère
Mon cours	sociable
Pluriel:	
Nous	agréables
Mes (*My*) profs	copains/copines
Mes camarades de classe	difficiles
Mes cours	élèves
	sincères

2 Activités In pairs, say which of these activities you and your best friend both do. Be prepared to share your partner's answers with the class. Then, get together with another partner and report to the class again. Answers will vary.

MODÈLE

To your partner: *Nous parlons au téléphone, nous…*
To the class: *Ils/Elles travaillent, ils/elles…*

manger à la cantine	étudier une langue étrangère
oublier les devoirs	regarder la télévision
retrouver des amis au café	aimer les cours
travailler	voyager

3 Mes camarades de classe Choose two students (a male and a female) from your French class. Write a paragraph about each student by answering the questions below in French. Read your descriptions to your classmates to see if they can name the student you are describing. Remember to be complimentary! Answers will vary.

1. What is his/her name?
2. How old is he/she?
3. What is his/her heritage?
4. What is his/her personality like?
5. What does he/she like to do?
6. What does he/she not like to do?
7. What classes does he/she have?
8. What classes does he/she like/dislike?

4 Les portraits With a partner, take turns describing one of the illustrations below. Your partner will try to guess which illustration you are describing. Answers will vary.

TEACHING OPTIONS

Small Groups Working in small groups, have students invent a story about the people in a photo that you have chosen from a magazine, newspaper, or the textbook. Tell them to include who the people are, where they are from, and what they do in their story. Circulate around the room and assist with unfamiliar vocabulary as necessary, but encourage students to use terms they already know.

EXPANSION

Using Games Have students play a game of pantomime in groups of four or five. Tell students to choose an **-er** verb and act it out for the group. The other members of the group have to guess what the person is doing. Example: **Tu travailles?** The first person to guess correctly acts out the next pantomime.

5 Conversez

Interview your classmates to find the answers to each question. Ask a different student each time you ask a question. Record their responses on your paper. *Answers will vary.*

1. Quel jour sommes-nous?
2. À quelle heure est le prochain cours d'histoire?
3. À quelle heure arrives-tu à l'école?
4. Est-ce que tu passes un examen aujourd'hui?
5. Est-ce que tu aimes regarder la télé?
6. Quel genre de musique aimes-tu?
7. Est-ce que tu aimes mieux la chimie ou la biologie?
8. As-tu peur d'une mauvaise (*bad*) note?
9. Est-ce que tu as envie de visiter Montréal cette année?
10. Tu adores parler au téléphone, n'est-ce pas?

6 Au lycée

Create a class schedule using the course list below. When you are finished, create a conversation between you and a classmate comparing and discussing your schedules for the year. *Answers will vary.*

MODÈLE

Élève 1: Tu as un cours de chimie générale?
Élève 2: Oui, j'ai un cours de chimie générale le lundi et le mercredi à onze heures. Tu as un cours le lundi à midi?
Élève 1: Non, je n'ai pas de cours le lundi à midi.

Les cours	Jours et heures
Allemand	mardi, jeudi; 14h00-15h30
Biologie II	mardi, jeudi; 9h00-10h30
Chimie générale	lundi, mercredi; 11h00-12h30
Espagnol	lundi, mercredi; 11h00-12h30
Gestion	mercredi; 13h00-14h30
Histoire des États-Unis	jeudi; 12h15-14h15
Initiation à la physique	lundi, mercredi; 12h00-13h30
Initiation aux maths	mardi, jeudi; 14h00-15h30
Italien	lundi, mercredi; 12h00-13h30
Japonais	mardi, jeudi; 9h00-10h30
Les philosophes grecs	lundi; 15h15-16h45
Littérature moderne	mardi; 10h15-11h15

7 Bataille navale

With a partner, each of you will create a chart with six columns and six rows. Across the top row, write the same six activities as your partner. In the first column, write the same six subjects as your partner. Separately, mark four spaces on your chart without showing your partner. Ask questions to find out where your partner has placed his or her battleships. Whoever "sinks" the most battleships wins the game. *Answers will vary.*

MODÈLE

Élève 1: Est-ce que Luc et Sabine téléphonent à Jérôme?
Élève 2: Oui, ils téléphonent à Jérôme.
(if you marked that square)
Non, ils ne téléphonent pas à Jérôme.
(if you didn't mark that square)

	enseigner	téléphoner
Marie		
Luc et Sabine		🚢

neuf 9

---

5 Suggestion Before doing this activity, you may want to write a short list of musical genres on the board for item 6. Also tell students that **cette** mean *this*.

5 Expansions
- Have volunteers report what they learned about their classmate.
- To practice the **nous** forms, ask students what they have in common with their classmates.

21ST CENTURY SKILLS

Productivity and Accountability
Provide students with the oral testing rubric found in the Teacher Resources on the Supersite. Ask them to keep these strategies in mind as they prepare their oral exchanges.

6 Suggestion Before beginning this activity, tell students to choose two language classes, a science class, and an elective in the list. Then read the **modèle** aloud with a partner.

6 Expansion After students create their schedules, do a quick class survey to find out how many students are taking the same courses. Example: **Combien d'élèves ont un cours d'allemand?**

7 Suggestions
- Have two volunteers read the **modèle** aloud. Make sure the students understand the directions.
- Have students repeat the activity with a different partner.

TEACHING OPTIONS

Oral Practice Have students make a list of six items that students normally carry in their backpacks to class. Then tell them to circulate around the room asking their classmates if they have those items in their backpacks. Also tell them to ask how many they have. Example: **As-tu un cahier dans le sac à dos? Combien de cahiers as-tu?**

EXPANSION

Matching Write the same descriptive adjectives on two cards or slips of paper and put them in two separate piles in random order. Hand out one card to each student. Tell students they have to find the person who has the same adjective as they do. Example: **Élève 1: Tu es optimiste? Élève 2: Oui, je suis optimiste./Non, je suis pessimiste**. For variation, this activity can also be used to practice adjectives of nationality.

Section Goals

In this section, students will:
- learn about French-speaking communities in the United States
- review some familiar French phrases
- learn about American cities with French names
- read about Haiti

Student Resources
Supersite: Activities

Culture à la loupe
Avant la lecture Ask students what they know about French speaking communities in the United States. Ask them for some examples of places in the United States where they can hear French spoken or places that have a strong French heritage (e.g., Louisiana, Maine, large cities).

Lecture
- Ask students to examine the boxed feature of the states with the highest population of Haitians. Ask students to consider why there could be a large settlement of Haitians in those states (i.e. Florida and Georgia are in close proximity to Haiti by boat).
- Ask students to describe what they see on the photo and try to guess where it was taken (New Orleans).

Après la lecture Have students compare their own communities and cultural heritage with that of French speakers living in the U.S.

1 Expansion After completing the activity, have students go back to the text to find and show the evidence that supports their answers.

S Reading

CULTURE À LA LOUPE

La francophonie aux États-Unis

Aux États-Unis°, plus de deux millions d'habitants parlent français. Beaucoup de ces francophones viennent° d'Haïti, un pays de plus de° dix millions d'habitants dans les Caraïbes. Les Haïtiens vivent souvent° dans les grandes villes, comme New York ou Miami.

À Brooklyn, dans le quartier° de «Little Haiti», on trouve° le boulevard Toussaint L'Ouverture, nommé d'après° le héros haïtien. «Little Haiti» fête son héritage haïtien chaque année° en mai, avec un grand défilé°, de la musique, de la bonne cuisine et d'autres événements variés. Les Haïtiens sont très fiers de leur origine et veulent° faire connaître° leur culture.

Miami a aussi un «Little Haiti», ou «La Petite Haïti». On peut y° écouter de la musique d'influence haïtienne au festival «Big Night in Little Haiti» qui a lieu° tous les troisièmes° vendredis du mois. On peut aussi y voir de l'art et goûter° de la cuisine haïtienne.

La Louisiane, dans le sud° du pays, a un grand nombre d'habitants d'origine française. L'influence française est visible dans sa culture, sa musique, sa cuisine et ses lois° qui sont basées sur le code civil français.

À La Nouvelle-Orléans, le quartier du Vieux Carré° montre ses racines° françaises dans son architecture, et sa grande fête du «Mardi Gras» qui a lieu chaque année, en février ou mars. Les habitants de la Louisiane sont aussi fiers de leur origine que les Haïtiens.

Les états avec le plus de Haïtiens aux États-Unis

État	Population haïtienne	État	Population haïtienne
la Floride	251,963	le Massachusetts	36,779
l'État de New York	135,836	la Géorgie	13,287
le New Jersey	43,316	le Maryland	11,266

États-Unis *United States* **viennent** *come* **plus de** *more than* **souvent** *often* **quartier** *neighborhood* **trouve** *find* **nommé d'après** *named after* **chaque année** *every year* **défilé** *parade* **veulent** *want* **faire connaître** *to make known* **y** *there* **a lieu** *takes place* **tous les troisièmes** *every third* **goûter** *to taste* **sud** *south* **loi** *law* **Vieux Carré** *Old Square/French Quarter* **racines** *roots*

A C T I V I T É S

1 Vrai ou faux? Decide if the sentences are **vrai** (true) or **faux** (false). Correct the false sentences.

1. Haïti est un pays dans la Mer Méditerranée.
   Faux; Haïti est dans les Caraïbes.
2. Il y a des communautés haïtiennes à New York et Miami.
   Vrai
3. Les Haïtiens vivent rarement dans les grandes villes.
   Faux; Les Haïtiens vivent souvent dans les grandes villes.
4. On mange au festival «Big Night in Little Haiti».
   Vrai
5. On fête le Mardi Gras en avril.
   Faux; On fête le Mardi Gras en février ou mars.
6. Dans le sud des États-Unis, on trouve des francophones.
   Vrai
7. La France a influencé les lois de la Louisiane.
   Vrai
8. La plupart des Haïtiens habitent dans l'État de New York.
   Faux; La plupart des Haïtiens habitent en Floride.
9. Il y a plus d'Haïtiens au New Jersey qu'au Massachusetts.
   Vrai
10. Les habitants de la Louisiane ne sont pas fiers de leur origine.
    Faux; Ils sont très fiers de leur origine.

 Practice more at **vhlcentral.com**.

EXPANSION

Cultural Research Tell students that, French-speaking communities and countries around the world have events and cultural aspects that they celebrate, generally on a certain date each year. Assign pairs or groups of students one of the following French-speaking countries/regions: France, Quebec, French Guiana, Senegal, Morocco, Louisiana, Algeria, and Guadeloupe. Allow time for each pair to research an important cultural event in their assigned country or region. They should create a digital presentation that includes the history, images, and activities that take place during the celebration. Allow students to present this to the class or upload the presentation to a class blog.

LE FRANÇAIS QUOTIDIEN

Mots et expressions venus du français

Au contraire	*On the contrary*
Bon appétit!	*Enjoy your meal!*
C'est la vie!	*That's life!*
Crème de la crème	*Cream of the crop*
Déjà vu	*"Already seen"*
Encore	*Again*
Par excellence	*By excellence*
Souvenir	*Memory, keepsake*
Voilà!	*There it is!*

LE MONDE FRANCOPHONE

Les villes avec des noms français

Terre Haute, dans l'Indiana, a reçu° son nom d'explorateurs français au dix-huitième siècle°. La terre ressemblait° à un plateau, à côté du fleuve° Wabash.

Des Moines, dans l'Iowa, a un nom français, mais on n'est pas certain de l'origine de ce° nom. Beaucoup pensent que la ville a été nommée d'après les moines° qui y vivaient°. D'autres croient° que le nom vient du mot «moyen» parce que la ville est entre deux fleuves.

Detroit, dans le Michigan, a été fondée par un explorateur français, Antoine de la Mothe en 1701. Le nom vient de la phrase «détroit° du Lac Érie».

a reçu *received* **siècle** *century* **ressemblait** *looked like* **fleuve** *river* **ce** *this* **les moines** *monks* **y vivaient** *lived there* **croient** *believe* **détroit** *strait*

PORTRAIT

Haïti

Haïti est un pays francophone des Caraïbes, qui partage une île avec la République dominicaine. Le français est une des langues officielles du pays et le créole, l'autre langue officielle, a aussi des origines françaises. Au début°, Haïti était° une colonie et la majorité de ses habitants étaient° des esclaves°. Inspirés par la Révolution française, les esclaves se révoltent en 1791 et Haïti devient° indépendant en 1804. Toussaint L'Ouverture est un grand héros de cette révolution. Aujourd'hui, le pays a plus de dix millions d'habitants. En 2010, il est dévasté par un grand tremblement de terre°. Depuis°, les Haïtiens reconstruisent°.

Au début *At the beginning* **était** *was* **étaient** *were* **esclaves** *slaves* **devient** *becomes* **tremblement de terre** *earthquake* **Depuis** *Since then* **reconstruisent** *rebuild*

Sur Internet

Qui sont les Haïtiens? Qu'est-ce qu'on peut faire (*can one do*) en Haïti?

Go to **vhlcentral.com** to find more cultural information related to this **Culture** section.

---

2 **Haïti** Complete the statements with the correct information.

1. Le pays d'Haïti se trouve (*is located*) dans _____les Caraïbes_____ .

2. Il y a deux langues officielles, _____le français_____ et _____le créole_____ .

3. _____La Révolution française_____ a inspiré (*inspired*) la révolte haïtienne.

4. Un des héros de la révolte haïtienne s'appelle _____Toussaint L'Ouverture_____ .

5. Haïti a plus de _____dix millions_____ d'habitants.

3 **Comment sont-ils?** Review the information and photos about Haiti and the other French-speaking communities in the United States. With a partner, take turns describing the people. What do they like? What do you think their personalities are like based on their interests and activities? *Answers will vary.*

ressources

v̂ Text

vhlcentral.com Leçon 1B

ACTIVITÉS

Le français quotidien

- Model the pronunciation of each expression and have students repeat.
- Have students brainstorm social situations in which people use the French expressions in the box.
- Allow students to practice with a partner by asking/ answering questions using the French phrases.

Portrait Before reading, ask students why they think that Haiti is a French-speaking nation. Tell them to try to find the answer to that question in the reading. Ask students if they can name other French-speaking islands in the Caribbean Sea (Guadeloupe, Martinique).

Le monde francophone Before reading, display or project a map of the United States and ask students to locate and name cities with French names. Ask them to hypothesize on possible reasons why these cities have French names.

Sur Internet Point out to students that they will find supporting activities and information at **vhlcentral.com**.

2 Suggestion Have students check their answers with a partner.

3 Suggestion Before beginning this activity, ask students to jot down a list of what they have learned about Haiti and the Haitian people. They should use this list as they work with a partner to describe the Haitian people.

▶ 21ˢᵗ CENTURY SKILLS

Global Awareness
Students will gain perspectives on the Francophone world to develop respect and openness to others and to interact appropriately and effectively with citizens of Francophone cultures.

TEACHING OPTIONS

Using Games Divide the class into two teams. Create questions related to the information on pages 10-11. Each time, a different student must be the spokesperson to provide the answer to your questions. Give a point for each correct answer. If a team answers incorrectly, the other team has an opportunity to give the correct answer to win the point. The team with the most points at the end wins.

EXPANSION

Small Groups Have students work in groups of three or four. Tell them to create an informal conversation using the expressions in **Le français quotidien** using appropriate gestures. If needed, allow students to research other French phrases. Have a few groups act out their conversations for the class.

Section Goals

In this section, students will review:
- forms, agreement, and position of adjectives
- high-frequency descriptive adjectives and some irregular adjectives
- possessive adjectives
- how to express possession and relationships with **de**

Student Resources
Supersite: Activities, Grammar Tutorials

Suggestions
- Write these adjectives: **américain, timide, aînée.** Ask students if each is masculine or feminine. Model the adjectives in sentences.
- Teach students **BAGS** (beauty, age, goodness, size) to help them remember which adjectives generally precede the nouns they modify.
- Point out that the endings of adjectives patterned after **beau, bon, heureux,** and **naïf** are predictable. Students can apply these patterns. Ex: **affreux, affreuse, affreux, affreuses.**
- Review the concept of possessive adjectives.
- List the possessive adjectives on the board. Use each with a noun to illustrate agreement. Also point out that **mon, ton,** and **son** are used before feminine singular nouns beginning with a vowel sound or silent **h.**
- To review possession with **de,** write the following phrases in a list on the board: **l'ami de Monique, l'ami d'Alain, l'ami du professeur, les amis des professeurs.** Explain the use of the contractions **d', du** (de + le), and **des** (de + les).

Essayez! Have students create sentences using the adjectives provided in the activity. Example: **Mon frère n'est pas roux.**

3.1

 Boîte à outils

Use **de taille moyenne** to describe someone or something of medium size.

 Boîte à outils

These adjectives have irregular masculine forms before a vowel sound: **beau (bel), nouveau (nouvel), vieux (vieil).**

 Boîte à outils

The plural indefinite article **des** changes to **de** before an adjective followed by a noun.

J'habite avec des amis sympathiques.
I live with nice friends.

J'habite avec de bons amis.
I live with good friends.

3.2

 Boîte à outils

Use **mon, ton,** and **son** before feminine singular nouns that begin with a vowel sound.

 Boîte à outils

In French, use **de (d')** + *noun* to express possession.

le petit ami de ma soeur
la tante d'Hélène

Remember that de + le changes to **du** and de + les changes to **des.**

Descriptive adjectives

- Most adjectives used to describe physical characteristics agree in gender and number with the noun they modify.

Adjectives of physical description			
blond(e)	*blond*	joli(e)	*pretty*
brun(e)	*dark (hair)*	laid(e)	*ugly*
court(e)	*short*	petit(e)	*small, short (stature)*
grand(e)	*tall, big*	vert(e)	*green*

Some irregular adjectives				
masculine singular	feminine singular	masculine plural	feminine plural	
beau	belle	beaux	belles	*beautiful; handsome*
bon	bonne	bons	bonnes	*good; kind*
gros	grosse	gros	grosses	*fat*
heureux	heureuse	heureux	heureuses	*happy*
long	longue	longs	longues	*long*
naïf	naïve	naïfs	naïves	*naive*
vieux	vieille	vieux	vieilles	*old*

- Most adjectives are placed after the nouns they modify but the following adjectives are placed before the nouns they modify: **beau, bon, grand, gros, jeune, joli, long, nouveau, petit, vieux, mauvais, pauvre, vrai, vieux.**

une **grande** famille   un **vieux** copain

Possessive adjectives

Possessive adjectives			
masculine singular	feminine singular	plural	
mon	ma	mes	*my*
ton	ta	tes	*your (fam. and sing.)*
son	sa	ses	*his, her, its*
notre	notre	nos	*our*
votre	votre	vos	*your (form. or pl.)*
leur	leur	leurs	*their*

Essayez! Show possession using the cues in parentheses. Make any necessary changes.

 MODÈLE
(my) appartement/vieux
mon vieil appartement

1. (our) cousines/joli
   nos jolies cousines
2. (Paul) voisin/anglais
   le voisin anglais de Paul
3. (their) tante/jaloux
   leur tante jalouse
4. (Valérie) calculatrice/nouveau
   la nouvelle calculatrice de Valérie
5. (la femme d'affaires) montre/bleu
   la montre bleue de la femme d'affaires
6. (le prof) femme/roux
   la femme rousse du prof
7. (her) chat/gros
   son gros chat
8. (his) chien/noir
   son chien noir

EXPANSION

Dictée inversée Have pairs of students write sentences using adjectives such as **jeune, grand, joli,** and **petit.** When they have finished, ask volunteers to dictate their sentences to you to write on the board. After you have written a sentence and corrected any errors, ask volunteers to suggest a sentence that uses the antonym of the adjective.

TEACHING OPTIONS

Our School Give small groups three minutes to brainstorm how many words they can associate with the phrases **notre lycée** and **notre cours de français.** Have them model their responses on **Dans notre cours, nous avons un(e)/des _____** and **Notre lycée est _____.** Have the groups share their associations with the rest of the class.

3.3
Numbers 61–100

Numbers 61–100			
61–69	**70–79**	**80–89**	**90–100**
61 soixante et un	70 soixante-dix	80 quatre-vingts	90 quatre-vingt-dix
62 soixante-deux	71 soixante et onze	81 quatre-vingt-un	91 quatre-vingt-onze
63 soixante-trois	72 soixante-douze	82 quatre-vingt-deux	92 quatre-vingt-douze
64 soixante-quatre	73 soixante-treize	83 quatre-vingt-trois	93 quatre-vingt-treize
65 soixante-cinq	74 soixante-quatorze	84 quatre-vingt-quatre	94 quatre-vingt-quatorze
66 soixante-six	75 soixante-quinze	85 quatre-vingt-cinq	95 quatre-vingt-quinze
67 soixante-sept	76 soixante-seize	86 quatre-vingt-six	96 quatre-vingt-seize
68 soixante-huit	77 soixante-dix-sept	87 quatre-vingt-sept	97 quatre-vingt-dix-sept
69 soixante-neuf	78 soixante-dix-huit	88 quatre-vingt-huit	98 quatre-vingt-dix-huit
	79 soixante-dix-neuf	89 quatre-vingt-neuf	99 quatre-vingt-dix-neuf
			100 cent

3.4
Prepositions of location and disjunctive pronouns

Prepositions of location			
à côté de	*next to*	en face de	*facing, across from*
à droite de	*to the right of*	entre	*between*
à gauche de	*to the left of*	loin de	*far from*
dans	*in*	par	*by*
derrière	*behind*	près de	*close to, near*
devant	*in front of*	sous	*under*
en	*in*	sur	*on*

Disjunctive pronouns

- Use disjunctive pronouns instead of subject pronouns after a preposition.

Disjunctive pronouns			
singular		**plural**	
je → moi		nous → nous	
tu → toi		vous → vous	
il → lui		ils → eux	
elle → elle		elles → elles	

Essayez!	**Fill in the blanks with the correct words in parentheses.**

1. Il y a ___soixante-douze___ (72) tables dans la cantine.
2. Elle a ___quatre-vingts___ (80) euros.
3. Mon grand-père a ___soixante et un___ (61) ans.
4. Je donne ___cent___ (100) euros à ma sœur.
5. La librairie est ___à côté de___ (*next to*) l'université.
6. Votre ordinateur est ___sur___ (*on*) la table.
7. Tu rentres ___chez___ (*at the house of*) toi ce soir?
8. Ils travaillent ___à gauche d'___ (*to the left of*) eux.

treize **13**

Section Goals

In this section, students will review:
- the verb **aller**
- the **futur proche** with **aller**
- the preposition **à**
- interrogative words

> **Student Resources**
> Supersite: Activities, Grammar Tutorials

Suggestions
- Write the forms of **aller** on the board and model the pronunciation.
- Ask individual students questions about their future plans. Examples: **Allez-vous chez vos grands-parents ce week-end? Allez-vous manger avec des copains samedi midi?**
- Bring in pictures of people dressed for different activities. Describe where they are going. Example: Showing a picture of a swimmer, say: **Il/Elle va à la piscine**. Then explain the contractions **à + le = au** and **à + les = aux**.
- Model the pronunciation of the list of prepositions with places.
- Write the interrogative words on the board. Have students identify the words they know. Examples: **comment?, combien?, pourquoi?, qui?,** and **quel(s)/quelle(s)?**
- Point out that **que?** and **quoi?** are used to ask about things. A preposition usually precedes **quoi?** or the word appears at the end of an informal question. Examples: **De quoi parlez-vous? Tu manges quoi?**
- Point out that **qui?** is used to ask about people. **Qui?** takes the third person singular verb form.
- Explain that **que/ qu'…?, quel(le)(s)?,** and **quoi?** cannot be used interchangeably.

Essayez! Have one student read the question aloud, then call on another student to respond.

4.1 The verb *aller*

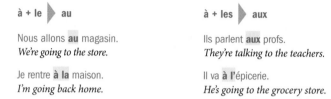

aller			aller		
je vais	*I go*		nous allons	*we go*	
tu vas	*you go*		vous allez	*you go*	
il/elle/on va	*he/she/it/one goes*		ils/elles vont	*they go*	

The preposition *à*

- The preposition **à** contracts with the definite articles **le** and **les**. It does not contract with **la** or **l'**.

à + le ▸ au

Nous allons **au** magasin.
We're going to the store.

Je rentre **à la** maison.
I'm going back home.

à + les ▸ aux

Ils parlent **aux** profs.
They're talking to the teachers.

Il va **à l'**épicerie.
He's going to the grocery store.

> 🏃 **Boîte à outils**
>
> When learning a place name in French, learn the preposition that accompanies it.

Prepositions with place names				
à la maison	*at home*		dans la maison	*inside the house*
à Paris	*in Paris*		dans Paris	*within Paris*
en ville	*in town*		dans la ville	*within the town*
sur la place	*in the square*		à la/sur la/ en terrasse	*on the terrace*

4.2 Interrogative words

Interrogative words				
à quelle heure?	*at what time?*		quand?	*when?*
combien (de)?	*how many?; how much?*		que/qu'…?	*what?*
comment?	*how?; what?*		quel(le)(s)?	*which?; what?*
où?	*where?*		(à/avec/pour)	*(to/with/for)*
pourquoi?	*why?*		qui?	*who(m)?*
			quoi?	*what?*

> 🏃 **Boîte à outils**
>
> **Quel(le)(s)** agrees in gender and number with the noun it modifies.

The interrogative adjective *quel(le)(s)*				
	singular		**plural**	
masculine	Quel hôpital?	*Which hospital?*	Quels restaurants?	*Which restaurants?*
feminine	Quelle place?	*Which public square?*	Quelles montagnes?	*Which mountains?*

> **Essayez!** Fill in the blank with the correct form of the verb **aller**. Write the question for each of the responses.
>
> 1. Je _____vais_____ très bien, merci!
>   _Comment vas-tu?_
>
> 2. Nous _____allons_____ à la piscine demain.
>   _Où allez-vous demain?/Quand allez-vous à la piscine?_
>
> 3. Il _____va_____ en ville à midi.
>   _À quelle heure va-t-il en ville?/Où va-t-il à midi?_
>
> 4. Ils _____vont_____ au restaurant parce qu'ils ont faim.
>   _Pourquoi vont-ils au restaurant?_

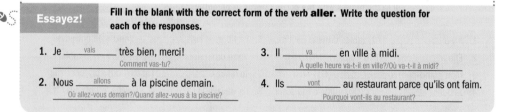

TEACHING OPTIONS

Rapid Drill Do a quick substitution drill to practice **aller**. Write a sentence on the board and have students read it aloud. Then say a new subject and have students repeat the sentence, substituting the new subject. Examples: **1. Tu vas à l'hôpital. (nous, mon frère, vous, mes parents, je) 2. Il va aller au kiosque. (je, Claudine, nous, tu, les enfants, vous)**

DIFFERENTIATION

For Visual Learners Bring in pictures or magazine photos of people doing various activities. Have students, as a class, create as many questions as they can about the pictures. Also, call on individuals to answer each question.

1.3

The verbs *prendre* and *boire*; Partitives

prendre				
je prends	*I take*	nous prenons	*we take*
tu prends	*you take*	vous prenez	*you take*
il/elle/on prend	*he/she/it takes*	ils/elles prennent	*they take*

- The verbs **apprendre** and **comprendre** follow the same pattern as **prendre**.

boire				
je bois	*I drink*	nous buvons	*we drink*
tu bois	*you drink*	vous buvez	*you drink*
il/elle/on boit	*he/she/it drinks*	ils/elles boivent	*they drink*

Partitives

- Partitive articles are used to express *some* or *any*.

	Singular	Singular before vowel sound	Plural	Negative sentence
Masculine	du	de l'	des	de (d')
Feminine	de la	de l'	des	de (d')

1.4

Regular *-ir* verbs

- To conjugate regular **-ir** verbs in the present tense, drop the **-ir** and add the appropriate endings.

finir (to finish)	
je finis	nous finissons
tu finis	vous finissez
il/elle/on finit	ils/elles finissent

Essayez! Fill in the first blank with the correct form of the verb in parentheses. Fill in the second blank with the correct partitive article.

1. Nous ___buvons___ (boire) ___du___ thé.
2. Est-ce que vous ___choisissez___ (choisir) ___de la___ soupe ou du fromage?
3. Je ___prends___ (prendre) toujours ___des___ frites.
4. Marc ___boit___ (boire) ___du___ jus d'orange.
5. Tes parents ___prennent___ (prendre) ___du___ jambon.
6. Vous ___finissez___ (finir) avec ___du___ café?
7. Tu ___choisis___ (choisir) ___de la___ limonade ou du chocolat chaud?
8. Ma nièce ___prend___ (prendre) ___de l'___ eau minérale.

1 Une femme heureuse Christine has a happy life. Unscramble these sentences to find out why. Make any necessary changes.

> **MODÈLE**
> avoir/beau/Christine/trois enfants
> *Christine a trois beaux enfants.*

1. des amis/elle/sympathique/avoir
   _____ Elle a des amis sympathiques _____

2. nouveau/habiter/dans un appartement/elle
   _____ Elle habite dans un nouvel appartement. _____

3. son mari/bon/un travail/avoir
   _____ Son mari a un bon travail. _____

4. être/sérieux/ses filles/des étudiantes
   _____ Ses filles sont des étudiantes sérieuses. _____

5. de son succès/fier/être/Christine
   _____ Christine est fière de son succès. _____

6. un homme/beau/son mari/être
   _____ Son mari est un bel homme. _____

7. des collègues/amusant/elle/avoir
   _____ Elle a des collègues amusants. _____

8. intellectuel/être/une fille/sa secrétaire
   _____ Sa secrétaire est une fille intellectuelle. _____

9. avoir/bon/des chiens/elle
   _____ Elle a de bons chiens. _____

10. ses voisins/poli/être
    _____ Ses voisins sont polis. _____

2 Identifiez Identify the owner of each object. Use the cues in parentheses to help you.

> **MODÈLE**
> (our) neveu
> *Ce sont les cahiers de notre neveu.*

1. (my) frère
C'est la télévision de mon frère.

4. (their) belle-sœur
Ce sont les stylos de leur belle-sœur.

2. (his) cousine
C'est l'ordinateur de sa cousine.

5. (your) tante
C'est l'université de ta/votre tante.

3. (our) voisins
C'est la calculatrice de nos voisins.

6. (his) professeur
Ce sont les dictionnaires de son professeur.

3 Les maths Read these math problems aloud, then write out each answer in words.

> **MODÈLE**
> 65 + 3 = *soixante-huit*
> *Soixante-cinq plus trois font (equals) soixante-huit.*

1. 80 + 14 = _Quatre-vingts plus quatorze font quatre-vingt-quatorze._
2. 62 + 10 = _Soixante-deux plus dix font soixante-douze._
3. 96 + 3 = _Quatre-vingt-seize plus trois font quatre-vingt-dix-neuf._
4. 76 + 24 = _Soixante-seize plus vingt-quatre font cent._
5. 70 + 11 = _Soixante-dix plus onze font quatre-vingt-un._
6. 38 + 60 = _Trente-huit plus soixante font quatre-vingt-dix-huit._
7. 78 + 6 = _Soixante-dix-huit plus six font quatre-vingt-quatre._
8. 32 + 43 = _Trente-deux plus quarante-trois font soixante-quinze._
9. 50 + 41 = _Cinquante plus quarante-et-un font quatre-vingt-onze._
10. 88 + 5 = _Quatre-vingt-huit plus cinq font quatre-vingt-treize._

4 Au café Indiquez l'article correct.

> **MODÈLE**
> Prenez-vous *du/un* thé glacé?

1. Avez-vous ___du___ lait froid?
2. Je voudrais ___une___ baguette, s'il vous plaît.
3. Elle prend ___un___ croissant.
4. Nous ne prenons pas ___de___ sucre avec le café.
5. Thérèse ne laisse pas ___de___ pourboire.
6. Vous mangez ___des___ frites.
7. Zeina boit ___une___ boisson gazeuse.
8. Voici ___de l'/l'/une___ eau minérale.
9. Nous mangeons ___du___ pain.
10. Je ne prends pas ___de___ fromage.

> Practice more at **vhlcentral.com**.

4 Vrai ou faux Look at the illustration. Determine if the statements are **vrai** (true) or **faux** (false). Correct the false statements.

Michael Béatrice
Laure Jasmine
Adrien

1. Nous sommes devant la maison de notre tante. Vrai
2. Michel est loin de Laure. Faux; Michel est près de Laure.
3. Adrien est en face de Laure et Jasmine. Faux; Adrien est entre Laure et Jasmine.
4. Béatrice est près de Jasmine. Vrai
5. Jasmine est à gauche de Béatrice. Vrai
6. Michel est devant Laure. Faux; Michel est derrière Laure.
7. Un oiseau est sur la maison. Vrai
8. Laure est à droite d'Adrien. Faux; Laure est à gauche d'Adrien.

5 Demain Say that the following people are going to be doing the following activities tomorrow. Then, determine what question was asked for that response.

MODÈLE

Je téléphone à ma copine.
Je vais téléphoner à ma copine.
À qui vas-tu téléphoner?

1. Le professeur commence à parler à neuf heures. Le professeur va commencer à parler à neuf heures. À quelle heure le professeur va-t-il commencer à parler?
2. Je vais au café. Je vais aller au café. Où vas-tu aller?
3. Elle prend un croissant. Elle va prendre un croissant. Que va-t-elle prendre?
4. Nous étudions parce qu'il y a un examen. Nous allons étudier parce qu'il y a un examen. Pourquoi allez-vous étudier?
5. Il voyage en France en été (*during the summer*). Il va voyager en France en été. Quand va-t-il voyager en France?/Où va-t-il voyager en été?
6. Ils mangent soixante éclairs. Ils vont manger soixante éclairs. Combien d'éclairs vont-ils manger?

6 Au restaurant You are at a restaurant with your family. Tell what everyone is having or drinking based on the clues.

MODÈLE

Ta mère: pain
Ma mère prend du pain.

1. Tes grands-parents: soupe Mes grands-parents prennent de la soupe.
2. Ton frère aîné: jus d'orange Mon frère aîné boit du jus d'orange.
3. Toi: limonade Moi, je bois de la limonade.
4. Ta sœur et toi: jambon Ma sœur et moi, nous prenons du jambon.
5. Ton oncle: fromage Mon oncle prend du fromage.
6. Tes nièces: eau minérale Mes nièces boivent de l'eau minérale.
7. Ta tante: éclairs Ma tante prend des éclairs.

7 Complétez Complete the sentences with the correct form of one of the verbs in the box. Use each verb once.

choisir	maigrir
finir	obéir
grandir	rougir
grossir	vieillir

1. Vous ___choisissez___ l'endroit où nous allons déjeuner?
2. Je ___rougis___ quand j'ai honte.
3. Mes cousins ___grandissent___ encore. Ils sont déjà (*already*) très grands.
4. Paul ne mange pas assez et il ___maigrit___ .
5. Tu ___obéis___ aux profs.
6. Nous ___finissons___ nos études cette année.
7. On ___grossit___ quand on mange beaucoup.
8. Mon grand-père n'est pas jeune. Il ___vieillit___ .

---

4 Suggestion Before students begin the activity, have them identify the people, places, and other objects in the drawing. Example: **Il y a un oiseau.**

4 Expansion Have students create additional sentences about the location of the people or objects in the drawing. To practice negation, have students describe where the people and other objects are not located. Example: **La famille n'est pas devant la bibliothèque.**

5 Suggestion Before beginning the activity, point out that there is more than one way to form some of the questions. Have students work in pairs. Tell them to take turns asking and answering the questions.

5 Expansion For additional practice, give students these items. **7. Nous passons chez Martine. (Nous allons passer chez Martine./Où allez-vous passer?) 8. André travaille le matin. (André va travailler le matin./Quand André va-t-il travailler?) 9. Je dîne avec un ami. (Je vais dîner avec un ami./ Avec qui vas-tu dîner?)**

6 Suggestion You may want to point out that it is sometimes possible to use either a partitive or an indefinite article. The choice depends on whether the speaker interprets the noun as count (e.g., a glass of iced tea, a bottle of mineral water) or noncount (e.g., some iced tea, some mineral water).

6 Expansion Have students create questions using the prompts, then call on other individuals to answer them. Example: **1. Qu'est-ce que tes grands-parents prennent?**

7 Suggestion Have volunteers read the words in the list aloud. Tell students to read all eight items before attempting to start filling in the blanks.

7 Expansion Have students create additional sentences using these verbs with different subjects.

Interpersonal Speaking To practice plural possessive adjectives, have pairs describe the family in a picture you provide from the point of view of two of the people in the photo. Encourage them to include descriptive adjectives and be creative in their sentences. You might want to introduce the term **les arrière-petits-enfants** (*great-grandchildren*) for this activity. Examples: **Juliette et Marc sont nos enfants. Juliette est blonde, mais Marc est brun.**

EXPANSION

Writing Practice Have students write fill-in-the-blank or dehydrated sentences for each of the **-ir** verbs. Then tell them to exchange papers with a partner and complete the activity. Remind students to verify their answers.

Communication

1 C'est quel département?
With a partner, take turns reading the phone number for one of the course departments. Your partner will determine for which department you are providing the phone number. *Answers will vary.*

MODÈLE

Élève 1: *Le numéro de téléphone, c'est le zéro quatre, soixante-seize, soixante-huit, quatre-vingt-seize, quatre-vingt-un.*

Élève 2: *C'est le département des Sciences politiques.*

Département	Numéro de téléphone
Architecture	04.76.65.74.92
Biologie	04.76.72.63.85
Chimie	04.76.84.79.64
Littérature anglaise	04.76.99.90.82
Mathématiques	04.76.86.66.93
Philosophie	04.76.75.99.80
Psychologie	04.76.61.88.91
Sciences politiques	04.76.68.96.81
Sociologie	04.76.70.83.97

2 Les pourcentages
Use the cues provided to poll your classmates to find out if they have the following family members. Make any necessary changes. Tally your classmates' responses, then calculate the percentages for each answer. (To figure out percentages, divide the number of affirmative or negative responses by the number of people in your class.) *Answers will vary.*

MODÈLE

un chien: gros
Tu as un gros chien?
Soixante-seize pour cent des élèves ont un gros chien.
Vingt-quatre pour cent des élèves n'ont pas de gros chien.

1. un chien: gros
2. un chat: noir
3. des sœurs: aîné
4. un frère: cadet
5. une cousine: de taille moyenne
6. des grands-parents: drôle
7. un oncle: antipathique
8. une tante: beau

3 Les acteurs et les actrices
With a partner, take turns describing a person in the illustration. Be sure to include where the person you are describing is located. Your partner will determine which person you are describing. *Answers will vary.*

MODÈLE

Élève 1: *C'est une femme. Elle est rousse et elle a les cheveux courts. Elle est à droite de Patrick.*

Élève 2: *Je pense que c'est Émilie.*

Julie · Annick · Michelle · Patrick · Laurent · Émilie · Robert · Stéphane

4 Devinez
Working in groups of four, each person will choose a location from column one below. Do not tell your group members what location you have chosen. Each group member must ask you a question using different question words from the second column. The first person to guess your location wins a point. *Answers will vary.*

le centre commercial	quand
le cinéma	avec qui
le gymnase	pourquoi
le marché	comment
le musée	à quelle heure
le parc	que/qu'
la piscine	combien (de)
le restaurant	quel(le)(s)

5 Une lettre Read the following letter from Céline. After reading the letter closely, write five questions based on the letter using different question words. Pair up with another student. Ask and answer each other's questions. For every question you answer correctly, you win a point. For every question you answer incorrectly, your partner wins a point. Record your partner's responses on your paper. Answers will vary.

> *Bonjour. Je m'appelle Céline. J'ai 17 ans. Je suis grande, mince et sportive. J'habite à Grenoble dans une maison agréable. Je suis en première. J'adore la montagne.*
>
> *Tous les week-ends, je vais skier à Chamrousse avec mes trois amis Alain, Catherine et Pascal. Nous skions de midi à cinq heures. À six heures, nous prenons un chocolat chaud à la terrasse d'un café ou nous allons manger des crêpes dans un restaurant. Nous allons au cinéma tous ensemble.*

6 Interview Interview a classmate to find out his or her responses. Then in groups of four, tell the rest of the group about your partner. Answers will vary.

MODÈLE

Élève 1: *Est-ce que tu rougis facilement?*
Élève 2: *Pas moi. Je ne rougis pas facilement.*
Élève 1: *(to the group)* Il ne rougit pas facilement.

1. rougir facilement
2. réagir lentement (*slowly*)
3. obéir toujours aux professeurs
4. finir tôt ses devoirs
5. choisir toujours bien sa nourriture (*food*)
6. réussir aux examens de français

7 Prenez ou buvez? With a partner, compare your responses to each of the following prompts. Create a graphic organizer showing the similarities and differences between your partner and you. Be sure to use partitive articles in your answers. Answers will vary.

MODÈLE

Élève 1: *Je prends du fromage au restaurant. Qu'est-ce que tu prends?*
Élève 2: *Moi, je prends du pain.*

1. prendre au restaurant
2. boire au cinéma
3. boire chez toi
4. prendre le matin
5. boire quand tu as soif
6. prendre quand tu as faim

dix-neuf **19**

5 Suggestion Circulate among each pair, lending help where necessary. You might want to have each student check the answers in the book after each question is answered.

5 Expansion Have students write their own letters to Céline, using Céline's letter as a model.

6 Suggestion Remind students to ask and answer using complete sentences. Follow up with questions about what students found out in the interviews.

6 Expansion Have each student write one or two paragraphs comparing himself/herself with his/her partner. Encourage students to use the **nous** form for similarities.

7 Suggestion Have students create two additional prompts with **prendre** and **boire** to ask their partner.

7 Expansion Have students write down how they think you would answer each question. Allow volunteers to ask you each question. As you answer, students tally how many times they guessed correctly.

EXPANSION

Interviewing To practice **votre** and **vos**, have students ask you questions about your family. Examples: **Comment s'appellent vos parents? Est-ce que vous avez des enfants? Comment s'appellent-ils? Est-ce que vous avez des neveux ou des nièces? Comment s'appellent-ils?**

DIFFERENTIATION

For Kinesthetic Learners Have one student start with a small beanbag or rubber ball. You call out another student identified only by his or her location with reference to other students. Example: **C'est la personne derrière**. The student with the beanbag or ball has to throw it to the student identified. The latter student must then throw the object to the next person you identify.

8 Suggestion Review cognates that students may use to help fill in the agenda. Remind students to only include activities that they have learned.

8 Expansion Have students complete this activity in groups of 3. Provide the scenario that students have a free day in Paris or some other Francophone location. Together, the group should decide what they will do. After completing the agenda, have each group discuss their plans with another group. Encourage students to use **on** or **nous** in their discussions.

9 Suggestion Before completing this activity, model for students what is expected. Using the picture provided in the activity, describe each person. Include the same elements that students are expected to use in the activity. Ask questions to see if students can determine who is being described.

9 Expansion After completing the activity, have students change partners and describe the former partner's family to a new person. Remind them to use the correct subject pronouns and possessive adjectives when describing. Example: **Sa belle-mère est brune et petite.**

10 Expansion Have students create their own café menu and use it to act out dialogues.

8 Ma journée Fill out the agenda for October 28. Write an activity that you will do for each time listed. Then, with a partner, tell what you are doing at different times throughout the day. Your partner will guess where you are going or what you are doing based on what you tell him/her. Answers will vary.

MODÈLE

Élève 1: À cinq heures et demie, j'étudie.
Élève 2: Si tu étudies, tu vas à la bibliothèque.

28 OCTOBRE	
8H00 *jogging*	14H00
8H30	14H30
9H00	15H00
9H30	15H30
10H00	16H00
10H30	16H30
11H00	17H00
11H30	17H30 *étudier*
12H00	18H00
12H30	18H30
13H00 *bibliothèque*	19H00 *téléphoner à papa*
13H30	19H30 *Sophie:*

9 Le portrait Write a description of you and your family or a fictional family. Include name, age, family relationship, physical description, activities each person does, and location in the portrait. Be sure to include at least five different family members and yourself. When you are finished, your partner will draw your family portrait based on your written description. Answers will vary.

10 Au cybercafé In groups of three, pretend that you are at a café together. Take turns playing the part of the waiter/waitress and two customers. The waiter will ask what you each are having/drinking. Then he/she will tally your order and give you the price. Act out one of your dialogues for another group. Answers will vary.

MODÈLE

Élève 1: Qu'est-ce que vous prenez?
Élève 2: Moi, je prends une salade verte.
Élève 3: Des frites, s'il vous plaît.
Élève 1: Qu'est-ce que vous buvez?
Élève 2: Un café, s'il vous plaît.
Élève 3: Et moi, je bois de l'eau minérale non gazeuse.
Élève 1: Ça coûte (*That costs*) dix-sept euros trente.

Petit-déjeuner *Breakfast* confiture *jam* Viennoiseries *Breakfast pastries* brioche *a light, slightly-sweet bread* Croque-monsieur *Grilled sandwich with cheese and ham* verte *green* Œufs *Eggs* au plat *fried* brouillés *scrambled*

MENU

PETIT-DÉJEUNER° FRANÇAIS	12,00€
Café, thé, chocolat chaud ou lait	
Pain, beurre et confiture°	
Orange pressée	

VIENNOISERIES°	3,00€
Croissant, pain au chocolat, brioche°, pain aux raisins	

SANDWICHS ET SALADES	
Sandwich (jambon ou fromage; baguette ou pain de campagne)	7,50€
Croque-monsieur°	7,80€
Salade verte°	6,20€

BOISSONS CHAUDES	
Café/Déca	3,80€
Grand crème	5,50€
Chocolat chaud	5,80€
Thé	5,50€
Lait chaud	4,80€

PETIT-DÉJEUNER ANGLAIS	15,00€
Café, thé, chocolat chaud ou lait	
Œufs° (au plat° ou brouillés°), bacon, toasts	
Orange pressée	

DESSERTS	
Tarte aux fruits	7,50€
Banana split	6,40€

AUTRES SÉLECTIONS CHAUDES	
Frites	4,30€
Soupe à l'oignon	6,40€
Omelette au fromage	8,50€
Omelette au jambon	8,50€

BOISSONS FROIDES	
Eau minérale non gazeuse	3,00€
Eau minérale gazeuse	3,50€
Jus de fruits (orange...)	5,80€

TEACHING OPTIONS

Picture It. Provide students with sentences on the topics of each activity. Tell students to write these sentences on separate cards. On the back, students should draw a picture representing the sentence. They should pair up with another student and take turns guessing which sentence is represented in the drawing. Have students then use the pictures in different orders to create a written story of what is taking place.

DIFFERENTIATION

Sentence Stems. For students that need more assistance, provide those students with sentence stems to help write their family description for **Le portrait.** The sentence stems should be the first part of the sentence or the last part of the sentence. Include clues to help students know where to include information. Examples: **Ma cousine aime (***list an activity***). (***Family member***) est grand et brun. Je suis (***preposition of location***)....**

Les loisirs

21st CENTURY SKILLS

Initiative and Self-Direction
Students can monitor their progress online using the Supersite activities and assessments.

Pour commencer

- **Ils sont au parc.**
- **Ils pratiquent le football.**
- **Oui, je pense qu'ils aiment le sport.**
- **Answers will vary**

Pour commencer
- Où sont ces deux jeunes hommes? À la mer ou au parc?
- Quel sport pratiquent-ils?
- Pensez-vous qu'ils aiment le sport?
- Et vous, vous aimez le sport? Vous pratiquez quel(s) sport(s)?

INSTRUCTIONAL RESOURCES

Student Resources
Print: Student Book, Workbook (*Cahier de l'élève*)
Supersite: vhlcentral.com, **v̄Text**, *eCahier*, Audio, Video, Practice

Teacher Resources
Print: Teacher's Edition, Answer Keys, Testing Program
Technology: Audio MP3s on CD (Textbook, Testing Program, Audio Program), Video Program DVD (*Roman-photo, Flash culture*)

Supersite: vhlcentral.com, Activity Pack, Middle School Activity Pack, Lesson Plans, Grammar Tutorials, Grammar Slides, Testing Program, Audio and Video Scripts, Answer Key, Audio MP3s, Streaming Video (*Roman-photo, Flash culture, Le Zapping*), Digital Image Bank, Learning Management System (Gradebook, Assignments)

VOICE BOARD

Voice boards on the Supersite allow you and your students to record and share up to five minutes of audio. Use voice boards for presentations, oral assessments, discussions, directions, etc.

21

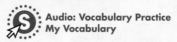 Audio: Vocabulary Practice
My Vocabulary

Le temps libre

Section Goals

In this section, students will learn and practice vocabulary related to:
• sports and leisure activities
• adverbs of frequency

Key Standards

1.1, 1.2, 4.1

Student Resources
Cahier de l'élève, pp. 113–115;
Supersite: Activities,
eCahier

Teacher Resources
Answer Keys; Digital Image
Bank; Audio Script; Textbook
& Audio Activity MP3s/CD;
Activity Pack; Testing program:
Vocabulary Quiz

Suggestions

• Have students look over the new vocabulary, covering the translations. Guide them to notice the numerous cognates for sports terms. See how many words students know without looking at the English.
• Use the digital image for this page to describe what people are doing. Examples: **Ils jouent au football. Elles jouent au tennis.** Encourage students to add their remarks.
• Teach students the expression **aider quelqu'un à... (étudier, bricoler, travailler).** Pointing to the person toward the right helping his injured friend, say: **Il aide son copain à marcher.**
• Point out the differences between the words **un jeu, jouer, un joueur,** and **une joueuse.**
• Ask students closed-ended questions about their favorite activities: **Vous préférez jouer au tennis ou aller à la pêche? Aller à un spectacle ou jouer au golf?**
• Call out sports and other activities from this section and have students classify them as either **un sport** or **un loisir.** List them on the board in two columns.

You will learn how to...

- talk about activities
- tell how often and how well you do things

Vocabulaire

aller à la pêche	*to go fishing*
bricoler	*to tinker; to do odd jobs*
désirer	*to want*
jouer (à/de)	*to play*
pratiquer	*to play regularly, to practice*
skier	*to ski*
le baseball	*baseball*
le cinéma	*movies*
le foot(ball)	*soccer*
le football américain	*football*
le golf	*golf*
un jeu	*game*
un loisir	*leisure activity*
un passe-temps	*pastime, hobby*
un spectacle	*show*
un stade	*stadium*
le temps libre	*free time*
le volley(-ball)	*volleyball*
une/deux fois	*one/two time(s)*
par jour, semaine, mois, an, etc.	*per day, week, month, year, etc.*
déjà	*already*
encore	*again, still*
jamais	*never*
longtemps	*long time*
maintenant	*now*
parfois	*sometimes*
rarement	*rarely*
souvent	*often*

ressources

vText

CE
pp. 113–115

vhlcentral.com
Leçon 5A

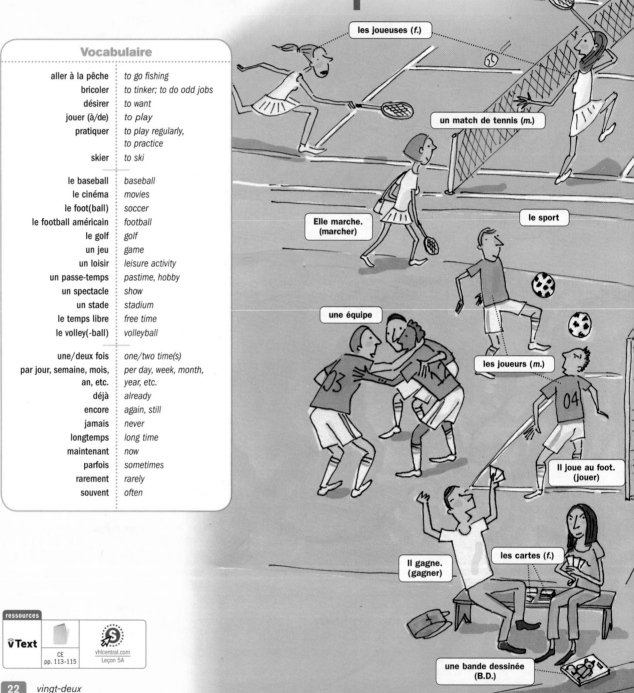

les joueuses (f.)

un match de tennis (m.)

Elle marche. (marcher)

le sport

une équipe

les joueurs (m.)

Il joue au foot. (jouer)

Il gagne. (gagner)

les cartes (f.)

une bande dessinée (B.D.)

EXPANSION

Brainstorming Have students give their opinions about activities in **Contextes.** Brainstorm pairs of adjectives that apply to activities and write them on the board or on a transparency. Examples: **agréable/désagréable, intéressant/ennuyeux, utile/ inutile, génial/nul, facile/difficile.** Then ask questions like these: **Le football, c'est intéressant ou c'est ennuyeux? Les échecs, c'est facile ou difficile?**

TEACHING OPTIONS

Using Games Play a game of **Jacques a dit** (*Simon says*) using the activities in this section. Tell students to mime each activity only if they hear the words **Jacques a dit.** If a student mimes an activity not preceded by **Jacques a dit,** he or she is eliminated from the game. The last person standing wins. You might want students to take turns calling out activities.

Attention!

Use **jouer à** with games and sports.

Elle joue aux cartes/au baseball.
She plays cards/baseball.

Use **jouer de** with musical instruments.

Vous jouez de la guitare/du piano.
You play the guitar/piano.

Mise en pratique

1 Remplissez Choisissez dans la liste le mot qui convient (*the word that fits*) pour compléter les phrases. N'oubliez pas de conjuguer les verbes.

aider	jeu	pratiquer
bande dessinée	jouer	skier
bricoler	marcher	sport
équipe		

1. Notre __équipe__ joue un match cet après-midi.
2. Le tarot est un __jeu__ de cartes.
3. Mon livre préféré, c'est une __bande dessinée__ de Tintin, *Le sceptre d'Ottokar*.
4. J'aime __jouer__ aux cartes avec ma grand-mère.
5. Pour devenir (*To become*) champion de volley, je __pratique__ tous les jours.
6. Le dimanche, nous __marchons__ beaucoup, environ (*about*) cinq kilomètres.
7. Mon __sport__ préféré, c'est le foot.
8. Mon père __aide__ mon frère à préparer son match de tennis.
9. J'aime mieux __skier__ dans les Alpes que dans le Colorado.
10. Il faut réparer la table, mais je n'aime pas __bricoler__.

2 Écoutez 🎧 Écoutez Sabine et Marc parler de leurs passe-temps préférés. Dans le tableau suivant, écrivez un **S** pour Sabine et un **M** pour Marc pour indiquer s'ils pratiquent ces activités **souvent**, **parfois**, **rarement** ou **jamais**. Attention, toutes les activités ne sont pas utilisées.

Activités	Souvent	Parfois	Rarement	Jamais
1. chanter	S			
2. le basket	S	M		
3. les cartes				
4. le tennis	M	S		
5. aller à la pêche			M	S
6. le golf				M
7. le cinéma	M, S			
8. le spectacle	M		S	

3 Les loisirs Utilisez un élément de chaque colonne pour former huit phrases au sujet des loisirs de ces personnes. N'oubliez pas les accords (*agreements*). Answers will vary.

Personnes	Activités	Fréquence
Je	jouer aux échecs	maintenant
Ma sœur	chanter	parfois
Mes parents	jouer au tennis	rarement
Christian	gagner le match	souvent
Sandrine et Cédric	skier	déjà
Les élèves	regarder un spectacle	une fois par semaine
Élise	jouer au basket	une fois par mois
Mon ami(e)	aller à la pêche	encore

💲 Practice more at **vhlcentral.com**.

le basket(-ball)

Il aide le joueur. (aider)

Il chante. (chanter)

Il indique. (indiquer)

les échecs (*m.*)

1 Suggestions
- To review **-er** verb forms, conjugate on the board one of the verbs from the list.
- Tell students to use each item in the word box only once.

2 Script SABINE: Bonjour, Marc, comment ça va?
MARC: Pas mal. Et toi?
S: Très bien, merci. Est-ce que tu joues au golf?
M: Non, jamais. Je n'aime pas ce sport. Je préfère jouer au tennis. En général, je joue au tennis trois fois par semaine. Et toi?
S: Moi? Jouer au tennis? Oui, parfois, mais j'aime mieux le basket. C'est un sport que je pratique souvent.
M: Ah le basket, je n'aime pas tellement. Je joue parfois avec des amis, mais ce n'est pas mon sport préféré. Le soir, j'aime bien aller au spectacle ou au cinéma. Et toi, qu'est-ce que tu aimes faire le soir?
S: Oh, je vais rarement au spectacle mais j'adore aller au cinéma. J'y vais très souvent.
M: C'est quoi, ton passe-temps préféré?
S: Mon passe-temps préféré, c'est le chant. J'aime chanter tous les jours.
M: Moi, j'adore aller à la pêche quand j'ai du temps libre, mais ce n'est que très rarement.
S: La pêche? Oh, moi, jamais. Je trouve ça ennuyeux.
M: Et est-ce que tu aimes le baseball?
S: Je ne sais pas; je n'ai jamais regardé un match de baseball.
M: Il y a un match toutes les semaines. C'est très intéressant.
(*On Textbook Audio*)

2 Expansion Have students tell a partner how often they, themselves, do these activities.

3 Suggestion Ask volunteers to write one of their sentences on the board, making sure to have one example sentence for each of the verbs listed in this activity.

3 Expansion Ask students how frequently they do each of the activities listed. Encourage them to use as many different adverbial expressions as possible.

EXPANSION

Making Associations Call out names of famous athletes and have students say: **Ils jouent au __sport__**. Examples: Tiger Woods, Arnold Palmer (**golf**), David Beckham, Zinédine Zidane (**football**), Serena Williams, André Agassi (**tennis**), Donovan McNabb, Troy Aikman (**football américain**), Shaquille O'Neal, Larry Bird (**basketball**), and Babe Ruth, Mark McGwire (**baseball**).

TEACHING OPTIONS

Using Games Write each of the words or expressions in **Activité 3** on an index card. Label three boxes **Personnes**, **Activités**, and **Fréquence**. Then place the cards in their respective boxes. Divide the class into two teams. Students take turns drawing one card from each box. Each player has five seconds to form a sentence using all of the words on the three cards. If they do not make a mistake, they score a point for their team.

23

Communication

4 Répondez Avec un(e) partenaire, posez-vous (*ask each other*) ces (*these*) questions et répondez (*answer*) à tour de rôle. Answers will vary.

1. Quel est votre loisir préféré?
2. Quel est votre sport préféré à la télévision?
3. Êtes-vous sportif/sportive? Si oui, quel sport pratiquez-vous?
4. Qu'est-ce que vous désirez faire (*to do*) ce week-end?
5. Combien de fois par mois allez-vous au cinéma?
6. Que faites-vous (*do you do*) quand vous avez du temps libre?
7. Est-ce que vous aidez quelqu'un? Qui? À faire quoi? Comment?
8. Quel est votre jeu de société (*board game*) préféré? Pourquoi?

5 Sondage Avec la feuille d'activités que votre professeur va vous donner, circulez dans la classe et demandez à vos camarades s'ils pratiquent ces activités et si oui (*if so*), à quelle fréquence. Quelle est l'activité la plus pratiquée (*the most practiced*) de la classe? Answers will vary.

MODÈLE

aller à la pêche
Élève 1: Est-ce que tu vas à la pêche?
Élève 2: Oui, je vais parfois à la pêche.

Activités	Noms	Fréquence
1. aller à la pêche	François	parfois
2. jouer au tennis		
3. jouer au foot		
4. skier		

6 Conversez Avec un(e) partenaire, utilisez les expressions de la liste et les mots de **CONTEXTES** et écrivez une conversation au sujet de vos loisirs. Présentez votre travail au reste de la classe. Answers will vary.

MODÈLE

Élève 1: Que fais-tu (*do you do*) comme sport?
Élève 2: Je joue au volley.
Élève 1: Tu joues souvent?
Élève 2: Oui, trois fois par semaine, avec mon amie Julie. C'est un sport que j'adore. Et toi, quel est ton passe-temps préféré?

Avec qui?	Pourquoi?
Combien de fois par...?	Quand?
Comment?	Quel(le)(s)?
Où?	Quoi?

7 La lettre Écrivez une lettre à un(e) ami(e). Dites ce que vous faites (*do*) pendant vos loisirs, quand, avec qui et à quelle fréquence.

Cher Marc,

Pendant (*During*) mon temps libre, j'aime bien jouer au basket et au tennis. J'aime gagner, mais ça n'arrive pas souvent! Je joue au tennis avec mes amis deux fois par semaine, le mardi et le vendredi, et au basket le samedi. J'adore les films et je vais souvent au cinéma avec ma sœur ou mes amis. Le soir...

Les sons et les lettres

**Audio: Explanation
Record & Compare**

🎧 Intonation

In short, declarative sentences, the pitch of your voice, or intonation, falls on the final word or syllable.

Nathalie est française.   **Hector joue au football.**

In longer, declarative sentences, intonation rises, then falls.

À trois heures et demie, j'ai sciences politiques.

In sentences containing lists, intonation rises for each item in the list and falls on the last syllable of the last one.

Martine est jeune, blonde et jolie.

In long, declarative sentences, such as those containing clauses, intonation may rise several times, falling on the final syllable.

Le samedi, à dix heures du matin, je vais au centre commercial.

Questions that require a yes or no answer have rising intonation. Information questions have falling intonation.

C'est ta mère?   **Est-ce qu'elle joue au tennis?**

Quelle heure est-il?   **Quand est-ce que tu arrives?**

Prononcez Répétez les phrases suivantes à voix haute.

1. J'ai dix-neuf ans.
2. Tu fais du sport?
3. Quel jour sommes-nous?
4. Sandrine n'habite pas à Paris.
5. Quand est-ce que Marc arrive?
6. Charlotte est sérieuse et intellectuelle.

Articulez Répétez les dialogues à voix haute.

1. —Qu'est-ce que c'est?
   —C'est un ordinateur.
2. —Tu es américaine?
   —Non, je suis canadienne.
3. —Qu'est-ce que Christine étudie?
   —Elle étudie l'anglais et l'espagnol.
4. —Où est le musée?
   —Il est en face de l'église.

Dictons Répétez les dictons à voix haute.

Si le renard court, le poulet a des ailes.[1]

Petit à petit, l'oiseau fait son nid.[2]

[1] Though the fox runs, the chicken has wings.   [2] Little by little, a bird builds its nest.

Section Goals

In this section, students will learn about using intonation.

Key Standards

4.1

Student Resources
Cahier de l'élève, p. 116; Supersite: Activities, *eCahier*

Teacher Resources
Answer Keys; Audio Script; Textbook & Audio Activity MP3s/CD

Suggestions

- Model the intonation of each of the example sentences and have students repeat them after you.
- Make sure students can recognize an information question. Tell them that information questions contain question words: **qui**, **qu'est-ce que**, **quand**, **comment**, **pourquoi**, etc. Remind students that the question word is not always the first word of the sentence. Examples: **À qui parles-tu? Ils arrivent quand?**
- Contrast the intonation of various types of declarative sentences (short, long, and those containing lists).
- Point out that the sentences without question words in the **Prononcez** activity (all except items 3 and 5) can be changed from a question to a statement and vice-versa simply by changing the intonation.

Dictons

- Ask students if they can think of sayings in English that are similar to **«Petit à petit, l'oiseau fait son nid.»** (*Slow and steady wins the race.*)
- Have students discuss the meaning of **«Si le renard court, le poulet a des ailes.»**

EXPANSION

Intonation Here are some sentences to use for additional practice with intonation: **1. Il a deux frères? 2. Il a deux frères. 3. Combien de frères est-ce qu'il a? 4. Vous jouez au tennis? 5. Vous jouez au tennis. 6. Avec qui est-ce que vous jouez au tennis?** Make sure students hear the difference between declarative and interrogative statements.

TEACHING OPTIONS

Using Games Divide the class into small groups. Pronounce ten phrases based on those in the examples and in **Prononcez**. Have students silently pass one piece of paper, numbered 1–10, around their group. Members of each group take turns recording whether the statements are declarative or interrogative. Collect the papers, one per group, when you finish saying the phrases. The group with the most correct answers wins.

25

Section Goals

In this section, students will learn functional phrases for talking about leisure activities through comprehensible input.

Key Standards

1.2, 2.1, 2.2, 4.1, 4.2

Student Resources
Cahier de l'élève, pp. 117–118;
Supersite: Activities,
eCahier

Teacher Resources
Answer Keys; Video Script & Translation; *Roman-photo* video

Video Recap: D'accord! 1A
Before doing this **Roman-photo**, ask students what they remember about the video episodes from **D'accord! 1A**. Questions might include:

1. Qu'est ce que vous vous rappelez à propos des personnages? Comment est Rachid? Amina?
2. Qu'est-ce que Stéphane prépare?/Pour quel examen étudie-t-il? (le bac) Qui est-ce qui l'aide (à réviser/à étudier)? (Rachid)
3. De qui est-ce que Sandrine parle tout le temps? Pourquoi? (de Pascal, parce qu'elle et Pascal s'aiment bien)

Video Synopsis In a park, Rachid, David, and Sandrine talk about their favorite pastimes. David likes to draw; Rachid plays soccer. They run into Stéphane. He and Rachid talk about Stéphane's studies. Stéphane doesn't like his classes; he prefers sports. Sandrine tells David she doesn't like sports, but prefers movies and concerts. She also wants to be singer.

Suggestions

• Have pairs of students list words they expect to hear in a video about sports and activities. As they watch, have them mark the words and expressions they hear.
• Have students scan the captions to find phrases used to talk about sports and activities. Examples: **Rachid, lui, c'est un grand sportif. Je fais du ski, de la planche à voile, du vélo… et j'adore nager.**

Au parc

 Video: *Roman-photo*
Record & Compare

PERSONNAGES

David

Rachid

Sandrine

Stéphane

DAVID Oh là là… On fait du sport aujourd'hui!
RACHID C'est normal! On est dimanche. Tous les week-ends à Aix, on fait du vélo, on joue au foot…
SANDRINE Oh, quelle belle journée! Faisons une promenade!
DAVID D'accord.

DAVID Moi, le week-end, je sors souvent. Mon passe-temps favori, c'est de dessiner la nature et les belles femmes. Mais Rachid, lui, c'est un grand sportif.
RACHID Oui, je joue au foot très souvent et j'adore.

RACHID Tiens, Stéphane! Déjà? Il est en avance.
SANDRINE Salut.
STÉPHANE Salut. Ça va?
DAVID Ça va.
STÉPHANE Salut.
RACHID Salut.

STÉPHANE Pfft! Je n'aime pas l'histoire-géo.
RACHID Mais, qu'est-ce que tu aimes alors, à part le foot?
STÉPHANE Moi? J'aime presque tous les sports. Je fais du ski, de la planche à voile, du vélo… et j'adore nager.
RACHID Oui, mais tu sais, le sport ne joue pas un grand rôle au bac.

RACHID Et puis, les études, c'est comme le sport. Pour être bon, il faut travailler!
STÉPHANE Ouais, ouais.
RACHID Allez, commençons. En quelle année Napoléon a-t-il…

SANDRINE Dis-moi David, c'est comment chez toi, aux États-Unis? Quels sont les sports favoris des Américains?
DAVID Euh… chez moi? Beaucoup pratiquent le baseball ou le basket et surtout, on adore regarder le football américain. Mais toi, Sandrine, qu'est-ce que tu fais de tes loisirs? Tu aimes le sport? Tu sors?

A C T I V I T É S

1 **Les événements** Mettez ces (*these*) événements dans l'ordre chronologique.

_10_ a. David dessine un portrait de Sandrine.
_6_ b. Stéphane se plaint (*complains*) de ses cours.
_4_ c. Rachid parle du match de foot.
_9_ d. David complimente Sandrine.
_2_ e. David mentionne une activité que Rachid aime faire.

_7_ f. Sandrine est curieuse de savoir (*to know*) quels sont les sports favoris des Américains.
_5_ g. Stéphane dit (*says*) qu'il ne sait (*knows*) pas s'il va gagner son prochain match.
_3_ h. Stéphane arrive.
_1_ i. David parle de son passe-temps favori.
_8_ j. Sandrine parle de sa passion.

Practice more at **vhlcentral.com.**

TEACHING OPTIONS

Au parc Before viewing the **Au parc** episode, ask students to consider both the title and video still 1. Then brainstorm what David, Sandrine, and Rachid might talk about in an episode set in a park. Examples: sports and activities: **On fait du sport aujourd'hui!** or the weather: **Quelle belle journée!**

EXPANSION

Regarder la vidéo Play the video episode once without sound and have the class create a plot summary based on the visual cues. Afterward, show the video with sound and have the class correct any mistaken guesses and fill in any gaps in the plot summary they created.

Les amis parlent de leurs loisirs.

RACHID Alors, Stéphane, tu crois que tu vas gagner ton prochain match?
STÉPHANE Hmm, ce n'est pas garanti! L'équipe de Marseille est très forte.
RACHID C'est vrai, mais tu es très motivé, n'est-ce pas?
STÉPHANE Bien sûr.

RACHID Et, pour les études, tu es motivé? Qu'est-ce que vous faites en histoire-géo en ce moment?
STÉPHANE Oh, on étudie Napoléon.
RACHID C'est intéressant! Les cent jours, la bataille de Waterloo...

SANDRINE Bof, je n'aime pas tellement le sport, mais j'aime bien sortir le week-end. Je vais au cinéma ou à des concerts avec mes amis. Ma vraie passion, c'est la musique. Je désire être chanteuse professionnelle.

DAVID Mais tu es déjà une chanteuse extraordinaire! Eh! J'ai une idée. Je peux faire un portrait de toi?
SANDRINE De moi? Vraiment? Oui, si tu insistes!

Expressions utiles

Talking about your activities

- **Qu'est-ce que tu fais de tes loisirs? Tu sors?**
  What do you do in your free time? Do you go out?
- **Le week-end, je sors souvent.**
  On weekends I often go out.
- **J'aime bien sortir.**
  I like to go out.
- **Tous les week-ends, on/tout le monde fait du sport.**
  Every weekend, people play/everyone plays sports.
- **Qu'est-ce que tu aimes alors, à part le foot?**
  What else do you like then, besides soccer?
- **J'aime presque tous les sports.**
  I like almost all sports.
- **Je peux faire un portrait de toi?**
  Can/May I do a portrait of you?
- **Qu'est-ce que vous faites en histoire-géo en ce moment?**
  What are you doing in history-geography at this moment?
- **Les études, c'est comme le sport. Pour être bon, il faut travailler!**
  Studies are like sports. To be good, you have to work!
- **Faisons une promenade!**
  Let's take a walk!

Additional vocabulary

- **Dis-moi.**
  Tell me.
- **Bien sûr.**
  Of course.
- **Tu sais.**
  You know.
- **Tiens.**
  Hey, look./Here you are.
- **Ce n'est pas garanti!**
  It's not guaranteed!
- **Vraiment?**
  Really?

---

2 **Questions** Choisissez la traduction (*translation*) qui convient pour chaque activité. Essayez de ne pas utiliser de dictionnaire. Combien de traductions y a-t-il pour le verbe **faire**?

___c___ 1. faire du ski   a. to play sports
___d___ 2. faire une promenade   b. to go biking
___b___ 3. faire du vélo   c. to ski
___a___ 4. faire du sport   d. to take a walk

3 **À vous!** David et Rachid parlent de faire des projets (*plans*) pour le week-end, mais les loisirs qu'ils aiment sont très différents. Ils discutent de leurs préférences et finalement choisissent (*choose*) une activité qu'ils vont pratiquer ensemble (*together*). Avec un(e) partenaire, écrivez la conversation et jouez la scène devant la classe.

ressources

vText   CE pp. 117–118   vhlcentral.com Leçon 5A

vingt-sept **27**

A C T I V I T É S

Expressions utiles
- Draw attention to the forms of the verb **faire** and irregular -**ir** verbs in the captions, in the **Expressions utiles** box, and as they occur in your conversation with students. Tell students that this material will be presented in **Structures**.
- Respond briefly to questions about **faire** and irregular -**ir** verbs. Reinforce correct forms, but do not expect students to produce them consistently at this time.
- Work through the **Expressions utiles** by asking students about their activities. As you do, respond to the content of their responses and ask other students questions about their classmates' answers. Example: **Qu'est-ce que vous faites de vos loisirs? Vous sortez?**
- Remind students that the **nous** form of a verb can be used to say *Let's...* Example: **Faisons une promenade!** = *Let's take a walk!*

1 **Suggestion** Form several groups of eight students. Write each of these sentences on individual strips of paper and distribute them among the students in each group. Make a set of sentences for each group. Have students read their sentences aloud in the correct order.

1 **Expansion** Have students make sentences to fill in parts of the story not mentioned in this activity.

2 **Suggestion** Remind students that **faire** has several English translations.

3 **Suggestion** Remind students of expressions like **On...?** for suggesting activities and **D'accord** and **Non, je préfère...** for accepting or rejecting suggestions. As students write their scenes, circulate around the room to help with unfamiliar vocabulary and expressions.

EXPANSION

Mini-conversations Have pairs of students create two-line mini-conversations using as many **Expressions utiles** as they can. Example: —**Qu'est-ce que tu aimes alors, à part le foot?** —**J'aime presque tous les sports.**
Then have them use the vocabulary in this section to talk about their own activities and those of their friends and family.

PRE-AP®

Interpersonal Speaking Ask volunteers to ad-lib the **Roman-photo** episode for the class. Assure them that it is not necessary to memorize the episode or to stick strictly to its content. They should try to get the general meaning across with the vocabulary and expressions they know. Encourage creativity. Give them time to prepare. You may want to assign this as homework and do it the next class period as a review activity.

Reading
Video: *Flash culture*

CULTURE À LA LOUPE

Le football

Le football est le sport le plus° populaire dans la majorité des pays° francophones. Tous les quatre ans°, des centaines de milliers de° fans, ou «supporters», regardent la Coupe du Monde°: le championnat de foot(ball) le plus important du monde. En 1998 (mille neuf cent quatre-vingt-dix-huit), l'équipe de France gagne la Coupe du Monde et en 2006 (deux mille six), elle perd en finale contre l'Italie.

Le Cameroun a aussi une grande équipe de football. «Les Lions Indomptables°» gagnent la médaille d'or° aux Jeux Olympiques de Sydney en 2000. En 2007, l'équipe camerounaise est la première équipe africaine à être dans le classement mondial° de la FIFA (Fédération Internationale de Football Association). Certains «Lions» jouent dans les clubs français et européens.

En France, il y a deux ligues professionnelles de vingt équipes chacune°. Ça fait° quarante équipes professionnelles de football pour un pays plus petit que° le Texas! Certaines équipes, comme le Paris Saint-Germain («le PSG») ou l'Olympique de Marseille («l'OM»), ont beaucoup de supporters.

Les Français, comme les Camerounais, adorent regarder le football, mais ils sont aussi des joueurs très sérieux: aujourd'hui en France, il y a plus de 19.000 (dix-neuf mille) clubs amateurs de football et plus de deux millions de joueurs.

Nombre° de membres des fédérations sportives en France	
Football	2.066.000
Tennis	1.068.000
Judo-jujitsu	577.000
Basket-ball	427.000
Hand-ball	334.000
Golf	325.000
Voile°	279.000
Rugby	253.000
Natation°	214.000
Ski	152.000
SOURCE: Ministère de la Jeunesse et des Sports	

le plus *the most* **pays** *countries* **Tous les quatre ans** *Every four years* **centaines de milliers de** *hundreds of thousands of* **Coupe du Monde** *World Cup* **Indomptables** *Untamable* **or** *gold* **classement mondial** *world ranking* **chacune** *each* **Ça fait** *That makes* **un pays plus petit que** *a country smaller than* **Nombre** *Number* **Voile** *Sailing* **Natation** *Swimming*

ACTIVITÉS

1 **Vrai ou faux?** Indiquez si ces phrases sont **vraies** ou **fausses**. Corrigez les phrases fausses.

1. Le football est le sport le plus populaire en France. Vrai.
2. La Coupe du Monde a lieu (*takes place*) tous les deux ans. Faux. Elle a lieu tous les quatre ans.
3. En 1998, l'équipe de France gagne la Coupe du Monde. Vrai.
4. Le Cameroun gagne le tournoi de football aux Jeux Olympiques de Sydney. Vrai.
5. L'équipe du Cameroun est la première équipe africaine à être au classement mondial de la FIFA. Vrai.

6. Certains «Tigres Indomptables» jouent dans des clubs français et européens. Faux. Certains «Lions Indomptables» jouent dans des clubs français et européens.
7. En France, il y a vingt équipes professionnelles de football. Faux. Il y a quarante équipes professionnelles de football.
8. La France est plus petite que le Texas. Vrai.
9. L'Olympique de Marseille est un célèbre stade de football. Faux. L'OM est une célèbre équipe de football.
10. Les Français aiment jouer au football. Vrai.

Practice more at vhlcentral.com.

28   *vingt-huit*

LE FRANÇAIS QUOTIDIEN

Le sport

arbitre (*m./f.*)	referee
ballon (*m.*)	ball
coup de sifflet (*m.*)	whistle
entraîneur/-euse	coach
maillot (*m.*)	jersey
terrain (*m.*)	playing field
hors-jeu	off-side
marquer	to score

LE MONDE FRANCOPHONE

Des champions

Voici quelques champions olympiques récents.

Algérie Amar Benikhlef, judo, argent°, Beijing 2008

Burundi Venuste Niyongabo, athlétisme°, or°, Atlanta, 1996

Cameroun Patrick Mboma Dem, football, or, Sydney, 2000

Canada Eric Lamaze, équitation°, or, Pékin, 2008

France Teddy Riner, judo, or, Londres, 2012

Maroc Hicham El Guerrouj, athlétisme, or, Athènes, 2004

Suisse Carlo Janka, ski alpin°, or, Vancouver, 2010

Tunisie Oussama Mellouli, natation, or, Londres, 2012

argent *silver* **athlétisme** *track and field* **or** *gold* **équitation** *show jumping* **ski alpin** *downhill skiing*

PORTRAIT

Zinédine Zidane et Laura Flessel

Zinédine Zidane, ou «Zizou», est un footballeur français. Né° à Marseille de parents algériens, il joue dans différentes équipes françaises. Nommé trois fois «Joueur de l'année» par la FIFA (la Fédération Internationale de Football Association), il gagne la Coupe du Monde avec l'équipe de France en 1998 (mille neuf cent quatre-vingt-dix-huit). Pendant° sa carrière, il joue aussi pour une équipe italienne et pour le Real Madrid, en Espagne°.

Née à la Guadeloupe, **Laura Flessel** commence l'escrime à l'âge de sept ans. Après plusieurs titres° de championne de Guadeloupe, elle va en France pour continuer sa carrière. En 1991 (mille neuf cent quatre-vingt-onze), à 20 ans, elle est championne de France et cinq ans plus tard, elle est double championne olympique à Atlanta en 1996.

Né *Born* **Pendant** *During* **Espagne** *Spain* **plusieurs titres** *several titles*

Sur Internet

Qu'est-ce que le «free-running»?

Go to **vhlcentral.com** to find more information related to this **Culture** section. Then watch the corresponding **Flash culture**.

---

2 **Zinédine ou Laura?** Indiquez de qui on parle.

1. ___Zinédine___ est de France métropolitaine.
2. ___Laura___ est née à la Guadeloupe.
3. ___Zinédine___ gagne la Coupe du Monde pour la France en 1998.
4. ___Laura___ est championne de France en 1991.
5. ___Laura___ est double championne olympique en 1996.
6. ___Zinédine___ a été trois fois joueur de l'année.

3 **Une interview** Avec un(e) partenaire, préparez une interview entre un(e) journaliste et un(e) athlète que vous aimez. Jouez la scène devant la classe. Est-ce que vos camarades peuvent deviner (*can guess*) le nom de l'athlète?

ressources

v̄Text

CE pp. 119–120

vhlcentral.com Leçon 5A

A C T I V I T É S

EXPANSION

Des champions Look at the maps of the world in the beginning of the book to remind students where Francophone countries featured in **Le monde francophone** are located. Ask students to pick one of the athletes from this list to research for homework. They should come to the next class with five French sentences about that athlete's life and career. You may want to have students bring an image from the Internet of the athlete they chose to research. Collect the photos and gather different images of the same athlete. Have students who researched the same champion work together as a group to present that athlete while the rest of the class looks at the images they found.

Le français quotidien You might extend this list to include **le poteau de but** (*goalpost*), **le coup d'envoi** (*kickoff*), **un penalty** (*penalty kick*), and **une faute** (*foul*).

Portrait Zinédine Zidane became the most expensive player in the history of soccer when Real Madrid acquired him for the equivalent of about $66 million American dollars. «Zizou» also made history as Christian Dior's first male model. Laura Flessel is a left-handed fencer called «la Guêpe» (*Wasp*) because of her competitive and dangerous attack.

Le monde francophone Model the pronunciation of names and places in this box. Then ask students if they know of any other athletes from the Francophone world.

2 **Expansion** Continue the activity with additional fill-in-the-blank statements such as these.
7. _____ joue aussi pour une équipe espagnole. (Zinédine)
8. _____ est championne aux Jeux Olympiques de 1996. (Laura)

3 **Expansion** Have students prepare five sentences in the first person for homework, describing themselves as a well-known athlete. Ask students to introduce themselves to the class. The class tries to guess the presenter's identity.

Flash culture Tell students that they will learn more about sports and leisure activities by watching a variety of real-life images narrated by Csilla. Show the video, and then have students close their eyes and describe from memory what they saw. Write their descriptions on the board. You can also use the activities in the video manual in class to reinforce this **Flash culture** or assign them as homework.

21ˢᵗ CENTURY SKILLS

Information and Media Literacy: Sur Internet
Students access and critically evaluate information from the Internet.

Section Goals

In this section, students will learn:
• the verb **faire**
• expressions with **faire**
• the expression **il faut**

Key Standards

4.1, 5.1

Student Resources
Cahier de l'élève, pp. 121-123; Supersite: Activities, *eCahier,* Grammar Tutorial
Teacher Resources
Answer Keys; Digital Image Bank; Audio Script; Audio Activity MP3s/CD; Activity Pack; Testing program: Grammar Quiz

Suggestions

• Model **faire** with the whole class by asking: **Qu'est-ce que vous faites? Je fais...** Then, using the 5A **Contextes** illustration from the Digital Image Bank, ask what people in the image are doing.
• Write the forms of **faire** on the board as students hear them in your questions. If **tu** and **nous** forms are missing, complete the conjugation by asking a student: **Tu fais attention?** Then ask: **Qu'est-ce que nous faisons? (Nous apprenons/ faisons attention.)**
• Point out that **fai-** in **nous faisons** is pronounced differently than **fai-** in all other forms. Underline the first syllable of the **nous** form and have students repeat.
• Ask students where they have seen the **-s, -s, -t** pattern. (**boire: je bois, tu bois, il/elle boit**)

5A.1

The verb *faire*

 **Presentation Grammar Tutorial**

Point de départ Like other commonly used verbs, the verb **faire** (*to do, to make*) is irregular in the present tense.

faire (to do, to make)	
je fais	nous faisons
tu fais	vous faites
il/elle/on fait	ils/elles font

Il ne **fait** pas ses devoirs.
He doesn't do his homework.

Qu'est-ce que vous **faites** ce soir?
What are you doing this evening?

Tes parents **font**-ils quelque chose vendredi?
Are your parents doing anything Friday?

Nous **faisons** une sculpture dans mon cours d'art.
We're making a sculpture in my art class.

On fait du sport aujourd'hui!

Qu'est-ce que vous faites en histoire-géo?

• Use the verb **faire** in these idiomatic expressions. Note that it is not always translated into English as *to do* or *to make*.

Expressions with *faire*			
faire de l'aérobic	to do aerobics	faire de la planche à voile	to go wind-surfing
faire attention (à)	to pay attention (to)	faire une promenade	to go for a walk
faire du camping	to go camping		
faire du cheval	to go horseback riding	faire une randonnée	to go for a hike
faire la connaissance de...	to meet (someone) for the first time	faire du ski	to go skiing
faire la cuisine	to cook	faire du sport	to play sports
faire de la gym	to work out	faire un tour (en voiture)	to go for a walk (drive)
faire du jogging	to go jogging	faire du vélo	to go bike riding

Boîte à outils

The verb **faire** is also used in idiomatic expressions relating to math. Example:

Trois et quatre **font** sept.
Three plus four equals (makes) seven.

Tu **fais** souvent **du sport**?
Do you play sports often?

Nous **faisons attention** en classe.
We pay attention in class.

Elles **font du camping**.
They go camping.

Yves **fait la cuisine**.
Yves is cooking.

Je **fais de la gym**.
I'm working out.

Faites-vous **une promenade**?
Are you going for a walk?

30 trente

TEACHING OPTIONS

Rapid Drill As a rapid-response drill, call out subject pronouns and have students respond with the correct form of **faire**. Examples: tu **(fais)** and vous **(faites)**. Then reverse the drill; say the forms of **faire** and have students give the subject pronouns.

EXPANSION

Small Groups Have students make a list of activities they usually do during a regular school term and another list of activities they do during their vacation. Ask them to share their lists in small groups and to find similarities and differences among them (so that they use the **nous** and **vous** forms of the verb **faire**).

- Make sure to learn the correct article with each **faire** expression that calls for one. For **faire** expressions requiring a partitive or indefinite article (**un, une, du, de la**), the article is replaced with **de** when the expression is negated.

Elles font **de la** gym trois fois par semaine.
They work out three times a week.

Elles ne font pas **de** gym le dimanche.
They don't work out on Sundays.

Fais-tu **du** ski?
Do you ski?

Non, je ne fais pas **de** ski.
No, I don't ski.

- Use **faire la connaissance de** before someone's name or another noun that identifies a person you do not know.

Je vais enfin **faire la connaissance de Martin**.
I'm finally going to meet Martin.

Je vais **faire la connaissance des joueurs**.
I'm going to meet the players.

The expression *il faut*

Pour être bon, il faut travailler!

Il ne faut pas regarder la télé.

- When followed by a verb in the infinitive, the expression **il faut...** means *it is necessary to...* or *one must...*

Il faut faire attention en cours de maths.
It is necessary to pay attention in math class.

Il ne faut pas manger après dix heures.
One must not eat after 10 o'clock.

Faut-il laisser un pourboire?
Is it necessary to leave a tip?

Il faut gagner le match!
We must win the game!

 Boîte à outils

Be careful not to confuse **il faut** and **il fait**. The infinitive of **fait** is **faire**.

The infinitive of **faut**, however, is **falloir**. **Falloir** is an irregular impersonal verb, which means that it only has one conjugated form in every tense: the third person singular. The verbs **pleuvoir** (*to rain*) and **neiger** (*to snow*), which you will learn in **Leçon 5B**, work the same way.

Essayez!	Complétez chaque phrase avec la forme correcte du verbe **faire** au présent.

1. Tu ___fais___ tes devoirs le samedi?
2. Vous ne ___faites___ pas attention au professeur.
3. Nous ___faisons___ du camping.
4. Ils ___font___ du jogging.
5. On ___fait___ une promenade au parc.
6. Il ___fait___ du ski en montagne.
7. Je ___fais___ de l'aérobic.
8. Elles ___font___ un tour en voiture.
9. Est-ce que vous ___faites___ la cuisine?
10. Nous ne ___faisons___ pas de sport.
11. Je ne ___fais___ pas de planche à voile.
12. Irène et Sandrine ___font___ une randonnée avec leurs copines.

trente et un **31**

Mise en pratique

1 **Que font-ils?** Regardez les dessins. Que font les personnages?

▶ **MODÈLE**

Julien fait du jogging.

Julien

 1. Je
Je fais du cheval.

 2. tu
Tu fais de la planche à voile.

 3. Anne
Anne fait de l'aérobic.

 4. Louis et Paul
Louis et Paul font du camping.

 5. Vous
Vous faites la cuisine.

 6. Denis
Denis fait du ski.

 7. Nous
Nous faisons une randonnée.

 8. Elles
Elles font du vélo.

2 **Chassez l'intrus** Quelle activité ne fait pas partie du groupe?

1. a. faire du jogging   b. faire une randonnée   c. faire de la planche à voile
2. a. faire du vélo   b. faire du camping   c. faire du jogging
3. a. faire une promenade   b. faire la cuisine   c. faire un tour
4. a. faire du sport   b. faire du vélo   c. faire la connaissance
5. a. faire ses devoirs   b. faire du ski   c. faire du camping
6. a. faire la cuisine   b. faire du sport   c. faire de la planche à voile

3 **La paire** Faites correspondre (*Match*) les éléments des deux colonnes et rajoutez (*add*) la forme correcte du verbe **faire**.

1. Elle aime courir (*to run*), alors elle... e. fait du jogging.
2. Ils adorent les animaux. Ils... d. font du cheval.
3. Quand j'ai faim, je... b. fais la cuisine.
4. L'hiver, vous... g. faites du ski.
5. Pour marcher, nous... f. faisons une promenade.
6. Tiger Woods... a. fait du golf.

a. du golf.
b. la cuisine.
c. les devoirs.
d. du cheval.
e. du jogging.
f. une promenade.
g. du ski.
h. de l'aérobic.

 Practice more at **vhlcentral.com**.

Communication

4 **Ce week-end** Que faites-vous ce week-end? Avec un(e) partenaire, posez les questions à tour de rôle. Answers will vary.

MODÈLE

tu / jogging
Élève 1: *Est-ce que tu fais du jogging ce week-end?*
Élève 2: *Non, je ne fais pas de jogging. Je fais un tour en voiture.*

1. tu / le vélo   Est-ce que tu fais du vélo ce week-end?

2. tes amis / la cuisine   Est-ce que tes amis font la cuisine ce week-end?

3. ton/ta meilleur(e) ami(e) et toi, vous / le jogging   Est-ce que ton/ta meilleur(e) ami(e) et toi, vous faites du jogging ce week-end?

4. toi et moi, nous / une randonnée   Est-ce que toi et moi, nous faisons une randonnée ce week-end?

5. tu / la gym   Est-ce que tu fais de la gym ce week-end?

6. ton/ta camarade de classe / le sport   Est-ce que ton/ta camarade de classe fait du sport ce week-end?

7. on / faire de la planche à voile   Est-ce qu'on fait de la planche à voile ce week-end?

8. tes parents et toi, vous / un tour au parc   Est-ce que tes parents et toi, vous faites un tour au parc ce week-end?

5 **De bons conseils** Avec un(e) partenaire, donnez de bons conseils (*advice*). À tour de rôle, posez des questions et utilisez les éléments de la liste. Présentez vos idées à la classe. Answers will vary.

MODÈLE

Élève 1: *Qu'est-ce qu'il faut faire pour avoir de bonnes notes?*
Élève 2: *Il faut étudier jour et nuit.*

être en pleine forme (*great shape*)	avoir de bonnes notes
avoir de l'argent	gagner une course (*race*)
avoir beaucoup d'amis	bien manger
être champion de ski	réussir (*succeed*) aux examens

6 **Les sportifs** Votre professeur va vous donner une feuille d'activités. Faites une enquête sur le nombre d'élèves qui pratiquent certains sports et activités dans votre classe. Présentez les résultats à la classe. Answers will vary.

MODÈLE

Élève 1: *Est-ce que tu fais du jogging?*
Élève 2: *Oui, je fais du jogging.*

Sport	Nom
1. jogging	Carole
2. vélo	
3. planche à voile	
4. cuisine	
5. camping	
6. cheval	
7. aérobic	
8. ski	

---

4 Expansion Have students come up with four more activities using expressions with **faire** that they would like to ask their partner about. Encourage students to include adverbs or other logical additions in their answers.

5 Expansion Write **Qu'est-ce qu'il faut faire pour...** on the board followed by a few of the most talked about expressions from the box. Have volunteers write their ideas under each expression, forming columns of categories. Accept several answers for each. Ask: **Êtes-vous d'accord? Pourquoi?**

5 Partner Chat You can also assign Activity 5 on the Supersite. Students work in pairs to record the activity online. The pair's recorded conversation will appear in your gradebook.

5 Suggestion Consider asking students to give advice about what *not* to do using the expression **il ne faut pas**.

6 Suggestions
- Read the **modèle** aloud with a volunteer. Then distribute the **Feuilles d'activités** found in the Activity Pack on the Supersite.
- Have students say how popular these activities are among classmates. Tell them to be prepared to justify their statements by citing how many students participate in each. Example: **Faire du jogging, c'est très populaire. Quinze élèves de notre classe font du jogging.**

For Kinesthetic Learners Assign gestures to pantomime some of the expressions with **faire**. Examples: **faire de l'aérobic, la connaissance de...,** **du jogging, du ski.** Signal to individuals or pairs to gesture appropriately as you cue activities by saying: **Vous faites... _____ fait...** Then ask for a few volunteers to take your place calling out the activities.

Extra Practice Write on the board two headings: **Il faut...** and **Il ne faut pas...** Have students think of as many general pieces of advice (**les conseils**) as possible. Tell them to use **être**, any -er verbs, **avoir** and expressions with **avoir, aller, prendre, boire,** and **faire** to formulate the sentences. Examples: **Il faut souvent boire de l'eau. Il ne faut pas manger trop de sucre.** See how many sentences the class can write.

33

Section Goals

In this section, students will learn:
• the verbs **sortir** and **partir**
• other irregular **-ir** verbs

Key Standards

4.1, 5.1

Student Resources
Cahier de l'élève, pp. 124-126;
Supersite: Activities, *eCahier*,
Grammar Tutorial
Teacher Resources
Answer Keys; Audio Script;
Audio Activity MP3s/CD;
Testing program:
Grammar Quiz

Suggestions

• Ask students where they have heard irregular **-ir** verbs before. (They heard **sortir** in this lesson's **Roman-photo**. If students have been to French-speaking places, they may have noticed the noun derived from **sortir**, **la sortie**, on **SORTIE** signs.)
• Model the pronunciation of forms for **sortir** and **partir**. Ask students simple questions. Example: **Je sors d'habitude le vendredi soir. Quand sortez-vous? (Je sors le samedi soir.)** As you elicit responses, write the present-tense forms of **sortir** on the board until the conjugation is complete. Underline the endings.
• Point out the recurrence of the **-s, -s, -t** pattern in singular forms.

5A.2 **Irregular -ir verbs**  Presentation
Grammar Tutorial

Point de départ You already know how to conjugate regular -ir verbs. However, some of the most commonly used -ir verbs are irregular in their conjugation.

• **Sortir** is used to express leaving a room or a building. It also expresses the idea of going out, as with friends or on a date.

sortir	
je sors	nous sortons
tu sors	vous sortez
il/elle/on sort	ils/elles sortent

Tu **sors** souvent avec tes copains?
Do you go out often with your friends?

Quand **sortez**-vous?
When are you going out?

Mon frère n'aime pas **sortir** avec Chloé.
My brother doesn't like to go out with Chloé.

Mes parents ne **sortent** pas lundi.
My parents aren't going out Monday.

• Use the preposition **de** after **sortir** when the place someone is leaving is mentioned.

L'élève **sort de** la salle de classe.
The student is leaving the classroom.

Nous **sortons du** restaurant vers vingt heures.
We're leaving the restaurant around 8:00 p.m.

Le week-end, je sors souvent.

Ils partent pour la fac.

Boîte à outils

The verb **quitter** is used to say that someone is leaving a place or another person: **Tu quittes Montréal?** (*Are you leaving Montreal?*)

• **Partir** is generally used to say someone is leaving a large place such as a city, country, or region. Often, a form of **partir** is accompanied by the preposition **pour** and the name of a destination.

partir	
je pars	nous partons
tu pars	vous partez
il/elle/on part	ils/elles partent

Je **pars pour** l'Algérie.
I'm leaving for Algeria.

Ils **partent pour** Genève demain.
They're leaving for Geneva tomorrow.

À quelle heure **partez**-vous?
At what time are you leaving?

Nous **partons** à midi.
We're leaving at noon.

TEACHING OPTIONS

Rapid Drill As a rapid-response drill, call out subject pronouns and have students respond with the correct form of **sortir** and **partir**. Examples: **tu (sors)** and **vous (sortez)**. Then reverse the drill; say the forms of the verbs and have students give the subject pronouns.

EXPANSION

Extra Practice For further practice with the conjugation of irregular -ir verbs, write a couple of sentences with the verbs **sortir** and **partir** on the board, and have students read them out loud. Then say a new subject and have students repeat the sentence, substituting the new subject and making all the necessary changes. Ex: **Je sors du cinéma vers sept heures. (Ernest et moi, tu, vous, elles).**

Suggestion
- Reiterate that **sortir** is used as *to go out* or *to exit* while **partir** means *to leave*. Ask students to think of more examples comparing the two verbs. Point out the note about **quitter** in the **Boîte à outils** on page 34. Using ideas from students, write on the board a short paragraph (two to three sentences) that contains at least one form of each of the three verbs mentioned above. Make sure the context defines the meanings well. Go over other irregular **-ir** verbs, pointing out that they are all in the same grammatical "verb family" as **sortir** and **partir**. Note that all verbs of this type have two stems: **sortir**: singular stem **sor-** and plural stem **sort-**. Point out that **courir** does not follow exactly the same pattern as the other verbs in the singular forms.

Essayez! Give these items for additional practice, having students choose which **-ir** verb(s) to use. **9. J'adore ____. (courir) Je ____ vingt à trente kilomètres par semaine. (cours) 10. Les enfants ne ____ pas parce qu'ils ne sont pas fatigués. (dorment) 11. Qu'est-ce qu'on ____ au café en face de chez toi? (sert) 12. Merci pour les fleurs. Elles ____ très bon. (sentent)**

Other irregular *-ir* verbs			
	dormir *(to sleep)*	**servir** *(to serve)*	**sentir** *(to feel)*	**courir** *(to run)*
je	dors	sers	sens	cours
tu	dors	sers	sens	cours
il/elle/on	dort	sert	sent	court
nous	dormons	servons	sentons	courons
vous	dormez	servez	sentez	courez
ils/elles	dorment	servent	sentent	courent

Rachid dort.

Nous courons.

Elles **dorment** jusqu'à midi.
They sleep until noon.

Je **sers** du fromage à la fête.
I'm serving cheese at the party.

Vous **courez** vite!
You run fast!

Nous **servons** du thé glacé.
We are serving iced tea.

- **Sentir** can mean *to feel*, *to smell*, or *to sense*.

Je **sens** que l'examen va être difficile.
I sense that the exam is going to be difficult.

Ça **sent** bon!
That smells good!

Vous **sentez** le parfum?
Do you smell the perfume?

Ils **sentent** sa présence.
They feel his presence.

Essayez! Complétez les phrases avec la forme correcte du verbe.

1. Nous __sortons__ (sortir) vers neuf heures.
2. Je ___sers___ (servir) des boissons gazeuses aux invités.
3. Tu ___pars___ (partir) quand pour le Canada?
4. Nous ne ___dormons___ (dormir) pas en cours.
5. Ils ___courent___ (courir) pour attraper (*to catch*) le bus.
6. Tu manges des oignons? Ça ___sent___ (sentir) mauvais.
7. Vous ___sortez___ (sortir) avec des copains ce soir.
8. Elle ___part___ (partir) pour Dijon ce week-end.

DIFFERENTIATION

For Kinesthetic Learners Tell students that they will act out the appropriate gestures when you say what certain people in the class are doing. Examples: ____ **dort**. (The student gestures sleeping.) ____ **et** ____ **courent**. (The two students indicated run in place briefly.) Repeat verbs and vary forms as much as possible.

EXPANSION

Extra Practice Dictate sentences like these to the class, saying each one twice and pausing between. **1. Je pars pour la France la semaine prochaine. 2. Mon copain et moi, nous sortons ce soir. 3. Les élèves ne dorment jamais en classe. 4. La fleur sent bon. 5. Tu cours vite. 6. Que servez-vous au restaurant?** Advise students to pay attention to the verbs.

35

Mise en pratique

1 **Choisissez** Monique et ses amis aiment bien sortir. Choisissez la forme correcte des verbes **partir** ou **sortir** pour compléter la description de leurs activités.

1. Samedi soir, je ___sors___ avec mes copains.
2. Mes copines Magali et Anissa ___partent___ pour New York.
3. Nous ___sortons___ du cinéma.
4. Nicolas ___part___ pour Dakar vers dix heures du soir.
5. À midi, vous ___partez___ pour l'aéroport.
6. Je ___pars___ pour le Maroc dans une semaine.
7. Tu ___sors/pars___ avec ton ami ce week-end.
8. Olivier et Bernard ___sortent___ tard du bureau.
9. Lucien et moi, nous ___partons___ pour l'Algérie.
10. Thomas ___sort___ du stade à deux heures de l'après-midi.

2 **Vos habitudes** Utilisez les éléments des colonnes pour décrire (describe) les habitudes de votre famille et de vos amis. Answers will vary.

A	B	C
je	(ne pas) courir	jusqu'à (until) midi
mon frère	(ne pas) dormir	
ma sœur	(ne pas) partir	tous les week-ends
mes parents	(ne pas) sortir	
mes cousins		tous les jours
mon meilleur ami		souvent
ma meilleure amie		rarement
mes copains		jamais
?		une (deux, etc.) fois par jour/ semaine
		?

3 **La question** Vincent parle au téléphone avec sa mère. Vous entendez (hear) ses réponses, mais pas les questions. Avec un(e) partenaire, reconstruisez la conversation. Answers will vary.

MODÈLE

Comment vas-tu? Ça va bien, merci.

1. _____ Oui, je sors ce soir.
2. _____ Je sors avec Marc et Audrey.
3. _____ Nous partons à six heures.
4. _____ Oui, nous allons jouer au tennis.
5. _____ Après, nous allons au restaurant.
6. _____ Nous sortons du restaurant à neuf heures.
7. _____ Marc et Audrey partent pour Nice le week-end prochain.
8. _____ Non. Moi, je pars dans deux semaines.

Practice more at **vhlcentral.com.**

Communication

4 Descriptions Complétez les phrases avec la forme correcte d'un verbe de la liste.

> courir   dormir   partir   sentir   servir   sortir

1. Véronique / / tard   *Véronique dort tard.*

2. je / / sandwichs   *Je sers des sandwichs.*

3. les enfants / / le chocolat chaud   *Les enfants sentent le chocolat chaud.*

4. nous / / souvent   *Nous courons souvent.*

5. tu / / de l'hôpital   *Tu sors de l'hôpital.*

6. vous / / pour la France demain   *Vous partez pour la France demain.*

5 Indiscrétions Votre partenaire est curieux/curieuse et désire savoir (*to know*) ce que vous faites chez vous. Répondez à ses questions.   Answers will vary.

1. Jusqu'à (*Until*) quelle heure dors-tu le week-end?
2. Dors-tu pendant (*during*) les cours au lycée? Pendant quels cours? Pourquoi?
3. À quelle heure sors-tu le samedi soir?
4. Avec qui sors-tu le samedi soir?
5. Est-ce que tu sors souvent avec des copains pendant la semaine?
6. Que sers-tu quand tu as des copains à la maison?
7. Pars-tu bientôt en vacances (*vacation*)? Où?

6 Dispute Laëtitia est très active. Son petit ami Bertrand ne sort pas beaucoup, alors ils ont souvent des disputes. Avec un(e) partenaire, jouez les deux rôles. Utilisez les mots et les expressions de la liste.   Answers will vary.

dormir	partir
faire des promenades	un passe-temps
faire un tour (en voiture)	sentir
	sortir
par semaine	rarement
	souvent

4 Suggestion Find a photo to use for a **modèle**. Example: Write **Les chats** and **beaucoup** on the board. Between the two words, insert an image of cats sleeping.

4 Expansion Have students ask **Que fait Véronique?** (item 1), **Qu'est-ce que je fais?** (item 2), etc. before partners answer.

5 Suggestion Remind students to answer in complete sentences.

5 Virtual Chat You can also assign Activity 5 on the Supersite. Students record individual responses that appear in your gradebook.

6 Suggestion Have a couple of volunteer pairs act out their conversations for the class.

TEACHING OPTIONS

Game Divide the class into two teams. Announce an infinitive and a subject pronoun. Example: **dormir; elle**. At the board, have the first member of Team A say and write down the given subject and the conjugated form of the verb. If the team member answers correctly, Team A gets one point. If not, give the first member of Team B the same example. The team with the most points at the end of the game wins.

EXPANSION

Small Groups Have small groups of students create a short story in the present tense or a conversation in which they logically mention as many verb forms as possible of **sortir**, **partir**, **dormir**, **servir**, **sentir**, and **courir**. If the class is advanced, add **mentir**. Call on groups to tell their story to the class or act out their conversation. Have students vote on the best story or conversation.

37

Révision

1 Au parc C'est dimanche. Avec un(e) partenaire, décrivez les activités de tous les personnages. Comparez vos observations avec les observations d'un autre groupe pour compléter votre description. Answers will vary.

2 Mes habitudes Avec un(e) partenaire, parlez de vos habitudes de la semaine. Que faites-vous régulièrement? Utilisez tous les mots de la liste. Answers will vary.

MODÈLE
Élève 1: Je fais parfois de la gym le lundi. Et toi?
Élève 2: Moi, je fais parfois la cuisine le lundi.

parfois le lundi	souvent à midi
le mercredi à midi	toujours le vendredi
le jeudi soir	tous les jours
le vendredi matin	trois fois par semaine
rarement le matin	une fois par semaine

3 Mes vacances Parlez de vos prochaines vacances (*vacation*) avec un(e) partenaire. Mentionnez cinq de vos passe-temps habituels en vacances et cinq nouvelles activités que vous allez essayer (*to try*). Comparez votre liste avec la liste de votre partenaire, puis présentez les réponses à la classe. Answers will vary.

4 Que faire ici? Avec un(e) partenaire, trouvez au minimum quatre choses à faire dans chaque (*each*) endroit. Quel endroit préférez-vous et pourquoi? Comparez votre liste avec un autre groupe et parlez de vos préférences avec la classe. Answers will vary.

MODÈLE
Élève 1: À la campagne, on fait des randonnées à cheval.
Élève 2: Oui, et il faut marcher.

1. à la campagne

3. au parc

2. à la plage

4. au gymnase

5 Le conseiller Un(e) conseiller/conseillère au lycée suggère des stratégies à un(e) élève pour l'aider (*help him or her*) à préparer les examens. Avec un(e) partenaire, jouez les deux rôles. Vos camarades vont sélectionner les meilleurs conseils (*best advice*). Answers will vary.

MODÈLE
Il faut faire tous ses devoirs.

6 Quelles activités? Votre professeur va vous donner, à vous et à votre partenaire, deux feuilles d'activités différentes pour le week-end. Attention! Ne regardez pas la feuille de votre partenaire. Answers will vary.

MODÈLE
Élève 1: Est-ce que tu fais une randonnée dimanche après-midi?
Élève 2: Oui, je fais une randonnée dimanche après-midi.

ressources
v̂Text
CE pp. 121–126
vhlcentral.com Leçon 5A

Video: TV Clip

 Le Zapping

Sponsors de demain

Fondée en 1857, SwissLife est la plus grande° compagnie d'assurance vie° de Suisse, avec des filiales° aussi dans d'autres pays européens. C'est une entreprise° consciente de l'importance de la vie culturelle et sportive des communautés. SwissLife sponsorise des associations et des programmes aux niveaux° national et communautaire parce qu'elle reconnaît° qu'ils ont un effet positif sur les générations futures. En 2004, SwissLife commence à soutenir° l'équipe nationale suisse de football et, en 2007, le Kids Festival, tournois de football pour les enfants de six à dix ans.

SwissLife
Prêts pour l'avenir.

Sponsor officiel des équipes nationales suisses de football

—Gagner la Ligue des Champions...

—Jouer en finale de la Coupe du Monde...

Compréhension Répondez aux questions. Some answers will vary.

1. Qui sont les personnes dans la publicité (ad)? Ce sont des joueurs de football.
2. Quel âge le narrateur a-t-il à peu près (approximately)? Il a entre six et dix ans.
3. Qu'est-ce que le narrateur a envie de faire un jour? Some answers will vary.
   Suggested answers: Il a envie de gagner la Ligue des Champions et de jouer en finale de la Coupe du Monde.

Discussion Par groupes de trois, répondez aux questions. Answers will vary.

1. Pourquoi est-ce un enfant qui parle dans la pub, et non un adulte? Quel est le rôle des adultes?
2. Quelle personne est un modèle pour vous? Que fait-elle?

la plus grande *the largest* **assurance vie** *life insurance* **filiales** *branches*
entreprise *company* **niveaux** *levels* **reconnaît** *recognizes* **soutenir** *to support*

 Practice more at **vhlcentral.com**.

trente-neuf **39**

Section Goals

In this section, students will:
- read about the insurance company SwissLife
- watch a commercial for the company
- answer questions about the commercial and SwissLife

Key Standards

1.2, 2.2, 4.2, 5.2

Student Resources
Supersite: Video, Activities
Teacher Resources
Video Script & Translation; Supersite: Video

Introduction
To check comprehension, ask these questions:
1. En quelle année SwissLife est-elle fondée? (SwissLife est fondée en 1857.)
2. De quoi la compagnie est-elle consciente? (Elle est consciente de l'importance de la vie culturelle et sportive des communautés.)
3. Que commence à faire SwissLife en 2007? (Elle commence à soutenir le Kids Festival.)

PRE-AP®

Audiovisual Interpretive Communication
Previewing Strategy
- Have students look at the video stills, read the captions, and predict what is happening in the commercial for each visual. **(1. L'homme joue au football. 2. Il désire être joueur de foot professionnel.)**
- Explain to students that they do not need to understand every word they hear. Tell them to listen for vocabulary from this lesson as well as cognates that indicate the boy's wish to become a soccer hero.

Compréhension Have students work in pairs to write their answers. Then show the video again so that they can add any information they missed.

Discussion As a follow-up discussion question, ask students if they believe that a large company that sponsors cultural activities genuinely does so for the community's sake. Have them explain their answers.

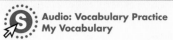

In this section, students will learn and practice vocabulary related to:
- the weather
- seasons and dates

Key Standards

1.1, 1.2, 4.1

Student Resources
Cahier de l'élève, pp. 127–129;
Supersite: Activities,
eCahier

Teacher Resources
Answer Keys; Digital Image
Bank; Audio Script; Textbook
& Audio Activity MP3s/CD;
Activity Pack; Testing program:
Vocabulary Quiz

Suggestions

- Introduce weather-related vocabulary by describing the weather in your area today. Example: **Aujourd'hui, il pleut et il fait du vent.**
- Before going over the **Vocabulaire**, ask students to brainstorm the kinds of expressions they use to talk about the weather.
- Use the digital image for this page to present new vocabulary. See how many of the words and expressions your students can understand without looking at their translations.
- Tell students that most weather expressions use the verb **faire**, but **neiger** and **pleuvoir** stand alone. Point out that they are only used in the third person singular.
- Point out that the expressions **avoir froid** and **avoir chaud** refer to people, but **faire froid** and **faire chaud** describe weather. Bring in photos that include people to illustrate this distinction.
- Mention to students that **temps** in this context means *weather*, not *time*.
- Using magazine photos of weather conditions and seasons, describe each image. Show photos again one at a time. Then ask: **En quelle saison sommes-nous? Quel temps fait-il?**

You will learn how to...

- talk about seasons and the date
- discuss the weather

**Audio: Vocabulary Practice
My Vocabulary**

Quel temps fait-il?

Vocabulaire

Il fait 18 degrés.	*It is 18 degrees.*
Il fait beau.	*The weather is nice.*
Il fait bon.	*The weather is good/warm.*
Il fait mauvais.	*The weather is bad.*
Il fait un temps épouvantable.	*The weather is dreadful.*
Le temps est orageux.	*It is stormy.*
Quel temps fait-il?	*What is the weather like?*
Quelle température fait-il?	*What is the temperature?*
une saison	*season*
en automne	*in the fall*
en été	*in the summer*
en hiver	*in the winter*
au printemps	*in the spring*
Quelle est la date?	*What's the date?*
C'est le 1ᵉʳ (premier) octobre.	*It's the first of October.*
C'est quand votre/ton anniversaire?	*When is your birthday?*
C'est le 2 mai.	*It's the second of May.*
C'est quand l'anniversaire de Paul?	*When is Paul's birthday?*
C'est le 15 mars.	*It's March 15ᵗʰ.*
un anniversaire	*birthday*

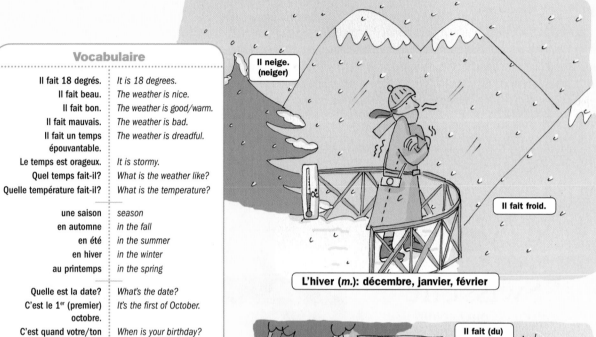

Il neige. (neiger)

Il fait froid.

L'hiver (m.): décembre, janvier, février

Il fait (du) soleil.

Bal du 14 juillet

29°C

Il fait chaud.

Quelle est la date d'aujourd'hui? C'est le 14 juillet.

L'été (m.): juin, juillet, août

ressources

v̂Text

CE
pp. 127–129

vhlcentral.com
Leçon 5B

DIFFERENTIATION

For Visual Learners Distribute a set of illustrations of various weather conditions to pairs of students. Choose images with variety and have students write detailed descriptions of each one. They should describe the weather, the season, and any activities represented.

DIFFERENTIATION

For Visual Learners Distribute a calendar that shows **les fêtes**. First, call out dates and have students give the corresponding name on the calendar. Then call out names on the calendar and have students provide the date. Example: **la Saint-Valentin (le 14 février).**

Attention!

In France and in most of the Francophone world, temperature is given in Celsius. Convert from Celsius to Fahrenheit with this formula: F = (C x 1.8) + 32. Convert from Fahrenheit to Celsius with this formula: C = (F – 32) x 0.56.
11°C = 52°F 78°F = 26°C

Il pleut.
(pleuvoir)

un parapluie

un imperméable

Le printemps (m.): mars, avril, mai

Il fait frais.

Le temps est nuageux.

Il fait du vent.

L'automne (m.): septembre, octobre, novembre

Mise en pratique

1 **Les fêtes et les jours fériés** Indiquez la date et la saison de chaque fête et jour férié (*holiday*).

		Date	Saison
1.	la fête nationale française	le 14 juillet	l'été
2.	l'indépendance des États-Unis	le 4 juillet	l'été
3.	Poisson d'avril (*April Fool's Day*)	le 1ᵉʳ avril	le printemps
4.	Noël	le 25 décembre	l'hiver
5.	la Saint-Valentin	le 14 février	l'hiver
6.	le Nouvel An	le 1ᵉʳ janvier	l'hiver
7.	Halloween	le 31 octobre	l'automne
8.	l'anniversaire de Washington	le 22 février	l'hiver

2 **Quel temps fait-il?** Répondez aux questions par des phrases complètes. Answers will vary.

1. Quel temps fait-il en été?
2. Quel temps fait-il en automne?
3. Quel temps fait-il au printemps?
4. Quel temps fait-il en hiver?
5. Où est-ce qu'il neige?
6. Quel est votre mois préféré de l'année? Pourquoi?
7. Quand est-ce qu'il pleut où vous habitez?
8. Quand est-ce que le temps est orageux où vous habitez?

3 **Écoutez** 🎧 Écoutez le bulletin météorologique et répondez aux questions suivantes.

		Vrai	Faux
1.	C'est l'été.	☐	☑
2.	Le printemps commence le 21 mars.	☑	☐
3.	Il fait 11 degrés vendredi.	☑	☐
4.	Il fait du vent vendredi.	☐	☑
5.	Il va faire soleil samedi.	☐	☑
6.	Il faut utiliser le parapluie et l'imperméable vendredi.	☐	☑
7.	Il va faire un temps épouvantable dimanche.	☑	☐
8.	Il ne va pas faire chaud samedi.	☑	☐

💲 Practice more at **vhlcentral.com.**

quarante et un **41**

1 **Suggestions**
- Remind students to give the date in the correct order (day before month) and to include **le** before the day.
- Point out that the day always precedes the month in French when the date is written with numbers. Examples: **14 avril 2011, 14/04/2011**

1 **Expansion** Using this year's calendar, have students find the dates of these holidays. **9. la fête du travail aux États-Unis 10.** *Thanksgiving* **11.** *Easter* (**Pâques**) **12.** *Memorial Day* You may ask students to look up dates of other secular celebrations or religious holidays from various faiths. Answers will vary from year to year.

2 **Suggestions**
- Have students work in pairs or small groups to answer these questions.
- Tell students they may also encounter the phrase **à l'automne**, meaning *in the fall*. For other seasons, make sure they know to use **en** before those starting with a vowel sound and **au** with **printemps**, as it starts with a consonant.

3 **Script** Aujourd'hui, vendredi 21 mars, nous commençons le printemps avec une température de 11 degrés; il n'y a pas de vent, mais il y a quelques nuages. Votre météo du week-end: samedi, il ne va pas faire soleil; il va faire frais avec une température de 13 degrés; dimanche, encore 13 degrés, mais il va faire un temps épouvantable; il va pleuvoir toute la journée, alors, n'oubliez pas votre parapluie et votre imperméable! (*On Textbook Audio*)

3 **Suggestion** Have students correct the false items.

EXPANSION

Le calendrier républicain During the French Revolution, the official calendar was changed. The New Year began on September 22 (the autumnal equinox), and the year was divided into 30-day months named as follows: **Vendémiaire** (*Vintage*), **Brumaire** (*Mist*), **Frimaire** (*Frost*), **Nivôse** (*Snow*), **Pluviôse** (*Rain*), **Ventôse** (*Wind*), **Germinal** (*Seed time*), **Floréal** (*Flower*), **Prairial** (*Meadow*), **Messidor** (*Harvest*), **Thermidor** (*Heat*), and **Fructidor** (*Fruits*).

TEACHING OPTIONS

Using Games Have students take turns guessing another student's birthday. He or she responds by saying **avant** or **après** until someone guesses correctly. The class then tries to guess the winning student's birthday. Play several rounds of this game to give all students as many opportunities as possible to guess.

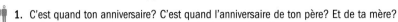

Communication

4 Suggestion Have students share what they've learned about their partners with another pair of students or with the rest of the class.

4 Virtual Chat You can also assign Activity 4 on the Supersite. Students record individual responses that appear in your gradebook.

5 Suggestion Encourage students to use a wide variety of expressions for seasons and activities. Have them exchange papers for peer editing.

21ˢᵗ CENTURY SKILLS

Collaboration
If you have access to students in a Francophone country, ask them to write a letter (or an e-mail) as described in Activity 5. Then have the two classes exchange their letters (or e-mails).

PRE-AP®

5 Interpersonal Writing
Students initiate and sustain interaction during written interpersonal communication in a variety of media.

6 Suggestion Divide the class into pairs and distribute the Info Gap Handouts from the Activity Pack. Give students ten minutes to complete the activity.

7 Expansion Assign a different Francophone location to each pair of students and have them research its weather forecast on the Internet. Hold a vote without revealing names of students, and give prizes for the best presentation in various categories (**le plus amusant, créatif, utile,** and so on).

Successful Language Learning Tell students that when looking at materials intended for native speakers like weather forecasts, they should pay attention to visual cues and use their background knowledge about the subject to help them understand. They should try to anticipate vocabulary they might see, look for familiar looking words, and make intelligent guesses.

4 Conversez Interviewez un(e) camarade de classe. *Answers will vary.*

1. C'est quand ton anniversaire? C'est quand l'anniversaire de ton père? Et de ta mère?
2. En quelle saison est ton anniversaire? Quel temps fait-il?
3. Quelle est ta saison préférée? Pourquoi? Quelles activités aimes-tu pratiquer?
4. En quelles saisons utilises-tu un parapluie et un imperméable? Pourquoi?
5. À quel moment de l'année es-tu en vacances? Précise les mois. Pendant (*During*) quels mois de l'année préfères-tu voyager? Pourquoi?
6. À quelle période de l'année étudies-tu? Précise les mois.
7. Quelle saison détestes-tu le plus (*the most*)? Pourquoi?
8. Quand est l'anniversaire de mariage de tes parents?

5 Une lettre Vous avez un(e) correspondant(e) (*pen pal*) en France qui veut (*wants*) vous rendre visite (*to visit you*). Écrivez (*Write*) une lettre à votre ami(e) où vous décrivez (*describe*) le temps qu'il fait à chaque saison et les activités que vous pouvez (*can*) pratiquer ensemble (*together*). Comparez votre lettre avec la lettre d'un(e) camarade de classe. *Answers will vary.*

> Cher Thomas,
>
> Ici à Boston, il fait très froid en hiver et il neige souvent. Est-ce que tu aimes la neige? Moi, j'adore parce que je fais du ski tous les week-ends.
>
> Et toi, tu fais du ski? …

6 Quel temps fait-il en France? Votre professeur va vous donner, à vous et à votre partenaire, deux feuilles d'activités différentes. Attention! Ne regardez pas la feuille de votre partenaire.

MODÈLE
Élève 1: *Quel temps fait-il à Paris?*
Élève 2: *À Paris, le temps est nuageux et la température est de dix degrés.*

7 La météo Préparez avec un(e) camarade de classe une présentation où vous: *Answers will vary.*

- mentionnez le jour, la date et la saison.
- présentez la météo d'une ville francophone.
- présentez les prévisions météo (*weather forecasts*) pour le reste de la semaine.
- préparez une affiche pour illustrer votre présentation.

La météo d'Haïti en juillet — Port-au-Prince

samedi 23	dimanche 24	lundi 25
27°C	35°C	37°C
soleil	nuageux	orageux

Aujourd'hui samedi, c'est le 23 juillet.
C'est l'été. Il va faire soleil…

DIFFERENTIATION

For Kinesthetic Learners Write **C'est quand votre anniversaire?** on the board or on a transparency. Make a "human calendar" using students to represent various days. Have them form 12 rows (one for each month) and put themselves in order according to their birthdays by asking and answering the question. Give the person with the first birthday in each month a sign for that month. Call out each month and have students give their birthdays in order.

EXPANSION

Guessing Dates Have students form groups of two to four. Hand out cards with the name of a holiday or other annual event. Instruct each group to hide their card from other groups. Groups come up with three sentences to describe the holiday or occasion without mentioning its name. They can mention the season. The other groups must first guess the month and day on which the event takes place, then name the event itself.

Les sons et les lettres

 Audio: Explanation Record & Compare

🎧 **Open vs. closed vowels: Part 1**

You have already learned that **é** is pronounced like the vowel *a* in the English word *cake*. This is a closed **e** sound.

étudiant	agr**é**able	nationalit**é**	enchant**é**

The letter combinations **–er** and **–ez** at the end of a word are pronounced the same way, as is the vowel sound in single-syllable words ending in **–es**.

travaill**er**	av**ez**	m**es**	l**es**

The vowels spelled **è** and **ê** are pronounced like the vowel in the English word *pet*, as is an **e** followed by a double consonant. These are open **e** sounds.

rép**è**te	prem**iè**re	p**ê**che	ital**ie**nne

The vowel sound in *pet* may also be spelled **et**, **ai**, or **ei**.

secr**et**	franç**ai**s	f**ai**t	s**ei**ze

Compare these pairs of words. To make the vowel sound in *cake*, your mouth should be slightly more closed than when you make the vowel sound in *pet*.

m**es** m**ai**s	c**es** c**e**tte	th**éâ**tre th**è**me

🔊 **Prononcez** Répétez les mots suivants à voix haute.

1. thé
2. lait
3. belle
4. été
5. neige
6. aider
7. degrés
8. anglais
9. cassette
10. discret
11. treize
12. mauvais

🔊 **Articulez** Répétez les phrases suivantes à voix haute.

1. Hélène est très discrète.
2. Céleste achète un vélo laid.
3. Il neige souvent en février et en décembre.
4. Désirée est canadienne; elle n'est pas française.

🔊 **Dictons** Répétez les dictons à voix haute.

Qui sème le vent récolte la tempête.[2]

Péché avoué est à demi pardonné.[1]

[1] An offense admitted is half pardoned.
[2] You reap what you sow. (lit. He who sows the wind reaps a storm.)

ressources

v̂Text

CE
p. 130

vhlcentral.com
Leçon 5B

quarante-trois 43

Section Goals

In this section, students will learn about open and closed vowels.

Key Standards

4.1

Student Resources
Cahier de l'élève, p. 130;
Supersite: Activities,
eCahier

Teacher Resources
Answer Keys; Audio Script;
Textbook & Audio Activity
MP3s/CD

Suggestions

- Model the pronunciation of these open and closed vowel sounds and have students watch the shape of your mouth, then repeat each sound after you. Then pronounce each of the example words and have students repeat them.
- Mention words and expressions from the **Vocabulaire** on page 40 that contain the open and closed vowels presented on this page. Alternately, ask students to recall such vocabulary. Then have them repeat after you. Examples: **février**, **Il fait frais**, etc. See if a volunteer is able to recall any expression from previous lessons. Examples: **seize**, **vélo**, **aérobic**.
- Dictate five familiar words containing the open and closed vowels presented on this page, repeating each one at least two times. Then write them on the board or on a transparency and have students check and correct their spelling.
- Remind students that **ai** and **ei** are nasalized when followed by **m** or **n**. Compare the following words: **français / faim**, **seize / hein**.
- Point out that, unlike English, there is no diphthong or glide in these vowel sounds. To illustrate this, contrast the pronunciation of the English word *may* with that of the French word **mai**.

EXPANSION

Extra Practice Here are some sentences to use for additional practice with these open and closed vowel sounds. **1. Il fait soleil. 2. En janvier, il neige et il fait mauvais. 3. Toute la journée, j'aide ma mère. 4. Didier est français, mais Hélène est belge.**

EXPANSION

Using Games Have a spelling bee using words that contain the two open and closed vowel sounds featured on this page. Pronounce each word, use it in a sentence, and then say the individual word again. Tell students that they must spell the words in French and include all diacritical marks.

Quel temps!

 Video: *Roman-photo*
Record & Compare

PERSONNAGES

David

Rachid

Sandrine

Stéphane

Au parc...

RACHID Napoléon établit le Premier Empire en quelle année?
STÉPHANE Euh... mille huit cent quatre?
RACHID Exact! On est au mois de novembre et il fait toujours chaud.
STÉPHANE Oui, il fait bon!... dix-neuf, dix-huit degrés!

RACHID Et on a chaud aussi parce qu'on court.
STÉPHANE Bon, allez, je rentre faire mes devoirs d'histoire-géo.
RACHID Et moi, je rentre boire une grande bouteille d'eau.

RACHID À demain, Stéph! Et n'oublie pas: le cours du jeudi avec ton professeur, Monsieur Rachid Kahlid, commence à dix-huit heures, pas à dix-huit heures vingt!
STÉPHANE Pas de problème! Merci et à demain!

SANDRINE Et puis, en juillet, le Tour de France commence. J'aime bien le regarder à la télévision. Et après, c'est mon anniversaire, le 20. Cette année, je fête mes vingt et un ans. Tous les ans, pour célébrer mon anniversaire, j'invite mes amis et je prépare une super soirée. J'adore faire la cuisine, c'est une vraie passion!
DAVID Ah, oui?

SANDRINE En parlant d'anniversaire, Stéphane célèbre ses dix-huit ans samedi prochain. C'est un anniversaire important. ...On organise une surprise. Tu es invité!
DAVID Hmm, c'est très gentil, mais... Tu essaies de ne pas parler deux minutes, s'il te plaît? Parfait!

SANDRINE Pascal! Qu'est-ce que tu fais aujourd'hui? Il fait beau à Paris?
DAVID Encore un peu de patience! Allez, encore dix secondes... Voilà!

A C T I V I T É S

1 Qui? Identifiez les personnages pour chaque phrase. Écrivez **D** pour David, **R** pour Rachid, **S** pour Sandrine et **St** pour Stéphane

1. Cette personne aime faire la cuisine. S
2. Cette personne sort quand il fait froid. D
3. Cette personne aime le Tour de France. S
4. Cette personne n'aime pas la pluie. S
5. Cette personne va boire de l'eau. R
6. Ces personnes ont rendez-vous tous les jeudis. R, St
7. Cette personne fête son anniversaire en janvier. D
8. Ces personnes célèbrent un joli portrait. D, R, S
9. Cette personne fête ses dix-huit ans samedi prochain. St
10. Cette personne prépare des crêpes pour le dîner. S

 Practice more at **vhlcentral.com**.

Section Goals

In this section, students will learn functional phrases for talking about seasons, the weather, and birthdays through comprehensible input.

Key Standards
1.2, 2.1, 2.2, 4.1, 4.2

Student Resources
Cahier de l'élève, pp. 131–132;
Supersite: Activities,
eCahier

Teacher Resources
Answer Keys; Video Script & Translation; *Roman-photo* video

Video Recap: Leçon 5A
Before doing this **Roman-photo**, review the previous one with this activity.
1. Où sont les jeunes dans cet épisode? (Ils sont au parc.)
2. Que font Rachid et Stéphane? (Ils jouent au football.)
3. Qu'est-ce que Stéphane étudie? (l'histoire-géo, Napoléon)
4. Qu'est-ce que Sandrine aime faire de ses loisirs? (aller au cinéma ou à des concerts)

Video Synopsis Rachid and Stéphane are in the park playing soccer. They talk about the weather. Meanwhile, David is sketching Sandrine at his apartment. They talk about the weather in Washington and things they like to do. Sandrine tells David that Stéphane's 18th birthday is next Saturday and invites him to the surprise party. Rachid arrives home and admires the portrait. Sandrine offers to make them all dinner.

Suggestions
• Ask students to predict what the episode will be about.
• Have students make a list of vocabulary they expect to see in an episode about weather and seasons.
• Ask students to read the **Roman-photo** conversation in groups of four. Ask one or two groups to present their dramatic readings to the class.
• Quickly review the predictions and confirm the correct ones.

TEACHING OPTIONS

Quel temps! Before showing the video, show students individual photos illustrating various weather conditions and have them write their own captions. Ask volunteers to write their captions on the board.

TEACHING OPTIONS

Regarder la vidéo Download and print the videoscript found on the Supersite, and white out months, seasons, weather-related expressions, and other new vocabulary items. Distribute the scripts for pairs or groups to complete as cloze paragraphs as they watch the video.

Les anniversaires à travers (*through*) les saisons

À l'appartement de David et de Rachid...

SANDRINE C'est quand, ton anniversaire?

DAVID Qui, moi? Oh, c'est le quinze janvier.

SANDRINE Il neige en janvier, à Washington?

DAVID Parfois... et il pleut souvent à l'automne et en hiver.

SANDRINE Je déteste la pluie. C'est pénible. Qu'est-ce que tu aimes faire quand il pleut, toi?

DAVID Oh, beaucoup de choses! Dessiner, écouter de la musique. J'aime tellement la nature, je sors même quand il fait très froid.

SANDRINE Moi, je préfère l'été. Il fait chaud. On fait des promenades.

RACHID Oh là là, j'ai soif! Mais... qu'est-ce que vous faites, tous les deux?

DAVID Oh, rien! Je fais juste un portrait de Sandrine.

RACHID Bravo, c'est pas mal du tout! Hmm, mais quelque chose ne va pas, David. Sandrine n'a pas de téléphone dans la main!

SANDRINE Oh, Rachid, ça suffit! C'est vrai, tu as vraiment du talent, David. Pourquoi ne pas célébrer mon joli portrait? Vous avez faim, les garçons?

RACHID ET DAVID Oui!

SANDRINE Je prépare le dîner. Vous aimez les crêpes ou vous préférez une omelette?

RACHID ET DAVID Des crêpes... Miam!

A C T I V I T É S

Section Goals

In this section, students will:
- learn about French public gardens
- learn terms for natural disasters
- learn names of public gardens and parks in various French-speaking regions
- read about cycling in France

Key Standards

2.1, 2.2, 3.1, 3.2, 4.2

21ˢᵗ CENTURY SKILLS

Global Awareness
Students will gain perspectives on the Francophone world to develop respect and openness to other cultures.

Student Resources
Supersite: Activities
Teacher Resources
Answer Keys

Culture à la loupe
Avant la lecture
- Take a poll of students to find out how many of them have visited towns with public parks.
- Ask if students know of any French parks or if anyone visited a park in Paris. If so, ask what they remember about them.

Lecture
- Point out the chart comparing **Le bois de Vincennes et le bois de Boulogne**. Ask students what information is shown. Have them compare details about the two parks.
- Look at a detailed map of Paris with the class, so students visualize where **le bois de Vincennes** and **le bois de Boulogne** are located. Introduce **le jardin des Plantes**, **le parc Monceau** and **le parc des Buttes Chaumont**.

Après la lecture Have students think of parks in the United States. Have them compare the roles and levels of popularity between French and American parks.

■ **Expansion** Continue the activity with additional questions like these.

**11. Quelles activités y a-t-il pour les adultes au bois de Boulogne?
12. Quels sports peut-on pratiquer à Vincennes? 13. Dans quel parc trouve-t-on une cascade?**

 Reading

CULTURE À LA LOUPE

Les jardins publics français

Dans toutes les villes françaises, la plupart° du temps au centre-ville, on trouve des jardins° publics. Les jardins à la française ou jardins classiques sont très célèbres° depuis° le 17ᵉ (dix-septième) siècle°. Les jardins de Versailles, créés° pour Louis XIV, le roi° Soleil, vont être copiés par toutes les cours° d'Europe. Dans le jardin à la française, l'ordre et la symétrie dominent: Il faut dompter° la nature «sauvage». La perspective et l'harmonie donnent une notion de grandeur absolue. De façon° très symbolique, la géométrie présente un monde° ordré où le contrôle règne°. Il y a beaucoup de châteaux qui ont de très beaux jardins.

À Paris, le jardin des Tuileries et le jardin du Luxembourg sont deux jardins publics de style classique. Il y a des parterres de fleurs° extraordinaires avec de savants° agencements° de couleurs. Dans les deux jardins, il n'y a pas de bancs° mais des chaises, où on peut° se reposer tranquillement à l'endroit de son choix, sous un arbre° ou près d'un bassin°. Il y a aussi deux grands parcs à côté de Paris: le bois° de Vincennes, qui a un zoo, et le bois de Boulogne, qui a un parc d'attractions° pour les enfants.

En général, les villes de France sont très fleuries°. Il y a même° des concours° pour la ville la plus° fleurie. Le concours des villes et villages fleuris a lieu° depuis 1959. Il est organisé pour promouvoir° le développement des espaces verts dans les villes.

Coup de main

In France and in most other countries, units of measurement are different than those used in the United States.

1 hectare = *2.47 acres*

1 kilomètre = *0.62 mile*

1 mètre = *approximately 1 yard (3 feet)*

Le bois de Vincennes et le bois de Boulogne

VINCENNES	BOULOGNE
• une superficie° totale de 995 hectares	• une superficie totale de 863 hectares
• un zoo de 15 hectares	• cinq entrées°
• 19 km de sentiers pour les promenades à cheval et à vélo	• 95 km d'allées
• 32 km d'allées pour le jogging	• une cascade° de 10 mètres de large° et 14 mètres de haut°
• la Ferme° de Paris, une ferme de 5 hectares	• deux hippodromes°

la plupart *most* **jardins** *gardens, parks* **célèbres** *famous* **depuis** *since* **siècle** *century* **créés** *created* **roi** *king* **cours** *courts* **dompter** *to tame* **façon** *way* **monde** *world* **règne** *reigns* **parterres de fleurs** *flower beds* **savants** *clever* **agencements** *schemes* **bancs** *benches* **peut** *can* **arbre** *tree* **bassin** *fountain, pond* **bois** *forest, wooded park* **parc d'attractions** *amusement park* **fleuries** *decorated with flowers* **même** *even* **concours** *competitions* **la plus** *the most* **a lieu** *takes place* **promouvoir** *to promote* **superficie** *area* **Ferme** *Farm* **entrées** *entrances* **cascade** *waterfall* **de large** *wide* **de haut** *high* **hippodromes** *horse racetracks*

A C T I V I T É S

1 Répondez Répondez aux questions par des phrases complètes.

1. Où trouve-t-on, en général, des jardins publics?
   En général, on trouve les jardins publics des villes françaises au centre-ville.
2. Les jardins de Versailles sont créés pour quel roi?
   Les jardins de Versailles sont créés pour Louis XIV.
3. Qu'est-ce qui domine dans le jardin à la française?
   L'ordre et la symétrie dominent dans un jardin à la française.
4. Quelle est la fonction de la perspective et de l'harmonie?
   La perspective et l'harmonie donnent une notion de grandeur absolue.
5. Qu'est-ce qu'il y a dans le jardin des Tuileries?
   Il y a des parterres de fleurs et savants agencements de couleurs. Il y a aussi des chaises.

6. Que peut-on faire au jardin du Luxembourg grâce (*thanks*) aux chaises?
   On peut se reposer tranquillement.
7. Quels deux grands parcs y a-t-il à côté de Paris?
   Le bois de Vincennes et le bois de Boulogne sont à côté de Paris.
8. Que peut-on faire au bois de Vincennes?
   On peut aller au zoo.
9. Comment les villes françaises sont-elles en général?
   En général, les villes françaises sont très fleuries.
10. Pourquoi les concours de villes et villages fleuris sont-ils organisés?
   Les concours sont organisés pour promouvoir le développement des espaces verts dans les villes.

EXPANSION

Les jardins publics français Explain the longstanding reputations of **le bois de Vincennes** and **le bois de Boulogne**. **Le bois de Vincennes** was a working-class destination. **Le bois de Boulogne** was a place where the well-heeled hoped to be seen. **Marie-Antoinette** lived in **le château de Bagatelle**, which she commissioned at the western end of **le bois de Boulogne**.

There is no longer a socio-economic status attached to either of these green spaces, but many Parisians are familiar with their reputations.

Le français quotidien After studying the vocabulary, ask students to close their books and to number from one to five on a piece of paper. Describe five of these **catastrophes naturelles** with new lexical items from **Leçon 5B**. Have the class write down the event you are describing. Go over the answers as a class.

Portrait
- Ask students what they know about the **Tour de France**.
- Find out if the class has heard of stereotypes about the French and cycling. Have them list ideas in small groups.
- The importance of the bicycle has increased in France as a response to environmental issues. Cities like Paris, Lyon, Nantes, and Aix-en-Provence have created systems of **vélopartage**, large-scale bike renting whereby people take and leave a "citybike" whenever they want. Also, many municipalities have increased the number of bike paths (**pistes cyclables**).

Le monde francophone
- Look at the Francophone world map in the front matter to remind students where these countries are located.
- Practice pronunciation with the descriptions of these parks.

2 Expansion Continue the activity with more true/false statements like these.
6. Le Tour de France est une grande course cycliste. (Vrai.)
7. Le Tour de France est au printemps. (Faux, en été)
8. Les Français et les étrangers sont spectateurs du Tour de France. (Vrai.)

3 Expansion Students can use this as an opportunity to practice contradicting while quizzing each other about weather in the context of these new expressions. Example: **Élève 1: Quand il y a un ouragan, fait-il soleil? Élève 2: Pas du tout! Il pleut beaucoup.**

LE FRANÇAIS QUOTIDIEN

Les catastrophes naturelles

tempête (*f.*) de neige	*blizzard*
canicule (*f.*)	*heat wave*
inondation (*f.*)	*flood*
ouragan (*m.*)	*hurricane*
raz-de-marée (*m.*)	*tidal wave, tsunami*
sécheresse (*f.*)	*drought*
tornade (*f.*)	*tornado*
tremblement (*m.*) de terre	*earthquake*

LE MONDE FRANCOPHONE

Des parcs publics

Voici quelques parcs publics du monde francophone.

Bruxelles, Belgique
le bois de la Cambre 123 hectares, un lac° avec une île° au centre

Casablanca, Maroc
le parc de la Ligue Arabe des palmiers°, un parc d'attractions pour enfants, des cafés et restaurants

Québec, Canada
le parc des Champs de Batailles («Plaines d'Abraham») 107 hectares, 6.000 arbres°

Tunis, Tunisie
le parc du Belvédère 110 hectares, un zoo de 13 hectares, 230.000 arbres (80 espèces° différentes), situé° sur une colline°

lac *lake* **île** *island* **palmiers** *palm trees* **arbres** *trees* **espèces** *species* **situé** *located* **colline** *hill*

PORTRAIT

Les Français et le vélo

Tous les étés, la course° cycliste du Tour de France attire° un grand nombre de spectateurs, Français et étrangers, surtout lors de° son arrivée sur les Champs-Élysées, à Paris. C'est le grand événement° sportif de l'année pour les amoureux du cyclisme. Les Français adorent aussi faire du vélo pendant° leur temps libre. Beaucoup de clubs organisent des randonnées en vélo de course° le week-end. Pour les personnes qui préfèrent le vélo tout terrain (VTT)°, il y a des sentiers° adaptés dans les parcs régionaux et nationaux. Certaines agences de voyages proposent aussi des vacances «vélo» en France ou à l'étranger°.

course *race* **attire** *attracts* **lors de** *at the time of* **événement** *event* **pendant** *during* **vélo de course** *road bike* **vélo tout terrain (VTT)** *mountain biking* **sentiers** *paths* **à l'étranger** *abroad*

le Tour de France sur les Champs-Élysées

Sur Internet

Qu'est-ce que Jacques Anquetil, Eddy Merckx et Bernard Hinault ont en commun?

Go to **vhlcentral.com** to find more information related to this **Culture** section.

---

2 **Vrai ou faux?** Indiquez si les phrases sont **vraies** ou **fausses**. Corrigez les phrases fausses.

1. Les Français ne font pas de vélo. Faux. Les Français adorent faire du vélo pendant leur temps libre.
2. Les membres de clubs de vélo font des promenades le week-end. Vrai.
3. Les agences de voyages offrent des vacances «vélo». Vrai.
4. On utilise un VTT quand on fait du vélo sur la route. Faux. On utilise un vélo de course.
5. Le Tour de France arrive sur les Champs-Élysées à Paris. Vrai.

3 **Les catastrophes naturelles** Avec un(e) partenaire, parlez de trois catastrophes naturelles. Quel temps fait-il, en général, pendant (*during*) chaque catastrophe? Choisissez une catastrophe et décrivez-la à vos camarades. Peuvent-ils deviner (*Can they guess*) de quelle catastrophe vous parlez?

ressources

vText vhlcentral.com Leçon 5B

S Practice more at **vhlcentral.com**.

A C T I V I T É S

21ˢᵗ CENTURY SKILLS

Information and Media Literacy: Sur Internet
Students access and critically evaluate information from the Internet.

5B.1 Numbers 101 and higher

Presentation
Grammar Tutorial

Numbers 101 and higher			
101	cent un	800	huit cents
125	cent vingt-cinq	900	neuf cents
198	cent quatre-vingt-dix-huit	1.000	mille
200	deux cents	1.100	mille cent
245	deux cent quarante-cinq	2.000	deux mille
300	trois cents	5.000	cinq mille
400	quatre cents	100.000	cent mille
500	cinq cents	550.000	cinq cent cinquante mille
600	six cents	1.000.000	un million
700	sept cents	8.000.000	huit millions

Section Goals

In this section, students will learn:
• numbers 101 and higher
• mathematical terms

Key Standards

4.1, 5.1

Student Resources
Cahier de l'élève, pp. 133–135;
Supersite: Activities, *eCahier*,
Grammar Tutorials
Teacher Resources
Answer Keys; Audio Script;
Audio Activity MP3s/CD;
Testing program:
Grammar Quiz

Suggestions
• Review numbers 0–100 by asking students questions that call for a number in the answer. Examples: **Combien d'élèves y a-t-il dans la classe? Quel âge avez-vous? Quel âge a votre grand-mère? Anne a trois crayons. J'ai quatre boîtes de vingt crayons. Combien de crayons avons-nous?** (quatre-vingt-trois)
• Write on the board: **quatre cents élèves, neuf cents personnes, deux mille livres, onze millions de voyageurs.** Help students deduce the meanings of the numbers.
• Model pronunciation of example numbers. Write other three-to-seven-digit numbers on the board and have students read them.
• Go over the example sentences containing **cent, mille,** and **million.** Explain that the rules for when to pluralize are different from English.
• Point out that a space may be used instead of a period to indicate thousands and millions.

• Note that French uses a period, rather than a comma, to indicate thousands and millions.

• In multiples of one hundred, the word **cent** takes a final **-s.** However, if it is followed by another number, **cent** drops the **-s.**

J'ai **quatre cents** bandes dessinées.
I have 400 comic books.

but

Cette bibliothèque a **neuf cent vingt** livres.
This library has 920 books.

Il y a **cinq cents** animaux dans le zoo.
There are 500 animals in the zoo.

but

Nous allons inviter **trois cent trente-huit** personnes.
We're going to invite 338 people.

À noter

Cent does *not* take the number **un** before it to mean *one hundred.*

• The number **un** is not used before the word **mille** to mean *a/one thousand.* It is used, however, before **million** to say *a/one million.*

Mille personnes habitent le village.
One thousand people live in the village.

but

Un million de personnes habitent la région.
One million people live in the region.

• **Mille,** unlike **cent** and **million,** is invariable. It never takes an **-s.**

Aimez-vous Les **Mille** et Une Nuits?
Do you like "The Thousand and One Nights"?

Onze mille étudiants sont inscrits.
Eleven thousand students are registered.

• Before a noun, **million** and **millions** are followed by **de/d'.**

Un million de personnes sont ici.
One million people are here.

Il y a **seize millions d'habitants** dans la capitale.
There are 16,000,000 inhabitants in the capital.

• When writing out years, the word **mille** is usually shortened to **mil.**

mil huit cent soixante-cinq
eighteen (hundred) sixty-five.

• In French, years before 2000 may be written out in two ways. Notice that in English, the word hundred can be omitted, but in French, the word **cent** is required.

mil neuf cent treize
one thousand nine hundred (and) thirteen.

or

dix-neuf cent treize
nineteen (hundred) thirteen

EXPANSION

Extra Practice Ask students to work in pairs. One student thinks of a number between 100 and 1000 and writes it down without showing it to his/her partner, who should guess what the number is. The first student uses the expressions **plus** and **moins** to help the other guess the number.

TEACHING OPTIONS

Game Ask for two volunteers and station them at opposite ends of the board so neither one can see what the other is writing. Say a number for them to write on the board. If both students are correct, continue to give numbers until one writes an incorrect number. The winner continues on to play against another student.

- You can talk about mathematical operations both formally and informally.

Mathematical terms

	informal	formal
plus	et	plus
minus	moins	moins
multiplied by	fois	multiplié par
divided by	sur	divisé par
equals	font	égale

- The verb **égaler** (*to equal*) is expressed in the singular, but the verb **faire** is plural.

110 et 205 font 315
110 + 205 = 315

110 plus 205 égale 315
110 + 205 = 315

60 fois 3 font 180
60 × 3 = 180

60 multiplié par 3 égale 180
60 × 3 = 180

999 sur 9 font 111
999 ÷ 9 = 111

999 divisé par 9 égale 111
999 ÷ 9 = 111

- In French, decimal punctuation is inverted. Use **une virgule** (*comma*) instead of **un point** (*period*).

5.419,32
5,419.32

cinq mille quatre cent dix-neuf virgule trente-deux
five thousand four hundred nineteen point thirty-two

- The expression **pour cent** (*percent*) is two words, not one.

Le magasin offre une réduction de cinquante **pour cent**.
The store is offering a fifty percent discount.

Essayez! | **Écrivez les nombres en toutes lettres. (*Write out the numbers.*)**

1. 10.000 _dix mille_
2. 620 six cent vingt
3. 365 trois cent soixante-cinq
4. 42.000 quarante-deux mille
5. 1.392.000 un million trois cent quatre-vingt-douze mille
6. 171 cent soixante et onze
7. 200.000.000 deux cents millions
8. 480 quatre cent quatre-vingts
9. 1.789 mille sept cent quatre-vingt-neuf
10. 400 quatre cents
11. 8.000.000 huit millions
12. 5.053 cinq mille cinquante-trois

Suggestion

- Tell students that when writing out the year 1000, the word **mille** is not shortened to **mil**: **l'an mille**.
You may also want to teach your students these mathematical terms:
la différence *difference*
le produit *product*
le quotient *quotient*
la somme *sum*

Successful Language Learning Tell students that to count from 101–199, they should say **cent** followed by 1–99. So, 101: **cent un**, 102: **cent deux**, 103: **cent trois**, and so forth up to 199: **cent quatre-vingt-dix-neuf**. Tell them to use the same strategy after **deux cents**, **trois cents**, etc.

Essayez! Have students write four more numbers and exchange papers with a classmate, who will write out the numbers.

TEACHING OPTIONS

Extra Practice Have small groups of students work together to create a worksheet consisting of five math word problems for their classmates to complete. Have students take turns reading problems to the class or one of the other small groups, who, in turn, will solve the problems. Have groups include an answer key with their worksheets.

DIFFERENTIATION

For Kinesthetic Learners Divide the class into groups of ten. Give a flashcard with a number from 0–9 to each person in each group. If one group is smaller, distribute extra numbers to group members, as needed, so some students have more than one card. Call out a three- to nine-digit number in which none of the digits is repeated. Students arrange themselves, showing their flashcard(s) to reflect the number. Repeat with other numbers.

49

Mise en pratique

1 Quelle adresse? Vous allez distribuer des journaux (*newspapers*) et vous téléphonez aux clients pour avoir leur adresse. Écrivez les adresses.

MODÈLE

cent deux, rue Lafayette
102, rue Lafayette

1. deux cent cinquante-deux, rue de Bretagne ___252, rue de Bretagne___
2. quatre cents, avenue Malbon ___400, avenue Malbon___
3. cent soixante-dix-sept, rue Jeanne d'Arc ___177, rue Jeanne d'Arc___
4. cinq cent quarante-six, boulevard St. Marc ___546, boulevard St. Marc___
5. six cent quatre-vingt-huit, avenue des Gaulois ___688, avenue des Gaulois___
6. trois cent quatre-vingt-douze, boulevard Micheline ___392, boulevard Micheline___
7. cent vingt-cinq, rue des Pierres ___125, rue des Pierres___
8. trois cent quatre, avenue St. Germain ___304, avenue St. Germain___

2 Les maths Faites les additions et écrivez les réponses.

MODÈLE

200 + 300 =
Deux cents plus trois cents font cinq cents.

1. 5.000 + 3.000 = ___Cinq mille plus trois mille font huit mille.___
2. 650 + 750 = ___Six cent cinquante plus sept cent cinquante font mille quatre cents.___
3. 2.000.000 + 3.000.000 = ___Deux millions plus trois millions font cinq millions.___
4. 4.400 + 3.600 = ___Quatre mille quatre cents plus trois mille six cents font huit mille.___
5. 155 + 310 = ___Cent cinquante-cinq plus trois cent dix font quatre cent soixante-cinq.___
6. 7.000 + 3.000 = ___Sept mille plus trois mille font dix mille.___
7. 9.000.000 + 2.000.000 = ___Neuf millions plus deux millions font onze millions.___
8. 1.250 + 2.250 = ___Mille deux cent cinquante plus deux mille deux cent cinquante font trois mille cinq cents.___

3 Combien d'habitants? À tour de rôle, demandez à votre partenaire combien d'habitants il y a dans chaque ville d'après (*according to*) les statistiques.

MODÈLE

Dijon: 153.813
Élève 1: *Combien d'habitants y a-t-il à Dijon?*
Élève 2: *Il y a cent cinquante-trois mille huit cent treize habitants.*

1. Toulouse: 398.423 ___Il y a trois cent quatre-vingt-dix-huit mille quatre cent vingt-trois habitants.___
2. Abidjan: 2.877.948 ___Il y a deux millions huit cent soixante-dix-sept mille neuf cent quarante-huit habitants.___
3. Lyon: 453.187 ___Il y a quatre cent cinquante-trois mille cent quatre-vingt-sept habitants.___
4. Québec: 510.559 ___Il y a cinq cent dix mille cinq cent cinquante-neuf habitants.___
5. Marseille: 807.071 ___Il y a huit cent sept mille soixante et onze habitants.___
6. Papeete: 26.181 ___Il y a vingt-six mille cent quatre-vingt-un habitants.___
7. Dakar: 2.476.400 ___Il y a deux millions quatre cent soixante-seize mille quatre cents habitants.___
8. Nice: 344.460 ___Il y a trois cent quarante-quatre mille quatre cent soixante habitants.___

 Practice more at **vhlcentral.com**.

Communication

4 **Quand?** Avec un(e) partenaire, regardez les dates et dites quand ces événements ont lieu (*take place*).

1776 1789 1914-1918 1939-1945 1968 1997
l'Indépendance des États-Unis
La Révolution française
la Première Guerre mondiale
la Seconde Guerre mondiale
Martin Luther King, Jr. est assassiné.
Le *Pathfinder* arrive sur la planète Mars

1. Le *Pathfinder* arrive sur la planète Mars. _Il arrive en mille neuf cent quatre-vingt-dix-sept._
2. La Première Guerre mondiale commence. _Elle commence en mille neuf cent quatorze._
3. La Seconde Guerre mondiale prend fin (*ends*). _Elle prend fin en mille neuf cent quarante-cinq._
4. L'Amérique déclare son indépendance. _Elle déclare son indépendance en mille sept cent soixante-seize._
5. Martin Luther King, Jr. est assassiné. _Il est assassiné en mille neuf cent soixante-huit._
6. La Première Guerre Mondiale prend fin. _Elle prend fin en mille neuf cent dix-huit._
7. La Révolution française a lieu (*takes place*). _Elle a lieu en mille sept cent quatre-vingt-neuf._
8. La Seconde Guerre mondiale commence. _Elle commence en mille neuf cent trente-neuf._

5 **Combien ça coûte?** Vous regardez un catalogue avec un(e) ami(e). À tour de rôle, demandez à votre partenaire le prix des choses.

▶ **MODÈLE**

Élève 1: *Combien coûte l'ordinateur?*
Élève 2: *Il coûte mille huit cents euros.*

1800€

432€

116€

118€

675€

1. É1: ... la montre?
   É2: Elle ... quatre cent trente-deux ...

2. É1: ... les dictionnaires?
   É2: Ils ... cent seize ...

3. É1: ... le sac à dos?
   É2: Il ... cent dix-huit ...

4. É1: ... le vélo?
   É2: Il ... six cent soixante-quinze ...

6 **Dépensez de l'argent** Vous et votre partenaire avez 100.000€. Décidez quels articles de la liste vous allez prendre. Expliquez vos choix à la classe.   Answers will vary.

MODÈLE

Élève 1: *On prend un rendez-vous avec Brad Pitt parce que c'est mon acteur favori.*
Élève 2: *Alors, nous avons encore (still) 50.000 euros. Prenons les 5 jours à Paris pour pratiquer le français.*

un ordinateur... 2.000€	des vacances à Tahiti... 7.000€
un rendez-vous avec Brad Pitt... 50.000€	un vélo... 1.000€
un rendez-vous avec Madonna... 50.000€	une voiture de luxe... 80.000€
5 jours à Paris... 8.500€	un dîner avec Justin Bieber... 45.000€
un séjour ski en Suisse... 4.200€	un jour de shopping... 10.000€
une montre 6.800€	un bateau (*boat*)... 52.000€

cinquante et un **51**

4 **Expansion** Ask students to brainstorm other famous years throughout history.

5 & **6** **Suggestions**
• Before beginning each activity, make sure students know the vocabulary.
• Do the **modèles** with a volunteer to make sure students understand the activities.

6 **Partner Chat** You can also assign Activity 6 on the Supersite. Students work in pairs to record the activity online. The pair's recorded conversation will appear in your gradebook.

TEACHING OPTIONS

Game Ask students to stand up to create a number chain. The first student states the number 25. The next student says 50. Students continue the chain, using multiples of 25. If a student misses the next number in sequence, he or she must sit down. Continue play until only one student is left standing. If a challenge is required to break a tie, play the game with multiples of 30.

TEACHING OPTIONS

Extra Practice Ask students to make a list of nine items containing the following: a variety of plural and singular nouns, three numerals in the hundreds, three in the thousands, and three in the millions. Once lists are completed, have students exchange them and read the items off their partners' lists aloud. Partners should listen for the correct number and any agreement errors.

Section Goals

In this section, students will learn **-er** verbs with spelling changes.

Key Standards

4.1, 5.1

Student Resources
Cahier de l'élève, pp. 136–138; Supersite: Activities, *eCahier*, Grammar Tutorials

Teacher Resources
Answer Keys; Audio Script; Audio Activity MP3s/CD; Activity Pack; Testing program: Grammar Quiz

Suggestions

- Model the pronunciation of all forms of **acheter** and **espérer**. Have students practice the difference between closed **é** and open **è**.
- Guide students to notice that, like regular **-er** verbs, spelling-change **-er** verbs are "boot verbs."
- Point out that infinitives often follow forms of **espérer**. Example: **Il espère gagner.**
- Ask questions using verbs from this section, encouraging student responses. Examples: **Où est-ce que vous achetez du pain? Quelle saison préférez-vous: l'été ou l'hiver?**
- Explain that when the letter **e** is followed by one pronounced consonant and a silent **e**, you need to add an **accent grave** over the first **e**. If the first **e** already has an **accent aigu**, it becomes an **accent grave**. This causes spelling changes in some verbs, adjectives, and nouns. Remind students to apply this rule whenever this pattern of letters occurs. Exception: **e** with an **accent circonflexe**.

5B.2

Spelling-change -er verbs

Presentation Grammar Tutorial

Point de départ Some **-er** verbs, though regular with respect to their verb endings, have spelling changes that occur in the verb stem (what remains after the **-er** is dropped).

- Most infinitives whose next-to-last syllable contains an **e** (no accent) change this letter to **è** in all forms except **nous** and **vous**.

acheter (to buy)	
j'achète	nous achetons
tu achètes	vous achetez
il/elle/on achète	ils/elles achètent

Où est-ce que tu **achètes** des skis?
Where do you buy skis?

Ils **achètent** beaucoup sur Internet.
They buy a lot on the Internet.

Achetez-vous une nouvelle maison?
Are you buying a new house?

Je n'**achète** pas de lait.
I'm not buying any milk.

- Infinitives whose next-to-last syllable contains an **é** change this letter to **è** in all forms except **nous** and **vous**.

Boîte à outils

Use a conjugated form of **espérer** + [*infinitive*] to mean *to hope to do something.*

Tu **espères jouer** au golf samedi.
You hope to play golf on Saturday.

espérer (to hope)	
j'espère	nous espérons
tu espères	vous espérez
il/elle/on espère	ils/elles espèrent

Elle **espère** arriver tôt aujourd'hui.
She hopes to arrive early today.

Nos profs **espèrent** avoir de bons élèves en classe.
Our teachers hope to have good students in class.

Espérez-vous faire la connaissance de Joël?
Are you hoping to meet Joël?

J'**espère** avoir de bonnes notes.
I hope I get good grades.

- Infinitives ending in **-yer** change **y** to **i** in all forms except **nous** and **vous**.

envoyer (to send)	
j'envoie	nous envoyons
tu envoies	vous envoyez
il/elle/on envoie	ils/elles envoient

J'**envoie** une lettre.
I'm sending a letter.

Tes amis **envoient** beaucoup d'e-mails.
Your friends send lots of e-mails.

Nous **envoyons** des bandes dessinées aux enfants.
We're sending the kids comic books.

Salima **envoie** un message à ses parents.
Salima is sending a message to her parents.

Elle achète quelque chose.

Ils répètent.

EXPANSION

Extra Practice Write a pattern sentence on the board. Ex: **Elle envoie une lettre.** Have students write down the model, and then dictate a list of subjects (Ex: **Pascal, nous, mon frère**), pausing after each one to allow students to write a complete sentence using the model verb. Ask volunteers to write their sentences down on the board.

EXPANSION

Extra Practice Ask students to prepare five questions containing spelling-change **-er** verbs and interview one of their classmates. Ex. **Élève 1: Est-ce-que tu préfères l'hiver ou l'été? Élève 2: Je préfère l'été.**

- The change of **y** to **i** is optional in verbs whose infinitives end in **-ayer**.

Comment est-ce que tu **payes**?
How do you pay?

Je **paie** avec une carte de crédit.
I pay with a credit card.

Other spelling change -er verbs

like espérer		like acheter	
célébrer	to celebrate	amener	to bring (someone)
considérer	to consider	emmener	to take (someone)
posséder	to possess, to own	**like envoyer**	
préférer	to prefer	employer	to use
protéger	to protect	essayer (de + [inf.])	to try (to)
répéter	to repeat; to rehearse	nettoyer	to clean
		payer	to pay

Je préfère l'été.
Il fait chaud.

Tu essaies de
ne pas parler?

- Note that the **nous** and **vous** forms of the verbs presented in this section have no spelling changes.

Vous **achetez** des sandwichs aussi.
You're buying sandwiches, too.

Nous **espérons** partir à huit heures.
We hope to leave at 8 o'clock.

Nous **envoyons** les enfants à l'école.
We're sending the children to school.

Vous **payez** avec une carte de crédit.
You pay with a credit card.

Essayez! Complétez les phrases avec la forme correcte du verbe.

1. Les bibliothèques _emploient_ (employer) beaucoup d'étudiants.
2. Vous _répétez_ (répéter) les phrases en français.
3. Nous _payons_ (payer) assez pour les livres.
4. Mon frère ne _nettoie_ (nettoyer) pas son bureau.
5. Est-ce que tu _espères_ (espérer) gagner?
6. Vous _essayez_ (essayer) parfois d'arriver à l'heure.
7. Tu _préfères_ (préférer) prendre du thé ou du café?
8. Elle _emmène_ (emmener) sa mère au cinéma.
9. On _célèbre_ (célébrer) une occasion spéciale.
10. Les parents _protègent_ (protéger) leurs enfants?

Boîte à outils

Amener is used when you are bringing someone to the place where you are.

J'**amène** ma nièce chez moi.
I'm bringing my niece home.

Emmener is used when you are taking someone to a different location from where you are.

J'**emmène** ma grand-mère à l'hôpital.
I'm taking my grandmother to the hospital.

À noter

Use **apporter** instead of **amener** when you are bringing an object instead of a person or animal.

Qui **apporte** les cartes?
Who's bringing the cards?

Suggestions

- Go over the meanings of the verbs. Note the number of cognates. Make sure students understand that **amener** and **emmener** are only used for people. Ask: What verbs would you use to say *to take* and *to bring* objects? (**prendre**; **apporter**).
- Consider going over the constructions **essayer de** + [*infinitive*] and **essayer de ne pas** + [*infinitive*] with students and giving some examples.

Essayez! For additional drills with spelling-change **-er** verbs for the whole class or those who need extra practice, do this activity orally and on the board with different subjects.

53

| Structures | Leçon 5B |

Structures — Leçon 5B

Mise en pratique

1 Passe-temps Chaque membre de la famille Desrosiers a son passe-temps préféré. Utilisez les éléments pour dire comment ils préparent leur week-end.

> **MODÈLE**
> Tante Manon fait une randonnée. (acheter / sandwichs)
> *Elle achète des sandwichs.*

1. Nous faisons du vélo. (essayer / vélo)   Nous essayons le vélo.
2. Christiane aime chanter. (répéter)   Elle répète.
3. Les filles jouent au foot. (espérer / gagner)   Elles espèrent gagner.
4. Vous allez à la pêche. (emmener / enfants)   Vous emmenez les enfants.
5. Papa fait un tour en voiture. (nettoyer / voiture)   Il nettoie la voiture.
6. Mes frères font du camping. (préférer / partir tôt)   Ils préfèrent partir tôt.
7. Ma petite sœur va à la piscine. (essayer de / plonger)   Elle essaie de plonger.
8. Mon grand-père aime la montagne. (préférer / faire une randonnée)   Il préfère faire une randonnée.
9. J'adore les chevaux. (espérer / faire du cheval)   J'espère faire du cheval.
10. Mes parents vont faire un dessert. (acheter / fruits)   Ils achètent des fruits.

2 Que font-ils? Dites ce que font les personnages.   Answers will vary.

> **MODÈLE**
> *Il achète une baguette.*

acheter

1. envoyer   2. payer   3. répéter   4. nettoyer

3 Invitation au cinéma Avec un(e) partenaire, jouez les rôles de Halouk et de Thomas. Ensuite, présentez la scène à la classe.

THOMAS J'ai envie d'aller au cinéma.

HALOUK Bonne idée. Nous (1) __emmenons__ (emmener, protéger) Véronique avec nous?

THOMAS J' (2) __espère__ (acheter, espérer) qu'elle a du temps libre.

HALOUK Peut-être, mais j' (3) __envoie__ (envoyer, payer) des e-mails tous les jours et elle ne répond pas.

THOMAS Parce que son ordinateur ne fonctionne pas. Elle (4) __préfère__ (essayer, préférer) parler au téléphone.

HALOUK D'accord. Alors toi, tu (5) __achètes__ (acheter, répéter) les tickets au cinéma et moi, je vais chercher Véronique.

 Practice more at **vhlcentral.com.**

Communication

4 Questions À tour de rôle, posez des questions à un(e) partenaire. *Answers will vary.*

1. Qu'est-ce que tu achètes pour la fête des mères?
2. Qu'est-ce que tu achètes tous les mois?
3. Comment célèbres-tu l'anniversaire de ton/ta meilleur(e) ami(e)?
4. Est-ce que toi et ton/ta camarade de classe partagez vos livres?
5. Est-ce que tu possèdes une voiture?
6. Qui nettoie ta chambre?
7. À qui est-ce que tu envoies des e-mails?
8. Qu'est-ce que tu espères faire cet été?
9. Qu'est-ce que tu préfères faire le vendredi soir?
10. Quand tu vas au cinéma, est-ce que tu emmènes quelqu'un? Qui?
11. Est-ce que ta famille célèbre une occasion spéciale cet (*this*) été? Quand?
12. Aimes-tu essayer une nouvelle cuisine?

5 Réponses affirmatives Votre professeur va vous donner une feuille d'activités. Trouvez au moins deux camarades de classe qui répondent oui à chaque question. Et si vous aussi, vous répondez oui aux questions, écrivez votre nom. *Answers will vary.*

MODÈLE

Élève 1: Est-ce que tu achètes tes livres sur Internet?
Élève 2: Oui, j'achète mes livres sur Internet.

Questions	Noms
1. acheter ses livres sur Internet	Virginie, Éric
2. posséder un ordinateur	
3. envoyer des lettres à ses grands-parents	
4. célébrer une occasion spéciale demain	

6 E-mail à l'oncle Marcel Xavier va écrire un e-mail à son oncle pour raconter (*to tell*) ses activités de la semaine prochaine. Il prépare une liste des choses qu'il veut dire (*wants to say*). Avec un(e) partenaire, écrivez son e-mail. *Answers will vary.*

- lundi: emmener maman chez le médecin
- mercredi: fac envoyer notes
- jeudi: répéter rôle Roméo et Juliette
- vendredi: célébrer anniversaire papa
- vendredi: essayer faire gym
- samedi: parents acheter voiture

4 Expansion Have students write two more questions containing spelling-change -er verbs that they would like to ask their partner.

4 Virtual Chat You can also assign Activity 4 on the Supersite. Students record individual responses that appear in your gradebook.

5 Suggestion Call on two volunteers to read the modèle aloud. Then distribute the Feuilles d'activités found in the Activity Pack on the Supersite.

6 Expansion Have students think of a family member or friend to whom they would likely write an e-mail. Tell them to first list at least five ideas using as many spelling-change -er verbs as possible. Then have them write an e-mail of at least five sentences.

DIFFERENTIATION

For Auditory Learners Ask students to write a short paragraph using as many spelling-change -er verbs as possible. In pairs, have students dictate their paragraph to each other. Tell them to check each other's work for accuracy.

TEACHING OPTIONS

Small Groups Have small groups write dehydrated sentences with only subjects and infinitives. Examples: **1. tu / amener / ??? 2. Sylvie et Véronique / espérer / ???** Tell groups to switch with another group, who will form a complete sentence by conjugating the verb and inventing an appropriate ending. Ask for volunteers to write one of their group's sentences on the board.

55

Révision

1 Le basket Avec un(e) partenaire, utilisez les verbes de la liste pour compléter le paragraphe.

acheter	considérer	envoyer	essayer	préférer
amener	employer	espérer	payer	répéter

Je m'appelle Stéphanie et je joue au basket. Je/J'
(1) _amène_ toujours (*always*) mes parents avec moi aux
matchs le samedi. Ils (2) _considèrent_ que les filles sont de très
bonnes joueuses. Mes parents font aussi du sport. Ma mère
fait du vélo et mon père (3) _espère_ gagner son prochain
match de foot! Le vendredi matin, je/j' (4) _envoie_ un e-mail
à ma mère pour lui rappeler (*remind her of*) le match. Mais
elle n'oublie jamais! Ils ne/n' (5) _achètent_ pas de tickets pour
les matchs, parce que les parents des joueurs ne/n'
(6) _paient_ pas. Nous (7) _essayons_ toujours d'arriver une
demi-heure avant le match, parce que maman et papa
(8) _préfèrent, espèrent_ s'asseoir (*to sit*) tout près du terrain (*court*).
Ils sont tellement fiers!

2 Que font-ils? Avec un(e) partenaire, parlez des activités des personnages et écrivez une phrase par illustration.
Answers will vary.

1. _____   2. _____   3. _____

4. _____   5. _____   6. _____

3 Où partir? Avec un(e) partenaire, choisissez cinq endroits intéressants à visiter où il fait le temps indiqué sur la liste. Ensuite, répondez aux questions. Answers will vary.

Il fait chaud.	Il fait soleil.	Il fait du vent.	Il neige.	Il pleut.

1. Où essayez-vous d'aller cet été? Pourquoi?
2. Où préférez-vous partir cet hiver? Pourquoi?
3. Quelle est la première destination que vous espérez visiter? La dernière? Pourquoi?
4. Qui emmenez-vous avec vous? Pourquoi?

4 Quelle générosité! Vous allez payer un voyage aux membres de votre famille et à vos amis. À tour de rôle, choisissez un voyage et donnez à votre partenaire la liste des personnes qui partent. Votre partenaire va vous donner le prix à payer.
Answers will vary.

MODÈLE

Élève 1: *J'achète un voyage de dix jours dans les Pays de la Loire à ma cousine Pauline et à mon frère Alexandre.*
Élève 2: *D'accord. Tu paies deux mille cinq cent soixante-deux euros.*

Voyages	Prix par personne	Commission
Dix jours dans les Pays de la Loire	1.250€	62€
Deux semaines de camping	660€	35€
Sept jours au soleil en hiver	2.100€	78€
Trois jours à Paris en avril	500€	55€
Trois mois en Europe en été	10.400€	47€
Un week-end à Nice en septembre	350€	80€
Une semaine à la montagne en juin	990€	66€
Une semaine à la neige	1.800€	73€

5 La vente aux enchères Par groupes de quatre, organisez une vente aux enchères (*auction*) pour vendre les affaires (*things*) du professeur. À tour de rôle, un(e) élève joue le rôle du vendeur/de la vendeuse et les autres élèves jouent le rôle des enchérisseurs (*bidders*). Vous avez 5.000 euros et toutes les enchères (*bids*) commencent à cent euros. Answers will vary.

MODÈLE

Élève 1: *J'ai le cahier du professeur. Qui paie cent euros?*
Élève 2: *Moi, je paie cent euros.*
Élève 1: *Qui paie cent cinquante euros?*

6 À la bibliothèque Votre professeur va vous donner, à vous et à votre partenaire, deux feuilles d'activités différentes. Attention! Ne regardez pas la feuille de votre partenaire.
Answers will vary.

MODÈLE

Élève 1: *Est-ce que tu as le livre «Candide»?*
Élève 2: *Oui, son numéro de référence est P, Q, deux cent soixante-six, cent quarante-sept, cent dix.*

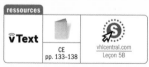
PRE-AP®

Interpersonal Speaking Have students write a conversation
between two friends. One tries to convince the other to go out.
The other makes excuses to not go. Students should include
as many spelling-change **-er** verbs and weather expressions
as possible. Example: **Élève 1: Faisons une randonnée! Élève 2:
Mais je nettoie ma chambre. Élève 1: Mais il fait beau. Élève 2:
Il va pleuvoir plus tard.**

EXPANSION

Using Lists Ask students to imagine they are going on an
extended trip. Have them make a list of at least five things they
are to do (buy things, take someone somewhere, send mail,
etc.) before leaving. Examples: **Je vais acheter un nouveau
parapluie. J'espère envoyer une carte d'anniversaire.**

À l'écoute Audio: Activities

Section Goals
In this section, students will:
- learn to listen for key words
- listen to a short paragraph and note the key words
- answer questions based on the content of a recorded weather forecast

Key Standards
1.2, 2.1

21st CENTURY SKILLS

Critical Thinking and Problem Solving
Students practice aural comprehension as a tool to negotiate meaning in French.

Student Resources
Supersite: Activities, Audio
Teacher Resources
Answer Keys; Audio Script; Audio Activity MP3s/CD

STRATÉGIE

Listening for key words

By listening for key words (**mots-clés**) or phrases, you can identify the subject and main ideas of what you hear, as well as some of the details.

🎧 To practice this strategy, you will listen to a short paragraph. Jot down the key words that help you identify the subject of the paragraph and its main ideas.

Préparation

Regardez l'image. Où trouve-t-on ce type d'image? Manque-t-il des éléments (*Is anything missing*) sur cette carte? Faites une liste de mots-clés qui vont vous aider à trouver ces informations quand vous allez écouter la météo (*the forecast*).

À vous d'écouter 🎧

Écoutez la météo. Puis, écoutez une deuxième fois et complétez le tableau. Notez la température et écrivez un **X** pour indiquer le temps qu'il fait dans chaque ville.

Ville	☀️	🌤️	☁️	🌧️	💨	❄️	Température
Paris			X				8°C
Lille				X			6°C
Strasbourg						X	5°C
Brest			X				10°C
Lyon				X			9°C
Bordeaux		X					11°C
Toulouse	X						12°C
Marseille				X			12°C
Nice					X		13°C

ressources
v̂Text
vhlcentral.com
Leçon 5B

 Practice more at **vhlcentral.com**.

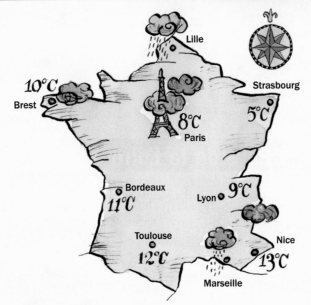

Compréhension

Probable ou improbable? 🎧 Indiquez si ces (*these*) phrases sont probables ou improbables, d'après la météo d'aujourd'hui.

	Probable	Improbable
MODÈLE		
Ève va nager à Strasbourg.		✓
1. Lucie fait du vélo à Lille.		✓
2. Il fait un temps épouvantable à Toulouse.		✓
3. Émilien joue aux cartes à la maison à Lyon.	✓	
4. Il va neiger à Marseille.		✓
5. Jérome et Yves jouent au golf à Bordeaux.	✓	
6. À Lyon, on a besoin d'un imperméable.		✓
7. Il fait froid à Strasbourg.	✓	
8. Nous allons nager à Nice cet après-midi.		✓

Quelle ville choisir? Imaginez qu'aujourd'hui vous êtes en France. Décidez dans quelle ville vous avez envie de passer la journée. Pourquoi? Décrivez le temps qu'il fait et citez des activités que vous allez peut-être faire.

MODÈLE

J'ai envie d'aller à Strasbourg parce que j'aime l'hiver et la neige. Aujourd'hui, il fait froid et il neige. Je vais faire une promenade en ville et après, je vais boire un chocolat chaud au café.

Stratégie
Script Qu'est-ce que je fais quand j'ai du temps libre? Eh bien, l'hiver, j'aime faire du ski. Au printemps et en automne, quand il fait bon, je fais du vélo et du cheval. Et l'été, je fais de la planche à voile.

Préparation Have students look at the map and describe what they see. Guide them to think about expressions that are commonly mentioned during a weather forecast. Ask them to brainstorm and write a list of as much weather-related vocabulary as they can in five minutes.

À vous d'écouter
Script Mesdames, Mesdemoiselles, Messieurs, bonjour et bienvenue sur Radio Satellite. Il est 10h00 et voici la météo. Aujourd'hui, sur la capitale, des nuages toute la journée. Eh oui, il fait frais à Paris ce matin, avec une température maximale de huit degrés. À Lille, on va avoir un temps épouvantable. Il fait froid avec six degrés seulement et il va pleuvoir tout l'après-midi et toute la soirée. À Strasbourg, il fait cinq degrés et il neige encore. Il fait assez frais à Brest, avec dix degrés et beaucoup de nuages. À Lyon, il fait neuf degrés aussi avec un temps très orageux, alors ne sortez pas sans votre parapluie! À Bordeaux, il fait bon, onze degrés et quelques nuages. Toulouse va

avoir du soleil toute la journée et il va faire douze degrés. À Marseille, la température est de douze degrés maintenant, mais il va pleuvoir dans l'après-midi. Sur la Côte d'Azur, il fait treize degrés à Nice, et il y a beaucoup de vent. Bonne journée!

Section Goals

In this section, students will learn historical and cultural information about **Pays de la Loire** and **Centre**.

Key Standards

2.2, 3.1, 3.2, 5.1

21ˢᵗ CENTURY SKILLS

Global Awareness

Students will gain perspectives on the Francophone world to develop respect and openness to others and to interact appropriately and effectively with citizens of Francophone cultures.

Student Resources
Cahier de l'élève, pp. 139–140;
Supersite: Activities,
eCahier
Teacher Resources
Answer Keys;
Digital Image Bank

Carte des Pays de la Loire et du Centre

- Have students look at the map of the regions **Pays de la Loire** and **Centre** or use the digital image for this page. Have volunteers read aloud the cities and geographic features. Model French pronunciation of city names, as necessary.
- Ask students to name a geographical feature that was likely an asset to these regions during their development. (the many major rivers)
- Ask students if they recognize any of the town names and to share any prior knowledge they have about the locations.

La région en chiffres

- Ask volunteers to read the sections. After each section, ask other students questions about the content.
- Have students list the many cognates that appear in this section and state the likely English equivalent or what the word might relate to.

Incroyable mais vrai!

Chambord's construction began in 1519 under François Iᵉʳ, continued under Henri II, and was finally completed in 1685 under Louis XIV.

Savoir-faire

Panorama

Interactive Map Reading (S)

Les Pays de la Loire

La région en chiffres

- **Superficie:** 32.082 km²°
- **Population:** 3.344.000
  SOURCE: INSEE
- **Industries principales:** *aéronautique, agriculture, informatique, tourisme, viticulture°*
- **Villes principales:** *Angers, Laval, Le Mans, Nantes, Saint Nazaire*

Personnes célèbres

- **Claire Bretécher,** *dessinatrice de bandes dessinées (1940–)*
- **Léon Bollée,** *inventeur d'automobiles (1870–1913)*
- **Jules Verne,** *écrivain° (1828–1905)*

Le Centre

La région en chiffres

- **Superficie:** 39.152 km²
- **Population:** 2.480.000
- **Industrie principale:** *tourisme*
- **Villes principales:** *Bourges, Chartres, Orléans, Tours, Vierzon*

Personnes célèbres

- **Honoré de Balzac,** *écrivain (1799–1850)*
- **George Sand,** *femme écrivain (1804–1876)*
- **Gérard Depardieu,** *acteur (1948–)*

km² (kilomètres carrés) *square kilometers* **viticulture** *wine-growing* **écrivain** *writer* **Construit** *Constructed* **siècle** *century* **pièces** *rooms* **escaliers** *staircases* **chaque** *each* **logis** *living area* **hélice** *helix* **même** *same* **ne se croisent jamais** *never cross* **pèlerinage** *pilgrimage* **course** *race*

58 *cinquante-huit*

---

un pèlerinage° à la cathédrale de Chartres

LA FRANCE

Chartres
Laval • Le Mans
Orléans
PAYS DE LA LOIRE
St.-Nazaire • Angers
Tours • Chambord
Nantes • Chenonceaux
Cholet • Saumur • Vierzon
L'île de Noirmoutier
CENTRE • Bourges
L'île d'Yeu
La Roche-sur-Yon • Châteauroux
Les Sables-d'Olonne

la Mayenne, la Sarthe, le Loir, la Loire, l'Indre, le Cher, la Vienne

L'OCÉAN ATLANTIQUE

le Vendée Globe, course° nautique

la Loire

```
0          50 miles
0          50 kilomètres
```

Incroyable mais vrai!

Construit° au XVIᵉ (seizième) siècle°, l'architecture du château de Chambord est influencée par Léonard de Vinci. Le château a 440 pièces°, 84 escaliers° et 365 cheminées (une pour chaque° jour de l'année). Le logis° central a deux escaliers en forme de double hélice°. Les escaliers vont dans la même° direction, mais ne se croisent jamais°.

EXPANSION

Tours et Chartres Tours and Chartres are lively cities that have thriving industries and are considered historical, academic, and cultural centers. Tours was at one time the capital of France and the residence of kings. Built on the site of a Roman town, it has remnants of medieval architecture, such as the timber-framed houses present in **place Plumereau**, which is the pedestrian-zoned, medieval heart of the city.

Chartres was named after the Celtic tribe, the Carnutes. The city was attacked and many of its structures destroyed. However, many efforts were put into its restoration. One of the most magnificent architectural masterpieces is **la cathédrale Notre-Dame de Chartres**. The cathedral marks the high point of gothic and medieval art, featuring fine sculptures, over 170 stained-glass windows, and flying buttresses.

Les monuments

La vallée des rois

La vallée de la Loire, avec ses châteaux, est appelée la vallée des rois°. C'est au XVIe (seizième) siècle° que les Valois° quittent Paris pour habiter dans la région, où ils construisent° de nombreux° châteaux de style Renaissance. François Ier inaugure le siècle des «rois voyageurs»: ceux° qui vont d'un château à l'autre avec leur cour° et toutes leurs possessions. Chenonceau, Chambord et Amboise sont aujourd'hui les châteaux les plus° visités.

Les festivals

Le Printemps de Bourges

Le Printemps de Bourges est un festival de musique qui a lieu° chaque année, en avril. Pendant° une semaine, tous les styles de musique sont représentés: variété française, musiques du monde°, rock, musique électronique, reggae, hip-hop, etc... Il y a des dizaines° de spectacles, de nombreux artistes, des milliers de spectateurs et des noms légendaires comme Serge Gainsbourg, Yves Montand, Ray Charles et Johnny Clegg.

Les sports

Les 24 heures du Mans

Les 24 heures du Mans, c'est la course° d'endurance automobile la plus célèbre° du monde. Depuis° 1923, de prestigieuses marques° y° participent. C'est sur ce circuit de 13,6 km que Ferrari gagne neuf victoires et que Porsche détient° le record de 16 victoires avec une vitesse moyenne° de 222 km/h sur 5.335 km. Il existe aussi les 24 heures du Mans moto°.

Les destinations

La route des vins

La vallée de la Loire est réputée pour ses vignobles°, en particulier pour ses vins blancs°. Le Sauvignon et le Chardonnay, par exemple, constituent environ° 75% (pour cent) de la production. La vigne est cultivée dans la vallée depuis l'an 380. Aujourd'hui, les vignerons° de la région produisent 400 millions de bouteilles par an.

Qu'est-ce que vous avez appris? Répondez aux questions par des phrases complètes.

1. Quel événement peut-on voir aux Sables d'Olonne?
   On peut voir le Vendée Globe, une course nautique, aux Sables d'Olonne.
2. Au seizième siècle, qui influence le style de construction de Chambord? Léonard de Vinci influence le style de construction de Chambord.
3. Combien de cheminées y a-t-il à Chambord?
   Il y a 365 cheminées à Chambord.
4. De quel style sont les châteaux de la Loire?
   Les châteaux de la Loire sont de style Renaissance.
5. Pourquoi les Valois sont-ils «les rois voyageurs»?
   Ils sont «les rois voyageurs» parce qu'ils vont d'un château à l'autre avec toutes leurs possessions.

6. Combien de spectateurs vont au Printemps de Bourges chaque année? Des milliers de spectateurs vont au Printemps de Bourges chaque année.
7. Qu'est-ce que les 24 heures du Mans?
   C'est une course d'endurance automobile.
8. Quel autre type de course existe-t-il au Mans?
   Il existe aussi une course de moto.
9. Quels vins sont produits dans la vallée de la Loire?
   Les vins blancs sont principalement produits dans la vallée de la Loire.
10. Combien de bouteilles y sont produites chaque année?
    400 millions de bouteilles de vin sont produites chaque année dans la vallée de la Loire.

ressources

v̂Text | CE pp. 139–140 | vhlcentral.com Leçon 5B

Sur Internet

1. Trouvez des informations sur le Vendée Globe. Quel est l'itinéraire de la course? Combien de bateaux (boats) y participent chaque année?

2. Qui étaient (were) les artistes invités au dernier Printemps de Bourges? En connaissez-vous quelques-uns? (Do you know some of them?)

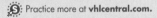
Practice more at **vhlcentral.com**.

rois *kings* siècle *century* les Valois *name of a royal dynasty* construisent *build* de nombreux *numerous* ceux *those* cour *court* les plus *the most* a lieu *takes place* Pendant *For* monde *world* dizaines *dozens* course *race* célèbre *famous* Depuis *Since* marques *brands* y *there* détient *holds* vitesse moyenne *average speed* moto *motorcycle* vignobles *vineyards* vins blancs *white wines* environ *around* vignerons *wine-growers*

La vallée des rois

François Ier (1515–1547) and his court resided and traveled between his châteaux in Amboise, Blois, and Chambord. The castles were first built as defense structures but later evolved into decorative palaces. With less of a need for defense, elements like moats and towers remained as symbols of rank and ancestry. Other magnificent châteaux of the area are Azay-le-Rideau, Chenonceau, Villandry, Saumur, Ussé, Chaumont, and Cour-Cheverny.

Le Printemps de Bourges

This music festival has been taking place every spring since its creation in 1977. Festival goers can listen to the music of the latest up-and-coming talent as well as world-renowned artists. Music shows can be found close to downtown. Musicians also play in restaurants, bars, and at outdoor and indoor stages. Some shows are free to the public.

Les 24 heures du Mans

The biggest names in sports car racing come to test their speed, endurance, and reliability on the 13.6 km (8.5 mile) track. The driver of the car to travel the greatest distance within the 24-hour period is the champion. Close to 200,000 fans and 2,000 journalists come to Le Mans in June for one of the best-known automobile races in the world.

La route des vins

The Loire River flows through the heart of the Loire Valley, connecting many of the major wine-producing towns. Nantes, home of the Muscadet grape, produces dry white wines. There is a concentration of vineyards closer to the center of the Loire Valley in Saumur, Vouvray, Azay-le-Rideau, Chinon, Bourgueil, among others. Classic white wines are found further east in Pouilly-sur-Loire. The Loire Valley is known for all sorts of white wines, but also produces some red and rosé wines.

21st CENTURY SKILLS

Information and Media Literacy: Sur Internet
Students access and critically evaluate information from the Internet.

EXPANSION

Cultural Activity Considering the historical, architectural, and cultural richness of the regions **Pays de la Loire** and **Centre**, it's no wonder they are part of the World Heritage List of UNESCO (United Nations Education, Scientific, and Cultural Organization). Have students explore UNESCO's website to find out more. Ask students to search the World Heritage List for other places from these regions.

PRE-AP®

Presentational Speaking During the reign of François Ier, the Renaissance period was at its height. There was increasing interest in arts and humanism, which was evident in the court life at the châteaux. Have small groups research aspects of court life such as the food they ate, activities they participated in, and the preferred kinds of music, literature, and art. Have each group make a presentation on their findings.

Section Goals

In this section, students will:
- learn to skim a text
- read a weekly city guide about Montreal

Key Standards

1.2, 2.1, 3.2, 5.2

PRE-AP®

**Interpretive Reading:
Stratégie** Tell students that they can often predict the content of an unfamiliar document in French by skimming it and looking for recognizable format elements.

Examinez le texte Have students skim the text at the top of this calendar of events in and around Montreal. Point out the cognates **arts**, **culture**, **festival**, **musique classique**, and **manifestations culturelles**. Ask them to predict what type of document it is (city guide/calendar of events in a newspaper/weekly). Then ask students to scan the rest of the calendar of events.

Catégories Before students do this activity, ask them to think of three words or expressions that fit each of the three given categories (**les loisirs culturels**, **les activités sportives**, **les activités de plein air**) in English.

Trouvez Go over answers with the whole class by pointing out where in the text each piece of information is found. Expand the activity by having students write additional entries for the calendar of events that include information for the unchecked items (**où manger cette semaine**, **le temps qu'il va faire cette semaine, des prix d'entrée, des adresses**).

Language Note Point out that French-speaking Canadians say **la fin de semaine** instead of **le week-end**.

Lecture

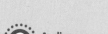
**Audio:
Synced Reading**

Avant la lecture

STRATÉGIE

Skimming

Skimming involves quickly reading through a document to absorb its general meaning. This allows you to understand the main ideas without having to read word for word. When you skim a text, look at its title and subtitles and read the first sentence of each paragraph.

Examinez le texte

Regardez rapidement le texte. Quel est le titre (*title*) du texte? En combien de parties le texte est-il divisé? Quels sont les titres des parties? Maintenant, regardez les photos. Quel est le sujet de l'article?

Catégories

Dans le texte, trouvez trois mots ou expressions qui représentent chaque catégorie. Answers will vary. Suggested answers below.

les loisirs culturels

| musique classique | cinéma africain | musée des Beaux-Arts |

les activités sportives

| golf | ski | tennis |

les activités de plein air (*outdoor*)

| camping | randonnées | équitation |

Trouvez

Regardez le document. Indiquez si vous trouvez ces informations.

_____ 1. où manger cette semaine
_____ 2. le temps qu'il va faire cette semaine
✓ 3. où aller à la pêche
_____ 4. des prix d'entrée (*entrance*)
✓ 5. des numéros de téléphone
✓ 6. des sports
✓ 7. des spectacles
_____ 8. des adresses

ressources

v̂Text

vhlcentral.com
Leçon 5B

CETTE SEMAINE À MONTRÉAL ET DANS LA RÉGION

ARTS ᴱᵀ CULTURE

Festivals et autres manifestations culturelles à explorer:

- Festival de musique classique, samedi de 16h00 à 22h00, à la Salle de concerts Richelieu, à Montréal
- Festival du cinéma africain, dans tous les cinémas de Montréal
- Journée de la bande dessinée, samedi toute la journée, à la Librairie Rochefort, à Montréal
- Festival de reggae, dimanche tout l'après-midi, à l'Espace Lemay, à Montréal

Spectacle à voir°

- *La Cantatrice chauve*, pièce° d'Eugène Ionesco, samedi et dimanche à 20h00, au Théâtre du Chat Bleu, à Montréal

À ne pas oublier°

- Le musée des Beaux-Arts de Montréal, avec sa collection de plus de° 30.000 objets d'art du monde entier°

DIFFERENTIATION

For Kinesthetic Learners Write activities from the calendar of events (**aller à la pêche, jouer au baseball, faire de l'équitation**, etc.) on slips of paper. Divide the class into two teams. Have a member of one team draw a paper. That team member mimes the chosen activity. The other team guesses what it is. Give points for correct answers. The team with the most points wins.

EXPANSION

Reading Aloud Have groups of three students work together to read aloud each section of the calendar of events (**Arts et culture, Sports et jeux, Exploration**). Each student will then write two questions about the section that he or she read. After they have finished, ask groups to exchange their questions with another group. Have groups read the questions to the class and ask volunteers to answer them.

SPORTS ET JEUX

- L'Académie de golf de Montréal organise un grand tournoi° le mois prochain. Pour plus d'informations, contactez le (514) 846-1225.
- Tous les dimanches, le Club d'échecs de Montréal organise des tournois d'échecs en plein air° dans le parc Champellier. Pour plus d'informations, appelez le (514) 846-1085.
- Skiez! Passez la fin de semaine dans les Laurentides° ou dans les Cantons-de-l'Est!
- Et pour la famille sportive: essayez le parc Lafontaine, un centre d'amusement pour tous qui offre: volley-ball, tennis, football et baseball.

PASSIONNÉ° DE PÊCHE?
N'OUBLIEZ PAS LES NOMBREUX
LACS° OÙ LA PÊCHE EST AUTORISÉE.

EXPLORATION

Redécouvrez la nature grâce à° ces activités à ne pas manquer°:

Visite du parc national de la Jacques-Cartier°
- Camping
- Promenades et randonnées
- Observation de la faune et de la flore

Région des Laurentides et Gaspésie°
- Équitation°
- Randonnées à cheval de 2 à 5 jours en camping

voir *see* **pièce (de théâtre)** *play* **À ne pas oublier** *Not to be forgotten* **plus de** *more than* **du monde entier** *from around the world* **tournoi** *tournament* **en plein air** *outdoor* **Laurentides** *region of eastern Quebec* **Passionné** *Enthusiast* **lacs** *lakes* **grâce à** *thanks to* **à ne pas manquer** *not to be missed* **la Jacques-Cartier** *the Jacques-Cartier river in Quebec* **Gaspésie** *peninsula of Quebec* **Équitation** *Horseback riding*

Après la lecture

Répondez Répondez aux questions avec des phrases complètes.

1. Citez deux activités sportives qu'on peut pratiquer à l'extérieur.
   Answers will vary.

2. À quel jeu est-ce qu'on joue dans le parc Champellier?
   On joue aux échecs dans le parc Champellier.

3. Où va peut-être aller un passionné de lecture et de dessin?
   Un passionné de lecture et de dessin va peut-être aller à la Journée de la bande dessinée.

4. Où pratique-t-on des sports d'équipe?
   On pratique des sports d'équipe au parc Lafontaine.

5. Où y a-t-il de la neige au Québec en cette saison?
   Il y a de la neige dans les Laurentides et dans les Cantons-de-l'Est.

6. Si on aime beaucoup la musique, où peut-on aller?
   On peut aller au Festival de musique classique ou au Festival de reggae.

Suggestions Lucille passe une année dans un lycée du Québec. Ce week-end, elle invite sa famille à explorer la région. Choisissez une activité à faire ou un lieu à visiter que chaque membre de sa famille va aimer.

MODÈLE

La sœur cadette de Lucille adore le ski.
Elle va aimer les Laurentides et les Cantons-de-l'Est.

1. La mère de Lucille est artiste.
   Elle va aimer le musée des Beaux-Arts de Montréal.

2. Le frère de Lucille joue au volley-ball à l'université.
   Il va aimer le parc Lafontaine.

3. La sœur aînée de Lucille a envie de voir un film sénégalais.
   Elle va aimer le Festival du cinéma africain.

4. Le grand-père de Lucille joue souvent aux échecs.
   Il va aimer les tournois d'échecs en plein air dans le parc Champellier.

5. La grand-mère de Lucille est fan de théâtre.
   Elle va aimer *La Cantatrice chauve* au Théâtre du Chat Bleu.

6. Le père de Lucille adore la nature et les animaux, mais il n'est pas très sportif.
   Answers will vary. Possible answer: Il va aimer les promenades dans le parc national de la Jacques-Cartier.

Une invitation 👤👤👤 Vous allez passer le week-end au Québec. Qu'est-ce que vous allez faire? Par groupes de quatre, discutez des activités qui vous intéressent (*that interest you*) et essayez de trouver trois ou quatre activités que vous avez en commun. Attention! Il va peut-être pleuvoir ce week-end, alors ne choisissez pas (*don't choose*) uniquement des activités de plein air!

soixante et un **61**

Répondez Present these as items 7–10. **7. Où peut-on voir des films africains?** (On peut voir des films africains dans tous les cinémas de Montréal.) **8. Combien d'objets d'art y a-t-il au musée des Beaux-Arts de Montréal?** (Il y a plus de 30.000 objets d'art.) **9. Quels sports pratique-t-on au parc Lafontaine?** (On propose le volley-ball, le tennis, le football et le baseball.) **10. Si on aime beaucoup les animaux et les fleurs, où peut-on aller?** (On peut aller au parc national de la Jacques-Cartier.)

Suggestions Ask students to write about three more members of Lucille's family. They should model their sentences after the ones in the activity, saying what each person enjoys doing. Then have students read their sentences to a partner. The partner will come up with a suggested activity or place to visit that will suit each person.

Une invitation Give students a couple of minutes to review the **Vocabulaire** on page 22, **Expressions utiles** on page 27, and Expressions with **faire** on page 30. Add activities, such as **faire du surf des neiges, prendre des photos, faire des arts martiaux**, and **faire du skateboard**.

Expansion Have one or two groups act out their conversation from **Une invitation** for the rest of the class. Before the groups begin, have the listeners in the class write a list of ten activities that they think will be mentioned in each of the presentations. As students listen, have them check off on their list the activities they hear.

Creativity and Innovation Ask students to prepare a presentation on the ideal weekend in a city like Montreal, inspired by the information on these two pages.

EXPANSION

True-False Statements Give students true or false statements about the **Lecture**. Example: **On peut faire des randonnées à cheval au parc national de la Jacques-Cartier. (Faux. On peut faire des randonnées à cheval en Région des Laurentides et Gaspésie.)**

TEACHING OPTIONS

Writing Practice Ask students to go through the selection and locate all of the activities that require the usage of **faire**. (Encourage them to use their dictionaries, if necessary.) Then have them write sentences saying whether or not they like doing those activities. Example: **Activités avec faire: faire du vélo, faire de l'équitation**, etc. **J'aime faire du vélo. Je n'aime pas faire d'équitation.**

Écriture

Using a dictionary

A common mistake made by beginning language learners is to embrace the dictionary as the ultimate resource for reading, writing, and speaking. While it is true that the dictionary is a useful tool that can provide valuable information about vocabulary, using the dictionary correctly requires that you understand the elements of each entry.

If you glance at a French-English dictionary, you will notice that the format is similar to that of an English dictionary. The word is listed first, usually followed by its pronunciation. Then come the definitions, organized by parts of speech. Sometimes, the most frequently used meanings are listed first.

To find the best word for your needs, you should refer to the abbreviations and the explanatory notes that appear next to the entries. For example, imagine that you are writing about your pastimes. You want to write *I want to buy a new racket for my match tomorrow*, but you don't know the French word for *racket*.

In the dictionary, you might find an entry like this one:

> **racket** n 1. boucan; 2. raquette (sport)

The abbreviation key at the front of the dictionary says that *n* corresponds to **nom** (*noun*). Then, the first word you see is **boucan**. The definition of **boucan** is *noise or racket,* so **boucan** is probably not the word you want. The second word is **raquette**, followed by the word *sport*, which indicates that it is related to **sports**. This detail indicates that the word **raquette** is the best choice for your needs.

Thème

Écrire une brochure ⁝S

Avant l'écriture

1. Choisissez le sujet de votre brochure:

   A. Vous travaillez à la Chambre de Commerce de votre région pour l'été. Des hommes et des femmes d'affaires québécois vont visiter votre région cette année, mais ils n'ont pas encore décidé (*have not yet decided*) quand. La Chambre de Commerce vous demande de créer (*asks you to create*) une petite brochure sur le temps qu'il fait dans votre région aux différentes saisons de l'année. Dites quelle saison, à votre avis (*in your opinion*), est idéale pour visiter votre région et expliquez pourquoi.

   B. Vous avez une réunion familiale pour décider où aller en vacances cette année, mais chaque membre de la famille suggère un endroit différent. Choisissez un lieu de vacances où vous avez envie d'aller et créez une brochure pour montrer à votre famille pourquoi vous devriez (*should*) tous y aller (*go there*). Décrivez la météo de l'endroit et indiquez les différentes activités culturelles et sportives qu'on peut y faire.

   C. Vous passez un semestre/trimestre dans le pays francophone de votre choix (*of your choice*). Deux élèves de votre cours de français ont aussi envie de visiter ce pays. Créez une petite brochure pour partager vos impressions du pays. Présentez le pays, donnez des informations météorologiques et décrivez vos activités préférées.

---

2. Choisissez le sujet de votre brochure et pensez au vocabulaire utile à son écriture. Utilisez le tableau (*chart*) pour noter tous les mots (*words*) en français qui vous viennent à l'esprit (*you can think of*). Enfin (*Finally*), regardez votre tableau. Quels sont les mots en anglais que vous pourriez (*could*) ajouter? Créez une nouvelle liste et cherchez les mots dans un dictionnaire.

Mots en français (de moi)	Mots en français (des listes)	Mots en anglais
		anglais / français:

3. Cherchez les mots dans le dictionnaire. N'oubliez pas d'utiliser la procédure de **Stratégie**.

Écriture

Utilisez le vocabulaire du tableau pour créer votre brochure. N'oubliez pas de penser à un titre (*title*). Ensuite, créez des sections et donnez-leur (*them*) aussi un titre, comme **Printemps, Été, ...; Ville, Campagne (Countryside), ...; France, Tunisie, ...** Vous pouvez (*can*) utiliser des photos pour illustrer.

Après l'écriture

1. Échangez votre brochure avec celle (*the one*) d'un(e) partenaire. Répondez à ces questions pour commenter son travail.

   ■ Votre partenaire a-t-il/elle couvert (*did cover*) le sujet?

   ■ A-t-il/elle donné (*did give*) un titre à la brochure et aux sections?

   ■ S'il (*If there*) y a des photos, illustrent-elles le texte?

   ■ Votre partenaire a-t-il/elle utilisé (*did use*) le vocabulaire approprié?

   ■ A-t-il/elle correctement conjugué (*did conjugate*) les verbes?

2. Corrigez votre brochure d'après (*according to*) les commentaires de votre partenaire. Relisez votre travail pour éliminer ces problèmes:

   ■ des fautes (*errors*) d'orthographe

   ■ des fautes de ponctuation

   ■ des fautes de conjugaison

   ■ des fautes d'accord (*agreement*) des adjectifs

   ■ un mauvais emploi (*use*) de la grammaire

EVALUATION

Criteria

Content Contains all the information included in the subject description the student chose.
Scale: 1 2 3 4 5

Organization Follows a typical brochure organization with a major head, text, and at least one visual.
Scale: 1 2 3 4 5

Accuracy Uses possessive and descriptive adjectives and modifies them accordingly. Spells words and conjugates verbs correctly throughout.
Scale: 1 2 3 4 5

Creativity The student includes additional information that is not included in the task, adds extra features to the brochure such as bulleted lists and boxed text, and/or spends extra time on design and presentation.
Scale: 1 2 3 4 5

Scoring

Excellent	18–20 points
Good	14–17 points
Satisfactory	10–13 points
Unsatisfactory	< 10 points

21st CENTURY SKILLS

Productivity and Accountability Provide the rubric to students before they hand their work in for grading. Ask students to make sure they have met the highest standard possible on the rubric before submitting their work.

EXPANSION

Avant l'écriture Group students who have chosen to work on the same brochures and encourage them to share their ideas and personalized vocabulary from step 2 before they begin writing. As a group, have them brainstorm additional vocabulary they may need to look up before they begin writing.

Before students begin writing, have the class discuss some of the features that are typically found in brochures, such as headings, schedules, lists, boxed/highlighted text, photos, graphics, and other visuals. Bring in some brochures for students to analyze before they create their own.

Key Standards

4.1

Teacher Resources
Vocabulary MP3s/CD

Suggestion Tell students that an easy way to study from **Vocabulaire** is to cover up the French half of each section, leaving only the English equivalents exposed. They can then quiz themselves on the French items. To focus on the English equivalents of the French entries, they simply reverse this process.

21ˢᵗ CENTURY SKILLS

Creativity and Innovation
Ask students to prepare a list of three products or perspectives they learned about in this unit to share with the class. Consider asking them to focus on the **Culture** and **Panorama** sections.

21ˢᵗ CENTURY SKILLS

Leadership and Responsibility: Extension Project
If you have access to students in a Francophone country, have students decide on three questions they want to ask the partner class related to this unit's topic. Based on the responses they receive, work as a class to explain to the partner class one aspect of their responses that surprised the class and why.

Activités sportives et loisirs

aider	to help
aller à la pêche	to go fishing
bricoler	to tinker; to do odd jobs
chanter	to sing
désirer	to want
gagner	to win
indiquer	to indicate
jouer (à/de)	to play
marcher	to walk (person); to work (thing)
pratiquer	to play regularly, to practice
skier	to ski
une bande dessinée (B.D.)	comic strip
le baseball	baseball
le basket(-ball)	basketball
les cartes (f.)	cards
le cinéma	movies
les échecs (m.)	chess
une équipe	team
le foot(ball)	soccer
le football américain	football
le golf	golf
un jeu	game
un joueur/ une joueuse	player
un loisir	leisure activity
un match	game
un passe-temps	pastime, hobby
un spectacle	show
le sport	sport
un stade	stadium
le temps libre	free time
le tennis	tennis
le volley(-ball)	volleyball

Verbes irréguliers en –ir

courir	to run
dormir	to sleep
partir	to leave
sentir	to feel; to smell; to sense
servir	to serve
sortir	to go out, to leave

ressources

v̂Text   Ⓢ vhlcentral.com Unité 5

Le temps qu'il fait

Il fait 18 degrés.	It is 18 degrees.
Il fait beau.	The weather is nice.
Il fait bon.	The weather is good/warm.
Il fait chaud.	It is hot (out).
Il fait (du) soleil.	It is sunny.
Il fait du vent.	It is windy.
Il fait frais.	It is cool.
Il fait froid.	It is cold.
Il fait mauvais.	The weather is bad.
Il fait un temps épouvantable.	The weather is dreadful.
Il neige. (neiger)	It is snowing. (to snow)
Il pleut. (pleuvoir)	It is raining. (to rain)
Le temps est nuageux.	It is cloudy.
Le temps est orageux.	It is stormy.
Quel temps fait-il?	What is the weather like?
Quelle température fait-il?	What is the temperature?
un imperméable	rain jacket
un parapluie	umbrella

Verbes

acheter	to buy
amener	to bring (someone)
célébrer	to celebrate
considérer	to consider
emmener	to take (someone)
employer	to use; to employ
envoyer	to send
espérer	to hope
essayer (de + inf.)	to try (to)
nettoyer	to clean
payer	to pay
posséder	to possess, to own
préférer	to prefer
protéger	to protect
répéter	to repeat; to rehearse

La fréquence

une/deux fois	one/two time(s)
par jour, semaine, mois, an, etc.	per day, week, month, year, etc.
déjà	already
encore	again, still
jamais	never
longtemps	long time
maintenant	now
parfois	sometimes
rarement	rarely
souvent	often

Les saisons, les mois, les dates

une saison	season
l'automne (m.)/ en automne	fall/in the fall
l'été (m.)/en été	summer/in the summer
l'hiver (m.)/en hiver	winter/in the winter
le printemps (m.)/ au printemps	spring/in the spring
Quelle est la date?	What's the date?
C'est le 1ᵉʳ (premier) octobre.	It's the first of October.
C'est quand votre/ ton anniversaire?	When is your birthday?
C'est le 2 mai.	It's the second of May.
C'est quand l'anniversaire de Paul?	When is Paul's birthday?
C'est le 15 mars.	It's March 15th.
un anniversaire	birthday
janvier	January
février	February
mars	March
avril	April
mai	May
juin	June
juillet	July
août	August
septembre	September
octobre	October
novembre	November
décembre	December

Expressions utiles	See pp. 27 and 45.
Expressions with *faire*	See p. 30.
faire	See p. 30.
Il faut...	See p. 31.
Numbers 101 and higher	See p. 48.

64   *soixante-quatre*

Les fêtes

Pour commencer

- Combien de personnes y a-t-il sur la photo? Quel âge ont-ils, à votre avis?
- Qu'est-ce qu'ils fêtent aujourd'hui?
- Qu'est-ce qu'ils vont manger, du fromage ou un dessert?
- Et vous, organisez-vous souvent des fêtes? Pour quelles occasions?

Unit Goals

Leçon 6A

In this lesson, students will learn:
- terms for parties and celebrations
- terms for the stages of life
- more differences between open and closed vowels
- about **carnaval** and France's Bastille Day
- more about festivals and holiday celebrations through specially shot video footage
- demonstrative adjectives
- the **passé composé** with **avoir**
- some irregular past participles
- about the Belgian postal service

Leçon 6B

In this lesson, students will learn:
- terms for clothing, shopping, and colors
- more about open and closed vowels
- about fashion in France
- indirect object pronouns
- more uses of disjunctive pronouns
- regular and irregular **-re** verbs
- to listen for linguistic cues in oral communication

Savoir-faire

In this section, students will learn:
- cultural and historical information about the French regions of **Aquitaine, Midi-Pyrénées**, and **Languedoc-Roussillon**
- to recognize word families
- how to report an interview

 21ˢᵗ CENTURY SKILLS

Initiative and Self-Direction
Students can monitor their progress online using the Supersite activities and assessments.

Pour commencer
- Il y a trois personnes. Ils ont peut-être quinze ou seize ans.
- Ils fêtent l'anniversaire de la fille.
- Ils vont manger un dessert.
- Answers will vary.

INSTRUCTIONAL RESOURCES

Student Resources
Print: Student Book, Workbook (*Cahier de l'élève*)
Supersite: vhlcentral.com, **v̄Text**, *eCahier*, Audio, Video, Practice

Teacher Resources
Print: Teacher's Edition, Answer Keys, Testing Program
Technology: Audio MP3s on CD (Textbook, Testing Program, Audio Program), Video Program DVD (*Roman-photo, Flash culture*)

Supersite: vhlcentral.com, Activity Pack, Middle School Activity Pack, Lesson Plans, Grammar Tutorials, Grammar Slides, Testing Program, Audio and Video Scripts, Answer Key, Audio MP3s, Streaming Video (*Roman-photo, Flash culture, Le Zapping*), Digital Image Bank, Learning Management System (Gradebook, Assignments)

 VOICE BOARD

Voice boards on the Supersite allow you and your students to record and share up to five minutes of audio. Use voice boards for presentations, oral assessments, discussions, directions, etc.

Section Goals

In this section, students will learn and practice vocabulary related to:
• parties and celebrations
• stages of life and interpersonal relationships

Key Standards

1.1, 1.2, 4.1

Student Resources
Cahier de l'élève, pp. 141–143;
Supersite: Activities,
eCahier

Teacher Resources
Answer Keys; Digital Image
Bank; Audio Script; Textbook
& Audio Activity MP3s/CD;
Activity Pack; Testing program:
Vocabulary Quiz

Suggestions

• Have students look over the new vocabulary and identify the cognates. Examples: **organiser, fiancé(e), mariage,** and **divorce**.
• Describe what people are doing in the drawing using the digital image for this page. Follow up with simple questions based on your narrative.
• Point out the banner and the cake in the illustration. Ask students what **Bon anniversaire** and **Joyeux anniversaire** mean. (*Happy birthday*)
• Point out the similarities and differences between these related words: **aimer, ami(e), l'amitié, un amour, amoureux,** and **amoureuse**.

You will learn how to...
▪ talk about celebrations
▪ talk about the stages of life

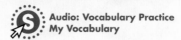

Audio: Vocabulary Practice
My Vocabulary

Surprise!

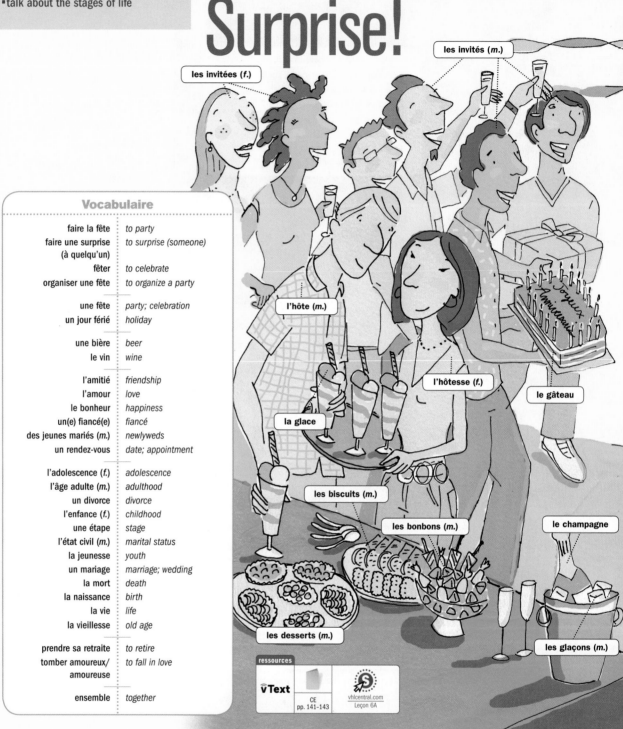

les invitées (*f.*)

les invités (*m.*)

l'hôte (*m.*)

l'hôtesse (*f.*)

le gâteau

la glace

les biscuits (*m.*)

les bonbons (*m.*)

le champagne

les desserts (*m.*)

les glaçons (*m.*)

Vocabulaire

faire la fête	to party
faire une surprise (à quelqu'un)	to surprise (someone)
fêter	to celebrate
organiser une fête	to organize a party
une fête	party; celebration
un jour férié	holiday
une bière	beer
le vin	wine
l'amitié	friendship
l'amour	love
le bonheur	happiness
un(e) fiancé(e)	fiancé
des jeunes mariés (*m.*)	newlyweds
un rendez-vous	date; appointment
l'adolescence (*f.*)	adolescence
l'âge adulte (*m.*)	adulthood
un divorce	divorce
l'enfance (*f.*)	childhood
une étape	stage
l'état civil (*m.*)	marital status
la jeunesse	youth
un mariage	marriage; wedding
la mort	death
la naissance	birth
la vie	life
la vieillesse	old age
prendre sa retraite	to retire
tomber amoureux/ amoureuse	to fall in love
ensemble	together

ressources

v̂Text

CE
pp. 141–143

vhlcentral.com
Leçon 6A

EXPANSION

Les fêtes Point out that, in addition to celebrating birthdays, many people in French-speaking cultures celebrate **la fête**, or saint's day, which is based upon their given name. Bring in a French calendar that has the names of **fêtes** and have students find their own saint's day. You may need to help students find the name that most closely resembles their own.

EXPANSION

Writing Practice Have students write three fill-in-the-blank sentences based on the drawing above, using the new vocabulary. Then have each student exchange papers with a classmate and complete the sentences. Remind them to verify their answers.

Mise en pratique

BON ANNIVERSAIRE, MARC!

1 Chassez l'intrus Indiquez le mot ou l'expression qui n'appartient pas (*doesn't belong*) à la liste.

1. l'amour, tomber amoureux, un fiancé, un divorce
2. un mariage, un couple, un jour férié, un fiancé
3. un biscuit, une bière, un dessert, un gâteau
4. une glace, une bière, le champagne, le vin
5. la vieillesse, la naissance, l'enfance, la jeunesse
6. faire la fête, un hôte, des invités, une étape
7. fêter, un cadeau, la vie, une surprise
8. l'état civil, la naissance, la mort, l'adolescence

la surprise

le couple

2 Écoutez 🎧 Écoutez la conversation entre Anne et Nathalie. Indiquez si les affirmations sont **vraies** ou **fausses**.

	Vrai	Faux
1. Jean-Marc va prendre sa retraite dans six mois.	☐	☑
2. Nathalie a l'idée d'organiser une fête pour Jean-Marc.	☐	☑
3. Anne va acheter un gâteau.	☑	☐
4. Nathalie va apporter de la glace.	☐	☑
5. La fête est une surprise.	☑	☐
6. Nathalie va envoyer les invitations par e-mail.	☑	☐
7. La fête va avoir lieu (*take place*) dans le bureau d'Anne.	☐	☑
8. La maison d'Anne n'est pas belle.	☐	☑
9. Tout le monde va donner des idées pour le cadeau.	☑	☐
10. Les invités vont acheter le cadeau.	☐	☑

3 Associez Faites correspondre les mots et expressions de la colonne de gauche avec les définitions de la colonne de droite. Notez que tous les éléments ne sont pas utilisés. Ensuite (*Then*), avec un(e) partenaire, donnez votre propre définition de quatre expressions de la première colonne. Votre partenaire doit deviner (*must guess*) de quoi vous parlez.

b 1. la naissance
n/a 2. l'enfance
c 3. l'adolescence
n/a 4. l'âge adulte
e 5. tomber amoureux
a 6. un jour férié
g 7. le mariage
f 8. le divorce
h 9. prendre sa retraite
d 10. la mort

a. C'est une date importante, comme le 4 juillet aux États-Unis.
b. C'est la fin de l'étape prénatale.
c. C'est l'étape de la vie pendant laquelle (*during which*) on va au lycée.
d. C'est un événement très triste.
e. C'est soudain (*suddenly*) aimer une personne.
f. C'est le futur probable d'un couple qui se dispute (*fights*) tout le temps.
g. C'est un jour de bonheur et de célébration de l'amour.
h. C'est quand une personne décide de ne plus travailler.

le cadeau

💲 Practice more at **vhlcentral.com.**

1 Expansion
- For additional practice, give students these items. **9. la vieillesse, la jeunesse, la fête, l'âge adulte (la fête) 10. l'amour, le bonheur, l'amitié, la retraite (la retraite)**
- Have students create one or two additional items using at least three of the new vocabulary words in each one. Collect their papers and write some of the items on the board.

2 Script ANNE: Nathalie, je vais organiser une fête pour Jean-Marc. Il va prendre sa retraite dans un mois. Ça va être une surprise. Je vais acheter un gâteau.
NATHALIE: Oh, et moi, qu'est-ce que je fais pour aider, Anne? J'apporte des biscuits?
A: Oui, c'est une bonne idée. Il faut aussi trouver un cadeau original.
N: D'accord, mais je vais avoir besoin d'un peu de temps pour y penser.
A: Qu'est-ce qu'on fait pour les invités?
N: Pour faire une vraie surprise à Jean-Marc, il faut être discrètes. Je propose d'envoyer un e-mail à tout le monde. En plus, comme ça, c'est rapide.
A: Et qu'est-ce qu'on fait pour la décoration?
N: Pourquoi ne pas fêter sa retraite chez toi? Ta maison est belle, et on n'a pas besoin de beaucoup de décoration.
A: Oui, pourquoi pas! Maintenant, il ne reste plus qu'à trouver un cadeau. Pourquoi est-ce qu'on ne demande pas aux autres de donner des idées par e-mail?
N: Oui, et quel beau cadeau pour Jean-Marc si tout le monde participe et donne un peu d'argent!
(On Textbook Audio)

2 Suggestion Play the conversation again, stopping at the end of each sentence that contains the answer to one of these items. Have students verify true statements and correct the false ones.

3 Suggestion Have volunteers share their definitions with the class.

DIFFERENTIATION

For Visual Learners Write vocabulary words related to celebrations on index cards. On another set of cards, draw or paste pictures to match each term. Tape them face down on the board in random order. Divide the class into two teams. Then play a game of concentration, matching words with pictures. When a player has a match, his/her team collects those cards. When all the cards have been matched, the team with the most cards wins.

TEACHING OPTIONS

Opposites Say vocabulary words aloud and have students write or say opposite terms. Examples: **la jeunesse (la vieillesse), le divorce (le mariage), la naissance (la mort), séparé (ensemble),** and **enfant (adulte).**

4 Suggestions
- Go over the answers to the activity with the class before students write their own sentences.
- Ask volunteers to write their sentences on the board and have the class make corrections as needed.

5 Suggestion Have two volunteers read the **modèle** aloud. Then divide the class into pairs and distribute the Info Gap Handouts from the Activity Pack. Give students ten minutes to complete the activity.

6 Suggestion Tell students that they should plan the party first by answering the questions. Then they should use those answers to write the conversation discussing the details of the party.

6 Virtual Chat You can also assign Activity 6 on the Supersite. Students record individual responses that appear in your gradebook.

Communication

4 Le mot juste Complétez les phrases par le mot illustré. Faites les accords nécessaires. Ensuite (*Then*), avec un(e) partenaire, créez (*create*) une phrase pour laquelle (*for which*) vous illustrez trois mots de **CONTEXTES**. Échangez votre phrase avec celle d'un autre groupe et résolvez le rébus.

1. Caroline est une amie d' ___enfance___ . Je vais lui faire une ___surprise___ samedi. C'est son anniversaire.

2. Marc et Sophie sont inséparables. Ils sont toujours ___ensemble___ . C'est le bonheur et le grand ___amour___ .

3. Les ___invités___ aiment beaucoup les desserts: un ___gâteau___ au chocolat et des ___bonbons___ .

4. Les ___(jeunes) mariés___ ont beaucoup de ___cadeaux___ .

5. La ___naissance___ de ma sœur est un grand ___bonheur___ pour mes parents.

5 Sept différences Votre professeur va vous donner, à vous et à votre partenaire, deux feuilles d'activités différentes. À tour de rôle, posez-vous des questions pour trouver les sept différences entre les illustrations de l'anniversaire des jumeaux (*twins*) Boniface. Attention! Ne regardez pas la feuille de votre partenaire.

MODÈLE

Élève 1: *Sur mon image, il y a trois cadeaux. Combien de cadeaux y a-t-il sur ton image?*
Élève 2: *Sur mon image, il y a quatre cadeaux.*

6 C'est la fête! Vous venez de passer le bac, et vous allez organiser une fête! Avec un(e) partenaire, écrivez une conversation au sujet de la préparation de cette fête. N'oubliez pas de répondre aux questions suivantes. Ensuite (*Then*), jouez (*act out*) votre dialogue devant la classe. Answers will vary.

1. Quand allez-vous organiser la fête?
2. Qui vont être les invités?
3. Où la fête va-t-elle avoir lieu (*take place*)?
4. Qu'allez-vous manger? Qu'allez-vous boire?
5. Qui va apporter quoi?
6. Qui est responsable de la musique? De la décoration?
7. Qu'allez-vous faire pendant (*during*) la fête?
8. Qui va nettoyer après la fête?

TEACHING OPTIONS

Skits In groups of three or four, have students plan and perform a skit in which they depict a particular stage of life (youth, old age, etc.) or marital status (engaged, single, divorced). The rest of the class tries to guess which stage of life or marital status the skit represents.

EXPANSION

Vrai ou faux Have students write four or five true/false statements based on the illustration on pages 66–67. Then have them get together with a partner and take turns saying their statements and responding **C'est vrai** or **C'est faux**. Call on volunteers to correct the false statements, pointing out the changes on the digital image for pages 66–67.

Les sons et les lettres

 Audio: Explanation Record & Compare

🎧 **Open vs. closed vowels: Part 2**

The letter combinations **au** and **eau** are pronounced like the vowel sound in the English word *coat*, but without the glide heard in English. These are closed **o** sounds.

ch**au**d	**au**ssi	b**eau**coup	tabl**eau**

When the letter **o** is followed by a consonant sound, it is usually pronounced like the vowel in the English word *raw*. This is an open **o** sound.

h**o**mme	téléph**o**ne	**o**rdinateur	**o**range

When the letter **o** occurs as the last sound of a word or is followed by a **z** sound, such as a single **s** between two vowels, it is usually pronounced with the closed **o** sound.

tr**o**p	hér**o**s	r**o**se	ch**o**se

When the letter **o** has an **accent circonflexe**, it is usually pronounced with the closed **o** sound.

dr**ô**le	bient**ô**t	p**ô**le	c**ô**té

Prononcez Répétez les mots suivants à voix haute.

1. rôle
2. porte
3. dos
4. chaud
5. prose
6. gros
7. oiseau
8. encore
9. mauvais
10. nouveau
11. restaurant
12. bibliothèque

Articulez Répétez les phrases suivantes à voix haute.

1. En automne, on n'a pas trop chaud.
2. Aurélie a une bonne note en biologie.
3. Votre colocataire est d'origine japonaise?
4. Sophie aime beaucoup l'informatique et la psychologie.
5. Nos copains mangent au restaurant marocain aujourd'hui.
6. Comme cadeau, Robert et Corinne vont préparer un gâteau.

Dictons Répétez les dictons à voix haute.

La fortune vient en dormant.[2]

Tout nouveau, tout beau.[1]

[1] Shiny and new. [2] Fortune comes while you sleep.

ressources

vText

CE p. 144

vhlcentral.com Leçon 6A

soixante-neuf 69

Section Goals

In this section, students will learn more about open and closed vowels.

Key Standards

4.1

Student Resources
Cahier de l'élève, p. 144; Supersite: Activities, *eCahier*

Teacher Resources
Answer Keys; Audio Script; Textbook & Audio Activity MP3s/CD

Suggestions

• Model the pronunciation of each open and closed vowel sound. Have students watch the shape of your mouth, then repeat the sound after you. Pronounce each of the example words and have students repeat them.

• Remind students that **o** is sometimes nasalized when followed by a single **m** or **n**. Compare the following words: **bon, nom**, and **bonne, homme**.

• Ask students to provide more examples of words from this lesson or previous lessons with these vowel sounds. Examples: **cadeau, gâteau, hôte, octobre**, and **beau**.

• Dictate five familiar words containing the open and closed vowels presented here, repeating each one at least two times. Then write them on the board or on a transparency and have students check their spelling.

Dictons Ask students if they can think of sayings in English that are similar to «**La fortune vient en dormant.**» (*Good things come to those who wait. Patience is a virtue.*)

EXPANSION

Mini-dictée Use these sentences with open and closed vowel sounds for additional practice or dictation. **1. Octobre est en automne. 2. Est-ce qu'il fait mauvais aujourd'hui? 3. En août, il fait beau, mais il fait chaud. 4. Aurélie est aussi drôle que Paul.**

EXPANSION

Tongue Twister Teach students this French tongue-twister that contains a variety of vowel sounds. **Paul se pèle au pôle dans sa pile de pulls et polos pâles. Pas plus d'appel de la poule à l'Opel que d'opale dans la pelle à Paul.**

Les cadeaux Video: *Roman-photo* Record & Compare

PERSONNAGES

Amina

Astrid

Rachid

Sandrine

Valérie

Vendeuse

À l'appartement de Sandrine...
SANDRINE Allô, Pascal? Tu m'as téléphoné? Écoute, je suis très occupée, là. Je prépare un gâteau d'anniversaire pour Stéphane... Il a dix-huit ans aujourd'hui... On organise une fête surprise au P'tit Bistrot.

SANDRINE J'ai fait une mousse au chocolat, comme pour ton anniversaire. Stéphane adore ça! J'ai aussi préparé des biscuits que David aime bien.

SANDRINE Quoi? David!... Mais non, il n'est pas marié. C'est un bon copain, c'est tout!... Désolée, je n'ai pas le temps de discuter. À bientôt.

RACHID Écoute, Astrid. Il faut trouver un cadeau... un *vrai* cadeau d'anniversaire.
ASTRID Excusez-moi, Madame. Combien coûte cette montre, s'il vous plaît?
VENDEUSE Quarante euros.
ASTRID Que penses-tu de cette montre, Rachid?
RACHID Bonne idée.

VENDEUSE Je fais un paquet cadeau?
ASTRID Oui, merci.
RACHID Eh, Astrid, il faut y aller!
VENDEUSE Et voilà dix euros. Merci, Mademoiselle, bonne fin de journée.

Au café...
VALÉRIE Ah, vous voilà! Astrid, aide-nous avec les décorations, s'il te plaît. La fête commence à six heures. Sandrine a tout préparé.
ASTRID Quelle heure est-il? Zut, déjà? En tout cas, on a trouvé des cadeaux.
RACHID Je vais chercher Stéphane.

A C T I V I T É S

1 **Vrai ou faux?** Indiquez si ces (*these*) affirmations sont vraies ou fausses. Corrigez les phrases fausses.

1. Sandrine prépare un gâteau d'anniversaire pour Stéphane. Vrai.
2. Sandrine est désolée parce qu'elle n'a pas le temps de discuter avec Rachid. Faux. Elle n'a pas le temps de discuter avec Pascal.
3. Rachid ne comprend pas la blague. Vrai.
4. Pour aider Sandrine, Valérie va apporter les desserts. Vrai.

5. Rachid et Astrid trouvent un cadeau pour Valérie. Faux. Ils trouvent un cadeau pour Stéphane.
6. Rachid n'aime pas l'idée de la montre pour Stéphane. Faux. Rachid aime l'idée de la montre pour Stéphane.
7. La fête d'anniversaire pour Stéphane commence à huit heures. Faux. Elle commence à six heures.
8. Sandrine va chercher Stéphane. Faux. Rachid va chercher Stéphane.
9. Amina a apporté de la glace au chocolat. Vrai.
10. Les parents d'Amina vont passer l'été en France. Vrai.

 Practice more at **vhlcentral.com.**

TEACHING OPTIONS

Les préparatifs et les cadeaux Before viewing the video, have students brainstorm a list of words or expressions that someone might say when preparing for a party and discussing gifts. Write their ideas on the board.

TEACHING OPTIONS

Regarder la vidéo Show the video in three parts, pausing the video before each location change. Have students describe what happens in each place. Write their observations on the board. Then show the entire episode again without pausing and have the class fill in any missing details to summarize the plot.

Tout le monde prépare la surprise pour Stéphane.

VALÉRIE Oh là là! Tu as fait tout ça pour Stéphane?!
SANDRINE Oh, ce n'est pas grand-chose.
VALÉRIE Tu es un ange! Stéphane va bientôt arriver. Je t'aide à apporter ces desserts?
SANDRINE Oh, merci, c'est gentil.

Dans un magasin...

ASTRID Eh Rachid, j'ai eu une idée géniale... Des cadeaux parfaits pour Stéphane. Regarde! Ce matin, j'ai acheté cette calculatrice et ces livres.
RACHID Mais enfin, Astrid, Stéphane n'aime pas les livres.
ASTRID Oh, Rachid, tu ne comprends rien. C'est une blague.

AMINA Bonjour! Désolée, je suis en retard!
VALÉRIE Ce n'est pas grave. Tu es toute belle ce soir!

AMINA Vous trouvez? J'ai acheté ce cadeau pour Stéphane. Et j'ai apporté de la glace au chocolat aussi.
VALÉRIE Oh, merci! Il faut aider Astrid avec les décorations.
ASTRID Salut, Amina. Ça va?
AMINA Oui, super. Mes parents ont téléphoné du Sénégal ce matin! Ils vont passer l'été ici. C'est le bonheur!

Expressions utiles

Talking about celebrations

- **J'ai fait une mousse au chocolat, comme pour ton anniversaire.**
  I made a chocolate mousse, (just) like for your birthday.
- **J'ai aussi préparé des biscuits que David aime bien.**
  I have also prepared some cookies that David likes.
- **Je fais un paquet cadeau?**
  Shall I wrap the present?
- **En tout cas, on a trouvé des cadeaux.**
  In any case, we have found some presents.
- **Et j'ai apporté de la glace au chocolat.**
  And I brought some chocolate ice cream.

Talking about the past

- **Tu m'as téléphoné?**
  Did you call me?
- **Tu as fait tout ça pour Stéphane?!**
  You did all that for Stéphane?!
- **J'ai eu une idée géniale.**
  I had a great idea.
- **Sandrine a tout préparé.**
  Sandrine prepared everything.

Pointing out things

- **Je t'aide à apporter ces desserts?**
  Can I help you to carry these desserts?
- **J'ai acheté cette calculatrice et ces livres.**
  I bought this calculator and these books.
- **J'ai acheté ce cadeau pour Stéphane.**
  I bought this present for Stéphane.

Additional vocabulary

- **Ce n'est pas grave.**
  It's okay./No problem.
- **Tu ne comprends rien.**
  You don't understand a thing.
- **désolé(e)**
  sorry
- **discuter**
  to talk
- **zut**
  darn

---

2 Le bon mot Choisissez le bon mot entre **ce** (*m.*), **cette** (*f.*) et **ces** (*pl.*) pour compléter les phrases. Attention, les phrases ne sont pas identiques aux dialogues!

1. Je t'aide à apporter __ce__ gâteau?
2. Ce matin, j'ai acheté __ces__ calculatrices et __ce__ livre.
3. Rachid ne comprend pas __cette__ blague.
4. Combien coûtent __ces__ montres?
5. À quelle heure commence __cette__ classe?

3 Imaginez Avec un(e) partenaire, imaginez qu'Amina soit (*is*) dans un grand magasin et qu'elle téléphone à Valérie pour l'aider à choisir le cadeau idéal pour Stéphane. Amina propose plusieurs possibilités de cadeaux et Valérie donne son avis (*opinion*) sur chacune d'entre elles (*each of them*).

ressources

v̂Text

CE pp. 145–146

vhlcentral.com Leçon 6A

A C T I V I T É S

Expressions utiles
- Model the pronunciation of the **Expressions utiles** and have students repeat them.
- As you work through the list, point out forms of the **passé composé** and demonstrative adjectives. Tell students that these grammar structures will be formally presented in the **Structures** section.
- Respond briefly to questions about the **passé composé** and demonstrative adjectives. Reinforce correct forms, but do not expect students to produce them consistently at this time.
- Say some of the **Expressions utiles** and have students react to them. Examples: 1. J'ai eu une idée géniale! (Ah oui? Quelle est votre idée?) 2. Sandrine a tout préparé. (Oh, c'est gentil!)

1 Expansion For additional practice, give students these items. 11. **Sandrine prépare une mousse au chocolat. (Vrai.)** 12. **David n'aime pas les biscuits. (Faux. David aime les biscuits.)** 13. **Astrid achète une calculatrice pour Stéphane. (Vrai.)**

2 Suggestion Before beginning the activity, point out the gender of each demonstrative adjective given. Tell students that demonstrative adjectives must agree with the noun they modify just like articles and descriptive adjectives.

2 Expansion For additional practice, give students these items. 6. **Je t'aide à apporter _____ desserts? (ces)** 7. **Tu es très belle _____ soir. (ce)** 8. **Mes parents ont téléphoné du Sénégal _____ matin. (ce)**

3 Suggestion If time is limited, assign students the roles of Valérie or Amina and tell them to prepare for homework a list of possible questions or responses according to their role. Then allow partners a few minutes to work together before presenting their conversations.

EXPANSION

Les cadeaux Point out the question **Je fais un paquet cadeau?** Explain that many stores gift wrap items free of charge, especially small items. The wrapping is often a simple sack sealed with a small ribbon and a sticker, which usually bears the name of the store.

EXPANSION

L'étiquette Point out some basic etiquette regarding gifts in France. For example, if invited to eat at someone's house, one should not bring a dish to eat because the host or hostess most certainly will have planned the entire menu. Instead, choose candy or flowers.

Section Goals

In this section, students will:
• learn about **carnaval**
• learn to express congratulations and best wishes
• learn about festivals and holidays in various Francophone regions
• read about Bastille Day
• view authentic video footage

Key Standards
2.1, 2.2, 3.1, 3.2, 4.2

21ˢᵗ CENTURY SKILLS

Global Awareness
Students will gain perspectives on the Francophone world to develop respect and openness to others and to interact appropriately and effectively with citizens of Francophone cultures.

Student Resources
Cahier de l'élève, pp. 147–148;
Supersite: Activities,
eCahier
Teacher Resources
Answer Keys; Video Script & Translation; *Flash culture* video

Culture à la loupe
Avant la lecture Ask if anyone has attended **carnaval** or **Mardi gras** or seen TV news clips of these celebrations. Then ask students to share what they know about these celebrations.

Lecture
• The word **carnaval** is from the Italian *carnevale*, an alteration of the medieval Latin *carnelevare*, meaning *removal of meat*.
• Point out that the plural of **carnaval** is **carnavals**.

Après la lecture Ask students: **Où désirez-vous assister à une célébration: à Nice, à La Nouvelle-Orléans, à Québec ou à la Martinique? Pourquoi?**

1 Expansion For additional practice, give students these items. **11. Quel événement (*event*) est-ce qu'on fête au carnaval?** (la fin de l'hiver et l'arrivée du printemps) **12. Où est-ce qu'il fait très froid lors du (*during*) carnaval?** (à Québec) **13. Combien de défilés y a-t-il pendant le carnaval de La Nouvelle-Orléans?** (plus de 70).

Reading
Video: *Flash culture*

CULTURE À LA LOUPE

Le carnaval

Tous les ans, beaucoup de pays° et de régions francophones célèbrent le carnaval. Cette tradition est l'occasion de fêter la fin° de l'hiver et l'arrivée° du printemps. En général, la période de fête commence la semaine avant le Carême° et se termine° le jour du Mardi gras. Le carnaval demande très souvent des mois de préparation. La ville organise des défilés° de musique, de masques, de costumes et de chars fleuris°. La fête finit souvent par la crémation du roi° Carnaval, personnage de papier qui représente le carnaval et l'hiver.

Certaines villes et certaines régions sont réputées° pour leur carnaval: Nice, en France, la ville de Québec, au Canada, La Nouvelle-Orléans, aux États-Unis, et la Martinique. Chaque ville a ses traditions particulières. La ville de Nice, lieu du plus grand carnaval français, organise une grande bataille de fleurs° où des jeunes, sur des chars, envoient des milliers° de fleurs aux spectateurs. À Québec, le climat intense transforme le carnaval en une célébration de l'hiver. Le symbole

le roi du carnaval de Nice

officiel de la fête est le «Bonhomme» (de neige°) et les gens font du ski, de la pêche sous la glace° ou des courses de traîneaux à chiens°. À la Martinique, le carnaval continue jusqu'au° mercredi des Cendres°, à minuit: les gens, tout en noir et blanc°, regardent la crémation de Vaval, le roi Carnaval. Le carnaval de La Nouvelle-Orléans est célébré avec de nombreux bals° et défilés costumés. Ses couleurs officielles sont l'or°, le vert° et le violet.

pays *countries* **fin** *end* **arrivée** *arrival* **Carême** *Lent* **se termine** *ends* **défilés** *parades* **chars fleuris** *floats decorated with flowers* **roi** *king* **réputées** *famous* **bataille de fleurs** *flower battle* **milliers** *thousands* **«Bonhomme» (de neige)** *snowman* **pêche sous la glace** *ice-fishing* **courses de traîneaux à chiens** *dogsled races* **jusqu'au** *until* **mercredi des Cendres** *Ash Wednesday* **noir et blanc** *black and white* **bals** *balls (dances)* **or** *gold* **vert** *green* **reine** *queen* **a eu lieu** *took place* **pendant** *during*

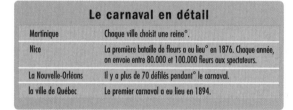

Le carnaval en détail

Martinique	Chaque ville choisit une reine°.
Nice	La première bataille de fleurs a eu lieu° en 1876. Chaque année, on envoie entre 80.000 et 100.000 fleurs aux spectateurs.
La Nouvelle-Orléans	Il y a plus de 70 défilés pendant° le carnaval.
la ville de Québec	Le premier carnaval a eu lieu en 1894.

A C T I V I T É S

1 **Compréhension** Répondez par des phrases complètes.

1. En général, quel est le dernier jour du carnaval?
   En général, le dernier jour du carnaval est le jour du Mardi gras.
2. Dans quelle ville des États-Unis est-ce qu'on célèbre le carnaval?
   On célèbre le carnaval à La Nouvelle-Orléans.
3. Où a lieu le plus grand carnaval français?
   Le plus grand carnaval français a lieu à Nice.
4. Qu'est-ce que les jeunes envoient aux spectateurs du carnaval de Nice?
   Les jeunes envoient des fleurs aux spectateurs.
5. Quel est le symbole officiel du carnaval de Québec?
   Le «Bonhomme» est le symbole officiel du carnaval de Québec.

6. Que fait-on pendant (*during*) le carnaval de Québec?
   On pratique des activités d'hiver pendant le carnaval de Québec.
7. Qu'est-ce qui est différent au carnaval de la Martinique?
   Il continue jusqu'au mercredi des Cendres.
8. Qui est Vaval?
   Vaval est le roi du carnaval à la Martinique.
9. Comment est-ce qu'on célèbre le carnaval à La Nouvelle-Orléans?
   On célèbre le carnaval à La Nouvelle-Orléans avec des bals et des défilés.
10. Quelles sont les couleurs officielles du carnaval de La Nouvelle-Orléans?
    Les couleurs officielles du carnaval de La Nouvelle-Orléans sont l'or, le vert et le violet.

72   *soixante-douze*

PRE-AP®

Presentational Speaking Have students work in groups of three. They should choose a country, research its **carnaval**, and create an Internet home page for next year's **carnaval** in that country. Tell them that the home page should include the dates, a list of events with short descriptions, and any other important or interesting information. Have students present their home pages to the class.

PRE-AP®

Interpersonal Speaking Working in pairs, have students write a conversation between two people who are trying to decide if they should go to the **carnaval** in Nice or in Quebec City. After they have finished, have volunteers act out their conversations for the class.

LE FRANÇAIS QUOTIDIEN

Les vœux

À votre santé!	To your health!
Bonne année!	Happy New Year!
Bravo! Félicitations!	Bravo! Congratulations!
Joyeuses fêtes!	Have a good holiday!
Meilleurs vœux!	Best wishes!
Santé!	Cheers!
Tous mes vœux de bonheur!	All the best!

LE MONDE FRANCOPHONE

Fêtes et festivals

Voici d'autres fêtes et festivals francophones.

En Côte d'Ivoire
La fête des Ignames (plusieurs dates) On célèbre la fin° de la récolte° des ignames°, une ressource très importante pour les Ivoiriens.

Au Maroc
La fête du Trône (le 30 juillet) Tout le pays honore le roi° avec des parades et des spectacles.

À la Martinique/À la Guadeloupe
La fête des Cuisinières (en août) Les femmes défilent° en costumes traditionnels et présentent des spécialités locales qu'elles ont préparées pour la fête.

Dans de nombreux pays
L'Aïd el-Fitr C'est la fête musulmane° de la rupture du jeûne° à la fin du Ramadan.

fin *end* récolte *harvest* ignames *yams* roi *king* défilent *parade*
musulmane *Muslim* jeûne *fast*

PORTRAIT

Le 14 juillet

Le 14 juillet 1789, sous le règne° de Louis XVI, les Français se sont rebellés contre° la monarchie et ont pris° la Bastille, une forteresse utilisée comme prison. Cette date est très importante dans l'histoire de France parce qu'elle représente le début de la Révolution. Le 14 juillet symbolise la fondation de la République française et a donc° été sélectionné comme date de la Fête

nationale. Tous les ans, il y a un grand défilé° militaire sur les Champs-Élysées, la plus grande° avenue parisienne. Partout° en France, les gens assistent à des défilés et à des fêtes dans les rues°. Le soir, il y a de nombreux bals populaires° où les Français dansent et célèbrent cette date historique. Le soir, on assiste aux feux d'artifices° traditionnels.

règne *reign* se sont rebellés contre *rebelled against*
ont pris *stormed* donc *therefore* défilé *parade* la plus
grande *the largest* Partout *Everywhere* rues *streets*
bals populaires *public dances* feux d'artifices *fireworks*

Sur Internet

Qu'est-ce que c'est, la fête des Rois?

Go to **vhlcentral.com** to find more cultural information related to this **Culture** section. Then watch the corresponding **Flash culture.**

---

2 **Les fêtes** Complétez les phrases.
1. Le 14 juillet 1789 est la date __du début de la Révolution française__
2. Aujourd'hui, le 14 juillet est la __Fête nationale de la République française__
3. En France, le soir du 14 juillet, il y a __des bals populaires et des feux d'artifices__
4. À plusieurs dates, les Ivoiriens fêtent __la fin de la récolte des ignames__
5. Au Maroc, il y a un festival au mois de __juillet__
6. Dans les pays musulmans, l'Aïd el-Fitr célèbre __la fin du Ramadan__
S Practice more at **vhlcentral.com.**

3 **Faisons la fête ensemble!** Vous êtes en vacances dans un pays francophone et vous invitez un(e) ami(e) à aller à une fête ou à un festival francophone avec vous. Expliquez à votre partenaire ce que vous allez faire. Votre partenaire va vous poser des questions.

ressources

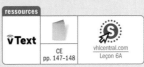

vText | CE pp. 147–148 | vhlcentral.com Leçon 6A

A C T I V I T É S

Le français quotidien
- Point out that the expression **«Tous mes vœux de bonheur!»** is used primarily at weddings. You might also teach the expression **Bonne chance!** (*Good luck!*)
- Have students identify whether they would use these expressions at **une fête d'anniversaire, une réception de mariage,** or **un anniversaire de mariage**.

Portrait If possible, bring in a photo of the Bastille. Then have students look at a map of Paris. Point out that the military parade begins at **Charles de Gaulle-Étoile** and ends at the **Place de la Concorde**. During the French Revolution, the **Place de la Concorde** was known as the **Place de la Révolution** because so many executions took place there, including the execution of Louis XVI on January 21, 1793.

Le monde francophone After students have read the text, have them work in pairs and take turns asking each other questions about the content. Examples: **Où célèbre-t-on la fête des Cuisinières? Comment les Marocains fêtent-ils la fête du Trône?**

2 **Expansion** For additional practice, give students these items. **7. La Bastille était** (*was*) **une forteresse utilisée comme _____ avant la Révolution.** (prison) **8. Le défilé militaire pour le 14 juillet a lieu sur _____.** (les Champs-Élysées)

3 **Suggestion** Before beginning the activity, have students choose a holiday or festival to discuss.

3 **Partner Chat** You can also assign Activity 3 on the Supersite. Students work in pairs to record the activity online. The pair's recorded conversation will appear in your gradebook.

Flash culture Tell students that they will learn more about French festivals and holiday celebrations by watching a variety of real-life images narrated by Benjamin. Show the video segment, and then have students jot down at least three examples of things they saw. You can also use the activities in the video manual in class to reinforce this **Flash culture** or assign them as homework.

EXPANSION

Cultural Comparison First, ask students: **Quel jour férié aux États-Unis correspond au 14 juillet en France?** (la fête de l'indépendance américaine, le 4 juillet) Then have them work in small groups and compare the two holidays. Tell them to make a list of the similarities (**Similitudes**) and differences (**Différences**) in French. Have groups read their lists to the class.

EXPANSION

Le 14 juillet Explain that a Bastille Day celebration would not be complete without a rendering of France's national anthem, *La Marseillaise*, composed by Claude-Joseph Rouget de Lisle in 1792. Bring the lyrics and a recording of the song for students to listen to. Alternatively, you can have students go to **www.marseillaise.org** to hear the song or read the lyrics.

73

6A.1

Demonstrative adjectives

S Presentation
Grammar Tutorial

Point de départ To identify or point out a noun with the French equivalent of *this/these* or *that/those*, use a demonstrative adjective before the noun. In French, the form of the demonstrative adjective depends on the gender and number of the noun that it goes with.

Demonstrative adjectives			
	singular		**plural**
	Before consonant	Before vowel sound	
masculine	**ce** café	**cet** éclair	**ces** cafés, **ces** éclairs
feminine	**cette** surprise	**cette** amie	**ces** surprises, **ces** amies

Ce copain organise une fête.
That friend is planning a party.

Cette glace est excellente.
This ice cream is excellent.

Cet hôpital est trop loin du centre-ville.
That hospital is too far from downtown.

Je préfère **ces** cadeaux.
I prefer those gifts.

Combien coûte cette montre?

J'ai ce cadeau pour Stéphane.

- Note that the forms of **ce** can refer to a noun that is near (*this/these*) or far (*that/those*). The meaning will usually be clear from context.

Ce dessert est délicieux.
This dessert is delicious.

Ils vont aimer **cette** surprise.
They're going to like this surprise.

Joël préfère **cet** éclair.
Joël prefers that éclair.

Ces glaçons sont pour la limonade.
Those ice cubes are for the lemon soda.

La maison Julien

Pour toutes ces occasions...

pour célébrer tout ce bonheur...

nous pensons à tous les détails.

Section Goals

In this section, students will learn:
- demonstrative adjectives
- to use **-ci** and **-là** to specify demonstratives

Key Standards

4.1, 5.1

Student Resources
Cahier de l'élève, pp. 149–151; Supersite: Activities, eCahier, Grammar Tutorials
Teacher Resources
Answer Keys; Audio Script; Audio Activity MP3s/CD; Testing program: Grammar Quiz

Suggestions

- Point to a book on your desk. Say: **Ce livre est sur mon bureau.** Point to a sheet of paper next to the book. Say: **Cette feuille de papier est à côté du livre.** Then point to an object in front of you and say: **Cet objet est devant moi.**
- Write **ce** and **cet** on the board. Point out that the masculine singular demonstrative adjective has two forms. Say the following words and have students give the demonstrative: **garçon, homme, biscuit, ordinateur, cadeau,** and **examen.**
- Point out that there is only one plural demonstrative adjective in French, regardless of gender: **ces.**
- Have students identify the demonstrative adjectives in the ad for **La maison Julien.** Ask them what type of store it is.

EXPANSION

Extra Practice Ask students to make a list of objects they have in their backpacks. They can consult the dictionary for any unknown vocabulary. Once they have completed their lists, ask them to take each object out of their backpacks and show it to the class identifying it with a demonstrative adjective and any additional description. Ex. **Ce livre, ici, est mon dictionnaire de français. Ce stylo est vert.**

DIFFERENTIATION

For Visual Learners In preparation for this activity, students will form groups of 4 and write descriptions of themselves. Then they will stand in pairs in front of the class, one pair at a different corner of the classroom. They will take turns describing their classmates using demonstrative adjectives and the expressions **ci** and **là** according to their location. Example: **Ce garçon-ci est américain. Cette fille-là a les cheveux roux.**

Suggestion

• Hold up pictures or point to objects, saying either the singular or plural demonstrative to describe each object. Have students give the opposite. Examples: **ces baguettes (cette baguette), ce stylo (ces stylos),** and **ces invités (cet invité).** Place a short pencil close to you and a long pencil far away. Say: **Ce crayon-ci est court. Ce crayon-là est long.** Continue with other objects until students grasp the concept.

Essayez! Have students create new sentences orally by changing the singular nouns to the plural or vice versa in items 1–5.

• To make it especially clear that you're referring to something near versus something far, add **-ci** or **-là**, respectively, to the noun following the demonstrative adjective.

ce couple-**ci**
this couple (here)

cette invitée-**là**
that guest (there)

ces biscuits-**ci**
these cookies (here)

ces fêtes-**là**
those parties (there)

• Use **-ci** and **-là** in the same sentence to contrast similar items.

On prend **cette glace-ci,** pas **cette glace-là.**
We'll have this ice cream, not that ice cream.

J'aime **ce** cadeau-**ci** mais je préfère **ce** cadeau-**là.**
I like this gift, but I prefer that gift.

Tu achètes **ce fromage-ci** ou **ce fromage-là**?
Are you buying this cheese or that cheese?

Nous achetons **ces** bonbons-ci et Isabelle achète **ce** gâteau-**là.**
We're buying these candies, and Isabelle is buying that cake.

J'aime bien **cette robe-ci**.
I like this dress.

Je n'aime pas **ces chaussures-là**.
I don't like those shoes.

Essayez!   Complétez les phrases avec la forme correcte de l'adjectif démonstratif.

1. ___Cette___ glace au chocolat est très bonne!
2. Qu'est-ce que tu penses de ___ce___ cadeau?
3. ___Cet___ homme-là est l'hôte de la fête.
4. Tu préfères ___ces___ biscuits-ci ou ___ces___ biscuits-là?
5. Vous aimez mieux ___ce___ dessert-ci ou ___ce___ dessert-là?
6. ___Cette___ année-ci, on va fêter l'anniversaire de mariage de nos parents en famille.
7. Tu achètes ___cet___ éclair-là.
8. Vous achetez ___cette___ montre?
9. ___Cette___ surprise va être géniale!
10. ___Cet___ invité-là est antipathique.
11. Ma mère fait ___ces___ gâteaux pour mon anniversaire.
12. ___Cette___ robe coûte 100 euros.
13. ___Cet___ exercice est très difficile pour les enfants.

EXPANSION

Video Show the video episode again and have students listen for the demonstrative adjectives. Tell them to write down each demonstrative adjective they hear and the noun it modifies. Then, have students check the Videoscript to see if they were correct.

TEACHING OPTIONS

Oral Practice Have students turn to **Contextes** on pages 66-67. Working in pairs, tell them to make comments about the people and items in the illustration using demonstrative adjectives. Examples: **Ces desserts-là ont l'air délicieux, n'est-ce pas? Oui, mais je préfère ce gâteau-ci.** Use the digital image for this page when giving examples.

1 Expansion For additional practice, give students these items. **9. Ces bonbons sont trop sucrés. 10. Ces chaussures sont noires. 11. J'ai besoin de ce glaçon.**

2 Suggestion Tell students to underline the nouns that will correspond to the demonstrative adjectives and identify their number and gender before they write the demonstrative adjective.

3 Suggestion Before beginning the activity, have students identify in French the items pictured.

Mise en pratique

1 Remplacez Remplacez les noms au singulier par des noms au pluriel et vice versa. Faites tous les autres changements nécessaires.

> **MODÈLE**
> J'aime mieux ce dessert.
> *J'aime mieux ces desserts.*

1. Ces glaces au chocolat sont délicieuses. Cette glace au chocolat est délicieuse.
2. Ce gâteau est énorme. Ces gâteaux sont énormes.
3. Ces biscuits ne sont pas bons. Ce biscuit n'est pas bon.
4. Ces invitées sont gentilles. Cette invitée est gentille.
5. Ces hôtes parlent japonais. Cet hôte parle japonais.
6. Cette fille est allemande. Ces filles sont allemandes.
7. Maman achète ces imperméables pour Julie. Maman achète cet imperméable pour Julie.
8. Ces bonbons sont délicieux. Ce bonbon est délicieux.

2 Monsieur Parfait Juste avant la fête, l'hôte fait le tour de la salle et donne son opinion. Complétez ce texte avec **ce, cette** ou **ces**.

Mmm! (1) ___Cette___ glace est parfaite. Ah! (2) ___Ces___ gâteaux sont magnifiques, (3) ___ces___ biscuits sont délicieux et j'adore (4) ___ces___ chocolats. Bah! (5) ___Ces___ bonbons sont originaux, mais pas très bons. Ouvrez (*Open*) (6) ___cette___ bouteille. (7) ___Ce___ café sur (8) ___cette___ table sent très bon. (9) ___Cette___ plante a besoin d'eau. (10) ___Ce___ tableau n'est pas droit (*straight*)! Oh là là! Arrangez (11) ___ces___ chaises autour de (*around*) (12) ___ces___ trois tables!

3 Magazine Vous regardez un vieux magazine. Complétez les phrases.

> **MODÈLE**
> *Ce cheval* est très grand.

1. Ce gâteau au chocolat et cette glace sont délicieux.

2. Cette fille aime beaucoup ces bonbons.

3. Ces jeunes mariés sont très heureux.

4. Cet homme va prendre sa retraite.

5. Ce couple ne sort plus (*no longer*) ensemble.

6. Ces enfants adorent le chocolat chaud!

7. Ce garçon est très méchant.

8. Cette plage est absolument super!

 Practice more at **vhlcentral.com**.

EXPANSION

Extra Practice Allow your students to give their opinions on their own classroom (in the same way Monsieur Parfait does in Activity 2 on this page). First they should write their opinions using demonstrative adjectives and then they will read them out loud to the class pointing out at the objects they are referring to. Example: **Ce tableau ici est joli. Cette carte-là est très vieille.**

DIFFERENTIATION

For Visual Learners Bring in magazine photos or illustrations showing people, animals, and objects and distribute them among small groups. Each group should prepare to describe their images to the class using demonstrative adjectives. Example: **Cette femme, ici, est grande. Ce cheval est beau.**

Communication

4 Comparez Avec un(e) partenaire, regardez les illustrations. À tour de rôle, comparez les personnages et les objets. Answers will vary.

> **MODÈLE**
>
> **Élève 1:** *Comment sont ces hommes?*
> **Élève 2:** *Cet homme-ci est petit et cet homme-là est grand.*

1.　　　　2.　　　　3.　　　　4.

5 Préférences Demandez à votre partenaire ses préférences, puis donnez votre opinion. Employez des adjectifs démonstratifs et présentez vos réponses à la classe. Answers will vary.

> **MODÈLE**
>
> **Élève 1:** *Quel film est-ce que tu aimes?*
> **Élève 2:** *J'aime bien Casablanca.*
> **Élève 1:** *Moi, je n'aime pas du tout ce vieux film.*

acteur/actrice	passe-temps
chanteur/chanteuse	restaurant
dessert	saison
film	sport
magasin	ville
?	?

6 Invitation Nathalie est au supermarché avec une amie. Elles organisent une fête, mais elles ne sont pas d'accord sur ce qu'elles vont acheter. Avec un(e) partenaire, jouez les rôles. Answers will vary.

> **MODÈLE**
>
> **Élève 1:** *On achète cette glace-ci?*
> **Élève 2:** *Je n'aime pas cette glace-ci. Je préfère cette glace-là!*
> **Élève 1:** *Mais cette glace-là coûte dix euros!*
> **Élève 2:** *D'accord! On prend cette glace-ci.*

7 Quelle fête! Vous êtes à la fête d'un(e) ami(e) et il y a des personnes célèbres (*famous*). Avec un(e) partenaire, faites une liste des célébrités présentes et puis parlez d'elles. Employez des adjectifs démonstratifs. Answers will vary.

> **MODÈLE**
>
> **Élève 1:** *Qui est cet homme-ci?*
> **Élève 2:** *Ça, c'est Justin Timberlake. Il est sympa, mais cet homme-là est vraiment génial.*
> **Élève 1:** *Oui, c'est...*

---

4 Suggestion Have two volunteers read the **modèle** aloud. Remind students to take turns asking and answering the questions.

4 Virtual Chat You can also assign Activity 4 on the Supersite. Students record individual responses that appear in your gradebook.

5 Suggestion Have two volunteers read the **modèle** aloud. Tell students to add at least two items of their own to the list.

6 Suggestion Before beginning the activity, have students brainstorm items they might buy for the party and write them on the board.

EXPANSION

Game Divide the class into two teams. Choose one team member at a time to go to the board, alternating between teams. Say a noun. The person at the board must write and say the noun with the correct demonstrative adjective. Example: **fille (cette fille)**. Give a point for each correct answer. The team with the most points at the end of the game wins.

EXPANSION

Extra Practice Hold up or point to various classroom objects. Tell students to write down all forms of demonstrative adjectives that could apply. Example: **chaise (cette chaise, ces chaises, cette chaise-ci, cette chaise-là, ces chaises-ci, ces chaises-là)**.

Section Goals

In this section, students will learn:
- the **passé composé** with **avoir**
- some irregular past participles

Key Standards

4.1, 5.1

Student Resources
Cahier de l'élève, pp. 152–154;
Supersite: Activities, *eCahier,*
Grammar Tutorials
Teacher Resources
Answer Keys; Audio Script;
Audio Activity MP3s/CD; Testing
program: Grammar Quiz

Suggestions

- Quickly review the present tense of **avoir**.
- Introduce the **passé composé** by describing what you did yesterday. Include adverbs commonly used to indicate past actions, such as **hier** and **hier soir**. Examples: **Hier, j'ai enseigné deux cours de français. Hier soir, j'ai téléphoné à un(e) ami(e) et j'ai écouté de la musique.** Each time you say a **passé composé** form write it on the board.
- Point out that the past participles of **-er** verbs are generally pronounced the same way as their respective infinitives.

6A.2

The *passé composé* with *avoir*

 Presentation Grammar Tutorial

Point de départ In order to talk about events in the past, French uses two principal tenses: the passé composé and the imperfect. In this lesson, you will learn how to form the passé composé, which is used to express actions or states completed in the past. You will learn about the imperfect in **Leçon 7B**.

- The passé composé is composed of two parts: the *auxiliary verb* (present tense of **avoir** or **être**) and the *past participle* of the main verb. Most verbs in French take **avoir** as the auxiliary verb in the passé composé.

  AUXILIARY PAST
  VERB PARTICIPLE
  Nous **avons fêté**.
  We celebrated / have celebrated.

- The past participle of a regular **-er** verb is formed by replacing the **-er** ending of the infinitive with **-é**.

infinitive		past participle
fêt**er**	▶	fêt**é**
oubli**er**		oubli**é**
cherch**er**		cherch**é**

- Most regular **-er** verbs are conjugated in the passé composé as shown below for the verb **parler**.

Boîte à outils

The **passé composé** has three English equivalents. Example: **Nous avons mangé.** = We ate. We did eat. We have eaten.

The *passé composé*			
j'ai parlé	I spoke/have spoken	nous avons parlé	we spoke/ have spoken
tu as parlé	you spoke/ have spoken	vous avez parlé	you spoke/ have spoken
il/elle/on a parlé	he/she/it/one spoke/ has spoken	ils/elles ont parlé	they spoke/ have spoken

Nous **avons parlé** à l'hôtesse.   J'**ai oublié** mes devoirs.
We spoke to the hostess.   *I forgot my homework.*

- To make a verb negative in the passé composé, place **ne/n'** and **pas** around the conjugated form of **avoir**.

  On **n'**a **pas** fêté mon anniversaire.   Elles **n'**ont **pas** acheté de biscuits hier?
  We didn't celebrate my birthday.   *They didn't buy any cookies yesterday?*

- To ask questions using inversion in the passé composé, invert the subject pronoun and the conjugated form of **avoir**. Note that this does not apply to other types of question formation.

  Avez-vous fêté votre anniversaire?   Est-ce qu'elles **ont acheté** des biscuits?
  Did you celebrate your birthday?   *Did they buy any cookies?*

  Luc **a-t-il** aimé son cadeau?   Est-ce que tu **as essayé** ce gâteau?
  Did Luc like his gift?   *Have you tried this cake?*

EXPANSION

Rapid Drill As a rapid-response drill, call out subject pronouns and have students respond with the correct form of **avoir**. Examples: **tu (as)** and **vous (avez)**. Then reverse the drill; say the forms of **avoir** and have students give the subject pronouns.

EXPANSION

Extra Practice Ask students to make a list of things they did yesterday using the **passé composé**. Encourage them to memorize their lists. Call out one student to tell the whole class what he or she did and another one to write the sentences on the board in the third person singular. Example: **Élève 1** says **J'ai fait mes devoirs**. **Élève 2** writes **Elle a fait ses devoirs.**

- The adverbs **hier** (*yesterday*) and **avant-hier** (*the day before yesterday*) are used often with the **passé composé**.

> Hier, Marie **a retrouvé** ses amis au stade.
> *Marie met her friends at the stadium yesterday.*

> Ses parents **ont téléphoné** avant-hier.
> *Her parents called the day before yesterday.*

- Place the adverbs **déjà**, **encore**, **bien**, **mal**, and **beaucoup** between the auxiliary verb or **pas** and the past participle.

> Tu as **déjà** mangé ta part de gâteau.
> *You already ate your piece of cake.*

> Elle n'a pas **encore** visité notre ville.
> *She hasn't visited our town yet.*

> Les filles ont **beaucoup** travaillé.
> *The girls worked a lot.*

> Je n'ai pas **bien** joué hier.
> *I didn't play well yesterday.*

- The past participles of spelling-change **-er** verbs have no spelling changes.

> Laurent a-t-il **acheté** le cadeau?
> *Did Laurent buy the gift?*

> Vous avez **envoyé** des bonbons.
> *You sent candy.*

- The past participle of most **-ir** verbs is formed by replacing the **-ir** ending with **-i**.

> Sylvie a **dormi** jusqu'à dix heures.
> *Sylvie slept until 10 o'clock.*

> Avez-vous **senti** ce bouquet?
> *Did you smell this bouquet?*

- The past participles of many common verbs are irregular. Learn these on a case-by-case basis.

Some irregular past participles

apprendre	appris	être	été
avoir	eu	faire	fait
boire	bu	pleuvoir	plu
comprendre	compris	prendre	pris
courir	couru	surprendre	surpris

> Nous avons **bu** de la limonade.
> *We drank lemonade.*

> Ils ont **été** très en retard.
> *They were very late.*

> A-t-il **plu** samedi?
> *Did it rain Saturday?*

> Mes sœurs ont **fait** un gâteau au chocolat.
> *My sisters made a chocolate cake.*

- The **passé composé** of **il faut** is **il a fallu**; that of **il y a** is **il y a eu**.

> **Il a fallu** passer par le supermarché.
> *It was necessary to stop by the supermarket.*

> **Il y a eu** deux fêtes hier soir.
> *There were two parties last night.*

Boîte à outils

Some verbs, like **aller**, **sortir**, and **tomber**, use **être** instead of **avoir** to form the **passé composé**. You will learn more about these verbs in **Leçon 7A**.

Essayez!　Indiquez les formes du passé composé des verbes.

1. j' _ai commencé, ai payé, ai bavardé_ (commencer, payer, bavarder)
2. tu _____ as servi, as compris, as donné _____ (servir, comprendre, donner)
3. on _____ a parlé, a eu, a dormi _____ (parler, avoir, dormir)
4. nous _____ avons adoré, avons fait, avons amené _____ (adorer, faire, amener)
5. vous _____ avez pris, avez employé, avez couru _____ (prendre, employer, courir)
6. elles _____ ont espéré, ont bu, ont appris _____ (espérer, boire, apprendre)
7. il _____ a eu, a regardé, a senti _____ (avoir, regarder, sentir)
8. vous _____ avez essayé, avez préféré, avez surpris _____ (essayer, préférer, surprendre)
9. ils _____ ont organisé, ont été, ont nettoyé _____ (organiser, être, nettoyer)

Suggestions
- Ask students some questions about their activities. Examples: **Avez-vous écouté de la musique hier? Avez-vous regardé la télé?** Ask other students about their classmates' activities. Examples: **Quelle musique est-ce que _____ a écouté hier soir? Qu'est-ce que _____ a regardé?**
- Call students' attention to the **Boîte à outils** on page 78. Point out that an example like **Vous avez envoyé des bonbons.** could be translated, depending on the context, as *You sent candy.*, *You did send candy.*, or *You have sent candy.*

Essayez! For additional practice, have students create complete sentences orally or in writing using the subjects and verbs given.

EXPANSION

Pairs Working in pairs, have students tell each other two things they did last week, two things their best friend did, and two things they did together. Then have each student get together with another classmate and report what the first person told him or her.

EXPANSION

Small Groups Divide the class into groups of five. Give each group a list of verbs, including some with irregular past participles. The first student chooses a verb from the list and gives the **je** form. The second student gives the **tu** form, and so on. Students work their way down the list, alternating who chooses the verb.

Mise en pratique

1 Qu'est-ce qu'ils ont fait? Laurent parle de son week-end en ville avec sa famille. Complétez ses phrases avec le **passé composé** du verbe correct.

1. Nous ___avons mangé___ (nager, manger) des escargots.
2. Papa ___a acheté___ (acheter, apprendre) une nouvelle montre.
3. J' ___ai pris___ (prendre, oublier) une glace à la terrasse d'un café.
4. Vous ___avez essayé___ (enseigner, essayer) un nouveau restaurant.
5. Mes parents ___ont célébré___ (dessiner, célébrer) leur anniversaire de mariage.
6. Ils ___ont fait___ (fréquenter, faire) une promenade.
7. Ma sœur ___a bu___ (boire, nettoyer) un chocolat chaud.
8. Le soir, nous ___avons eu___ (écouter, avoir) sommeil.

2 Pas encore Un copain pose des questions pénibles. Écrivez ses questions puis donnez des réponses négatives.

MODÈLE

inviter vos amis (vous)
Vous avez déjà invité vos amis? Non, nous n'avons pas encore invité nos amis.

1. écouter mon CD (tu) Tu as déjà écouté mon CD? Non, je n'ai pas encore écouté ton CD.
2. faire ses devoirs (Matthieu) Matthieu a déjà fait ses devoirs? Non, il n'a pas encore fait ses devoirs.
3. courir dans le parc (elles) Elles ont déjà couru dans le parc? Non, elles n'ont pas encore couru dans le parc.
4. parler aux profs (tu) Tu as déjà parlé aux profs? Non, je n'ai pas encore parlé aux profs.
5. apprendre les verbes irréguliers (André) André a déjà appris les verbes irréguliers? Non, il n'a pas encore appris les verbes irréguliers.
6. être à la piscine (Marie et Lise) Marie et Lise ont déjà été à la piscine? Non, elles n'ont pas encore été à la piscine.
7. emmener Yassim au cinéma (vous) Vous avez déjà emmené Yassim au cinéma? Non, nous n'avons pas encore emmené Yassim au cinéma.
8. avoir le temps d'étudier (tu) Tu as déjà eu le temps d'étudier? Non, je n'ai pas encore eu le temps d'étudier.

3 Vendredi soir Vous et votre partenaire avez assisté à une fête vendredi soir. Parlez de la fête à tour de rôle. Qu'est-ce que les invités ont fait? Quelle a été l'occasion? Answers will vary.

Practice more at **vhlcentral.com.**

Communication

4 **La semaine** À tour de rôle, assemblez les éléments des colonnes pour raconter (*to tell*) à votre partenaire ce que (*what*) tout le monde (*everyone*) a fait cette semaine. Answers will vary.

A	B	C
je	acheter	bonbons
Luc	apprendre	café
mon prof	boire	cartes
Sylvie	enseigner	l'espagnol
mes parents	étudier	famille
mes copains et moi	faire	foot
tu	jouer	glace
vous	manger	jogging
?	parler	les maths
	prendre	promenade
	regarder	vélo
	?	?

5 **L'été dernier** Vous avez passé l'été dernier avec deux amis, mais vos souvenirs (*memories*) diffèrent. Par groupes de trois, utilisez les expressions de la liste et imaginez le dialogue. Answers will vary.

MODÈLE

Élève 1: *Nous avons fait du cheval tous les matins.*
Élève 2: *Mais non! Moi, j'ai fait du cheval. Vous deux, vous avez fait du jogging.*
Élève 3: *Je n'ai pas fait de jogging. J'ai dormi!*

acheter	essayer	faire une promenade
courir	faire du cheval	jouer au foot
dormir	faire du jogging	jouer aux cartes
emmener	faire la fête	manger

6 **Qu'est-ce que tu as fait?** Avec un(e) partenaire, posez-vous les questions à tour de rôle. Ensuite, présentez vos réponses à la classe. Answers will vary.

1. As-tu fait la fête samedi dernier? Où? Avec qui?
2. Est-ce que tu as célébré une occasion importante cette année? Quelle occasion?
3. As-tu organisé une fête? Pour qui?
4. Qui est-ce que tu as invité à ta dernière fête?
5. Qu'est-ce que tu as fait pour fêter ton dernier anniversaire?
6. Est-ce que tu as préparé quelque chose à manger pour une fête ou un dîner? Quoi?

7 **Ma fête** Votre partenaire a organisé une fête le week-end dernier. Posez sept questions pour avoir plus de détails sur la fête. Ensuite, alternez les rôles. Answers will vary.

MODÈLE

Élève 1: *Pour qui est-ce que tu as organisé la fête samedi dernier?*
Élève 2: *Pour ma sœur.*

---

4 Suggestion Before beginning this activity, call on volunteers to give the past participles of verbs listed.

5 Suggestion Have three volunteers read the **modèle** aloud. Encourage students to be creative.

6 Suggestion Tell students to jot down notes on their partner's responses and to add two of their own questions to the list.

6 Virtual Chat You can also assign Activity 6 on the Supersite. Students record individual responses that appear in your gradebook.

7 Suggestion Have students brainstorm a list of questions before they begin the activity.

DIFFERENTIATION

For Kinesthetic Learners Working in groups of three, have students write three sentences in the **passé composé**, each with a different verb. After they have finished, have each group mime its sentences for the class. When someone guesses the mimed action, the group writes the sentence on the board.

EXPANSION

Extra Practice For homework, have students write a paragraph about what they did yesterday or last weekend. Then, in class, have them exchange papers with a classmate and peer edit each other's work.

Révision

Key Standards
1.1

Student Resources
Supersite: Activities,
eCahier
Teacher Resources
Answer Keys; Activity Pack;
Testing Program: Lesson Test
(Testing Program Audio MP3s/CD)

1 Suggestion Before beginning this activity, give students a few minutes to jot down some notes about the previous Thanksgiving.

2 Expansion Have a few volunteers report the common activities they and their partner did.

3 Suggestion Before beginning the activity, have students identify the items on the table.

4 Suggestion Distribute the **Feuilles d'activités** from the Activity Pack.

5 Suggestion Tell students that they can talk about a real or imaginary dinner. Encourage students to be creative.

5 Partner Chat You can also assign Activity 5 on the Supersite. Students work in pairs to record the activity online. The pair's recorded conversation will appear in your gradebook.

6 Suggestion Divide the class into pairs and distribute the Info Gap Handouts from the Activity Pack. Give students ten minutes to complete the activity.

---

1 **L'année dernière et cette année** Décrivez vos dernières fêtes de Thanksgiving à votre partenaire. Utilisez les verbes de la liste. Parlez aussi de vos projets (*plans*) pour le prochain Thanksgiving. *Answers will vary.*

MODÈLE

Élève 1: L'année dernière, nous avons fêté Thanksgiving chez mes grands-parents. Cette année, je vais manger au restaurant avec mes parents.

Élève 2: Moi, j'ai fait la fête avec mes amis l'année dernière. Cette année, je vais visiter New York avec ma sœur.

aller	donner	fêter	préparer
acheter	dormir	manger	regarder
boire	faire	prendre	téléphoner

2 **Ce musée, cette ville** Faites par écrit (*Write*) une liste de cinq lieux (villes, musées, restaurants, etc.) que vous avez visités. Avec un(e) partenaire, comparez vos listes. Utilisez des adjectifs démonstratifs dans vos phrases. *Answers will vary.*

MODÈLE

Élève 1: Ah, tu as visité Bruxelles. Moi aussi, j'ai visité cette ville. Elle est belle.

Élève 2: Tu as mangé au restaurant La Douce France. Je n'aime pas du tout ce restaurant!

3 **La fête** Vous et votre partenaire avez préparé une fête avec vos amis. Vous avez acheté des cadeaux, des boissons et des snacks. À tour de rôle, parlez de ce qu'il y a sur l'illustration. *Answers will vary.*

MODÈLE

Élève 1: J'aime bien ces biscuits-là.

Élève 2: Moi, j'ai apporté cette glace-ci.

4 **Enquête** Qu'est-ce que vos camarades ont fait de différent dans leur vie? Votre professeur va vous donner une feuille d'activités. Parlez à vos camarades pour trouver une personne différente pour chaque expérience, puis écrivez son nom. *Answers will vary.*

MODÈLE

Élève 1: As-tu parlé à un acteur?

Élève 2: Oui! Une fois, j'ai parlé à Bruce Willis!

Expérience	Noms
1. parler à un(e) acteur/actrice	Julien
2. passer une nuit entière sans dormir	
3. dépenser plus de $100 pour de la musique en une fois	
4. faire la fête un lundi soir	
5. courir cinq kilomètres ou plus	
6. faire une surprise à un(e) ami(e) pour son anniversaire	

5 **Conversez** Avec un(e) partenaire, imaginez une conversation entre deux ami(e)s qui ont mangé dans un restaurant le week-end dernier. À tour de rôle, racontez: *Answers will vary.*

- où ils ont mangé
- les thèmes de la conversation
- qui a parlé de quoi
- qui a payé
- la date du prochain dîner

6 **Magali fait la fête** Votre professeur va vous donner, à vous et à votre partenaire, deux feuilles d'activités différentes. Attention! Ne regardez pas la feuille de votre partenaire. *Answers will vary.*

MODÈLE

Élève 1: Magali a parlé avec un homme. Cet homme n'a pas l'air intéressant du tout!

Élève 2: Après, ...

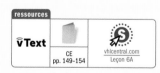

ressources

v Text   CE pp. 149-154   vhlcentral.com Leçon 6A

TEACHING OPTIONS

Narration Have students create a continuous narration about a person who had a very bad day. Begin the story by saying: **Hier, Robert a passé une très mauvaise journée.** Call on one student to continue the story by telling how Robert began his day. The second person tells what happened next. Students continue adding sentences until only one student remains. He or she must conclude the story.

EXPANSION

Using Lists Have students make a "to do" list (**à faire...**) at the beginning of their day. Then, tell students to review their list at the end of the day and write down which activities they completed and which ones they didn't complete. Example: **acheter de la nourriture: Non, je n'ai pas acheté de nourriture.**

 Video: TV Clip

La Poste

La Poste, le service postal belge, distribue tous les jours les cartes de vœux° (et le reste du courrier°) chez ses clients, comme la poste des États-Unis et celle (*the one*) du Canada. Pourtant°, en Belgique, La Poste offre aussi à ses clients une vaste gamme° de services pour la gestion° de leur argent. Par l'intermédiaire de° la Banque de La Poste, les Belges ont la possibilité d'ouvrir° des comptes° chèques et de posséder des cartes de crédit comme avec une banque traditionnelle. Il existe aussi des prêts° variés pour les grandes dépenses, comme des vacances ou même une maison. Tout ça à La Poste!

Envoyez vos cartes de voeux.

—Une bonne année commence toujours°...

—... par quelqu'un qui vous la souhaite°.

 Compréhension Répondez aux questions.   Some answers will vary.

1. Qui est l'homme dans la publicité (*ad*)? Comment est son année?
   C'est un jeune père. Il a beaucoup de chance cette année.
2. Que fête-t-il cette année?
   Il fête la naissance de son enfant. Il gagne un match de football et un gros contrat au bureau.
3. Pourquoi l'année commence-t-elle par la fin (*end*)?
   C'est pour indiquer que l'homme a eu de la chance toute l'année, parce que quelqu'un a envoyé une carte de vœux.

Discussion Avec un(e) partenaire, répondez aux questions et discutez.   Answers will vary.

1. Quelles sortes d'événements fêtez-vous? Comment?
2. Envoyez-vous des cartes de vœux? Quel effet ont-elles sur le/la destinataire (*recipient*)?

cartes de vœux *greeting cards* **courrier** *mail* **Pourtant** *However* **gamme** *range* **gestion** *management*
Par l'intermédiaire de *Through* **ouvrir** *to open* **comptes** *accounts* **prêts** *loans*
toujours *always* **par quelqu'un qui vous la souhaite** *with someone who wishes it for you*

 Practice more at **vhlcentral.com**.

Section Goals
In this section, students will:
• read about **La Poste**, the Belgian postal service
• watch a commercial for **La Poste**
• answer questions about the commercial and **La Poste**

Key Standards
1.2, 2.2, 4.2, 5.2

Student Resources
Supersite: Video, Activities
Teacher Resources
Video Script & Translation; Supersite: Video

Introduction
To check comprehension, ask these questions:
**1. Que fait La Poste belge comme les services postaux d'autres pays? (Elle distribue les cartes de vœux.)
2. Qu'offre-t-elle aussi à ses clients? (Elle offre des services pour la gestion de leur argent.)
3. Qu'existe-t-il pour les grandes dépenses? (Il existe des prêts variés.)**

PRE-AP®

Audiovisual Interpretive Communication Previewing Strategy
• Have students look at the video stills, read the captions, and predict what is happening in the commercial for each visual. **(1. Cet homme fête la naissance de son enfant. C'est le grand bonheur. 2. Il va avoir une très bonne année, parce qu'un ami a envoyé une carte de vœux.)**
• Before showing the video, explain to students that they do not need to understand every word they hear. Tell them to listen for the text in the captions and for any familiar words. They should also look out for scenes depicting this lesson's vocabulary.

Compréhension Have students work in pairs to write their answers. Then show the video again so that they can add any information they missed.

Discussion Ask students to share their partner's answers. Determine how many of the same special occasions they celebrate and which one is most common.

EXPANSION

Postal History Belgium has long played a key role in postal history. In the early sixteenth century, François de Tassis, whose ancestors had operated mail delivery services between Italian city states since the late thirteenth century, was appointed by the Holy Roman Emperor Maximilian I to run the first pan-European postal service. François de Tassis consequently moved his family to Brussels, where the operation was to be headquartered. Mail delivery now covered a vast expanse, from Belgium and the Low Countries to modern-day France and Germany, reaching as far south as Spain and Naples. The logo of the Belgian postal service depicts the horn traditionally blown by mail carriers along the extensive routes to announce the arrival or departure of the mail.

You will learn how to...
- describe clothing
- offer and accept gifts

Audio: Vocabulary Practice
My Vocabulary

Très chic!

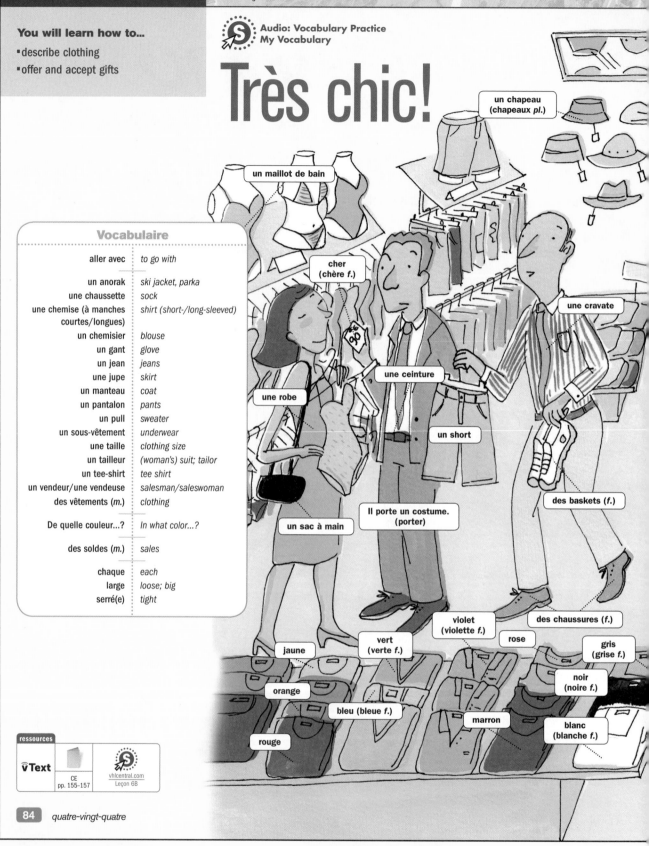

Vocabulaire	
aller avec	to go with
un anorak	ski jacket, parka
une chaussette	sock
une chemise (à manches courtes/longues)	shirt (short-/long-sleeved)
un chemisier	blouse
un gant	glove
un jean	jeans
une jupe	skirt
un manteau	coat
un pantalon	pants
un pull	sweater
un sous-vêtement	underwear
une taille	clothing size
un tailleur	(woman's) suit; tailor
un tee-shirt	tee shirt
un vendeur/une vendeuse	salesman/saleswoman
des vêtements (m.)	clothing
De quelle couleur...?	In what color...?
des soldes (m.)	sales
chaque	each
large	loose; big
serré(e)	tight

un chapeau (chapeaux *pl.*)

un maillot de bain

cher (chère *f.*)

une cravate

une ceinture

une robe

un short

des baskets (*f.*)

un sac à main

Il porte un costume. (porter)

des chaussures (*f.*)

violet (violette *f.*)

rose

gris (grise *f.*)

vert (verte *f.*)

jaune

noir (noire *f.*)

orange

bleu (bleue *f.*)

marron

blanc (blanche *f.*)

rouge

ressources

vText

CE
pp. 155–157

vhlcentral.com
Leçon 6B

Mise en pratique

1 **Les vêtements** Choisissez le mot qui ne va pas avec les autres.

1. des baskets, une cravate, une chaussure
2. un jean, un pantalon, une jupe
3. un tailleur, un costume, un short
4. des lunettes, un chemisier, une chemise
5. un tee-shirt, un pull, un anorak
6. une casquette, une ceinture, un chapeau
7. un sous-vêtement, une chaussette, un sac à main
8. une jupe, une robe, une écharpe

2 **Écoutez** 🎧 Guillaume prépare ses vacances d'hiver (*winter vacation*). Indiquez quels vêtements il va acheter pour son voyage.

		Oui	Non
1.	des baskets	☑	☐
2.	un maillot de bain	☐	☑
3.	des chemises	☐	☑
4.	un pantalon noir	☑	☐
5.	un manteau	☑	☐
6.	un anorak	☐	☑
7.	un jean	☑	☐
8.	un short	☐	☑
9.	un pull	☐	☑
10.	une robe	☐	☑

Guillaume

3 **De quelle couleur?** Indiquez de quelle(s) couleur(s) sont ces choses.

MODÈLE

l'océan
Il est bleu.
la statue de la Liberté
Elle est verte.

1. le drapeau français ___Il est bleu, blanc et rouge.___
2. les dollars américains ___Ils sont verts.___
3. les pommes (*apples*) ___Answers will vary. Elles sont rouges, vertes ou jaunes.___
4. le soleil ___Il est jaune.___
5. la nuit ___Elle est noire.___
6. le zèbre ___Il est blanc et noir.___
7. la neige ___Elle est blanche.___
8. les oranges ___Elles sont orange.___
9. le café ___Il est marron ou noir.___
10. les bananes ___Elles sont jaunes.___

Ⓢ Practice more at **vhlcentral.com**.

des lunettes (de soleil) (f.)

une casquette

une écharpe

un blouson

bon marché

---

1 Expansion

• For additional practice, give students these items. **9. un sac à main, une ceinture, une robe (une robe) 10. un pull, un gant, un tee-shirt (un gant) 11. un pantalon, un blouson, un anorak (un pantalon) 12. des chaussettes, des baskets, un chapeau (un chapeau)**

• Have students create one or two additional items using at least three new vocabulary words in each one. Collect their papers and write some of the items on the board.

2 Script Bonjour! Je m'appelle Guillaume. Je vais aller en Suisse pour mes vacances d'hiver. J'ai besoin d'acheter un manteau parce qu'il va faire froid. J'ai déjà acheté un pull gris. J'ai aussi un bel anorak bleu qui est un peu vieux, mais chaud. Pour faire des randonnées, j'ai besoin d'un jean et de nouvelles baskets. Pour aller en boîte, je vais acheter un pantalon noir qui va aller avec toutes mes chemises: j'ai des chemises de toutes les couleurs, des chemises à manches longues, à manches courtes. Bien sûr, je ne vais pas avoir besoin d'un short parce qu'il ne va pas faire chaud.
(On Textbook Audio)

2 Expansion Play the recording again. Ask students why Guillaume is not going to buy the items marked **Non**. Example: **Pourquoi Guillaume ne va-t-il pas acheter un maillot de bain? (parce qu'il va faire froid en Suisse)**

3 Expansion

• Point out items in the classroom and have students tell what color they are. Examples: **le tableau, ce sac à dos,** and **mon stylo.**

• Have students name items of various colors. Example: **Nommez (*Name*) quelque chose de rouge. (le chemisier de _____)**

DIFFERENTIATION

For Kinesthetic Learners Play a game of **Jacques a dit** (*Simon says*). Write **asseyez-vous** and **levez-vous** on the board and model them by sitting and standing as you say them. Start by saying: **Jacques a dit: Si vous portez un jean noir, levez-vous.** Students wearing black jeans stand up and remain standing until further instruction. Work through various items of clothing. Give instructions without saying **Jacques a dit…** once in a while.

TEACHING OPTIONS

Vacations Divide the class into small groups. Assign each group a season and a vacation destination. Have groups brainstorm a list of items to pack and write a brief explanation for each item. You might want to have groups write two lists, one for a female traveler and one for a male.

4 Suggestion Tell students to write their descriptions. Then have volunteers write a description on the board for each picture.

4 Expansion Have students describe what they are wearing in detail, including accessories and colors of each item.

5 Suggestion Remind students to include greetings and other polite expressions in their role-plays. Have volunteers perform their role-plays for the rest of the class.

6 Expansion Take a quick class survey to find out students' clothing preferences. Tally the results on the board.

6 Virtual Chat You can also assign Activity 6 on the Supersite. Students record individual responses that appear in your gradebook.

7 Suggestion Have a volunteer read the **modèle** aloud.

21ˢᵗ CENTURY SKILLS

Technology Literacy
As a variant to Activity 7, ask students to prepare a digital presentation of their fashion show.

Communication

4 **Qu'est-ce qu'ils portent?** Avec un(e) camarade de classe, regardez les images et à tour de rôle, décrivez ce que les personnages portent. Answers will vary.

MODÈLE
Elle porte un maillot de bain rouge.

1.   2.   3.   4.

5 **On fait du shopping** Choisissez deux partenaires et préparez une conversation. Deux client(e)s et un vendeur/une vendeuse sont dans un grand magasin; les client(e)s sont invité(e)s à un événement très chic, mais ils ou elles ne veulent pas (*don't want*) dépenser beaucoup d'argent. Answers will vary.

Client(e)s
- Décrivez l'événement auquel (*to which*) vous êtes invité(e)s.
- Parlez des vêtements que vous cherchez, de vos couleurs préférées, de votre taille. Trouvez-vous le vêtement trop large, trop serré, etc.?
- Demandez les prix et dites si vous trouvez que c'est cher, bon marché, etc.

Vendeur/Vendeuse
- Demandez les tailles, préférences, etc. des client(e)s.
- Répondez à toutes les questions de vos client(e)s.
- Suggérez des vêtements appropriés.

> **Coup de main**
>
> To compare French and American sizes, see the chart on p. 90.

6 **Conversez** Interviewez un(e) camarade de classe. Answers will vary.
1. Qu'est-ce que tu portes l'hiver? Et l'été?
2. Qu'est-ce que tu portes pour aller au lycée?
3. Qu'est-ce que tu portes pour aller à la plage (*beach*)?
4. Qu'est-ce que tu portes pour faire une randonnée?
5. Qu'est-ce que tu portes pour aller en ville?
6. Qu'est-ce que tu portes quand il pleut?
7. Quelle est ta couleur préférée? Pourquoi?
8. Qu'est-ce que tu portes pour aller dans un restaurant très élégant?
9. Où est-ce que tu achètes tes vêtements? Pourquoi?
10. Est-ce que tu prêtes (*lend*) tes vêtements à tes ami(e)s?

7 **Défilé de mode** Votre classe a organisé un défilé de mode (*fashion show*). Votre partenaire est mannequin (*model*) et vous représentez la marque (*brand*) de vêtements. Pendant que votre partenaire défile, vous décrivez à la classe les vêtements qu'il ou elle porte. Après, échangez les rôles. Answers will vary.

MODÈLE
Et voici la charmante Julie, qui porte les modèles de la dernière collection H&M®: une chemise à manches courtes et un pantalon noir, ensemble idéal pour sortir le soir. Ses chaussures blanches vont parfaitement avec l'ensemble. Cette collection H&M est très à la mode et très bon marché.

PRE-AP®

Presentational Writing Have students write a paragraph about a real or imaginary vacation they plan to take and the clothing they will take with them. Tell them to include what kind of weather they expect at their destination and any weather-specific clothing they will need. Ask volunteers to share their paragraphs with the class.

EXPANSION

Writing Practice Have students write descriptions of an article of clothing or a complete outfit that best describes them without indicating who they are. Collect the papers and read the descriptions aloud. The rest of the class has to guess who wrote each one.

Les sons et les lettres

Audio: Explanation Record & Compare

🎧 **Open vs. closed vowels: Part 3**

The letter combination **eu** can be pronounced two different ways, open and closed. Compare the pronunciation of the vowel sounds in these words.

chev**eu**x	nev**eu**	h**eu**re	meill**eu**r

When **eu** is followed by a pronounced consonant, it has an open sound. The open **eu** sound does not exist in English. To pronounce it, say **è** with your lips only slightly rounded.

p**eu**r	j**eu**ne	chant**eu**r	b**eu**rre

The letter combination **œu** is usually pronounced with an open **eu** sound.

s**œu**r	b**œu**f	**œu**f	ch**œu**r

When **eu** is the last sound of a syllable, it has a closed vowel sound, similar to the vowel sound in the English word *full*. While this exact sound does not exist in English, you can make the closed **eu** sound by saying **é** with your lips rounded.

d**eu**x	bl**eu**	p**eu**	mi**eu**x

When **eu** is followed by a *z* sound, such as a single **s** between two vowels, it is usually pronounced with the closed **eu** sound.

chant**eu**se	génér**eu**se	séri**eu**se	curi**eu**se

🔊 **Prononcez** Répétez les mots suivants à voix haute.

1. leur
2. veuve
3. neuf
4. vieux
5. curieux
6. acteur
7. monsieur
8. coiffeuse
9. ordinateur
10. tailleur
11. vendeuse
12. couleur

🔊 **Articulez** Répétez les phrases suivantes à voix haute.

1. Le professeur Heudier a soixante-deux ans.
2. Est-ce que Matthieu est jeune ou vieux?
3. Monsieur Eustache est un chanteur fabuleux.
4. Eugène a les yeux bleus et les cheveux bruns.

🔊 **Dictons** Répétez les dictons à voix haute.

> *Qui vole un œuf, vole un bœuf.*[1]

> *Les conseilleurs ne sont pas les payeurs.*[2]

[1] He who steals an egg would steal an ox. [2] Those who give advice are not the ones who pay the price.

ressources

vText

CE p. 158

vhlcentral.com Leçon 6B

quatre-vingt-sept **87**

Section Goals

In this section, students will learn about additional open and closed vowel sounds.

Key Standards

4.1

Student Resources
Cahier de l'élève, p. 158; Supersite: Activities, *eCahier*

Teacher Resources
Answer Keys; Audio Script; Textbook & Audio Activity MP3s/CD

Suggestions

- Model the pronunciation of each open and closed vowel sound. Have students watch the shape of your mouth, then repeat each sound after you. Pronounce each of the example words and have students repeat them.
- Point out that the letters **o** and **e** together are usually written as the single character **œ**.
- Ask students to provide more examples of words from this lesson or previous lessons with these vowel sounds. Examples: **tailleur, vendeuse, ordinateur, feuille,** and **chanteuse.**
- Dictate five familiar words containing the open and closed vowels presented in this section to the class, repeating each one at least two times. Then write them on the board or on a transparency and have students check their spelling.

Dictons Ask students to explain the two sayings in their own words.

Mini-dictée Use these sentences with open and closed vowel sounds for additional practice or dictation. **1. Elle a deux ordinateurs neufs. 2. Ma sœur est jeune et sérieuse. 3. J'aime mieux être coiffeur ou ingénieur. 4. Tu veux ce vieux tailleur?**

Tongue Twisters Teach students these French tongue-twisters that contain the open and closed vowel sounds on this page. **Pépé paie peu, mémé m'émeut. Je veux un feutre bleu.**

L'anniversaire

 Video: *Roman-photo*
Record & Compare

Section Goals

In this section, students will learn functional phrases for talking about clothing and gifts through comprehensible input.

Key Standards

1.2, 2.1, 2.2, 4.1, 4.2

Student Resources
Cahier de l'élève, pp. 159–160;
Supersite: Activities,
eCahier

Teacher Resources
Answer Keys; Video Script & Translation; *Roman-photo* video

Video Recap: Leçon 6A
Before doing this **Roman-photo**, review the previous one with this activity.

1. Qu'est-ce que Sandrine a préparé pour l'anniversaire de Stéphane? (les desserts: une mousse au chocolat, des biscuits et un gâteau)

2. Qu'est-ce que Rachid et Astrid ont acheté comme cadeaux? (une calculatrice, des livres et une montre)

3. Qui a fait la décoration au café? (Astrid, Valérie et Amina)

4. Qu'est-ce qu'Amina a apporté à la fête? (un cadeau et de la glace au chocolat)

Video Synopsis Stéphane arrives at his surprise party. Sandrine explains that David is in Paris with his parents. Sandrine admires Amina's outfit, and Stéphane opens his presents. Valérie gives him a leather jacket and gloves. When he opens the books and calculator from Rachid and Astrid, he tries to act pleased. Then he realizes they were gag gifts when he sees the watch.

Suggestions

• Have students read the title, glance at the video stills, and predict what the episode will be about. Record their predictions.

• Have students read the **Roman-photo** conversation in groups of six.

• Have students scan the captions for vocabulary related to clothing and colors.

• Review students' predictions and ask them which ones were correct.

PERSONNAGES

Amina

Astrid

Rachid

Sandrine

Stéphane

Valérie

Au café...

VALÉRIE, SANDRINE, AMINA, ASTRID ET RACHID Surprise! Joyeux anniversaire, Stéphane!
STÉPHANE Alors là, je suis agréablement surpris!
VALÉRIE Bon anniversaire, mon chéri!
SANDRINE On a organisé cette surprise ensemble...

VALÉRIE Pas du tout! C'est Sandrine qui a presque tout préparé.
SANDRINE Oh, je n'ai fait que les desserts et ton gâteau d'anniversaire.
STÉPHANE Tu es un ange.
RACHID Bon anniversaire, Stéphane. Tu sais, à ton âge, il ne faut pas perdre son temps. Alors cette année, tu travailles sérieusement, c'est promis?
STÉPHANE Oui, oui.

AMINA Rachid a raison. Dix-huit ans, c'est une étape importante dans la vie! Il faut fêter ça.
ASTRID Joyeux anniversaire, Stéphane.
STÉPHANE Oh, et en plus, vous m'avez apporté des cadeaux!

AMINA Oui. J'ai tout fait moi-même: ce tee-shirt, cette jupe et j'ai acheté ces chaussures.
SANDRINE Tu es une véritable artiste, Amina! Ta jupe est très originale! J'adore!
AMINA J'ai une idée. Tu me prêtes ta robe grise samedi et je te prête ma jupe. D'accord?
SANDRINE Bonne idée!

STÉPHANE Eh! C'est super cool, ce blouson en cuir noir. Avec des gants en plus! Merci, maman!
AMINA Ces gants vont très bien avec le blouson! Très à la mode!
STÉPHANE Tu trouves?

RACHID Tiens, Stéphane.
STÉPHANE Mais qu'est-ce que c'est? Des livres?
RACHID Oui, la littérature, c'est important pour la culture générale!
VALÉRIE Tu as raison, Rachid.
STÉPHANE Euh oui... euh... c'est gentil... euh... merci, Rachid.

A C T I V I T É S

1 Vrai ou faux? Indiquez si ces affirmations sont **vraies** ou **fausses**. Corrigez les phrases fausses.

1. David ne veut pas (*doesn't want*) aller à la fête.
   Faux. David est désolé de ne pas être là.
2. Sandrine porte une jupe bleue.
   Faux. Sandrine porte une robe grise.
3. Amina a fait sa jupe elle-même (*herself*).
   Vrai.
4. Le tee-shirt d'Amina est en soie.
   Vrai.
5. Valérie donne un blouson en cuir et une ceinture à Stéphane.
   Faux. Valérie donne un blouson en cuir et des gants à Stéphane.

6. Sandrine n'aime pas partager ses vêtements.
   Faux. Sandrine va prêter sa robe à Amina.
7. Pour Amina, 18 ans, c'est une étape importante.
   Vrai.
8. Sandrine n'a rien fait (*didn't do anything*) pour la fête.
   Faux. Sandrine a fait le gâteau et les desserts.
9. Rachid donne des livres de littérature à Stéphane.
   Vrai.
10. Stéphane pense que ses amis sont drôles.
    Faux. Stéphane pense que ses amis ne sont pas drôles.

 Practice more at **vhlcentral.com.**

TEACHING OPTIONS

L'anniversaire Before viewing the video, have students work in pairs and make a list of words and expressions they might hear at a surprise birthday party.

TEACHING OPTIONS

Regarder la vidéo Show the video episode and tell students to check off the words or expressions they hear on their lists. Then show the episode again and have students give you a play-by-play description of the action. Write their descriptions on the board.

Les amis fêtent l'anniversaire de Stéphane.

SANDRINE Ah au fait, David est désolé de ne pas être là. Ce week-end, il visite Paris avec ses parents. Mais il pense à toi.
STÉPHANE Je comprends tout à fait. Les parents de David sont de Washington, n'est-ce pas?
SANDRINE Oui, c'est ça.

AMINA Merci, Sandrine. Je trouve que tu es très élégante dans cette robe grise! La couleur te va très bien.
SANDRINE Vraiment? Et toi, tu es très chic. C'est du coton?
AMINA Non, de la soie.
SANDRINE Cet ensemble, c'est une de tes créations, n'est-ce pas?

STÉPHANE Une calculatrice rose... pour moi?
ASTRID Oui, c'est pour t'aider à répondre à toutes les questions en maths, et avec le sourire.
STÉPHANE Euh, merci beaucoup! C'est très... utile.
ASTRID Attends! Il y a encore un cadeau pour toi...

STÉPHANE Ouah, cette montre est géniale, merci!
ASTRID Tu as aimé notre petite blague? Nous, on a bien ri.
RACHID Eh Stéphane! Tu as vraiment aimé tes livres et ta calculatrice?
STÉPHANE Ouais, vous deux, ce que vous êtes drôles.

Expressions utiles

Talking about your clothes

- **Et toi, tu es très chic. C'est du coton/ de la soie?**
  And you, you are very chic. Is it cotton/silk?
- **J'ai tout fait moi-même.**
  I did/made everything myself.
- **La couleur te va très bien.**
  The color suits you well.
- **Tu es une véritable artiste! Ta jupe est très originale!**
  You are a true artist! Your skirt is very original!
- **Tu me prêtes ta robe grise samedi et je te prête ma jupe.**
  You lend me your gray dress Saturday and I'll lend you my skirt.
- **C'est super cool, ce blouson en cuir/laine/ velours noir(e). Avec des gants en plus!**
  It's really cool, this black leather/wool/velvet jacket. With gloves as well!

Additional vocabulary

- **Vous m'avez apporté des cadeaux!**
  You brought me gifts!
- **Tu sais, à ton âge, il ne faut pas perdre son temps.**
  You know, at your age, one should not waste time.
- **C'est pour t'aider à répondre à toutes les questions en maths, et avec le sourire.**
  It's to help you answer all the questions in math, with a smile.

- **agréablement surpris(e)**
  pleasantly surprised
- **C'est promis?**
  Promise?
- **Il pense à toi.**
  He's thinking of you.
- **tout à fait**
  absolutely
- **Vraiment?**
  Really?

- **véritable**
  true, genuine
- **Pour moi?**
  For me?
- **Attends!**
  Wait!
- **On a bien ri.**
  We had a good laugh.

Expressions utiles
- Model the pronunciation of the **Expressions utiles** and have students repeat them.
- As you work through the list, point out expressions with indirect object pronouns, disjunctive pronouns, and **-re** verbs. Tell students that these grammar structures will be formally presented in **Structures**.
- Respond briefly to questions about indirect object pronouns and **-re** verbs. Reinforce correct forms, but do not expect students to produce them consistently at this time.
- Point out that the pronouns **tu**, **te**, and **toi** all mean *you*, but they cannot be used interchangeably because they are different parts of speech.
- To practice different fabrics and other materials, ask students yes/no and either/or questions about their clothing. Examples: **____, votre chemisier, c'est du coton ou de la soie? ____, votre blouson, c'est du cuir ou de la laine? Avez-vous des gants en cuir noir?**

1 Suggestion Have students write their corrections for false statements on the board.

1 Expansion For additional practice, give students these items. **11. Stéphane n'est pas content de la fête. (Faux.) 12. David est à Paris avec ses parents. (Vrai.) 13. Sandrine aime bien la jupe d'Amina. (Vrai.) 14. Stéphane n'aime pas la montre. (Faux.)**

2 Expansion In addition to identifying the speaker, have students give the name of the person to whom each one is speaking. **1. Amina 2. Stéphane 3. Stéphane 4. Sandrine 5. Stéphane 6. Stéphane**

3 Suggestion Tell students to use an idea map or outline to plan their conversation before they begin to write it.

2 Identifiez Indiquez qui a dit (*said*) ces phrases: Amina (**A**), Astrid (**As**), Rachid (**R**), Sandrine (**S**), Stéphane (**St**) ou Valérie (**V**).

_S_ 1. Tu es une véritable artiste.
_As_ 2. On a bien ri.
_A_ 3. Très à la mode.
_St_ 4. Je comprends tout à fait.
_V_ 5. C'est Sandrine qui a presque tout préparé.
_R_ 6. C'est promis?

3 À vous! Ce sont les soldes. Sandrine, David et Amina vont dans un magasin pour acheter des vêtements. Ils essaient différentes choses, donnent leur avis (*opinion*) et parlent de leurs préférences, des prix et des matières (*fabrics*). Avec un(e) partenaire, écrivez la conversation et jouez la scène devant la classe.

ressources

v̂Text

CE
pp. 159–160

vhlcentral.com
Leçon 6B

A C T I V I T É S

TEACHING OPTIONS

Using Games Divide the class into two teams. Give one team member a card with the name of an item of clothing or an accessory. This person has 30 seconds to draw the item and one player on his or her team has to guess what it is. Give a point for each correct answer. If a player cannot guess the item within the time limit, the next player on the opposing team may "steal" the point.

EXPANSION

Magazines Bring in photos from French fashion magazines or catalogues, such as *3 Suisses* or *La Redoute*, and have students give their opinions about the clothing and accessories.

Reading

CULTURE À LA LOUPE

La mode en France

Pour la majorité des Français, la mode est un moyen° d'expression. Les jeunes adorent les marques°, surtout les marques américaines. Avoir un *sweatshirt* de style américain est considéré comme à la mode. C'est pareil° pour les chaussures. Bien sûr, les styles varient beaucoup. Il y a le style bon chic bon genre, par exemple, plus classique avec la prédominance de la couleur bleu marine°.

Il y a aussi le style «baba cool», c'est-à-dire° *hippie*.

Les marques coûtent cher, mais en France il y a encore beaucoup de boutiques indépendantes où les vêtements ne sont pas nécessairement plus chers. Souvent les vendeurs et les vendeuses sont aussi propriétaires du magasin. Ils encouragent donc° plus les clients à acheter. Mais il y a aussi beaucoup de chaînes françaises comme Lacoste, Bensimon et The Kooples. Et les chaînes américaines sont de plus en plus présentes dans les villes. Les Français achètent également° des vêtements dans les hypermarchés°, comme Auchan ou Carrefour, et dans les centres commerciaux.

L'anthropologue américain Lawrence Wylie a écrit° sur les différences entre les vêtements français et américains. Les Américains portent des vêtements plus amples et plus confortables. Pour les Français, l'aspect esthétique est plus important que le confort. Les femmes mettent des baskets uniquement pour faire du sport. Les costumes français sont plus serrés et plus près du corps° et les épaules° sont en général plus étroites°.

Coup de main

Comparaison des tailles°

FEMMES						
France	32	34	36	38	40	42
USA	2	4	6	8	10	12

HOMMES (PANTALONS)						
France	36	38	40	42	44	46
USA	26	28	30	32	34	36

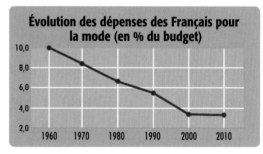

Évolution des dépenses des Français pour la mode (en % du budget)

	1960	1970	1980	1990	2000	2010
10,0	•					
8,0		•				
6,0			•			
4,0				•		
2,0					•	•

moyen *means* **marques** *brand names* **pareil** *the same* **marine** *navy* **c'est-à-dire** *in other words* **donc** *therefore* **également** *also* **hypermarchés** *large supermarkets* **a écrit** *wrote* **corps** *body* **épaules** *shoulders* **étroites** *narrow* **tailles** *sizes*

A C T I V I T É S

1 **Vrai ou faux?** Indiquez si les phrases sont **vraies ou fausses.** Corrigez les phrases fausses.

1. Pour beaucoup de Français, la mode est un moyen d'expression. Vrai.
2. Un *sweatshirt* de style américain est considéré comme du mauvais goût (*taste*) par les jeunes. Faux. C'est considéré comme à la mode.
3. La couleur bleu marine prédomine dans le style bon chic bon genre. Vrai.
4. En France les boutiques indépendantes sont rares. Faux. Il y a encore beaucoup de boutiques indépendantes.

5. Les vendeurs et les vendeuses des boutiques indépendantes sont souvent aussi propriétaires. Vrai.
6. Lacoste, Bensimon et The Kooples sont des chaînes françaises. Vrai.
7. Il est possible d'acheter des vêtements dans les hypermarchés. Vrai.
8. Lawrence Wylie a écrit sur la mode italienne. Faux. Il a écrit sur les différences entre les vêtements français et américains.
9. Les Français portent des vêtements plus amples et plus confortables. Faux. Les Américains portent des vêtements plus amples et plus confortables.
10. Les costumes français sont très larges. Faux. Les costumes français sont plus serrés.

S Practice more at **vhlcentral.com.**

LE FRANÇAIS QUOTIDIEN

Les vêtements et la mode

fringues (*f.*)	*clothes*
look (*m.*)	*style*
vintage (*m.*)	*vintage clothing*
BCBG (bon chic bon genre)	*chic and conservative*
ringard(e)	*out-of-style*
être bien/ mal sapé(e)	*to be well/ badly dressed*
être sur son 31	*to be well dressed*

LE MONDE FRANCOPHONE

Vêtements et tissus

Voici quelques vêtements et tissus° traditionnels du monde francophone.

En Afrique centrale et de l'Ouest

Le boubou tunique plus ou moins° longue et souvent très colorée

Les batiks tissus traditionnels très colorés

En Afrique du Nord

La djellaba longue tunique à capuche°

Le kaftan sorte de djellaba portée à la maison

À la Martinique

Le madras tissu typique aux couleurs vives

À Tahiti

Le paréo morceau° de tissu attaché au-dessus de la poitrine° ou à la taille°

tissus *fabrics* **plus ou moins** *more or less* **à capuche** *hooded* **morceau** *piece* **poitrine** *chest* **taille** *waist*

PORTRAIT

Coco Chanel, styliste parisienne

«La mode se démode°, le style jamais.»
—*Coco Chanel*

Coco Chanel (1883–1971) est considérée comme étant° l'icône du parfum et de la mode du vingtième siècle°. Dans les années 1910, elle a l'idée audacieuse° d'intégrer la mode «à la garçonne» dans ses créations: les lignes féminines empruntent aux° éléments de la mode masculine. C'est la naissance du fameux tailleur Chanel. Pour «Mademoiselle Chanel», l'important dans la mode, c'est que les vêtements permettent de bouger°; ils doivent° être simples et confortables. Son invention de «la petite robe noire» illustre l'esprit° classique et élégant de ses collections. De nombreuses célébrités ont immortalisé le nom de Chanel: Jacqueline Kennedy avec le tailleur et Marilyn Monroe avec le parfum No. 5, par exemple.

se démode *goes out of fashion* **étant** *being* **vingtième siècle** *twentieth century* **idée audacieuse** *daring idea* **empruntent aux** *borrow from* **bouger** *move* **doivent** *have to* **esprit** *spirit*

Sur Internet

Combien de couturiers présentent leurs collections dans les défilés de mode, à Paris, chaque hiver?

Go to **vhlcentral.com** to find more information related to this **Culture** section.

---

2 **Coco Chanel** Complétez les phrases.

1. Coco Chanel était (*was*) ___styliste de mode___.
2. Le style Chanel est inspiré de ___la mode masculine___.
3. Les vêtements Chanel sont ___simples et confortables___.
4. Jacqueline Kennedy portait souvent des ___tailleurs___ Chanel.
5. D'après «Mademoiselle Chanel», il est très important de pouvoir (*to be able to*) ___bouger___ dans ses vêtements.
6. C'est Coco Chanel qui a inventé ___la petite robe noire___.

3 **Le «relookage»** Vous êtes conseiller/conseillère en image (*image counselors*), spécialisé(e) dans le «relookage». Votre nouveau (nouvelle) client(e), une célébrité, vous demande de l'aider à sélectionner un nouveau style. Discutez de ce nouveau look avec un(e) partenaire.

ressources

 vText

 vhlcentral.com Leçon 6B

A C T I V I T É S

Le français quotidien
- Model the pronunciation of each term and have students repeat it.
- Ask students to give some examples of vintage clothing.
- Have volunteers create sentences using these words.

Portrait Have students look at the photo of Coco Chanel and describe her appearance and clothing.

Le monde francophone
- Bring in photos from magazines or the Internet of people wearing these types of clothing and fabrics to show the class.
- Ask a few content questions based on the reading. Examples: **1. Comment s'appelle la tunique que les gens portent en Afrique centrale? (le boubou) 2. Qu'est-ce qu'une djellaba? (C'est une longue tunique à capuche.) 3. À la Martinique, on porte des vêtements faits de batik ou de madras? (des vêtements faits de madras) 4. Où porte-t-on le kaftan? (en Afrique du Nord)**

2 **Expansion** For additional practice, give students these items. **7. Les collections de Chanel sont classiques et ____. (élégantes) 8. Marilyn Monroe a immortalisé ____ de Chanel. (le parfum No. 5)**

3 **Suggestions**
- Tell students that they can change the person's hairstyle as well as the clothing. Encourage them to include what is wrong with the person's present style in their discussion.
- Have students write their descriptions and read them aloud for the class.

21st CENTURY SKILLS

Information and Media Literacy: Sur Internet Students access and critically evaluate information from the Internet.

EXPANSION

Vêtements et tissus Have students create five true/false statements based on the content in **Le monde francophone**. Then have students get together with a classmate and take turns reading their statements and responding **vrai** or **faux**.

EXPANSION

Les couturiers Have students research one of the **couturiers** from the **Sur Internet** activity and write a short paragraph about the person. Tell them to include information about the person's accomplishments, type(s) of clothing he or she designs, where it is sold, and any other important details.

91

Section Goals

In this section, students will learn:
- indirect object pronouns
- some additional uses of disjunctive pronouns

Key Standards
4.1, 5.1

Student Resources
Cahier de l'élève, pp. 161–163; Supersite: Activities, *eCahier*, Grammar Tutorials

Teacher Resources
Answer Keys; Audio Script; Audio Activity MP3s/CD; Testing program: Grammar Quiz

Suggestions

- The direct object pronouns are presented after the indirect object pronouns for two reasons: 1. When students learn the direct object pronouns in **Leçon 7A,** they will already be familiar with the forms the two types of object pronouns share in common (**me, te, nous, vous**). They therefore will be able to focus on the new third-person forms (**le, la, l', les**).
2. Past participle agreement with preceding direct object pronouns is a difficult concept for many students and could pose a distraction while they are still learning about the **passé composé.**
- Say and write on the board: **Valérie achète un blouson à Stéphane.** Tell students that an indirect object is a noun or pronoun that answers the question *to whom* or *for whom* an action is done. Ask them what the indirect object of the verb is in the sentence. (Stéphane) Explain that indirect object nouns are introduced by the preposition à. Point out that **un blouson** is the direct object of the verb.

6B.1

Indirect object pronouns

Presentation
Grammar Tutorial

- An indirect object expresses *to whom* or *for whom* an action is done. An indirect object pronoun replaces an indirect object noun. Look for the preposition **à** followed by a name or noun referring to a person or animal. In the example below, the indirect object answers this question: **À qui parle Gisèle?** (*To whom does Gisèle speak?*)

SUBJECT	VERB	INDIRECT OBJECT NOUN
Gisèle	parle	**à sa mère.**
Gisèle	*speaks*	*to her mother.*

Indirect object pronouns

me	*to/for me*	nous	*to/for us*
te	*to/for you*	vous	*to/for you*
lui	*to/for him/her*	leur	*to/for them*

- Indirect object pronouns replace indirect object nouns and the prepositions that precede them.

Gisèle parle **à sa mère**.
Gisèle speaks to her mother.

Gisèle **lui** parle.
Gisèle speaks to her.

J'envoie des cadeaux **à mes nièces**.
I send gifts to my nieces.

Je **leur** envoie des cadeaux.
I send them gifts.

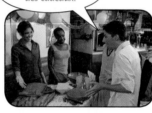

Vous m'avez apporté des cadeaux!

Je te prête ma jupe. D'accord?

- The indirect object pronoun usually precedes the conjugated verb.

Antoine, je **te** parle.
Antoine, I'm talking to you.

Notre père **nous** a envoyé un e-mail.
Our father sent us an e-mail.

- In a negative statement, place the indirect object pronoun between **ne** and the conjugated verb.

Antoine, je **ne te parle** pas de ça.
Antoine, I'm not talking to you about that.

Notre père **ne nous a** pas envoyé d'e-mail.
Our father didn't send us an e-mail.

- When an infinitive follows a conjugated verb, the indirect object pronoun precedes the infinitive.

Nous allons **lui donner** une cravate.
We're going to give him a tie.

Il espère **vous prêter** le costume.
He's hoping to lend you the suit.

- In the **passé composé**, the indirect object pronoun comes before the auxiliary verb **avoir**.

Tu **lui** as parlé?
Did you speak to her?

Non, je ne **lui** ai pas parlé.
No, I didn't speak to her.

À noter

In French, *direct* object pronouns follow special rules, which is why you are learning about *indirect* object pronouns first. You will learn about direct object pronouns in **Leçon 7A**.

Boîte à outils

In French, the indirect object pronouns can *only* refer to animate nouns like people or animals.

Boîte à outils

When you have a question using inversion, follow the same rules outlined on this page for the placement of the indirect object pronoun.

Lui parles-tu?

Lui as-tu parlé?

Vas-tu lui parler?

EXPANSION

Extra Practice Write the indirect object pronouns on the board. Show students some photos and say: **Je vous montre mes photos.** Give a student an object, such as a book, and say: **Je vous prête mon livre.** Continue the same procedure with the remaining indirect object pronouns.

EXPANSION

Extra Practice Write sentences with indirect objects on the board. Examples: **Anne-Laure ne te donne pas de biscuits. Pierre ne me parle pas. Loïc prête de l'argent à Louise. Marie nous pose une question. Je téléphone à mes amis.** Have students come to the board and circle the indirect objects.

Verbs used with indirect object pronouns

demander à	to ask, to request	parler à	to speak/talk to
donner à	to give to	poser une question à	to pose/ask a question (to)
envoyer à	to send to	prêter à	to lend to
montrer à	to show to	téléphoner à	to phone, to call

- The indirect object pronouns **me** and **te** become **m'** and **t'** before a verb beginning with a vowel sound.

Ton petit ami **t'**envoie des e-mails.
Your boyfriend sends you e-mails.

Isabelle **m'**a prêté son sac à main.
Isabelle lent me her handbag.

M'a-t-il acheté ce pull?
Did he buy me this sweater?

Elles ne **t'**ont pas téléphoné hier?
Didn't they call you yesterday?

Disjunctive pronouns

- Disjunctive pronouns can be used alone or in phrases without a verb.

Qui prend du café?
Who's having coffee?

Moi!
Me!

Eux aussi?
Them, too?

- Disjunctive pronouns emphasize the person to whom they refer.

Moi, je porte souvent une casquette.
Me, I often wear a cap.

Mon frère, **lui**, il déteste les casquettes.
My brother, he hates caps.

- To say *myself, ourselves,* etc., add **-même(s)** after the disjunctive pronoun.

Tu fais ça **toi-même**?
Are you doing that yourself?

Ils organisent la fête **eux-mêmes**.
They're planning the party themselves.

- In the case of a few French verbs and expressions, you do not use the indirect object pronoun although the verb may be followed by **à** and a person or animal. Instead, use the disjunctive pronoun. One such expression is **penser à**.

Il **pense** souvent **à** ses grands-parents, n'est-ce pas?
He often thinks about his grandparents, doesn't he?

DISJUNCTIVE PRONOUN
Oui, il **pense** souvent **à** eux.
Yes, he often thinks about them.

Essayez! Complétez les phrases avec le pronom d'objet indirect approprié.

1. Tu _____nous_____ montres tes photos? (*us*)
2. Luc, je ___te___ donne ma nouvelle adresse. (*you, fam.*)
3. Vous ___me___ posez de bonnes questions. (*me*)
4. Nous ___leur___ avons demandé. (*them*)
5. On ___vous___ achète une nouvelle robe. (*you, form.*)
6. Ses parents ___lui___ ont acheté un tailleur. (*her*)
7. Je vais ___lui___ téléphoner à dix heures. (*him*)
8. Elle va ___me___ prêter sa jupe. (*me*)
9. Je ___vous___ envoie des vêtements. (*you, plural*)
10. Est-ce que tu ___leur___ as apporté ces chaussures? (*them*)
11. Il ne ___te___ donne pas son anorak? (*you, fam.*)
12. Nous ne ___leur___ parlons pas! (*them*)

Suggestions
- Explain that, in French, indirect object pronouns do not follow verbs as they do in English. The word order in French is [*subject*] + (**ne**) [*indirect object pronoun*] + [*verb* or *subject*] + [*conjugated verb*] + [*indirect object pronoun*] + [*infinitive*].
- Ask students to call out the disjunctive pronouns. Explain the use of **-même(s)** and provide a few examples. Then have students create some sentences with the disjunctive pronouns.
- Tell students that there are relatively few expressions followed by **à** plus a person or animal that use the disjunctive pronoun instead of the indirect object pronoun. Encourage students to keep a running list as they come across them.

Essayez! Have students restate items 1, 2, 4, 5, 6, 9, 10, 11 and 12 using the **futur proche**. Example:
1. Tu vas nous montrer tes photos?

TEACHING OPTIONS

Extra Practice Have students write six sentences containing indirect objects on a sheet of paper. Ask them to exchange sheets with another student, who should rewrite the sentences replacing the indirect objects with pronouns. Ask volunteers to go to the board and write the two versions (with/without pronouns) of some of their sentences.

EXPANSION

Small Groups Working in groups of three, the first student lends an object to the second and says: **Je te prête mon/ma…**. The second student responds: **Tu me prêtes ton/ta…**. The third student says: **Marc lui prête son/sa…** Groups repeat the process until everyone has begun the chain twice. To practice plural pronouns, have two groups get together. Then two students lend something to two other students.

1 Expansion Have students write four more sentences with indirect objects (not pronouns). Tell them to exchange papers with a classmate and rewrite the sentences, replacing the indirect object with the corresponding indirect object pronoun.

2 Suggestion To check students' answers, have volunteers read different roles aloud.

3 Expansion Have students convert three of their statements into questions for their partner, using **Qui...?** or **À qui...?** Example: **Qui te prête sa voiture?**

Mise en pratique

1 Complétez Corinne fait du shopping avec sa copine Célia. Trouvez le bon pronom d'objet indirect ou disjonctif pour compléter ses phrases.

1. Je __leur__ achète des baskets. (à mes cousins)
2. Je __te__ prends une ceinture. (à toi, Célia)
3. Nous __lui__ achetons une jupe. (à notre copine Christelle)
4. Célia __nous__ prend des lunettes de soleil. (à ma mère et à moi)
5. Je __vous__ achète des gants. (à ta mère et à toi, Célia)
6. Célia __m'__ achète un pantalon. (à moi)
7. Et, c'est l'annversaire de Magalie demain. Tu penses à __elle__, j'espère! (à Magalie)

2 Dialogues Complétez les dialogues.

1. M. SAUNIER Tu m'as posé une question, chérie?
   MME SAUNIER Oui. Je __t'__ ai demandé l'heure.
2. CLIENT Je cherche un beau pull.
   VENDEUSE Je vais __vous__ montrer ce pull noir.
3. VALÉRIE Tu as l'air triste. Tu penses à ton petit ami?
   MÉGHANE Oui, je pense à __lui__.
4. PROF 1 Mes étudiants ont passé l'examen.
   PROF 2 Tu __leur__ envoies les résultats?
5. MÈRE Qu'est-ce que vous allez faire?
   ENFANTS On va aller au cinéma. Tu __nous__ donnes de l'argent?
6. PIERRE Tu __me__ téléphones ce soir?
   CHARLOTTE D'accord. Je te téléphone.
7. GÉRARD Christophe a oublié son pull. Il a froid!
   VALENTIN Je __lui__ prête mon blouson.
8. MÈRE Tu ne penses pas à Théo et Sophie?
   PÈRE Mais si, je pense souvent à __eux__.

3 Assemblez Avec un(e) partenaire, assemblez les éléments pour comparer vos familles et vos amis. *Answers will vary.*

MODÈLE

Élève 1: *Mon père me prête souvent ses pulls.*
Élève 2: *Mon père, lui, il nous prête de l'argent.*

A	B	C
je	acheter	argent
tu	apporter	biscuits
mon père	envoyer	cadeaux
ma mère	expliquer	devoirs
mon frère	faire	e-mails
ma sœur	montrer	problèmes
mon/ma	parler	vêtements
meilleur(e) ami(e)	payer	voiture
mes copains	prêter	?
?	?	

 Practice more at **vhlcentral.com.**

EXPANSION

Oral Practice Ask students to write a paragraph about things they do for family members and friends. Ex.: **Je prête mes chaussures à mon frère.** Have them share their paragraphs with a classmate who will tell the class what he/she learned about his/her partner. Ex.: **Il prête ses chaussures à son frère. Il lui prête ses chaussures**.
Game Give each student an envelope and a sheet of paper. Ask

TEACHING OPTIONS

them to write a sentence using an indirect object pronoun, cut the paper into strips (one word per strip), shuffle them, and place them in the envelope. Then have students pass their envelopes to the person sitting behind them. Ask them to unscramble the sentence and write it down, before placing the shuffled strips back into the envelope and passing it on. After three minutes, the row with the most correctly deciphered sentences wins.

Communication

4 **Qu'allez-vous faire?** Avec un(e) partenaire, dites ce que vous allez faire dans ces situations. Employez les verbes de la liste et présentez vos réponses à la classe. Answers will vary.

 MODÈLE

Un ami a soif.
On va lui donner de l'eau.

acheter	montrer
apporter	parler
demander	poser des questions
donner	préparer
envoyer	prêter
faire	téléphoner

1. Une personne âgée a froid.
2. Des touristes sont perdus (*lost*).
3. Un homme est sans abri (*homeless*).
4. Votre tante est à l'hôpital.
5. Des amis vous invitent à manger chez eux.
6. Votre chien a faim.
7. Un(e) ami(e) fête son anniversaire.
8. Votre meilleur(e) (*best*) ami(e) a des problèmes.
9. Vous ne comprenez pas le prof.
10. Vos parents voyagent en France pendant (*for*) un mois.

5 **Les cadeaux de l'année dernière** Par groupes de trois, parlez des cadeaux que vous avez achetés à votre famille et à vos amis l'année dernière. Que vous ont-ils acheté? Présentez vos réponses à la classe. Answers will vary.

MODÈLE

Élève 1: *Qu'est-ce que tu as acheté à ta mère?*
Élève 2: *Je lui ai acheté un ordinateur.*
Élève 3: *Ma copine Dominique m'a donné une montre.*

6 **Au grand magasin** Par groupes de trois, jouez les rôles de deux client(e)s et d'un(e) vendeur/vendeuse. Les client(e)s cherchent des vêtements pour faire des cadeaux. Ils parlent de ce qu'ils (*what they*) cherchent et le/la vendeur/vendeuse leur fait des suggestions. Answers will vary.

---

4 Suggestion Have pairs write their suggestions. Encourage them to come up with multiple responses for each item.

4 Virtual Chat You can also assign Activity 4 on the Supersite. Students record individual responses that appear in your gradebook.

5 Suggestion Before students begin the activity, have them make a list of gifts they gave to family members and friends, and vice versa. Then have three volunteers read the **modèle** aloud.

6 Suggestions
• Before beginning the activity, have students describe what is happening in the photo.
• Videotape the scenes in class or have students videotape themselves outside of class. Show the videos so students can critique their role-plays.

EXPANSION

Video Have students read along as you show the video episode again. Tell them to note each time an indirect object pronoun or a disjunctive pronoun is used. After the video, ask them to read the sentences they identified and to say to whom each pronoun refers.

EXPANSION

Pairs Have students work in pairs. Tell them to write five questions they would like to ask their partner that require an indirect object pronoun in the answer. They should then take turns asking and answering each other's questions.

6B.2 Regular and irregular *-re* verbs

Presentation
Grammar Tutorial

Point de départ You've already seen infinitives that end in **-er** and **-ir**. The infinitive forms of a third group of French verbs end in **-re**.

- Many **-re** verbs, such as **attendre** (*to wait*), follow a regular pattern of conjugation, as shown below.

attendre	
j'attends	nous attendons
tu attends	vous attendez
il/elle/on attend	ils/elles attendent

Tu **attends** devant le café?
Are you waiting in front of the café?

Nous **attendons** dans le magasin.
We're waiting in the store.

Où **attendez**-vous?
Where are you waiting?

Il faut **attendre** dans la bibliothèque.
You have to wait in the library.

- The verb **attendre** means *to wait* or *to wait for*. Unlike English, it does not require a preposition.

Marc **attend le bus**.
Marc is waiting for the bus.

Ils **attendent Robert**.
They're waiting for Robert.

Il **attend** ses parents à l'école.
He's waiting for his parents at school.

J'**attends** les soldes.
I'm waiting for a sale.

Other regular *-re* verbs			
descendre	to go down; to take down	rendre (à)	to give back, to return (to)
entendre	to hear	rendre visite (à)	to visit someone
perdre (son temps)	to waste (one's time)	répondre (à)	to answer, to respond (to)
		vendre	to sell

- To form the past participle of regular **-re** verbs, drop the **-re** from the infinitive and add **-u**.

Les étudiants ont **vendu** leurs livres.
The students sold their books.

Il a **entendu** arriver la voiture de sa femme.
He heard his wife's car arrive.

J'ai **répondu** à ton e-mail.
I answered your e-mail.

Nous avons **perdu** patience.
We lost patience.

- **Rendre visite à** means *to visit a person*, while **visiter** means *to visit a place*.

Tu **rends visite à ta grand-mère** le lundi.
You visit your grandmother on Mondays.

Cécile va **visiter le musée** aujourd'hui.
Cécile is going to visit the museum today.

Avez-vous **rendu visite à vos cousins**?
Did you visit your cousins?

Nous **avons visité Rome** l'année dernière.
We visited Rome last year.

Section Goals

In this section, students will learn:
- regular **-re** verbs
- irregular **-re** verbs

Key Standards
4.1, 5.1

Student Resources
Cahier de l'élève, pp. 162–164;
Supersite: Activities, *eCahier*,
Grammar Tutorials

Teacher Resources
Answer Keys; Audio Script;
Audio Activity MP3s/CD;
Activity Pack; Testing program:
Grammar Quiz

Suggestions
- Model the pronunciation of the **-re** verbs and have students repeat them.
- Introduce the verbs by talking about yourself and asking students follow-up questions. Examples: **Je réponds à tous mes e-mails. Et vous, répondez-vous à tous vos e-mails? D'habitude, je mets un pantalon. Aujourd'hui, j'ai mis une jupe/un costume. Et vous, que mettez-vous, en général? Je rends visite à ma grand-mère le week-end. Rendez-vous visite à vos grands-parents le week-end?**
- Explain that the past participles of regular **-re** verbs add **-u** to the stem. Example: **attendre: attendu**. Then say the verbs listed and have students respond with the corresponding past participles.

DIFFERENTIATION

For Kinesthetic Learners Make statements with regular and irregular **-re** verbs, and have students act them out.
Ex: **J'attends le bus.** (Students imitate waiting for the bus.)
Je conduis une voiture. (They imitate driving a car.)
Extra Practice Divide the class into teams of three. Each team has a piece of paper. Call out an infinitive and a person.
Ex: **traduire / première personne du pluriel**. Each team has

TEACHING OPTIONS

to compose a sentence, with each member writing one part. The first team member thinks of an appropriate subject or proper name and writes it down (Ex: **Ellene et moi**). The second writes the correct form of the verb (Ex: **traduisons**). The third completes the sentence in a logical way (Ex: **un livre**). The first team to write a logical and correct sentence wins. Team members should rotate positions each time a new verb is given.

- Some verbs whose infinitives end in **-re** are irregular.

Irregular -re verbs

	conduire (to drive)	mettre (to put (on))	rire (to laugh)
je	conduis	mets	ris
tu	conduis	mets	ris
il/elle/on	conduit	met	rit
nous	conduisons	mettons	rions
vous	conduisez	mettez	riez
ils/elles	conduisent	mettent	rient

Je **conduis** la voiture.
I'm driving the car.

Thérèse **met** ses gants.
Thérèse puts on her gloves.

Elles **rient** pendant le spectacle.
They laugh during the show.

Other irregular -re verbs

like *conduire*		like *mettre*	
construire	to build, to construct	permettre	to allow
détruire	to destroy	promettre	to promise
produire	to produce	**like *rire***	
réduire	to reduce		
traduire	to translate	sourire	to smile

- The past participle of the verb **mettre** is **mis**. Verbs derived from **mettre** (**permettre**, **promettre**) follow the same pattern: **permis**, **promis**.

  Où est-ce que tu **as mis** mes livres?
  Where did you put my books?

  Je lui **ai promis** de faire la cuisine.
  I promised her that I'd cook.

- The past participle of **conduire** is **conduit**. Verbs like **conduire** follow the same pattern: **construire → construit**; **détruire → détruit**; **produire → produit**; **traduire → traduit**.

- The past participle of **rire** is **ri**. The past participle of **sourire** is **souri**.

- Like for the other verb groups, use present tense verb forms to give commands.

  Conduis moins vite!
  Drive more slowly!

  Promettez-moi.
  Promise me.

  Réponds-lui.
  Answer him.

Boîte à outils

The French verbs **permettre** and **promettre** are followed by the preposition **à** and an indirect object to mean *to allow someone* or *to promise someone*: **permettre à quelqu'un** and **promettre à quelqu'un**.

Leur avez-vous permis de commencer à dix heures?
Did you allow them to start at 10 o'clock?

Je te promets de ne pas partir.
I promise you I won't leave.

Essayez! Complétez les phrases avec la forme correcte du présent du verbe.

1. Ils _attendent_ (attendre) l'arrivée du train.
2. Nous _répondons_ (répondre) aux questions du professeur.
3. Je _souris_ (sourire) quand je suis heureuse.
4. Si on _construit_ (construire) trop, on _détruit_ (détruire) la nature.
5. Quand il fait froid, vous _mettez_ (mettre) un pull.
6. Est-ce que les élèves _entendent_ (entendre) le professeur?
7. Keiko _conduit_ (conduire) sa voiture ce week-end.
8. Si le sandwich n'est pas bon, je _mets_ (mettre) du sel (salt).

Suggestions

- Ask a volunteer to go to the board and write the conjugation of **donner** as you write the conjugation of **attendre**. Have students compare the endings of the two verb conjugations, noting the similarities and differences.
- Follow the same procedure with the conjugations of **conduire** and **mettre**. Point out that many irregular **-re** verbs have two stems. Examples: **conduire (condui-, conduis-)** and **mettre (met-, mett-)**.
- Point out the irregular past participles.

Essayez! For additional practice, change the subjects of the sentences and have students restate them.

EXPANSION

Extra Practice Do a rapid-response drill. Write an infinitive from the list of **-re** verbs on the board. Call out subject pronouns and/or names, and have students respond with the correct verb form. Then repeat the drill, having students respond with the correct forms of the **passé composé**.

EXPANSION

Pairs Have students make a list of five things their parents allow them to do and five things their parents don't allow them to do. Then have them get together in pairs and compare their lists. Have volunteers report to the class the items they have in common. Example: **Mes parents ne me permettent pas de mettre des vêtements trop serrés. Ils me permettent parfois de sortir avec des amis.**

1 **Suggestion** Have students describe each illustration in the **passé composé**.

1 **Expansion** Have students create short descriptions of the people, places, and objects in the drawings by putting in additional information.

2 **Expansion** Ask students comprehension questions about the dialogue. Examples: **1. Pourquoi Henri n'a-t-il pas encore mangé? (Il attend Jean-Michel.) 2. Où est Jean-Michel? (Il est avec un client difficile.) 3. Pourquoi ce client est-il difficile? (parce qu'il met tout, mais il part les mains vides)**

4 **Expansion** Have students also say what Béatrice did not do.

Mise en pratique

1 **Qui fait quoi?** Quelles phrases vont avec les illustrations?

1.   2.   3.   4.

_3_ **a.** Martin attend ses copains.

_4_ **b.** Nous rendons visite à notre grand-mère.

_1_ **c.** Vous vendez de jolis vêtements.

_2_ **d.** Je ris en regardant un film.

2 **Les clients difficiles** Henri et Gilbert travaillent pour un grand magasin. Complétez leur conversation.

GILBERT Tu n'as pas encore mangé?

HENRI Non, j' (1) ___attends___ (attendre) Jean-Michel.

GILBERT Il ne (2) ___descend___ (descendre) pas tout de suite. Il (3) ___perd___ (perdre) son temps avec un client difficile. Il (4) ___met___ (mettre) des cravates, des costumes, des chaussures...

HENRI Nous ne (5) ___vendons___ (vendre) pas souvent à des clients comme ça.

GILBERT C'est vrai. Ils (6) ___promettent___ (promettre) d'acheter quelque chose, puis ils partent les mains vides (*empty*).

3 **Au centre commercial** Daniel et ses copains ont passé (*spent*) la journée au centre commercial hier. Utilisez les éléments donnés pour faire des phrases complètes. Ajoutez d'autres éléments nécessaires. Answers will vary.

1. Omar et moi / conduire / centre commercial   Omar et moi, nous avons conduit au centre commercial.
2. Guillaume / attendre / dix minutes / devant / cinéma   Guillaume a attendu dix minutes devant le cinéma.
3. Hervé et Thérèse / vendre / pulls   Hervé et Thérèse ont vendu des pulls.
4. Lise / perdre / sac à main   Lise a perdu son sac à main.
5. tu / mettre / robe / bleu   Tu as mis une robe bleue.
6. Sandrine et toi / ne pas répondre / vendeur   Sandrine et toi, vous n'avez pas répondu au vendeur.

4 **La journée de Béatrice** Hier, Béatrice a fait une liste des choses à faire. Avec un(e) partenaire, utilisez les verbes de la liste au passé composé pour dire (*to say*) tout ce qu'elle a fait. Answers will vary.

attendre	mettre
conduire	rendre visite
entendre	traduire

1. devoir d'espagnol	4. tante Albertine
2. mon nouveau CD	5. gants dans mon sac
3. e-mail de Sébastien	6. vieille voiture

TEACHING OPTIONS

Pairs Have pairs of students role-play an interview with a movie star. Encourage them to use **-ir** and **-er** verbs they have learned in Lessons 5 and 6. Allow sufficient time to plan and practice; they can review previous lesson vocabulary if needed. After completing the activity, ask a few pairs to introduce their characters and perform the interview for the class.

EXPANSION

Pairs Ask students to write incomplete dehydrated sentences (only subjects and infinitives). Ex: **les hommes / construire / ?** Then have them exchange papers with a classmate, who will form a complete sentence by conjugating the verb and inventing an appropriate ending. Ask volunteers to write sentences on the board.

Communication

5　Fréquence Employez les verbes de la liste et d'autres verbes pour dire (*to tell*) à un(e) partenaire ce que (*what*) vous faites tous les jours, une fois par mois et une fois par an. Alternez les rôles. _Answers will vary._

MODÈLE

Élève 1: *J'attends mes copains à la cantine tous les jours.*
Élève 2: *Moi, je rends visite à mes grands-parents une fois par mois.*

attendre	perdre
conduire	rendre
entendre	répondre
mettre	sourire

6　Les charades Par groupes de quatre, jouez aux charades. Chaque élève pense à une phrase différente avec un des verbes en **-re**. La première personne qui devine (*guesses*) propose la prochaine charade. _Answers will vary._

7　Questions personnelles Avec un(e) partenaire, posez-vous ces questions à tour de rôle. _Answers will vary._

1. Réponds-tu tout de suite (*immediately*) à tes e-mails?
2. As-tu promis à tes parents de faire quelque chose? Quoi?
3. Que mets-tu quand tu vas à un mariage? Pour aller à l'école? Pour sortir avec des copains?
4. Tes parents te permettent-ils de sortir tard pendant la semaine?
5. Tes parents conduisent une voiture? Comment conduis-ils?
6. À qui rends-tu visite pendant les vacances?
7. Quelle est la dernière fois que tu as beaucoup ri? Avec qui?
8. As-tu déjà vendu quelque chose sur Internet? Quoi?

8　La journée des vendeuses Votre professeur va vous donner, à vous et à votre partenaire, une série d'illustrations qui montrent la journée d'Aude et d'Aurélie. Attention! Ne regardez pas la feuille de votre partenaire. _Answers will vary._

MODÈLE

Élève 1: *Le matin, elles ont conduit pour aller au magasin.*
Élève 2: *Après,...*

---

5 Suggestion Have two volunteers read the **modèle** aloud.

5 Expansion To practice the **passé composé**, have students specify when they did these things. Example: **J'ai rendu visite à mes grands-parents en avril.**

5 Partner Chat You can also assign Activity 5 on the Supersite. Students work in pairs to record the activity online. The pair's recorded conversation will appear in your gradebook.

6 Suggestion This activity can also be used as a game by dividing the class into two teams with players from each team acting out the charades.

7 Expansion When pairs are done with the activity, have them share with the class some areas where they differ from their partner. Example: **Mes parents ne me permettent pas de sortir tard mais les parents de Gina lui permettent de sortir très tard le week-end.**

8 Suggestion Divide the class into pairs and distribute the Info Gap Handouts found in the Activity Pack on the Supersite.

EXPANSION

Questions Ask students personalized questions using **-re** verbs. Examples: **1. Comment les élèves perdent-ils leur temps? 2. Est-ce que l'argent rend les gens heureux? 3. Que vend-on dans une boutique? 4. Vos parents vous permettent-ils de sortir le soir? 5. Rendez-vous souvent visite à votre famille? 6. Où mettez-vous vos livres en classe?**

EXPANSION

Writing Practice Have students work in pairs. Tell them to write a conversation between a clerk in a clothing store and a customer who has lost some item like sunglasses, a scarf, or gloves. The customer should explain the situation, and the clerk should ask for details, such as when the item was lost and a description. Alternatively, pairs can role-play this situation.

Révision

1 **Je leur téléphone** Par groupes de quatre, interviewez vos camarades. Préparez dix questions avec un verbe et une personne de la liste. Écrivez les réponses. Answers will vary.

MODÈLE

Élève 1: *Est-ce que tu parles souvent à tes cousines?*
Élève 2: *Oui, je leur parle toutes les semaines.*

verbes	personnes
donner un cadeau	copain ou copine d'enfance
envoyer une carte/un e-mail	cousin ou cousine
parler	grands-parents
rendre visite	petit(e) ami(e)
téléphoner	sœur ou frère

2 **Mes e-mails** Ces personnes vous envoient des e-mails. Que faites-vous? Vous ne répondez pas, vous attendez quelques jours, vous leur téléphonez? Par groupes de trois, comparez vos réactions. Answers will vary.

MODÈLE

Élève 1: *Ma sœur m'envoie un e-mail tous les jours.*
Élève 2: *Tu lui réponds tout de suite?*
Élève 3: *Tu préfères ne pas lui répondre?*

1. un e-mail anonyme
2. un e-mail d'un(e) camarade de classe
3. un e-mail d'un professeur
4. un e-mail d'un(e) ami(e) d'enfance
5. un e-mail d'un(e) copain (copine)
6. un e-mail de vos parents

3 **Une liste** Des membres de votre famille ou des amis vous ont donné ou acheté des vêtements que vous n'aimez pas du tout. Faites une liste de quatre ou cinq de ces vêtements. Comparez votre liste à la liste d'un(e) camarade. Answers will vary.

MODÈLE

Élève 1: *Ma sœur m'a donné une écharpe verte et laide et mon père m'a acheté des chaussettes marron trop petites!*
Élève 2: *L'année dernière, un ami m'a donné...*

4 **Quoi mettre?** Vous et votre partenaire allez faire des choses différentes. Un(e) partenaire va fêter la retraite de ses grands-parents à Tahiti. L'autre va skier dans les Alpes. Qu'allez-vous porter? Demandez des vêtements à votre partenaire si vous n'aimez pas tous les vêtements de votre ensemble. Answers will vary.

MODÈLE

Élève 1: *Est-ce que tu me prêtes ton tee-shirt violet?*
Élève 2: *Ah non, j'ai besoin de ce tee-shirt. Tu me prêtes ton pantalon?*

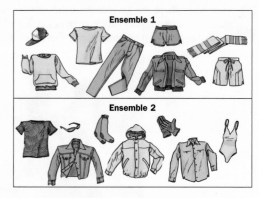

Ensemble 1

Ensemble 2

5 **S'il te plaît** Votre ami(e) a acheté un nouveau vêtement que vous aimez beaucoup. Vous essayez de convaincre (*to convince*) cet(te) ami(e) de vous prêter ce vêtement. Préparez un dialogue avec un(e) partenaire où vous employez tous les verbes. Jouez la scène pour la classe. Answers will vary.

aller avec	montrer
aller bien	prêter
donner	promettre
mettre	rendre

6 **Bon anniversaire, Nicolas!** Votre professeur va vous donner, à vous et à votre partenaire, deux feuilles d'activités différentes. Attention! Ne regardez pas la feuille de votre partenaire. Answers will vary.

MODÈLE

Élève 1: *Les amis de Nicolas lui téléphonent.*
Élève 2: *Ensuite, ...*

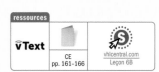

ressources
v Text
CE
pp. 161–166
vhlcentral.com
Leçon 6B

À l'écoute

 Audio: Activities

STRATÉGIE

Listening for linguistic cues

You can enhance your listening comprehension by listening for specific linguistic cues. For example, if you listen for the endings of conjugated verbs, or for familiar constructions, such as the **passé composé** with **avoir**, **avoir envie de** + [*infinitive*] or **aller** + [*infinitive*], you can find out whether a person did something in the past, wants to do something, or will do something in the future.

To practice listening for linguistic cues, you will listen to four sentences. As you listen, note whether each sentence refers to a past, present, or future action.

Préparation

Regardez la photo. Où sont Pauline et Sarah? Que font-elles? Décrivez les vêtements qu'elles regardent. À votre avis, pour quelle occasion cherchent-elles des vêtements?

À vous d'écouter

Écoutez la conversation entre Pauline et Sarah. Après une deuxième écoute, indiquez si les actions suivantes sont du **passé (p)**, du **présent (pr)** ou du **futur (f)**.

<u>p</u> 1. aller à la fête de la cousine de Pauline

<u>p</u> 2. beaucoup danser

<u>p</u> 3. rencontrer un musicien

<u>f</u> 4. déjeuner avec un garçon intéressant

<u>pr</u> 5. chercher de nouveaux vêtements

<u>f</u> 6. mettre des chaussures en cuir noir

<u>pr</u> 7. aimer une robe bleue

<u>f</u> 8. acheter la robe bleue

ressources

v Text

vhlcentral.com
Leçon 6B

Practice more at **vhlcentral.com**.

Compréhension

Complétez Complétez les phrases.

1. Pauline cherche des vêtements pour <u>c</u>.
   a. un dîner   b. une fête   c. un rendez-vous

2. Pauline va acheter un pantalon noir et <u>b</u>.
   a. un tee-shirt   b. une chemise rose   c. un maillot de bain

3. Sarah pense que <u>b</u> ne vont pas avec les nouveaux vêtements.
   a. l'écharpe verte   b. les baskets roses   c. les lunettes de soleil

4. D'après Sarah, les chaussures <u>a</u> sont élégantes.
   a. en cuir noir   b. roses   c. en soie

5. La couleur préférée de Sarah n'est pas le <u>c</u>.
   a. rose   b. jaune   c. vert

6. Sarah cherche un vêtement pour <u>b</u>.
   a. un déjeuner   b. la fête de retraite de son père   c. un mariage

7. Sarah va acheter une robe en soie <u>a</u>.
   a. à manches courtes   b. à manches longues   c. rouge

8. La robe existe en vert, en bleu et en <u>c</u>.
   a. noir   b. marron   c. blanc

Une occasion spéciale Décrivez la dernière fois que vous avez fêté une occasion spéciale. Qu'est-ce que vous avez fêté? Où? Comment? Avec qui? Qu'est-ce que vous avez mis comme vêtements? Et les autres?

MODÈLE

Samedi, nous avons fêté l'anniversaire de mon frère. Mes parents ont invité nos amis Paul, Marc, Julia et Naomi dans un restaurant élégant. Moi, j'ai mis une belle robe verte en coton. Mon frère a mis un costume gris. Paul a mis...

cent un **101**

Section Goals

In this section, students will:
• learn to listen for specific linguistic cues
• listen for temporal cues in sentences
• listen to a conversation and complete several activities

Key Standards

1.2, 2.1

Student Resources
Supersite: Activities, Audio
Teacher Resources
Answer Keys; Audio Script; Audio Activity MP3s/CD

Stratégie
Script 1. Est-ce que tu vas aller au mariage de tes cousins? (*future*) 2. Elles ont acheté dix nouveaux maillots de bain pour cet été! (*past*) 3. Noémie a envie de parler à Martha de son rendez-vous avec Julien. (*present*) 4. Vous avez vendu tous les tee-shirts? (*past*)

Préparation Have students look at the photo of Pauline and Sarah, describe what they see, and predict what they are talking about.

À vous d'écouter
Script PAULINE: Tiens, bonjour, Sarah. Ça va?
SARAH: Ah, bonjour Pauline! Oui, très bien et toi?
P: Bien, merci. Dis, je t'ai cherchée hier soir à la fête de ma cousine...
S: Excuse-moi. J'ai passé une mauvaise journée hier et j'ai complètement oublié. Mais... Et toi? Tu as aimé la fête?
P: Oui, j'ai beaucoup dansé et j'ai rencontré un garçon intéressant. Il s'appelle Boris et il est musicien. Je vais déjeuner avec lui demain midi, alors je cherche de nouveaux vêtements pour notre rendez-vous. Qu'est-ce que tu penses de ce pantalon noir avec cette chemise rose?
S: Oui, c'est bien. Et qu'est-ce que tu vas mettre comme chaussures?
P: Ben, ces baskets roses, non?
S: Ah non. Des chaussures en cuir noir, c'est plus élégant.
P: Oui, tu as raison. Et toi, qu'est-ce que tu cherches?
S: Une jolie robe pas trop chère.
P: Tu as un rendez-vous, toi aussi?

S: Non, c'est pour la fête de départ en retraite de mon père. C'est samedi prochain.
P: Regarde cette robe rouge en coton. Elle est jolie, non?
S: Oui, mais elle a l'air un peu serrée. Je préfère les robes larges.

P: Et cette belle robe en soie à manches courtes?
S: Je déteste le vert. Ils l'ont en bleu?
P: Oui, et en blanc aussi.
S: Super. Je vais prendre la bleue.

Section Goals

In this section, students will read historical and cultural information about **Aquitaine**, **Midi-Pyrénées**, and **Languedoc-Roussillon**.

Key Standards

2.2, 3.1, 3.2, 5.1

21ˢᵗ CENTURY SKILLS

Global Awareness

Students will gain perspectives on the Francophone world to develop respect and openness to others and to interact appropriately and effectively with citizens of Francophone cultures.

Student Resources
Cahier de l'élève, pp. 167–168;
Supersite: Activities,
eCahier
Teacher Resources
Answer Keys;
Digital Image Bank

Carte des régions Aquitaine, Midi-Pyrénées et Languedoc-Roussillon

• Have students look at the map or use the digital image for this page. Ask volunteers to read aloud the names of cities and geographical features. Model French pronunciation as necessary. Point out the locations of Spain and Andorra.

• Have students identify the locations of the places in the photos.

La région en chiffres

• Point out the three different coats of arms for the regions.

• Have volunteers read the sections aloud. After each section, ask questions about the content.

• Ask students to share any information they might know about the **Personnes célèbres**.

Incroyable mais vrai! The original cave at Lascaux was closed in 1963 in order to save the paintings from deterioration. A replica of the cave, known as Lascaux II, was built nearby and contains reproductions of the Great Hall of Bulls and the Painted Gallery.

Panorama

 Interactive Map Reading

LA FRANCE

Aquitaine

La région en chiffres

▶ **Superficie:** *41.308 km²*
▶ **Population:** *3.049.000*
▶ **Industrie principale:** *agriculture*
▶ **Villes principales:** *Bordeaux, Pau, Périgueux*

Midi-Pyrénées

La région en chiffres

▶ **Superficie:** *45.348 km²*
▶ **Population:** *2.687.000*
▶ **Industries principales:** *aéronautique, agriculture*
▶ **Villes principales:** *Auch, Toulouse, Rodez*

Languedoc-Roussillon

La région en chiffres

▶ **Superficie:** *27.376 km²*
▶ **Population:** *2.458.000*
▶ **Industrie principale:** *agriculture*
▶ **Villes principales:** *Montpellier, Nîmes, Perpignan*

Personnes célèbres

▶ Aliénor d'Aquitaine, Aquitaine, reine° de France (1122–1204)

▶ Jean Jaurès, Midi-Pyrénées, homme politique (1859–1914)

▶ Henri de Toulouse-Lautrec, Midi-Pyrénées, peintre et lithographe (1864–1901)

▶ Georges Brassens, Languedoc-Roussillon, chanteur (1921–1981)

▶ Francis Cabrel, Aquitaine, chanteur (1953–)

reine *queen* **grotte** *cave* **gravures** *carvings* **peintures** *paintings* **découvrent** *discover*

102 *cent deux*

la dune du Pilat

L'OCÉAN ATLANTIQUE

Périgueux
Bordeaux
la Garonne
AQUITAINE
Agen
Mende
Rodez
LES CÉVENNES
Nîmes
Bayonne
Auch
MIDI-PYRÉNÉES
Montpellier
Pau
Toulouse
le Tarn
Tarbes
la Garonne
LANGUEDOC-ROUSSILLON
Béziers
LES PYRÉNÉES
LA MER MÉDITERRANÉE
L'ESPAGNE
Perpignan
ANDORRE

le canal du Midi

la cité de Carcassonne

0 —— 50 miles
0 —— 50 kilomètres

Incroyable mais vrai!

Appelée parfois «la chapelle Sixtine préhistorique», la grotte° de Lascaux, en Aquitaine, est décorée de 1.500 gravures° et de 600 peintures°, vieilles de plus de 17.000 ans. En 1940, quatre garçons découvrent° ce sanctuaire. Les fresques, composées de plusieurs animaux, ont jusqu'à ce jour une signification mystérieuse.

EXPANSION

Personnes célèbres **Eleanor of Aquitaine** was one of the most powerful women in Europe during her time. Her first husband was King Louis VII of France. She later became Queen of England when she married Henry II. She was also the mother of Richard the Lionheart. **Francis Cabrel** is a guitarist, composer, and singer of blues-rock, pop, and contemporary folk music.

Jean Jaurès was a leader of the French socialist movement. **Toulouse-Lautrec** established lithography as a major art form with his vivid posters depicting Parisian nightlife in Montmartre. **Georges Brassens** was a poetic songwriter and performer who used his lyrics to address social issues.

La gastronomie

Le foie gras et le cassoulet

Le foie gras° et le cassoulet sont des spécialités du sud-ouest° de la France. Le foie gras est un produit° de luxe, en général réservé aux grandes occasions. On le mange sur du pain grillé ou comme ingrédient d'un plat° élaboré. Le cassoulet est un plat populaire, préparé à l'origine dans une «cassole°». Les ingrédients varient, mais en général, cette spécialité est composée d'haricots° blancs, de viande° de porc et de canard, de saucisses°, de tomates, d'ail° et d'herbes.

Les monuments

Les arènes de Nîmes

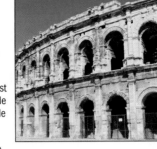

Inspirées du Colisée de Rome, les arènes° de Nîmes, en Languedoc-Roussillon, datent de la fin du premier siècle. C'est l'amphithéâtre le plus grand° de France et le mieux° conservé de l'ère° romaine. Les spectacles de gladiateurs d'autrefois°, appréciés par plus de° 20.000 spectateurs, sont aujourd'hui remplacés° par des corridas° et des spectacles musicaux pour le plaisir de 15.000 spectateurs en été et 7.000 spectateurs en hiver.

Le sport

La pelote basque

L'origine de la pelote est ancienne°: on retrouve des versions du jeu chez les Mayas, les Grecs et les Romains. C'est au Pays Basque, à la frontière° entre la France et l'Espagne, en Aquitaine, que le jeu se transforme en véritable sport. La pelote basque existe sous sept formes différentes; le principe de base est de lancer° une balle en cuir°, la «pelote», contre un mur° avec la «paleta», une raquette en bois°, et le «chistera», un grand gant en osier°.

Les traditions

La langue d'Oc

La langue d'Oc (l'occitan) est une langue romane° née° dans le sud de la France. Cette langue a donné son nom à la région: Languedoc-Roussillon. La poésie lyrique occitane et l'idéologie des troubadours° du Moyen Âge° influencent les valeurs° culturelles et intellectuelles européennes. Il existe plusieurs dialectes de l'occitan. «Los cats fan pas de chins» (les chats ne font pas des chiens) et «la bornicarié porta pas pa a casa» (la beauté n'apporte pas de pain à la maison) sont deux proverbes occitans connus°.

Qu'est-ce que vous avez appris? Répondez aux questions par des phrases complètes.

1. Qui était (*was*) peintre, lithographe et d'origine midi-pyrénéenne?
   Henri de Toulouse-Lautrec était peintre, lithographe et d'origine midi-pyrénéenne.
2. Quel est le surnom (*nickname*) de la grotte de Lascaux?
   Le surnom de la grotte de Lascaux est «la chapelle Sixtine préhistorique».
3. Que trouve-t-on dans la grotte de Lascaux?
   On trouve des peintures et des gravures dans la grotte de Lascaux.
4. Quand mange-t-on du foie gras, en général?
   En général, le foie gras est réservé aux grandes occasions.
5. Quels ingrédients utilise-t-on pour le cassoulet?
   On utilise des haricots blancs, de la viande, des saucisses, des tomates, de l'ail et des herbes.
6. Quand les arènes de Nîmes ont-elles été construites?
   Les arènes de Nîmes datent de la fin du premier siècle.

7. Combien de spectateurs y a-t-il dans les arènes de Nîmes en hiver? Il y a 7.000 personnes dans les arènes de Nîmes en hiver.
8. Quelles civilisations ont une version de la pelote?
   Les civilisations des Mayas, des Romains et des Grecs ont une version de la pelote.
9. Combien de formes différentes de pelote basque y a-t-il?
   Il y a sept formes différentes de pelote basque.
10. Qu'est-ce qui influence les valeurs culturelles et intellectuelles européennes? Ce sont la poésie occitane et l'idéologie des troubadours du Moyen Âge.

ressources

v̂Text

CE pp. 167–168

vhlcentral.com Leçon 6B

Sur Internet

1. Il existe une forme de la pelote basque aux États-Unis. Comment s'appelle ce sport?

2. Cherchez des peintures de la grotte de Lascaux. Quelles sont vos préférées? Pourquoi?

3. Cherchez plus d'informations sur Henri de Toulouse-Lautrec. Avez-vous déjà vu quelques-unes de ses peintures? Où?

Practice more at **vhlcentral.com.**

foie gras *fatted liver of an animal served in the form of a pâté* **sud-ouest** *southwest* **produit** *product* **plat** *dish* **cassole** *pottery dish* **haricots** *beans* **viande** *meat* **saucisses** *sausages* **ail** *garlic* **arènes** *amphitheaters* **le plus grand** *the largest* **le mieux** *the most* **ère** *era* **autrefois** *long ago* **plus de** *more than* **remplacés** *replaced* **corridas** *bullfights* **ancienne** *ancient* **frontière** *border* **lancer** *throw* **cuir** *leather* **mur** *wall* **bois** *wood* **osier** *wicker* **langue romane** *romance language* **née** *born* **troubadours** *minstrels* **Moyen Âge** *Middle Ages* **valeurs** *values* **connus** *well-known*

Le foie gras et le cassoulet
- The raising of geese and ducks for **foie gras** dates back to ancient Egypt, Greece, Rome, and Gaul. There is a rivalry amongst the southwestern regions for the best variety of **cassoulet**. The differences occur mostly in the type of meat used.
- Ask students to name some regional dishes in the United States. Also ask if they know of a dish similar to **cassoulet**.

Les arènes de Nîmes
- Throughout the centuries the amphitheater always remained in use. At one time, residences were built within the arena and during another period it was used as a fortress and refuge. In 1909, it was restored to its original design as an arena for entertainment.
- Have students compare today's amphitheaters or arenas to the amphitheaters of the Romans.

La pelote basque
- The courts, gear, and rules used to play **pelote basque** can vary from village to village. But no matter which variety of the game is played, it is always lively and fast. The speed of the **pelote** can get up to 250–300 km/hr or about 155–186 mph.
- Ask students what sports are similar to **pelote basque**.

La langue d'Oc **La langue d'Oc** is spoken by approximately 1.5 million people in the south of France. Although the Occitan dialects have been influenced by modern French, they still strongly resemble dialects of the Middle Ages in which the phonology and grammar are more closely related to Spanish.

21ˢᵀ CENTURY SKILLS

Information and Media Literacy: Sur Internet Students access and critically evaluate information from the Internet.

EXPANSION

La langue d'Oc The troubadours of southern France were traveling poet-musicians. They wrote and performed courtly love poems or songs for the ladies of the courts in the Occitan dialect Provençal. Eleanor of Aquitaine, a patron of troubadours, used her influence to introduce Provençal poetry at the courts in northern France. This type of poetry thrived in the twelfth and thirteenth centuries, and had a great influence on later lyric poetry.

EXPANSION

Cultural Activity Point out that France and Spain share a border. Ask students to give some examples of cross-cultural influences. (**les corridas à Nîmes, la pelote basque,** or jai-alai, and **la poésie lyrique des troubadours**)

103

Section Goals

In this section, students will:
- learn to recognize word families
- read an invitation to a graduation celebration

Key Standards
1.2, 2.1, 3.2, 5.2

Interpretive reading:
Stratégie Write **inviter** on the board and ask students what it means in English. Next to it, write **invitation** and **invité(e)**, then ask them the meaning of these words. Point out that all three words have the same root and belong to a word family. Explain that recognizing the relationship between a known word and unfamiliar words can help them infer the meaning of words they don't know.

Examinez le texte Tell students to scan the text for the new words and try to guess their meaning based on the root and context before they look them up in the dictionary.

Familles de mots Point out the three categories of words. You might want to tell students to look for the words in the **Vocabulaire** on page 108.

Lecture

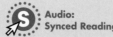 Audio: Synced Reading

Avant la lecture

STRATÉGIE

Recognizing word families

Recognizing related words can help you guess the meaning of words in context, ensuring better comprehension of a reading selection. Using this strategy will enrich your French vocabulary.

Examinez le texte

Voici quelques mots que vous avez déjà appris. Pour chaque mot, trouvez un terme de la même famille dans le texte et utilisez un dictionnaire pour donner son équivalent en anglais.

MODÈLE

ami	_amitié_	_friendship_
1. diplôme	diplômés	graduates
2. commencer	le commencement	beginning
3. sortir	la sortie	exit
4. timide	la timidité	shyness
5. difficile	les difficultés	difficulties
6. préférer	les préférences	preferences

Familles de mots

Avec un(e) partenaire, trouvez le bon mot pour compléter chaque famille de mots. (Note: vous avez appris tous les mots qui manquent (_all the missing words_) dans cette unité et il y a un mot de chaque famille dans le texte.)

MODÈLE

attendre	l'attente	attendu(e)
VERBE	**NOM**	**ADJECTIF**
1. boire	la boisson	bu(e)
2. fêter	la fête	festif/festive
3. vivre	la vie	vif/vive
4. rajeunir	la jeunesse	jeune
5. surprendre	la surprise	surpris(e)
6. répondre	la réponse	répondu(e)

Ça y est,° c'est officie

Bravo, jeunes diplômés°! **C'est le commencement d'une nouvelle vie. Il est maintenant temps de fêter ça!**

Pour faire retomber la pression°, Mathilde, Christophe, Alexandre et Laurence vous invitent à fêter entre amis votre diplôme bien mérité°!

À laisser chez vous:
La timidité, la fatigue, les soucis° et les difficultés des études et de la vie quotidienne° pour une ambiance festive

Quoi d'autre?
Un groupe de musique (le frère de Mathilde et sa bande) va venir° jouer pour nous!

Word Relationships Write these words on the board. At least one form will be familiar to students. Have them discuss the relationship between the words and their meanings. **1. idée, idéal(e), idéaliste, idéalement, idéaliser 2. organiser, organisateur/organisatrice, organisation, organisationnel(le) 3. chanter, chanteur/chanteuse, chansonnette, chanson, chantable**

Party Working in pairs, have students discuss whether or not they would attend a party like the one in the selection. Tell them to talk about the aspects of the activities that they do and do not like. Afterwards, ask them if they have ever attended a similar event and what types of activities were planned for the guests.

À apporter:
Nourriture° et boissons: Chaque invité apporte quelque chose pour le buffet: salades, plats° froids/chauds, fruits, desserts, boissons
Activités: Jeux de cartes, ballons°, autres jeux selon° vos préférences, chaises pliantes°, maillot de bain (pour la piscine), crème solaire
Surprenez-nous!

Quand:
Le samedi 16 juillet (de 16h00 à minuit)

Où:
Chez les parents de Laurence, 14 route des Mines, Allouagne, Nord-Pas-de-Calais

Comment y aller°:
À la sortie d'Allouagne, prenez la route de Lozinghem. Tournez à gauche sur la route des Mines. Le numéro 14 est la grande maison sur la droite. (Nous allons mettre des ballons° de couleurs sur la route pour indiquer l'endroit.)

Au programme:
Faire la fête, bien sûr! Manger (buffet et barbecue), rire, danser et fêter la fin des cours! Attendez-vous à passer un bon moment!

Autres activités:
Activités en plein air° (football, badminton, volley, piscine... et surtout détente°!)

Pour répondre à cette invitation:
Téléphonez à Laurence (avant le 6 juillet, SVP°) au 06.14.55.85.80 ou par e-mail: **laurence@courriel.fr**

Ça y est! *That's it!* **diplômés** *graduates* **faire retomber la pression** *to unwind* **bien mérité** *well deserved* **soucis** *worries* **vie quotidienne** *daily life* **va venir** *is going to come* **Nourriture** *Food* **plats** *dishes* **ballons** *balls* **selon** *depending on* **pliantes** *folding* **y aller** *get there* **ballons** *balloons* **en plein air** *outdoor* **détente** *relaxation* **svp** *please*

Après la lecture

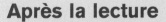

Vrai ou faux? Indiquez si les phrases sont **vraies** ou **fausses**. Corrigez les phrases fausses. Answers may vary slightly.

1. C'est une invitation à une fête d'anniversaire.
   Faux. C'est une invitation pour fêter le diplôme.
2. Les invités vont passer un mauvais moment.
   Faux. Les invités vont passer un bon moment.
3. On va manger des salades et des desserts.
   Vrai.
4. Les invités vont faire toutes les activités dans la maison.
   Faux. Les invités vont faire des activités en plein air.
5. Un groupe de musique va jouer à la fête.
6. La fête commence à 16h00.
   Vrai.

Conseillez Vous êtes Laurence, l'organisatrice de la fête. Les invités veulent (*want*) assister à la fête, mais ils vous contactent pour parler de leurs soucis respectifs. Donnez-leur des conseils (*advice*) pour les mettre à l'aise (*at ease*).
Answers may vary. Suggested answers:

MODÈLE

Isabelle: J'ai beaucoup de soucis cette semaine.
Vous: *Tu vas laisser tes soucis à la maison et venir (*come*) à la fête.*

1. Thomas: Je ne sais (*know*) pas quoi apporter.
   Vous: *Tu vas apporter des boissons gazeuses.*
2. Sarah: Je me perds (*get lost*) facilement quand je conduis.
   Vous: *Tu vas chercher les ballons de couleurs sur la route.*
3. Sylvie: Je ne fais pas de sport.
   Vous: *Tu vas jouer aux cartes et discuter.*
4. Salim: Je veux (*want*) répondre à l'invitation, mais je n'ai pas d'ordinateur.
   Vous: *Tu vas me téléphoner.*
5. Sandra: Je n'aime pas le barbecue.
   Vous: *Tu vas manger des salades.*
6. Véronique: J'aime faire du sport en plein air, mais je n'aime pas le football.
   Vous: *Tu vas faire du badminton et du volley.*

On va à la fête? Vous êtes invité(e) à cette fête et vous allez amener un(e) ami(e). Téléphonez à cet(te) ami(e) (votre partenaire) pour l'inviter. Donnez des détails et répondez aux questions de votre ami(e) sur les hôtes, les invités, les activités de l'après-midi et de la soirée, les choses à apporter, etc.

ressources

v Text

vhlcentral.com
Leçon 6B

Vrai ou faux? Go over the answers with the class. For the false items, have students point out where they found the correct answer in the text.

Conseillez
- This activity can be done in pairs. Remind students to switch roles after items 1–3.
- Have pairs write two more situations for the activity. Then have them exchange papers with another pair and complete the situations.

On va à la fête? After students have completed the activity, take a quick class poll. Ask: **Qui va assister à la fête? Qui ne va pas assister à la fête? Pourquoi?**

On va à la fête? Partner Chat You can also assign Activity **On va à la fête?** on the Supersite. Students work in pairs to record the activity online. The pair's recorded conversation will appear in your gradebook.

 21st CENTURY SKILLS

Creativity and Innovation Ask students to prepare a presentation on the ideal graduation party, inspired by the information on these two pages.

PRE-AP®

Presentational Writing Have students write an invitation to a birthday party, an anniversary party, or a holiday celebration. Tell them to include the name(s) of the host(s); date, time, and place of the event; what is being celebrated; and any other important details. If possible, provide students with examples of other invitations in French to use as models.

EXPANSION

Oral Practice Working in pairs, have students write three content questions based on the reading. When they have finished, have them get together with another pair and take turns asking and answering each other's questions.

Section Goals

In this section, students will:
• learn to report an interview
• learn to conduct an interview

Key Standards

1.3, 3.1, 5.1

Stratégie Play the role of an interviewee. Tell students to interview you about your clothing preferences. Allow recording so students can transcribe the interview. Then choose volunteers to report on the interview, transcribing it verbatim, summarizing it, or summarizing and quoting you occasionally.

Proofreading Activity Have the class correct these sentences.
1. Quand est-ce vous avez achete ces vetements? 2. Cette blouson-la est tres cher, mais c'est parfait. 3. Est-ce que vous déjà avez travaille comme styliste? 4. Vous allez parler moi de votre travail?

Écriture

STRATÉGIE

How to report an interview

There are several ways to prepare a written report about an interview. For example, you can transcribe the interview verbatim, or you can summarize it. In any event, the report should begin with an interesting title and a brief introduction including the five *W*'s (*who, what, when, where, why*) and the *H* (*how*) of the interview. The report should end with an interesting conclusion. Note that when you transcribe a conversation in French, you should pay careful attention to format and punctuation.

Écrire une conversation en français

• Pour indiquer qui parle dans une conversation, on peut mettre le nom de la personne qui parle devant sa phrase.

MONIQUE Lucie, qu'est-ce que tu vas mettre pour l'anniversaire de Julien?

LUCIE Je vais mettre ma robe en soie bleue à manches courtes. Et toi, tu vas mettre quoi?

MONIQUE Eh bien, une jupe en coton et un chemisier, je pense. Ou peut-être mon pantalon en cuir avec... Tiens, tu me prêtes ta chemise jaune et blanche?

LUCIE Oui, si tu me la rends (*return it to me*) dimanche. Elle va avec le pantalon que je vais porter la semaine prochaine.

• On peut aussi commencer les phrases avec des tirets (*dashes*) pour indiquer quand une nouvelle personne parle.

— Qu'est-ce que tu as acheté comme cadeau pour Julien?

— Une cravate noire et violette. Elle est très jolie. Et toi?

— Je n'ai pas encore acheté son cadeau. Des lunettes de soleil peut-être?

— Oui, c'est une bonne idée! Et il y a des soldes à Saint-Louis Lunettes.

Thème

Écrire une interview

Avant l'écriture

1. Clarisse Deschamps est une styliste suisse. Elle dessine des vêtements pour les jeunes et va présenter sa nouvelle collection sur votre campus. Vous allez interviewer Clarisse pour le journal de votre lycée.

Préparez une liste de questions à poser à Clarisse Deschamps sur sa nouvelle collection. Vous pouvez (*can*) poser des questions sur:

- les types de vêtements
- les couleurs
- le style
- les prix

Quoi?	1. 2.
Comment?	1. 2.
Pour qui?	1. 2.
Combien?	1. 2.
Pourquoi?	1. 2.
Où?	1. 2.
Quand?	1. 2.

TEACHING OPTIONS

Avant l'écriture As a preparation, have each student write a short paragraph or list of their ideas about Clarisse Deschamps. What is she like? What does she look like? What kinds of clothes does she like and dislike? Have them write a short profile to use when they write the answers.

Once students have written the answers, discuss various techniques they can use to organize their information. One way is to go back to the chart they used to ask their questions and add the answers to it. Another is to prioritize by level of interest, with the most interesting information first. Ask students if they have other ideas on how to organize their facts.

2. Une fois que vous avez rempli (*filled out*) le tableau (*chart*), choisissez les questions à poser pendant (*during*) l'interview.

3. Une fois (*Once*) vos questions finalisées, notez les réponses. Ensuite (*Then*), organisez les informations en catégories telles que (*such as*) les types de vêtements, les couleurs et les styles, la clientèle, le prix, etc.

Écriture

Écrivez un compte rendu (*report*) de l'interview.

- Commencez par une courte introduction.

  MODÈLE *Voici une interview de Clarisse Deschamps, styliste suisse.*

- Résumez (*Summarize*) les informations obtenues (*obtained*) pour chaque catégorie et présentez ces éléments de manière cohérente. Citez la personne interviewée au moins deux fois (*at least twice*).

  MODÈLE *Je lui ai demandé: —Quel genre de vêtements préférez-vous porter pour sortir?*
  Elle m'a répondu: —Moi, je préfère porter une robe noire. C'est très élégant.

- Terminez par une brève (*brief*) conclusion.

  MODÈLE *On vend la collection de Clarisse Deschamps à Vêtements & Co à côté du lycée. Cette semaine, il y a des soldes!*

Tête-à-tête avec Clarisse Deschamps

Voici une interview de Clarisse Deschamps, styliste suisse.

Je lui ai demandé:
- Quel genre de vêtements préférez-vous porter pour sortir?
Elle m'a répondu:
- Moi, je préfère porter une robe noire. C'est très élégant...

On vend la collection de Clarisse Deschamps à Vêtements & Co dans le magasin qui est à côté de notre lycée. Cette semaine, il y a des soldes!

Après l'écriture

1. Échangez votre compte rendu avec celui (*the one*) d'un(e) partenaire. Répondez à ces questions pour commenter son travail.

- Votre partenaire a-t-il/elle organisé les informations en plusieurs catégories?

- A-t-il/elle inclu au moins deux citations (*quotes*) dans son compte rendu?

- A-t-il/elle utilisé le bon style pour écrire les citations?

- A-t-il/elle utilisé les bonnes formes verbales?

2. Corrigez votre compte rendu d'après (*according to*) les commentaires de votre partenaire. Relisez votre travail pour éliminer ces problèmes:

- des fautes (*errors*) d'orthographe

- des fautes de ponctuation

- des fautes de conjugaison

- des fautes d'accord (*agreement*) des adjectifs

- un mauvais emploi (*use*) de la grammaire

ressources

v̂ Text

vhlcentral.com
Leçon 6B

EVALUATION

Criteria
Content Contains all the information included in bulleted list of tasks.
Scale: 1 2 3 4 5

Organization Includes a short introduction, a 10-12 line conversation that represents the interview and a brief conclusion.
Scale: 1 2 3 4 5

Accuracy Uses forms of the **passé composé** (when applicable) and new unit verbs correctly. Spells words, conjugates verbs, and modifies adjectives correctly throughout.
Scale: 1 2 3 4 5

Creativity The student includes additional information that is not included in the task and/or creates a conversation that is longer than 10-12 lines.
Scale: 1 2 3 4 5

Scoring
Excellent	18–20 points
Good	14–17 points
Satisfactory	10–13 points
Unsatisfactory	< 10 points

21ˢᵗ CENTURY SKILLS

Productivity and Accountability
Provide the rubric to students before they hand their work in for grading. Ask students to make sure they have met the highest standard possible on the rubric before submitting their work

Les vêtements

aller avec	to go with
porter	to wear
un anorak	ski jacket; parka
des baskets (f.)	tennis shoes
un blouson	jacket
une casquette	(baseball) cap
une ceinture	belt
un chapeau	hat
une chaussette	sock
une chaussure	shoe
une chemise (à manches courtes/longues)	shirt (short-/long-sleeved)
un chemisier	blouse
un costume	(man's) suit
une cravate	tie
une écharpe	scarf
un gant	glove
un jean	jeans
une jupe	skirt
des lunettes (de soleil) (f.)	(sun)glasses
un maillot de bain	swimsuit, bathing suit
un manteau	coat
un pantalon	pants
un pull	sweater
une robe	dress
un sac à main	purse, handbag
un short	shorts
un sous-vêtement	underwear
une taille	clothing size
un tailleur	(woman's) suit; tailor
un tee-shirt	tee shirt
des vêtements (m.)	clothing
des soldes (m.)	sales
un vendeur/ une vendeuse	salesman/ saleswoman
bon marché	inexpensive
chaque	each
cher/chère	expensive
large	loose; big
serré(e)	tight

ressources

vText

vhlcentral.com
Unité 6

Les fêtes

faire la fête	to party
faire une surprise (à quelqu'un)	to surprise (someone)
fêter	to celebrate
organiser une fête	to organize a party
une bière	beer
un biscuit	cookie
un bonbon	candy
le champagne	champagne
un dessert	dessert
un gâteau	cake
la glace	ice cream
un glaçon	ice cube
le vin	wine
un cadeau	gift
une fête	party; celebration
un hôte/une hôtesse	host(ess)
un(e) invité(e)	guest
un jour férié	holiday
une surprise	surprise

Périodes de la vie

l'adolescence (f.)	adolescence
l'âge adulte (m.)	adulthood
un divorce	divorce
l'enfance (f.)	childhood
une étape	stage
l'état civil (m.)	marital status
la jeunesse	youth
un mariage	marriage; wedding
la mort	death
la naissance	birth
la vie	life
la vieillesse	old age
prendre sa retraite	to retire
tomber amoureux/ amoureuse	to fall in love
avant-hier	the day before yesterday
hier	yesterday

Expressions utiles	See pp. 71 and 89.
Demonstrative adjectives	See p. 74.
Indirect object pronouns	See p. 92.
Disjunctive pronouns	See p. 93.

Les relations

l'amitié (f.)	friendship
l'amour (m.)	love
le bonheur	happiness
un couple	couple
un(e) fiancé(e)	fiancé
des jeunes mariés (m.)	newlyweds
un rendez-vous	date; appointment
ensemble	together

Les couleurs

De quelle couleur...?	In what color...?
blanc(he)	white
bleu(e)	blue
gris(e)	gray
jaune	yellow
marron	brown
noir(e)	black
orange	orange
rose	pink
rouge	red
vert(e)	green
violet(te)	purple; violet

Verbes en –re

attendre	to wait
conduire	to drive
construire	to build; to construct
descendre (de)	to go down; to get off; to take down
détruire	to destroy
entendre	to hear
mettre	to put (on); to place
perdre (son temps)	to lose (to waste one's time)
permettre	to allow
produire	to produce
promettre	to promise
réduire	to reduce
rendre (à)	to give back; to return (to)
rendre visite (à)	to visit someone
répondre (à)	to respond; to answer (to)
rire	to laugh
sourire	to smile
traduire	to translate
vendre	to sell

En vacances

Pour commencer

- Indiquez les couleurs qu'on voit (sees) sur la photo.
- Quel temps fait-il? C'est quelle saison, à votre avis?
- Où a été prise cette photo? Dans un hôtel à la plage? Dans une maison de campagne? À la montagne?
- Avez-vous envie de passer vos vacances dans cet endroit? Pourquoi ou pourquoi pas?

Unit Goals

Leçon 7A

In this lesson, students will learn:
- terms for travel and vacation
- names of countries and nationalities
- the role of diacriticals
- about Tahiti and **le musée d'Orsay**
- more about transportation and lodging through specially shot video footage
- the **passé composé** with **être**
- direct object pronouns
- about the Trivago hotel booking website

Leçon 7B

In this lesson, students will learn:
- terms related to hotels and accommodations
- ordinal numbers
- expressions for sequencing events
- the pronunciation of **ti**, **sti**, and **ssi**
- how and where the French vacation
- the formation and usage of adverbs
- the **imparfait**
- to recognize the genre of spoken discourse

Savoir-faire

In this section, students will learn:
- cultural and historical information about the French regions of **Provence-Alpes-Côte d'Azur** and **Rhône-Alpes**
- to predict the content of a text from its title
- to make an outline
- to write a brochure

Pour commencer

- **On voit du bleu, du violet, du vert, de l'orange.**
- **Il fait beau et chaud. Le ciel est bleu et il y a du soleil. C'est l'été.**
- **Dans un hôtel à la plage.**
- **Answers will vary.**

INSTRUCTIONAL RESOURCES

Student Resources
Print: Student Book, Workbook (*Cahier de l'élève*)
Supersite: vhlcentral.com, v̂Text, eCahier, Audio, Video, Practice

Teacher Resources
Print: Teacher's Edition, Answer Keys, Testing Program
Technology: Audio MP3s on CD (Textbook, Testing Program, Audio Program), Video Program DVD (*Roman-photo, Flash culture*)

Supersite: vhlcentral.com, Activity Pack, Middle School Activity Pack, Lesson Plans, Grammar Tutorials, Grammar Slides, Testing Program, Audio and Video Scripts, Answer Key, Audio MP3s, Streaming Video (*Roman-photo, Flash culture, Le Zapping*), Digital Image Bank, Learning Management System (Gradebook, Assignments)

VOICE BOARD

Voice boards on the Supersite allow you and your students to record and share up to five minutes of audio. Use voice boards for presentations, oral assessments, discussions, directions, etc.

Section Goals

In this section, students will learn and practice vocabulary related to:
• travel and vacations
• names of countries and nationalities

Key Standards
1.1, 1.2, 4.1

Student Resources
Cahier de l'élève, pp. 169–171; Supersite: Activities, *eCahier*

Teacher Resources
Answer Keys; Digital Image Bank; Audio Script; Textbook & Audio Activity MP3s/CD; Activity Pack; Testing program: Vocabulary Quiz

Suggestions

• Use the digital image for this page and describe what the people are doing. Examples: **Cette femme achète un billet. Cet homme utilise un plan.**
• Ask students questions about travel and transportation using the vocabulary. **Aimez-vous voyager? Comment préférez-vous voyager? Aimez-vous prendre le train? Aimez-vous prendre l'avion? Préférez-vous rouler en voiture ou prendre l'autobus? Quels pays avez-vous visités?** At this time, introduce additional countries, states, provinces, and their prepositions as needed.
• Point out that **faire des achats** also means *to go shopping*.
• Point out that **un (auto)bus** is a local bus; a bus that goes from town to town is **un (auto)car**.
• Point out that **les vacances** is always plural.
• Tell students that **un plan** is a city or town map; **une carte** is a map of a larger area, such as a region or country.
• Explain that the word **un ticket** is used for a bus, subway, or other small ticket. A plane or train ticket or a ticket to an event, such as a concert, is called **un billet**.

You will learn how to...
- describe trips you have taken
- tell where you went

Audio: Vocabulary Practice
My Vocabulary

Bon voyage!

Vocabulaire

faire du shopping	to go shopping
faire les valises	to pack one's bags
faire un séjour	to spend time (somewhere)
partir en vacances	to go on vacation
prendre un train (un taxi, un (auto)bus, un bateau)	to take a train (taxi, bus, boat)
rouler en voiture	to ride in a car
un aéroport	airport
un arrêt d'autobus (de bus)	bus stop
un billet aller-retour	round-trip ticket
un billet (d'avion, de train)	(plane, train) ticket
un (jour de) congé	day off
une douane	customs
une gare (routière)	train station (bus terminal)
une station (de métro)	(subway) station
une station de ski	ski resort
un ticket (de bus, de métro)	(bus, subway) ticket
des vacances (f.)	vacation
un vol	flight
à l'étranger	abroad, overseas
la campagne	country(side)
une capitale	capital
un pays	country
(en/l') Allemagne (f.)	(to/in) Germany
(en/l') Angleterre (f.)	(to/in) England
(en/la) Belgique (belge)	(to/in) Belgium (Belgian)
(au/le) Brésil (brésilien(ne))	(to/in) Brazil (Brazilian)
(en/la) Chine (chinois(e))	(to/in) China (Chinese)
(en/l') Irlande (irlandais(e)) (f.)	(to/in) Ireland (Irish)
(en/l') Italie (f.)	(to/in) Italy
(au/le) Japon	(to/in) Japan
(en/la) Suisse	(to/in) Switzerland

ressources

v̂Text

CE pp. 169–171

vhlcentral.com
Leçon 7A

une sortie
Il utilise un plan. (utiliser)
la plage
le soleil!
Elle bronze. (bronzer)
la mer
les gens (m.)
Le Figaro
le journal

EXPANSION

Oral Drill Call out names of countries and nationalities at random, including adjectives of nationality from previous lessons. Have students classify them as either **un pays** or **une nationalité**. You might want to list the words on the board in two columns or have students write them on the board.

TEACHING OPTIONS

Using Games Write vocabulary for means of transportation on index cards. On another set of cards, draw or paste pictures to match each term. Tape them face down on the board in random order. Divide the class into two teams. Play a game of Concentration in which students match words with pictures. When a match is made, that player's team collects those cards. When all pairs have been matched, the team with the most cards wins.

Mise en pratique

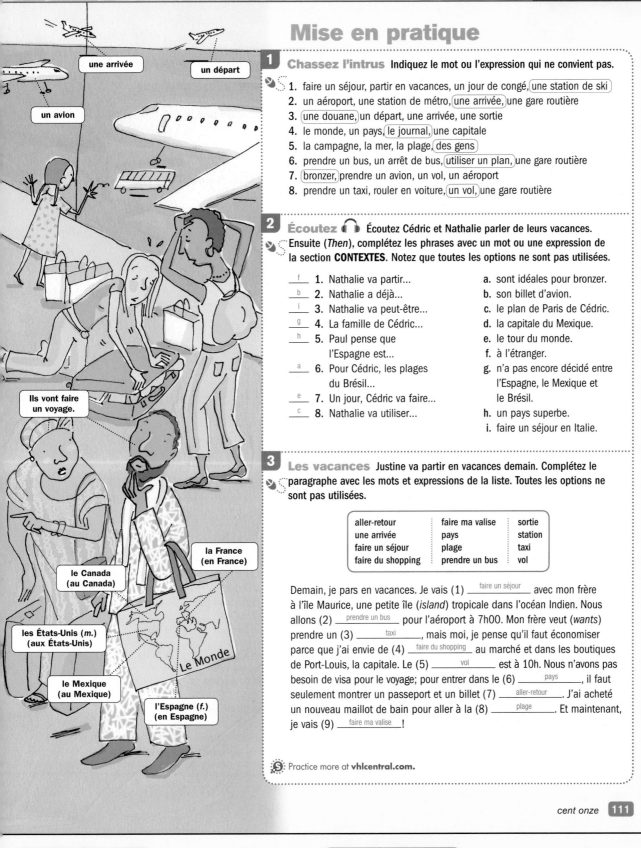

1 **Chassez l'intrus** Indiquez le mot ou l'expression qui ne convient pas.

1. faire un séjour, partir en vacances, un jour de congé, une station de ski
2. un aéroport, une station de métro, une arrivée, une gare routière
3. une douane, un départ, une arrivée, une sortie
4. le monde, un pays, le journal, une capitale
5. la campagne, la mer, la plage, des gens
6. prendre un bus, un arrêt de bus, utiliser un plan, une gare routière
7. bronzer, prendre un avion, un vol, un aéroport
8. prendre un taxi, rouler en voiture, un vol, une gare routière

2 **Écoutez** Écoutez Cédric et Nathalie parler de leurs vacances. Ensuite (*Then*), complétez les phrases avec un mot ou une expression de la section **CONTEXTES**. Notez que toutes les options ne sont pas utilisées.

_f_ 1. Nathalie va partir...
_b_ 2. Nathalie a déjà...
_i_ 3. Nathalie va peut-être...
_g_ 4. La famille de Cédric...
_h_ 5. Paul pense que l'Espagne est...
_a_ 6. Pour Cédric, les plages du Brésil...
_e_ 7. Un jour, Cédric va faire...
_c_ 8. Nathalie va utiliser...

a. sont idéales pour bronzer.
b. son billet d'avion.
c. le plan de Paris de Cédric.
d. la capitale du Mexique.
e. le tour du monde.
f. à l'étranger.
g. n'a pas encore décidé entre l'Espagne, le Mexique et le Brésil.
h. un pays superbe.
i. faire un séjour en Italie.

3 **Les vacances** Justine va partir en vacances demain. Complétez le paragraphe avec les mots et expressions de la liste. Toutes les options ne sont pas utilisées.

aller-retour	faire ma valise	sortie
une arrivée	pays	station
faire un séjour	plage	taxi
faire du shopping	prendre un bus	vol

Demain, je pars en vacances. Je vais (1) _faire un séjour_ avec mon frère à l'île Maurice, une petite île (*island*) tropicale dans l'océan Indien. Nous allons (2) _prendre un bus_ pour l'aéroport à 7h00. Mon frère veut (*wants*) prendre un (3) _taxi_, mais moi, je pense qu'il faut économiser parce que j'ai envie de (4) _faire du shopping_ au marché et dans les boutiques de Port-Louis, la capitale. Le (5) _vol_ est à 10h. Nous n'avons pas besoin de visa pour le voyage; pour entrer dans le (6) _pays_, il faut seulement montrer un passeport et un billet (7) _aller-retour_. J'ai acheté un nouveau maillot de bain pour aller à la (8) _plage_. Et maintenant, je vais (9) _faire ma valise_!

Practice more at **vhlcentral.com**.

cent onze **111**

4 Suggestion After completing this activity in pairs, combine pairs of students to form groups of four. Have students share what they learned about their partners with the other pair.

4 Virtual Chat You can also assign Activity 4 on the Supersite. Students record individual responses that appear in your gradebook.

4 Expansion Ask each student question 8 using the **vous** form: **Dans quel pays avez-vous envie de voyager?** Accept simple answers like **la France**. Follow up each answer by asking **Pourquoi?**

5 Suggestion Ask volunteers to write their descriptions on the board.

6 Suggestion Before distributing the Info Gap Handouts from the Activity Pack, you might want to brainstorm some questions that will elicit the missing information and write them on the board.

7 Suggestion Have students exchange letters for peer editing. Editors should make sure all required elements are included in the letter and underline, rather than correct, grammar and spelling errors.

21ˢᵀ CENTURY SKILLS

7 Collaboration
If you have access to students in a Francophone country, ask them to write a similar letter following the same instructions. Your students will use this letter as a model.

Communication

4 Répondez Avec un(e) partenaire, posez-vous ces questions et répondez-y (*them*) à tour de rôle. Answers will vary.

1. Où pars-tu en vacances cette année? Quand?
2. Quand fais-tu tes valises? Avec combien de valises voyages-tu?
3. Préfères-tu la mer, la campagne ou les stations de ski?
4. Comment vas-tu à l'aéroport? Prends-tu l'autobus? Le métro?
5. Quelles sont tes vacances préférées?
6. Quand utilises-tu un plan?
7. Quel est ton pays favori? Pourquoi?
8. Dans quel(s) pays as-tu envie de voyager?

5 Décrivez Avec un(e) partenaire, écrivez (*write*) une description des images. Donnez autant de (*as many*) détails que possible. Ensuite (*Then*), rejoignez un autre groupe et lisez vos descriptions. L'autre groupe doit deviner (*must guess*) quelle image vous décrivez (*describe*). Answers will vary.

1.

2.

3.

4.

5.

6.

6 Conversez Votre professeur va vous donner, à vous et à votre partenaire, une feuille d'activités. L'un de vous est un(e) client(e) qui a besoin de faire une réservation pour des vacances, l'autre est l'agent de voyages. Travaillez ensemble pour finaliser la réservation et compléter vos feuilles respectives. Attention! Ne regardez pas la feuille de votre partenaire. Answers will vary.

7 Un voyage Vous allez faire un voyage en Europe et rendre visite à votre cousin, Jean-Marc, qui étudie en Belgique. Écrivez-lui (*Write him*) une lettre et utilisez les mots de la liste. Answers will vary.

un aéroport	la France
la Belgique	prendre un taxi
un billet	la Suisse
faire un séjour	un vol
faire les valises	un voyage

- Parlez des détails de votre départ.
- Expliquez votre tour d'Europe.
- Organisez votre arrivée en Belgique.
- Parlez de ce que (*what*) vous allez faire ensemble.

TEACHING OPTIONS

Word Games Have students work in groups of three to write riddles about people, places, or objects from **Contextes**. For each riddle, the group must come up with at least three hints or descriptions. Have students from each group read hints to the rest of the class. Example: **Je suis fait de papier. Je suis souvent en noir et blanc. Je vous donne beaucoup d'informations. (Je suis un journal.)**

TEACHING OPTIONS

Using Games Write **Dans quel pays parle-t-on…?** on the board. Have students stand. Toss a beanbag to a student and ask where a language is spoken. The player has four seconds to name a country. He or she then tosses the beanbag to a classmate and asks where a language is spoken. Players who cannot think of a country in time are eliminated. Languages may be repeated, but countries may not. The last person standing wins.

Les sons et les lettres

 Audio: Explanation
Record & Compare

🎧 **Diacriticals for meaning**

Some French words with different meanings have nearly identical spellings except for a diacritical mark (*accent*). Sometimes a diacritical does not affect pronunciation at all.

ou	**où**	**a**	**à**
or	*where*	*has*	*to, at*

Sometimes, you can clearly hear the difference between the words.

côte	**côté**	**sale**	**salé**
coast	*side*	*dirty*	*salty*

Very often, two similar-looking words are different parts of speech. Many similar-looking word pairs are those with and without an **-é** at the end.

âge	**âgé**	**entre**	**entré (entrer)**
age (n.)	*elderly* (adj.)	*between* (prep.)	*entered* (p.p.)

In such instances, context should make their meaning clear.

Tu as quel âge?
How old are you? / What is your age?

C'est un homme âgé.
He's an elderly man.

🔊 **Prononcez** Répétez les mots suivants à voix haute.

1. la (*the*)   là (*there*)
2. êtes (*are*)   étés (*summers*)
3. jeune (*young*)   jeûne (*fasting*)
4. pêche (*peach*)   pêché (*fished*)

🔊 **Articulez** Répétez les phrases suivantes à voix haute.

1. J'habite dans une ferme (*farm*).
   Le magasin est fermé (*closed*).
2. Les animaux mangent du maïs (*corn*).
   Je suis suisse, mais il est belge.
3. Est-ce que tu es prête?
   J'ai prêté ma voiture (*car*) à Marcel.
4. La lampe est à côté de la chaise.
   J'adore la côte ouest de la France.

C'est un prêté pour un rendu.²

🔊 **Dictons** Répétez les dictons à voix haute.

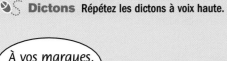

À vos marques, prêts, partez! ¹

ressources

v̂Text

CE
p. 172

vhlcentral.com
Leçon 7A

¹ On your mark, get set, go!
² One good turn deserves another. (lit. *It is one loaned for one returned.*)

cent treize **113**

113

Section Goals

In this section, students will learn functional phrases for talking about vacations.

Key Standards

1.2, 2.1, 2.2, 4.1, 4.2

Student Resources
Cahier de l'élève, pp. 173–174;
Supersite: Activities,
eCahier

Teacher Resources
Answer Keys; Video Script & Translation; *Roman-photo* video

Video Recap: Leçon 6B
Before doing this **Roman-photo**, review the previous one with this activity.

1. _____ a fêté ses dix-huit ans. (Stéphane)
2. _____ a fait un gâteau d'anniversaire. (Sandrine)
3. _____ a visité Paris avec ses parents. (David)
4. _____ a fait une jupe originale. (Amina)
5. _____ ont donné une montre à Stéphane. (Rachid et Astrid)
6. _____ lui a donné un blouson en cuir noir. (Valérie)

Video Synopsis At the train station, David tells Rachid about his trip to Paris. At the café, he tells Stéphane about his trip and that he loved the museums. Stéphane wants to go to Tahiti. David gives Stéphane sunglasses for his birthday. When Sandrine hears about David's trip, she remembers she needs to make reservations for her ski trip to Albertville.

Suggestions
• Ask students to read the title, glance at the video stills, and predict what the episode will be about. Record their predictions.
• Have students read the **Roman-photo** aloud in groups of four.
• Point out the expressions **bon voyage** and **bon séjour**. Explain that **un voyage** refers to travel to and from a destination; **un séjour** is extended time spent at the place itself.
• Review predictions and ask which ones were correct.

De retour au P'tit Bistrot

 Video: *Roman-photo*
Record & Compare

PERSONNAGES

David

Rachid

Sandrine

Stéphane

À la gare...
RACHID Tu as fait bon voyage?
DAVID Salut! Excellent, merci.
RACHID Tu es parti pour Paris avec une valise et te voici avec ces énormes sacs en plus!
DAVID Mes parents et moi sommes allés aux Galeries Lafayette. On a acheté des vêtements et des trucs pour l'appartement aussi.

RACHID Ah ouais?
DAVID Mes parents sont arrivés des États-Unis jeudi soir. Ils ont pris une chambre dans un bel hôtel, tout près de la tour Eiffel.
RACHID Génial!
DAVID Moi, je suis arrivé à la gare vendredi soir. Et nous sommes allés dîner dans une excellente brasserie. Mmm!

DAVID Samedi, on a pris un bateau-mouche sur la Seine. J'ai visité un musée différent chaque jour: le musée du Louvre, le musée d'Orsay...
RACHID En résumé, tu as passé de bonnes vacances dans la capitale... Bon, on y va?
DAVID Ah, euh, oui, allons-y!

STÉPHANE Pour moi, les vacances idéales, c'est un voyage à Tahiti. Ahhh... la plage, et moi un maillot de bain avec des lunettes de soleil... et les filles en bikini!
DAVID Au fait, je n'ai pas oublié ton anniversaire.
STÉPHANE Ouah! Super, ces lunettes de soleil! Merci, David, c'est gentil.

DAVID Désolé de ne pas avoir été là pour ton anniversaire, Stéphane. Alors, ils t'ont fait la surprise?
STÉPHANE Oui, et quelle belle surprise! J'ai reçu des cadeaux trop cool. Et le gâteau de Sandrine, je l'ai adoré.
DAVID Ah, Sandrine... elle est adorable... Euh, Stéphane, tu m'excuses une minute?

DAVID Coucou! Je suis de retour!
SANDRINE Oh! Salut, David. Alors, tu as aimé Paris?
DAVID Oui! J'ai fait plein de choses... de vraies petites vacances! On a fait...

A C T I V I T É S

1 **Les événements** Mettez ces événements dans l'ordre chronologique.

_1_ a. Rachid va chercher David.
_6_ b. Stéphane parle de son anniversaire.
_10_ c. Sandrine va faire une réservation.
_5_ d. David donne un cadeau à Stéphane.
_2_ e. Rachid mentionne que David a beaucoup de sacs.
_7_ f. Stéphane met les lunettes de soleil.
_4_ g. Stéphane décrit (*describes*) ses vacances idéales.
_8_ h. David parle avec Sandrine.
_9_ i. Sandrine pense à ses vacances.
_3_ j. Rachid et David repartent en voiture.

 Practice more at **vhlcentral.com**.

TEACHING OPTIONS

De retour au P'tit Bistrot Before viewing the video episode **De retour au P'tit Bistrot**, have pairs of students make a list of things someone might say when describing a trip and talking about means of transportation.

TEACHING OPTIONS

Regarder la vidéo Download and print the videoscript on the Supersite, and white out words related to travel and transportation. Distribute the scripts to pairs or groups to complete as cloze paragraphs as they watch the video.

David parle de ses vacances.

STÉPHANE Alors, ces vacances? Tu as fait un bon séjour?
DAVID Oui, formidable!
STÉPHANE Alors, vous êtes restés combien de temps à Paris?
DAVID Quatre jours. Ce n'est pas très long, mais on a visité pas mal d'endroits.
STÉPHANE Comment est-ce que vous avez visité la ville? En voiture?

DAVID En voiture!? Tu es fou! On a pris le métro, comme tout le monde.
STÉPHANE Tes parents n'aiment pas conduire?
DAVID Si, à la campagne, mais pas en ville, surtout une ville comme Paris. On a visité les monuments, les musées...
STÉPHANE Et Monsieur l'artiste a aimé les musées de Paris?
DAVID Je les ai adorés!

SANDRINE Oh! Des vacances!
DAVID Oui... Des vacances? Qu'est-ce qu'il y a?
SANDRINE Je vais à Albertville pour les vacances d'hiver. On va faire du ski!

SANDRINE Est-ce que tu skies?
DAVID Un peu, oui...
SANDRINE Désolée, je dois partir. J'ai une réservation à faire! Rendez-vous ici demain, David. D'accord? Ciao!

Expressions utiles

Talking about vacations

- **Tu es parti pour Paris avec une valise et te voici avec ces énormes sacs en plus!**
  You left for Paris with one suitcase and here you are with these huge extra bags!
- **Nous sommes allés aux Galeries Lafayette.**
  We went to the Galeries Lafayette.
- **On a acheté des trucs pour l'appartement aussi.**
  We also bought some things for the apartment.
- **Moi, je suis arrivé à la gare vendredi soir et nous sommes allés dîner.**
  I got to/arrived at the station Friday night and we went to dinner.
- **On a pris un bateau-mouche sur la Seine.**
  We took a sightseeing boat on the Seine.
- **Vous êtes restés combien de temps à Paris?**
  How long did you stay in Paris?
- **On a pris le métro, comme tout le monde.**
  We took the subway, like everyone else.
- **J'ai fait plein de choses.**
  I did a lot of things.
- **Les musées de Paris, je les ai adorés!**
  The museums in Paris, I loved them!

Additional vocabulary

- **Alors, ils t'ont fait la surprise?**
  So, they surprised you?
- **J'ai reçu des cadeaux trop cool.**
  I got the coolest gifts.
- **Le gâteau, je l'ai adoré.**
  I loved the cake.
- **Tu m'excuses une minute?**
  Would you excuse me a minute?
- **Oui, formidable!**
  Yes, wonderful!
- **Qu'est-ce qu'il y a?**
  What is the matter?
- **Désolé(e), je dois partir.**
  Sorry, I have to leave.

Expressions utiles

- Model the pronunciation of the **Expressions utiles** and have students repeat them after you.
- Draw attention to expressions with direct object pronouns and the **passé composé** with **être** in the video still captions, in the **Expressions utiles** box, and as they occur in your conversation with students. Point out that this material will be formally presented in **Structures**.
- Respond briefly to questions about direct object pronouns and the **passé composé** with **être**. Reinforce correct forms, but do not expect students to produce them consistently at this time.
- Point out that **cool** is invariable since it is an adopted word.
- Point out to students that the word **formidable** is a **faux ami**, meaning *wonderful*, not *formidable*.
- Remind students that **désolée** in the last sentence is feminine because Sandrine is talking about herself. A man would say, **(je suis) désolé**.

1 Suggestion Form several groups of five students. Write each of these sentences on individual strips of paper and distribute them among the students in each group (two per student). Copy a set of sentences for each group. Have students read their sentences aloud in the proper order.

1 Expansion Have students write sentences to fill in parts of the story not mentioned in this activity.

2 Expansion Give students time to write out their answers to these questions. Then ask volunteers to write them on the board.

3 Suggestion Before starting this activity, review vocabulary for weather, clothing, and activities by asking questions. Examples: **Quel temps fait-il à Paris en été? à Albertville en hiver? Qu'est-ce que vous aimez faire à la plage? à la montagne? Qu'est-ce que vous mettez quand il fait chaud? quand il fait froid?**

---

2 Questions Répondez aux questions. *Answers may vary slightly.*

1. David est parti pour Paris avec combien de valises? À son retour (*Upon his return*), est-ce qu'il a le même nombre de valises?
   Il est parti avec une valise. Non, à son retour, il a des sacs en plus.
2. Qu'est-ce que David a fait pour ses vacances?
   Il a visité Paris avec ses parents.
3. Qu'est-ce que David donne à Stéphane comme cadeau d'anniversaire? Stéphane aime-t-il le cadeau?
   Il donne des lunettes de soleil à Stéphane. Oui, Stéphane aime beaucoup le cadeau.
4. Quelles sont les vacances idéales de Stéphane? *C'est un voyage à Tahiti.*
   Stéphane est à la plage en maillot de bain avec des lunettes de soleil.
5. Qu'est-ce que Sandrine va faire pour ses vacances d'hiver?
   Elle va faire du ski à Albertville.

3 Écrivez Imaginez: vous êtes David, Stéphane ou Sandrine et vous allez en vacances à Paris, Tahiti ou Albertville. Écrivez un e-mail à Valérie. Quel temps fait-il? Où est-ce que vous séjournez? Quels vêtements est-ce que vous avez apportés? Qu'est-ce que vous faites chaque jour?

ressources

vText

CE pp. 173–174

vhlcentral.com Leçon 7A

A C T I V I T É S

cent quinze **115**

EXPANSION

Les bateaux-mouches Touring by **bateau-mouche** is an excellent way to see the famous sights along the River Seine. Tourists can listen to narrations in various languages as they pass by **la cathédrale de Notre-Dame**, **la Conciergerie**, under the ornate **pont Alexandre III**, under the oldest bridge in Paris **le Pont Neuf**, **la tour Eiffel**, and even a miniature version of the **statue de la Liberté**.

PRE-AP®

Interpersonal Speaking Have students work in groups of four to prepare a skit to present to the class. In the skit, the group of friends is on vacation and decides what they feel like doing. Tell them to describe what city they are visiting and explain what activities they want to do while they are visiting the city.

Reading
Video: *Flash culture*

CULTURE À LA LOUPE

Tahiti

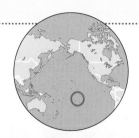

Tahiti, dans le sud° de l'océan Pacifique, est la plus grande île° de la Polynésie française. Elle devient° un protectorat français en 1842, puis° une colonie française en 1880. Depuis 1959, elle fait partie de la collectivité d'outre-mer° de Polynésie française. Les langues officielles de Tahiti sont le français et le tahitien.

Le tourisme est une source d'activité très importante pour l'île. Ses hôtels de luxe et leurs fameux bungalows sur l'eau accueillent° près de 200.000 visiteurs par an. Les touristes apprécient Tahiti pour son climat chaud, ses plages superbes et sa culture riche en traditions. À Tahiti, il y a la possibilité de faire toutes sortes d'activités aquatiques comme du bateau, de la pêche, de la planche à voile ou de la plongée°. On peut aussi faire des randonnées en montagne ou explorer les nombreux lagons bleus de l'île. Si on n'a pas envie de faire de sport, on peut se détendre° dans un spa, bronzer à la plage ou se promener° sur l'île. Papeete, capitale de la Polynésie française et ville principale de Tahiti, offre de bons restaurants, des boîtes de nuit, des boutiques variées et un marché.

sud *south* **la plus grande île** *the largest island* **devient** *becomes* **puis** *then* **collectivité d'outre-mer** *overseas territory* **accueillent** *welcome* **plongée** *scuba diving* **se détendre** *relax* **se promener** *go for a walk*

Coup de main

Si introduces a hypothesis. It may come at the beginning or at the middle of a sentence.

si + *subject* + *verb* + *subject* + *verb*

Si on n'a pas envie de faire de sport, on peut se détendre dans un spa.

subject + *verb* + **si** + *subject* + *verb*

On peut se détendre dans un spa si on n'a pas envie de faire de sport.

A C T I V I T É S

1 **Répondez** Répondez aux questions par des phrases complètes.

1. Où est Tahiti?
   Tahiti est dans le sud de l'océan Pacifique.
2. Quand est-ce que Tahiti devient une colonie française?
   Tahiti devient une colonie en 1880.
3. De quoi fait partie Tahiti?
   Tahiti fait partie de la collectivité d'outre-mer de Polynésie française.
4. Quelles langues parle-t-on à Tahiti?
   On parle français et tahitien.
5. Quelle particularité ont les hôtels de luxe à Tahiti?
   Les hôtels de luxe ont des bungalows sur l'eau.

6. Combien de personnes par an visitent Tahiti?
   Près de 200.000 touristes par an visitent Tahiti.
7. Pourquoi est-ce que les touristes aiment visiter Tahiti? Les touristes aiment visiter Tahiti parce qu'il fait chaud et parce que les plages sont superbes.
8. Quelles sont deux activités sportives que les touristes aiment faire à Tahiti?
   Answers may vary. Possible answer: Ils aiment faire du bateau et de la plongée.
9. Comment s'appelle la ville principale de Tahiti?
   La ville principale de Tahiti s'appelle Papeete.
10. Où va-t-on à Papeete pour acheter un cadeau pour un ami?
    On va au marché ou dans les boutiques.

116   *cent seize*

LE FRANÇAIS QUOTIDIEN

À la gare

contrôleur	*ticket inspector*
couchette	*berth*
guichet	*ticket window*
horaire	*schedule*
quai	*train/metro platform*
voie	*track*
wagon-lit	*sleeper car*
composter	*to punch one's (train) ticket*

LE MONDE FRANCOPHONE

Les transports

Voici quelques faits insolites° dans les transports.

Au Canada Inauguré en 1966, le métro de Montréal est le premier du monde à rouler° sur des pneus° et non sur des roues° en métal. Chaque station a été conçue° par un architecte différent.

En France L'Eurotunnel (le tunnel sous la Manche°) permet aux trains Eurostar de transporter des voyageurs et des marchandises entre la France et l'Angleterre.

En Mauritanie Le train du désert, en Mauritanie, en Afrique, est peut-être le train de marchandises le plus long° du monde. Long de 2 à 3 km en général, le train fait deux ou trois voyages chaque jour du Sahara à la côte ouest°. C'est un voyage de plus de 600 km qui dure jusqu'à° 18 heures. Un des seuls moyens° de transport dans la région, ce train est aussi un train de voyageurs.

faits insolites *unusual facts* **rouler** *ride* **pneus** *tires* **roues** *wheels* **conçue** *designed* **Manche** *English Channel* **le plus long** *the longest* **côte ouest** *west coast* **dure jusqu'à** *lasts up to* **seuls moyens** *only means*

PORTRAIT

Le musée d'Orsay

Le musée d'Orsay est un des musées parisiens les plus° visités. Le lieu n'a pourtant° pas toujours été un musée. À l'origine, ce bâtiment° est une gare, construite par l'architecte Victor Laloux et inaugurée en 1900 à l'occasion de l'Exposition universelle. Les voies° de la gare d'Orsay deviennent° trop courtes et en 1939, on décide de limiter le service aux trains de banlieue. Plus tard, la gare sert de décor à des films, comme *Le Procès* de Kafka adapté par Orson Welles, puis° elle devient théâtre, puis salle de ventes aux enchères°. En 1986, le bâtiment est transformé en musée. Il est principalement dédié° à l'art du dix-neuvième siècle°, avec une magnifique collection d'art impressionniste.

les plus *the most* **pourtant** *however* **bâtiment** *building* **voies** *tracks* **deviennent** *become* **puis** *then* **ventes aux enchères** *auction* **principalement dédié** *mainly dedicated* **siècle** *century*

Danseuses en bleu, Edgar Degas

Sur Internet

Qu'est-ce que le funiculaire de Montmartre?

Go to **vhlcentral.com** to find more information related to this **Culture** section. Then watch the corresponding **Flash culture**.

---

2 **Vrai ou faux?** Indiquez si les phrases sont **vraies** ou **fausses.** Corrigez les phrases fausses.

1. Le musée d'Orsay a été un théâtre.
   Vrai.
2. Le musée d'Orsay a été une station de métro.
   Faux. Il a été une gare.
3. Le musée d'Orsay est dédié à la sculpture moderne.
   Faux. Le musée d'Orsay est dédié à l'art du dix-neuvième siècle.
4. Il y a un tunnel entre la France et la Guyane française.
   Faux. Il y a un tunnel entre la France et l'Angleterre.
5. Le métro de Montréal roule sur des roues en métal.
   Faux. Le métro de Montréal roule sur des pneus.
6. Le train du désert transporte aussi des voyageurs.
   Vrai.

3 **Comment voyager?** Vous allez passer deux semaines en France. Vous avez envie de visiter Paris et deux autres régions. Par petits groupes, parlez des moyens (*means*) de transport que vous allez utiliser pendant votre voyage. Expliquez vos choix (*choices*).

ressources

vText	CE pp. 175–176
	vhlcentral.com Leçon 7A

Practice more at **vhlcentral.com.**

A C T I V I T É S

EXPANSION

Cultural Comparison Bring in maps of the Paris **métro** and **RER** along with maps of a well-known American public transportation system, such as the New York City subway. Ask students: **Quel moyen de transport préférez-vous à Paris? à New York?** Tell them to list similarities (**Similitudes**) and differences (**Différences**) between the two subway systems. Have groups compare lists.

EXPANSION

Les transports You may want to supplement this section by telling students about travel between **Tanger (Maroc)** and **Algésiras (Espagne)** via hydrofoil; between **la Corse, l'Italie,** and **la Tunisie** by ferry; **le funiculaire de Montmartre; les canaux** in France; and **le bus amphibie** in **Montréal.**

Le français quotidien Explain that French people visit **la SNCF** (Société nationale des chemins de fer français) to get information about rates and to buy train tickets (just as Americans go to an Amtrak station). Bring in a map showing train routes, so students understand the viability of train travel to and from big cities and small towns alike.

Portrait Show photos of Claude Monet's train paintings *La Gare Saint-Lazare*, *Train dans la neige*, and *Train dans la campagne*, the last of which is in **le musée d'Orsay**.

Le monde francophone Have students work in pairs to ask each other content questions. Examples: **1. Quel est le nom du tunnel entre la France et l'Angleterre? (l'Eurotunnel/ le tunnel sous la Manche) 2. Quelle est une des différences entre le métro de Montréal et le métro de Paris? (Le métro de Montréal roule sur des pneus.)**

2 **Expansion** Continue the activity with these true/false statements. **7. La gare d'Orsay a servi de décor à des films. (Vrai.) 8. Quand les voies deviennent trop courtes, la gare d'Orsay est limitée au métro. (Faux, aux trains de banlieue.)**

3 **Expansion** Once students have agreed on the areas they would like to visit, they should consult road and train maps to see which **moyen de transport** would work best.

Flash culture Tell students that they will learn more about transportation and lodging by watching a variety of real-life images narrated by Csilla. You can also use the activities in the video manual in class to reinforce this **Flash culture** or assign them as homework.

21ST CENTURY SKILLS

Information and Media Literacy: Sur Internet Students access and critically evaluate information from the Internet.

7A.1 The *passé composé* with *être*

Presentation Grammar Tutorial

Point de départ In Leçon 6A, you learned to form the **passé composé** with **avoir**. Some verbs, however, form the **passé composé** with **être**. Many such verbs involve motion. You have already learned a few of them: **aller, arriver, descendre, partir, sortir, passer, rentrer,** and **tomber**.

• To form the **passé composé** of these verbs, use a present-tense form of the auxiliary verb **être** and the past participle of the verb that expresses the action.

PRESENT TENSE	PAST PARTICIPLE		PRESENT TENSE	PAST PARTICIPLE
Je **suis**	**allé.**		Il **est**	**sorti.**

Tu es parti pour Paris.

Il **est rentré** hier.
He came back yesterday.

Mes parents sont arrivés des États-Unis.

Je **suis tombé** de la chaise.
I fell off the chair.

• The past participles of verbs conjugated with **être** agree with their subjects in number and gender.

The *passé composé*

je suis allé(e)	*I went/have gone*	nous sommes allé(e)s	*we went/have gone*
tu es allé(e)	*you went/have gone*	vous êtes allé(e)(s)	*you went/have gone*
il/on est allé	*he/it/one went/has gone*	ils sont allés	*they went/have gone*
elle est allée	*she/it went/has gone*	elles sont allées	*they went/have gone*

Charles, tu **es allé** à Montréal?
Charles, did you go to Montreal?

Mes frères **sont rentrés**.
My brothers came back.

Florence **est partie** en vacances.
Florence went on vacation.

Elles **sont arrivées** hier soir.
They arrived last night.

• To make a verb negative in the **passé composé**, place **ne/n'** and **pas** around the auxiliary verb, in this case, **être**.

Marie-Thérèse **n'est pas sortie**?
Marie-Thérèse didn't go out?

Je **ne suis pas passé** chez mon amie.
I didn't drop by my friend's house.

Nous **ne sommes pas allées** à la plage.
We didn't go to the beach.

Tu **n'es pas rentré** à la maison hier.
You didn't come home yesterday.

Section Goals

In this section, students will learn the **passé composé** with **être**.

Key Standards

4.1, 5.1

Student Resources
Cahier de l'élève, pp. 177–179; Supersite: Activities, *eCahier*, Grammar Tutorials

Teacher Resources
Answer Keys; Digital Image Bank; Audio Script; Audio Activity MP3s/CD; Activity Pack; Testing program: Grammar Quiz

Suggestions

• Quickly review the **passé composé** with **avoir**.

• Introduce the **passé composé** with **être** by describing where you went yesterday. Example: **Hier, je suis allé(e) à la bibliothèque. Ensuite, je suis allé(e) chez moi.** Then ask students: **Et vous, où êtes-vous allé(e) hier?**

• Write the **passé composé** of **donner** and **aller** on the board. Have students compare the forms of the **passé composé** with **avoir** and **être**.

• Explain the agreement of past participles in the **passé composé** with **être**.

• You may want to explain to students that because the pronoun **on** can represent either a singular or a plural subject, in the **passé composé**, they can use either a singular or plural past participle. Remind students, however, that **on** always takes the third person singular form of the verb. In the following example, either past participle spelling is correct. Example: **Céline et moi, on est tombé(s) du vélo.**

• Ask students to guess the gender of **je** and **tu** in the negative examples to illustrate how past participle agreement can show a subject's gender.

TEACHING OPTIONS

Agreement To practice gender and number agreement of past participles in the **passé composé** with **être**, write a pattern sentence on the board. Ex: **Je suis allé à la plage.** Give students a different subject (e.g. Sylvie et Marie) and ask volunteers to go to the board and re-write the sentence making the necessary changes. Ex. **Sylvie et Marie sont allées à la plage.**

EXPANSION

Small Groups Have students work in small groups and talk about where they have already gone/haven't gone yet. Encourage them to find similarities and differences among them. Once they have spoken for a few minutes, ask them to stop and share their responses with the whole class. Ex. **Je suis déjà allé(e) à Orlando; Nous ne sommes jamais allé(e)s en France.**

• Here is a list of verbs that take **être** in the **passé composé**, including the ones you already know.

Verbs that take *être* in the *passé composé*			
aller		passer	
arriver		rentrer	
partir		sortir	
descendre		tomber	
entrer	*to enter*	rester	*to stay*
monter	*to go up; to get in/on*	retourner	*to return*
mourir	*to die*	naître	*to be born*

• These verbs have irregular past participles in the **passé composé**.

naître ▶ **né**   **mourir** ▶ **mort**

Mes parents **sont nés** en 1958 à Paris.   Ma grand-mère **est morte** l'année dernière.
My parents were born in Paris in 1958.   *My grandmother died last year.*

• Note that the verb **passer** takes **être** when it means *to pass by,* but it takes **avoir** when it means *to spend time.*

Maryse **est passée** à la douane.   Maryse **a passé** trois jours à la campagne.
Maryse passed through customs.   *Maryse spent three days in the country.*

• The verb **sortir** takes **être** in the **passé composé** when it means *to go out* or *to leave,* but it takes **avoir** when it means *to take someone or something out.*

Elle **est sortie** de chez elle.   Elle **a sorti** la voiture du garage.
She left her house.   *She took the car out of the garage.*

• To form a question using inversion in the **passé composé**, invert the subject pronoun and the conjugated form of **être**.

Est-elle restée à l'hôtel Aquabella?   **Êtes-vous arrivée** ce matin, Madame Roch?
Did she stay at the Aquabella Hotel?   *Did you arrive this morning, Mrs. Roch?*

• In affirmative statements, place short adverbs such as **déjà**, **encore**, **bien**, **mal**, and **beaucoup** between the auxiliary verb **être** and the past participle. In negative statements, place these adverbs after **pas**.

Elle **est déjà rentrée** de vacances?   Nous **ne sommes pas encore arrivés** à Lyon.
She already came back from vacation?   *We haven't arrived in Lyons yet.*

Essayez!   **Choisissez le participe passé approprié.**

1. Vous êtes (nés/**né**) en 1959, Monsieur?
2. Les élèves sont (**partis**/parti) le 2 juin.
3. Les filles sont (**rentrées**/rentrés) de vacances.
4. Simone de Beauvoir est-elle (mort/**morte**) en 1986?
5. Mes frères sont (**sortis**/sortie).
6. Paul n'est pas (**resté**/restée) chez sa grand-mère.
7. Tu es (arrivés/**arrivée**) avant dix heures, Sophie.
8. Jacqueline a (passée/**passé**) une semaine en Suisse.

Suggestions
• Point out the verbs that form the **passé composé** with **être** as well as the irregular past participles **mort** and **né**.
• To help students remember which verbs take **être**, draw a house with doors, windows, and a staircase. Write captions that include verbs that take **être** in the **passé composé** to describe what various people are doing. Alternatively, consider giving them the mnemonic device **DR & MRS P. VANDERTRAMP**, which includes many of these verbs and their derivatives.
• You may want to explain that verbs conjugated with **être** in the **passé composé** are *intransitive*: They do not take a direct object. Tell students that **passer** and **sortir** take **avoir** in the **passé composé** when they are accompanied by a direct object. Students will learn more about direct objects in **7A.2**.
• Tell students that the present tense forms of **naître** and **mourir** are rarely used.
• Have students turn to the illustration on pages 110–111 or use digital image for these pages and have them describe the scene in the past.
• Tell students they will learn about adverbs in **Leçon 7B**.

Essayez! For additional practice, change the subjects of the sentences (except items 1 and 7), and have students restate or rewrite them.

---

1 Suggestion Before beginning the activity, have students identify the past participles of the verbs in parentheses.

3 Expansion Ask students what they did last Sunday.

4 Expansion Have two volunteers play the roles of Djénaba and Safiatou. Tell the rest of the class to ask them questions about their trip. Example: **Quand êtes-vous arrivées à Dakar?**

Mise en pratique

1 Un week-end sympa Carole raconte son week-end à Paris. Complétez l'histoire avec les formes correctes des verbes au passé composé.

Thomas et moi, nous (1) _____sommes partis_____ (partir) de Lyon samedi et nous (2) _____sommes arrivés_____ (arriver) à Paris à onze heures. Nous (3) _____sommes passés_____ (passer) à l'hôtel et puis je (4) _____suis allée_____ (aller) au Louvre. En route, je (5) _____suis tombée_____ (tomber) sur un vieil ami, et nous (6) _____sommes allés_____ (aller) prendre un café. Ensuite, je (7) _____suis entrée_____ (entrer) dans le musée. Samedi soir, Thomas et moi (8) _____sommes montés_____ (monter) au sommet de la tour Eiffel et après nous (9) _____sommes sortis_____ (sortir) en boîte. Dimanche, nous (10) _____sommes retournés_____ (retourner) au Louvre. Alors aujourd'hui, je suis fatiguée.

2 La routine Voici ce que Nadia et Éric font aujourd'hui. Dites qu'ils ont fait les mêmes activités samedi dernier.

1. Ils vont au parc.   Ils sont allés au parc.

2. Nadia fait du cheval.   Nadia a fait du cheval.

3. Éric passe une heure à la bibliothèque.   Éric a passé une heure à la bibliothèque.

4. Nadia sort avec ses amis.   Nadia est sortie avec ses amis.

5. Ils rentrent tard le soir.   Ils sont rentrés tard le soir.

6. Ils jouent au golf.   Ils ont joué au golf.

3 Dimanche dernier Dites ce que (*what*) ces personnes ont fait dimanche dernier. Utilisez les verbes de la liste. Suggested answers

Laure

▶ **MODÈLE**
Laure est allée à la piscine.

aller	rentrer
arriver	rester
monter	sortir

1. je
Je suis rentré tard.

2. tu
Tu es restée à l'hôtel.

3. nous
Nous sommes allés à l'église.

4. Pamela et Caroline
Pamela et Caroline sont sorties.

4 L'accident Le mois dernier, Djénaba et Safiatou sont allées au Sénégal. Complétez les phrases au passé composé. Ensuite, mettez-les dans l'ordre chronologique.

_____1_____ a. les filles / partir pour Dakar en avion   Les filles sont parties pour Dakar en avion.

_____5_____ b. Djénaba / tomber de vélo   Djénaba est tombée de vélo.

_____4_____ c. elles / aller faire du vélo dimanche matin   Elles sont allées faire du vélo dimanche matin.

_____2_____ d. elles / arriver à Dakar tard le soir   Elles sont arrivées à Dakar tard le soir.

_____3_____ e. elles / rester à l'hôtel Sofitel   Elles sont restées à l'hôtel Sofitel.

_____6_____ f. elle / aller à l'hôpital   Elle est allée à l'hôpital.

Ⓢ Practice more at **vhlcentral.com.**

EXPANSION

Oral Practice Have students make a chart with two columns about things they have done this school year using the **passé composé.** They should write sentences with **avoir** in column A and sentences with **être** in column B. Ask them to share their charts with a classmate. After students have completed the activity, ask volunteers to report what they learned about their partner.

EXPANSION

Interview Have student pairs prepare an interview of a famous person using as many sentences in the **passé composé** as possible. They should present their interviews to the class. To make sure listeners pay attention and are involved, ask the pair presenting the interview not to say the name of the interviewee so the rest of the class can try to guess who he/she is.

Communication

5 **Les vacances de printemps** Avec un(e) partenaire, parlez de vos dernières vacances de printemps. Répondez à toutes ses questions. Answers will vary.

MODÈLE

quand / partir
Élève 1: *Quand es-tu parti(e)?*
Élève 2: *Je suis parti(e) vendredi soir.*

1. où / aller
2. avec qui / partir
3. comment / voyager
4. à quelle heure / arriver
5. où / dormir

6. combien de temps / rester
7. que / visiter
8. sortir / souvent le soir
9. que / acheter
10. quand / rentrer

6 **Enquête** Votre professeur va vous donner une feuille d'activités. Circulez dans la classe et demandez à différents camarades s'ils ont fait ces choses récemment (*recently*). Présentez les résultats de votre enquête à la classe. Answers will vary.

MODÈLE

Élève 1: *Es-tu allé(e) au musée récemment?*
Élève 2: *Oui, je suis allé(e) au musée jeudi dernier.*

Questions	Nom
1. aller au musée	François
2. passer chez ses amis	
3. sortir en boîte	
4. rester à la maison pour écouter de la musique	
5. partir en week-end avec un copain	
6. monter en avion	

7 **À l'aéroport** Par groupes de quatre, parlez d'une mauvaise expérience dans un aéroport. À tour de rôle, racontez (*tell*) vos aventures et posez le plus (*most*) de questions possible. Utilisez les expressions de la liste et d'autres aussi. Answers will vary.

MODÈLE

Élève 1: *Quand je suis rentré(e) de la Martinique, j'ai attendu trois heures à la douane.*
Élève 2: *Quelle horreur! Pourquoi?*

aller	passer
arriver	perdre
attendre	plan
avion	prendre un avion
billet (aller-retour)	sortir
douane	tomber
gens	valise
partir	vol

5 Suggestion Have two volunteers read the **modèle** aloud.

5 Partner Chat You can also assign Activity 5 on the Supersite. Students work in pairs to record the activity online. The pair's recorded conversation will appear in your gradebook.

6 Suggestion Distribute the **Feuilles d'activités** found in the Activity Pack on the Supersite.

7 Suggestion Before beginning the activity, ask the students about their travel experiences. Example: **Êtes-vous déjà allé(e)s dans un autre pays?**

EXPANSION

Video Show the video episode again to give students more input regarding the **passé composé** with **être** and **avoir**. Pause the video where appropriate to discuss how certain verbs were used and to ask comprehension questions.

EXPANSION

Extra Practice Using the information in the **Roman-photo**, have students write a summary of David's trip to Paris. Then have students get together with a partner and exchange papers. Tell them to peer edit each other's work. Remind them to check for the correct usage of **avoir** and **être** in the **passé composé**, subject-verb agreement, and the correct forms of past participles.

7A.2 | # Direct object pronouns  Presentation Grammar Tutorial

Point de départ In **Leçon 6B**, you learned about indirect objects. You are now going to learn about direct objects.

	DIRECT OBJECT	INDIRECT OBJECT
J'ai fait	**un cadeau**	**à ma sœur**.

I gave a present to my sister.

Boîte à outils

Some French verbs do not take a preposition although their English equivalents do: **écouter** (*to listen to*), **chercher** (*to look for*) and **attendre** (*to wait for*). In deciding whether an object is direct or indirect, always check if the French verb takes the preposition **à**.

- A direct object is a noun that follows a verb and answers the question *what* or *whom*. Note that a direct object receives the action of a verb directly and an indirect object receives the action of a verb indirectly. While indirect objects are frequently preceded by the preposition **à**, no preposition is needed before a direct object.

DIRECT OBJECT
J'emmène **mes parents**.
I'm taking my parents.

but

INDIRECT OBJECT
Je parle **à mes parents**.
I'm talking to my parents.

Direct object pronouns

singular		plural	
me/m'	*me*	nous	*us*
te/t'	*you*	vous	*you*
le/la/l'	*him/her/it*	les	*them*

Boîte à outils

Unlike indirect object pronouns, direct object pronouns can replace a person, a place, or a thing.

- You can use a direct object pronoun in the place of a direct object noun.

Tu fais **les valises**?
Are you packing the suitcases?

➤ Tu **les** fais?
Are you packing them?

Ils retrouvent **Luc** à la gare.
They're meeting Luc at the train station.

➤ Ils **le** retrouvent à la gare.
They're meeting him at the train station.

Tu visites souvent **la Belgique**?
Do you visit Belgium often?

➤ Tu **la** visites souvent?
Do you visit there often?

- Place a direct object pronoun before the conjugated verb. In the **passé composé**, place a direct object pronoun before the conjugated form of the auxiliary verb **avoir**.

Les langues? Laurent et Xavier **les** étudient.
Languages? Laurent and Xavier study them.

Les élèves **vous** ont entendu.
The students heard you.

M'attendez-vous à l'aéroport?
Are you waiting for me at the airport?

Et Daniel? **L'**as-tu retrouvé au cinéma?
And Daniel? Did you meet him at the movies?

- In a negative statement, place the direct object pronoun between **ne/n'** and the conjugated verb.

Le chinois? Je **ne le parle pas**.
Chinese? I don't speak it.

Elle **ne l'a pas** pris à 14 heures?
She didn't take it at 2 o'clock?

- When an infinitive follows a conjugated verb, the direct object pronoun precedes the infinitive.

Marcel va **nous écouter**.
Marcel will listen to us.

Tu ne préfères pas **la porter** demain?
Wouldn't you rather wear it tomorrow?

Et le gâteau, je l'ai adoré!

Les musées, je les ai adorés!

- When a direct object pronoun is used with the **passé composé**, the past participle must agree with it in both gender and number.

J'ai mis **la valise** dans la voiture ce matin.
I put the suitcase in the car this morning.

 Je **l'ai mise** dans la voiture ce matin.
I put it in the car this morning.

J'ai attendu **les filles** à la gare.
I waited for the girls at the train station.

Je **les** ai **attendues** à la gare.
I waited for them at the train station.

- When the gender of the direct object pronoun is ambiguous, the past participle agreement will indicate the gender of the direct object to which it refers.

Ses copains ne **l'ont pas trouvée**.
Her friends didn't find her.

Mon père **nous** a **entendus**.
My father heard us.

- In questions using **Quel(s)/Quelle(s)** and the **passé composé**, the past participle must agree with the gender and number of **Quel(s)/Quelle(s)**.

Quel hôtel avez-vous **choisi**?
Which hotel did you choose?

Quels pays as-tu **visités**?
Which countries did you visit?

Quelle plage as-tu **préférée**?
Which beach did you prefer?

Quelles valises as-tu **apportées**?
Which suitcases did you bring?

Boîte à outils

The direct object pronoun **vous** can refer to several people or to one person (formal address). Therefore, the past participle can be masculine singular or plural or feminine singular or plural. Examples:

M. Bruel, je vous ai cherché dans le bureau.

Mme Diop, je vous ai cherchée dans le parc.

Les enfants, je vous ai cherchés dans le gymnase.

Les filles, je vous ai cherchées dans la chambre.

Essayez! Répondez aux questions en remplaçant l'objet direct par un pronom d'objet direct.

1. Thierry prend le train? Oui, il ___le___ prend.
2. Tu attends ta mère? Oui, je ___l'___ attends.
3. Vous entendez Olivier et Vincent? Oui, on ___les___ entend.
4. Le professeur te cherche? Oui, il ___me___ cherche.
5. Barbara et Caroline retrouvent Linda? Oui, elles ___la___ retrouvent.
6. Vous m'invitez? Oui, nous ___t'/vous___ invitons.
7. Tu nous comprends? Oui, je ___vous___ comprends.
8. Elles regardent la mer? Oui, elles ___la___ regardent.
9. Chloé aime la musique classique? Oui, elle ___l'___ aime.
10. Vous avez regardé le film *Chacun cherche son chat*? Oui, nous ___l'___ avons regardé.

Suggestions
- Continue asking questions to elicit other direct object pronouns. Examples: **M'entendez-vous? (Oui, nous vous entendons.) Qui achète vos vêtements? (Je les achète.)**
- Explain the agreement of past participles with direct object pronouns in the **passé composé**.
- Point out that in the second-to-last bullet, **trouvée** indicates that **l'** refers to a female, while **entendus** indicates that **nous** refers to at least two males or a mixed group of males and females. Tell students that this strategy works well for written French. In the spoken language, however, only a handful of past participles ending in a consonant, such as **fait** and **mis**, predictably reveal the gender of the direct object: **faite(s), mise(s)**.

Essayez! For additional practice, have students restate or rewrite the answers in the negative.

EXPANSION

Game Send a student out of the room. Give his or her belongings to other students to hide. Then have the person return. To get the belongings back, the person must ask students yes/no questions. They should respond using direct object pronouns. Example: **Tu as mon livre? (Oui, je l'ai./Non, je ne l'ai pas.)**

EXPANSION

Pairs Have students work in pairs. Write the following list on the board. Tell them to take turns asking each other who does these activities: **acheter le billet, prendre le bus, aimer les sports, passer la douane,** and **étudier les mathématiques.** Example: **Qui prend le bus? (Mon ami Patrick le prend.)**

2 Suggestion Have students ask questions with a direct object pronoun for each item. Example: **Qui l'écoute?**

3 Suggestion Before beginning the activity, have students identify the direct objects.

4 Suggestion Tell students to add two of their own questions with direct objects to the list.

Mise en pratique

1 **À l'aéroport** Jules est à l'aéroport et il parle à sa mère. Choisissez le pronom d'objet direct approprié pour compléter ses phrases.

1. Ton CD préféré? Marie (le, la, (l')) écoute.
2. Le plan? Les Cartier (la, les, (le)) regardent.
3. Notre amie? Roger et Emma (l', le, (la)) cherchent.
4. Le journal français? Papa (la, (l'), le) achète.
5. Nos billets? Coralie (le, l', (les)) a pris.

2 **Des activités** Dites ce que (what) ces gens font le week-end. Employez des pronoms d'objet direct.

▶ **MODÈLE**

Il l'écoute.

Dominique / ce CD

1. Benoît / ses films
Il les regarde.

2. ma mère / cette robe
Elle l'admire.

3. Philippe / son gâteau
Il le mange.

4. Stéphanie et Marc / ces lunettes
Ils les achètent.

3 **À la plage** La famille de Dalila a passé une semaine à la mer. Dalila parle de ce que (what) chaque membre de sa famille a fait. Employez des pronoms d'objet direct.

MODÈLE

J'ai conduit Ahmed à la plage. *Je l'ai conduit à la plage.*

1. Mon père a acheté le journal tous les matins. Il l'a acheté tous les matins.
2. Ma sœur a retrouvé son petit ami au café. Elle l'a retrouvé au café.
3. Mes parents ont emmené les enfants au cinéma. Ils les ont emmenés au cinéma.
4. Mon frère a invité sa fiancée au restaurant. Il l'a invitée au restaurant.
5. Anissa a porté ses lunettes de soleil. Elle les a portées.
6. Noah a pris les cartes. Il les a prises.

4 **Des doutes** Julie est au parc avec son amie Caroline et répond à ses questions sur leurs vacances avec les parents de Julie. Formez les questions que pose Caroline. Avec un(e) partenaire, jouez les deux rôles. Ensuite, présentez la scène à la classe. Suggested answers

1. Oui, mes parents t'invitent au bord de la mer. Tes parents m'invitent au bord de la mer?
2. Oui, je vais t'attendre à l'aéroport. Quelqu'un va m'attendre à l'aéroport?
3. Oui, mon frère va nous emmener sur son bateau. Ton frère va-t-il nous emmener sur son bateau?
4. Oui, je pense que ma famille va bien t'aimer. Penses-tu que ta famille va bien m'aimer?
5. J'ai choisi d'emporter (take) les chaussures vertes. Quelle chaussures as-tu choisies d'emporter?
6. J'ai pris le maillot de bain bleu. Quel maillot de bain as-tu pris?

 Practice more at **vhlcentral.com**.

TEACHING OPTIONS

Small Groups Split the class into small groups. Have students take turns asking the group who does these activities: **prendre le train, pratiquer le cyclisme, gagner tous les matchs, rendre visite à ses grands-parents pendant les vacances, écrire des e-mails, écouter les professeurs, aller à la piscine.** Ex. **Qui prend le train? Je le prends.**

EXPANSION

Extra Practice Have students work in pairs to write 5-6 sentences describing what they did on a recent trip, using direct object pronouns. The sentences should not be in chronological order. Have them exchange papers and order each other's sentences, then read them aloud to each other.

Communication

5 **Le départ** Clémentine va partir au Cameroun chez sa correspondante (*pen pal*) Léa. Sa mère veut (*wants*) être sûre qu'elle est prête, mais Clémentine n'a encore rien (*nothing*) fait. Avec un(e) partenaire, jouez leur conversation en utilisant les phrases de la liste. Answers will vary.

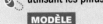

MODÈLE

Élève 1: *Tu as acheté le cadeau pour ton amie?*
Élève 2: *Non, je ne l'ai pas encore acheté.*
Élève 1: *Quand vas-tu l'acheter?*
Élève 2: *Je vais l'acheter cet après-midi.*

acheter ton billet d'avion	faire tes valises
avoir l'adresse de Léa	finir ton shopping
chercher un maillot de bain	prendre tes lunettes
choisir le cadeau de Léa	préparer tes vêtements
confirmer l'heure de l'arrivée	trouver ton passeport

6 **À Tahiti** Imaginez que vous alliez partir à Tahiti. Avec un(e) partenaire, posez-vous ces questions. Il/Elle vous répond en utilisant le pronom d'objet direct approprié. Ensuite, alternez les rôles. Answers will vary.

MODÈLE

Est-ce que tu prends le bus pour aller à la plage?
Non, je ne le prends pas.

1. Aimes-tu la mer?
2. Est-ce que tu prends l'avion?
3. Qui va t'attendre à l'aéroport?
4. Quand as-tu fait tes valises?
5. Est-ce que tu as acheté ton maillot de bain?
6. Est-ce que tu prends ton appareil photo?
7. Où as-tu acheté tes vêtements?
8. As-tu déjà choisi ton hôtel à Tahiti?
9. Est-ce que tu as réservé ta chambre d'hôtel?
10. Tu vas regarder la télévision tahitienne?
11. Vas-tu essayer les plats typiques de Tahiti?
12. As-tu regardé le plan de Tahiti?

Révision

Key Standards

1.1

Student Resources
Supersite: Activities,
eCahier

Teacher Resources
Answer Keys; Activity Pack;
Testing Program: Lesson Test
(Testing Program Audio MP3s/CD)

1 Suggestion Tell students to write their sentences. Remind them that verbs that indicate motion often require the **passé composé** with **être**.

2 Suggestions
• Distribute the **Feuilles d'activités** from the Activity Pack.
• Have two volunteers read the **modèle** aloud. Remind students to use direct object pronouns in their responses.

3 Suggestion Tell students to jot down notes during their interviews.

4 Suggestion Before beginning the activity, have the class identify the items.

4 Expansion To practice **vous** forms, bring in a small suitcase with various items and tell the class you just returned from a trip. Students must ask you questions about your vacation based on the items and figure out where you went. Example: a suitcase with gloves, a hat, a parka, and ski goggles.

5 Expansion Have groups decide who had the best or most interesting weekend, then ask them to tell the class about it.

6 Suggestion Divide the class into pairs and distribute the Info Gap Handouts from the Activity Pack. Give students ten minutes to complete the activity.

---

1 Il y a dix minutes Avec un(e) partenaire, décrivez (*describe*) dans cette scène les actions qui se sont passées (*happened*) il y a dix minutes. Utilisez les verbes de la liste pour écrire (*write*) des phrases. Ensuite, comparez vos phrases avec les phrases d'un autre groupe. Answers will vary.

MODÈLE
Élève 1: *Il y a dix minutes, M. Hamid est parti.*
Élève 2: *Il y a dix minutes, …*

aller	partir
arriver	rentrer
descendre	sortir
monter	tomber

2 Qui aime quoi? Votre professeur va vous donner une feuille d'activités. Circulez dans la classe pour trouver un(e) camarade différent(e) qui aime ou qui n'aime pas chaque lieu de la liste. Answers will vary.

MODÈLE
Élève 1: *Est-ce que tu aimes les aéroports?*
Élève 2: *Je ne les aime pas du tout; je les déteste.*

3 À l'étranger Par groupes de quatre, interviewez vos camarades. Dans quels pays sont-ils déjà allés? Dans quelles villes? Comparez vos destinations, puis présentez toutes les réponses à la classe. N'oubliez pas de demander: Answers will vary.

• quand vos camarades sont parti(e)s
• où ils/elles sont allé(e)s
• où ils/elles sont resté(e)s
• combien de temps ils/elles ont passé là-bas

4 La valise Sandra et John sont partis en vacances. Voici leur valise. Avec un(e) partenaire, faites une description écrite (*written*) de leurs vacances. Où sont-ils allés? Comment sont-ils partis? Answers will vary.

5 Un long week-end Avec un(e) partenaire, préparez huit questions sur le dernier long week-end. Utilisez les verbes de la liste. Ensuite, par groupes de quatre, répondez à toutes les questions. Answers will vary.

MODÈLE
Élève 1: *Où es-tu allé(e) vendredi soir?*
Élève 2: *Vendredi soir, je suis resté(e) chez moi. Mais samedi, je suis sorti(e)!*

aller	rentrer
arriver	rester
partir	retourner
passer	sortir

6 Mireille et les Girard Votre professeur va vous donner, à vous et à votre partenaire, une feuille sur le week-end de Mireille et de la famille Girard. Attention! Ne regardez pas la feuille de votre partenaire. Answers will vary.

MODÈLE
Élève 1: *Qu'est-ce que Mireille a fait vendredi soir?*
Élève 2: *Elle est allée au cinéma.*

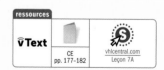

ressources
vText
CE
pp. 177–182

vhlcentral.com
Leçon 7A

EXPANSION

Dehydrated Sentences Write these phrases on the board. Tell students to write complete sentences, using the **passé composé**. 1. Janine et moi / faire du shopping 2. Nous / partir / une heure 3. Nous / prendre / métro / Galeries Lafayette / et / nous / passer / après-midi / là 4. Nous / arriver / chez Janine / fatigué 5. Elle / ne pas / avoir besoin / sortir / pour manger / et / nous / rester / la maison

PRE-AP®

Presentational Writing Have students write a composition about a memorable vacation they took with friends or family. Remind them to use the **passé composé**. They should also use object pronouns to avoid unnecessary repetition.

S Video: TV Clip

Le Zapping

Comparez, choisissez°, partez.

Le site Trivago est né en 2005 à Düsseldorf, en Allemagne. C'est un moteur de recherche gratuit° où les voyageurs ont la possibilité de comparer le prix des hôtels et de choisir la meilleure° offre. Sa technologie innovante lui permet de scanner plus de cent sites partenaires en quelques secondes. Aujourd'hui, Trivago réalise environ° un million de recherches par jour parmi° 500.000 hôtels.

Le petit plus de Trivago est la qualité des informations qu'il donne aux voyageurs. Le site présente non seulement° les hôtels les moins° chers, mais aussi ceux qui° correspondent parfaitement aux envies et aux besoins de chaque utilisateur.

Mais deux prix différents.

... où réserver la meilleure offre.

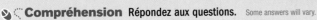

Compréhension Répondez aux questions. Some answers will vary.

1. Qui sont les deux personnages dans cette publicité (*ad*)? Faites une description rapide de chacun (*each one*)?
2. Où est-ce qu'ils passent leurs vacances?
3. Quel personnage connaît (*knows*) le site Trivago? L'homme connaît le site Trivago.

Discussion Par groupes de trois, répondez ensemble aux questions. Answers will vary.

1. Avez-vous déjà utilisé un site comme Trivago? Quand et en quelle occasion?
2. Pour voyager, aimez-vous tout planifier et tout organiser avant de partir?
3. Que sont des vacances spontanées pour vous? Seriez-vous (*Would you be*) prêt(e)s à partir à l'aventure? Où et dans quelles conditions?

choisissez *choose* **moteur de recherche gratuit** *free search engine* **meilleure** *best* **environ** *around* **parmi** *among* **non seulement** *not only* **les moins** *the least* **ceux qui** *those that*

S Practice more at **vhlcentral.com.**

Section Goals

In this section, students will:
• read about the Trivago hotel booking website
• watch a commercial for the Trivago website
• answer questions about the commercial

Key Standards
1.2, 2.2, 4.2, 5.2

Student Resources
Supersite: Video, Activities
Teacher Resources
Video Script & Translation; Supersite: Video

Introduction
To check comprehension, ask these questions: 1. **Qu'est-ce que c'est, Trivago?** (**C'est un moteur de recherche gratuit pour comparer le prix des hôtels.**) 2. **Quel est le petit plus du site Trivago?** (**La qualité des informations qu'on trouve sur le site est son petit plus.**)

PRE-AP®

Audiovisual Interpretive Communication
• Have students look at the video stills, read the captions, and predict what is happening in the commercial for each visual. (**1. On peut trouver des prix différents pour le même hôtel. 2. Sur le site Trivago, on trouve la meilleure offre.**)
• Before showing the video, explain to students that they do not need to understand every word they hear. You may wish to explain to students that the three verbs in the title (**comparez, choisissez, partez**) are imperative, or command, forms.

Compréhension Have students explain the main difference between the two characters and describe how the Trivago site helped one of them get a better deal on a vacation.

Discussion Ask students to work in small groups to discuss the pros and cons of organized travel versus spontaneous forms of travel. Then, have a class debate, where each group presents its best arguments.

EXPANSION

Trivago The French platform of Trivago was launched in 2007 and a US platform became available in 2009. In 2012, Expedia bought a majority stake in Trivago. Today, Trivago has over 30 international platforms and 18 million users.

EXPANSION

Research Have students work in pairs or small groups to research hotels in a Francophone city of their choice using the French platform of the Trivago (France) website. Have them select two or three hotels they like and describe them to the class.

Section Goals

In this section, students will learn and practice vocabulary related to:
- hotels
- ordinal numbers
- sequencing events

Key Standards

1.1, 1.2, 4.1

Student Resources
Cahier de l'élève, pp. 183–185;
Supersite: Activities,
eCahier

Teacher Resources
Answer Keys; Digital Image Bank; Audio Script; Textbook & Audio Activity MP3s/CD; Testing program: Vocabulary Quiz

Suggestions

- Use the digital image for this page. Point out people and things in the illustration and describe what the people are doing. Example: **Ils sont à la réception d'un hôtel. Ils ont une réservation. Voici la clé de leur chambre.**
- Have students look over the new vocabulary. They should notice that many terms related to hotels and travel are cognates (**réservation, réception, passeport,** and **passager**).
- Point out that **passeport** has an **e** and **passager/passagère** have no **n**.
- Model the difference in pronunciation between **deuxième** and **douzième**, and have students repeat.
- Point out that the word **libre** means *free*, as in *available*, not *free of charge*.
- Emphasize that, in this context, **complet/complète** means *full*, not *complete*.
- Tell students that the word **second(e)** is used instead of **deuxième** when there are only two items to list. Example: **La Seconde Guerre mondiale.**

You will learn how to...
- make hotel reservations
- give instructions

Audio: Vocabulary Practice
My Vocabulary

À l'hôtel

Vocabulaire

annuler une réservation	to cancel a reservation
réserver	to reserve, to book
premier/première	first
cinquième	fifth
neuvième	ninth
vingt et unième	twenty-first
vingt-deuxième	twenty-second
trente et unième	thirty-first
centième	hundredth
une agence de voyages	travel agency
un agent de voyages	travel agent
une auberge de jeunesse	youth hostel
une chambre individuelle	single room
un hôtel	hotel
un passager/une passagère	passenger
complet/complète	full (no vacancies)
libre	available
alors	so, then; at that moment
après (que)	after
avant (de)	before
d'abord	first
donc	therefore
enfin	finally, at last
ensuite	then, next
finalement	finally
pendant (que)	during, while
puis	then
tout à coup	suddenly
tout de suite	right away

Labels in illustration: la réception, le lit, l'hôtelière (f.), l'hôtelier (m.), le passeport, la clé, les client(e)s

Bienvenue!

ressources

vText

CE
pp. 183–185

vhlcentral.com
Leçon 7B

DIFFERENTIATION

For Kinesthetic Learners Ask ten volunteers to line up facing the class. Make sure students know what number they are in line. Call out ordinal numbers at random. The student whose cardinal number corresponds to the called ordinal number has three seconds to step forward. If that student is too slow, he or she sits down. The order changes for the rest of the students standing further down the line. The last students standing win.

EXPANSION

Les étages Point out to students that a second floor in the U.S. would be called **le premier étage** in the Francophone world. Tell them that an **étage** is a floor above another floor. Elevators usually indicate the ground floor by the letter **R** (the abbreviation of **rez-de-chaussée**) or the number **0**. Add that, in buildings with only two floors, people say **à l'étage** for *on the second floor*.

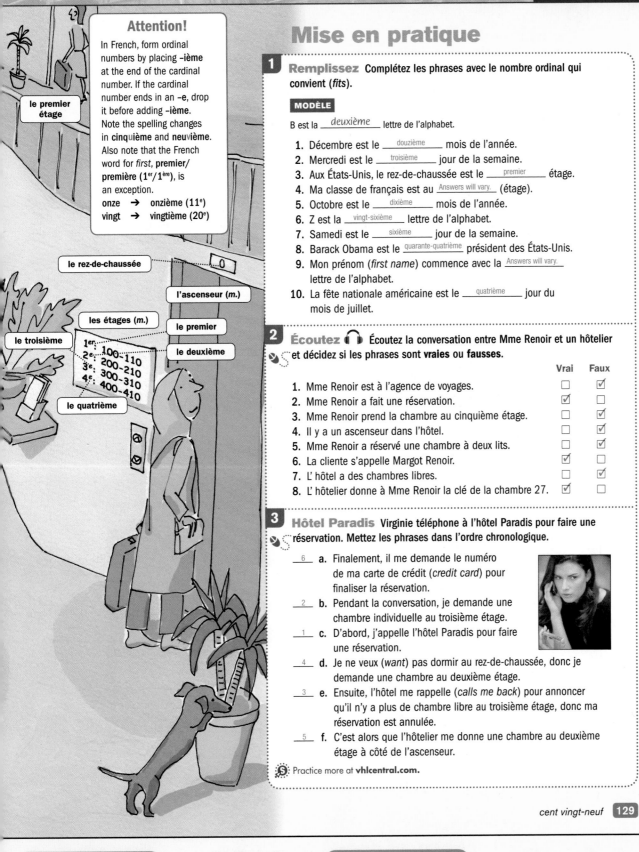

Attention!

In French, form ordinal numbers by placing –ième at the end of the cardinal number. If the cardinal number ends in an –e, drop it before adding –ième. Note the spelling changes in **cinqu**i**ème** and **neuv**i**ème**. Also note that the French word for *first*, **premier/première** (1er/1ère), is an exception.

onze → onzième (11e)
vingt → vingtième (20e)

le premier étage
le rez-de-chaussée
l'ascenseur (m.)
les étages (m.)
le premier
le troisième
le deuxième
1er   100-110
2e   200-210
3e   300-310
4e   400-410
le quatrième

Mise en pratique

1 Remplissez Complétez les phrases avec le nombre ordinal qui convient (*fits*).

MODÈLE

B est la __deuxième__ lettre de l'alphabet.

1. Décembre est le __douzième__ mois de l'année.
2. Mercredi est le __troisième__ jour de la semaine.
3. Aux États-Unis, le rez-de-chaussée est le __premier__ étage.
4. Ma classe de français est au __Answers will vary.__ (étage).
5. Octobre est le __dixième__ mois de l'année.
6. Z est la __vingt-sixième__ lettre de l'alphabet.
7. Samedi est le __sixième__ jour de la semaine.
8. Barack Obama est le __quarante-quatrième__ président des États-Unis.
9. Mon prénom (*first name*) commence avec la __Answers will vary.__ lettre de l'alphabet.
10. La fête nationale américaine est le __quatrième__ jour du mois de juillet.

2 Écoutez 🎧 Écoutez la conversation entre Mme Renoir et un hôtelier et décidez si les phrases sont **vraies** ou **fausses**.

	Vrai	Faux
1. Mme Renoir est à l'agence de voyages.	☐	☑
2. Mme Renoir a fait une réservation.	☑	☐
3. Mme Renoir prend la chambre au cinquième étage.	☐	☑
4. Il y a un ascenseur dans l'hôtel.	☐	☑
5. Mme Renoir a réservé une chambre à deux lits.	☐	☑
6. La cliente s'appelle Margot Renoir.	☑	☐
7. L'hôtel a des chambres libres.	☐	☑
8. L'hôtelier donne à Mme Renoir la clé de la chambre 27.	☑	☐

3 Hôtel Paradis Virginie téléphone à l'hôtel Paradis pour faire une réservation. Mettez les phrases dans l'ordre chronologique.

__6__ a. Finalement, il me demande le numéro de ma carte de crédit (*credit card*) pour finaliser la réservation.

__2__ b. Pendant la conversation, je demande une chambre individuelle au troisième étage.

__1__ c. D'abord, j'appelle l'hôtel Paradis pour faire une réservation.

__4__ d. Je ne veux (*want*) pas dormir au rez-de-chaussée, donc je demande une chambre au deuxième étage.

__3__ e. Ensuite, l'hôtel me rappelle (*calls me back*) pour annoncer qu'il n'y a plus de chambre libre au troisième étage, donc ma réservation est annulée.

__5__ f. C'est alors que l'hôtelier me donne une chambre au deuxième étage à côté de l'ascenseur.

🄢 Practice more at **vhlcentral.com**.

cent vingt-neuf **129**

4 Expansion
- After students have answered the questions, have them make up a conversation between a customer and a travel agent to arrange the trip.
- Ask volunteers to describe their **vacances idéales** to the class.

4 Virtual Chat You can also assign Activity 4 on the Supersite. Students record individual responses that appear in your gradebook.

5 Suggestion Have students consider other details that might come up while making a hotel reservation and include them in their conversation. Examples: **Est-ce qu'il y a un ascenseur? Il y a une télévision dans la chambre?**

6 Expansion Assign each group a different Francophone location. Tell students to include any nearby attractions (**la plage, la campagne, le centre-ville**) and hotel amenities (**la piscine, le restaurant**) in their poster. For inspiration, show some French language brochures from actual hotels.

21ˢᵗ CENTURY SKILLS

6 Flexibility and Adaptability Remind students to include input from all team members, adapting their presentation so it represents the whole group.

7 Suggestion Before starting this activity, have students brainstorm a list of steps involved in making a hotel reservation as well as a list of possible complications.

Successful Language Learning Remind students to accept some corrections without explanation, especially when they are attempting to use language and structures above their current level. Tell them not to overanalyze and to trust that it will make more sense as their language skills develop.

Communication

4 Conversez Un(e) camarade passe des vacances idéales dans un hôtel. Interviewez-le/la (*him/her*). Answers will vary.

1. Quelles sont les dates de ton séjour?
2. Où vas-tu? Dans quel pays, quelle région ou quelle ville? Vas-tu à la mer, à la campagne, ...?
3. À quel hôtel descends-tu (*do you stay*)?
4. Qui fait la réservation?
5. Comment est l'hôtel? Est-ce que l'hôtel a un ascenseur, une piscine, ...?
6. À quel étage est ta chambre?
7. Combien de lits a ta chambre?
8. Laisses-tu ton passeport à la réception?

5 Notre réservation Par groupes de trois, travaillez pour préparer une présentation où deux touristes font une réservation dans un hôtel ou une auberge de jeunesse francophone. N'oubliez pas d'ajouter (*add*) les informations de la liste. Answers will vary.

- le nom de l'hôtel
- le type de chambre(s)
- l'étage
- le nombre de lits
- les dates
- le prix

6 Mon hôtel Vous allez ouvrir (*open*) votre propre hôtel. Par groupes de quatre, créez une affiche (*poster*) pour le promouvoir (*promote*) avec l'information de la liste et présentez votre hôtel au reste de la classe. Votre professeur va ensuite donner à chaque groupe un budget. Avec ce budget, vous allez faire la réservation à l'hôtel qui convient le mieux (*best suits*) à votre groupe. Answers will vary.

- le nom de votre hôtel
- le nombre d'étoiles (*stars*)
- les services offerts
- le prix pour une nuit

★ une étoile	★★ deux étoiles	★★★ trois étoiles	★★★★ quatre étoiles	★★★★★ cinq étoiles

7 Pour faire une réservation Écrivez un paragraphe où vous décrivez (*describe*) ce qu'un touriste doit (*must*) faire pour réserver une chambre. Utilisez au moins cinq mots de la liste. Échangez et comparez votre paragraphe avec celui (*the one*) d'un camarade de classe. Answers will vary.

alors	d'abord	puis
après (que)	donc	tout à coup
avant (de)	enfin	tout de suite

TEACHING OPTIONS

Logical Associations Give each student a card with either (1) a noun from the **Vocabulaire**, such as **chambre**, **clé**, or **passeport** or (2) a related verb, such as **réserver**, **prendre**, **oublier**, or **perdre**. Tell students to find someone whose word can be combined logically with their own. Then have them write an original sentence in the **passé composé**. Compile the sentences on the board. Then use sequencing expressions to combine them into a story.

EXPANSION

Combien d'étoiles préférez-vous? Tell students that the French government regulates hotel ratings and requires that they be posted. Hotels must meet standards to qualify for a certain number of stars. A two-star hotel is a comfortable budget hotel. A five-star hotel is luxurious. While the level of comfort is standardized, prices are not.

Les sons et les lettres

 **Audio: Explanation
Record & Compare**

🎧 **ti, sti, and ssi**

> The letters **ti** followed by a consonant are pronounced like the English word *tea*, but without the puff released in the English pronunciation.
>
> ac**ti**f   pe**ti**t   **ti**gre   u**ti**les
>
> ---
>
> When the letter combination **ti** is followed by a vowel sound, it is often pronounced like the sound linking the English words *miss you*.
>
> dic**ti**onnaire   pa**ti**ent   ini**ti**al   addi**ti**on
>
> ---
>
> Regardless of whether it is followed by a consonant or a vowel, the letter combination **sti** is pronounced *stee*, as in the English word *steep*.
>
> ge**sti**on   que**sti**on   Séba**sti**en   arti**sti**que
>
> ---
>
> The letter combination **ssi** followed by another vowel or a consonant is usually pronounced like the sound linking the English words *miss you*.
>
> pa**ssi**on   expre**ssi**on   mi**ssi**on   profe**ssi**on
>
> ---
>
> Words that end in **-sion** or **-tion** are often cognates with English words, but they are pronounced quite differently. In French, these words are never pronounced with a *sh* sound.
>
> compre**ssi**on   na**ti**on   atten**ti**on   addi**ti**on

🔊 **Prononcez** Répétez les mots suivants à voix haute.

1. artiste
2. mission
3. réservation
4. impatient
5. position
6. initiative
7. possession
8. nationalité
9. compassion
10. possible

🔊 **Articulez** Répétez les phrases suivantes à voix haute.

1. L'addition, s'il vous plaît.
2. Christine est optimiste et active.
3. Elle a fait une bonne première impression.
4. Laëtitia est impatiente parce qu'elle est fatiguée.
5. Tu cherches des expressions idiomatiques dans le dictionnaire.

🔊 **Dictons** Répétez les dictons à voix haute.

> De la discussion jaillit la lumière.[1]

> Il n'est de règle sans exception.[2]

[1] Discussion brings light.   [2] The exception proves the rule.

ressources

v̄Text   CE p. 186   vhlcentral.com Leçon 7B

cent trente et un **131**

Section Goals

In this section, students will learn about the letter combinations **ti**, **sti**, and **ssi**.

Key Standards

4.1

Student Resources
Cahier de l'élève, p. 186;
Supersite: Activities,
eCahier

Teacher Resources
Answer Keys; Audio Script;
Textbook & Audio Activity
MP3s/CD

Suggestions

- Pronounce each of the example words and have students repeat them after you.
- To practice **ti**, have students put the palm of their hand in front of their lips and say the English word *tea*. Ask them if they felt the puff of air when they pronounced the letter **t**. Then have them pronounce the French word **petit** holding their hand in front of their mouth. Explain that they should not feel a puff of air when they pronounce the letters **ti** in French.
- Point out that **-sion** as in the word **télévision** has a [z] sound. Additionally, **-cia** as in the name **Patricia** has an unvoiced [s] sound.
- Many words that end in **-sion**, **-ssion**, **-stion**, and **-tion** are cognates. Contrast the French and English pronunciation of words such as **attention** and **mission**.
- Mention words from the **Vocabulaire** that contain **ti**, **sti**, or **ssi**. Then have students repeat after you. Alternatively, ask students to recall such vocabulary. Examples: **réception, réservation, vingtième**. See if a volunteer is able to recall any words from previous lessons. Examples: **pessimiste, dessiner, l'addition**, and **attention**.

Dictons Tell students that the word **lumière** is used figuratively in the proverb **«De la discussion jaillit la lumière.»** Ask students what they think it means in this context (*clarity, ideas*).

Pronunciation Here are some sentences to use for additional practice with these letter combinations. **1. C'est utile d'étudier la gestion et l'informatique. 2. La profession de Sébastien? Il est dentiste. 3. Patricia utilise un plan de la station de ski. 4. Martine est-elle pessimiste ou optimiste?**

Tongue Twisters Teach your students the following French tongue-twisters that contain **ti** and **ssi**: **1. Pauvre petit pêcheur, prend patience pour pouvoir prendre plusieurs petits poissons. 2. Un pâtissier qui pâtissait chez un tapissier qui tapissait, dit un jour au tapissier qui tapissait: vaut-il mieux pâtisser chez un tapissier qui tapisse ou tapisser chez un pâtissier qui pâtisse?**

La réservation d'hôtel Video: *Roman-photo* Record & Compare

PERSONNAGES

Agent de voyages

Amina

Pascal

Sandrine

À l'agence de voyages...

SANDRINE J'ai besoin d'une réservation d'hôtel, s'il vous plaît. C'est pour les vacances de Noël.
AGENT Où allez-vous? En Italie?
SANDRINE Nous allons à Albertville.
AGENT Et c'est pour combien de personnes?
SANDRINE Nous sommes deux, mais il nous faut deux chambres individuelles.

AGENT Très bien. Quelles sont les dates du séjour, Mademoiselle?
SANDRINE Alors, le 25, c'est Noël, donc je fête en famille. Disons du 26 décembre au 2 janvier.
AGENT Ce n'est pas possible à Albertville, mais à Megève, j'ai deux chambres à l'hôtel Le Vieux Moulin pour 143 euros par personne. Ou alors, à l'hôtel Le Mont Blanc pour 171 euros par personne.

SANDRINE Oh non, mais Megève, ce n'est pas Albertville... et ces prix! C'est vraiment trop cher.
AGENT C'est la saison, Mademoiselle. Les hôtels les moins chers sont déjà complets.
SANDRINE Oh là là. Je ne sais pas quoi faire... J'ai besoin de réfléchir. Merci, Monsieur. Au revoir!
AGENT Au revoir, Mademoiselle.

Chez Sandrine...

SANDRINE Oui, Pascal. Amina nous a trouvé une auberge à Albertville. C'est génial, non? En plus, c'est pas cher!
PASCAL Euh, en fait... Albertville, maintenant, c'est impossible.
SANDRINE Qu'est-ce que tu dis?

PASCAL C'est que... j'ai du travail.
SANDRINE Du travail! Mais c'est Noël! On ne travaille pas à Noël! Et Amina a déjà tout réservé... Oh! C'est pas vrai!
PASCAL *(à lui-même)* Elle n'est pas très heureuse maintenant, mais quelle surprise en perspective!

Un peu plus tard...

AMINA On a réussi, Sandrine! La réservation est faite. Tu as de la chance! Mais, qu'est-ce qu'il y a?
SANDRINE Tu es super gentille, Amina, mais Pascal a annulé pour Noël. Il dit qu'il a du travail... Lui et moi, c'est fini. Tu as fait beaucoup d'efforts pour faire la réservation, je suis désolée.

A C T I V I T É S

1 Vrai ou faux? Indiquez si ces affirmations sont **vraies** ou **fausses**. Corrigez les phrases fausses. Answers may vary.

1. Sandrine fait une réservation à l'agence de voyages.
   Faux. Sandrine ne fait pas de réservation à l'agence de voyages.
2. Pascal dit un mensonge (*lie*).
   Vrai.
3. Amina fait une réservation à l'hôtel Le Mont Blanc.
   Faux. Amina fait une réservation à l'auberge de la Costaroche.
4. Il faut annuler la réservation à l'auberge de la Costaroche.
   Vrai.
5. Amina est fâchée (*angry*) contre Sandrine.
   Faux. Amina n'est pas fâchée contre Sandrine.

6. Pascal est fâché contre Sandrine.
   Faux. Pascal n'est pas fâché contre Sandrine.
7. Sandrine est fâchée contre Pascal.
   Vrai.
8. Sandrine a envie de voyager le 25 décembre.
   Faux. Sandrine a envie de voyager le 26 décembre.
9. Cent soixante et onze euros, c'est beaucoup d'argent pour Sandrine.
   Vrai.
10. Il y a beaucoup de touristes à Albertville en décembre.
    Vrai.

Ⓢ Practice more at **vhlcentral.com**.

Sandrine essaie d'organiser son voyage.

Au P'tit Bistrot...

SANDRINE Amina, je n'ai pas réussi à faire une réservation pour Albertville. Tu peux m'aider?

AMINA C'est que... je suis connectée avec Cyberhomme.

SANDRINE Avec qui?

AMINA J'écris un e-mail à... Bon, je t'explique plus tard. Dis-moi, comment est-ce que je peux t'aider?

Un peu plus tard...

AMINA Bon, alors... Sandrine m'a demandé de trouver un hôtel pas cher à Albertville. Pas facile à Noël... Je vais essayer... Voilà! L'auberge de la Costaroche... 39 euros la nuit pour une chambre individuelle. L'hôtel n'est pas complet et il y a deux chambres libres. Quelle chance, cette Sandrine! Bon, nom... Sandrine Aubry...

AMINA Bon, la réservation, ce n'est pas un problème. C'était facile de réserver. Mais toi, Sandrine, c'est évident, ça ne va pas.

SANDRINE C'est vrai. Mais, alors, c'est qui, ce «Cyberhomme»?

AMINA Oh, c'est juste un ami virtuel. On correspond sur Internet, c'est tout. Ce soir, c'est son dixième message!

SANDRINE Lis-le-moi!

AMINA Euh non, c'est personnel...

SANDRINE Alors, dis-moi comment il est!

AMINA D'accord... Il est étudiant, sportif mais sérieux. Très intellectuel.

SANDRINE S'il te plaît, écris-lui: «Sandrine cherche aussi un cyberhomme»!

Expressions utiles

Getting help

- **Je ne sais pas quoi faire... J'ai besoin de réfléchir.**
  I don't know what to do... I have to think.

- **Je n'ai pas réussi à faire une réservation pour Albertville.**
  I didn't manage to make a reservation for Albertville.

- **Tu peux m'aider?**
  Can you help me?

- **Dis-moi, comment est-ce que je peux t'aider?**
  Tell me, how can I help you?

- **Qu'est-ce que tu dis?**
  What are you saying/did you say?

- **On a réussi.**
  We succeeded./We got it.

- **S'il te plaît, écris-lui.**
  Please, write to him.

Additional vocabulary

- **C'est trop tard?**
  Is it too late?

- **Disons...**
  Let's say...

- **La réservation est faite.**
  The reservation has been made.

- **C'est fini.**
  It's over.

- **Je suis connectée avec...**
  I am online with...

- **Lis-le-moi.**
  Read it to me.

- **Il dit que...**
  He says that...

- **les moins chers**
  the least expensive

- **en fait**
  in fact

ACTIVITÉS

2 Questions Répondez aux questions.

1. Pourquoi est-il difficile de faire une réservation pour Albertville?
   C'est difficile parce que c'est Noël.
2. Pourquoi est-ce que Sandrine ne veut pas (*doesn't want*) descendre à l'hôtel Le Vieux Moulin?
   L'hôtel Le Vieux Moulin est très cher.
3. Pourquoi Pascal dit-il qu'il ne peut pas (*can't*) aller à Albertville?
   Il dit qu'il a du travail.
4. Qui est Cyberhomme?
   C'est l'ami virtuel d'Amina.
5. À votre avis (*In your opinion*), Sandrine va-t-elle rester (*stay*) avec Pascal? *Answers will vary.*

3 Devinez Inventez-vous une identité virtuelle. Écrivez un paragraphe dans lequel (*in which*) vous vous décrivez, vous et vos loisirs préférés. Donnez votre nom d'internaute (*cybername*). Votre professeur va afficher (*post*) vos messages. Devinez (*Guess*) à qui correspondent les descriptions.

ressources

vText

CE
pp. 187–188

vhlcentral.com
Leçon 7B

Expressions utiles

- Draw attention to -**ir** verbs and expressions used to ask for help in the captions, in the **Expressions utiles** box, and as they occur in your conversation with students. Point out that this material will be formally presented in **Structures**.
- Respond briefly to questions about regular and irregular -**ir** verbs. Reinforce correct forms, but do not expect students to produce them consistently at this time.
- Contrast the pronunciation of the following expressions: **en fait, on fait**.
- Point out the differences between direct and indirect discourse by writing these two sentences on the board: **Il dit qu'il a du travail. Il dit: «J'ai du travail.»**

1 Suggestion Have students correct the items that are false.

1 Expansion Give these statements to the class.
11. Sandrine a besoin de deux chambres individuelles. (Vrai.) 12. Amina ne fait pas de réservation. (Faux.) 13. Cyberhomme est l'ami virtuel de Sandrine. (Faux.)

2 Suggestion Have students discuss these questions in small groups.

2 Expansion Discuss question #5 as a class. Have students make other predictions about what will happen. Ask what kind of surprise they think Pascal has in mind.

3 Suggestion Without revealing students' identities, match students with common interests and have them write back to one another.

PRE-AP®

Interpersonal Speaking Ask volunteers to act out the **Roman-photo** episode for the class. Assure them that it is not necessary to memorize the episode or to stick strictly to its content. Give them time to prepare. You may want to assign this as homework and do it the next class period as a review activity.

PRE-AP®

Presentational Writing Have students write a brief paragraph recapping the major events in this episode and using sequencing expressions, such as **d'abord, donc, ensuite, avant de, alors,** etc. Ask volunteers to read their synopses aloud.

133

Section Goals

In this section, students will:
- learn about how and where the French vacation
- learn some terms used in youth hostels
- find out about vacation spots in the Francophone world
- read about the Alps, a popular destination for skiers

Key Standards
2.1, 2.2, 3.1, 3.2, 4.2

21st CENTURY SKILLS

Global Awareness
Students will gain perspectives on the Francophone world to develop respect and openness to other cultures.

Student Resources
Supersite: Activities
Teacher Resources
Answer Keys

Culture à la loupe

Avant la lecture Ask students how much vacation their parents can take annually, how much is typical in this country, and how much they think working people need to be happy in their work. You might also ask what vacation activities Americans enjoy and what the students imagine is popular in France.

Lecture
- Mention to students that when experts anticipate the **grands départs** on the **autoroutes**, these days are labeled **rouges** throughout France.
- Explain the **Coup de main** box on superlatives to help students understand the text.

Après la lecture Ask students to compare American and French vacation habits. Example: **Les élèves au lycée ici commencent leurs vacances en mai, mais les élèves en France terminent l'année scolaire en juillet.**

1 Expansion Continue the activity with these fill-in-the-blank statements.
11. Les Français d'aujourd'hui prennent des vacances qui durent _____ en moyenne. (sept jours) 12. Les vacances les moins populaires à l'étranger sont _____. (en Asie / Océanie)

134 Unit 7 • Lesson 7B

Reading   CULTURE À LA LOUPE

Les vacances des Français

Cassis

Les Français, aujourd'hui, ont beaucoup de vacances. En 1936, les Français obtiennent° leurs premiers congés payés: deux semaines par an. En 1956, les congés payés passent à trois semaines, puis à quatre en 1969, et enfin à cinq semaines en 1982. Aujourd'hui, les Français sont parmi ceux qui° ont le plus de vacances en Europe. Pendant longtemps, les Français prenaient° un mois de congés l'été, en août,

Les destinations de vacances des Français aujourd'hui	
PAYS / CONTINENT	**SÉJOURS**
France	90,1%
Espagne	1,9%
Afrique	1,8%
Italie	1,6%
Amérique	1,3%
Belgique / Luxembourg	0,9%
Grande-Bretagne / Irlande	0,9%
Allemagne	0,8%
Asie / Océanie	0,7%
SOURCE: TNS Sofres	

et beaucoup d'entreprises°, de bureaux et de magasins fermaient° tout le mois (la fermeture annuelle). Aujourd'hui, les Français ont tendance à prendre des vacances plus courtes (sept jours en moyenne°), mais plus souvent. Quant aux° destinations de vacances, 90% (pour cent) des Français restent en France. S'ils partent à l'étranger, leurs destinations préférées sont l'Espagne, l'Afrique et l'Italie. Environ° 35% des Français vont à la campagne, 30% vont en ville, 25% vont à la mer et 10% vont à la montagne.

Ce sont les personnes âgées et les agriculteurs° qui partent le moins souvent en vacances et les étudiants qui voyagent le plus, parce qu'ils ont beaucoup de congés. Pour eux, les cours commencent en septembre ou octobre avec la rentrée des classes. Puis, il y a deux semaines de vacances plusieurs fois dans l'année: les vacances de Noël en décembre-janvier, les vacances d'hiver en février-mars et les vacances de printemps en avril-mai. Les élèves (de la maternelle° au lycée) ont une semaine en plus pour les vacances de la Toussaint en octobre-novembre. L'été, les étudiants et les élèves ont les grandes vacances de juin jusqu'à° la rentrée.

obtiennent *obtain* parmi ceux qui *among the ones who* prenaient *took* entreprises *companies* fermaient *closed* en moyenne *on average* Quant aux *As for* Environ *Around* agriculteurs *farmers* maternelle *pre-school* jusqu'à *until*

Coup de main

To form the superlative of nouns, use **le plus (de)** + (*noun*) to say *the most* and **le moins (de)** + (*noun*) to say *the least*.

Les étudiants ont le plus de congés.

Les personnes âgées prennent le moins de congés.

A C T I V I T É S

1   **Complétez** Complétez les phrases.

1. C'est en 1936 que les Français obtiennent leurs premiers _congés payés_.

2. Depuis (*Since*) 1982, les Français ont _cinq semaines_ de congés payés.

3. Pendant longtemps, les Français ont pris leurs vacances au mois _d'août_.

4. Pendant _la fermeture annuelle_, beaucoup de magasins sont fermés.

5. _La France_ est le lieu de vacances préféré de 90% des Français.

6. Les destinations étrangères préférées des Français sont _l'Espagne, l'Afrique et l'Italie_.

7. Le lieu de séjour favori des Français est _la campagne_.

8. _Les personnes âgées et les agriculteurs_ ne partent pas souvent en vacances.

9. Ce sont _les étudiants_ qui ont le plus de vacances.

10. Les étudiants ont _deux semaines de vacances_ plusieurs fois par an.

S Practice more at **vhlcentral.com.**

134   *cent trente-quatre*

DIFFERENTIATION

For Visual Learners Ask students what they can learn in the chart **Les destinations de vacances des Français aujourd'hui**. (percentages showing where the French spend their vacations today) Have students quiz each other on the chart, so they can practice geography and percentages.

PRE-AP®

Presentational Speaking with Cultural Comparison Ask students to work with a partner to tell in their own words three main points described in **Les vacances des Français**. You might brainstorm a list on the board: the history of employee vacations, the change in how the French take their vacations, and the time periods of student vacations. Ask students to make comparisons with the way Americans spend their vacation.

LE FRANÇAIS QUOTIDIEN

À l'auberge de jeunesse

bagagerie (*f.*)	*baggage check room*
cadenas (*m.*)	*padlock*
casier (*m.*)	*locker*
couvre-feu (*m.*)	*curfew*
dortoir (*m.*)	*dormitory*
sac (*m.*) **de couchage**	*sleeping bag*
mixte	*coed*

LE MONDE FRANCOPHONE

Des vacances francophones

Si vous voulez° partir en vacances et pratiquer le français, vous pouvez° aller en France, bien sûr, mais il y a aussi beaucoup d'autres destinations.

Près des États-Unis

En hiver, dans les Antilles, il y a la Guadeloupe et la Martinique. Ces deux îles° tropicales sont des départements français. Leurs habitants ont donc des passeports français.

Dans l'océan Pacifique

De la Côte Ouest des États-Unis, au sud° de Hawaï, vous pouvez aller dans les îles de la Polynésie française: les îles Marquises; les îles du Vent, avec Tahiti; les îles Tuamotu. Au total il y a 118 îles, dont° 67 sont habitées°.

voulez *want* **pouvez** *can* **îles** *islands* **sud** *south* **dont** *of which* **habitées** *inhabited*

PORTRAIT

Les Alpes et le ski

Près de 11% des Français partent à la montagne pendant les vacances d'hiver. Soixante-dix pour cent d'entre eux° choisissent° une station de ski des Alpes françaises. La chaîne° des Alpes est la plus grande chaîne de montagnes d'Europe. Elle fait plus de 1.000 km de long et va de la Méditerranée à l'Autriche°. Plusieurs pays la partagent: entre autres° la France, la Suisse, l'Allemagne et l'Italie. Le Mont-Blanc, le sommet° le plus haut° d'Europe occidentale°, est à 4.811 mètres d'altitude. On trouve d'excellentes pistes° de ski dans les Alpes, comme à Chamonix, Tignes, Val d'Isère et aux Trois Vallées.

d'entre eux *of them* **choisissent** *choose* **chaîne** *range* **l'Autriche** *Austria* **entre autres** *among others* **sommet** *peak* **le plus haut** *the highest* **occidentale** *Western* **pistes** *trails*

Sur Internet

Chaque année, depuis (*since*) 1982, plus de 4 millions de Français utilisent des Chèques-Vacances pour payer leurs vacances. Qu'est-ce que c'est, un Chèque-Vacances?

Go to **vhlcentral.com** to find more information related to this **Culture** section.

2 **Répondez** Répondez aux questions par des phrases complètes.

1. Que peut-on utiliser à la place des draps?
   On peut utiliser un sac de couchage.
2. Quand on passe la nuit dans le dortoir d'une auberge de jeunesse, où met-on ses affaires (*belongings*)?
   On les met dans un casier.
3. Qu'est-ce que c'est, les Alpes?
   C'est une grande chaîne de montagnes partagée entre plusieurs pays d'Europe.
4. Quel est le sommet le plus haut d'Europe occidentale?
   Le Mont-Blanc est le sommet le plus haut d'Europe occidentale.
5. Quelles îles des Antilles sont françaises?
   La Guadeloupe et la Martinique sont françaises.

3 **À l'agence de voyages** Vous travaillez dans une agence de voyages en France. Votre partenaire, un(e) client(e), va vous parler des activités et du climat qu'il/elle aime. Faites quelques suggestions de destinations. Votre client(e) va vous poser des questions sur les différents voyages que vous suggérez.

ressources

 vText

  vhlcentral.com
Leçon 7B

ACTIVITÉS

Le français quotidien

Encourage students to try an **auberge de jeunesse** if they travel overseas. They have no frills, sometimes have curfews, can be noisy, and meals (if offered) are during limited hours. **L'auberge de jeunesse** is the best deal, though; many travelers find lifelong international friends and traveling companions there.

Portrait Explain that the Pyrenees are another important ski destination in France. Show their geographical relationship to the Alps on a map and point out that the Pyrenees create a natural border between France and Spain.

Le monde francophone Call on volunteers to read each paragraph. Then ask for other volunteers to point out each Francophone place mentioned on the digital images for this page.

2 **Expansion** Continue the activity with these questions. **6. Quel pourcentage de Français part pour la montagne pendant les vacances d'hiver?** (près de 11%) **7. Quels pays partagent les Alpes?** (la France, l'Allemagne, la Suisse, l'Autriche et l'Italie) **8. Où trouve-t-on de bonnes pistes de ski?** (à Chamonix, Tignes, Val d'Isère et aux Trois Vallées)

3 **Expansion** After the trip, the **client(e)** returns to the **agent** to discuss what he or she did on the trip. The **agent** asks: **Qu'est-ce que vous avez fait? Et, qu'est-ce que vous avez vu? Ensuite, où êtes-vous allé(e)?** The **client(e)** then volunteers as much information as possible about the trip.

21ˢᵗ CENTURY SKILLS

Information and Media Literacy: Sur Internet Students access and critically evaluate information from the Internet.

EXPANSION

Les vacances Have students imagine that, while studying in France, they are planning a trip for an upcoming vacation. They can speak **au présent** and **au futur proche**. Examples: **Où est-ce qu'on va aller? Qui va réserver l'hôtel/l'auberge de jeunesse? Qu'est-ce qu'on a envie de faire?** Encourage them to consult **Les vacances des Français** to plan a trip when French schools are actually on break. Then have them refer to **Le monde francophone** to discuss which place they would most like to visit. You might want to come up with some questions as a class before students continue in pairs. Examples: **Que préférez-vous, les Antilles ou la Polynésie française? Entre la Guadeloupe et la Martinique, que préférez-vous? Moi, j'ai envie de visiter Tahiti, et vous?**

7B.1 **Adverbs** 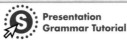 Presentation Grammar Tutorial

Point de départ Adverbs describe how, when, and where actions take place. They modify verbs, adjectives, and even other adverbs. You've already learned some adverbs such as **bien, déjà, surtout,** and **très.**

• To form an adverb from an adjective that ends in a consonant, take the feminine singular form and add **-ment.** This ending is equivalent to the English *-ly.*

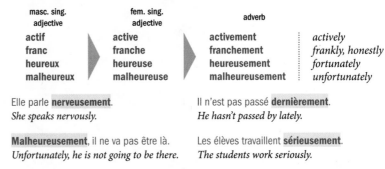

masc. sing. adjective	fem. sing. adjective	adverb	
actif	active	activement	*actively*
franc	franche	franchement	*frankly, honestly*
heureux	heureuse	heureusement	*fortunately*
malheureux	malheureuse	malheureusement	*unfortunately*

Elle parle **nerveusement**.
She speaks nervously.

Il n'est pas passé **dernièrement**.
He hasn't passed by lately.

Malheureusement, il ne va pas être là.
Unfortunately, he is not going to be there.

Les élèves travaillent **sérieusement**.
The students work seriously.

• If the masculine singular form of an adjective already ends in a vowel, do not use the feminine form. Just add **-ment** to the end of the masculine form.

masc. sing. adjective	adverb	
absolu	absolument	*absolutely*
vrai	vraiment	*really*

Martin répond **poliment**.
Martin answers politely.

Ils apprennent **facilement** les langues
They learn languages easily.

J'ai **vraiment** sommeil aujourd'hui.
I'm really sleepy today.

Le musée est **absolument** magnifique.
The museum is absolutely magnificent.

• To form an adverb from an adjective that ends in **-ant** or **-ent** in the masculine singular, replace the ending with **-amment** or **-emment,** respectively. Both endings are pronounced identically.

masc. sing. adjective	adverb	
constant	constamment	*constantly*
courant	couramment	*fluently*
différent	différemment	*differently*
évident	évidemment	*obviously*

Les enfants écoutent **patiemment**.
The kids are listening patiently.

Je préfère travailler **indépendamment**.
I prefer to work independently.

Elle parle **couramment** français.
She speaks French fluently.

Vous pensez **différemment**.
You think differently.

• The exception to the previous rule is the adjective **lent.** Its adverb is **lentement** (*slowly*).

Mon grand-père marche un peu **lentement**.
My grandfather walks a bit slowly.

Parlez **lentement**, s'il vous plaît.
Speak slowly, please.

- Some adverbs are irregular.

masculine singular adjective		adverb	
bon		bien	*well*
gentil		gentiment	*nicely*
mauvais		mal	*badly*
petit		peu	*little*

Son français est bon; il le parle **bien**.
His French is good; he speaks it well.

Leurs devoirs sont mauvais; ils écrivent **mal**.
Their homework is bad; they write badly.

- Although the adverb rapidement can be formed from the adjective rapide, you can also use the adverb vite to say *fast*.

Bérénice a gagné la course?
Did Bérénice win the race?

Oui, elle a couru **vite**.
Yes, she ran fast.

Tu ne comprends pas M. Bellay?
Don't you understand Mr. Bellay?

Non, il parle trop **rapidement**.
No, he speaks too quickly.

- You've learned jamais, parfois, rarement, and souvent. Here are three more adverbs of frequency: de temps en temps (*from time to time*), en général (*in general*), and quelquefois (*sometimes*).

Elle visite la capitale **de temps en temps**.
She visits the capital from time to time.

En général, nous prenons le bus.
In general, we take the bus.

- Place an adverb that modifies an adjective or another adverb before the word it modifies.

La chambre est **assez** grande.
The room is pretty big.

Ils courent **très** vite.
They run very fast.

- Place an adverb that modifies a verb immediately after the verb.

Elle parle **bien** le français?
Does she speak French well?

Ils parlent **constamment**.
They talk constantly.

- In the passé composé, short adverbs are typically placed before the past participle.

Ils sont **vite** partis.
They left quickly.

but

Ils ont gagné **facilement**.
They won easily.

Vous avez **bien** joué hier.
You played well yesterday.

but

Elle a parlé **franchement**.
She spoke frankly.

Boîte à outils

Adverbs of frequency, such as **de temps en temps, en général, quelquefois,** and **aujourd'hui**, are often placed at the beginning or end of a sentence.

À noter

See **Leçon 6A**, p. 79, for a review of the placement of short adverbs with the **passé composé**.

Essayez! **Donnez les adverbes qui correspondent à ces adjectifs.**

1. complet _complètement_
2. sérieux _sérieusement_
3. séparé _séparément_
4. constant _constamment_
5. mauvais _mal_
6. actif _activement_
7. impatient _impatiemment_
8. bon _bien_
9. franc _franchement_
10. difficile _difficilement_
11. vrai _vraiment_
12. gentil _gentiment_

Suggestions
- Write sentences using regular adverbs with **-ment** on the board. Have volunteers underline the adverb. Example: **Le professeur parle rapidement**.
- Tell students that most adverbs can be classified into four main categories: time, manner, frequency, and quantity. Write these categories on the board and have students list the adverbs they know under each of them.

Essayez! Make three columns on the board entitled: **l'adjectif masculin, l'adjectif féminin,** and **l'adverbe avec -ment.** Have students fill in the chart.

EXPANSION

Video Replay the video episode, having students focus on the use of adverbs. Tell them to jot down a list of all of the adverbs they hear. Make two columns on the board, one for adverbs with **-ment** and another for all other adverbs. Have students write the adverbs under the appropriate column. Then have them create original sentences using each adverb.

EXPANSION

Game Divide the class into small groups. Say the name of a famous person or historical figure. Give groups three minutes to write down as many short sentences as possible about that person, using adverbs and adverbial expressions. At the end of each round, have groups read their answers aloud. Award one point after each round to the group with the highest number of correct adverbs. The first group to earn five points wins.

1 Expansion Have students use the antonyms in a sentence using **mais**. Example: **Je vais fréquemment à la bibliothèque, mais ma meilleure amie va rarement à la bibliothèque.**

2 Expansion Tell students to write follow-up yes/no questions about Béatrice's description of her vacation. Then have pairs ask and answer the questions. Example: **Béatrice a accepté l'invitation de sa cousine? (Oui, elle a rapidement accepté l'invitation.)**

4 Suggestion Before beginning the activity, have students identify the adjective from which the adverbs in column C are derived. Review the formation of **-amment** and **-emment** adverbs.

Mise en pratique

1 **Assemblez** Trouvez l'adverbe opposé.

_e_ 1. gentiment	a. rarement
_d_ 2. bien	b. faiblement
_f_ 3. lentement	c. impatiemment
_c_ 4. patiemment	d. mal
_a_ 5. fréquemment	e. méchamment
_b_ 6. fortement	f. vite

2 **Invitation aux vacances** Béatrice parle de ses vacances chez sa cousine. Complétez les phrases avec les adverbes qui correspondent aux adjectifs entre parenthèses.

Ma cousine Caroline m'a invitée à passer les vacances chez elle, à Nice. (1) ___Évidemment___ (Évident), j'ai été très contente et j'ai (2) ___rapidement___ (rapide) accepté son invitation. J'ai (3) ___attentivement___ (attentif) lu les brochures touristiques et j'ai (4) ___constamment___ (constant) parlé de mon voyage. (5) ___Finalement___ (Final), le jour de mon départ est arrivé. J'ai (6) ___prudemment___ (prudent) fait ma valise. À Paris, j'ai attendu le train très (7) ___impatiemment___ (impatient). (8) ___Franchement___ (Franc), j'avais hâte (*was eager*) d'arriver!

3 **On le fait comment?** Décrivez comment Gilles et ses amis font ces actions. Employez l'adverbe logique correspondant à un des adjectifs.

1. Marc et Marie dessinent. (bon, gentil)   Ils dessinent bien.
2. J'attends mon ami. (rapide, impatient)   J'attends impatiemment mon ami.
3. Ousmane court. (fréquent, intelligent)   Il court fréquemment.
4. Tu conduis ta voiture. (fort, prudent)   Tu conduis prudemment ta voiture.
5. Salima écoute le prof. (courant, attentif)   Elle écoute attentivement le prof.

4 **Les activités** Avec un(e) partenaire, assemblez les éléments des colonnes pour décrire à tour de rôle comment on fait ces activités.   Answers will vary.

MODÈLE

Élève 1: *Je travaille sérieusement.*
Élève 2: *Mon frère joue constamment.*

A	B	C
je	aider	constamment
mon frère	dormir	facilement
ma sœur	faire la cuisine	franchement
mon ami(e)	jouer	gentiment
mes profs	parler	patiemment
ma mère	travailler	rapidement
mon père	voyager	sérieusement
?	?	?

Practice more at vhlcentral.com.

DIFFERENTIATION

For Auditory Learners Add an auditory aspect to this grammar practice. Prepare sentences using adverbs and read them aloud slowly to allow students time to write. Ex: **Je parle rapidement. Je parle lentement lorsque cela est nécessaire. Je perds souvent mes documents. De temps en temps, je...** Ask comprehension questions as a follow-up.

EXPANSION

Personalize After completing Activity 3, ask students to give examples from their own lives of how people they know behave and do things.

Communication

5 **Au lycée** Vous désirez mieux connaître (*know better*) vos camarades de classe. Répondez aux questions de votre partenaire avec les adverbes de la liste ou d'autres. *Answers will vary.*

attentivement	lentement	rapidement
bien	mal	rarement
difficilement	parfois	sérieusement
élégamment	patiemment	souvent
facilement	prudemment	quelquefois

1. Quand vas-tu à la cantine?
2. Comment étudies-tu en général?
3. Quand tes amis et toi étudiez-vous ensemble?
4. Comment les élèves écoutent-ils leur prof?
5. Comment ton prof de français parle-t-il?
6. Comment vas-tu au lycée?
7. Quand fais-tu du sport?
8. Quand allez-vous au cinéma, tes amis et toi?
9. Tes amis et toi, mangez-vous toujours (*always*) à la cantine?
10. Fais-tu du sport après les cours au lycée?

6 **Fréquences** Votre professeur va vous donner une feuille d'activités. Circulez dans la classe et demandez à vos camarades à quelle fréquence ils/elles font ces choses. Trouvez une personne différente pour chaque réponse, puis présentez-les à la classe. *Answers will vary.*

MODÈLE

Élève 1: *À quelle fréquence pars-tu en vacances?*
Élève 2: *Je pars fréquemment en vacances.*

7 **Notre classe** Par groupes de quatre, choisissez les camarades de votre classe qui correspondent à ces descriptions. Trouvez le plus (*most*) de personnes possible. *Answers will vary.*

Qui dans la classe...

1. ... bavarde constamment avec ses voisins?
2. ... parle bien français?
3. ... chante bien?
4. ... apprend facilement les langues?
5. ... écoute attentivement le prof?
6. ... travaille sérieusement après les cours?
7. ... aime beaucoup les maths?
8. ... travaille trop?
9. ... dessine souvent pendant le cours?
10. ... dort parfois pendant le cours?
11. ... oublie fréquemment ses devoirs?
12. ... mange rarement à la cantine?

---

5 Expansion Have students work in pairs to write three more questions like those in the activity. Students then switch questions with another pair and answer them orally.

5 Virtual Chat You can also assign Activity 5 on the Supersite. Students record individual responses that appear in your gradebook.

6 Suggestions
• Have two volunteers read the **modèle** aloud, and then distribute the **Feuilles d'activités** found on the Supersite.
• If some students finish early, have them form pairs or a small group to begin comparing their findings. Teach them to ask questions, such as: **Quels camarades de classe font les choses différemment? Et semblablement** (*similarly*)?

7 Suggestion Remind the class that the adverbs in these sentences modify the verb, so they immediately follow the verb.

EXPANSION

Extra Practice Tell students to research travel to a French-speaking location. For maximum cultural variety, assign a different location to each student or simply have students select their preferred destination. Have them find information online or in the library about what there is to see and do there. After they have completed their research, have them create a brochure with images of the place and write short descriptive captions.

EXPANSION

After that, tell students to plan an imaginary itinerary, telling what they will and won't do when they go and how often they will do each activity. Remind them to use frequency adverbs like **jamais**, **parfois**, **rarement**, **souvent**, **de temps en temps**, etc. Finally, have students present their brochures to the class and talk about their plans.

140 | Unit 7 • Lesson 7B

Section Goals

In this section, students will learn:
• the imperfect tense
• **être** in the imperfect tense

Key Standards

4.1, 5.1

Student Resources
Cahier de l'élève, pp. 192–194;
Supersite: Activities,
eCahier, Grammar Tutorials
Teacher Resources
Answer Keys; Audio Script;
Audio Activity MP3s/CD; Testing
program: Grammar Quiz

Suggestions

• Remind students that they can already express the past using the **passé composé**. Now they will learn another tense needed to express themselves in the past. Mention that the **imparfait** expresses the past in a different way.
• Introduce the **imparfait** by describing something you used to do when you were little. Example: **Quand j'étais petit(e), je passais souvent les vacances chez mes grands-parents. Quand il faisait froid, nous jouions aux cartes à la maison. En été, ma famille louait une maison au bord de la mer.** Then ask students: **Et vous, que faisiez-vous quand vous étiez petits?**

7B.2

The *imparfait* 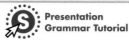 Presentation Grammar Tutorial

Point de départ You've learned how the **passé composé** can express past actions. Now you'll learn another past tense, the **imparfait** *(imperfect)*.

• The **imparfait** can be translated into English in several ways.

Hakim **buvait** beaucoup de thé.	Nina **chantait** sous la douche tous les matins.
Hakim drank a lot of tea.	*Nina sang in the shower every morning.*
Hakim used to drink a lot of tea.	*Nina used to sing in the shower every morning.*
Hakim would drink a lot of tea.	*Nina would sing in the shower every morning.*
Hakim was drinking a lot of tea.	*Nina was singing in the shower every morning.*

À noter

You'll learn to distinguish the **imparfait** from the **passé composé** in **Unité 8**.

Boîte à outils

Note that the forms ending in **-ais**, **-ait**, and **-aient** are all pronounced identically. To avoid confusion when writing these forms, remember that the **je** and **tu** forms never end in a **-t**.

• The **imparfait** is used to talk about actions that took place repeatedly or habitually during an unspecified period of time.

Je **passais** l'hiver à Lausanne.	Vous m'**écriviez** tous les jours.
I spent the winters in Lausanne.	*You would write to me every day.*
Nous **achetions** des fleurs au marché.	Il **vendait** des meubles.
We used to buy flowers at the market.	*He used to sell furniture.*

• The **imparfait** is a simple tense, which means that it does not require an auxiliary verb. To form the **imparfait**, drop the **-ons** ending from the **nous** form of the present tense and replace it with these endings.

The *imparfait*				
	parler (parl~~ons~~)	finir (finiss~~ons~~)	vendre (vend~~ons~~)	boire (buv~~ons~~)
je	parlais	finissais	vendais	buvais
tu	parlais	finissais	vendais	buvais
il/elle/on	parlait	finissait	vendait	buvait
nous	parlions	finissions	vendions	buvions
vous	parliez	finissiez	vendiez	buviez
ils/elles	parlaient	finissaient	vendaient	buvaient

Il **faisait** chaud.	Nous **parlions** au prof.
It was hot.	*We were talking to the professor.*

• Verbs whose infinitives end in **-ger** add an **e** before all endings of the **imparfait** except in the **nous** and **vous** forms. Verbs whose infinitives end in **-cer** change **c** to **ç** before all endings except in the **nous** and **vous** forms.

tu **déménageais**	*but*	nous **déménagions**
les invités **commençaient**	*but*	vous **commenciez**

Mes parents **voyageaient** en Afrique.	Vous **mangiez** toujours des pâtes le soir?
My parents used to travel to Africa.	*Did you always have pasta for dinner?*
À quelle heure **commençait** l'école?	Nous **commencions** notre journée à huit heures.
What time did school start?	*We used to start our day at 8 o'clock.*

EXPANSION

Rapid Drill Write a few sentences in present tense on the board. Ask volunteers to come to the board and change the sentences to the imperfect tense. Then change the subjects of the sentences and ask other students to change the verbs accordingly.
Large Group Write a list of activities on the board. Ex: **1. jouer au foot, 2. boire du lait le matin, 3. parler avec un ami imaginaire.** Have students copy the list on a sheet of paper and check off

TEACHING OPTIONS

the items that they used to do when they were little kids. Then have them circulate around the room and find other students who used to do the same activities. Ex: **Tu buvais du lait le matin?** When they find a student who used to do the same activity, have them write that student's name next to the item. Then have students report back to the class. Ex: **Mark et moi parlions avec un ami imaginaire.**

- Note that the **nous** and **vous** forms of infinitives ending in **-ier** contain a double **i** in the **imparfait**.

Vous **skiiez** dans les Alpes en janvier.
You used to ski in the Alps in January.

Nous **étudiions** parfois jusqu'à minuit.
We studied until midnight sometimes.

Je pensais que tu avais du travail.

Mais ma chérie, c'était une surprise.

- The **imparfait** is used for description, often with the verb **être**, which is irregular in this tense.

The *imparfait* of *être*	
j'étais	nous étions
tu étais	vous étiez
il/elle/on était	ils/elles étaient

La cuisine **était** à côté du salon.
The kitchen was next to the living room.

Les toilettes **étaient** au rez-de-chaussée.
The restrooms were on the ground floor.

Étiez-vous heureux avec Francine?
Were you happy with Francine?

Nous **étions** dans le jardin.
We were in the garden.

- Note the imperfect forms of these expressions.

Il pleuvait chaque matin.
It rained every morning.

Il neigeait parfois au printemps.
It snowed sometimes in the spring.

Il y avait deux lits et une lampe.
There were two beds and a lamp.

Il fallait payer le loyer.
We had to pay rent.

Essayez!   Choisissez la réponse correcte pour compléter les phrases.

1. Muriel (louait/louais) un appartement en ville.
2. Rodrigue (partageait/partagiez) une chambre avec un autre étudiant.
3. Nous (écrivait / écrivions) beaucoup à nos amis.
4. Il y (avait/était) des balcons au premier étage.
5. Vous (mangeait/mangiez) chez Arnaud le samedi.
6. Je n'(avais/étais) pas peur du chien.
7. Il (neigeait /fallait) mettre le chauffage (*heat*) quand il (faisaient/faisait) froid.
8. Qu'est-ce que tu (faisait/ faisais) dans le couloir?
9. Vous (aimiez/aimaient) beaucoup le quartier?
10. Nous (étaient/étions) trois dans le petit studio.
11. Rémy et Nathalie (louait/louaient) leur appartement.
12. Il (avais/pleuvait) constamment en juillet.

Suggestions
- Ask volunteers to answer questions about their childhoods. Example: **Quand vous étiez petit(e), où alliez-vous en vacances avec votre famille? Aimiez-vous aller au cinéma? À la piscine?**
- Review the present-tense **nous** forms of various verbs and explain that the stem without **-ons** is also the **imparfait** stem. Mention the exception with verbs ending in **-ger** and **-cer**.

Essayez! Have students identify the infinitive of each verb in the activity. Examples: **1. louer 2. partager**

EXPANSION

Game Divide the class into two teams. Choose one team member at a time to go to the board, alternating between teams. Say a subject pronoun and an infinitive. The student at the board must write and say the correct **imparfait** form. Example: **je: parler (je parlais)**. Give a point for each correct answer. Play to five or ten points, depending on how much time you have.

EXPANSION

Extra Practice Have students write five true/false sentences with the **imparfait** describing things they did while on vacation when they were younger. Have pairs read their descriptions aloud, one sentence at a time, listening for the **imparfait** and guessing what is true or false. Encourage follow-up discussion. Example: **L'hôtel où je suis resté avait 99 étages.** The other students might say: **Ce n'est pas vrai! Combien d'étages avait-il vraiment?**

1 **Suggestion** Before assigning this activity, review the forms of the imperfect by calling out an infinitive and a series of subject pronouns. Ask volunteers to give the corresponding forms. Example: **détester, nous** (**nous détestions**).

3 **Expansion** After completing the activity, have students complete the sentences using the **passé composé** instead.

4 **Suggestion** Divide the class into two groups, **l'imparfait** and **le présent**. Have the first group give one phrase about what Emmanuel and his family used to do. The second group should describe what he and his family do differently now, using an opposite verb in the present tense.

Mise en pratique

1 **Nos voyages** La famille d'Emmanuel voyageait souvent quand il était petit. Complétez son histoire en mettant les verbes à l'imparfait.

Quand j' (1) ___étais___ (être) jeune, mon père (2) ___travaillait___ (travailler) pour une société canadienne et nous (3) ___voyagions___ (voyager) souvent. Quand nous (4) ___partions___ (partir), je (5) ___faisais___ (faire) ma valise et je (6) ___préparais___ (préparer) toutes mes affaires. Ma petite sœur (7) ___détestait___ (détester) voyager. Elle (8) ___disait___ (dire) qu'elle (9) ___aimait___ (aimer) rester chez nous près de ses amis et que ce n' (10) ___était___ (être) pas juste!

2 **Rien n'a changé** Laurent parle de l'école à son grand-père, qui lui explique que les choses n'ont pas changé. Employez l'imparfait pour transformer les phrases de Laurent et donner les phrases de son grand-père.

Laurent: Les cours commencent à 7h30. Je prends le bus pour aller à l'école. J'ai beaucoup d'amis. Mes copains et moi, nous mangeons à midi. Mon dernier cours finit à 16h00. Mon école est très sympa et je l'adore!

Grand-père: Les cours... _commençaient à 7h30. Je prenais le bus pour aller à l'école. J'avais_ _beaucoup d'amis. Mes copains et moi, nous mangions à midi. Mon dernier cours_ _finissait à 16h00. Mon école était très sympa et je l'adorais!_

3 **Le samedi** Dites ce que (*what*) ces personnes faisaient habituellement le samedi. Suggested answers

▶ **MODÈLE**

Paul dormait.

Paul

1. je _Je faisais du jogging._ **2.** ils _Ils finissaient leurs devoirs._ **3.** vous _Vous mangiez des glaces._ **4.** tu _Tu prenais du café._

4 **Maintenant et avant** Qu'est-ce qu'Emmanuel et sa famille font différemment aujourd'hui? Écrivez des phrases à l'imparfait et trouvez les adverbes opposés. Suggested answers

MODÈLE

beaucoup travailler (je)
Maintenant je travaille beaucoup, mais avant je travaillais peu.

1. rarement voyager (je)
… je voyage rarement, … je voyageais constamment.
2. facilement prendre le train (nous)
… nous prenons facilement le train…, … nous prenions difficilement le train.
3. souvent aller à la piscine (on)
… on va souvent à la piscine, … on allait rarement à la piscine.
4. parfois acheter des cartes postales (mes parents)
… ils achètent parfois des cartes postales, … ils achetaient souvent des cartes postales.
5. bien bricoler (vous)
… vous bricolez bien, … vous bricoliez mal.
6. patiemment attendre son anniversaire (ma sœur)
… elle attend patiemment…, … elle attendait impatiemment…

 : Practice more at **vhlcentral.com.**

EXPANSION

Extra Practice To provide oral practice with the imperfect tense, change the subjects in **Essayez!** on page 141. Have students give the appropriate forms for each infinitive listed.

DIFFERENTIATION

For Kinesthetic Learners Have the class stand and form a circle. Call out a name or subject pronoun and an infinitive (Ex: **elles/boire**). Toss a ball to a student, who will say the correct imperfect form (Ex: **buvaient**). He or she should then name a new subject and infinitive and throw the ball to another student.

Communication

5 **Quand tu avais dix ans** À tour de rôle, posez ces questions à votre partenaire pour savoir (*to know*) les détails de sa vie quand il/elle avait dix ans. *Answers will vary.*

1. Où habitais-tu?
2. Est-ce que tu faisais beaucoup de vélo?
3. Où est-ce que ta famille et toi alliez en vacances?
4. Pendant combien de temps partiez-vous en vacances?
5. Est-ce que tes amis et toi, vous sortiez tard le soir?
6. Que faisaient tes parents le week-end?
7. Quels sports pratiquais-tu?
8. Quel genre de musique écoutais-tu?
9. Comment était ton école?
10. Aimais-tu l'école? Pourquoi?

6 **Discutez** Regardez l'image. Votre partenaire et vous avez passé vos vacances à Saint-Barthélemy. À deux, écrivez un paragraphe d'au moins six phrases pour décrire le temps qu'il faisait et ce que (*what*) vous faisiez le plus souvent quand vous étiez là-bas. Utilisez l'imparfait dans votre description. *Answers will vary.*

7 **Chez les grands-parents** Quand vous étiez petit(e), vous passiez toujours les vacances à la campagne chez vos grands-parents. À tour de rôle, décrivez à votre partenaire une journée typique de vacances. *Answers will vary.*

MODÈLE

Notre journée commençait très tôt le matin. Mémé préparait du pain...

8 **Une énigme** La nuit dernière, quelqu'un est entré dans le bureau de votre professeur et a emporté (*took away*) l'examen de français. Vous devez (*must*) trouver qui. Qu'est-ce que vos camarades de classe faisaient hier soir? Relisez vos notes et dites qui est le voleur (*thief*). Ensuite, présentez vos conclusions à la classe. *Answers will vary.*

---

5 **Expansion** Have students share their partner's answers with the class using the third person pronouns **il/elle**.

5 **Virtual Chat** You can also assign Activity 5 on the Supersite. Students record individual responses that appear in your gradebook.

7 **Suggestion** Consider giving students the option of describing a vacation by the sea, in the mountains, or in their favorite city if they prefer.

7 **Expansion** Have pairs of students present their imaginary vacations to another pair or to the whole class. Using the imperfect, compile a list of activities on the board.

8 **Suggestion** Before doing this activity, remind students that the imperfect form of **être** is irregular.

EXPANSION

Game Label the four corners of the room with different historical periods. Examples: la Préhistoire, le Moyen Âge, la Renaissance, and le dix-neuvième siècle. Tell students to go to the corner that best represents the historical period they would visit if they could. Each group then discusses their reasons for picking that period using the imperfect. A spokesperson will summarize his or her group's responses to the class.

DIFFERENTIATION

For Visual Learners Bring in, or choose a few students to bring in, video clips from popular movies. Show clips to the class. Brainstorm important vocabulary. After viewing each clip, have students use the imparfait to describe what was happening and what people in the clip were doing.

Révision

1 Suggestion Have students write out the questions and answers. Check use of subject pronouns and the **imparfait** forms of **être**.

2 Suggestion Have two volunteers model a question and answer for the class.

2 Expansion After group members finish questioning each other, have a student from each group read the answers from another student. The class will then guess which student's childhood birthday celebration was described.

3 Suggestions
• Ask two students to read the **modèle** aloud. Then distribute the **Feuilles d'activités** from the Activity Pack.
• Encourage students to add sports and leisure activities not already found in their survey.

4 Suggestion Before beginning the activity, have students describe what the people in the drawing are doing in the present tense.

5 Expansion Tell students to imagine they are the **ancien prof de français** and have decided to give the student a second chance. Have them write an email to the student discussing his or her past versus present behavior at school.

5 Partner Chat You can also assign Activity 5 on the Supersite. Students work in pairs to record the activity online. The pair's recorded conversation will appear in your gradebook.

6 Suggestion Divide the class into pairs and distribute the Info Gap Handouts from the Activity Pack.

---

1 Mes affaires Vous cherchez vos affaires (*belongings*). À tour de rôle, demandez de l'aide à votre partenaire. Où étaient-elles la dernière fois? Answers will vary.

MODÈLE

Élève 1: *Je cherche mes clés. Où sont-elles?*

Élève 2: *Tu n'as pas cherché à la réception? Elles étaient à la réception.*

baskets	passeport
journal	pull
livre	sac à dos
parapluie	valise

à la réception	sur la chaise
au rez-de-chaussée	sous le lit
dans la chambre	dans ton sac
au deuxième étage	à l'auberge de jeunesse

2 Les anniversaires Avec un(e) partenaire, préparez huit questions pour savoir (*know*) comment vos camarades de classe célébraient leur anniversaire quand ils étaient enfants. Employez l'imparfait et des adverbes dans vos questions, puis posez-les à un autre groupe. Answers will vary.

MODÈLE

Élève 1: *Que faisais-tu souvent pour ton anniversaire?*

Élève 2: *Quand j'étais petit, mes parents organisaient souvent une fête.*

3 Sports et loisirs Votre professeur va vous donner une feuille d'activités. Circulez dans la classe et demandez à vos camarades s'ils pratiquaient ces activités avant d'entrer au lycée. Trouvez une personne différente qui dise (*says*) oui pour chaque activité. Présentez les réponses à la classe. Answers will vary.

MODÈLE

Élève 1: *Est-ce que tu faisais souvent du jogging avant d'entrer au lycée?*

Élève 2: *Oui, je courais souvent le matin.*

---

4 Pendant les vacances Par groupes de trois, créez le texte d'un article qui décrit ce que (*what*) faisaient ces gens. Utilisez des verbes à l'imparfait et des adverbes dans vos descriptions. Ensuite, présentez vos articles à la classe. Answers will vary.

5 Mes mauvaises habitudes Vous aviez de mauvaises habitudes, mais vous les avez changées. Maintenant, vous parlez avec votre ancien prof de français que vous rencontrez dans la rue. Avec un(e) partenaire, préparez la conversation. Answers will vary.

MODÈLE

Élève 1: *Vous dormiez tout le temps en cours!*

Élève 2: *Je dormais souvent, mais je travaillais aussi. Maintenant, je travaille sérieusement.*

6 Un week-end en vacances Votre professeur va vous donner, à vous et à votre partenaire, une feuille de dessins sur le week-end de M. et Mme Bardot et de leur fille Alexandra. Attention! Ne regardez pas la feuille de votre partenaire. Answers will vary.

MODÈLE

Élève 1: *En général, ils logeaient dans un hôtel.*

Élève 2: *Tous les jours, …*

TEACHING OPTIONS

Mini-dictée Use these sentences containing adverbs and verbs in the **imparfait** as a dictation. Read each sentence twice, pausing after the second time for students to write.
1. Heureusement, il y avait beaucoup d'élèves dans la classe.
2. Conduisait-il vite la voiture? 3. J'étais vraiment très heureuse de te voir. 4. Il fallait constamment travailler le samedi.

TEACHING OPTIONS

Skits Have small groups organize a skit about a birthday or other party that took place recently. Guide them to first make general comments about the party, such as **C'était vraiment amusant!** Then describe a few specific things that were going on, what people were talking about, what they were wearing, and any other appropriate details. After the skits are performed, have students vote for their favorite one.

À l'écoute

 Audio: Activities

STRATÉGIE

Recognizing the genre of spoken discourse

You will encounter many different types of spoken discourse in French. For example, you may hear a political speech, a radio interview, a commercial, a message on an answering machine, or a news broadcast. Try to identify the context of what you hear so that you can activate your background knowledge about that type of discourse and identify the speaker's motives and intentions.

🎧 To practice this strategy, you will listen to two short selections. Identify the genre of each one.

Préparation

Quand vous partez en vacances, qui décide où aller? Qui fait les réservations? Est-ce que vous utilisez les services d'une agence de voyages? Internet?

◢ À vous d'écouter 🎧

Écoutez la publicité. Puis écoutez une deuxième fois et notez les informations qui manquent (*that are missing*). Notez aussi un détail supplémentaire pour chaque voyage.

Pays (ville/région)	Nombre de jours/semaines	Prix par personne	Détail supplémentaire
1. Italie (Venise)	3 jours	395 euros	Answers will vary.
2. Brésil	1 semaine	1.500 euros	Answers will vary.
3. Irlande (Dublin)	5 jours	575 euros	Answers will vary.
4. Amérique du Nord (États-Unis, Canada, Mexique)	14 jours	2.000 euros	Answers will vary.
5. France (Avignon)	7 jours	487 euros	Answers will vary.

ressources

v Text

 vhlcentral.com Leçon 7B

S Practice more at **vhlcentral.com**.

Compréhension

Où vont-ils? Vous travaillez pour l'agence Vacances Pour Tous cet été. Indiquez où chaque personne va aller.

1. Madame Dupuis n'a pas envie d'aller à l'étranger.
   Madame Dupuis va aller à Avignon.

2. Le fils de Monsieur Girard a besoin de pratiquer son espagnol et son anglais.
   Il va aller en Amérique du Nord.

3. Madame Leroy a envie de visiter une capitale européenne.
   Elle va aller en Irlande.

4. Yves Marignaud a seulement trois jours de congé.
   Il va aller en Italie (Venise).

5. Justine adore la plage et le soleil.
   Elle va aller au Brésil.

6. La famille Abou a envie de passer ses vacances à la campagne.
   Ils vont aller à Avignon.

Votre voyage Vous avez fait un des voyages proposés par l'agence Vacances Pour Tous. C'est le dernier jour et vous écrivez une carte postale (*postcard*) à un(e) ami(e) francophone. Parlez-lui de votre séjour. Quel voyage avez-vous fait? Pourquoi? Comment avez-vous voyagé? Qu'est-ce que vous avez fait pendant votre séjour? Est-ce que vous avez aimé vos vacances? Expliquez pourquoi.

Découvrez la capitale irlandaise avec un séjour de 5 jours à Dublin; 575 euros par personne. En train et bateau.
Autre super promotion pour étudiants: un voyage de deux semaines en Amérique. Une semaine aux États-Unis, quatre jours au Canada et trois jours au Mexique; 2.000 euros par personne. En avion et autobus. Logement en auberge de jeunesse.

Vous n'avez pas envie de partir à l'étranger, mais vous avez une semaine de congé? Nous avons une promotion incroyable sur la France. Sept jours à la campagne. Voyage en train. Logement dans un petit hôtel près d'Avignon; 487 euros par personne.
Appelez tout de suite le 01.42.46.46.46 pour faire vos réservations!

Section Goals

In this section, students will learn about the history and culture of **Provence-Alpes-Côte d'Azur** and **Rhône-Alpes**.

Key Standards

2.2, 3.1, 3.2, 5.1

Student Resources
Cahier de l'élève, pp. 195–196;
Supersite: Activities,
eCahier
Teacher Resources
Answer Keys;
Digital Image Bank

Carte des régions Provence-Alpes-Côte d'Azur et Rhône-Alpes

- Have students look at the map of the regions **Provence-Alpes-Côte d'Azur (PACA)** and **Rhône-Alpes** or use the digital image for this page. Point out that **Provence-Alpes-Côte d'Azur** and **Rhône-Alpes** are popular tourist destinations year-round. Ask students to cite the geographic features that likely make these locations such attractive and diverse vacation spots. (**les Alpes**, **les plages**, etc.)
- Ask students if they are familiar with any of the location names and to share what they know about or associate with these places. Students should recognize Aix-en-Provence for the references in **Roman-photo**.
- Have students find **Mont-Blanc**. It is Europe's highest mountain, reaching 15,780 ft.

La région en chiffres

- Ask volunteers to read the sections. Then ask students questions about the content.
- Point out cognates and clarify any unfamiliar words.
- Tell students that Grenoble was the site of the 1968 Winter Olympics. Ask what other towns of these regions have hosted the Olympic Games. (Chamonix, 1924 and Albertville, 1992)

Incroyable mais vrai! Have students reference the map to see where **la Camargue** is located. **Le parc naturel régional de Camargue** was created to protect the rich flora and fauna found in the region and encompasses 211,740 acres. See if students remember how to convert that into hectares. (211,740 acres ÷ 2.47 = 85,690 hectares)

S Interactive Map Reading

Panorama

le ski dans les Alpes

Provence-Alpes-Côte d'Azur

La région en chiffres

▶ **Superficie:** 31.400 km²
▶ **Population:** 4.818.000
  SOURCE: INSEE
▶ **Industries principales:** *agriculture, industries agro-alimentaires°, métallurgiques et mécaniques, parfumerie, tourisme*
▶ **Villes principales:** *Avignon, Gap, Marseille, Nice, Toulon*

Personnes célèbres

▶ Nostradamus, *astrologue et médecin (1503–1566)*
▶ Marcel Pagnol, *cinéaste° et écrivain (1895–1974)*
▶ Surya Bonaly, *athlète olympique (1973–)*

Rhône-Alpes

La région en chiffres

▶ **Superficie:** 43.698 km²
▶ **Population:** 6.058.000
▶ **Industries principales:** *agriculture, élevage°, tourisme, industries chimiques, métallurgiques et textiles*
▶ **Villes principales:** *Annecy, Chambéry, Grenoble, Lyon, Saint-Étienne*

Personnes célèbres

▶ Louise Labé, *poétesse (1524–1566)*
▶ Stendhal, *écrivain (1783–1842)*
▶ Antoine de Saint-Exupéry, *écrivain, auteur° du* Petit Prince *(1900–1944)*

agro-alimentaires *food-processing* **cinéaste** *filmmaker* **élevage** *livestock raising* **auteur** *author* **confrérie** *brotherhood* **gardians** *herdsmen* **depuis** *since* **sud** *south* **chevaux** *horses* **taureaux** *bulls* **flamants** *flamingos* **Montés** *Riding* **Papes** *Popes*

le palais des Papes° à Avignon

la promenade des Anglais à Nice

Incroyable mais vrai!

Tous les cow-boys ne sont pas américains. En Camargue, la confrérie° des gardians° perpétue depuis° 1512 les traditions des cow-boys français. C'est dans le sud° que cohabitent les chevaux° blancs camarguais, des taureaux° noirs et des flamants° roses. Montés° sur des chevaux blancs, les gardians gardent les taureaux noirs.

Map labels: LA SUISSE, Annecy, Chamonix, Mont-Blanc, Lyon, le Rhône, Albertville, la Saône, St-Étienne, Chambéry, RHÔNE-ALPES, LA FRANCE, l'Isère, Grenoble, L'ITALIE, Valence, la Drôme, le Rhône, Montélimar, Gap, la Durance, PROVENCE-ALPES-CÔTE D'AZUR (PACA), le Verdon, Avignon, le Var, Arles, LA CAMARGUE, Aix-en-Provence, la Durance, Grasse, Nice, Cannes, MONACO, Antibes, Marseille, Toulon, Les îles d'Hyères, LA MER MÉDITERRANÉE, LES ALPES

0 — 50 miles / 0 — 50 kilomètres

EXPANSION

Personnes célèbres **Surya Bonaly** has competed in three Olympic Games and has won medals in many national and international figure skating competitions. **Marcel Pagnol** was the first filmmaker to be elected to the **Académie française**. Two of **Stendhal**'s best-known novels are *Le Rouge et le Noir* and *La Chartreuse de Parme*. **Louise Labé** wrote passionate poetry in the style of Petrarch. **Antoine de Saint-Exupéry** is the only French author to have three books among the top ten best sellers of the period. He is best known for writing and illustrating *Le Petit Prince*, which has been translated into numerous languages.

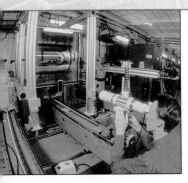

Les destinations

Grenoble

La ville de Grenoble, dans la région Rhône-Alpes, est surnommée «Capitale des Alpes» et «Ville Technologique». Située° à la porte des Alpes, elle donne accès aux grandes stations de ski alpin et est le premier centre de recherche° en France après Paris, avec plus de° 15.000 chercheurs°. Le synchrotron de Grenoble, un des plus grands° accélérateurs de particules du monde, permet à 5.000 chercheurs d'étudier la matière°. Grenoble est également° une ville universitaire avec quatre universités et 60.000 étudiants.

Les arts

Le festival de Cannes

Chaque année depuis° 1946, au mois de mai, de nombreux acteurs, réalisateurs° et journalistes viennent à Cannes, sur la Côte d'Azur, pour le Festival International du Film. Avec près de 4.000 films (courts et longs métrages°), 4.500 journalistes et plus de 90 pays représentés, c'est la manifestation cinématographique annuelle la plus médiatisée°. Après deux semaines de projections, de fêtes, d'expositions et de concerts, le jury international du festival choisit le meilleur° des vingt films présentés en compétition officielle.

La gastronomie

La raclette et la fondue

La Savoie, dans la région Rhône-Alpes, est très riche en fromages et deux de ses spécialités sont à base de fromage. Pour la raclette, on met du fromage à raclette sur un appareil° à raclette pour le faire fondre°. Chaque personne racle° du fromage dans son assiette° et le mange avec des pommes de terre° et de la charcuterie°. La fondue est un mélange° de fromages fondus°. Avec un bâton°, on trempe° un morceau° de pain dans la fondue. Ne le faites pas tomber!

Les traditions

Grasse, France

La ville de Grasse, sur la Côte d'Azur, est le centre de la parfumerie° française. Capitale mondiale du parfum depuis le dix-huitième siècle, Grasse cultive les fleurs depuis le Moyen Âge°: violette, lavande, rose, plantes aromatiques, etc. Au dix-neuvième siècle, ses parfumeurs, comme Molinard, ont conquis° les marchés du monde grâce à° la fabrication industrielle.

 Qu'est-ce que vous avez appris? Répondez aux questions par des phrases complètes.

1. Comment s'appelle la région où les gardians perpétuent les traditions des cow-boys français?
   La région s'appelle la Camargue.
2. Qui a écrit *Le Petit Prince*?
   Antoine de Saint-Exupéry a écrit *Le Petit Prince*.
3. Quel est le rôle des gardians?
   Ils gardent les taureaux.
4. Où est située Grenoble?
   Grenoble est située dans la région Rhône-Alpes.
5. À Grenoble, qui vient étudier la matière?
   À Grenoble, les chercheurs viennent étudier la matière.

6. Depuis quand existe le festival de Cannes?
   Le festival de Cannes existe depuis 1946.
7. Qui choisit le meilleur film au festival de Cannes?
   Le jury international choisit le meilleur film.
8. Avec quoi mange-t-on la raclette?
   On mange la raclette avec des pommes de terre et de la charcuterie.
9. Quelle ville est le centre de la parfumerie française?
   La ville de Grasse est le centre de la parfumerie française.
10. Pourquoi Grasse est-elle le centre de la parfumerie française?
    Grasse est le centre de la parfumerie française parce que la ville cultive les fleurs. / grâce à la fabrication industrielle.

ressources

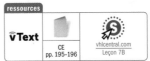

vText | CE pp. 195-196 | vhlcentral.com Leçon 7B

Sur Internet

1. Quels films étaient (*were*) en compétition au dernier festival de Cannes? Qui composait (*made up*) le jury?
2. Trouvez des informations sur la parfumerie à Grasse. Quelles sont deux autres parfumeries qu'on trouve à Grasse?

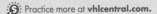 Practice more at **vhlcentral.com**.

Située *Located* **recherche** *research* **plus de** *more than* **chercheurs** *researchers* **des plus grands** *of the largest* **matière** *matter* **également** *also* **depuis** *since* **réalisateurs** *filmmakers* **métrages** *films* **la plus médiatisée** *the most publicized* **meilleur** *best* **appareil** *machine* **fondre** *melt* **racle** *scrapes* **assiette** *plate* **pommes de terre** *potatoes* **charcuterie** *cooked pork meats* **mélange** *mix* **fondus** *melted* **bâton** *stick* **trempe** *dips* **morceau** *piece* **parfumerie** *perfume industry* **Moyen Âge** *Middle Ages* **ont conquis** *conquered* **grâce à** *thanks to*

Grenoble There are a huge number of educational institutions in the city of Grenoble. The city is considered a center for chemical, electronic, and nuclear research. Have students search Grenoble's city web site for information about how many universities are located in Grenoble and in what areas of study they specialize.

Le festival de Cannes Only accredited film industry professionals can attend **le festival de Cannes**. Those not involved in the film industry can obtain invitations to the **Cinéma de la Plage**. Each evening at the **Cinéma de la Plage**, films that are not in the running for the **Palme d'Or** may be viewed on a large open-air screen.

La raclette et la fondue Invented by the Swiss, fondue has become an international dish, and each region has adapted the dish to its own taste. In Savoie, instead of the traditional Gruyère cheese, people use Comté and Beaufort as well as Emmental cheeses.

Grasse, France Each summer, people in Grasse celebrate the **Fête du Jasmin**. Over 150,000 flowers are used to decorate the floats and to throw in the battle of flowers. Women throw flowers from the floats and spray the audience with jasmine water. Folk dancers, bands, and artists come from all over Europe to celebrate this festival.

21ˢᵗ CENTURY SKILLS

Information and Media Literacy
Go to the Supersite to complete the **Sur Internet** activity associated with **Panorama** for additional practice accessing and using culturally authentic sources.

PRE-AP®

Presentational Speaking with Cultural Comparison Have students look at the web sites for **le festival de Cannes**, **les César du Cinéma**, and a major award show or film festival from their region. Ask students to compare and contrast the award categories, the selection process, the event, and the winners. Have each student share his or her findings with the class.

EXPANSION

Narrative Have students imagine that they have gone on vacation in **Provence-Alpes-Côte d'Azur**, **Rhône-Alpes**, or both. Students will work with a partner telling about their experience. Ask students to tell where they went, talk about at least two activities they did there, and what the weather was like. The partner should then ask a question about the trip and tell about his or her vacation.

147

Lecture

Audio: Synced Reading

Avant la lecture

STRATÉGIE

Predicting content from the title

Prediction is an invaluable strategy in reading for comprehension. We can usually predict the content of a newspaper article from its headline, for example. More often than not, we decide whether or not to read the article based on its headline. Predicting content from the title will help you increase your reading comprehension in French.

Examinez le texte

Regardez le titre (*title*) et les sous-titres (*subtitles*) du texte. À votre avis, quel type de document est-ce? Avec un(e) camarade, faites une liste des informations que vous allez probablement trouver dans chaque section du document.

Des titres

Regardez ces titres et indiquez en quelques mots le sujet possible du texte qui suit (*follows*) chaque titre. Où pensez-vous qu'on a trouvé ces titres (dans un journal, un magazine, une brochure, un guide, etc.)?

Cette semaine à Paris:
un journal

Encore un nouveau restaurant pour chiens
un journal, un magazine

L'Égypte des pyramides en 8 jours
une brochure, un guide

L'AÉROPORT CHARLES-DE-GAULLE A PERDU LES VALISES D'UN VOL DE TOURISTES ALLEMANDS
un journal

Plan du centre-ville
un guide

Résultats du septième match de football entre la France et l'Angleterre
un journal

Hôtel confortable près de la gare routière
une brochure

TOUR DE CORSE

Voyage organisé de 12 jours

**3.000 euros tout compris°
Promotion spéciale de
Vacances–Voyages,
agence de voyages certifiée**

ITINÉRAIRE

JOUR 1 Paris–Ajaccio

Vous partez de Paris en avion pour Ajaccio, en Corse. Vous prenez tout de suite le bus pour aller à votre hôtel. Vous commencez par visiter la ville d'Ajaccio à pied°, puis vous dînez à l'hôtel.

JOUR 2 Ajaccio–Bonifacio

Le matin, vous partez en autobus pour Bonifacio, la belle ville côtière° où vous déjeunez dans un petit restaurant italien avant de visiter la ville. L'après-midi, vous montez à bord° d'un bateau pour une promenade en mer, occasion idéale pour observer les falaises rocailleuses° et les plages blanches de l'île°. Ensuite, vous rentrez à l'hôtel pour dîner et y (*there*) passer la nuit.

JOUR 3 Bonifacio–Corte

La forêt de l'Ospédale est l'endroit idéal pour une randonnée à pied. Vous pique-niquez à Zonza, petite ville montagneuse, avant de continuer vers Corte, l'ancienne° capitale de la Corse. Vous passez la soirée et la nuit à Corte.

JOUR 4 Corte–Bastia

Vous avez la journée pour visiter la ville de Bastia. Vous assistez à un spectacle de danse, puis vous passez la soirée à l'hôtel.

JOUR 5 Bastia–Calvi

Vous visitez d'abord le Cap Corse, la péninsule au nord° de la Corse. Puis, vous continuez vers le désert des Agriates, zone de montagnes désertiques où la chaleur est très forte. Ensuite, c'est l'Île-Rousse et une promenade à vélo dans la ville de Calvi. Vous dînez à votre hôtel.

Après la lecture

Les questions du professeur Vous avez envie de faire ce voyage en Corse et vous parlez du voyage organisé avec votre professeur de français. Répondez à ses questions par des phrases complètes, d'après la brochure.

1. Comment allez-vous aller en Corse?
   Je vais prendre l'avion à Paris.

2. Où le vol arrive-t-il en Corse?
   Le vol arrive à Ajaccio.

3. Combien de temps est-ce que vous allez passer en Corse?
   Je vais passer douze jours en Corse.

4. Est-ce que vous allez dormir dans des auberges de jeunesse?
   Non. Je vais dormir à l'hôtel./dans des hôtels.

5. Qu'est-ce que vous allez faire à Bastia?
   Je vais visiter la ville, aller à un spectacle de danse, puis passer la soirée à l'hôtel.

6. Est-ce que vous retournez à Ajaccio le neuvième jour?
   Non. Je retourne à Ajaccio le septième jour.

7. Qu'est-ce que vous allez prendre comme transports en Corse?
   Je vais prendre l'autobus et des bateaux.

8. Avez-vous besoin de faire toutes les réservations?
   Non. Le voyage est organisé par une agence de voyages.

Partons en Corse! Vous allez en France avec votre famille pour trois semaines et vous aimeriez *(would like)* faire le voyage organisé en Corse au départ de Paris. Vous téléphonez à l'agence de voyages pour avoir plus de détails pour convaincre *(convince)* votre famille. Posez des questions sur le voyage et demandez des précisions sur les villes visitées, les visites et les activités au programme, les hôtels, les transports, etc.

- Vous aimez faire des randonnées, mais votre frère/sœur préfère voir *(to see)* des spectacles et faire du shopping.

- L'agent va expliquer pourquoi vous allez aimer ce voyage en Corse.

- Demandez à l'agent de vous trouver des billets d'avion aller-retour pour aller de votre ville à Paris.

- Demandez aussi un hôtel à Paris pour la troisième semaine de votre séjour en France.

- L'agent va aussi suggérer des visites et des activités intéressantes à faire à Paris.

- Vous expliquez à l'agent que votre famille veut *(wants)* avoir du temps libre pendant le voyage.

21ˢᵗ CENTURY SKILLS

Creativity and Innovation
Ask students to prepare a presentation on the ideal 12-day tour to a different European destination, departing from Paris, inspired by the information on these two pages.

JOUR 6 Calvi–Porto

Vous partez en bus le matin pour la vallée du Fango et le golfe de Galéria à l'ouest° de l'île. Puis, vous visitez le parc naturel régional et le golfe de Porto. Ensuite, vous faites une promenade en bateau avant de passer la soirée dans la ville de Porto.

JOUR 7 Porto–Ajaccio

En bateau, vous visitez des calanques°, particularité géographique de la région méditerranéenne, avant de retourner à Ajaccio.

JOURS 8 à 11 Ajaccio

À Ajaccio, vous avez trois jours pour explorer la ville. Vous avez la possibilité de visiter la cathédrale, la maison natale° de Napoléon ou des musées, et aussi de faire du shopping ou d'aller à la plage.

JOUR 12 Ajaccio–Paris

Vous retournez à Paris en avion.

tout compris *all-inclusive* **à pied** *on foot* **côtière** *coastal* **à bord** *aboard*
falaises rocailleuses *rocky cliffs* **île** *island* **ancienne** *former* **nord** *north*
ouest *west* **calanques** *rocky coves or creeks* **natale** *birth*

ressources

vText

vhlcentral.com
Leçon 7B

EXPANSION

Interviews Ask students if they have ever been on an organized tour. If students have not been on a tour similar to the one to Corsica described in **Lecture**, have them interview someone they know who has. Have students answer questions like these: **Où êtes-vous allé(e)? Avec quelle agence? Avez-vous aimé toutes les activités organisées? Expliquez pourquoi.**

EXPANSION

Narrative Have students work together in pairs. Tell them to divide the twelve-day **Tour de Corse** itinerary between them. Each student will then write at least five questions asking about their chosen parts of the trip. They will then answer each other's questions.

Écriture

Making an outline

When we write to share information, an outline can serve to separate topics and subtopics, providing a framework for presenting the data. Consider the following excerpt from an outline of the tourist brochure on pages 148–149.

I. Itinéraire et description du voyage
  A. Jour 1
    1. ville: Ajaccio
    2. visites: visite de la ville à pied
    3. activités: dîner
  B. Jour 2
    1. ville: Bonifacio
    2. visites: la ville de Bonifacio
    3. activités: promenade en bateau, dîner
II. Description des hôtels et des transports
  A. Hôtels
  B. Transports

Schéma d'idées

Idea maps can be used to create outlines. The major sections of an idea map correspond to the Roman numerals in an outline. The minor sections correspond to the outline's capital letters, and so on. Consider the idea map that led to the outline above.

Thème

Écrivez une brochure

Avant l'écriture

1. Vous allez préparer une brochure pour un voyage organisé que vous avez fait ou que vous avez envie de faire dans un pays francophone. Utilisez un schéma d'idées pour vous aider. Voici des exemples d'informations que votre brochure peut (*can*) donner.

- le pays et la ville

- le nombre de jours

- la date et l'heure du départ et du retour

- les transports utilisés (train, avion, ...) et le lieu de départ (aéroport JFK, gare de Lyon, ...)

- le temps qu'il va probablement faire et quelques suggestions de vêtements à porter

- où on va dormir (hôtel, auberge de jeunesse, camping, ...)

- où on va manger (restaurant, café, pique-nique dans un parc, ...)

- les visites culturelles (monuments, musées, ...)

- les autres activités au programme (explorer la ville, aller au marché, faire du sport, ...)

- le prix du voyage par personne

Section Goals

In this section, students will:
- learn to make an outline
- write a travel brochure

Key Standards

1.3, 3.1, 5.1

PRE-AP®

Presentational Writing: Stratégie Explain that outlines are a great way for a writer to think about what a piece of writing will be like before actually expending much time and effort on writing. An outline is also a great way of keeping a writer on track, and helps him or her keep the whole writing project in mind while focusing on a specific part.

Thème Discuss the travel brochure that students are going to write. Go over the list of information that they might include. You might indicate a specific number of points that should be in the brochure. Tell students that the **Tour de Corse** brochure in **Lecture**, pages 148–149, can serve as a model for their writing. Remind them that they are writing with the purpose of attracting people to take a trip. Suggest that students brainstorm in French as many details as possible about the trip they will describe.

PRE-AP®

Presentational Writing The student uses a variety of vocabulary, including idiomatic and culturally appropriate expressions on a variety of topics.

 21ˢᵗ CENTURY SKILLS

Leadership and Responsibility Ask students to work with their local tourist information center to create a French-language brochure for French-speaking visitors to their community.

TEACHING OPTIONS

Avant l'écriture Show how an idea map corresponds to a numerical written outline. Use two large circles for points I and II of the outline. Use four smaller circles for the two sets of A and B points. Finally, add six smaller circles that correspond to the 1, 2, and 3 points. Challenge students to take the existing idea map and convert it to a numerical written outline.

For students who have trouble breaking larger ideas down into smaller ones, review the use of question words. Create an idea map that shows a subject in a larger circle. Spinning off from it can be smaller circles each with a different question and answer about that subject.

2. Complétez le schéma d'idées pour vous aider à visualiser ce que (*what*) vous allez présenter dans votre brochure.

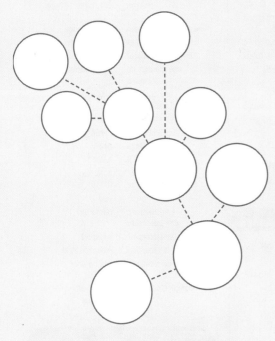

3. Une fois (*Once*) votre schéma d'idées créé, pensez à d'autres informations qui pourraient (*could*) être importantes pour la création de votre brochure.

Écriture

Utilisez votre schéma d'idées pour créer la brochure de votre voyage. Donnez un titre (*title*) à la présentation et aux différentes catégories. Chaque section et sous-section (*minor section*) doit (*must*) avoir son titre et être présentée séparément. Incorporez au moins (*at least*) quatre sous-sections. Vous pouvez inclure (*can include*) des visuels. Faites attention à bien les placer dans les sections correspondantes. Utilisez les constructions grammaticales et le vocabulaire que vous avez appris dans cette unité.

ressources

v̂Text

vhlcentral.com
Leçon 7B

Après l'écriture

1. Échangez votre brochure avec celle (*the one*) d'un(e) partenaire. Répondez à ces questions pour commenter son travail.

- La brochure de votre partenaire correspond-elle au schéma d'idées qu'il/elle a créé?

- Votre partenaire a-t-il/elle inclu au moins quatre sections?

- Toutes les sections et sous-sections ont-elles un titre?

- Votre partenaire a-t-il/elle décrit en détail chaque catégorie?

- Chaque sous-section présente-t-elle des informations supplémentaires sur le sujet?

- Si votre partenaire a ajouté (*added*) des visuels, illustrent-ils vraiment le texte qu'ils accompagnent?

- Votre partenaire a-t-il/elle correctement utilisé les constructions grammaticales et le vocabulaire de l'unité?

2. Corrigez votre brochure d'après (*according to*) les commentaires de votre partenaire. Relisez votre travail pour éliminer ces problèmes:

- des fautes (*errors*) d'orthographe

- des fautes de ponctuation

- des fautes de conjugaison

- des fautes d'accord (*agreement*) des adjectifs

- un mauvais emploi (*use*) de la grammaire

EVALUATION

Criteria
Content Contains both an idea map and an outline that provide all the information requested in bulleted list of tasks.
Scale: 1 2 3 4 5

Organization An outline or idea map that is then converted into a brochure with a title and minor sections that correspond to the outline or idea map.
Scale: 1 2 3 4 5

Accuracy Uses forms of **aller** and direct object pronouns correctly. Spells words, conjugates verbs, and modifies adjectives correctly throughout.
Scale: 1 2 3 4 5

Creativity Includes additional information that is not included in the task and/or designs a brochure with photos, drawings, or extra embellishments.
Scale: 1 2 3 4 5

Scoring
Excellent	18–20 points
Good	14–17 points
Satisfactory	10–13 points
Unsatisfactory	< 10 points

21st CENTURY SKILLS

Productivity and Accountability
Provide the rubric to students before they hand their work in for grading. Ask students to make sure they have met the highest standard possible on the rubric before submitting their work.

151

TEACHING OPTIONS

Écriture Students may need help converting the bulleted information into an outline/idea map. As a class, brainstorm ways to organize the facts. For example: (1st level): **Un voyage à _____,** (2nd level): **Généralités, Que faire et voir** (to see). Then have students associate the following with one of the 2nd level categories: number of days, dates, travel times, transportation, weather, price, hotels, restaurants, cultural visits, other activities.

Review the kind of neutral and formal language typically used in a travel brochure. Have students review command forms from **Appendice A** on p. 198. You may want to get them started with some useful expressions such as **Nous donnons...** and **Vous allez** [+ *infinitive*], along with a number of adjectives such as **fascinant(e), intéressant(e), beau/belle, historique, ancien(ne), confortable, agréable, délicieux/délicieuse,** and so on.

Key Standards
4.1

Teacher Resources
Vocabulary MP3s/CD

Suggestion Tell students that an easy way to study from **Vocabulaire** is to cover up the French half of each section, leaving only the English equivalents exposed. They can then quiz themselves on the French items. To focus on the English equivalents of the French entries, they simply reverse this process.

21ˢᵗ CENTURY SKILLS

Creativity and Innovation
Ask students to prepare a list of three products or perspectives they learned about in this unit to share with the class. Consider asking them to focus on the **Culture** and **Panorama** sections.

21ˢᵗ CENTURY SKILLS

Leadership and Responsibility Extension Project
If you have access to students in a Francophone country, have students decide on three questions they want to ask the partner class related to this unit's topic. Based on the responses they receive, work as a class to explain to the partner class one aspect of their responses that surprised the class and why.

Partir en voyage

un aéroport	airport
un arrêt d'autobus (de bus)	bus stop
une arrivée	arrival
un avion	plane
un billet aller-retour	round-trip ticket
un billet (d'avion, de train)	(plane, train) ticket
un départ	departure
une douane	customs
une gare (routière)	train station (bus terminal)
une sortie	exit
une station (de métro)	(subway) station
une station de ski	ski resort
un ticket (de bus, de métro)	(bus, subway) ticket
un vol	flight
un voyage	trip
à l'étranger	abroad, overseas
la campagne	country(side)
une capitale	capital
des gens (m.)	people
le monde	world
un pays	country

Les pays

(en/l') Allemagne (f.)	(to/in) Germany
(en/l') Angleterre (f.)	(to/in) England
(en/la) Belgique (belge)	(to/in) Belgium (Belgian)
(au/le) Brésil (brésilien(ne))	(to/in) Brazil (Brazilian)
(au/le) Canada	(to/in) Canada
(en/la) Chine (chinois(e))	(to/in) China (Chinese)
(en/l') Espagne (f.)	(to/in) Spain
(aux/les) États-Unis (m.)	(to/in) United States
(en/la) France	(to/in) France
(en/l') Irlande (f.) (irlandais(e))	(to/in) Ireland (Irish)
(en/l') Italie (f.)	(to/in) Italy
(au/le) Japon	(to/in) Japan
(au/le) Mexique	(to/in) Mexico
(en/la) Suisse	(to/in) Switzerland

ressources

 v̂Text   vhlcentral.com Unité 7

Les vacances

bronzer	to tan
faire du shopping	to go shopping
faire les valises	to pack one's bags
faire un séjour	to spend time (somewhere)
partir en vacances	to go on vacation
prendre un train (un avion, un taxi, un (auto)bus, un bateau)	to take a train (plane, taxi, bus, boat)
rouler en voiture	to ride in a car
utiliser un plan	to use/read a map
un (jour de) congé	day off
le journal	newspaper
la mer	sea
une plage	beach
des vacances (f.)	vacation

Adverbes et locutions de temps

alors	so, then; at that moment
après (que)	after
avant (de)	before
d'abord	first
donc	therefore
enfin	finally, at last
ensuite	then, next
finalement	finally
pendant (que)	during, while
puis	then
tout à coup	suddenly
tout de suite	right away

Verbes

aller	to go
arriver	to arrive
descendre	to go/take down
entrer	to enter
monter	to go/come up; to get in/on
mourir	to die
naître	to be born
partir	to leave
passer	to pass by; to spend time
rentrer	to return
rester	to stay
retourner	to return
sortir	to go out
tomber (sur quelqu'un)	to fall (to run into somebody)

Faire une réservation

annuler	to cancel
une réservation	a reservation
réserver	to reserve, to book
une agence de voyages	travel agency
un agent de voyages	travel agent
un ascenseur	elevator
une auberge de jeunesse	youth hostel
une chambre individuelle	single room
une clé	key
un(e) client(e)	client; guest
un étage	floor
un hôtel	hotel
un hôtelier/ une hôtelière	hotel keeper
un lit	bed
un passager/ une passagère	passenger
un passeport	passport
la réception	reception desk
le rez-de-chaussée	ground floor
complet/complète	full (no vacancies)
libre	available

Verbes irréguliers

décrire	to describe
dire	to say
écrire	to write
lire	to read

Expressions utiles	See pp. 115 and 133.
Direct object pronouns	See pp. 122–123.
Ordinal numbers	See pp. 128–129.
Adverbs	See pp. 136–137.

Chez nous

Pour commencer

- Où sont ces personnes?
  a. dans la salle à manger b. dans la salle de bains c. dans la chambre
- Qu'est-ce qu'il y a sur la photo?
  a. un bureau b. une table c. une télévision
- Que font les personnes de cette famille?
  a. Elles étudient. b. Elles passent un bon moment à table. c. Elles regardent la télé.

Unit Goals

Leçon 8A

In this lesson, students will learn:
- terms for parts of the house
- terms for furniture
- the pronunciation of **s** and **ss**
- about housing in France and **le château Frontenac**
- more about housing in France through specially shot video footage
- the uses of the **passé composé** and the **imparfait**
- about Century 21 in France

Leçon 8B

In this lesson, students will learn:
- terms for household chores
- terms for appliances
- the pronunciation of semi-vowels
- about the interiors of French homes and the French Quarter in New Orleans
- more about the uses of the **passé composé** and the **imparfait**
- the uses of **savoir** and **connaître**
- to use visual cues to understand spoken French

Savoir-faire

In this section, students will learn:
- cultural and historical information about **Alsace** and **Lorraine**
- to guess the meaning of unknown words from context
- to write a narrative using the **passé composé** and the **imparfait**

21ˢᵗ CENTURY SKILLS

Initiative and Self-Direction
Students can monitor their progress online using the Supersite activities and assessments.

Pour commencer
- a. dans la salle à manger
- b. une table
- b. Elles passent un bon moment à table.

INSTRUCTIONAL RESOURCES

Student Resources
Print: Student Book, Workbook (*Cahier de l'élève*)
Supersite: vhlcentral.com, **v̄Text**, *eCahier*, Audio, Video, Practice

Teacher Resources
Print: Teacher's Edition, Answer Keys, Testing Program
Technology: Audio MP3s on CD (Textbook, Testing Program, Audio Program), Video Program DVD (*Roman-photo, Flash culture*)

Supersite: vhlcentral.com, Activity Pack, Middle School Activity Pack, Lesson Plans, Grammar Tutorials, Grammar Slides, Testing Program, Audio and Video Scripts, Answer Key, Audio MP3s, Streaming Video (*Roman-photo, Flash culture, Le Zapping*), Digital Image Bank, Learning Management System (Gradebook, Assignments)

VOICE BOARD

Voice boards on the Supersite allow you and your students to record and share up to five minutes of audio. Use voice boards for presentations, oral assessments, discussions, directions, etc.

Section Goals

In this section, students will learn and practice vocabulary related to:
• housing
• rooms and home furnishings

Key Standards

1.1, 1.2, 4.1

Student Resources
Cahier de l'élève, pp. 197–199;
Supersite: Activities,
eCahier
Teacher Resources
Answer Keys; Digital Image Bank; Audio Script; Textbook & Audio Activity MP3s/CD; Activity Pack; Testing program: Vocabulary Quiz

Suggestions

• Use the digital image for this page. Point out rooms and furnishings in the illustration. Examples: **Ça, c'est la salle de bains. Voici un canapé.**
• Ask students questions about their homes using the new vocabulary. Examples: **Habitez-vous dans une maison ou dans un appartement? Avez-vous un balcon? Un garage? Combien de salles de bains avez-vous?**
• Point out the difference between **le loyer** (*the rent*) and **louer** (*to rent*).
• Explain that **une chambre** is *a bedroom*, but **une pièce** is the generic term for *a room*.
• Explain that **un salon** is a more formal room used primarily for entertaining guests. Generally, it is not used for watching television or other leisure activities. **Une salle de séjour** is a more functional room, similar to an American family room or den.
• Point out that **un studio** is *a studio apartment*, usually equipped with a couch that converts into a bed and a kitchenette.

ressources

v̂Text
CE
pp. 197–199

vhlcentral.com
Leçon 8A

You will learn how to...
▪describe your home
▪talk about habitual past actions

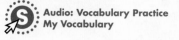 **Audio: Vocabulary Practice
My Vocabulary**

La maison

Vocabulaire

déménager	*to move out*
emménager	*to move in*
louer	*to rent*
un appartement	*apartment*
une cave	*cellar; basement*
un couloir	*hallway*
une cuisine	*kitchen*
un escalier	*staircase*
un immeuble	*building*
un jardin	*garden; yard*
un logement	*housing*
un loyer	*rent*
une pièce	*room*
un quartier	*area, neighborhood*
une résidence universitaire	*dorm*
une salle à manger	*dining room*
un salon	*formal living/sitting room*
un studio	*studio (apartment)*
une armoire	*armoire, wardrobe*
une douche	*shower*
un lavabo	*bathroom sink*
un meuble	*piece of furniture*
un placard	*closet, cupboard*
un tiroir	*drawer*
un(e) propriétaire	*owner*

le balcon

la salle de bains

les toilettes (f.)/
les W.C. (m.)

le miroir

la lampe

la baignoire

le canapé

le tapis

une fleur

le fauteuil

le sous-sol

la salle de séjour

EXPANSION

Asking Questions Ask students what activities they do in various rooms. Examples: **Dans quelle pièce... mangez-vous? étudiez-vous? dormez-vous? faites-vous la cuisine? travaillez-vous sur l'ordinateur? parlez-vous au téléphone?**

DIFFERENTIATION

For Kinesthetic Learners Make signs for various rooms in a house and for other parts of a home, such as **le garage** or **le balcon**. Also make several signs for bedrooms and bathrooms. Distribute the signs to students. As other students describe their homes (one floor at a time), those holding signs arrange themselves according to the descriptions. Tell students to use prepositions of location in their descriptions.

Mise en pratique

1 Chassez l'intrus
Indiquez le mot ou l'expression qui ne va pas avec les autres (*that doesn't belong*).

1. un appartement, un quartier, un logement, un studio
2. une baignoire, une douche, un sous-sol, un lavabo
3. un salon, une salle à manger, une salle de séjour, un jardin
4. un meuble, un canapé, une armoire, une affiche
5. un placard, un balcon, un jardin, un garage
6. une chambre, une cuisine, un rideau, une pièce
7. un meuble, une commode, un couloir, un lit
8. un miroir, un tapis, une fenêtre, une affiche

2 Écoutez 🎧
Patrice cherche un appartement. Écoutez sa conversation téléphonique et dites si les affirmations sont **vraies** ou **fausses**.

	Vrai	Faux
1. Madame Dautry est la propriétaire de l'appartement.	☑	☐
2. L'appartement est au 24, rue Pasteur.	☑	☐
3. L'appartement est au cinquième étage.	☐	☑
4. L'appartement est dans un vieil immeuble.	☐	☑
5. L'appartement n'a pas de balcon, mais il a un garage.	☐	☑
6. Il y a une baignoire dans la salle de bains.	☐	☑
7. Les toilettes ne sont pas dans la salle de bains.	☑	☐
8. L'appartement est un studio.	☐	☑
9. Le loyer est de 490€.	☑	☐
10. Patrice va tout de suite emménager.	☐	☑

3 Définitions
Lisez les définitions et trouvez les mots ou expressions de **CONTEXTES** qui correspondent. Ensuite, avec un(e) partenaire, donnez votre propre définition de cinq mots ou expressions. Rejoignez un autre groupe et lisez vos définitions. L'autre groupe doit deviner (*must guess*) de quoi vous parlez.

1. C'est ce que (*what*) vous payez chaque mois quand vous n'êtes pas propriétaire de votre appartement. _____ un loyer _____
2. Vous passez par ici pour aller d'une pièce à une autre. _____ un couloir _____
3. C'est le fait de (*act of*) partir de votre appartement. _____ déménager _____
4. C'est là que vous mettez vos livres. _____ une étagère _____
5. En général, il y en a quatre dans une pièce et ils séparent les pièces de votre appartement. _____ les murs _____
6. C'est ce que vous utilisez pour lire le soir. _____ une lampe _____
7. C'est là que vous mettez votre voiture. _____ un garage _____
8. C'est ce que vous utilisez pour aller du premier au deuxième étage d'un immeuble. _____ un escalier/un ascenseur _____
9. Quand vous avez des invités, c'est la pièce dans laquelle (*in which*) vous dînez. _____ la salle à manger _____
10. En général, il est sur le sol (*floor*) d'une pièce. _____ un tapis _____

Ⓢ Practice more at **vhlcentral.com**.

les rideaux (m.)

le mur

les affiches (f.)

les étagères (f.)

la commode

la chambre

le garage

cent cinquante-cinq **155**

---

1 Expansion Have students create one or two additional sets using at least three of the new vocabulary words in each one. Collect their papers and write some of the items on the board.

2 Script PATRICE: Allô, Madame Dautry, s'il vous plaît.
MADAME: Oui, c'est moi. J'écoute.
P: Mon nom est Patrice Leconte. Je vous appelle au sujet de votre appartement du 24, rue Pasteur. Est-ce qu'il est toujours libre?
M: Oui, jeune homme. Il est toujours libre.
P: Parfait. Comment est-il?
M: Il est au quatrième étage d'un immeuble moderne. Il y a un balcon, mais pas de garage. La chambre est plutôt petite, mais il y a beaucoup de placards.
P: Et la salle de bains?
M: Elle est petite aussi, avec une douche, un lavabo et un grand miroir. Les toilettes sont séparées.
P: Et le salon?
M: C'est la pièce principale. Elle est plutôt grande. La cuisine est juste à côté.
P: C'est combien, le loyer?
M: Le loyer est de 490€.
P: Oh, c'est cher!
M: Mais vous êtes à côté de l'université et l'appartement est libre le premier septembre.
P: Bon, je vais y penser. Merci beaucoup. Au revoir, Madame.
M: Au revoir, Monsieur.
(On Textbook Audio)

2 Expansion Play the recording again, stopping at the end of each sentence that contains an answer. Have students verify true statements and correct the false ones.

3 Suggestion Before beginning this activity, you might want to teach your students expressions for circumlocution. Examples: **C'est un objet qu'on utilise pour... C'est une pièce où...**

TEACHING OPTIONS

Using Games Write vocabulary words related to home furnishings on index cards. On another set of cards, draw or paste pictures to match each term. Tape them face down on the board in random order. Divide the class into two teams. Play a game of Concentration in which students match words with pictures. When a player has a match, his or her team collects those cards. When all cards are matched, the team with the most cards wins.

EXPANSION

Classifying Words Write **Logements** and **Meubles** at the top of two columns on the board or on a transparency. Say vocabulary words and have students classify them in the correct category. Examples: **un appartement (logement), une résidence (logement), un studio (logement), un canapé (meuble), un lit (meuble)**, and **une armoire (meuble)**.

4 Suggestion Have students jot down notes during their interviews. Then have them report what they learned to another pair of students.

4 Virtual Chat You can also assign Activity 4 on the Supersite. Students record individual responses that appear in your gradebook.

5 Suggestion Before beginning this activity, have students brainstorm vocabulary for furnishings and other items found in a bedroom. Write the words on the board.

6 Suggestion Divide the class into pairs and distribute the Info Gap Handouts from the Activity Pack. Have two volunteers read the **modèle** aloud.

7 Suggestion Tell students to include colors in their descriptions.

Successful Language Learning Suggest to students that they study vocabulary words in varying order to avoid relying on the order itself to help them remember. Point out that words at the beginning and the end of lists tend to be easier to recall than those in the middle.

Communication

4 Répondez À tour de rôle avec un(e) partenaire, posez-vous ces questions et répondez-y (*them*). Answers will vary.

1. Où est-ce que tu habites?
2. Quelle est la taille de ton appartement ou de ta maison? Combien de pièces y a-t-il?
3. Quand as-tu emménagé?
4. Est-ce que tu as un jardin? Un garage?
5. Combien de placards as-tu? Où sont-ils?
6. Quels meubles as-tu? Comment sont-ils?
7. Quels meubles est-ce que tu voudrais (*would like*) avoir dans ta chambre? (Répondez: **Je voudrais...**)
8. Qu'est-ce que tu n'aimes pas au sujet de ta chambre?

5 Votre chambre Écrivez une description de votre chambre. À tour de rôle, lisez votre description à votre partenaire. Il/Elle va vous demander d'autres détails et dessiner un plan. Ensuite, regardez le dessin (*drawing*) de votre partenaire et dites s'il correspond à votre chambre ou non. N'oubliez pas d'inclure (*include*) des prépositions pour indiquer où sont certains meubles et objets. Answers will vary.

6 Sept différences Votre professeur va vous donner, à vous et à votre partenaire, deux feuilles d'activités différentes. Il y a sept différences entre les deux images. Comparez vos dessins et faites une liste de ces différences. Quel est le groupe le plus rapide (*the quickest*) de la classe? Attention! Ne regardez pas la feuille de votre partenaire. Answers will vary.

MODÈLE

Élève 1: *Dans mon appartement, il y a un lit. Il y a une lampe à côté du lit.*
Élève 2: *Dans mon appartement aussi, il y a un lit, mais il n'y a pas de lampe.*

7 La décoration Formez un groupe de trois. L'un de vous est un décorateur d'intérieur qui a rendez-vous avec deux clients qui veulent (*want*) redécorer leur maison. Les clients sont très difficiles. Imaginez votre conversation et jouez la scène devant la classe. Utilisez les mots de la liste. Answers will vary.

un canapé	un fauteuil
une chambre	un meuble
une cuisine	un mur
un escalier	un placard
une étagère	un tapis

EXPANSION

Finding the Correct Room Call out words for furnishings and other objects, and have students write or say the room(s) where they might be found. Examples: **la télévision (la salle de séjour), le lit (la chambre),** and **la table (la salle à manger).**

PRE-AP®

Interpersonal Speaking Have the class label various parts of the classroom with the names of rooms one would typically find in a house. Then have groups of three perform a skit in which the owner is showing the house to two exchange students who are going to spend the semester there.

Les sons et les lettres

 Audio: Explanation
Record & Compare

🎧 **s and ss**

You've already learned that an **s** at the end of a word is usually silent.

lavabos	copains	vas	placards

An **s** at the beginning of a word, before a consonant, or after a pronounced consonant is pronounced like the s in the English word *set*.

soir	salon	studio	absolument

A double **s** is pronounced like the *ss* in the English word *kiss*.

grosse	assez	intéressant	rousse

An **s** at the end of a word is often pronounced when the following word begins with a vowel sound. An **s** in a liaison sounds like a *z*, like the *s* in the English word *rose*.

très élégant	trois hommes

The other instance where the French **s** has a *z* sound is when there is a single **s** between two vowels within the same word. The **s** is pronounced like the *s* in the English word *music*.

musée	amusant	oiseau	besoin

These words look alike, but have different meanings. Compare the pronunciations of each word pair.

poison	poisson	désert	dessert

Prononcez Répétez les mots suivants à voix haute.

1. sac
2. triste
3. suisse
4. chose
5. bourse
6. passer
7. surprise
8. assister
9. magasin
10. expressions
11. sénégalaise
12. sérieusement

Articulez Répétez les phrases suivantes à voix haute.

1. Le spectacle est très amusant et la chanteuse est superbe.
2. Est-ce que vous habitez dans une résidence universitaire?
3. De temps en temps, Suzanne assiste à l'inauguration d'expositions au musée.
4. Heureusement, mes professeurs sont sympathiques, sociables et très sincères.

Dictons Répétez les dictons à voix haute.

Si jeunesse savait, si vieillesse pouvait. [1]

Les oiseaux de même plumage s'assemblent sur le même rivage. [2]

[1] Youth is wasted on the young.
(lit. If youth but knew, if old age but could.)
[2] Birds of a feather flock together.

ressources

vText | CE p. 200 | vhlcentral.com Leçon 8A

Unité 8

Section Goals
In this section, students will learn about the sounds of **s** and **ss**.

Key Standards
4.1

Student Resources
Cahier de l'élève, p. 200;
Supersite: Activities,
eCahier

Teacher Resources
Answer Keys; Audio Script;
Textbook & Audio Activity
MP3s/CD

Suggestions
• Model the pronunciation of the example words and have students repeat them after you.
• Ask students to provide more examples of words from this lesson or previous lessons with these sounds. Examples: **cuisine, salon, résidence,** and **expression.**
• Dictate five familiar words containing **s** and **ss**, repeating each one at least two times. Then write them on the board or on a transparency and have students check their spelling.

EXPANSION

Mini-dictée Use these sentences for additional practice or dictation. **1.** Serge est professeur de sociologie. **2.** Solange est paresseuse et pessimiste. **3.** Ces étudiants sénégalais sont très intelligents. **4.** Sylvain essaie les chaussures sans chaussettes.

EXPANSION

Tongue-twisters Teach students these French tongue-twisters that contain the **s** and **ss** sounds. **1.** Ces six saucissons-ci sont si secs qu'on ne sait si c'en sont. **2.** Zazie causait avec sa cousine en cousant.

157

La visite surprise

Video: *Roman-photo*
Record & Compare

PERSONNAGES

David

Pascal

Rachid

Sandrine

En ville, Pascal fait tomber (drops) ses fleurs.

PASCAL Aïe!
RACHID Tenez. (*Il aide Pascal.*)
PASCAL Oh, merci.
RACHID Aïe!
PASCAL Oh pardon, je suis vraiment désolé!
RACHID Ce n'est rien.
PASCAL Bonne journée!

Chez Sandrine...

RACHID Eh, salut, David! Dis donc, ce n'est pas un logement d'étudiants ici! C'est grand chez toi! Tu ne déménages pas, finalement?
DAVID Heureusement, Sandrine a décidé de rester.
SANDRINE Oui, je suis bien dans cet appartement. Seulement, les loyers sont très chers au centre-ville.

RACHID Oui, malheureusement! Tu as combien de pièces?
SANDRINE Il y a trois pièces: le salon, la salle à manger, ma chambre. Bien sûr, il y a une cuisine et j'ai aussi une grande salle de bains. Je te fais visiter?

SANDRINE Et voici ma chambre.
RACHID Elle est belle!
SANDRINE Oui... j'aime le vert.

RACHID Dis, c'est vrai, Sandrine, ta salle de bains est vraiment grande.
DAVID Oui! Et elle a un beau miroir au-dessus du lavabo et une baignoire!
RACHID Chez nous, on a seulement une douche.
SANDRINE Moi, je préfère les douches, en fait.

Le téléphone sonne (rings).

RACHID Comparé à cet appartement, le nôtre, c'est une cave! Pas de décorations, juste des affiches, un canapé, des étagères et mon bureau.
DAVID C'est vrai. On n'a même pas de rideaux.

A C T I V I T É S

1 **Vrai ou faux?** Indiquez si ces affirmations sont **vraies** ou **fausses**. Corrigez les phrases fausses. Answers may vary.

1. C'est la première fois que Rachid visite l'appartement. Vrai.
2. Sandrine ne déménage pas. Vrai.
3. Les loyers au centre-ville ne sont pas chers. Faux. Les loyers au centre-ville sont très chers.
4. Sandrine invite ses amis chez elle. Vrai.
5. Rachid préfère son appartement à l'appartement de Sandrine. Faux. Rachid préfère l'appartement de Sandrine.

6. Chez les garçons, il y a une baignoire et des rideaux. Faux. Les garçons ont une douche et n'ont pas de rideaux.
7. Quand Pascal arrive, Sandrine est contente (*pleased*). Faux. Sandrine n'est pas contente.
8. Pascal doit (*must*) travailler ce week-end. Faux. Pascal ne travaille pas ce week-end.

 Practice more at **vhlcentral.com**.

In this section, students will learn functional phrases for talking about their home.

Key Standards
1.2, 2.1, 2.2, 4.1, 4.2

Student Resources
Cahier de l'élève, pp. 201–202;
Supersite: Activities, *eCahier*
Teacher Resources
Answer Keys; Video Script & Translation; *Roman-photo* video

Video Recap: Leçon 7B
Before doing this **Roman-photo**, review the previous one with this activity.
1. Pourquoi Sandrine est-elle allée à l'agence de voyages? (pour faire une réservation d'hôtel à Albertville)
2. Pourquoi n'a-t-elle pas fait la réservation? (Les hôtels moins chers sont complets.)
3. Comment Amina a-t-elle réussi à trouver un hôtel? (Elle a cherché sur Internet.)
4. Pourquoi Sandrine n'est-elle pas contente? (parce que Pascal ne va pas aller à Albertville)

Video Synopsis Pascal arrives in Aix-en-Provence. He runs into Rachid, who helps him pick up his flowers. He has never met Rachid before. Rachid and David then take a tour of Sandrine's apartment, which is very nice and big. Pascal shows up unexpectedly. Sandrine is not pleased by his surprise visit and breaks up with him.

Suggestions
• Have students scan the **Roman-photo** and find words related to the home.
• Have students read the **Roman-photo** conversation in groups of four.

TEACHING OPTIONS

La visite surprise Before viewing the video, have students read the title and predict what might happen in this episode. Write their predictions on the board. After students have watched the video, review their predictions and ask them which ones were correct.

TEACHING OPTIONS

Regarder la vidéo Show the video episode without sound and have the class create a plot summary based on the visual cues. Then show the video again with sound and have the class correct any mistakes and fill in any gaps in the plot summary they created.

Pascal arrive à Aix-en-Provence.

SANDRINE Voici la salle à manger.
RACHID Ça, c'est une pièce très importante pour nous, les invités.

SANDRINE Et puis, la cuisine.
RACHID Une pièce très importante pour Sandrine...
DAVID Évidemment!

SANDRINE Mais Pascal... je pensais que tu avais du travail... Quoi? Tu es ici, maintenant? C'est une blague!
PASCAL Mais ma chérie, j'ai pris le train pour te faire une surprise...

SANDRINE Une surprise! Nous deux, c'est fini! D'abord, tu me dis que les vacances avec moi, c'est impossible et ensuite tu arrives à Aix sans me téléphoner!
PASCAL Bon, si c'est comme ça, reste où tu es. Ne descends pas. Moi, je m'en vais. Voilà tes fleurs. Tu parles d'une surprise!

Expressions utiles

Talking about your home

- **Tu ne déménages pas, finalement?**
  You are not moving, after all?
- **Heureusement, Sandrine a décidé de rester.**
  Thankfully/Happily, Sandrine has decided to stay.
- **Seulement, les loyers sont très chers au centre-ville.**
  However, rents are very expensive downtown.
- **Je te fais visiter?**
  Shall I give you a tour?
- **Ta salle de bains est vraiment grande.**
  Your bathroom is really big.
- **Elle a un beau miroir au-dessus du lavabo.**
  It has a nice mirror above the sink.
- **Chez nous, on a seulement une douche.**
  At our place, we only have a shower.

Additional vocabulary

- **Aïe!**
  Ouch!
- **Tenez.**
  Here.
- **Je pensais que tu avais du travail.**
  I thought you had work to do.
- **Mais ma chérie, j'ai pris le train pour te faire une surprise.**
  But sweetie, I took the train to surprise you.
- **sans**
  without
- **Moi, je m'en vais.**
  I am leaving/getting out of here.

Expressions utiles
- Model the pronunciation of the **Expressions utiles** and have students repeat them.
- As you work through the list, point out verbs in the **passé composé** and verbs in the **imparfait**. Then tell them that the uses of these two past tenses will be formally presented in the **Structures** section.

1 Suggestion Have students write their corrections for false statements on the board.

1 Expansion For additional practice, give students these items. **9. Rachid et Pascal sont de bons amis. (Faux.) 10. La chambre de Sandrine est rose. (Faux.) 11. L'appartement de Sandrine est une cave. (Faux.)**

2 Expansion For additional practice, give students these items. **9. bureau (D & R) 10. grande salle de bains (S) 11. douche (D & R)**

3 Suggestions
- Before writing the conversation, tell students that the person playing the real estate agent should make a list of questions to ask prospective clients, and the two people playing Sandrine and Amina should decide on the features they are looking for in an apartment.
- You might want to bring in some real estate ads in French from newspapers or the Internet for the agents to use.

2 Quel appartement? Indiquez si ces objets sont dans l'appartement de Sandrine (**S**) ou dans l'appartement de David et Rachid (**D & R**).

1. baignoire S
2. douche D & R
3. rideaux S
4. canapé D & R, S
5. trois pièces S
6. étagères D & R
7. miroir S
8. affiches D & R

3 Conversez Sandrine décide que son loyer est vraiment trop cher. Elle cherche un appartement à partager avec Amina. Avec deux partenaires, écrivez leur conversation avec un agent immobilier (*real estate agent*). Elles décrivent l'endroit idéal, le prix et les meubles qu'elles préfèrent. L'agent décrit plusieurs possibilités.

ressources

v̂Text

CE
pp. 201–202

vhlcentral.com
Leçon 8A

ACTIVITÉS

PRE-AP®

Interpersonal Speaking Have groups of three interview each other about their dream house, with one student conducting the interview, one answering, and one taking notes. At three-minute intervals, have students switch roles until each has been interviewer, interviewee, and note-taker. Then have two groups get together and take turns describing their dream houses to one another using their notes.

EXPANSION

Writing Practice Have students work in pairs. Tell them to write an alternate ending to this episode, in which Sandrine is pleased to see Pascal and invites him upstairs to meet Rachid and David. Encourage students to use some of the **Expressions utiles**. Then have volunteers perform their role-plays for the class.

Reading
Video: *Flash culture*

CULTURE À LA LOUPE

Le logement en France

Il y a différents types de logements. En ville, on habite dans une maison ou un appartement. À la campagne, on peut° habiter dans une villa, un château, un chalet ou un mas° provençal.

Vous avez peut-être remarqué° dans un film français qu'il y a une grande diversité de style d'habitation°. En effet°, le style et l'architecture varient d'une région à l'autre, souvent en raison° du climat et des matériaux disponibles°. Dans le Nord°, les maisons sont traditionnellement en briques° avec des toits en ardoise°. Dans l'Est°, en Alsace-Lorraine, il y a de vieilles maisons à colombages° avec des parties de mur en bois°. Dans le Sud°, il y a des villas de style méditerranéen avec des toits en tuiles° rouges et des mas provençaux (de vieilles maisons en pierre°). Dans les Alpes, en Savoie, les chalets sont en bois avec de grands balcons très fleuris°, comme en Suisse. Les maisons traditionnelles de l'Ouest° ont des toits en chaume°. Presque toutes les maisons françaises ont des volets° et les fenêtres sont assez différentes aussi des fenêtres aux États-Unis. Très souvent il n'y a pas de moustiquaire°, même° dans le sud de la France où il fait très chaud en été.

En France les trois quarts des gens habitent en ville. Beaucoup habitent dans la banlieue, où il y a beaucoup de grands immeubles mais aussi de petits pavillons individuels (maisons avec de petits jardins). Dans les centres-villes et dans les banlieues, il y a des HLM. Ce sont des habitations à loyer modéré°. Les HLM sont construits par l'État. Ce sont souvent des logements réservés aux familles qui ont moins d'argent.

peut *can* **mas** *farmhouse* **remarqué** *noticed* **habitation** *dwelling* **En effet** *Indeed* **en raison du** *due to the* **disponibles** *available* **Nord** *North* **en briques** *made of bricks* **toits en ardoise** *slate roofs* **Est** *East* **à colombages** *half-timbered* **en bois** *made of wood* **Sud** *South* **en tuiles** *made of tiles* **en pierre** *made of stone* **fleuris** *full of flowers* **Ouest** *West* **en chaume** *thatched* **volets** *shutters* **moustiquaire** *window screen* **même** *even* **habitations à loyer modéré** *low-cost government housing*

Coup de main

Here are some terms commonly used in statistics.

un quart = *one quarter*
un tiers = *one third*
la moitié = *half*
la plupart de = *most of*
un sur cinq = *one in five*

A C T I V I T É S

1 **Vrai ou faux?** Indiquez si les phrases sont **vraies** ou **fausses**. Corrigez les phrases fausses.

1. Les maisons sont similaires dans les différentes régions françaises.
Faux. Il y a une grande diversité de style d'habitation.
2. Dans le Nord les maisons sont traditionnellement en briques.
Vrai.
3. En Alsace-Lorraine il y a des chalets.
Faux. Il y a de vieilles maisons à colombages.
4. Dans les Alpes il y a des mas provençaux.
Faux. Il y a des chalets.
5. Les mas provençaux sont des maisons en bois.
Faux. Ce sont des maisons en pierre.
6. Presque toutes les maisons françaises ont des volets. Vrai.

7. Les maisons françaises n'ont pas toujours des moustiquaires. Vrai.
8. La plupart (*majority*) des Français habite à la campagne. Faux. Les trois quarts des Français habitent en ville.
9. Le pavillon individuel est une sorte de grand immeuble.
Faux. C'est une maison avec un petit jardin.
10. Les millionnaires habitent dans des HLM.
Faux. Les HLM sont réservés aux familles qui ont moins d'argent.

Practice more at **vhlcentral.com**.

LE FRANÇAIS QUOTIDIEN

Location d'un logement

agence (*f.*) de location	rental agency
bail (*m.*)	lease
caution (*f.*)	security deposit
charges (*f.*)	basic utilities
chauffage (*m.*)	heating
électricité (*f.*)	electricity
locataire (*m./f.*)	tenant
petites annonces (*f.*)	(rental) ads

LE MONDE FRANCOPHONE

L'architecture

Voici quelques exemples d'habitations traditionnelles.

En Afrique centrale et de l'Ouest des maisons construites sur pilotis°, avec un grenier à riz°

En Afrique du Nord des maisons en pisé (de la terre° rouge mélangée° à de la paille°) construites autour d'un patio central et avec, souvent, une terrasse sur le toit°

Aux Antilles des maisons en bois de toutes les couleurs avec des toits en métal

En Polynésie française des bungalows, construits sur pilotis ou sur le sol, souvent en bambou avec des toits en paille ou en feuilles de cocotier°

Au Viêt-nam des maisons sur pilotis construites sur des lacs, des rivières ou simplement au-dessus du sol°

pilotis *stilts* **grenier à riz** *rice loft* **terre** *clay* **mélangée** *mixed* **paille** *straw* **toit** *roof* **feuilles de cocotier** *coconut palm leaves* **au-dessus du sol** *off the ground*

PORTRAIT

Le château Frontenac

Le château Frontenac est un hôtel de luxe et un des plus beaux° sites touristiques de la ville de Québec. Construit entre la fin° du

XIXᵉ siècle et le début° du XXᵉ siècle sur le Cap Diamant, dans le quartier du Vieux-Québec, le château offre une vue° spectaculaire sur la ville. Aujourd'hui, avec ses 618 chambres sur 18 étages, ses restaurants gastronomiques, sa piscine et son centre sportif, le château Frontenac est classé parmi° les 500 meilleurs° hôtels du monde.

un des plus beaux *one of the most beautiful* **fin** *end* **début** *beginning* **vue** *view* **classé parmi** *ranked among* **meilleurs** *best*

Sur Internet

Qu'est-ce qu'une pendaison de crémaillère? D'où vient cette expression?

Go to **vhlcentral.com** to find more information related to this **Culture** section. Then watch the corresponding **Flash culture**.

---

2 Répondez Répondez aux questions, d'après les informations données dans les textes.

1. Qu'est-ce que le château Frontenac?
   C'est un hôtel de luxe.
2. De quel siècle date le château Frontenac?
   Le château Frontenac date de la fin du XIXᵉ et du début du XXᵉ siècles.
3. Dans quel quartier de la ville de Québec le trouve-t-on?
   On le trouve dans le quartier du Vieux-Québec.
4. Où trouve-t-on des maisons sur pilotis?
   On en trouve en Afrique centrale et de l'Ouest, au Viêt-nam et en Polynésie française.
5. Quelles sont les caractéristiques des maisons d'Afrique du Nord?
   Le pisé, le patio central et la terrasse sur le toit sont les caractéristiques des maisons d'Afrique du Nord.

3 Une année en France Vous allez habiter en France. Téléphonez à un agent immobilier (*real estate*) (votre partenaire) et expliquez-lui le type de logement que vous recherchez. Il/Elle va vous donner des renseignements sur les logements disponibles (*available*). Posez des questions pour avoir plus de détails.

ressources

vText | CE pp. 203–204 | vhlcentral.com Leçon 8A

A C T I V I T É S

Le français quotidien Point out that the word **location** is a **faux ami**; it means *rental*. You might also wish to add these terms to the list: **un particulier** (*a private seller/buyer*), **une chambre de bonne** (*a small room, usually on the top floor, to rent; originally it was the maid's room in someone's home*), **un deux-pièces** (*a two-room apartment*), and **un(e) concierge** (*doorman*).

Portrait
- **Le château Frontenac** is located on a hill overlooking the St. Lawrence River. It is considered the symbol of Quebec City. Have students locate Quebec City on the map of North America and point out its strategic location.
- Ask students: **Désirez-vous faire un séjour au château Frontenac? Pourquoi?**

Le monde francophone Bring in photos of the various types of houses from magazines or the Internet. After students have read the text, show them the photos and have them identify the location.

2 Expansion For additional practice, give students these items. **6. Combien de chambres y a-t-il au château Frontenac? (618) 7. Où trouve-t-on des maisons en bois de toutes les couleurs? (aux Antilles)**

3 Partner Chat You can also assign Activity 3 on the Supersite. Students work in pairs to record the activity online. The pair's recorded conversation will appear in your gradebook.

Flash culture Tell students that they will learn more about housing by watching a variety of real-life images narrated by Benjamin. You can also use the activities in the video **manual** in class to reinforce this **Flash culture** or assign them as homework.

21st CENTURY SKILLS

Information and Media Literacy: Sur Internet Students access and critically evaluate information from the Internet.

EXPANSION

Location d'un logement Distribute photocopies of apartment rental ads from a French newspaper or the Internet. Have students guess the meanings of abbreviations, such as **sdb**, **cuis.** and **pisc.**, and explain unfamiliar ones, such as **T3** or **m²**. Then tell students to work in pairs and write five comprehension questions based on the ads. Have volunteers read their questions aloud, and ask other students to answer them.

EXPANSION

Cultural Comparison Have students work in groups of three and compare **le château Frontenac** to the hotels in their city or town. Tell them to list the similarities and differences in a two-column chart under the headings **Similitudes** and **Différences**. After completing their charts, have two groups get together and compare their lists.

8A.1   The *passé composé* vs. the *imparfait* (Part 1)

Presentation
Grammar Tutorial

Point de départ Although the **passé composé** and the **imparfait** are both past tenses, they have very distinct uses and are not interchangeable. The choice between these two tenses depends on the context and on the point of view of the speaker.

Uses of the *passé composé*

To express specific actions that started and ended in the past and are viewed by the speaker as completed	J'**ai nettoyé** la salle de bains deux fois. *I cleaned the bathroom twice.* Nous **avons acheté** un tapis. *We bought a rug.* L'enfant **est né** à la maison. *The child was born at home.* Il **a plu** hier. *It rained yesterday.*
To tell about events that happened at a specific point in time or within a specific length of time in the past	Je **suis allé** à la pêche avec papa il y a deux ans. *I went fishing with dad two years ago.* Il **est allé** au concert vendredi. *He went to the concert on Friday.* Nous **avons passé** une journée fantastique à la plage. *We spent a fantastic day at the beach.* Elle **a étudié** à Paris pendant six mois. *She studied in Paris for six months.*
To express the beginning or end of a past action	Le film **a commencé** à huit heures. *The movie began at 8 o'clock.* Ils **ont fini** leurs devoirs samedi matin. *They finished their homework Saturday morning.*
To narrate a series of past actions or events	Ce matin, j'**ai fait** du jogging, j'**ai nettoyé** la chambre et j'**ai rangé** la cuisine. *This morning, I jogged, I cleaned my bedroom, and I tidied up the kitchen.* Pour la fête d'anniversaire de papa, maman **a envoyé** les invitations, elle **a acheté** un cadeau et elle **a fait** les décorations. *For dad's birthday party, mom sent out the invitations, bought a gift, and did the decorations.*
To signal a change in someone's mental, physical, or emotional state	Il **est mort** dans un accident. *He died in an accident.* Soudain, j'**ai eu** peur. *Suddenly, I got scared.* Tout à coup, elle **a eu** soif. *All of a sudden, she felt thirsty.*

Uses of the *imparfait*

To describe an ongoing past action with no reference to its beginning or end	Vous **dormiez** sur le canapé. *You were sleeping on the couch.*
	Tu **attendais** dans le café? *You were waiting in the café?*
	Nous **regardions** la télé chez Fanny. *We were watching TV at Fanny's house.*
	Les enfants **lisaient** tranquillement. *The children were reading peacefully.*
To express habitual or repeated past actions and events or describe how things used to be	Nous **faisions** un tour en voiture le dimanche matin. *We used to go for a drive on Sunday mornings.*
	Elle **mettait** toujours la voiture dans le garage. *She always put the car in the garage.*
	Maman **travaillait** souvent dans le jardin. *Mom would often work in the garden.*
	Quand j'**étais** jeune, j'**aimais** faire du camping. *When I was young, I used to like to go camping.*
To describe an ongoing mental, physical, or emotional state or condition	Karine **était** très inquiète. *Karine was very worried.*
	Simon et Marion **étaient** fatigués et ils **avaient** sommeil. *Simon and Marion were tired and sleepy.*
	Mon ami **avait** faim et il **avait** envie de manger quelque chose. *My friend was hungry and felt like eating something.*

Essayez! Donnez les formes correctes des verbes.

passé composé
1. commencer (il) _il a commencé_
2. acheter (tu) _tu as acheté_
3. boire (nous) _nous avons bu_
4. apprendre (ils) _ils ont appris_
5. répondre (je) _j'ai répondu_
6. sortir (il) _il est sorti_
7. descendre (elles) _elles sont descendues_
8. être (vous) _vous avez été_

imparfait
1. jouer (nous) _nous jouions_
2. être (tu) _tu étais_
3. prendre (elles) _elles prenaient_
4. avoir (vous) _vous aviez_
5. conduire (il) _il conduisait_
6. falloir (il) _il fallait_
7. boire (je) _je buvais_
8. étudier (nous) _nous étudiions_

Suggestions

• Contrast the uses of the **passé composé** and **imparfait** by giving personalized examples of things you and/or your family did yesterday versus things you and your family used to do when you were young. Examples: **Hier soir, je suis allée au centre commercial. Quand j'étais petite, je jouais au foot.** Then make two columns on the board, one labeled **Hier, je/j'…** and the other labeled **Quand j'étais petit(e)…** Have volunteers take turns writing complete sentences about themselves under each column.

• As you are comparing the **passé composé** and the **imparfait**, have students focus on the pronunciation of these tenses, since it is very important to be able to distinguish between the respective sounds of the two tenses. You might have them practice the following sentences: **J'ai travaillé. / Je travaillais. Il parlait. / Il a parlé. Tu allais. / Tu es allé(e). Elle chantait. / Elle a chanté.** You could also add the present tense of these sentences and have them practice pronouncing all three tenses.

Essayez! Give items like these as additional practice. For the **passé composé: 9. descendre (elle) (elle est descendue) 10. lire (je) (j'ai lu)** For the **imparfait: 9. écrire (je) (j'écrivais) 10. dire (on) (on disait)**

EXPANSION

Extra Practice Make cards that contain a verb or noun and an expression that signals a past tense. Example: **hier / parc** or **Quand j'étais jeune / voyager**. Mix them up in a hat and have each student pick a card at random. Have each student state the cues on his or her card and use them in a sentence with the **passé composé** or the **imparfait**. Have the student say which tense he or she will use before formulating the sentence.

EXPANSION

Small Groups Have students work in groups to pick a popular holiday and write a few sentences in the past tense to describe it. Students might talk about typical activities they did that day, the weather, or how they felt on that day. Then, have them share their description with the class without revealing the holiday and have their classmates guess what holiday it is.

163

Mise en pratique

1 **Une surprise désagréable** Récemment, Benoît a fait un séjour à Strasbourg avec un collègue. Complétez ses phrases avec l'imparfait ou le passé composé.

Ce matin, il (1) _____faisait_____ (faire) chaud. J' (2) _____étais_____ (être) content de partir pour Strasbourg. Je (3) _____suis parti_____ (partir) pour la gare, où j' (4) _____ai retrouvé_____ (retrouver) Émile. Le train (5) _____est arrivé_____ (arriver) à Strasbourg à midi. Nous (6) _____avons commencé_____ (commencer) notre promenade en ville. Nous (7) _____avions_____ (avoir) besoin d'un plan. J' (8) _____ai cherché_____ (chercher) mon portefeuille (*wallet*), mais il (9) _____était_____ (être) toujours dans le train! Émile et moi, nous (10) _____avons couru_____ (courir) à la gare!

2 **Le week-end dernier** Qu'est-ce que la famille Tran a fait le week-end dernier?

MODÈLE nous / passer le week-end / chez des amis
Nous avons passé le week-end chez des amis.

1. faire / beau / quand / nous / arriver   Il faisait beau quand nous sommes arrivés.
2. nous / être / fatigué / mais content   Nous étions fatigués mais contents.
3. Audrey et son amie / aller / à la piscine   Audrey et son amie sont allées à la piscine.
4. moi, je / décider de / dormir un peu   Moi, j'ai décidé de dormir un peu.
5. samedi soir / pleuvoir / quand / nous / sortir / cinéma   Samedi soir, il pleuvait quand nous sommes sortis du cinéma.
6. nous / rire / beaucoup / parce que / film / être / amusant   Nous avons beaucoup ri parce que le film était amusant.
7. minuit / nous / rentrer / chez nous   À minuit, nous sommes rentrés chez nous.
8. Lanh / regarder / télé / quand / nous / arriver   Lanh regardait la télé quand nous sommes arrivés.
9. dimanche matin / nous / passer / chez des amis   Dimanche matin, nous sommes passés chez des amis.
10. nous / passer / cinq heures / chez eux   Nous avons passé cinq heures chez eux.
11. ce / être / très / sympa   C'était très sympa.

3 **Vacances à la montagne** Hugo raconte ses vacances. Complétez ses phrases avec un des verbes de la liste au passé composé ou à l'imparfait.

aller	neiger	retourner
avoir	passer	skier
faire	rester	venir

1. L'hiver dernier, nous _____avons passé_____ les vacances à la montagne.
2. Quand nous sommes arrivés sur les pistes de ski, il _____neigeait_____ beaucoup et il _____faisait_____ un temps épouvantable.
3. Ce jour-là, nous _____sommes restés_____ à l'hôtel tout l'après-midi.
4. Le jour suivant, nous _____sommes retournés_____ sur les pistes.
5. Nous _____avons skié_____ et papa _____est allé_____ faire une randonnée.
6. Quand ils _____avaient_____ mon âge, papa et oncle Hervé _____venaient_____ tous les hivers à la montagne.

Practice more at **vhlcentral.com.**

Communication

4 **Situations** Avec un(e) partenaire, parlez de ces situations en utilisant le passé composé ou l'imparfait. Comparez vos réponses, puis présentez-les à la classe. *Answers will vary.*

> **MODÈLE**
>
> Le premier jour de cours...
> **Élève 1:** *Le premier jour de cours, j'étais tellement nerveux/nerveuse que j'ai oublié mes livres.*
> **Élève 2:** *Moi, j'étais nerveux/nerveuse aussi, alors j'ai quitté la maison très tôt.*

1. Quand j'étais petit(e),...

2. L'été dernier,...

3. Hier soir, mon/ma meilleur(e) ami(e)...

4. Hier, le professeur...

5. La semaine dernière, mon/ma camarade de classe...

6. Ce matin, au lycée,...

7. Quand j'avais dix ans,...

8. La dernière fois que j'étais en vacances,...

5 **Votre premier/première ami(e)** Posez ces questions à un(e) partenaire. Ajoutez (*Add*) d'autres questions si vous le voulez (*want*). *Answers will vary.*

1. Qui a été ton/ta premier/première ami(e)?

2. Quel âge avais-tu quand tu as fait sa connaissance?

3. Comment était-il/elle?

4. Est-ce que tu as fait la connaissance de sa famille?

5. Pendant combien de temps avez-vous resté(e)s ami(e)s?

6. À quoi jouiez-vous ensemble?

7. Aviez-vous les mêmes (*same*) centres d'intérêt?

8. Avez-vous perdu contact?

6 **Dialogue** Sébastien, qui a seize ans, est sorti avec des amis hier soir. Quand il est rentré à trois heures du matin, sa mère était furieuse parce que ce n'était pas la première fois qu'il rentrait tard. Avec un(e) partenaire, préparez le dialogue entre Jean-Michel et sa mère. *Answers will vary.*

> **MODÈLE**
>
> **Élève 1:** *Que faisais-tu à minuit?*
> **Élève 2:** *Mes copains et moi,*
>   *nous sommes allés manger une pizza...*

7 **Un crime** Vous avez été témoin (*witness*) d'un crime dans votre quartier et la police vous pose beaucoup de questions. Avec un(e) partenaire et à tour de rôle, jouez le détective et le témoin. *Answers will vary.*

> **MODÈLE**
>
> **Élève 1:** *Où étiez-vous vers huit heures hier soir?*
> **Élève 2:** *Chez moi.*
> **Élève 1:** *Avez-vous vu quelque chose?*

4 Expansion Have students choose one of these sentences to begin telling a short story in the past. Encourage students to use both the **passé composé** and the **imparfait**.

5 Expansion After completing the pair work, assign this activity as a short written composition.

5 Virtual Chat You can also assign Activity 5 on the Supersite. Students record individual responses that appear in your gradebook.

6 Suggestion Act out the **modèle** with a volunteer before assigning this activity to pairs. Have pairs of students role-play their dialogues in front of the class.

6 Partner Chat You can also assign Activity 6 on the Supersite. Students work in pairs to record the activity online. The pair's recorded conversation will appear in your gradebook.

8A.2

The *passé composé* vs. the *imparfait* (Part 2)

**Presentation
Grammar Tutorial**

Point de départ You have already seen some uses of the passé composé versus the imparfait for talking about things and events in the past. Here are some other contexts in which the choice of tense is important.

- The **passé composé** and the **imparfait** are often used together to narrate a story or describe an incident. The **imparfait** provides the background description, such as time, weather, and location. The **passé composé** highlights specific events foregrounded in the story.

Uses of the *passé composé* and the *imparfait*	
Le passé composé	**L' imparfait**
is used to talk about:	*is used to describe:*
• main facts	• the framework of the story: *weather, date, time, background scenery*
• specific, completed events	• descriptions of people: *age, physical and personality traits, clothing, feelings, state of mind*
• actions that advance the plot	• background setting: *what was going on, what others were doing*

Il **était** minuit et le temps **était** orageux. J'**avais** peur parce que j'**étais** seule dans la maison. Soudain, quelqu'un **a frappé** à la porte. J'**ai regardé** par la fenêtre et j'**ai vu** un vieil homme habillé en noir...
It was midnight and the weather was stormy. I was afraid because I was home alone. Suddenly, someone knocked at the door. I looked through the window and I saw an old man dressed in black...

- When the **passé composé** and the **imparfait** occur in the same sentence, the action in the **passé composé** often interrupts the ongoing action in the **imparfait**.

J'ai rangé ma chambre pendant que tu faisais la lessive.

Tu les préparais quand tu m'as téléphoné?

ACTION IN PROGRESS	INTERRUPTING ACTION
Je **chantais**	quand mon ami **est arrivé**.
I was singing	*when my friend arrived.*
Céline et Maxime **dormaient**	quand le téléphone **a sonné**.
Céline and Maxime were sleeping	*when the phone rang.*

- Use **pendant que** to indicate that one action was completed while another was still happening.

> Mes parents **sont arrivés** pendant que nous **répétions** dans le sous-sol.
> *My parents arrived while we were rehearsing in the basement.*

- Sometimes the use of the **passé composé** and the **imparfait** in the same sentence expresses a cause and effect.

> J'**avais** faim, alors j'**ai mangé** un sandwich.
> *I was hungry, so I ate a sandwich.*

> Elle **est partie**, parce qu'elle **était** fatiguée.
> *She left because she was tired.*

- Certain adverbs often indicate a particular past tense.

Expressions that signal a past tense

passé composé		imparfait	
soudain	suddenly	d'habitude	usually
tout d'un coup/ tout à coup	all of a sudden	parfois	sometimes
		souvent	often
une (deux, etc.) fois	once (twice, etc.)	toujours	always
un jour	one day	tous les jours	every day

- While talking about the past or narrating a story, you might use the verb **vivre** (*to live*) which is irregular.

vivre

je vis	nous vivons
tu vis	vous vivez
il/elle/on vit	ils/elles vivent

> Les enfants **vivent** avec leurs grands-parents.
> *The children live with their grandparents.*

> Je **vis** à Paris.
> *I live in Paris.*

- The past participle of **vivre** is **vécu**. The **imparfait** is formed like that of other **-re** verbs, by dropping **-ons** from the **nous** form, and adding the imperfect endings.

> Rémi a toujours **vécu** à Nice.
> *Rémi always lived in Nice.*

> Nous **vivions** avec mon oncle.
> *We used to live with my uncle.*

Essayez! Choisissez la forme correcte du verbe au passé.

1. Lise (a étudié /étudiait) toujours avec ses amis.
2. Maman (a fait /faisait) du yoga hier.
3. Ma grand-mère (passait /a passé) par là tous les jours.
4. D'habitude, ils (arrivaient /sont arrivés) toujours en retard.
5. Tout à coup, le professeur (entrait /est entré) dans la classe.
6. Ce matin, Camille (a lavé /lavait) le chien.

1 **Expansion** Have students redo this activity, this time coming up with their own explanations for why Sabine did or did not do the activities.

2 **Suggestion** Have students come up with different sentences using the same illustrations.

2 **Expansion** Have students come up with a short story for each illustration.

3 **Suggestion** Have students compare their answers with a partner's. For sentences where their answers differ, they should explain why they chose the **passé composé** or the **imparfait** and decide which tense is appropriate.

3 **Expansion** Have volunteers explain why they chose the **passé composé** or **imparfait** in each sentence. Ask them to point out any words or expressions that triggered one tense or the other.

Mise en pratique

1 **Pourquoi?** Expliquez pourquoi Sabine a fait ou n'a pas fait ces choses.

> **MODÈLE** ne pas faire de tennis / être fatigué
> *Sabine n'a pas fait de tennis parce qu'elle était fatiguée.*

1. aller au centre commercial / aimer faire les soldes — Sabine est allée au centre commercial parce qu'elle aimait faire les soldes.
2. ne pas travailler / avoir sommeil — Sabine n'a pas travaillé parce qu'elle avait sommeil.
3. ne pas sortir / pleuvoir — Sabine n'est pas sortie parce qu'il pleuvait.
4. mettre un pull / faire froid — Sabine a mis un pull parce qu'il faisait froid.
5. manger une pizza / avoir faim — Sabine a mangé une pizza parce qu'elle avait faim.
6. acheter une nouvelle robe / sortir avec des amis — Sabine a acheté une nouvelle robe parce qu'elle sortait avec des amis.
7. vendre son fauteuil / déménager — Sabine a vendu son fauteuil parce qu'elle déménageait.
8. ne pas bien dormir / être inquiet — Sabine n'a pas bien dormi parce qu'elle était inquiète.

2 **Qu'est-ce qu'ils faisaient quand...?** Dites ce qui (*what*) est arrivé quand ces personnes faisaient ces activités. Utilisez les mots donnés et d'autres mots.

Suggested answers

> **MODÈLE**
> *Tu nageais quand ton oncle est arrivé.*

tu / oncle / arriver

1. Tristan / entendre / chien
Tristan nettoyait sa chambre quand il a entendu le chien.

2. nous / petite fille / tomber
Nous patinions quand la petite fille est tombée.

3. vous / perdre / billet
Vous partiez pour la France quand vous avez perdu votre billet.

4. Paul et Éric / téléphone / sonner
Paul et Éric déjeunaient dans la salle à manger quand le téléphone a sonné.

3 **Rien d'extraordinaire** Matthieu a passé une journée assez banale. Réécrivez ce paragraphe au passé.

Il est 6h30. Il pleut. Je prends mon petit-déjeuner, je mets mon imperméable et je quitte la maison. J'attends une demi-heure à l'arrêt de bus et finalement, je cours au restaurant où je travaille. J'arrive en retard. Le patron (*boss*) n'est pas content. Le soir, après mon travail, je rentre à la maison et je vais directement au lit.

Il était 6h30. Il pleuvait. J'ai pris mon petit-déjeuner, j'ai mis mon imperméable et j'ai quitté la maison. J'ai attendu une demi-heure à l'arrêt de bus et finalement, j'ai couru au restaurant où je travaillais. Je suis arrivé en retard. Le patron n'était pas content. Le soir, après mon travail, je suis rentré à la maison et je suis directement allé au lit.

 Practice more at **vhlcentral.com.**

EXPANSION

Extra Practice Divide the class into teams. Make a list of all the adverbs or expressions that signal a past tense. As you read out each expression, a member from each team should come to the board and write a sentence in the past using that expression. The team that completes a correct sentence first gets a point.

EXPANSION

Small Groups Have students work in small groups to discuss their favorite movie or book. Students should use appropriate past tense forms to describe the main characters and give a brief summary of the plot. Encourage students to ask their classmates questions about the film or text.

Communication

4 **La curiosité** Votre tante Louise veut tout savoir. Elle vous pose beaucoup de questions. Avec un(e) partenaire, répondez aux questions d'une manière logique et échangez les rôles. Answers will vary.

> **MODÈLE** retourner au lycée
>
> **Élève 1:** *Pourquoi est-ce que tu es retourné(e) au lycée?*
> **Élève 2:** *Je suis retourné(e) au lycée parce que j'avais beaucoup de devoirs.*

1. aller à la bibliothèque
2. aller au magasin
3. sortir avec des amis
4. téléphoner à ton cousin
5. rentrer tard
6. aller au café
7. inviter des gens
8. être triste

5 **Une entrevue** Avec un(e) partenaire, posez-vous ces questions à tour de rôle. Answers will vary.

1. Où allais-tu souvent quand tu étais petit(e)?
2. Qu'est-ce que tu aimais lire?
3. Est-ce que tu as vécu dans un autre pays?
4. Comment étais-tu quand tu avais dix ans?
5. Qu'est-ce que ta sœur/ton frère faisait quand tu es rentré(e) hier?
6. Qu'est-ce que tu as fait hier soir?
7. Qu'est-ce que tu as pris au petit-déjeuner ce matin?
8. Qu'est-ce que tu as porté hier?

6 **Je me souviens!** Racontez à votre partenaire un événement spécial de votre vie qui s'est déjà passé. Votre partenaire vous pose des questions pour avoir plus de détails sur cet événement. Vous pouvez (*can*) parler d'un anniversaire, d'une fête familiale, d'un mariage ou d'un concert. Answers will vary.

> **MODÈLE**
>
> **Élève 1:** *Nous avons fait une grande fête d'anniversaire pour ma grand-mère l'année dernière.*
> **Élève 2:** *Quel âge a-t-elle eu?*

7 **Scénario** Par groupes de trois, créez une histoire au passé. La première personne commence par une phrase. La deuxième personne doit (*must*) continuer l'histoire. La troisième personne reprend la suite d'une manière logique. Continuez l'histoire une personne à la fois jusqu'à ce que vous ayez (*until you have*) un petit scénario. Soyez créatif! Ensuite, présentez votre scénario à la classe. Answers will vary.

---

4 **Expansion** Have students redo the activity, reframing the questions in the negative and asking why their partner did not do those activities. Example: **Pourquoi est-ce que tu n'es pas allé(e) à la cantine?**

5 **Suggestion** Ask students some warm-up questions as a model, before they begin the activity in pairs. Examples: **Comment étaient tes profs l'année dernière? Qu'est-ce que tu as fait le week-end dernier?**

5 **Expansion** Have students do questions 1, 2, 3, 6, 7, and 8 as a survey by circulating around the classroom and interviewing at least five classmates. Have them tabulate the responses of each classmate in a chart and see how similar or different the responses were.

5 **Virtual Chat** You can also assign Activity 5 on the Supersite. Students record individual responses that appear in your gradebook.

6 **Suggestions**
- Act out the **modèle** with a volunteer before assigning this activity to pairs.
- Encourage students to use key adverbs to indicate the appropriate verb tenses in the dialogue. Examples: **soudain, tout à coup, autrefois,** etc.

7 **Suggestion** This activity can be done either orally or in writing.

EXPANSION

Extra Practice Divide the class into groups of five. Have each group imagine that they own a household cleaning service and create a radio or TV commercial for it. Have students create a logo (if it is a TV commercial) and a slogan for their business and maybe a jingle to go with their commercial. As a part of their commercial, they should use testimonials from customers who used their service. The customers should talk in detail

EXPANSION

about everything the cleaning service did and their opinion of their work.

Pairs Have students work with a partner to write an e-mail to a friend telling about a horrible weekend they had because they had a lot of homework and complaining about their siblings who kept bothering them.

Révision

Key Standards

1.1

Student Resources
Supersite: Activities
Teacher Resources
Answer Keys; Testing Program:
Lesson Test (Testing Program
Audio MP3s/CD)

1 Expansion Have students add an adjective to each object they ask about. Example: **Je cherche mes nouvelles baskets. Où sont-elles? Je cherche mon pull jaune. Où est-il?**

2 Expansion You can expand this activity by having students do this in groups of three or four where one student plays the role of the detective and the others are possible witnesses who all claim to have seen the suspects. When questioned, the witnesses give the detective conflicting information about the suspects.

3 Suggestion As the students take turns being the interviewer and interviewee, have one of them answer the questions as if he or she had a wonderful vacation, the house was lovely, the weather was great, and everything went well while the other person had a negative experience where nothing was satisfactory.

4 Expansion Expand this activity by showing the class an **avant** and **après** picture of a person or place in a magazine. Divide the students into two groups. Have one group describe the person or place in the before picture. Have the other group describe the after picture using the present tense.

5 Suggestion Remind students that the floors are counted differently in France than in the U.S. The first floor in the U.S. would be the **rez-de-chaussée** in France while the second floor would be the **premier étage.** Ask students if they know other countries which refer to floors in the same way as the French do.

1 Mes affaires Vous cherchez vos affaires (*belongings*). À tour de rôle, demandez de l'aide à votre partenaire. Où étaient-elles pour la dernière fois? Utilisez l'illustration pour les trouver. Answers will vary.

MODÈLE

Élève 1: *Je cherche mes baskets. Où sont-elles?*
Élève 2: *Tu n'as pas cherché sur l'étagère? Elles étaient sur l'étagère.*

baskets	ordinateur
casquette	parapluie
journal	pull
livre	sac à dos

2 Un bon témoin Il y a eu un cambriolage (*burglary*) chez votre voisin M. Cachetout. Le détective vous interroge parce que vous avez vu deux personnes suspectes sortir de la maison du voisin. Avec un(e) partenaire, créez ce dialogue et jouez cette scène devant la classe. Utilisez ces éléments dans votre scène. Answers will vary.

- une description physique des suspects
- leurs attitudes
- leurs vêtements
- ce que (*what*) vous faisiez quand vous avez vu les suspects

MODÈLE

Élève 1: *À quelle heure est-ce que vous avez vu les deux personnes sortir?*
Élève 2: *À dix heures. Elles sont sorties du garage.*

3 Quel séjour! Le magazine *Campagne décoration* a eu un concours et vous avez gagné le prix, une semaine de vacances dans une maison à la campagne. Vous venez de revenir de (*just came back from*) vos vacances et vous donnez une interview à propos de (*about*) votre séjour. Avec un(e) partenaire, posez-vous des questions sur la maison, le temps, les activités dans la région et votre opinion en général. Utilisez l'imparfait et le passé composé. Answers will vary.

MODÈLE

Élève 1: *Combien de pièces y avait-il dans cette maison?*
Élève 2: *Il y avait six pièces dans la maison.*

4 Avant et après Voici la chambre d'Annette avant et après une visite de sa mère. Comment était sa chambre à l'origine? Avec un(e) partenaire, décrivez la pièce et cherchez les différences entre les deux illustrations. Answers will vary.

MODÈLE

Avant, la lampe était à côté de l'ordinateur. Maintenant, elle est à côté du canapé.

5 La maison de mon enfance Décrivez l'appartement ou la maison de votre enfance à un(e) partenaire. Où se trouvait-il/elle? Comment les pièces étaient-elles orientées? Y avait-il une piscine, un sous-sol? Qui vivait avec vous dans cet appartement ou cette maison? Racontez (*Tell*) des anecdotes. Answers will vary.

MODÈLE

Ma maison se trouvait au bord de la mer. C'était une maison à deux étages (floors). Au rez-de-chaussée, il y avait...

ressources

v̂Text

CE
pp. 205–210

vhlcentral.com
Leçon 8A

EXPANSION

Floor Plan Have students work in pairs to draw the floor plan of their childhood home on a sheet of paper or cardboard. Have them cut out the floor plan into pieces by individual rooms. Then have them give these pieces to their partner who will reassemble the floor plan based on their memories of the house.

EXPANSION

Skits Have small groups organize a skit about a birthday or other party that took place recently. Guide them to first make general comments about the party, such as **C'était vraiment amusant!** Then describe a few specific things that were going on, what people were talking about, what they were wearing, and what happened. After the skits are performed, have students vote on their favorite one.

Le Zapping

Century 21 France

La société immobilière° Century 21 France commence ses opérations en 1987. Ses agences franchisées ont bientôt un grand succès, et Century 21 devient° une des principales sociétés immobilières de France. Cette société est connue° pour son marketing innovateur, qui diffuse à la télévision et sur Internet des publicités° d'un humour contemporain et parfois hors norme°. Century 21 France crée, par exemple, une campagne publicitaire pour montrer les risques de ne pas utiliser un agent immobilier quand on vend ou quand on achète une maison.

L'IMMOBILIER, C'EST PLUS SIMPLE AVEC UN AGENT IMMOBILIER

www.century21france.fr

—Alors, d'abord le salon...

—Des pièces, des pièces, des pièces...

Compréhension Répondez aux questions. Some answers will vary.

1. Quelles pièces le propriétaire de l'appartement montre-t-il au couple? Il leur montre le salon, la chambre et les toilettes.
2. Comment est sa description de l'appartement? Elle est trop courte et superficielle.
3. Que ne mentionne-t-il pas du tout? Sample answer: Il ne parle pas du tout de la cuisine.

Discussion Par groupes de trois, répondez aux questions et discutez. Answers will vary.

1. Un agent immobilier est-il vraiment nécessaire pour vendre ou acheter une maison? Pourquoi?
2. Jouez les rôles d'un agent immobilier très compétent qui montre une maison à deux clients. Quelles pièces montrez-vous? Quels détails donnez-vous? Jouez la scène devant la classe.

société immobilière *real estate company* devient *becomes* connue *known* publicités *ads* hors norme *unconventional*

Practice more at **vhlcentral.com.**

cent soixante et onze 171

Pierre Palmade French actor and comedian Pierre Palmade plays the owner of the apartment in this Century 21 France commercial. Born in Bordeaux in 1968, Palmade moved to Paris at 19 to launch his career as a stand-up comic. Soon he was appearing on television with other well-known comics, among them the now popular Michèle Laroque. However, it was his first co-writing experience with comic Muriel Robin that not only forged a strong professional and personal friendship between them, but also led to their collaboration on multiple other projects and helped secure his celebrity status. Although Palmade has starred in a few films, most of his creative output has involved writing material for other actors. Today he is an enormously popular comedian known for playing unpleasant characters.

Section Goals

In this section, students will learn and practice vocabulary related to:
• household chores
• home appliances

Key Standards

1.1, 1.2, 4.1

Student Resources
Cahier de l'élève, pp. 211–213;
Supersite: Activities,
eCahier

Teacher Resources
Answer Keys; Digital Image Bank; Audio Script; Textbook & Audio Activity MP3s/CD; Activity Pack; Testing program: Vocabulary Quiz

Suggestions

• Use the digital image for this page. Point out appliances and talk about what people in the illustration are doing. Examples: **Ça, c'est un four à micro-ondes. Cette fille balaie.**
• Ask students questions about chores using the new vocabulary. Examples: **Préférez-vous balayer ou passer l'aspirateur? Faire la cuisine ou faire la lessive? Mettre la table ou sortir la poubelle?**
• Say vocabulary words and tell students to write or say the opposite terms. Examples: **sale (propre), débarrasser la table (mettre la table),** and **salir les vêtements (faire la lessive).**
• Point out the difference between **un évier** (*kitchen sink*) and **un lavabo** (*bathroom sink*).
• Point out the expressions that use **faire: faire la lessive, faire la poussière, faire le ménage, faire le lit,** and **faire la vaisselle.**
• Tell students that the names of several appliances are compounds of verbs and nouns. Examples: **grille-pain, lave-vaisselle,** and **sèche-linge.** Other appliances use the preposition **à: un fer à repasser, un four à micro-ondes.**

ressources

v Text

CE
pp. 211–213

vhlcentral.com
Leçon 8B

You will learn how to...
▪ talk about chores
▪ talk about appliances

Audio: Vocabulary Practice
My Vocabulary

Les tâches ménagères

Vocabulaire

débarrasser la table	to clear the table
enlever/faire la poussière	to dust
essuyer la vaisselle/ la table	to dry the dishes/ to wipe the table
faire la lessive	to do the laundry
faire le ménage	to do the housework
laver	to wash
mettre la table	to set the table
passer l'aspirateur	to vacuum
ranger	to tidy up; to put away
salir	to soil, to make dirty
propre	clean
sale	dirty
un appareil électrique/ ménager	electrical/household appliance
une cafetière	coffeemaker
une cuisinière	stove
un grille-pain	toaster
un lave-linge	washing machine
un lave-vaisselle	dishwasher
un sèche-linge	clothes dryer
une tâche ménagère	household chore

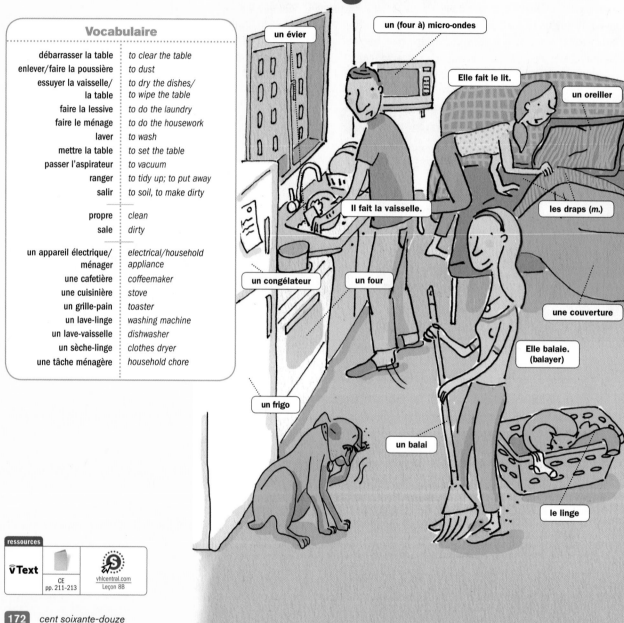

un (four à) micro-ondes

un évier

Elle fait le lit.

un oreiller

Il fait la vaisselle.

les draps (m.)

un congélateur

un four

une couverture

Elle balaie. (balayer)

un frigo

un balai

le linge

TEACHING OPTIONS

Using Games Write vocabulary words for appliances on index cards. On another set of cards, draw or paste pictures to match each term. Tape them face down on the board in random order. Divide the class into two teams. Then play a game of Concentration in which students match words with pictures. When a player has a match, that player's team collects those cards. When all the cards have been matched, the team with the most cards wins.

EXPANSION

Oral Practice Ask students what chores they do in various rooms. Examples: **Dans quelle pièce... faites-vous la vaisselle? faites-vous le lit? mettez-vous la table? passez-vous l'aspirateur? repassez-vous? balayez-vous?**

Mise en pratique

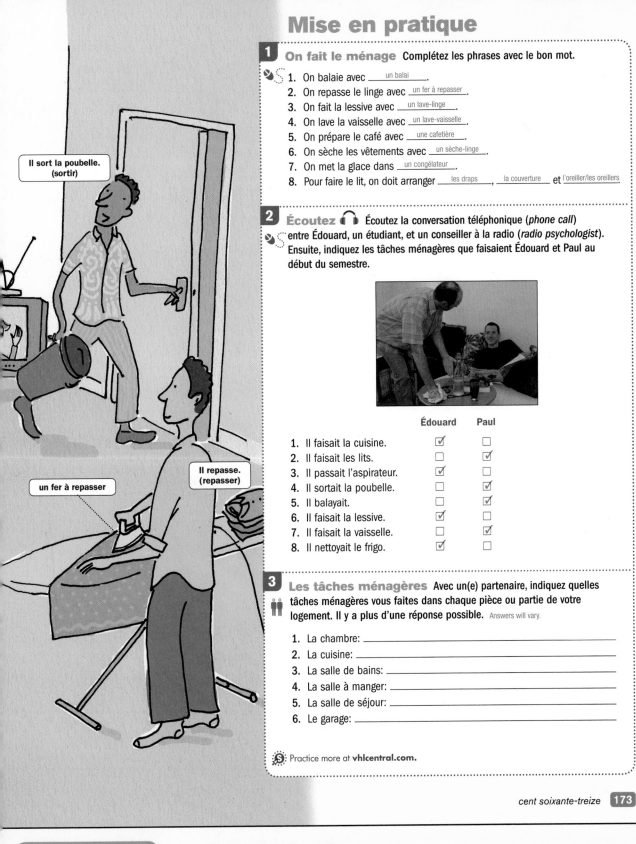

Il sort la poubelle.
(sortir)

un fer à repasser

Il repasse.
(repasser)

1 **On fait le ménage** Complétez les phrases avec le bon mot.

1. On balaie avec _____ un balai _____.
2. On repasse le linge avec _____ un fer à repasser _____.
3. On fait la lessive avec _____ un lave-linge _____.
4. On lave la vaisselle avec _____ un lave-vaisselle _____.
5. On prépare le café avec _____ une cafetière _____.
6. On sèche les vêtements avec _____ un sèche-linge _____.
7. On met la glace dans _____ un congélateur _____.
8. Pour faire le lit, on doit arranger _____ les draps _____, _____ la couverture _____ et _____ l'oreiller/les oreillers _____

2 **Écoutez** 🎧 Écoutez la conversation téléphonique (*phone call*) entre Édouard, un étudiant, et un conseiller à la radio (*radio psychologist*). Ensuite, indiquez les tâches ménagères que faisaient Édouard et Paul au début du semestre.

	Édouard	Paul
1. Il faisait la cuisine.	☑	☐
2. Il faisait les lits.	☐	☑
3. Il passait l'aspirateur.	☑	☐
4. Il sortait la poubelle.	☐	☑
5. Il balayait.	☐	☑
6. Il faisait la lessive.	☑	☐
7. Il faisait la vaisselle.	☐	☑
8. Il nettoyait le frigo.	☑	☐

3 **Les tâches ménagères** Avec un(e) partenaire, indiquez quelles tâches ménagères vous faites dans chaque pièce ou partie de votre logement. Il y a plus d'une réponse possible. Answers will vary.

1. La chambre: _____
2. La cuisine: _____
3. La salle de bains: _____
4. La salle à manger: _____
5. La salle de séjour: _____
6. Le garage: _____

📁 Practice more at **vhlcentral.com**.

1 **Expansion** Reverse this activity and ask students what each appliance is used for. Example: **Que fait-on avec une cuisinière? (On fait la cuisine.)**

2 **Script** J'ai un problème avec Paul, mon colocataire, parce qu'il ne m'aide pas à faire le ménage. Quand le semestre a commencé, il faisait la vaisselle, il sortait la poubelle et il balayait. Parfois, il faisait même mon lit. Paul ne faisait jamais la cuisine parce qu'il détestait ça, c'est moi qui la faisais. Je faisais aussi la lessive, je passais l'aspirateur et je nettoyais le frigo. Maintenant, Paul ne fait jamais son lit et il ne m'aide pas. C'est moi qui fais tout. Qu'est-ce que vous me suggérez de faire? *(On Textbook Audio)*

2 **Suggestion** After listening to the recording, have students identify Paul and Édouard in the photo and describe what they are doing.

2 **Expansion** Have students describe how they share household chores with their siblings or others at home.

3 **Suggestion** Have students get together with another pair and compare their answers.

EXPANSION

Analogies Have students complete these analogies.
1. **passer l'aspirateur : tapis / lave-vaisselle : ____ (verre/tasse)**
2. **chaud : froid / cuisinière : ____ (frigo/congélateur)**
3. **ordinateur : bureau / armoire : ____ (chambre)**
4. **tasse : cuisine / voiture : ____ (garage)**
5. **café : cafetière / pain : ____ (grille-pain)**
6. **mauvais : bon / sale : ____ (propre)**
7. **chaud : four à micro-ondes / froid : ____ (frigo/congélateur)**
8. **arriver : partir / nettoyer : ____ (salir)**
9. **table : verre / lit : ____ (draps/couverture/oreiller(s))**

173

4 Suggestion Distribute the **Feuilles d'activités** from the Activity Pack. Have two volunteers read the **modèle**.

5 Suggestion Have students jot down notes during their interviews. Then ask them to report what they learned about their partner.

5 Expansion Take a quick survey about household chores using items 4 and 6. Tally the results on the board.

5 Virtual Chat You can also assign Activity 5 on the Supersite. Students record individual responses that appear in your gradebook.

6 Suggestion Before beginning this activity, have students brainstorm desirable and undesirable qualities or habits of housemates. Write a list on the board.

7 Suggestion Have students exchange paragraphs for peer editing. Tell them to underline, rather than correct, grammar and spelling errors.

Communication

4 **Qui fait quoi?** Votre professeur va vous donner une feuille d'activités. Dites si vous faites les tâches indiquées en écrivant (*by writing*) **Oui** ou **Non** dans la première colonne. Ensuite, posez des questions à vos camarades de classe; écrivez leur nom dans la deuxième colonne quand ils répondent **Oui**. Présentez vos réponses à la classe. Answers will vary.

MODÈLE

mettre la table pour prendre le petit-déjeuner
Élève 1: *Est-ce que tu mets la table pour prendre le petit-déjeuner?*
Élève 2: *Oui, je mets la table chaque matin./ Non, je ne prends pas de petit-déjeuner, donc je ne mets pas la table.*

Activités	Moi	Mes camarades de classe
1. mettre la table pour prendre le petit-déjeuner		
2. passer l'aspirateur tous les jours		
3. salir ses vêtements quand on mange		
4. nettoyer les toilettes		
5. balayer la cuisine		
6. débarrasser la table après le dîner		
7. souvent enlever la poussière sur son ordinateur		
8. laver les vitres (*windows*)		

5 **Conversez** Interviewez un(e) camarade de classe. Answers will vary.

1. Qui fait la vaisselle chez toi?
2. Qui fait la lessive chez toi?
3. Fais-tu ton lit tous les jours?
4. Quelles tâches ménagères as-tu faites le week-end dernier?
5. Repasses-tu tous tes vêtements?
6. Quelles tâches ménagères détestes-tu faire?
7. Quels appareils électriques as-tu chez toi?
8. Ranges-tu souvent ta chambre?

6 **Au pair** Vous partez dans un pays francophone pour vivre dans une famille pendant un an. Travaillez avec deux camarades de classe et préparez un dialogue dans lequel (*in which*) vous: Answers will vary.

- parlez des tâches ménagères que vous détestez/aimez faire.
- posez des questions sur vos nouvelles responsabilités.
- parlez de vos passions et de vos habitudes.
- décidez si cette famille vous convient.

7 **Écrivez** L'appartement de Martine est un désastre: la cuisine est sale et le reste de l'appartement est encore pire (*worse*). Préparez un paragraphe où vous décrivez les problèmes que vous voyez (*see*) et que vous imaginez. Ensuite, écrivez la liste des tâches que Martine va faire pour tout nettoyer. Answers will vary.

Les sons et les lettres

Audio: Explanation Record & Compare

🎧 Semi-vowels

French has three semi-vowels. Semi-vowels are sounds that are produced in much the same way as vowels, but also have many properties in common with consonants. Semi-vowels are also sometimes referred to as *glides* because they glide from or into the vowel they accompany.

Lucien	**chi**en	**soi**f	**nui**t

The semi-vowel that occurs in the word **bien** is very much like the *y* in the English word *yes*. It is usually spelled with an **i** or a **y** (pronounced *ee*), then glides into the following sound. This semi-vowel sound is also produced when **ll** follows an **i**.

nation	**bala**yer	**bi**en	**bri**llant

The semi-vowel that occurs in the word **soif** is like the *w* in the English words *was* and *we*. It usually begins with **o** or **ou**, then glides into the following vowel.

trois	**froi**d	**oui**	**oui**stiti

The third semi-vowel sound occurs in the word **nuit**. It is spelled with the vowel **u**, as in the French word **tu**, then glides into the following sound.

lui	**suis**	**cru**el	**intellectu**el

Prononcez   Répétez les mots suivants à voix haute.

1. oui
2. taille
3. suisse
4. fille
5. mois
6. cruel
7. minuit
8. jouer
9. cuisine
10. juillet
11. échouer
12. croissant

Articulez   Répétez les phrases suivantes à voix haute.

1. Voici trois poissons noirs.
2. Louis et sa famille sont suisses.
3. Parfois, Grégoire fait de la cuisine chinoise.
4. Aujourd'hui, Matthieu et Damien vont travailler.
5. Françoise a besoin de faire ses devoirs d'histoire.
6. La fille de Monsieur Poirot va conduire pour la première fois.

Dictons   Répétez les dictons à voix haute.

Vouloir, c'est pouvoir.²

La nuit, tous les chats sont gris.¹

¹ All cats are gray in the dark.
² Where there's a will, there's a way.

ressources

vText | CE p. 214 | vhlcentral.com Leçon 8B

cent soixante-quinze **175**

Section Goals
In this section, students will learn about semi-vowels.

Key Standards
4.1

Student Resources
Cahier de l'élève, p. 214;
Supersite: Activities, *eCahier*
Teacher Resources
Answer Keys; Audio Script; Textbook & Audio Activity MP3s/CD

Suggestions
• Model the pronunciation of the example words and have students repeat them after you.
• Ask students to provide more examples of words from this or previous lessons with these sounds. Examples: **balayer, essuyer, évier**
• Dictate five familiar words containing semi-vowels, repeating each one at least two times. Then write them on the board or on a transparency and have students check their spelling.
• Remind students that many vowels combine to make a single sound with no glide. Examples: **ai** and **ou**
• Explain that **un ouistiti** is a marmoset.

EXPANSION

Mini-dictée Use these sentences with semi-vowels for additional practice or dictation. **1. Nous balayons bien la cuisine. 2. J'ai soif, mais tu as froid. 3. Une fois, ma fille a oublié son parapluie. 4. Parfois, mon chien aime jouer entre minuit et trois heures du matin.**

EXPANSION

Tongue-twisters Teach students these French tongue-twisters that contain semi-vowels. **1. Trois petites truites non cuites, trois petites truites crues. 2. Une bête noire se baigne dans une baignoire noire.**

Section Goals

In this section, students will learn functional phrases for talking about who and what they know.

Key Standards

1.2, 2.1, 2.2, 4.1, 4.2

Student Resources
Cahier de l'élève, pp. 215–216; Supersite: Activities, *eCahier*
Teacher Resources
Answer Keys; Video Script & Translation; *Roman-photo* video

Video Recap: Leçon 8A

Before doing this **Roman-photo**, review the previous one with this activity.

1. Qui a fait une visite surprise à Aix-en-Provence? (Pascal)
2. Combien de pièces y a-t-il chez Sandrine? (trois)
3. Comment est l'appartement de Sandrine? (grand et beau)
4. Comment est l'appartement de Rachid et David? (petit, pas de décorations et pas beaucoup de meubles)
5. Que pense Sandrine de la visite surprise de Pascal? (Elle n'est pas contente.)

Video Synopsis

At the café, Amina talks to Sandrine on the phone. Valérie questions Stéphane about his chores and reminds him to do the dishes before he leaves. Amina arrives at Sandrine's. As Sandrine is baking cookies, she breaks a plate. The two girls talk about how annoying Pascal is. Sandrine asks if Amina plans to meet Cyberhomme in person. Amina is not sure that's a good idea.

Suggestions

- Have students predict what the episode will be about based on the title and video stills.
- Have students scan the **Roman-photo** and find sentences related to chores.
- After reading the captions, review students' predictions.

La vie sans Pascal

Video: *Roman-photo*
Record & Compare

PERSONNAGES

Amina

Michèle

Sandrine

Stéphane

Valérie

Au P'tit Bistrot...

MICHÈLE Tout va bien, Amina?
AMINA Oui, ça va, merci. (*Au téléphone*) Allô?... Qu'est-ce qu'il y a, Sandrine?... Non, je ne le savais pas, mais franchement, ça ne me surprend pas... Écoute, j'arrive chez toi dans quinze minutes, d'accord? ... À tout à l'heure!

MICHÈLE Je débarrasse la table?
AMINA Oui, merci, et apporte-moi l'addition, s'il te plaît.
MICHÈLE Tout de suite.

VALÉRIE Tu as fait ton lit, ce matin?
STÉPHANE Oui, maman.
VALÉRIE Est-ce que tu as rangé ta chambre?
STÉPHANE Euh... oui, ce matin, pendant que tu faisais la lessive.

Chez Sandrine...

SANDRINE Salut, Amina! Merci d'être venue.
AMINA Mmmm. Qu'est-ce qui sent si bon?
SANDRINE Il y a des biscuits au chocolat dans le four.
AMINA Oh, est-ce que tu les préparais quand tu m'as téléphoné?

SANDRINE Tu as soif?
AMINA Un peu, oui.
SANDRINE Sers-toi, j'ai des jus de fruits au frigo.

Sandrine casse (breaks) une assiette.

SANDRINE Et zut!
AMINA Ça va, Sandrine?
SANDRINE Oui, oui... passe-moi le balai, s'il te plaît.
AMINA N'oublie pas de balayer sous la cuisinière.
SANDRINE Je sais! Excuse-moi, Amina. Comme je t'ai dit au téléphone, Pascal et moi, c'est fini.

A C T I V I T É S

1 Questions Répondez aux questions par des phrases complètes. *Answers may vary slightly.*

1. Avec qui Amina parle-t-elle au téléphone?
   Elle parle avec Sandrine.
2. Comment va Sandrine aujourd'hui? Pourquoi?
   Elle est de mauvaise humeur parce que c'est fini avec Pascal.
3. Est-ce que Stéphane a fait toutes ses tâches ménagères? *Non, il n'a pas fait toutes ses tâches ménagères.*
4. Qu'est-ce que Sandrine préparait quand elle a téléphoné à Amina? *Elle préparait des biscuits au chocolat.*

5. Amina a faim et a soif. À votre avis (*opinion*), que va-t-elle prendre? *Elle va prendre un jus de fruits et elle va manger des biscuits.*
6. Pourquoi Amina n'est-elle pas fâchée (*angry*) contre Sandrine? *Elle comprend pourquoi Sandrine est un peu triste/de mauvaise humeur.*
7. Pourquoi Amina pense-t-elle que Sandrine aimerait (*would like*) un cyberhomme américain? *Amina pense que Sandrine aime David.*
8. Sandrine pense qu'Amina devrait (*should*) rencontrer Cyberhomme, mais Amina pense que ce n'est pas une bonne idée. À votre avis, qui a raison? *Answers will vary.*

TEACHING OPTIONS

La vie sans Pascal Before playing the video, show students individual photos from the **Roman-photo**, #5 or #8 for example, and have them write their own captions. Ask volunteers to write their captions on the board.

TEACHING OPTIONS

Regarder la vidéo Download and print the videoscript found on the Supersite, then white out words related to household chores and other key vocabulary in order to create a master for a cloze activity. Distribute photocopies and tell students to fill in the missing information as they watch the video episode.

Amina console Sandrine.

VALÉRIE Hmm... et la vaisselle? Tu as fait la vaisselle?
STÉPHANE Non, pas encore, mais...
MICHÈLE Il me faut l'addition pour Amina.
VALÉRIE Stéphane, tu dois faire la vaisselle avant de sortir.
STÉPHANE Bon, ça va, j'y vais!

VALÉRIE Ah, Michèle, il faut sortir les poubelles pour ce soir!
MICHÈLE Oui, comptez sur moi, Madame Forestier.
VALÉRIE Très bien! Moi, je rentre, il est l'heure de préparer le dîner.

SANDRINE Il était tellement pénible. Bref, je suis de mauvaise humeur aujourd'hui.
AMINA Ne t'en fais pas, je comprends.
SANDRINE Toi, tu as de la chance.
AMINA Pourquoi tu dis ça?
SANDRINE Tu as ton Cyberhomme. Tu vas le rencontrer un de ces jours?
AMINA Oh... Je ne sais pas si c'est une bonne idée.

SANDRINE Pourquoi pas?
AMINA Sandrine, il faut être prudent dans la vie, je ne le connais pas vraiment, tu sais.
SANDRINE Comme d'habitude, tu as raison. Mais finalement, un cyberhomme, c'est peut-être mieux qu'un petit ami. Ou alors, un petit ami artistique, charmant et beau garçon.
AMINA Et américain?

Expressions utiles

Talking about what you know

- Je ne le savais pas, mais franchement, ça ne me surprend pas.
  I didn't know that, but frankly, I'm not surprised.
- Je sais!
  I know!
- Je ne sais pas si c'est une bonne idée.
  I don't know if that's a good idea.
- Je ne le connais pas vraiment, tu sais.
  I don't really know him, you know.

Additional vocabulary

- Comptez sur moi.
  Count on me.
- Ne t'en fais pas.
  Don't worry about it.
- J'y vais!
  I'm going there!/I'm on my way!
- pas encore
  not yet
- tu dois
  you must
- être de bonne/mauvaise humeur
  to be in a good/bad mood

2 **Le ménage** Indiquez qui a fait ou va faire ces tâches ménagères: Amina (A), Michèle (M), Sandrine (S), Stéphane (St), Valérie (V) ou personne (*no one*) (P).

1. sortir la poubelle M
2. balayer S & A
3. passer l'aspirateur P
4. faire la vaisselle St
5. faire le lit St
6. débarrasser la table M
7. faire la lessive V
8. ranger sa chambre St

 Practice more at **vhlcentral.com**.

3 **Écrivez** Vous avez gagné un pari (*bet*) avec votre grande sœur et elle doit faire (*must do*) en conséquence toutes les tâches ménagères que vous lui indiquez pendant un mois. Écrivez une liste de dix tâches minimum. Pour chaque tâche, précisez la pièce du logement et combien de fois par semaine elle doit l'exécuter.

ressources

vText

CE pp. 215-216

vhlcentral.com Leçon 8B

A C T I V I T É S

S Reading

CULTURE À LA LOUPE

L'intérieur des logements français

L'intérieur des maisons et des appartements français est assez° différent de celui chez les Américains. Quand on entre dans un immeuble ancien en France, on est dans un hall° où il y a des boîtes aux lettres°. Ensuite, il y a souvent une deuxième porte. Celle-ci conduit à° l'escalier. Il n'y a pas souvent d'ascenseur, mais s'il y en a un°, en général, il est très petit et il est au milieu de° l'escalier. Le hall de l'immeuble peut aussi avoir une porte qui donne sur une cour° ou un jardin, souvent derrière le bâtiment°.

À l'intérieur des logements, les pièces sont en général plus petites que° les pièces américaines, surtout les cuisines et les salles de bains. Dans la cuisine, on trouve tous les appareils ménagers nécessaires (cuisinière, four, four à micro-ondes, frigo), mais ils sont plus petits qu'aux États-Unis. Les lave-vaisselle sont assez rares dans les appartements et plus communs dans les maisons. On a souvent une seule° salle de bains et les toilettes sont en général dans une autre petite pièce séparée°. Les lave-linge sont aussi assez petits et on les trouve, en général, dans la cuisine ou dans la salle de bains. Dans les chambres, en France, il n'y a pas de grands placards et les vêtements sont rangés la plupart° du temps dans une armoire ou une commode. Les fenêtres s'ouvrent° sur l'intérieur, un peu comme des portes, et il est très rare d'avoir des moustiquaires°. Par contre°, il y a presque toujours des volets°.

assez *rather* **hall** *entryway* **boîtes aux lettres** *mailboxes* **conduit à** *leads to* **s'il y en a un** *if there is one* **au milieu de** *in the middle of* **cour** *courtyard* **bâtiment** *building* **plus petites que** *smaller than* **une seule** *only one* **séparée** *separate* **la plupart** *most* **s'ouvrent** *open* **moustiquaires** *screens* **Par contre** *On the other hand* **volets** *shutters*

Combien de logements ont ces appareils ménagers?

Réfrigérateur	96%
Lave-linge	95%
Cuisinière/Four	94%
Four à micro-ondes	72%
Congélateur	55%
Lave-vaisselle	45%
Sèche-linge	27%

SOURCE: GIFAM/Francoscopie

Coup de main

Demonstrative pronouns help to avoid repetition.

	S.	P.
M.	**celui**	**ceux**
F.	**celle**	**celles**

Ce lit est grand, mais le lit de Monique est petit.

Ce lit est grand, mais **celui** de Monique est petit.

A C T I V I T É S

1 Complétez Complétez chaque phrase logiquement.
Answers will vary. Possible answers provided.
1. Dans le hall d'un immeuble français, on trouve...
   des boîtes aux lettres et des portes.
2. Au milieu de l'escalier, dans les vieux immeubles français, ...
   il y a parfois un ascenseur.
3. Derrière les vieux immeubles, on trouve souvent...
   une cour ou un jardin.
4. Les cuisines et les salles de bains françaises sont...
   assez petites.
5. Dans les appartements français, il est assez rare d'avoir...
   un lave-vaisselle.
6. Les logements français ont souvent une seule...
   salle de bains.
7. En France, les toilettes sont souvent...
   dans une pièce séparée.
8. Les Français rangent souvent leurs vêtements dans une armoire parce qu'ils...
   n'ont pas souvent de placards.
9. On trouve souvent le lave-linge...
   dans la cuisine ou dans la salle de bains.
10. En général, les fenêtres dans les logements français...
    ont des volets.

EXPANSION

Cultural Comparison Take a quick class survey to find out how many students have the appliances listed in the chart in their homes. Tally the results on the board and have students calculate the percentages. Example: **Combien de personnes ont un réfrigérateur à la maison?**

Then have students compare the results of this survey with those in the chart. Examples: **Plus d'Américains ont un sèche-linge dans leur maison./Moins de Français ont un sèche-linge dans leur maison.**

Le français quotidien
- Model the pronunciation of each term and have students repeat it.
- Have volunteers create sentences using these words.

Portrait Ask students: **Que désirez-vous faire ou visiter dans le Vieux Carré de La Nouvelle-Orléans?**

Le monde francophone
- Bring in photos from magazines, books, or the Internet of buildings designed by Le Corbusier, as well as images showing **riads** and **kasbahs** in Morocco. Ask students to compare and contrast the buildings and dwellings on the photos and to say which they prefer, and why.
- Ask a few content questions based on the text. Examples: **1. Quel mouvement architectural est-ce que Le Corbusier représente?** (moderne) **2. Qu'est-ce qu'on trouve dans une unité d'habitation?** (des garderies d'enfants, des piscines, des écoles, des commerces, des lieux de rencontre) **3. Où trouve-t-on des riads?** (dans les ruelles de la médina) **4. Quel style d'art représentent les kasbahs marocaines?** (un art berbère et rural)

2 Expansion For additional practice, give students these items. **7. _____ est la fête la plus populaire de La Nouvelle-Orléans.** (Mardi gras) **8. On trouve des kasbahs dans le _____.** (Sud marocain) **9. Au Maroc, _____ est appelé un riad.** (un jardin)

3 Suggestion Encourage students to use terms in **Le français quotidien** in their role-plays.

21ˢᵗ CENTURY SKILLS

Information and Media Literacy: Sur Internet
Students access and critically evaluate information from the Internet.

LE FRANÇAIS QUOTIDIEN

Quelles conditions!

boxon (*m.*)	*shambles*
gourbis (*m.*)	*pigsty*
piaule (*f.*)	*pad, room*
souk (*m.*)	*mess*
impeccable	*spic-and-span*
ringard	*cheesy, old-fashioned*
crécher	*to live*
semer la pagaille	*to make a mess*

LE MONDE FRANCOPHONE

Architecture moderne et ancienne

Architecte suisse

Le Corbusier Originaire du canton de Neuchâtel, il est l'un des principaux représentants du mouvement moderne au début° du 20ᵉ siècle. Il est connu° pour être l'inventeur de l'unité d'habitation°, concept sur les logements collectifs qui rassemblent dans un même lieu garderie° d'enfants, piscine, écoles, commerces et lieux de rencontre. Il est naturalisé français en 1930.

Architecture du Maroc

Les riads, mot° qui à l'origine signifie «jardins» en arabe, sont de superbes habitations anciennes° construites pour préserver la fraîcheur°. On les trouve au cœur° des ruelles° de la médina (quartier historique).
Les kasbahs, bâtisses° de terre° dans le Sud marocain, sont des exemples d'un art typiquement berbère et rural.

début *beginning* **connu** *known* **unité d'habitation** *housing unit* **garderie** *nursery school* **mot** *word* **anciennes** *old* **fraîcheur** *coolness* **cœur** *heart* **ruelles** *alleyways* **bâtisses** *dwellings* **terre** *earth*

PORTRAIT

Le Vieux Carré

Le Vieux Carré, aussi appelé le Quartier Français, est le centre historique de La Nouvelle-Orléans. Il a conservé le souvenir° des époques° coloniales du 18ᵉ siècle°. La culture française est toujours présente avec des noms de rues° français comme *Toulouse* ou *Chartres*, qui sont de grandes villes françaises. Cependant° le style architectural n'est pas français; il est espagnol. Les maisons avec les beaux balcons sont l'héritage de l'occupation espagnole de la deuxième moitié° du 18ᵉ siècle.

Mardi gras, en février, est la fête la plus populaire de La Nouvelle-Orléans, qui est aussi très connue° pour son festival de jazz, en avril.

souvenir *memory* **époques** *times* **siècle** *century* **noms de rues** *street names* **Cependant** *However* **moitié** *half* **connue** *known*

Sur Internet

Qu'est-ce qu'on peut voir (*see*) au musée des Arts décoratifs de Paris?

Go to **vhlcentral.com** to find more information related to this **Culture** section.

2 Complétez Complétez les phrases.

1. Le Vieux Carré est aussi appelé <u>le Quartier Français</u>.
2. <u>Toulouse</u> et <u>Chartres</u> sont deux noms de rues français à La Nouvelle-Orléans.
3. Le style architectural du Vieux Carré n'est pas français mais <u>espagnol</u>.
4. La Nouvelle-Orléans est connue pour son festival de <u>jazz</u>.
5. Le Corbusier est l'inventeur de <u>l'unité d'habitation</u>.
6. On trouve les riads parmi (*among*) les ruelles de <u>la médina</u>.

3 C'est le souk!

 Votre oncle favori vient vous rendre visite et votre petit frère a semé la pagaille dans votre chambre. C'est le souk! Avec un(e) partenaire, inventez une conversation où vous lui donnez des ordres pour nettoyer avant l'arrivée de votre oncle. Jouez la scène devant la classe.

ressources

v Text

vhlcentral.com
Leçon 8B

S Practice more at **vhlcentral.com.**

A C T I V I T É S

EXPANSION

Le Vieux Carré Share the following information about two important historical sites in New Orleans with students. **Le Cabildo** was completed in 1799. The ceremonies finalizing the Louisiana Purchase were held there in 1803. Since 1903, it has been the Louisiana State Museum. The museum contains a number of objects from Napoleonic history.

The present-day **cathédrale Saint-Louis** was completed in 1851. Made of bricks, the cathedral is dedicated to King Louis IX of France (1214–1270), who was canonized in 1297. His life is depicted in ten of the stained glass windows.

Section Goals

In this section, students will learn:

- to compare and contrast the uses and meanings of the **passé composé** and the **imparfait**
- common expressions indicating past tenses

Key Standards

4.1, 5.1

> **Student Resources**
> *Cahier de l'élève*, pp. 217–219;
> Supersite: Activities,
> *eCahier*, Grammar Tutorials
> **Teacher Resources**
> Answer Keys; Audio Script;
> Audio Activity MP3s/CD;
> Testing program: Grammar Quiz

Suggestions

- To practice contrasting the **passé composé** vs. the **imparfait**, first do a quick review of each tense and its uses. Then write the following sentences on the board: **1. Je vais au cinéma avec un ami. 2. Nous prenons le bus. 3. Après le film, nous mangeons au restaurant. 4. Ensuite, nous faisons une promenade. 5. Nous rentrons tard à la maison.** Have students change the sentences above first to the **passé composé** and then to the **imparfait.** Have them add adverbs or expressions they've learned that signal a past tense.
- As you review the **passé composé** vs. the **imparfait,** have students focus on the pronunciation of these tenses since it is important to distinguish between the respective sounds. You might have them practice the following sentences: **J'ai travaillé. / Je travaillais. Il parlait. / Il a parlé. Tu allais. / Tu es allé(e). Elle chantait. / Elle a chanté.** You could also add the present tense of these sentences and have them practice pronouncing all three tenses.

8B.1

The *passé composé* vs. the *imparfait* (Summary)

 Presentation Tutorial

Point de départ You have learned the uses of the **passé composé** versus the **imparfait** to talk about things and events in the past. These tenses are distinct and are not used in the same way. Remember always to keep the context and the message you wish to convey in mind while deciding which tense to use.

Uses of the *passé composé*

To talk about events that happened at a specific moment or that took place for a precise duration in the past	Je **suis allé** au concert vendredi. *I went to the concert on Friday.*
To relate a sequence of events or tell about isolated actions that started and ended in the past and are completed from the speaker's viewpoint	Tu **as fait** le lit, tu **as sorti** la poubelle et tu **as mis** la table. *You made the bed, took out the trash, and set the table.*
To indicate a change in the mental, emotional or physical state of a person	Tout à coup, elle **a eu** soif. *Suddenly, she got thirsty.*
To narrate the facts in a story	Nous **avons passé** une journée fantastique à la plage. *We spent a fantastic day at the beach.*
To describe actions that move the plot forward in a narration	Soudain, Thomas **a trouvé** la réponse à leur question. *Suddenly, Thomas found the answer to their question.*

Uses of the *imparfait*

To talk about actions that lasted for an unspecified duration of time	Elle **dormait** tranquillement. *She was sleeping peacefully.*
To relate events that occurred habitually or repeatedly in the past or tell how things used to be	Nous **faisions** une promenade au parc tous les dimanches matins. *We used to walk in the park every Sunday morning.*
To describe an ongoing mental, emotional or physical state of a person	Elle **avait** toujours soif. *She was always thirsty.*
To describe the background scene and setting of a story	Il **faisait** beau et le ciel **était** bleu. *The weather was nice and the sky was blue.*
To describe people and things	C'**était** une photo d'une jolie fille. *It was a photograph of a pretty girl.*

> **EXPANSION**
>
> **Oral Practice** Have students recall a misunderstanding or a dispute they've had with a friend or family member in the past. Ask them to describe what happened using the **passé composé** and the **imparfait.** Example: **Mon ami et moi avions rendez-vous au cinéma pour voir un film. Il faisait mauvais et il pleuvait. J'ai attendu mon ami pendant une heure devant le cinéma, mais il n'est pas venu!**

> **TEACHING OPTIONS**
>
> **Video** Divide the class into small groups. Show the video of the **Roman-photo** again and have the groups write a summary of the episode, using the **passé composé** and the **imparfait.** Have the groups present their summaries and have the class vote for the best one.

- The **imparfait** and the **passé composé** are sometimes used in the same sentence where the former is used to say what was going on when something else happened. To say what happened that interrupted the ongoing activity, use the **passé composé**.

Je **travaillais** dans le jardin
quand mon amie **a téléphoné**.
I was working in the garden
when my friend called.

Ils **faisaient** de la planche à
voile quand j'**ai pris** cette photo.
They were wind-surfing when
I took this photo.

- A cause and effect relationship is sometimes expressed by using the **passé composé** and the **imparfait** in the same sentence.

Marie **avait** envie de faire du
shopping, alors elle **est allée**
au centre commercial.
Marie felt like shopping so she
went to the mall.

Mon ami **a balayé** la maison
parce qu'elle **était** sale.
My friend swept the house
because it was dirty.

- The verb **avoir** has a different meaning when used in the **imparfait** versus the **passé composé**.

J'**avais** sommeil.
I was sleepy.

J'**ai eu** sommeil.
I got sleepy.

- Certain expressions like **soudain, tout à coup, autrefois, une fois, d'habitude, souvent, toujours,** etc. serve as clues to signal a particular past tense.

Autrefois, mes parents et moi
vivions en Belgique.
In the past, my parents and I
used to live in Belgium.

Un jour, j'**ai rencontré** Nathalie
au cinéma.
One day, I met Nathalie
at the movies.

D'habitude, j'**allais** au centre-ville
avec mes amis.
Usually, I used to go downtown
with my friends.

J'**ai fait** du cheval deux fois
dans ma vie.
I have gone horseback riding
two times in my life.

| **Essayez!** | **Écrivez la forme correcte du verbe au passé.** |

1. D'habitude, vous <u>*mangiez*</u> (manger) dans la salle à manger.
2. Quand mes copines étaient petites, elles <u>jouaient</u> (jouer) de la guitare.
3. Tout à coup, ma sœur <u>est arrivée</u> (arriver) à l'école.
4. Ce matin, Matthieu <u>a repassé</u> (repasser) le linge.
5. Ils <u>ont vécu</u> (vivre) en France pendant un mois.
6. Les chats <u>dormaient</u> (dormir) toujours sur le tapis.
7. Je/J' <u>ai loué</u> (louer) un studio en ville pendant trois semaines.
8. Vous <u>laviez</u> (laver) toujours les rideaux?

Essayez! Give the following items as additional practice.
**9. La semaine dernière, mon ami et moi _____ (faire) de la planche à voile. (avons fait)
10. Avant, ils _____ (répondre) toujours aux questions du prof. (répondaient) 11. Papa _____ (acheter) un nouveau frigo hier. (a acheté) 12. D'habitude, nous _____ (mettre) nos vêtements dans le placard. (mettions)**

TEACHING OPTIONS

Interview Have students interview each other about the first time they met their best friends, using the **passé composé** and the **imparfait**. Encourage them to include time expressions such as those presented on this page.

181

1 & **2 Expansions** Have volunteers explain why they chose the **passé composé** or the **imparfait** in each case. Ask them to point out any words or expressions that triggered one tense or the other.

3 Expansion Have students come up with a short story for each illustration.

Mise en pratique

1 **À l'étranger!** Racontez (*Tell*) cette histoire au passé en choisissant (*by choosing*) l'imparfait ou le passé composé.

Lise (1) _____avait_____ (avoir) vraiment envie de travailler en France après l'université. Alors, un jour, elle (2) __a quitté__ (quitter) son petit village près de Bruxelles et elle (3) ___a pris___ (prendre) le train pour Paris. Elle (4) __est arrivée__ (arriver) à Paris. Elle (5) __a trouvé__ (trouver) une chambre dans un petit hôtel. Pendant six mois, elle (6) __a balayé__ (balayer) le couloir et (7) __a nettoyé__ (nettoyer) les chambres. Au bout de (*After*) six mois, elle (8) __a pris__ (prendre) des cours au Cordon Bleu et maintenant, elle est chef dans un petit restaurant!

2 **Explique-moi!** Dites pourquoi vous et vos amis n'avez pas fait les choses que vous deviez faire. Faites des phrases complètes en disant ce que (*by saying what*) vous n'avez pas fait au passé composé et en donnant (*by giving*) la raison à l'imparfait.

> **MODÈLE**
>
> Élise / étudier / avoir sommeil
> Élise n'a pas étudié parce qu'elle avait sommeil.

1. Carla / faire une promenade / pleuvoir Carla n'a pas fait de promenade parce qu'il pleuvait.
2. Alexandre et Mia / ranger la chambre / regarder la télé Alexandre et Mia n'ont pas rangé la chambre parce qu'ils regardaient la télé.
3. nous / répondre au prof / ne pas faire attention Nous n'avons pas répondu au prof parce que nous ne faisions pas attention.
4. Jade et Noémie / venir au café / nettoyer la maison Jade et Noémie ne sont pas venues au café parce qu'elles nettoyaient la maison.
5. Léo / mettre un short / aller à un entretien (*interview*) Léo n'a pas mis son short parce qu'il allait à un entretien.
6. je / manger au restaurant / ne pas avoir d'argent Je n'ai pas mangé au restaurant parce que je n'avais pas d'argent.
7. Amadou / promener son chien / pleuvoir Amadou n'a pas promené son chien parce qu'il pleuvait.
8. Marc et toi, vous / aller à la piscine / laver la voiture Marc et toi, vous n'êtes pas allés à la piscine parce que vous laviez la voiture.
9. on / téléphoner à nos amis / ne pas avoir de portable On n'a pas téléphoné à nos amis parce qu'on n'avait pas de portable.
10. toi, tu / faire du surf / avoir peur Toi, tu n'as pas fait de surf parce que tu avais peur.

3 **Qu'est-ce qu'ils faisaient quand...?** Que faisaient ces personnes au moment de l'interruption?

> **MODÈLE**
>
> Papa débarrassait la table quand mon frère est arrivé.

débarrasser / arriver

1. sortir / dire
Ils sortaient la poubelle quand le voisin a dit bonjour.

2. passer / tomber
Michel passait l'aspirateur quand l'enfant est tombé.

3. faire / partir
Sa mère faisait la lessive quand Anne est partie.

4. laver / commencer
Ils lavaient la voiture quand il a commencé à pleuvoir.

TEACHING OPTIONS

Extra Practice Have students work in small groups to invent and write a story about a Francophone student who decided to move to your area after he or she finished college in France. Tell them to use Activity 1 as a model and to include as much detail as possible in their stories.

Communication

4 **Situations** Avec un(e) partenaire, complétez ces phrases avec le passé composé ou l'imparfait. Comparez vos réponses, puis présentez-les à la classe.

Answers will vary.

1. Autrefois, ma famille...
2. Je faisais une promenade quand...
3. Mon/Ma meilleur(e) ami(e)... tous les jours.
4. D'habitude, au petit-déjeuner, je...
5. Une fois, mon copain et moi...
6. Hier, je rentrais des cours quand...
7. Parfois, ma mère...
8. Hier, il faisait mauvais. Soudain, ...
9. Souvent, quand j'étais petit(e)...
10. La semaine dernière, en cours de français, nous...

5 **À votre tour** Demandez à un(e) partenaire de compléter ces phrases avec le passé composé ou l'imparfait. Ensuite, présentez ses phrases à la classe.

Answers will vary.

1. Mes profs l'année dernière...
2. Quand je suis rentré(e) chez moi hier, ...
3. Le week-end dernier, ...
4. Quand j'ai fait la connaissance de mon/ma meilleur(e) ami(e), ...
5. La première fois que mon/ma meilleur(e) ami(e) et moi sommes sorti(e)s, ...
6. Quand j'avais dix ans, ...
7. Le jour où la tragédie du 11 septembre est arrivée, ...
8. Pendant les vacances d'été, ...
9. Quand M. Barack Obama est devenu président des États-Unis, ...
10. Hier soir, je regardais la télé quand...
11. Quand mes parents étaient plus jeunes, ...
12. La dernière fois que j'ai fait un voyage, ...

6 **Je me souviens!** Racontez à votre partenaire un événement spécial de votre vie qui s'est déjà passé. Votre partenaire vous pose des questions pour avoir plus de détails sur cet événement. Vous pouvez (can) parler d'un anniversaire, d'une fête familiale, d'un mariage ou d'un concert. Utilisez le passé composé et l'imparfait. Answers will vary.

MODÈLE

Élève 1: Nous avons fait une grande fête d'anniversaire pour ma grand-mère l'année dernière.
Élève 2: Quel âge a-t-elle eu?
Élève 1: Elle a eu soixante ans.
Élève 2: Vous avez fait la fête chez toi?
Élève 1: Nous avons fait la fête dans le jardin parce qu'il faisait très beau.

4 **Expansion** Have students choose one of these sentences to begin telling a short story in the past. Encourage students to use both the **passé composé** and the **imparfait**.

4 **Partner Chat** You can also assign Activity 4 on the Supersite. Students work in pairs to record the activity online. The pair's recorded conversation will appear in your gradebook.

5 **Expansion** You could also have students do this activity as a survey by turning the phrases into questions and adding additional questions in the past. Examples: **Comment étaient tes profs l'année dernière? Que faisait ta mère quand tu es rentré(e) chez toi hier? Qu'est-ce que tu as fait le week-end dernier?**

TEACHING OPTIONS

Act it out Act out the **modèle** with a volunteer before assigning Activity 6 to pairs. Encourage students to use key adverbs to indicate the appropriate verb tenses in the dialogue. Examples: **soudain, tout à coup, autrefois,** etc.

PRE-AP®

Interpersonal Writing Have students work with a partner to write an e-mail to a friend telling about the horrible weekend they had because they had to do a lot of chores and complaining about their siblings who did not do their share of the work.

8B.2

The verbs *savoir* and *connaître*

 Presentation Grammar Tutorial

Point de départ Savoir and **connaître** both mean *to know*. The choice of verb in French depends on the context in which it is being used.

N'oublie pas de balayer sous la cuisinière.
Je sais!

Je ne le connais pas vraiment, tu sais.

savoir	
je	sais
tu	sais
il/elle/on	sait
nous	savons
vous	savez
ils/elles	savent

Boîte à outils

The verb **connaître** is never followed by an infinitive. Always use the construction **savoir** + [*infinitive*] to mean *to know how to do something*.

• **Savoir** means *to know a fact* or *to know how to do something*.

Je **sais** tout sur lui.
I know everything about him.

Elle **sait** jouer du piano
She knows how to play piano.

Ils ne **savent** pas qu'il est parti.
They don't know that he left.

Savez-vous faire la cuisine?
Do you know how to cook?

• The verb **savoir** is often followed by **que, qui, où, quand, comment,** or **pourquoi**.

Nous **savons que** tu arrives mardi.
We know that you're arriving on Tuesday.

Je **sais où** je vais.
I know where I am going.

Vous **savez quand** on part?
Do you know when we're leaving?

Ils **savent comment** aller à la gare.
They know how to get to the train station.

Tu **sais qui** a fait la lessive?
Do you know who did the laundry?

Elle **comprend pourquoi** tu es en colère.
She understands why you're angry.

• The past participle of **savoir** is **su**. When used in the **passé composé**, **savoir** means *found out*.

J'**ai su** qu'il y avait une fête.
I found out there was a party.

Je **savais** qu'il y avait une fête.
I knew there was a party.

TEACHING OPTIONS

Large Groups Divide the class into two teams (**savoir** and **connaître**), and have them line up. Indicate the first member of each team and call out a sentence in English that uses to know (Ex: *We know the answer*.). The team member whose verb corresponds to the English sentence has to step forward and provide the French translation.

EXPANSION

Extra Practice Prepare dehydrated sentences such as these: **tu / savoir / que tu / ne pas connaître / mon petit ami; nous / connaître / les nouveaux élèves**. Write them on the board one at a time and have students create complete sentences using the fragments.

connaître	
je	connais
tu	connais
il/elle/on	connaît
nous	connaissons
vous	connaissez
ils/elles	connaissent

● **Connaître** means *to know* or *be familiar with a person, place, or thing.*

Vous **connaissez** le prof.
You know the teacher.

Nous **connaissons** bien Paris.
We know Paris well.

Tu **connais** ce quartier?
Do you know that neighborhood?

Je ne **connais** pas ce magasin.
I don't know this store.

Avec les sofas par **Côte-Nord**, vous connaissez le confort et la joie d'être chez vous.

● The past participle of **connaître** is **connu**. **Connaître** in the **passé composé** means *met (for the first time).*

Nous **avons connu** son père.
We met his father.

Nous **connaissions** son père.
We knew his father.

● **Reconnaître** means *to recognize*. It follows the same conjugation patterns as **connaître**.

Mes anciens profs me
  reconnaissent encore.
*My former teachers still
  recognize me.*

Nous **avons reconnu** vos enfants
  à la soirée.
*We recognized your children
  at the party.*

Essayez!   Complétez les phrases avec les formes correctes des verbes **savoir** et **connaître**.

1. Je ___connais___ de bons restaurants.
2. Ils ne ___savent___ pas parler allemand.
3. Vous ___savez___ faire du cheval?
4. Tu ___connais___ une bonne coiffeuse?
5. Nous ne ___connaissons___ pas Jacques.
6. Claudette ___sait___ jouer aux échecs.
7. Laure et Béatrice ___connaissent___ -elles tes cousins?
8. Nous ___savons___ que vous n'aimez pas faire le ménage.

cent quatre-vingt-cinq **185**

Suggestions
● Review the changes in meaning when **savoir** and **connaître** are used in the **imparfait** and **passé composé**.
● Point out that **connaître** can also be used with feelings or emotions, as in the advertisement on this page.

Essayez! Have students change the sentences to the past tense. Examples: **1. Je connaissais de bons restaurants. 2. Ils ne savaient pas parler allemand.**

EXPANSION

Video Replay the video episode, having students focus on forms of **savoir** and **connaître**, as well as the use of the **imparfait** and the **passé composé**. Tell them to note when each one is used. Afterward, ask the class to describe the conversations that took place and what tenses were used. Have students identify the reason for the tense choice (a series of past actions, ongoing actions in the past, etc.).

EXPANSION

Extra Practice Ask individual students questions using **savoir** and **connaître** that are most likely not true for them. When students give a negative answer, they should indicate someone else who would answer in the affirmative. Example: ____, **connaissez-vous le président des États-Unis? (Non, je ne le connais pas, mais le Premier ministre du Canada le connaît.)**

185

1 Expansion Ask individual students questions about what they know how to do. Example: **Savez-vous parler espagnol? (Non, je ne sais pas parler espagnol.)**

2 Suggestions
- Students might be inclined to use **savoir** for item 5. Explain that in French, one knows a phone number in the sense of being familiar with it, rather than in the sense of knowing a fact, as in English.
- Explain that **raï** (item 6) is a musical genre popular among young people that blends Algerian and Western influences.

2 Expansion Have students work in pairs to write three more sentences similar to those in the activity. Call on volunteers to present their sentences to the class.

Mise en pratique

1 **Les passe-temps** Qu'est-ce que ces personnes savent faire?

Patrick

> **MODÈLE**
>
> *Patrick sait skier.*

1. Halima — Halima sait patiner.
2. vous — Vous savez nager.
3. tu — Tu sais jouer au tennis.
4. nous — Nous savons jouer au foot.

2 **Dialogues** Complétez les conversations avec le présent du verbe **savoir** ou **connaître**.

1. Marie _____sait_____ faire la cuisine?
   Oui, mais elle ne _____connaît_____ pas beaucoup de recettes (*recipes*).
2. Vous _____connaissez_____ les parents de François?
   Non, je _____connais_____ seulement sa cousine.
3. Tes enfants _____savent_____ nager dans la mer.
   Et mon fils aîné _____connaît_____ toutes les espèces de poissons.
4. Je _____sais_____ que le train arrive à trois heures.
   Est-ce que tu _____sais_____ à quelle heure il part?
5. Vous _____connaissez_____ le numéro de téléphone de Dorian?
   Oui, je le _____connais_____.
6. Nous _____connaissons_____ bien la musique arabe.
   Ah, bon? Tu _____sais_____ qu'il y a un concert de raï en ville demain?

3 **Assemblez** Assemblez les éléments des colonnes pour construire des phrases. Answers will vary.

> **MODÈLE** *Je sais parler une langue étrangère.*

A	B	C
Gérard Depardieu	(ne pas) connaître	des célébrités faire la cuisine
Oprah Winfrey	(ne pas) savoir	jouer dans un film
je		Julia Roberts
ton/ta camarade de classe		parler une langue étrangère

TEACHING OPTIONS

Large Group Ask students to write down six things they know how to do. Have them circulate around the room to find out who else knows how to do those things, jotting down the names of those who answer **oui**. Have students report back to the class. Ex: **Jamie et moi nous savons jouer du piano.**

EXPANSION

Extra Practice Ask students questions about what certain celebrities know how to do or whom they know. Examples: **Est-ce que Brad Pitt connaît Angelina Jolie? (Oui, il la connaît.) Est-ce que Jennifer Lopez sait parler espagnol? (Oui, elle sait le parler.)**

Communication

4 **Enquête** Votre professeur va vous donner une feuille d'activités. Circulez dans la classe pour trouver au moins une personne différente qui répond oui à chaque question. *Answers will vary.*

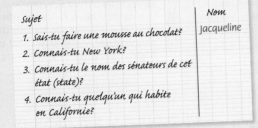

Sujet	Nom
1. Sais-tu faire une mousse au chocolat?	Jacqueline
2. Connais-tu New York?
3. Connais-tu le nom des sénateurs de cet état (state)?
4. Connais-tu quelqu'un qui habite en Californie?

5 **Je sais faire** Michelle et Maryse étudient avec un(e) nouvel/nouvelle ami(e). Par groupes de trois, jouez les rôles. Chacun(e) (*Each one*) essaie de montrer toutes les choses qu'il/elle sait faire. *Answers will vary.*

MODÈLE

Élève 1: Alors, tu sais faire la vaisselle?
Élève 2: Je sais faire la vaisselle, et je sais faire la cuisine aussi.
Élève 3: Moi, je sais faire la cuisine, mais je ne sais pas passer l'aspirateur.

6 **Questions** À tour de rôle, posez ces questions à un(e) partenaire. Ensuite, présentez vos réponses à la classe. *Answers will vary.*

1. Quel bon restaurant connais-tu près d'ici? Est-ce que tu y (*there*) manges souvent?
2. Dans ta famille, qui sait chanter le mieux (*best*)?
3. Connais-tu l'Europe? Quelles villes connais-tu?
4. Reconnais-tu toutes les chansons (*songs*) que tu entends à la radio?
5. Tes parents savent-ils utiliser Internet? Le font-ils bien?
6. Connais-tu un(e) acteur/actrice célèbre? Une autre personne célèbre?
7. Ton/Ta meilleur(e) (*best*) ami(e) sait-il/elle écouter quand tu lui racontes (*tell*) tes problèmes?
8. Connais-tu la date d'anniversaire de tous les membres de ta famille et de tous tes amis? Donne des exemples.
9. Connais-tu des films français? Lesquels (*Which ones*)? Les aimes-tu? Pourquoi?
10. Sais-tu parler une langue étrangère? Laquelle? (*Which one*)?

cent quatre-vingt-sept **187**

4 Suggestions
- Distribute the **Feuilles d'activités** found in the Activity Pack on the Supersite.
- Have students read through the list of questions using **savoir** and **connaître** for comprehension before completing the activity.

5 Suggestion Ask for three volunteers to act out the **modèle** for the class.

6 Expansion Ask these questions of the whole class. Ask students who answer in the affirmative for additional information. Examples: **Qui sait chanter? Chantez-vous bien? Chantiez-vous à l'école quand vous étiez petit(e)?**

6 Virtual Chat You can also assign Activity 6 on the Supersite. Students record individual responses that appear in your gradebook.

EXPANSION

Extra Practice Have students write down three things they know how to do well (using **savoir bien** + [*infinitive*]). Collect the papers, and then read the sentences. Tell students that they must not identify themselves when they hear their sentence. The rest of the class takes turns trying to guess who wrote each sentence. Repeat this activity with **connaître**.

EXPANSION

Pairs Ask students to write brief, but creative, paragraphs in which they use **savoir** and **connaître**. Then have them exchange their papers with a partner. Tell students to help each other, through peer editing, to make the paragraphs as error-free as possible. Collect the papers for grading.

Révision

Key Standards
1.1

Student Resources
Supersite: Activities,
eCahier
Teacher Resources
Answer Keys; Activity Pack;
Testing Program: Lesson Test
(Testing Program Audio
MP3s/CD)

1 Expansion Tell students to imagine they are hosting their own dinner party. Have them make a list of the tasks they completed and another one of the tasks left to complete before the guests arrive. Have them use the **passé composé**.

2 Suggestion Have two students act out the **modèle** before distributing the **Feuilles d'activités** from the Activity Pack.

3 Suggestion Review the **imparfait** with the verb phrases listed in this activity. Ask volunteers to supply the correct verb forms for the subjects you suggest. Example: **repasser le linge: je (je repassais le linge)**.

4 Suggestion Have students bring photos from magazines or newspapers to supplement this activity. Or, students may prefer to sketch drawings of events.

5 Expansion Ask students to imagine that they are writing an e-mail to a friend expressing what they have learned and whom they have met since starting the school year. Instruct them to use sentence constructions similar to those presented in this activity.

5 Partner Chat You can also assign Activity 5 on the Supersite. Students work in pairs to record the activity online. The pair's recorded conversation will appear in your gradebook.

6 Suggestion Divide the class into pairs and distribute the Info Gap Handouts from the Activity Pack. Give students ten minutes to complete the activity.

---

1 Un grand dîner Émilie et son mari Vincent ont invité des amis à dîner ce soir. Qu'ont-ils fait cet après-midi pour préparer la soirée? Que vont-ils faire ce soir après le départ des invités? Conversez avec un(e) partenaire. Answers will vary.

> **MODÈLE**
>
> **Élève 1:** *Cet après-midi, Émilie et Vincent ont mis la table.*
>
> **Élève 2:** *Ce soir, ils vont faire la vaisselle.*

2 Mes connaissances Votre professeur va vous donner une feuille d'activités. Interviewez vos camarades. Pour chaque activité, trouvez un(e) camarade différent(e) qui réponde affirmativement. Answers will vary.

> **Élève 1:** *Connais-tu une personne qui aime faire le ménage?*
>
> **Élève 2:** *Oui, autrefois, mon père aimait bien faire le ménage.*

Activités	Noms
1. ne pas souvent faire la vaisselle	
2. aimer faire le ménage	Farid
3. dormir avec une couverture en été	
4. faire son lit tous les jours	
5. rarement repasser ses vêtements	

3 Qui faisait le ménage? Par groupes de trois, interviewez vos camarades. Qui faisait le ménage à la maison quand ils étaient plus petits? Préparez des questions avec ces expressions et comparez vos réponses. Answers will vary.

balayer	mettre et débarrasser la table
faire la lessive	passer l'aspirateur
faire le lit	ranger
faire la vaisselle	repasser le linge

---

4 Soudain! Tout était calme quand soudain… Avec un(e) partenaire, choisissez l'une des deux photos et écrivez un texte de dix phrases. Faites cinq phrases pour décrire la photo, et cinq autres pour raconter (*to tell*) un événement qui s'est passé soudainement (*that suddenly happened*). Employez des adverbes et soyez imaginatifs. Answers will vary.

5 J'ai appris… Qu'avez-vous appris ou qui connaissez-vous depuis que (*since*) vous êtes dans ce cours de français? Avec un(e) partenaire, faites une liste de cinq choses et de cinq personnes. À chaque fois, utilisez un imparfait et un présent dans vos explications. Answers will vary.

> **MODÈLE**
>
> **Élève 1:** *Avant, je ne savais pas comment dire bonjour en français, et puis j'ai commencé ce cours, et maintenant, je sais le dire.*
>
> **Élève 2:** *Avant, je ne connaissais pas tous les pays francophones, et maintenant, je les connais.*

6 Élise fait sa lessive Votre professeur va vous donner, à vous et à votre partenaire, une feuille avec des dessins représentant (*representing*) Élise et sa journée d'hier. Décrivez sa journée. Attention! Ne regardez pas la feuille de votre partenaire. Answers will vary.

> **MODÈLE**
>
> **Élève 1:** *Hier matin, Élise avait besoin de faire sa lessive.*
>
> **Élève 2:** *Mais, elle…*

ressources

v̂Text — CE pp. 217–222 — vhlcentral.com Leçon 8B

TEACHING OPTIONS

Assigning Verbs Divide the class into three groups. One group is **savoir** (present tense with infinitive, **imparfait**), the second group is **connaître** (present tense, **imparfait**), and the third group is **savoir** and **connaître** (**passé composé**). Have each group brainstorm a list of phrases using their assigned verbs and tenses. A volunteer from each group should present their results to the class.

Example: Group 1 – **Je sais chanter. (présent) Ma mère savait parler français. (imparfait)** Group 2 – **Nous connaissons les nouveaux élèves. (présent) Il connaissait le président des États-Unis. (imparfait)** Group 3 – **J'ai su que l'examen de français était très difficile. (passé composé) Mon père a connu mon meilleur ami. (passé composé)**

À l'écoute

 Audio: Activities

Using visual cues

Visual cues like illustrations and headings provide useful clues about what you will hear.

To practice this strategy, you will listen to a passage related to the image. Jot down the clues the image gives you as you listen. *Answers will vary.*

Préparation

Qu'est-ce qu'il y a sur les trois photos à droite? À votre avis, quel va être le sujet de la conversation entre M. Duchemin et Mme Lopez?

À vous d'écouter

Écoutez la conversation. M. Duchemin va proposer trois logements à Mme Lopez. Regardez les annonces et écrivez le numéro de référence de chaque possibilité qu'il propose.

1. Possibilité 1: _Réf. 521_
2. Possibilité 2: _Réf. 522_
3. Possibilité 3: _Réf. 520_

ressources

v̂Text

vhlcentral.com
Leçon 8B

À LOUER

Appartement en ville, moderne, avec balcon
1.200 €
(**Réf. 520**)

5 pièces, jardin, proche parc Victor Hugo
950 €
(**Réf. 521**)

Maison meublée en banlieue, grande, tt confort, cuisine équipée
1.200 €
(**Réf. 522**)

Compréhension

Les détails Après une deuxième écoute, complétez le tableau (*chart*) avec les informations données dans la conversation.

	Où?	Maison ou appartement?	Meublé ou non?	Nombre de chambres?	Garage?	Jardin?
Logement 1	ville	maison	non	trois	non	oui
Logement 2	banlieue	maison	oui	quatre	oui	oui
Logement 3	centre-ville	appartement	non	deux	oui	non

Quel logement pour les Lopez? Lisez cette description de la famille Lopez. Décidez quel logement cette famille va probablement choisir et expliquez votre réponse.

M. Lopez travaille au centre-ville. Le soir, il rentre tard à la maison et il est souvent fatigué parce qu'il travaille beaucoup. Il n'a pas envie de passer son temps à travailler dans le jardin. Mme Lopez adore le cinéma et le théâtre. Elle n'aime pas beaucoup faire le ménage. Les Lopez ont une fille qui a seize ans. Elle adore retrouver ses copines pour faire du shopping en ville. Les Lopez ont beaucoup de beaux meubles modernes. Ils ont aussi une nouvelle voiture: une grosse BMW qui a coûté très cher!

C: Et qu'est-ce qu'il y a comme meubles?
A: Un canapé, des fauteuils et des étagères dans le salon, un grand lit et une commode dans la grande chambre... et voyons, quoi d'autre? Ah, oui! La cuisine est équipée avec tout le nécessaire: frigo, congélateur, cuisinière, four à micro-ondes, lave-linge et sèche-linge.
C: Très bien. Et la troisième possibilité?
A: C'est un grand appartement dans le centre-ville, sur la place des

Halles. Il n'y a pas de jardin.
C: Et combien de chambres y a-t-il?
A: Deux chambres avec des balcons. Si vous aimez le moderne, cet appartement est parfait pour vous. Et il a un garage.
C: Bon, je vais en parler avec mon mari.
A: Très bien, Madame. Au revoir.
C: Au revoir, Monsieur Duchemin.

Section Goals

In this section, students will:
- use visual cues to understand an oral description
- listen to a conversation and complete several activities

Key Standards
1.2, 2.1

Student Resources
Supersite: Activities, Audio
Teacher Resources
Answer Keys; Audio Script; Audio Activity MP3s/CD

Stratégie
Script Nous avons trouvé un appartement super dans le quartier du Marais. Il est au premier étage, dans un immeuble très calme. Il y a une salle de séjour assez grande, une cuisine avec frigo, cuisinière et lave-linge, une petite salle de bains et deux chambres très jolies. Il y a aussi des placards dans toutes les pièces et un garage en sous-sol pour notre voiture. On peut emménager la semaine prochaine et le loyer n'est pas très cher. Nous sommes vraiment heureux, tu sais!

À vous d'écouter
Script AGENT: Allô, bonjour. Madame Lopez, s'il vous plaît.
CLIENTE: C'est elle-même.
A: Ah, bonjour, Madame. Ici Monsieur Duchemin de l'agence immobilière. Vous cherchez un logement à louer à Avignon ou dans la banlieue, c'est bien ça?
C: Oui, Monsieur, c'est exact. Vous avez une maison à me proposer?
A: Oui, j'ai trois possibilités. La première est une maison en ville, dans un quartier calme près du parc Victor Hugo. Elle n'est pas très grande, mais elle est très jolie et elle a un petit jardin. Il y a un salon, une salle à manger, une grande cuisine avec beaucoup de placards, une salle de bains, les W.-C. et trois chambres.
C: Il y a un garage?
A: Non, Madame, mais il y a toujours des places dans le quartier.
C: Bon. Et qu'est-ce que vous avez d'autre?
A: J'ai aussi une très grande maison meublée avec jardin et garage en banlieue, à une demi-heure de la ville.
C: C'est un peu loin, mais bon... Il y a combien de chambres?
A: Quatre chambres.

189

Panorama

 Interactive Map Reading

L'Alsace

La région en chiffres

- **Superficie:** *8.280 km²*
- **Population:** *1.829.000*
  SOURCE: INSEE
- **Industries principales:** *viticulture, culture du houblon° et brassage° de la bière, exploitation forestière°, industrie automobile, tourisme*
- **Villes principales:** *Colmar, Mulhouse, Strasbourg*

Personnes célèbres

- Gustave Doré, *dessinateur° et peintre° (1832–1883)*
- Auguste Bartholdi, *sculpteur, statue de la Liberté à New York, (1834–1904)*
- Albert Schweitzer, *médecin, prix Nobel de la paix en 1952 (1875–1965)*

La Lorraine

La région en chiffres

- **Superficie:** *23.547 km²*
- **Population:** *2.343.000*
- **Industries principales:** *industrie automobile, agroalimentaire°, bois° pour le papier, chimie et pétrochimie, métallurgie, verre et cristal*
- **Villes principales:** *Épinal, Forbach, Metz, Nancy*

Personnes célèbres

- Georges de La Tour, *peintre (1593–1652)*
- Bernard-Marie Koltès, *dramaturge° (1948–1989)*
- Patricia Kaas, *chanteuse (1966–)*

houblon *hops* brassage *brewing* exploitation forestière *forestry* dessinateur *illustrator* peintre *painter* agroalimentaire *food processing* bois *wood* dramaturge *playwright* traité *treaty* envahit *invades* à nouveau *once again*

190 *cent quatre-vingt-dix*

LA BELGIQUE
LE LUXEMBOURG
L'ALLEMAGNE

le quartier de la Petite France à Strasbourg

Thionville
Verdun
Forbach
Metz
Sarreguemines

LORRAINE

Bar-le-Duc
Nancy
Strasbourg

LA FRANCE

ALSACE
LES VOSGES
Épinal
Colmar

la Moselle
le Rhin

Mulhouse

LA SUISSE

la place Stanislas à Nancy

0   50 miles
0   50 kilomètres

dans les Vosges

Incroyable mais vrai!

Français depuis 1648, l'Alsace et le département de la Moselle en Lorraine deviennent allemands en 1871. Puis en 1919, le traité° de Versailles les rend à la France. Ensuite, en 1939, l'Allemagne envahit° la région qui redevient allemande entre 1940 et 1944. Depuis, l'Alsace et la Lorraine sont à nouveau° françaises.

 PATISSERIE CAKES TEE-KAFFEE CHOCOLAT

La gastronomie

La choucroute

La choucroute est typiquement alsacienne et son nom vient de l'allemand «sauerkraut». Du chou râpé° fermente dans un baril° avec du gros sel° et des baies de genièvre°. Puis, le chou est cuit° dans du vin blanc ou de la bière et mangé avec de la charcuterie° alsacienne et des pommes de terre°. La choucroute, qui se conserve longtemps° grâce à° la fermentation, est une nourriture appréciée° des marins° pendant leurs longs voyages.

L'histoire

Jeanne d'Arc

Jeanne d'Arc est née en 1412, en Lorraine, dans une famille de paysans°. En 1429, quand la France est en guerre avec l'Angleterre, Jeanne d'Arc décide de partir au combat pour libérer son pays. Elle prend la tête° d'une armée et libère la ville d'Orléans des Anglais. Cette victoire permet de sacrer° Charles VII roi de France. Plus tard, Jeanne d'Arc perd ses alliés° pour des raisons politiques. Vendue aux Anglais, elle est condamnée pour hérésie. Elle est exécutée à Rouen, en 1431. En 1920, l'Église catholique la canonise.

Les destinations

Strasbourg

Strasbourg, capitale de l'Alsace, est le siège° du Conseil de l'Europe depuis 1949 et du Parlement européen depuis 1979. Le Conseil de l'Europe est responsable de la promotion des valeurs démocratiques et des droits de l'homme°, de l'identité culturelle européenne et de la recherche de solutions° aux problèmes de société. Les membres du Parlement sont élus° dans chaque pays de l'Union européenne. Le Parlement contribue à l'élaboration de la législation européenne et à la gestion de l'Europe.

La société

Un mélange de cultures

L'Alsace a été enrichie° par de multiples courants° historiques et culturels grâce à sa position entre la France et l'Allemagne. La langue alsacienne vient d'un dialecte germanique et l'allemand est maintenant enseigné dans les écoles primaires. Quand la région est rendue à la France en 1919, les Alsaciens continuent de bénéficier des lois° sociales allemandes. Le mélange° des cultures est visible à Noël avec des traditions allemandes et françaises (le sapin de Noël, Saint Nicolas, les marchés).

Qu'est-ce que vous avez appris? Répondez aux questions par des phrases complètes.

1. En 1919, quel document rend l'Alsace et la Moselle à la France?
   Le traité de Versailles les rend à la France.
2. Combien de fois l'Alsace et la Moselle ont-elles changé de nationalité depuis 1871?
   Elles ont changé quatre fois de nationalité depuis 1871.
3. Quel est l'ingrédient principal de la choucroute?
   L'ingrédient principal de la choucroute est le chou.
4. De qui la choucroute est-elle particulièrement appréciée?
   Elle est appréciée des marins.
5. Pourquoi Strasbourg est-elle importante?
   C'est le siège du Conseil de l'Europe et du Parlement européen.
6. Quel est un des rôles du Conseil de l'Europe? Answers will vary. Suggested answer: Il est responsable de la promotion des valeurs démocratiques.
7. Contre qui Jeanne d'Arc a-t-elle défendu la France?
   Elle a défendu la France contre les Anglais.
8. Comment est-elle morte?
   Elle a été exécutée.
9. Quelle langue étrangère enseigne-t-on aux petits Alsaciens?
   On leur enseigne l'allemand.
10. À quel moment de l'année le mélange des cultures est-il particulièrement visible en Alsace?
    Il est particulièrement visible à Noël.

Sur Internet

1. Quelle est la différence entre le Conseil européen et le Conseil de l'Europe?
2. Trouvez d'autres informations sur Jeanne d'Arc.
3. Pourquoi l'Alsace et le département de la Moselle sont-ils devenus allemands en 1871?

 Practice more at **vhlcentral.com.**

ressources

v Text | CE pp. 223-224 | vhlcentral.com Leçon 8B

chou râpé° *grated cabbage* baril *cask* gros sel *coarse sea salt* baies de genièvre *juniper berries* cuit *cooked* charcuterie *cooked pork meats* pommes de terre *potatoes* qui se conserve longtemps *which keeps for a long time* grâce à *thanks to* appréciée *valued* marins *sailors* paysans *peasants* prend la tête *takes the lead* sacrer *crown* alliés *allies* siège *headquarters* droits de l'homme *human rights* recherche de solutions *finding solutions* élus *elected* enrichie *enriched* courants *trends, movements* lois *laws* mélange *mix*

La choucroute

- In other regions, **la choucroute** may be garnished with smoked beef, goose, and occasionally fish.
- Ask students: **Avez-vous déjà mangé de la choucroute? A-t-on déjà servi de la choucroute chez vous? L'aimez-vous?**

Jeanne d'Arc

- Joan of Arc was accused of witchcraft, wantonness in cutting her hair and wearing men's clothes, and blasphemous pride. She was burned at the stake at the age of 19. In 1456, she was officially declared innocent, and later canonized for her bravery and martyrdom. Her life has been the subject of many famous literary works.
- Ask students if they think it was common for a woman to lead an army into battle in the fifteenth century.

Strasbourg **Le Conseil de l'Europe** is Europe's oldest political organization. It has 47 member countries. Have students research the **Conseil de l'Europe** website to find out what countries were the original members and what countries are more recent members.

Un mélange de cultures The traditional costumes worn by the Protestant Alsatian women have either a red or black bonnet tied with a bow. The traditional costumes of the Catholic Alsatian women have a white bonnet made of tulle bordered with flowers.

21ˢᵗ CENTURY SKILLS

Information and Media Literacy Go to the Supersite to complete the **Sur Internet** activity associated with **Panorama** for additional practice accessing and using culturally authentic sources.

EXPANSION

Cultural Activity Have students work in pairs. Tell them to make a list of examples of Germanic influences in these regions, including those shown in the photos and map. After completing their lists, ask various volunteers to give examples until all are mentioned.

EXPANSION

La Petite France This picturesque part of old Strasbourg used to be the fishers', millers', and tanners' district. The half-timbered houses (**les maisons à colombages**) in the alleys, dating from the sixteenth century, have the traditional interior courtyards, sloped roofs, and open attic areas where the pelts used to dry. The covered bridges and the Vauban Barrage played critical roles in uniting Strasbourg to France in 1681.

Section Goals

In this section, students will:
• learn to guess meaning from context
• read an article about **le château de Versailles**

Key Standards

1.2, 2.1, 3.2, 5.2

Interpretive reading:
Stratégie Tell students that they can often infer the meaning of an unfamiliar word by looking at the word's context and by using their common sense. Five types of context clues are:
• synonyms
• antonyms
• clarifications
• definitions
• additional details
Have students read this sentence from the letter: **Je cherchais un studio, mais j'ai trouvé un appartement plus grand: un deux-pièces près de mon travail!** Point out that the meaning of **un deux-pièces** can be inferred since they already know the words **deux** and **une pièce.** The explanation that follows in the note also helps to clarify the meaning.

Examinez le texte
• Write this sentence on the board: **La pièce la plus célèbre du château de Versailles est la galerie des Glaces.** Point out the phrase **la plus célèbre** and ask a volunteer to explain how the context might give clues to its meaning.
• Go over the answers to the activity with the class.

Expérience personnelle
Before beginning the activity, have students brainstorm the names of famous or historic homes they can talk about.

Lecture

Audio: Synced Reading

Avant la lecture

STRATÉGIE

Guessing meaning from context

As you read in French, you will often see words you have not learned. You can guess what they mean by looking at surrounding words. Read this note and guess what **un deux-pièces** means.

> Johanne,
> Je cherchais un studio, mais j'ai trouvé un appartement plus grand: un deux-pièces près de mon travail! Le salon est grand et la chambre a deux placards. La cuisine a un frigo et une cuisinière, et la salle de bains a une baignoire. Et le loyer? Seulement 450 euros par mois!

If you guessed *a two-room apartment,* you are correct. You can conclude that someone is describing an apartment he or she will rent.

Examinez le texte

Regardez le texte et décrivez les photos. Quel va être le sujet de la lecture? Puis, trouvez ces mots et expressions dans le texte. Essayez de deviner leur sens (*to guess their meaning*).

ont été rajoutées were added	**autour du** around	**de haut** in height
de nombreux bassins numerous pools/fountains	**légumes** vegetables	**roi** King

Expérience personnelle

Avez-vous visité une résidence célèbre ou historique? Où? Quand? Comment était-ce? Un personnage historique a-t-il habité là? Qui? Parlez de cette visite à un(e) camarade.

À visiter près de Paris:
Le château de Versailles

La construction du célèbre° château de Versailles a commencé en 1623 sous le roi Louis XIII. Au départ, c'était un petit château où le roi logeait° quand il allait à la chasse°. Plus tard, en 1678, Louis XIV, aussi appelé le Roi-Soleil, a décidé de faire de Versailles sa résidence principale. Il a demandé à son architecte, Louis Le Vau, d'agrandir° le château, et à son premier peintre°, Charles Le Brun, de le décorer. Le Vau a fait construire, entre autres°, le Grand Appartement du Roi. La décoration de cet appartement de sept pièces était à la gloire du Roi-Soleil. La pièce la plus célèbre du château de Versailles est la galerie des Glaces°. C'est une immense pièce de 73 mètres de long, 10,50 mètres de large et 12,30 mètres de haut°. D'un côté, 17 fenêtres donnent° sur les jardins, et

À l'intérieur du palais

de l'autre côté, il y a 17 arcades embellies de miroirs immenses. Au nord° de la galerie des Glaces, on trouve le salon de la Guerre°, et, au sud°, le salon de la Paix°. Quand on visite le château de Versailles, on peut également° voir de nombreuses autres pièces, ajoutées à différentes périodes, comme la chambre de la Reine°,

---

Le château de Versailles Located in the **Île-de-France** region, **le château de Versailles** is about twelve miles from Paris. **Le château et les jardins de Versailles** are classified as a UNESCO World Heritage Site. Hundreds of masterpieces of seventeenth-century French sculpture can be viewed in the gardens, and it is estimated that seven million people visit the gardens each year.

Using Lists Ask students to make a list of words from the text whose meanings they guessed. Then have them work with partners and compare their lists. Students should explain to each other what clues they used in the text to help them guess the meanings. Help the class confirm the predictions, or have students confirm the meanings in a dictionary.

plusieurs cuisines et salles à manger d'hiver et d'été, des bibliothèques, divers salons et cabinets, et plus de 18.000 m²° de galeries qui racontent°

Le château de Versailles et une fontaine

l'histoire de France en images. L'opéra, une grande salle où plus de° 700 personnes assistaient souvent à divers spectacles et bals, a aussi été ajouté plus tard. C'est dans cette salle que le futur roi Louis XVI et Marie-Antoinette ont été mariés. Partout° dans le château, on peut admirer une collection unique de meubles (lits, tables, fauteuils et chaises, bureaux, etc.) et de magnifiques tissus° (tapis, rideaux et tapisseries°). Le château de Versailles a aussi une chapelle et d'autres bâtiments, comme le Grand et le Petit Trianon. Autour du château, il y a des serres° et de magnifiques jardins avec de nombreux bassins°, fontaines et statues. Dans l'Orangerie, on trouve plus de 1.000 arbres°, et de nombreux fruits et légumes sont toujours cultivés dans le Potager° du Roi. L'Arboretum de Chèvreloup était le terrain de chasse des rois et on y° trouve aujourd'hui des arbres du monde entier°.

célèbre *famous* logeait *stayed* chasse *hunting* agrandir *enlarge* peintre *painter* entre autres *among other things* Glaces *Mirrors* haut *high* donnent *open* nord *north* Guerre *War* sud *south* Paix *Peace* également *also* Reine *Queen* m² (mètres carrés) *square meters* racontent *tell* plus de *more than* Partout *Everywhere* tissus *fabrics* tapisseries *tapestries* serres *greenhouses* bassins *ponds* arbres *trees* Potager *vegetable garden* y *there* entier *entire*

Après la lecture

Vrai ou faux? Indiquez si les phrases sont **vraies** ou **fausses**. Corrigez les phrases fausses.

1. Louis XIII habitait à Versailles toute l'année.
   Faux. Louis XIII logeait à Versailles quand il allait à la chasse.

2. Louis Le Vau est appelé le Roi-Soleil.
   Faux. Louis XIV est appelé le Roi-Soleil.

3. La galerie des Glaces est une grande pièce avec beaucoup de miroirs et de fenêtres.
   Vrai.

4. Il y a deux salons près de la galerie des Glaces.
   Vrai.

5. Aujourd'hui, au château de Versailles, il n'y a pas de meubles.
   Faux. Il y a une collection unique de meubles (lits, tables, fauteuils et chaises, bureaux, etc.).

6. Le château de Versailles n'a pas de jardins parce qu'il a été construit en ville.
   Faux. Il a des jardins: l'Orangerie, le Potager et l'Arboretum de Chèvreloup.

Répondez Répondez aux questions par des phrases complètes.

1. Comment était Versailles sous Louis XIII? Quand logeait-il là?
   C'était un petit château où le roi logeait quand il allait à la chasse.

2. Qu'est-ce que Louis XIV a fait du château?
   Il a fait de Versailles sa résidence principale. Il l'a agrandi et l'a décoré.

3. Qu'est-ce que Louis Le Vau a fait à Versailles?
   Il a construit, entre autres, le Grand Appartement du Roi.

4. Dans quelle salle Louis XVI et Marie-Antoinette ont-ils été mariés? Comment est cette salle?
   Ils ont été mariés dans l'Opéra. C'est une grande salle où plus de 700 personnes assistaient souvent à divers spectacles et bals.

5. Louis XVI est-il devenu roi avant ou après son mariage?
   Il est devenu roi après son mariage.

6. Le château de Versailles est-il composé d'un seul bâtiment? Expliquez.
   Non, le château a aussi une chapelle et d'autres bâtiments comme le Grand et le Petit Trianon.

Les personnages célèbres de Versailles 👤👤👤
Par groupes de trois ou quatre, choisissez une des personnes mentionnées dans la lecture et faites des recherches (*research*) à son sujet. Préparez un rapport écrit (*written report*) à présenter à la classe. Vous pouvez (*may*) utiliser les ressources de votre bibliothèque ou Internet.

cent quatre-vingt-treize **193**

Vrai ou faux? Go over the answers with the class. For false items, have students point out where they found the correct information in the text.

Répondez Have students work with a partner and compare their answers. If they don't agree, tell them to locate the answer in the text.

Les personnages célèbres de Versailles Before assigning this activity, have students identify the people mentioned in the article and write their names on the board. To avoid duplication of efforts, you may want to assign each group a specific person. Encourage students to provide visuals with their presentations.

21ˢᵗ CENTURY SKILLS

Creativity and Innovation
Ask students to prepare a presentation on another French castle, inspired by the information on these two pages.

EXPANSION

Discussion Working in groups of three or four, have students discuss the features that they find most interesting or appealing about **le château de Versailles** and make a list of them.

TEACHING OPTIONS

Skimming Tell students to skim the text and underline all of the verbs in the **passé composé** and the **imparfait**. Then go through the text and ask volunteers to explain why each verb is in the **passé composé** or the **imparfait**.

Écriture

STRATÉGIE

Mastering the past tenses

In French, when you write about events that occurred in the past, you need to know when to use the **passé composé** and when to use the **imparfait**. A good understanding of the uses of each tense will make it much easier to determine which one to use as you write.

Look at the following summary of the uses of the **passé composé** and the **imparfait**. Write your own example sentence for each of the rules described.

Passé composé vs. imparfait

Passé composé

1. Actions viewed as completed

   _____

2. Beginning or end of past actions

   _____

3. Series of past actions

   _____

Imparfait

1. Ongoing past actions

   _____

2. Habitual past actions

   _____

3. Mental, physical, and emotional states and characteristics of the past

   _____

With a partner, compare your example sentences. Use the sentences as a guide to help you decide which tense to use as you are writing a story about something that happened in the past.

Thème

Écrire une histoire

Avant l'écriture

1. Quand vous étiez petit(e), vous habitiez dans la maison ou l'appartement de vos rêves (*of your dreams*).

   - Vous allez décrire cette maison ou cet appartement.

   - Vous allez écrire sur la ville où vous habitiez et sur votre quartier.

   - Vous allez décrire les différentes pièces, les meubles et les objets décoratifs.

   - Vous allez parler de votre pièce préférée et de ce que (*what*) vous aimiez faire dans cette pièce.

   Ensuite, imaginez qu'il y ait eu (*was*) un cambriolage (*burglary*) dans cette maison ou dans cet appartement. Vous allez alors décrire ce qui est arrivé (*what happened*).

Coup de main

Here are some terms that you may find useful in your narration.

le voleur	*thief*
cassé(e)	*broken*
j'ai vu	*I saw*
manquer	*to be missing*

2. Utilisez le diagramme pour vous aider à analyser les éléments de votre histoire. Écrivez les éléments qui se rapportent à (*that are related to*) l'imparfait dans la partie IMPARFAIT et ceux (*the ones*) qui se rapportent au passé composé dans les parties PASSÉ COMPOSÉ.

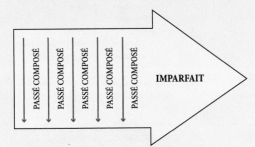

3. Après avoir complété le diagramme, échangez-le avec celui d'un(e) partenaire. Votre partenaire doit-il (*does he/she have to*) changer quelque chose? Expliquez pourquoi.

Écriture

Utilisez le diagramme pour écrire votre histoire. Écrivez trois paragraphes:

■ le premier sur la présentation générale de la maison ou de l'appartement et de la ville où vous habitiez,

■ le deuxième sur votre pièce préférée et la raison pour laquelle (*the reason why*) vous l'avez choisie,

■ le troisième sur le cambriolage, sur ce qui s'est passé (*what happened*) et sur ce que vous avez fait (*what you did*).

> *Quand j'étais petit(e), j'habitais dans un château, en France. Le château était dans une petite ville près de Paris. Il y avait un grand jardin, avec beaucoup d'animaux. Il y avait douze pièces...*
>
> *Ma pièce préférée était la cuisine parce que j'aimais faire la cuisine et que j'aidais souvent ma mère...*
>
> *Un jour, mes parents et moi sommes rentrés de vacances...*

Après l'écriture

1. Échangez votre histoire avec celle (*the one*) d'un(e) partenaire. Répondez à ces questions pour commenter son travail.

■ Votre partenaire a-t-il/elle correctement utilisé l'imparfait et le passé composé?

■ A-t-il/elle écrit trois paragraphes qui correspondent aux descriptions de sa maison ou de son appartement et de la ville, de sa pièce préférée et du cambriolage?

■ Quel(s) détail(s) ajouteriez-vous (*would you add*)? Lequel/Lesquels enlèveriez-vous (*Which one(s) would you delete*)? Quel(s) autre(s) commentaire(s) avez-vous pour votre partenaire?

2. Corrigez votre histoire d'après (*according to*) les commentaires de votre partenaire. Relisez votre travail pour éliminer ces problèmes:

■ des fautes (*errors*) d'orthographe

■ des fautes de ponctuation

■ des fautes de conjugaison

■ des fautes d'accord (*agreement*) des adjectifs

■ un mauvais emploi (*use*) de la grammaire

Les parties d'une maison

un balcon	balcony
une cave	cellar; basement
une chambre	bedroom
un couloir	hallway
une cuisine	kitchen
un escalier	staircase
un garage	garage
un jardin	garden; yard
un mur	wall
une pièce	room
une salle à manger	dining room
une salle de bains	bathroom
une salle de séjour	living/family room
un salon	formal living/sitting room
un sous-sol	basement
un studio	studio (apartment)
les toilettes (f.)/ les W.-C. (m.)	restrooms/toilet

Les appareils ménagers

un appareil électrique/ménager	electrical/household appliance
une cafetière	coffeemaker
un congélateur	freezer
une cuisinière	stove
un fer à repasser	iron
un four	oven
un (four à) micro-ondes	microwave oven
un frigo	refrigerator
un grille-pain	toaster
un lave-linge	washing machine
un lave-vaisselle	dishwasher
un sèche-linge	clothes dryer

Chez soi

un(e) propriétaire	owner
un appartement	apartment
un immeuble	building
un logement	housing
un loyer	rent
un quartier	area, neighborhood
une résidence universitaire	dorm
une affiche	poster
une armoire	armoire, wardrobe
une baignoire	bathtub
un balai	broom
un canapé	couch
une commode	dresser, chest of drawers
une couverture	blanket
une douche	shower
les draps (m.)	sheets
une étagère	shelf
un évier	kitchen sink
un fauteuil	armchair
une fleur	flower
une lampe	lamp
un lavabo	bathroom sink
un meuble	piece of furniture
un miroir	mirror
un oreiller	pillow
un placard	closet, cupboard
un rideau	drape, curtain
un tapis	rug
un tiroir	drawer
déménager	to move out
emménager	to move in
louer	to rent

Les tâches ménagères

une tâche ménagère	household chore
balayer	to sweep
débarrasser la table	to clear the table
enlever/faire la poussière	to dust
essuyer la vaisselle/ la table	to dry the dishes/ to wipe the table
faire la lessive	to do the laundry
faire le lit	to make the bed
faire le ménage	to do the housework
faire la vaisselle	to do the dishes
laver	to wash
mettre la table	to set the table
passer l'aspirateur	to vacuum
ranger	to tidy up; to put away
repasser (le linge)	to iron (the laundry)
salir	to soil, to make dirty
sortir la/les poubelle(s)	to take out the trash
propre	clean
sale	dirty

Verbes

connaître	to know, to be familiar with
reconnaître	to recognize
savoir	to know (facts), to know how to do something
vivre	to live

Expressions utiles	See pp. 159 and 177.
Expressions that signal a past tense	See p. 167.

The *impératif*

Point de départ The **impératif** is the form of a verb that is used to give commands or to offer directions, hints, and suggestions. With command forms, you do not use subject pronouns.

● Form the **tu** command of **-er** verbs by dropping the **-s** from the present tense form. Note that **aller** also follows this pattern.

Réserve deux chambres.
Reserve two rooms.

Ne travaille pas.
Don't work.

Va au marché.
Go to the market.

● The **nous** and **vous** command forms of **-er** verbs are the same as the present tense forms.

Nettoyez votre chambre.
Clean your room.

Mangeons au restaurant ce soir.
Let's eat at the restaurant tonight.

● For **-ir** verbs, **-re** verbs, and most irregular verbs, the command forms are identical to the present tense forms.

Finis la salade.
Finish the salad.

Attendez dix minutes.
Wait ten minutes.

Faisons du yoga.
Let's do some yoga.

The *impératif* of *avoir* and *être*

	avoir	être
(tu)	aie	sois
(nous)	ayons	soyons
(vous)	ayez	soyez

● The forms of **avoir** and **être** in the **impératif** are irregular.

Aie confiance.
Have confidence.

Ne **soyons** pas en retard.
Let's not be late.

● An object pronoun can be added to the end of an affirmative command. Use a hyphen to separate them. Use **moi** and **toi** for the first- and second-person object pronouns.

Permettez-moi de vous aider.
Allow me to help you.

Achète le dictionnaire et **utilise-le**.
Buy the dictionary and use it.

● In negative commands, place object pronouns between **ne** and the verb. Use **me** and **te** for the first- and second-person object pronouns.

Ne **me montre** pas les réponses, **s'il te plaît.**
Please don't show me the answers.

Cette photo est fragile. Ne **la touchez** pas.
That picture is fragile. Don't touch it.

Glossary of Grammatical Terms

ADJECTIVE A word that modifies, or describes, a noun or pronoun.

des livres **amusants**
*some **funny** books*

une **jolie** fleur
*a **pretty** flower*

Demonstrative adjective An adjective that specifies which noun a speaker is referring to.

cette chemise
***this** shirt*

ce placard
***this** closet*

cet hôtel
***this** hotel*

ces boîtes
***these** boxes.*

Possessive adjective An adjective that indicates ownership or possession.

ma belle montre
***my** beautiful watch*

C'est **son** cousin.
*This is **his/her** cousin.*

tes crayons
***your** pencils*

Ce sont **leurs** tantes.
*Those are **their** aunts.*

ADVERB A word that modifies, or describes, a verb, adjective, or other adverb.

Michael parle **couramment** français.
*Michael speaks French **fluently**.*

Elle lui parle **très** franchement.
*She speaks to him **very** candidly.*

ARTICLE A word that points out a noun in either a specific or a non-specific way.

Definite article An article that points out a noun in a specific way.

le marché
***the** market*

la valise
***the** suitcase*

les dictionnaires
***the** dictionaries*

les mots
***the** words*

Indefinite article An article that points out a noun in a general, non-specific way.

un vélo
***a** bike*

une fille
***a** girl*

des oiseaux
***some** birds*

des affiches
***some** posters*

CLAUSE A group of words that contains both a conjugated verb and a subject, either expressed or implied.

Main (or Independent) clause A clause that can stand alone as a complete sentence.

J'ai un manteau vert.
I have a green coat.

Subordinate (or Dependent) clause A clause that does not express a complete thought and therefore cannot stand alone as a sentence.

Je travaille dans un restaurant **parce que j'ai besoin d'argent**.
*I work in a restaurant **because I need money.***

COMPARATIVE A construction used with an adjective or adverb to express a comparison between two people, places, or things.

Thomas est **plus petit** qu'Adrien.
*Thomas is **shorter than** Adrien.*

En Corse, il pleut **moins souvent qu'**en Alsace.
*In Corsica, it rains **less often than** in Alsace.*

Cette maison n'a pas **autant de fenêtres** que l'autre.
*This house does not have **as many windows as** the other one.*

CONJUGATION A set of the forms of a verb for a specific tense or mood, or the process by which these verb forms are presented.

Imparfait conjugation of **chanter**:

je chant**ais**	nous chant**ions**
tu chant**ais**	vous chant**iez**
il/elle chant**ait**	ils/elles chant**aient**

CONJUNCTION A word used to connect words, clauses, or phrases.

Suzanne **et** Pierre habitent en Suisse.
*Suzanne **and** Pierre live in Switzerland.*

Je ne dessine pas très bien, **mais** j'aime les cours de dessin.
*I don't draw very well, **but** I like art classes.*

CONTRACTION The joining of two words into one. In French, the contractions are **au**, **aux**, **du**, and **des**.

Ma sœur est allée **au** concert hier soir.
*My sister went **to a** concert last night.*

Il a parlé **aux** voisins cet après-midi.
*He talked **to the** neighbors this afternoon.*

Je retire de l'argent **du** distributeur automatique.
*I withdraw money **from the** ATM machine.*

Nous avons campé près **du** village.
*We camped **near the** village.*

DIRECT OBJECT A noun or pronoun that directly receives the action of the verb.

Thomas lit **un livre**.	Je **l'**ai vu hier.
*Thomas reads **a book**.*	*I saw **him** yesterday.*

GENDER The grammatical categorizing of certain kinds of words, such as nouns and pronouns, as masculine, feminine, or neuter.

Masculine
articles **le, un**
pronouns **il, lui, le, celui-ci, celui-là, lequel**
adjective **élégant**

Feminine
articles **la, une**
pronouns **elle, la, celle-ci, celle-là, laquelle**
adjective **élégante**

IMPERSONAL EXPRESSION A third-person expression with no expressed or specific subject.

Il pleut.	**C'est** très important.
It's raining.	*It's very important.*

INDIRECT OBJECT A noun or pronoun that receives the action of the verb indirectly; the object, often a living being, to or for whom an action is performed.

Éric donne un livre **à Linda**.
*Éric gave a book **to Linda**.*

Le professeur **m'**a donné une bonne note.
*The teacher gave **me** a good mark.*

INFINITIVE The basic form of a verb. Infinitives in French end in **-er**, **-ir**, **-oir**, or **-re**.

parler	**finir**	**savoir**	**prendre**
to speak	*to finish*	*to know*	*to take*

INTERROGATIVE An adjective or pronoun used to ask a question.

Qui parle?
***Who** is speaking?*

Combien de biscuits as-tu achetés?
***How many** cookies did you buy?*

Que penses-tu faire aujourd'hui?
***What** do you plan to do today?*

INVERSION Changing the word order of a sentence, often to form a question.

Statement: Elle a vendu sa voiture.

Inversion: A-t-elle vendu sa voiture?

MOOD A grammatical distinction of verbs that indicates whether the verb is intended to make a statement or command or to express a doubt, emotion, or condition contrary to fact.

Conditional mood Verb forms used to express what would be done or what would happen under certain circumstances, or to make a polite request, soften a demand, express what someone could or should do, or to state a contrary-to-fact situation.

Il irait se promener s'il avait le temps.
He would go for a walk if he had the time.

Pourrais-tu éteindre la lumière, s'il te plaît?
Would you turn off the light, please?

Je devrais lui parler gentiment.
I should talk to her nicely.

Imperative mood Verb forms used to make commands or suggestions.

Parle lentement.   **Venez** avec moi.
Speak slowly.   *Come with me.*

Indicative mood Verb forms used to state facts, actions, and states considered to be real.

Je sais qu'**il a** un chat.
I know that he has a cat.

Subjunctive mood Verb forms used principally in subordinate (dependent) clauses to express wishes, desires, emotions, doubts, and certain conditions, such as contrary-to-fact situations.

Il est important que **tu finisses** tes devoirs.
It's important that you finish your homework.

Je doute que **Louis ait** assez d'argent.
I doubt that Louis has enough money.

NOUN A word that identifies people, animals, places, things, and ideas.

homme	**chat**	**Belgique**
man	*cat*	*Belgium*
maison	**livre**	**amitié**
house	*book*	*friendship*

NUMBER A grammatical term that refers to singular or plural. Nouns in French and English have number. Other parts of a sentence, such as adjectives, articles, and verbs, can also have number.

Singular	**Plural**
une chose	**des** choses
a thing	*some things*
le professeur	**les** professeurs
the professor	*the professors*

NUMBERS Words that represent amounts.

Cardinal numbers Words that show specific amounts.

cinq minutes	l'année **deux mille six**
five minutes	*the year 2006*

Ordinal numbers Words that indicate the order of a noun in a series.

le **quatrième** joueur	la **dixième** fois
the fourth player	*the tenth time*

PAST PARTICIPLE A past form of the verb used in compound tenses. The past participle may also be used as an adjective, but it must then agree in number and gender with the word it modifies.

Ils ont beaucoup **marché**.
They have walked a lot.

Je n'ai pas **préparé** mon examen.
I haven't prepared for my exam.

Il y a une fenêtre **ouverte** dans le salon.
There is an open window in the living room.

PERSON The form of the verb or pronoun that indicates the speaker, the one spoken to, or the one spoken about. In French, as in English, there are three persons: first, second, and third.

Person	Singular		Plural	
1st	**je**	*I*	**nous**	*we*
2nd	**tu**	*you*	**vous**	*you*
3rd	**il/elle**	*he/she/it*	**ils/elles**	*they*
	on	*one*		

PREPOSITION A word or words that describe(s) the relationship, most often in time or space, between two other words.

Annie habite **loin de** Paris.
Annie lives far from Paris.

Le blouson est **dans** la voiture.
The jacket is in the car.

Martine s'est coiffée **avant de** sortir.
Martine combed her hair before going out.

PRONOUN A word that takes the place of a noun or nouns.

Demonstrative pronoun A pronoun that takes the place of a specific noun.

Je veux **celui-ci**.
I want this one.

Marc préférait **ceux-là**.
Marc preferred those.

Object pronoun A pronoun that functions as a direct or indirect object of the verb.

Elle **lui** donne un cadeau.   Frédéric **me l'**a apporté.
*She gives **him** a present.*   *Frédéric brought **it** to **me**.*

Reflexive pronoun A pronoun that indicates that the action of a verb is performed by the subject on itself. These pronouns are often expressed in English with *-self*: *myself, yourself*, etc.

Je **me lave** avant de sortir.
*I **wash (myself)** before going out.*

Marie **s'est couchée** à onze heures et demie.
*Marie **went to bed** at eleven-thirty.*

Relative pronoun A pronoun that connects a subordinate clause to a main clause.

Le garçon **qui** nous a écrit vient nous voir demain.
*The boy **who** wrote us is coming to visit tomorrow.*

Je sais **que** nous avons beaucoup de choses à faire.
*I know **that** we have a lot of things to do.*

Subject pronoun A pronoun that replaces the name or title of a person or thing, and acts as the subject of a verb.

Tu vas partir.   **Il** arrive demain.
You *are going to leave.*   ***He*** *arrives tomorrow.*

SUBJECT A noun or pronoun that performs the action of a verb and is often implied by the verb.

Marine va au supermarché.
Marine *goes to the supermarket.*

Ils travaillent beaucoup.
They *work a lot.*

Ces livres sont très chers.
Those books *are very expensive.*

SUPERLATIVE A word or construction used with an adjective, adverb or a noun to express the highest or lowest degree of a specific quality among three or more people, places, or things.

Le cours de français est **le plus intéressant**.
*The French class is **the most interesting**.*

Romain court **le moins rapidement**.
*Romain runs **the least fast**.*

C'est son jardin qui a **le plus d'arbres**.
*It is her garden that has **the most trees**.*

TENSE A set of verb forms that indicates the time of an action or state: past, present, or future

Compound tense A two-word tense made up of an auxiliary verb and a present or past participle. In French, there are two auxiliary verbs: **être** and **avoir**.

Le colis n'**est** pas encore **arrivé**.
*The package **has** not **arrived** yet.*

Elle **a réussi** son examen.
*She **has passed** her exam.*

Simple tense A tense expressed by a single verb form.

Timothée **jouait** au volley-ball pendant les vacances.
*Timothée **played** volleyball during his vacation.*

Joëlle **parlera** à sa mère demain.
*Joëlle **will speak** with her mom tomorrow.*

VERB A word that expresses actions or states-of-being.

Auxiliary verb A verb used with a present or past participle to form a compound tense. **Avoir** is the most commonly used auxiliary verb in French.

Ils **ont** vu les éléphants.
*They **have** seen the elephants.*

J'espère que tu **as** mangé.
*I hope you **have** eaten.*

Reflexive verb A verb that describes an action performed by the subject on itself and is always used with a reflexive pronoun.

Je **me suis acheté** une voiture neuve.
*I **bought myself** a new car.*

Pierre et Adeline **se lèvent** très tôt.
*Pierre and Adeline **get (themselves) up** very early.*

Spelling-change verb A verb that undergoes a predictable change in spelling in the various conjugations.

acheter	e → è	nous achetons	j'ach**è**te
espérer	é → è	nous espérons	j'esp**è**re
appeler	l → ll	nous appelons	j'appe**ll**e
envoyer	y → i	nous envoyons	j'envo**i**e
essayer	y → i	nous essayons	j'essa**i**e/ j'essaye

Verb Conjugation Tables

Each verb in this list is followed by a model verb conjugated according to the same pattern. The number in parentheses indicates where in the verb tables you can find the conjugated forms of the model verb. Reminder: All reflexive (pronominal) verbs use **être** as their auxiliary verb in the **passé composé**. The infinitives of reflexive verbs begin with **se (s')**.

* = This verb, unlike its model, takes **être** in the **passé composé**.

† = This verb, unlike its model, takes **avoir** in the **passé composé**.

In the tables you will find the infinitive, past participles, and all the forms of each model verb you have learned.

abolir like finir (2)
aborder like parler (1)
abriter like parler (1)
accepter like parler (1)
accompagner like parler (1)
accueillir like ouvrir (31)
acheter (7)
adorer like parler (1)
afficher like parler (1)
aider like parler (1)
aimer like parler (1)
aller (13) **p.c.** with **être**
allumer like parler (1)
améliorer like parler (1)
amener like acheter (7)
animer like parler (1)
apercevoir like recevoir (36)
appeler (8)
applaudir like finir (2)
apporter like parler (1)
apprendre like prendre (35)
arrêter like parler (1)
arriver* like parler (1)
assister like parler (1)
attacher like parler (1)
attendre like vendre (3)
attirer like parler (1)
avoir (4)
balayer like essayer (10)
bavarder like parler (1)
boire (15)
bricoler like parler (1)
bronzer like parler (1)
célébrer like préférer (12)
chanter like parler (1)
chasser like parler (1)

chercher like parler (1)
choisir like finir (2)
classer like parler (1)
commander like parler (1)
commencer (9)
composer like parler (1)
comprendre like prendre (35)
compter like parler (1)
conduire (16)
connaître (17)
consacrer like parler (1)
considérer like préférer (12)
construire like conduire (16)
continuer like parler (1)
courir (18)
coûter like parler (1)
couvrir like ouvrir (31)
croire (19)
cuisiner like parler (1)
danser like parler (1)
débarrasser like parler (1)
décider like parler (1)
découvrir like ouvrir (31)
décrire like écrire (22)
décrocher like parler (1)
déjeuner like parler (1)
demander like parler (1)
démarrer like parler (1)
déménager like manger (11)
démissionner like parler (1)
dépasser like parler (1)
dépendre like vendre (3)
dépenser like parler (1)
déposer like parler (1)
descendre* like vendre (3)
désirer like parler (1)

dessiner like parler (1)
détester like parler (1)
détruire like conduire (16)
développer like parler (1)
devenir like venir (41)
devoir (20)
dîner like parler (1)
dire (21)
diriger like parler (1)
discuter like parler (1)
divorcer like commencer (9)
donner like parler (1)
dormir† like partir (32)
douter like parler (1)
durer like parler (1)
échapper like parler (1)
échouer like parler (1)
écouter like parler (1)
écrire (22)
effacer like commencer (9)
embaucher like parler (1)
emménager like manger (11)
emmener like acheter (7)
employer like essayer (10)
emprunter like parler (1)
enfermer like parler (1)
enlever like acheter (7)
enregistrer like parler (1)
enseigner like parler (1)
entendre like vendre (3)
entourer like parler (1)
entrer* like parler (1)
entretenir like tenir (40)
envahir like finir (2)
envoyer like essayer (10)
épouser like parler (1)

espérer like préférer (12)
essayer (10)
essuyer like essayer (10)
éteindre (24)
éternuer like parler (1)
étrangler like parler (1)
être (5)
étudier like parler (1)
éviter like parler (1)
exiger like manger (11)
expliquer like parler (1)
explorer like parler (1)
faire (25)
falloir (26)
fermer like parler (1)
fêter like parler (1)
finir (2)
fonctionner like parler (1)
fonder like parler (1)
freiner like parler (1)
fréquenter like parler (1)
fumer like parler (1)
gagner like parler (1)
garder like parler (1)
garer like parler (1)
gaspiller like parler (1)
enfler like parler (1)
goûter like parler (1)
graver like parler (1)
grossir like finir (2)
guérir like finir (2)
habiter like parler (1)
imprimer like parler (1)
indiquer like parler (1)
interdire like dire (21)
inviter like parler (1)

jeter like appeler (8)
jouer like parler (1)
laisser like parler (1)
laver like parler (1)
lire (27)
loger like manger (11)
louer like parler (1)
lutter like parler (1)
maigrir like finir (2)
maintenir like tenir (40)
manger (11)
marcher like parler (1)
mêler like préférer (12)
mener like parler (1)
mettre (28)
monter* like parler (1)
montrer like parler (1)
mourir (29); **p.c.** with **être**
nager like manger (11)
naître (30); **p.c.** with **être**
nettoyer like essayer (10)
noter like parler (1)
obtenir like tenir (40)
offrir like ouvrir (31)
organiser like parler (1)
oublier like parler (1)
ouvrir (31)
parler (1)
partager like manger (11)
partir (32); **p.c.** with **être**
passer like parler (1)
patienter like parler (1)
patiner like parler (1)
payer like essayer (10)
penser like parler (1)
perdre like vendre (3)
permettre like mettre (28)
pleuvoir (33)
plonger like manger (11)
polluer like parler (1)
porter like parler (1)
poser like parler (1)
posséder like préférer (12)
poster like parler (1)
pouvoir (34)
pratiquer like parler (1)
préférer (12)

prélever like parler (1)
prendre (35)
préparer like parler (1)
présenter like parler (1)
préserver like parler (1)
prêter like parler (1)
prévenir like tenir (40)
produire like conduire (16)
profiter like parler (1)
promettre like mettre (28)
proposer like parler (1)
protéger like préférer (12)
provenir like venir (41)
publier like parler (1)
quitter like parler (1)
raccrocher like parler (1)
ranger like manger (11)
réaliser like parler (1)
recevoir (36)
recommander like parler (1)
reconnaître like connaître (17)
recycler like parler (1)
réduire like conduire (16)
réfléchir like finir (2)
regarder like parler (1)
régner like préférer (12)
remplacer like parler (1)
remplir like finir (2)
rencontrer like parler (1)
rendre like vendre (3)
rentrer* like parler (1)
renvoyer like essayer (10)
réparer like parler (1)
repasser like parler (1)
répéter like préférer (12)
repeupler like parler (1)
répondre like vendre (3)
réserver like parler (1)
rester* like parler (1)
retenir like tenir (40)
retirer like parler (1)
retourner* like parler (1)
retrouver like parler (1)
réussir like finir (2)
revenir like venir (41)

revoir like voir (42)
rire (37)
rouler like parler (1)
salir like finir (2)
s'amuser like se laver (6)
s'asseoir (14)
sauvegarder like parler (1)
sauver like parler (1)
savoir (38)
se brosser like se laver (6)
se coiffer like se laver (6)
se composer like se laver (6)
se connecter like se laver (6)
se coucher like se laver (6)
se croiser like se laver (6)
se dépêcher like se laver (6)
se déplacer* like commencer (9)
se déshabiller like se laver (6)
se détendre* like vendre (3)
se disputer like se laver (6)
s'embrasser like se laver (6)
s'endormir like partir (32)
s'énerver like se laver (6)
s'ennuyer* like essayer (10)
s'excuser like se laver (6)
se fouler like se laver (6)
s'installer like se laver (6)
se laver (6)
se lever* like acheter (7)
se maquiller like se laver (6)
se marier like se laver (6)
se promener* like acheter (7)
se rappeler* like appeler (8)
se raser like se laver (6)
se rebeller like se laver (6)
se réconcilier like se laver (6)
se relever* like acheter (7)
se reposer like se laver (6)
se réveiller like se laver (6)

servir† like partir (32)
se sécher* like préférer (12)
se souvenir like venir (41)
se tromper like se laver (6)
s'habiller like se laver (6)
sentir† like partir (32)
signer like parler (1)
s'inquiéter* like préférer (12)
s'intéresser like se laver (6)
skier like parler (1)
s'occuper like se laver (6)
sonner like parler (1)
s'orienter like se laver (6)
sortir like partir (32)
sourire like rire (37)
souffrir like ouvrir (31)
souhaiter like parler (1)
subvenir† like venir (41)
suffire like lire (27)
suggérer like préférer (12)
suivre (39)
surfer like parler (1)
surprendre like prendre (35)
télécharger like parler (1)
téléphoner like parler (1)
tenir (40)
tomber* like parler (1)
tourner like parler (1)
tousser like parler (1)
traduire like conduire (16)
travailler like parler (1)
traverser like parler (1)
trouver like parler (1)
tuer like parler (1)
utiliser like parler (1)
valoir like falloir (26)
vendre (3)
venir (41); **p.c.** with **être**
vérifier like parler (1)
visiter like parler (1)
vivre like suivre (39)
voir (42)
vouloir (43)
voyager like manger (11)

Regular verbs

Infinitive / Past participle	Subject Pronouns	INDICATIVE				CONDITIONAL	SUBJUNCTIVE	IMPERATIVE
		Present	Passé composé	Imperfect	Future	Present	Present	
1 parler *(to speak)* parlé	je (j')	parle	ai parlé	parlais	parlerai	parlerais	parle	
	tu	parles	as parlé	parlais	parleras	parlerais	parles	parle
	il/elle/on	parle	a parlé	parlait	parlera	parlerait	parle	
	nous	parlons	avons parlé	parlions	parlerons	parlerions	parlions	parlons
	vous	parlez	avez parlé	parliez	parlerez	parleriez	parliez	parlez
	ils/elles	parlent	ont parlé	parlaient	parleront	parleraient	parlent	
2 finir *(to finish)* fini	je (j')	finis	ai fini	finissais	finirai	finirais	finisse	
	tu	finis	as fini	finissais	finiras	finirais	finisses	finis
	il/elle/on	finit	a fini	finissait	finira	finirait	finisse	
	nous	finissons	avons fini	finissions	finirons	finirions	finissions	finissons
	vous	finissez	avez fini	finissiez	finirez	finiriez	finissiez	finissez
	ils/elles	finissent	ont fini	finissaient	finiront	finiraient	finissent	
3 vendre *(to sell)* vendu	je (j')	vends	ai vendu	vendais	vendrai	vendrais	vende	
	tu	vends	as vendu	vendais	vendras	vendrais	vendes	vends
	il/elle/on	vend	a vendu	vendait	vendra	vendrait	vende	
	nous	vendons	avons vendu	vendions	vendrons	vendrions	vendions	vendons
	vous	vendez	avez vendu	vendiez	vendrez	vendriez	vendiez	vendez
	ils/elles	vendent	ont vendu	vendaient	vendront	vendraient	vendent	

Auxiliary verbs: *avoir* and *être*

Infinitive / Past participle	Subject Pronouns	INDICATIVE Present	Passé composé	Imperfect	Future	CONDITIONAL Present	SUBJUNCTIVE Present	IMPERATIVE
4 avoir *(to have)* eu	j'	ai	ai eu	avais	aurai	aurais	aie	
	tu	as	as eu	avais	auras	aurais	aies	aie
	il/elle/on	a	a eu	avait	aura	aurait	ait	
	nous	avons	avons eu	avions	aurons	aurions	ayons	ayons
	vous	avez	avez eu	aviez	aurez	auriez	ayez	ayez
	ils/elles	ont	ont eu	avaient	auront	auraient	aient	
5 être *(to be)* été	je (j')	suis	ai été	étais	serai	serais	sois	
	tu	es	as été	étais	seras	serais	sois	sois
	il/elle/on	est	a été	était	sera	serait	soit	
	nous	sommes	avons été	étions	serons	serions	soyons	soyons
	vous	êtes	avez été	étiez	serez	seriez	soyez	soyez
	ils/elles	sont	ont été	étaient	seront	seraient	soient	

Reflexive (Pronominal)

Infinitive / Past participle	Subject Pronouns	INDICATIVE Present	Passé composé	Imperfect	Future	CONDITIONAL Present	SUBJUNCTIVE Present	IMPERATIVE
6 se laver *(to wash oneself)* lavé	je	me lave	me suis lavé(e)	me lavais	me laverai	me laverais	me lave	
	tu	te laves	t'es lavé(e)	te lavais	te laveras	te laverais	te laves	lave-toi
	il/elle/on	se lave	s'est lavé(e)	se lavait	se lavera	se laverait	se lave	
	nous	nous lavons	nous sommes lavé(e)s	nous lavions	nous laverons	nous laverions	nous lavions	lavons-nous
	vous	vous lavez	vous êtes lavé(e)s	vous laviez	vous laverez	vous laveriez	vous laviez	lavez-vous
	ils/elles	se lavent	se sont lavé(e)s	se lavaient	se laveront	se laveraient	se lavent	

Verbs with spelling changes

Infinitive / Past participle	Subject Pronouns	INDICATIVE Present	Passé composé	Imperfect	Future	CONDITIONAL Present	SUBJUNCTIVE Present	IMPERATIVE
7 acheter (*to buy*) acheté	j'	achète	ai acheté	achetais	achèterai	achèterais	achète	
	tu	achètes	as acheté	achetais	achèteras	achèterais	achètes	achète
	il/elle/on	achète	a acheté	achetait	achètera	achèterait	achète	
	nous	achetons	avons acheté	achetions	achèterons	achèterions	achetions	achetons
	vous	achetez	avez acheté	achetiez	achèterez	achèteriez	achetiez	achetez
	ils/elles	achètent	ont acheté	achetaient	achèteront	achèteraient	achètent	
8 appeler (*to call*) appelé	j'	appelle	ai appelé	appelais	appellerai	appellerais	appelle	
	tu	appelles	as appelé	appelais	appelleras	appellerais	appelles	appelle
	il/elle/on	appelle	a appelé	appelait	appellera	appellerait	appelle	
	nous	appelons	avons appelé	appelions	appellerons	appellerions	appelions	appelons
	vous	appelez	avez appelé	appeliez	appellerez	appelleriez	appeliez	appelez
	ils/elles	appellent	ont appelé	appelaient	appelleront	appelleraient	appellent	
9 commencer (*to begin*) commencé	je (j')	commence	ai commencé	commençais	commencerai	commencerais	commence	
	tu	commences	as commencé	commençais	commenceras	commencerais	commences	commence
	il/elle/on	commence	a commencé	commençait	commencera	commencerait	commence	
	nous	commençons	avons commencé	commencions	commencerons	commencerions	commencions	commençons
	vous	commencez	avez commencé	commenciez	commencerez	commenceriez	commenciez	commencez
	ils/elles	commencent	ont commencé	commençaient	commenceront	commenceraient	commencent	
10 essayer (*to try*) essayé	j'	essaie	ai essayé	essayais	essaierai	essaierais	essaie	
	tu	essaies	as essayé	essayais	essaieras	essaierais	essaies	essaie
	il/elle/on	essaie	a essayé	essayait	essaiera	essaierait	essaie	
	nous	essayons	avons essayé	essayions	essaierons	essaierions	essayions	essayons
	vous	essayez	avez essayé	essayiez	essaierez	essaieriez	essayiez	essayez
	ils/elles	essayent	ont essayé	essayaient	essaieront	essaieraient	essaient	
11 manger (*to eat*) mangé	je (j')	mange	ai mangé	mangeais	mangerai	mangerais	mange	
	tu	manges	as mangé	mangeais	mangeras	mangerais	manges	mange
	il/elle/on	mange	a mangé	mangeait	mangera	mangerait	mange	
	nous	mangeons	avons mangé	mangions	mangerons	mangerions	mangions	mangeons
	vous	mangez	avez mangé	mangiez	mangerez	mangeriez	mangiez	mangez
	ils/elles	mangent	ont mangé	mangeaient	mangeront	mangeraient	mangent	

12 | préférer (to prefer) | préféré

Infinitive / Past participle	Subject Pronouns	INDICATIVE Present	Passé composé	Imperfect	Future	CONDITIONAL Present	SUBJUNCTIVE Present	IMPERATIVE
préférer *(to prefer)* préféré	je (j')	préfère	ai préféré	préférais	préférerai	préférerais	préfère	
	tu	préfères	as préféré	préférais	préféreras	préférerais	préfères	préfère
	il/elle/on	préfère	a préféré	préférait	préférera	préférerait	préfère	
	nous	préférons	avons préféré	préférions	préférerons	préférerions	préférions	préférons
	vous	préférez	avez préféré	préfériez	préférerez	préféreriez	préfériez	préférez
	ils/elles	préfèrent	ont préféré	préféraient	préféreront	préféreraient	préfèrent	

Irregular verbs

Infinitive / Past participle	Subject Pronouns	INDICATIVE Present	Passé composé	Imperfect	Future	CONDITIONAL Present	SUBJUNCTIVE Present	IMPERATIVE
13 aller *(to go)* allé	je (j')	vais	suis allé(e)	allais	irai	irais	aille	
	tu	vas	es allé(e)	allais	iras	irais	ailles	va
	il/elle/on	va	est allé(e)	allait	ira	irait	aille	
	nous	allons	sommes allé(e)s	allions	irons	irions	allions	allons
	vous	allez	êtes allé(e)s	alliez	irez	iriez	alliez	allez
	ils/elles	vont	sont allé(e)s	allaient	iront	iraient	aillent	
14 s'asseoir *(to sit down, to be seated)* assis	je	m'assieds	me suis assis(e)	m'asseyais	m'assiérai	m'assiérais	m'asseye	
	tu	t'assieds	t'es assis(e)	t'asseyais	t'assiéras	t'assiérais	t'asseyes	assieds-toi
	il/elle/on	s'assied	s'est assis(e)	s'asseyait	s'assiéra	s'assiérait	s'asseye	
	nous	nous asseyons	nous sommes assis(e)s	nous asseyions	nous assiérons	nous assiérions	nous asseyions	asseyons-nous
	vous	vous asseyez	vous êtes assis(e)s	vous asseyiez	vous assiérez	vous assiériez	vous asseyiez	asseyez-vous
	ils/elles	s'asseyent	se sont assis(e)s	s'asseyaient	s'assiéront	s'assiéraient	s'asseyent	
15 boire *(to drink)* bu	je (j')	bois	ai bu	buvais	boirai	boirais	boive	
	tu	bois	as bu	buvais	boiras	boirais	boives	bois
	il/elle/on	boit	a bu	buvait	boira	boirait	boive	
	nous	buvons	avons bu	buvions	boirons	boirions	buvions	buvons
	vous	buvez	avez bu	buviez	boirez	boiriez	buviez	buvez
	ils/elles	boivent	ont bu	buvaient	boiront	boiraient	boivent	

Infinitive / Past participle	Subject Pronouns	INDICATIVE Present	Passé composé	Imperfect	Future	CONDITIONAL Present	SUBJUNCTIVE Present	IMPERATIVE
16 conduire *(to drive; to lead)* / conduit	je (j')	conduis	ai conduit	conduisais	conduirai	conduirais	conduise	
	tu	conduis	as conduit	conduisais	conduiras	conduirais	conduises	conduis
	il/elle/on	conduit	a conduit	conduisait	conduira	conduirait	conduise	
	nous	conduisons	avons conduit	conduisions	conduirons	conduirions	conduisions	conduisons
	vous	conduisez	avez conduit	conduisiez	conduirez	conduiriez	conduisiez	conduisez
	ils/elles	conduisent	ont conduit	conduisaient	conduiront	conduiraient	conduisent	
17 connaître *(to know, to be acquainted with)* / connu	je (j')	connais	ai connu	connaissais	connaîtrai	connaîtrais	connaisse	
	tu	connais	as connu	connaissais	connaîtras	connaîtrais	connaisses	connais
	il/elle/on	connaît	a connu	connaissait	connaîtra	connaîtrait	connaisse	
	nous	connaissons	avons connu	connaissions	connaîtrons	connaîtrions	connaissions	connaissons
	vous	connaissez	avez connu	connaissiez	connaîtrez	connaîtriez	connaissiez	connaissez
	ils/elles	connaissent	ont connu	connaissaient	connaîtront	connaîtraient	connaissent	
18 courir *(to run)* / couru	je (j')	cours	ai couru	courais	courrai	courrais	coure	
	tu	cours	as couru	courais	courras	courrais	coures	cours
	il/elle/on	court	a couru	courait	courra	courrait	coure	
	nous	courons	avons couru	courions	courrons	courrions	courions	courons
	vous	courez	avez couru	couriez	courrez	courriez	couriez	courez
	ils/elles	courent	ont couru	couraient	courront	courraient	courent	
19 croire *(to believe)* / cru	je (j')	crois	ai cru	croyais	croirai	croirais	croie	
	tu	crois	as cru	croyais	croiras	croirais	croies	crois
	il/elle/on	croit	a cru	croyait	croira	croirait	croie	
	nous	croyons	avons cru	croyions	croirons	croirions	croyions	croyons
	vous	croyez	avez cru	croyiez	croirez	croiriez	croyiez	croyez
	ils/elles	croient	ont cru	croyaient	croiront	croiraient	croient	
20 devoir *(to have to; to owe)* / dû	je (j')	dois	ai dû	devais	devrai	devrais	doive	
	tu	dois	as dû	devais	devras	devrais	doives	dois
	il/elle/on	doit	a dû	devait	devra	devrait	doive	
	nous	devons	avons dû	devions	devrons	devrions	devions	devons
	vous	devez	avez dû	deviez	devrez	devriez	deviez	devez
	ils/elles	doivent	ont dû	devaient	devront	devraient	doivent	

Infinitive / Past participle	Subject Pronouns	INDICATIVE				CONDITIONAL	SUBJUNCTIVE	IMPERATIVE
		Present	Passé composé	Imperfect	Future	Present	Present	
21 dire (to say, to tell) — dit	je (j')	dis	ai dit	disais	dirai	dirais	dise	
	tu	dis	as dit	disais	diras	dirais	dises	dis
	il/elle/on	dit	a dit	disait	dira	dirait	dise	
	nous	disons	avons dit	disions	dirons	dirions	disions	disons
	vous	dites	avez dit	disiez	direz	diriez	disiez	dites
	ils/elles	disent	ont dit	disaient	diront	diraient	disent	
22 écrire (to write) — écrit	j'	écris	ai écrit	écrivais	écrirai	écrirais	écrive	
	tu	écris	as écrit	écrivais	écriras	écrirais	écrives	écris
	il/elle/on	écrit	a écrit	écrivait	écrira	écrirait	écrive	
	nous	écrivons	avons écrit	écrivions	écrirons	écririons	écrivions	écrivons
	vous	écrivez	avez écrit	écriviez	écrirez	écririez	écriviez	écrivez
	ils/elles	écrivent	ont écrit	écrivaient	écriront	écriraient	écrivent	
23 envoyer (to send) — envoyé	j'	envoie	ai envoyé	envoyais	enverrai	enverrais	envoie	
	tu	envoies	as envoyé	envoyais	enverras	enverrais	envoies	envoie
	il/elle/on	envoie	a envoyé	envoyait	enverra	enverrait	envoie	
	nous	envoyons	avons envoyé	envoyions	enverrons	enverrions	envoyions	envoyons
	vous	envoyez	avez envoyé	envoyiez	enverrez	enverriez	envoyiez	envoyez
	ils/elles	envoient	ont envoyé	envoyaient	enverront	enverraient	envoient	
24 éteindre (to turn off) — éteint	j'	éteins	ai éteint	éteignais	éteindrai	éteindrais	éteigne	
	tu	éteins	as éteint	éteignais	éteindras	éteindrais	éteignes	éteins
	il/elle/on	éteint	a éteint	éteignait	éteindra	éteindrait	éteigne	
	nous	éteignons	avons éteint	éteignions	éteindrons	éteindrions	éteignions	éteignons
	vous	éteignez	avez éteint	éteigniez	éteindrez	éteindriez	éteigniez	éteignez
	ils/elles	éteignent	ont éteint	éteignaient	éteindront	éteindraient	éteignent	
25 faire (to do; to make) — fait	je (j')	fais	ai fait	faisais	ferai	ferais	fasse	
	tu	fais	as fait	faisais	feras	ferais	fasses	fais
	il/elle/on	fait	a fait	faisait	fera	ferait	fasse	
	nous	faisons	avons fait	faisions	ferons	ferions	fassions	faisons
	vous	faites	avez fait	faisiez	ferez	feriez	fassiez	faites
	ils/elles	font	ont fait	faisaient	feront	feraient	fassent	
26 falloir (to be necessary) — fallu	il	faut	a fallu	fallait	faudra	faudrait	faille	

Infinitive / Past participle	Subject Pronouns	INDICATIVE Present	INDICATIVE Passé composé	INDICATIVE Imperfect	INDICATIVE Future	CONDITIONAL Present	SUBJUNCTIVE Present	IMPERATIVE
27 lire *(to read)* lu	je (j')	lis	ai lu	lisais	lirai	lirais	lise	
	tu	lis	as lu	lisais	liras	lirais	lises	lis
	il/elle/on	lit	a lu	lisait	lira	lirait	lise	
	nous	lisons	avons lu	lisions	lirons	lirions	lisions	lisons
	vous	lisez	avez lu	lisiez	lirez	liriez	lisiez	lisez
	ils/elles	lisent	ont lu	lisaient	liront	liraient	lisent	
28 mettre *(to put)* mis	je (j')	mets	ai mis	mettais	mettrai	mettrais	mette	
	tu	mets	as mis	mettais	mettras	mettrais	mettes	mets
	il/elle/on	met	a mis	mettait	mettra	mettrait	mette	
	nous	mettons	avons mis	mettions	mettrons	mettrions	mettions	mettons
	vous	mettez	avez mis	mettiez	mettrez	mettriez	mettiez	mettez
	ils/elles	mettent	ont mis	mettaient	mettront	mettraient	mettent	
29 mourir *(to die)* mort	je	meurs	suis mort(e)	mourais	mourrai	mourrais	meure	
	tu	meurs	es mort(e)	mourais	mourras	mourrais	meures	meurs
	il/elle/on	meurt	est mort(e)	mourait	mourra	mourrait	meure	
	nous	mourons	sommes mort(e)s	mourions	mourrons	mourrions	mourions	mourons
	vous	mourez	êtes mort(e)s	mouriez	mourrez	mourriez	mouriez	mourez
	ils/elles	meurent	sont mort(e)s	mouraient	mourront	mourraient	meurent	
30 naître *(to be born)* né	je	nais	suis né(e)	naissais	naîtrai	naîtrais	naisse	
	tu	nais	es né(e)	naissais	naîtras	naîtrais	naisses	nais
	il/elle/on	naît	est né(e)	naissait	naîtra	naîtrait	naisse	
	nous	naissons	sommes né(e)s	naissions	naîtrons	naîtrions	naissions	naissons
	vous	naissez	êtes né(e)s	naissiez	naîtrez	naîtriez	naissiez	naissez
	ils/elles	naissent	sont né(e)s	naissaient	naîtront	naîtraient	naissent	
31 ouvrir *(to open)* ouvert	j'	ouvre	ai ouvert	ouvrais	ouvrirai	ouvrirais	ouvre	
	tu	ouvres	as ouvert	ouvrais	ouvriras	ouvrirais	ouvres	ouvre
	il/elle/on	ouvre	a ouvert	ouvrait	ouvrira	ouvrirait	ouvre	
	nous	ouvrons	avons ouvert	ouvrions	ouvrirons	ouvririons	ouvrions	ouvrons
	vous	ouvrez	avez ouvert	ouvriez	ouvrirez	ouvririez	ouvriez	ouvrez
	ils/elles	ouvrent	ont ouvert	ouvraient	ouvriront	ouvriraient	ouvrent	

		INDICATIVE					CONDITIONAL	SUBJUNCTIVE	IMPERATIVE
Infinitive **Past participle**	**Subject Pronouns**	**Present**	**Passé composé**	**Imperfect**	**Future**		**Present**	**Present**	
partir	je	pars	suis parti(e)	partais	partirai		partirais	parte	
(to leave)	tu	pars	es parti(e)	partais	partiras		partirais	partes	pars
	il/elle/on	part	est parti(e)	partait	partira		partirait	parte	
parti	nous	partons	sommes parti(e)s	partions	partirons		partirions	partions	partons
	vous	partez	êtes parti(e)(s)	partiez	partirez		partiriez	partiez	partez
	ils/elles	partent	sont parti(e)s	partaient	partiront		partiraient	partent	
pleuvoir	il	pleut	a plu	pleuvait	pleuvra		pleuvrait	pleuve	
(to rain)									
plu									
pouvoir	je (j')	peux	ai pu	pouvais	pourrai		pourrais	puisse	
(to be able)	tu	peux	as pu	pouvais	pourras		pourrais	puisses	
	il/elle/on	peut	a pu	pouvait	pourra		pourrait	puisse	
pu	nous	pouvons	avons pu	pouvions	pourrons		pourrions	puissions	
	vous	pouvez	avez pu	pouviez	pourrez		pourriez	puissiez	
	ils/elles	peuvent	ont pu	pouvaient	pourront		pourraient	puissent	
prendre	je (j')	prends	ai pris	prenais	prendrai		prendrais	prenne	
(to take)	tu	prends	as pris	prenais	prendras		prendrais	prennes	prends
	il/elle/on	prend	a pris	prenait	prendra		prendrait	prenne	
pris	nous	prenons	avons pris	prenions	prendrons		prendrions	prenions	prenons
	vous	prenez	avez pris	preniez	prendrez		prendriez	preniez	prenez
	ils/elles	prennent	ont pris	prenaient	prendront		prendraient	prennent	
recevoir	je (j')	reçois	ai reçu	recevais	recevrai		recevrais	reçoive	
(to receive)	tu	reçois	as reçu	recevais	recevras		recevrais	reçoives	reçois
	il/elle/on	reçoit	a reçu	recevait	recevra		recevrait	reçoive	
reçu	nous	recevons	avons reçu	recevions	recevrons		recevrions	recevions	recevons
	vous	recevez	avez reçu	receviez	recevrez		recevriez	receviez	recevez
	ils/elles	reçoivent	ont reçu	recevaient	recevront		recevraient	reçoivent	
rire	je (j')	ris	ai ri	riais	rirai		rirais	rie	
(to laugh)	tu	ris	as ri	riais	riras		rirais	ries	ris
	il/elle/on	rit	a ri	riait	rira		rirait	rie	
ri	nous	rions	avons ri	riions	rirons		ririons	riions	rions
	vous	riez	avez ri	riiez	rirez		ririez	riiez	riez
	ils/elles	rient	ont ri	riaient	riront		riraient	rient	

32 **33** **34** **35** **36** **37**

	Infinitive Past participle	Subject Pronouns	INDICATIVE Present	INDICATIVE Passé composé	INDICATIVE Imperfect	INDICATIVE Future	CONDITIONAL Present	SUBJUNCTIVE Present	IMPERATIVE
38	savoir (to know) su	je (j')	sais	ai su	savais	saurai	saurais	sache	
		tu	sais	as su	savais	sauras	saurais	saches	sache
		il/elle/on	sait	a su	savait	saura	saurait	sache	
		nous	savons	avons su	savions	saurons	saurions	sachions	sachons
		vous	savez	avez su	saviez	saurez	sauriez	sachiez	sachez
		ils/elles	savent	ont su	savaient	sauront	sauraient	sachent	
39	suivre (to follow) suivi	je (j')	suis	ai suivi	suivais	suivrai	suivrais	suive	
		tu	suis	as suivi	suivais	suivras	suivrais	suives	suis
		il/elle/on	suit	a suivi	suivait	suivra	suivrait	suive	
		nous	suivons	avons suivi	suivions	suivrons	suivrions	suivions	suivons
		vous	suivez	avez suivi	suiviez	suivrez	suivriez	suiviez	suivez
		ils/elles	suivent	ont suivi	suivaient	suivront	suivraient	suivent	
40	tenir (to hold) tenu	je (j')	tiens	ai tenu	tenais	tiendrai	tiendrais	tienne	
		tu	tiens	as tenu	tenais	tiendras	tiendrais	tiennes	tiens
		il/elle/on	tient	a tenu	tenait	tiendra	tiendrait	tienne	
		nous	tenons	avons tenu	tenions	tiendrons	tiendrions	tenions	tenons
		vous	tenez	avez tenu	teniez	tiendrez	tiendriez	teniez	tenez
		ils/elles	tiennent	ont tenu	tenaient	tiendront	tiendraient	tiennent	
41	venir (to come) venu	je	viens	suis venu(e)	venais	viendrai	viendrais	vienne	
		tu	viens	es venu(e)	venais	viendras	viendrais	viennes	viens
		il/elle/on	vient	est venu(e)	venait	viendra	viendrait	vienne	
		nous	venons	sommes venu(e)s	venions	viendrons	viendrions	venions	venons
		vous	venez	êtes venu(e)(s)	veniez	viendrez	viendriez	veniez	venez
		ils/elles	viennent	sont venu(e)s	venaient	viendront	viendraient	viennent	
42	voir (to see) vu	je (j')	vois	ai vu	voyais	verrai	verrais	voie	
		tu	vois	as vu	voyais	verras	verrais	voies	vois
		il/elle/on	voit	a vu	voyait	verra	verrait	voie	
		nous	voyons	avons vu	voyions	verrons	verrions	voyions	voyons
		vous	voyez	avez vu	voyiez	verrez	verriez	voyiez	voyez
		ils/elles	voient	ont vu	voyaient	verront	verraient	voient	
43	vouloir (to want, to wish) voulu	je (j')	veux	ai voulu	voulais	voudrai	voudrais	veuille	
		tu	veux	as voulu	voulais	voudras	voudrais	veuilles	veuille
		il/elle/on	veut	a voulu	voulait	voudra	voudrait	veuille	
		nous	voulons	avons voulu	voulions	voudrons	voudrions	voulions	veuillons
		vous	voulez	avez voulu	vouliez	voudrez	voudriez	vouliez	veuillez
		ils/elles	veulent	ont voulu	voulaient	voudront	voudraient	veuillent	

Guide to Vocabulary

This glossary contains the words and expressions listed on the **Vocabulaire** page found at the end of each unit in **D'ACCORD!** Levels 1 & 2. The number following an entry indicates the **D'ACCORD!** level and unit where the term was introduced. For example, the first entry in the glossary, **à**, was introduced in **D'ACCORD!** Level 1, Unit 4. Note that **II–P** refers to the **Unité Préliminaire** in **D'ACCORD!** Level 2.

Abbreviations used in this glossary

adj.	adjective	*f.*	feminine	*i.o.*	indirect object	*prep.*	preposition
adv.	adverb	*fam.*	familiar	*m.*	masculine	*pron.*	pronoun
art.	article	*form.*	formal	*n.*	noun	*refl.*	reflexive
comp.	comparative	*imp.*	imperative	*obj.*	object	*rel.*	relative
conj.	conjunction	*indef.*	indefinite	*part.*	partitive	*sing.*	singular
def.	definite	*interj.*	interjection	*p.p.*	past participle	*sub.*	subject
dem.	demonstrative	*interr.*	interrogative	*pl.*	plural	*super.*	superlative
disj.	disjunctive	*inv.*	invariable	*poss.*	possessive	*v.*	verb
d.o.	direct object						

French-English

A

à *prep.* at; in; to I-4
  À bientôt. See you soon. I-1
  à condition que on the condition that, provided that II-7
  à côté de *prep.* next to I-3
  À demain. See you tomorrow. I-1
  à droite (de) *prep.* to the right (of) I-3
  à gauche (de) *prep.* to the left (of) I-3
  à … heure(s) at … (o'clock) I-4
  à la radio on the radio II-7
  à la télé(vision) on television II-7
  à l'étranger abroad, overseas I-7
  à mi-temps half-time (*job*) II-5
  à moins que unless II-7
  à plein temps full-time (*job*) II-5
  À plus tard. See you later. I-1
  À quelle heure? What time?; When? I-2
  À qui? To whom? I-4
  À table! Let's eat! Food is on! II-1
  à temps partiel part-time (*job*) II-5
  À tout à l'heure. See you later. I-1
  au bout (de) *prep.* at the end (of) II-4

au contraire on the contrary II-7
au fait by the way I-3
au printemps in the spring I-5
Au revoir. Good-bye. I-1
au secours help II-3
au sujet de on the subject of, about II-6
abolir *v.* to abolish II-6
absolument *adv.* absolutely I-8, II-P
accident *m.* accident II-3
  avoir un accident to have/to be in an accident II-3
accompagner *v.* to accompany II-4
acheter *v.* to buy I-5
acteur *m.* actor I-1
actif/active *adj.* active I-3
activement *adv.* actively I-8, II-P
actrice *f.* actress I-1
addition *f.* check, bill I-4
adieu farewell II-6
adolescence *f.* adolescence I-6
adorer *v.* to love I-2
  J'adore… I love… I-2
adresse *f.* address II-4
aérobic *m.* aerobics I-5
  faire de l'aérobic *v.* to do aerobics I-5
aéroport *m.* airport I-7
affaires *f., pl.* business I-3
affiche *f.* poster I-8, II-P
afficher *v.* to post II-5
âge *m.* age I-6
  âge adulte *m.* adulthood I-6
agence de voyages *f.* travel agency I-7
agent *m.* officer; agent II-3

agent de police *m.* police officer II-3
agent de voyages *m.* travel agent I-7
agent immobilier *m.* real estate agent II-5
agréable *adj.* pleasant I-1
agriculteur/agricultrice *m., f.* farmer II-5
aider (à) *v.* to help (*to do something*) I-5
aie (avoir) *imp. v.* have I-7
ail *m.* garlic II-1
aimer *v.* to like I-2
  aimer mieux to prefer I-2
  aimer que… to like that… II-6
  J'aime bien… I really like… I-2
  Je n'aime pas tellement… I don't like … very much. I-2
aîné(e) *adj.* elder I-3
algérien(ne) *adj.* Algerian I-1
aliment *m.* food item; a food II-1
Allemagne *f.* Germany I-7
allemand(e) *adj.* German I-1
aller *v.* to go I-4
  aller à la pêche to go fishing I-5
  aller aux urgences to go to the emergency room II-2
  aller avec to go with I-6
  aller-retour *adj.* round-trip I-7
  billet aller-retour *m.* round-trip ticket I-7
Allons-y! Let's go! I-2
Ça va? What's up?; How are things? I-1
Comment allez-vous? *form.* How are you? I-1
Comment vas-tu? *fam.* How are you? I-1

Je m'en vais. I'm leaving. I-8, II-P

Je vais bien/mal. I am doing well/badly. I-1

J'y vais. I'm going/coming. I-8, II-P

Nous y allons. We're going/coming. II-1

allergie *f.* allergy II-2

Allez. Come on. I-5

allô *(on the phone)* hello I-1

allumer *v.* to turn on II-3

alors *adv.* so, then; at that moment I-2

améliorer *v.* to improve II-5

amende *f.* fine II-3

amener *v.* to bring *(someone)* I-5

américain(e) *adj.* American I-1

  football américain *m.* football I-5

ami(e) *m., f.* friend I-1

  petit(e) ami(e) *m., f.* boy-friend/girlfriend I-1

amitié *f.* friendship I-6

amour *m.* love I-6

amoureux/amoureuse *adj.* in love I-6

  tomber amoureux/amoureuse *v.* to fall in love I-6

amusant(e) *adj.* fun I-1

an *m.* year I-2

ancien(ne) *adj.* ancient, old; former II-7

ange *m.* angel I-1

anglais(e) *adj.* English I-1

angle *m.* corner II-4

Angleterre *f.* England I-7

animal *m.* animal II-6

année *f.* year I-2

  cette année this year I-2

anniversaire *m.* birthday I-5

  C'est quand l'anniversaire de ... ? When is ...'s birthday? I-5

  C'est quand ton/votre anniversaire? When is your birthday? I-5

annuler (une réservation) *v.* to cancel (a reservation) I-7

anorak *m.* ski jacket, parka I-6

antipathique *adj.* unpleasant I-3

août *m.* August I-5

apercevoir *v.* to see, to catch sight of II-4

aperçu (apercevoir) *p.p.* seen, caught sight of II-4

appareil *m.* (on the phone) telephone II-5

  appareil (électrique/ménager) *m.* (electrical/household) appliance I-8, II-P

appareil photo (numérique) *m.* (digital) camera II-3

C'est M./Mme/Mlle ... à l'appareil. It's Mr./Mrs./Miss ... on the phone. II-5

Qui est à l'appareil? Who's calling, please? II-5

appartement *m.* apartment II-7

appeler *v.* to call I-7

applaudir *v.* to applaud II-7

applaudissement *m.* applause II-7

apporter *v.* to bring, to carry *(something)* I-4

apprendre (à) *v.* to teach; to learn *(to do something)* I-4

appris (apprendre) *p.p., adj.* learned I-6

après (que) *adv.* after I-2

après-demain *adv.* day after tomorrow I-2

après-midi *m.* afternoon I-2

  cet après-midi this afternoon I-2

  de l'après-midi in the afternoon I-2

  demain après-midi *adv.* tomorrow afternoon I-2

  hier après-midi *adv.* yesterday afternoon I-7

arbre *m.* tree II-6

architecte *m., f.* architect I-3

architecture *f.* architecture I-2

argent *m.* money II-4

  dépenser de l'argent *v.* to spend money I-4

  déposer de l'argent *v.* to deposit money II-4

  retirer de l'argent *v.* to withdraw money II-4

armoire *f.* armoire, wardrobe I-8, II-P

arrêt d'autobus (de bus) *m.* bus stop I-7

arrêter (de faire quelque chose) *v.* to stop (doing something) II-3

arrivée *f.* arrival I-7

arriver (à) *v.* to arrive; to manage *(to do something)* I-2

art *m.* art I-2

  beaux-arts *m., pl.* fine arts II-7

artiste *m., f.* artist I-3

ascenseur *m.* elevator I-7

aspirateur *m.* vacuum cleaner I-8, II-P

  passer l'aspirateur to vacuum I-8, II-P

aspirine *f.* aspirin II-2

Asseyez-vous! (s'asseoir) *imp. v.* Have a seat! II-2

assez *adv. (before adjective or adverb)* pretty; quite I-8, II-P

assez (de) *(before noun)* enough (of) I-4

  pas assez (de) not enough (of) I-4

assiette *f.* plate II-1

assis (s'asseoir) *p.p., adj. (used as past participle)* sat down; *(used as adjective)* sitting, seated II-2

assister *v.* to attend I-2

assurance (maladie/vie) *f.* (health/life) insurance II-5

athlète *m., f.* athlete I-3

attacher *v.* to attach II-3

  attacher sa ceinture de sécurité to buckle one's seatbelt II-3

attendre *v.* to wait I-6

attention *f.* attention I-5

  faire attention (à) *v.* to pay attention (to) I-5

au (à + le) *prep.* to/at the I-4

auberge de jeunesse *f.* youth hostel I-7

aucun(e) *adj.* no; *pron.* none II-2

  ne... aucun(e) none, not any II-4

augmentation (de salaire) *f.* raise (in salary) II-5

aujourd'hui *adv.* today I-2

auquel (à + lequel) *pron., m., sing.* which one II-5

aussi *adv.* too, as well; as I-1

  Moi aussi. Me too. I-1

  aussi ... que *(used with an adjective)* as ... as II-1

autant de ... que *adv. (used with noun to express quantity)* as much/as many ... as II-6

auteur/femme auteur *m., f.* author II-7

autobus *m.* bus I-7

  arrêt d'autobus (de bus) *m.* bus stop I-7

  prendre un autobus to take a bus I-7

automne *m.* fall I-5

  à l'automne in the fall I-5

autoroute *f.* highway II-3

autour (de) *prep.* around II-4

autrefois *adv.* in the past I-8, II-P

aux (à + les) to/at the I-4

auxquelles (à + lesquelles) *pron., f., pl.* which ones II-5

auxquels (à + lesquels) *pron., m., pl.* which ones II-5

avance *f.* advance I-2

  en avance *adv.* early I-2

avant (de/que) *adv.* before I-7

avant-hier *adv.* day before yesterday I-7

avec *prep.* with I-1

Avec qui? With whom? I-4
aventure *f.* adventure II-7
  film d'aventures *m.*
  adventure film II-7
avenue *f.* avenue II-4
avion *m.* airplane I-7
  prendre un avion *v.* to take
  a plane I-7
avocat(e) *m., f.* lawyer I-3
avoir *v.* to have I-2
  aie *imp. v.* have I-2
  avoir besoin (de) to need
  (*something*) I-2
  avoir chaud to be hot I-2
  avoir de la chance to be
  lucky I-2
  avoir envie (de) to feel like
  (*doing something*) I-2
  avoir faim to be hungry I-4
  avoir froid to be cold I-2
  avoir honte (de) to be
  ashamed (of) I-2
  avoir mal to have an ache II-2
  avoir mal au cœur to feel
  nauseated II-2
  avoir peur (de/que) to be
  afraid (of/that) I-2
  avoir raison to be right I-2
  avoir soif to be thirsty I-4
  avoir sommeil to be sleepy I-2
  avoir tort to be wrong I-2
  avoir un accident to have/to
  be in an accident II-3
  avoir un compte bancaire to
  have a bank account II-4
  en avoir marre to be fed up I-3
avril *m.* April I-5
ayez (avoir) *imp. v.* have I-7
ayons (avoir) *imp. v.* let's have I-7

B

bac(calauréat) *m.* an important
  exam taken by high-school
  students in France I-2
baguette *f.* baguette I-4
baignoire *f.* bathtub I-8, II-P
bain *m.* bath I-6
  salle de bains *f.* bathroom
  I-8, II-P
balai *m.* broom I-8, II-P
balayer *v.* to sweep I-8, II-P
balcon *m.* balcony I-8, II-P
banane *f.* banana II-1
banc *m.* bench II-4
bancaire *adj.* banking II-4
  avoir un compte bancaire *v.*
  to have a bank account II-4
bande dessinée (B.D.) *f.*
  comic strip I-5
banlieue *f.* suburbs I-4
banque *f.* bank II-4

banquier/banquière *m., f.*
  banker II-5
barbant *adj.,* **barbe** *f.* drag I-3
baseball *m.* baseball I-5
basket(-ball) *m.* basketball I-5
baskets *f., pl.* tennis shoes I-6
bateau *m.* boat I-7
  prendre un bateau *v.* to take
  a boat I-7
bateau-mouche *m.* riverboat I-7
bâtiment *m.* building II-4
batterie *f.* drums II-7
bavarder *v.* to chat I-4
beau (belle) *adj.* handsome;
  beautiful I-3
  **faire quelque chose de
  beau** *v.* to be up to something
  interesting II-4
  Il fait beau. The weather is
  nice. I-5
beaucoup (de) *adv.* a lot (of) 4
  Merci (beaucoup). Thank
  you (very much). I-1
beau-frère *m.* brother-in-law I-3
beau-père *m.* father-in-law;
  stepfather I-3
beaux-arts *m., pl.* fine arts II-7
belge *adj.* Belgian I-7
Belgique *f.* Belgium I-7
belle *adj., f. (feminine form of*
  beau*)* beautiful I-3
belle-mère *f.* mother-in-law;
  stepmother I-3
belle-sœur *f.* sister-in-law I-3
besoin *m.* need I-2
  avoir besoin (de) to need
  (*something*) I-2
beurre *m.* butter 4
bibliothèque *f.* library I-1
bien *adv.* well I-7
  bien sûr *adv.* of course I-2
  Je vais bien. I am doing
  well. I-1
  Très bien. Very well. I-1
bientôt *adv.* soon I-1
  À bientôt. See you soon. I-1
bienvenu(e) *adj.* welcome I-1
bière *f.* beer I-6
bijouterie *f.* jewelry store II-4
billet *m. (travel)* ticket I-7;
  (*money*) bills, notes II-4
  billet aller-retour *m.* round-
  trip ticket I-7
biologie *f.* biology I-2
biscuit *m.* cookie I-6
blague *f.* joke I-2
blanc(he) *adj.* white I-6
blessure *f.* injury, wound II-2
bleu(e) *adj.* blue I-3
blond(e) *adj.* blonde I-3
blouson *m.* jacket I-6
bœuf *m.* beef II-1

boire *v.* to drink I-4
bois *m.* wood II-6
boisson (gazeuse) *f.* (carbonated)
  drink/beverage I-4
boîte *f.* box; can II-1
  boîte aux lettres *f.* mailbox II-4
  boîte de conserve *f.* can
  (of food) II-1
  boîte de nuit *f.* nightclub I-4
bol *m.* bowl II-1
bon(ne) *adj.* kind; good I-3
  bon marché *adj.* inexpensive I-6
  Il fait bon. The weather is
  good/warm. I-5
bonbon *m.* candy I-6
bonheur *m.* happiness I-6
Bonjour. Good morning.;
  Hello. I-1
Bonsoir. Good evening.;
  Hello. I-1
bouche *f.* mouth II-2
boucherie *f.* butcher's shop II-1
boulangerie *f.* bread shop,
  bakery II-1
boulevard *m.* boulevard II-4
  suivre un boulevard *v.* to
  follow a boulevard II-4
bourse *f.* scholarship, grant I-2
bout *m.* end II-4
  au bout (de) *prep.* at the end
  (of) II-4
bouteille (de) *f.* bottle (of) I-4
boutique *f.* boutique, store II-4
bras *m.* arm II-2
brasserie *f.* café; restaurant II-4
Brésil *m.* Brazil II-2
brésilien(ne) *adj.* Brazilian I-7
bricoler *v.* to tinker; to do odd
  jobs I-5
brillant(e) *adj.* bright I-1
bronzer *v.* to tan I-6
brosse (à cheveux/à dents) *f.*
  (hair/tooth)brush II-2
brun(e) *adj.* (hair) dark I-3
bu (boire) *p.p.* drunk I-6
bureau *m.* desk; office I-1
  bureau de poste *m.* post
  office II-4
bus *m.* bus I-7
  arrêt d'autobus (de bus)
  m. bus stop I-7
  prendre un bus *v.* to take a
  bus I-7

C

ça *pron.* that; this; it I-1
  Ça dépend. It depends. I-4
  Ça ne nous regarde pas.
  That has nothing to do with us.;
  That is none of our business. II-6

Ça suffit. That's enough. I-5
Ça te dit? Does that appeal to you? II-6
Ça va? What's up?; How are things? I-1
ça veut dire that is to say II-2
Comme ci, comme ça. So-so. I-1
cabine téléphonique *f.* phone booth II-4
cadeau *m.* gift I-6
  paquet cadeau wrapped gift I-6
cadet(te) *adj.* younger I-3
cadre/femme cadre *m., f.* executive II-5
café *m.* café; coffee I-1
  terrasse de café *f.* café terrace I-4
  cuillére à café *f.* teaspoon II-1
cafetière *f.* coffeemaker I-8, II-P
cahier *m.* notebook I-1
calculatrice *f.* calculator I-1
calme *adj.* calm I-1; *m.* calm I-1
camarade *m., f.* friend I-1
  camarade de chambre *m., f.* roommate I-1
  camarade de classe *m., f.* classmate I-1
caméra vidéo *f.* camcorder II-3
caméscope *m.* camcorder II-3
campagne *f.* country(side) I-7
  pain de campagne *m.* country-style bread I-4
  pâté (de campagne) *m.* pâté, meat spread II-1
camping *m.* camping I-5
  faire du camping *v.* to go camping I-5
Canada *m.* Canada I-7
canadien(ne) *adj.* Canadian I-1
canapé *m.* couch I-8, II-P
candidat(e) *m., f.* candidate; applicant II-5
cantine *f.* (school) cafeteria II-1
capitale *f.* capital I-7
capot *m.* hood II-3
carafe (d'eau) *f.* pitcher (of water) II-1
carotte *f.* carrot II-1
carrefour *m.* intersection II-4
carrière *f.* career II-5
carte *f.* map I-1; menu II-1; card II-4
  payer avec une carte de crédit to pay with a credit card II-4
  carte postale *f.* postcard II-4
cartes *f. pl.* (*playing*) cards I-5

casquette *f.* (baseball) cap I-6
cassette vidéo *f.* videotape II-3
catastrophe *f.* catastrophe II-6
cave *f.* basement, cellar I-8, II-P
CD *m.* CD(s) II-3
ce *dem. adj., m., sing.* this; that I-6
  ce matin this morning I-2
  ce mois-ci this month I-2
  Ce n'est pas grave. It's no big deal. I-6
  ce soir this evening I-2
  ce sont... those are... I-1
  ce week-end this weekend I-2
ceinture *f.* belt I-6
  attacher sa ceinture de sécurité *v.* to buckle one's seatbelt II-3
célèbre *adj.* famous II-7
célébrer *v.* to celebrate I-5
célibataire *adj.* single I-3
celle *pron., f., sing.* this one; that one; the one II-6
celles *pron., f., pl.* these; those; the ones II-6
celui *pron., m., sing.* this one; that one; the one II-6
cent *m.* one hundred I-3
  cent mille *m.* one hundred thousand I-5
  cent un *m.* one hundred one I-5
  cinq cents *m.* five hundred I-5
centième *adj.* hundredth I-7
centrale nucléaire *f.* nuclear plant II-6
centre commercial *m.* shopping center, mall I-4
centre-ville *m.* city/town center, downtown I-4
certain(e) *adj.* certain II-1
  Il est certain que... It is certain that... II-7
  Il n'est pas certain que... It is uncertain that... II-7
ces *dem. adj., m., f., pl.* these; those I-6
c'est... it/that is... I-1
  C'est de la part de qui? On behalf of whom? II-5
  C'est le 1ᵉʳ (premier) octobre. It is October first. I-5
  C'est M./Mme/Mlle ... (à l'appareil). It's Mr./Mrs./Miss ... (on the phone). II-5
  C'est quand l'anniversaire de... ? When is ...'s birthday? I-5
  C'est quand ton/votre anniversaire? When is your birthday? I-5

  Qu'est-ce que c'est? What is it? I-1
cet *dem. adj., m., sing.* this; that I-6
  cet après-midi this afternoon I-2
cette *dem. adj., f., sing.* this; that I-6
  cette année this year I-2
  cette semaine this week I-2
ceux *pron., m., pl.* these; those; the ones II-6
chaîne (de télévision) *f.* (television) channel II-3
chaîne stéréo *f.* stereo system I-3
chaise *f.* chair I-1
chambre *f.* bedroom I-8, II-P
  chambre (individuelle) *f.* (single) room I-7
  camarade de chambre *m., f.* roommate I-1
champ *m.* field II-6
champagne *m.* champagne I-6
champignon *m.* mushroom II-1
chance *f.* luck I-2
  avoir de la chance *v.* to be lucky I-2
chanson *f.* song II-7
chanter *v.* to sing I-5
chanteur/chanteuse *m., f.* singer I-1
chapeau *m.* hat I-6
chaque *adj.* each I-6
charcuterie *f.* delicatessen II-1
charmant(e) *adj.* charming I-1
chasse *f.* hunt II-6
chasser *v.* to hunt II-6
chat *m.* cat I-3
châtain *adj.* (*hair*) brown I-3
chaud *m.* heat I-2
  avoir chaud *v.* to be hot I-2
  Il fait chaud. (*weather*) It is hot. I-5
chauffeur de taxi/de camion *m.* taxi/truck driver II-5
chaussette *f.* sock I-6
chaussure *f.* shoe I-6
chef d'entreprise *m.* head of a company II-5
chef-d'œuvre *m.* masterpiece II-7
chemin *m.* path; way II-4
  suivre un chemin *v.* to follow a path II-4
chemise (à manches courtes/ longues) *f.* (short-/long-sleeved) shirt I-6
chemisier *m.* blouse I-6
chèque *m.* check II-4
  compte-chèques *m.* checking account II-4
  payer par chèque *v.* to pay by check II-4

cher/chère *adj.* expensive I-6
chercher *v.* to look for I-2
  chercher un/du travail to look for work II-4
chercheur/chercheuse *m., f.* researcher II-5
chéri(e) *adj.* dear, beloved, darling I-2
cheval *m.* horse I-5
  faire du cheval *v.* to go horseback riding I-5
cheveux *m., pl.* hair II-1
  brosse à cheveux *f.* hairbrush II-2
  cheveux blonds blond hair I-3
  cheveux châtains brown hair I-3
  se brosser les cheveux *v.* to brush one's hair II-1
cheville *f.* ankle II-2
  se fouler la cheville *v.* to twist/sprain one's ankle II-2
chez *prep.* at (*someone's*) house I-3, at (*a place*) I-3
  passer chez quelqu'un *v.* to stop by someone's house I-4
chic *adj.* chic I-4
chien *m.* dog I-3
chimie *f.* chemistry I-2
Chine *f.* China I-7
chinois(e) *adj.* Chinese 7
chocolat (chaud) *m.* (hot) chocolate I-4
chœur *m.* choir, chorus II-7
choisir *v.* to choose I-4
chômage *m.* unemployment II-5
  être au chômage *v.* to be unemployed II-5
chômeur/chômeuse *m., f.* unemployed person II-5
chose *f.* thing I-1
  quelque chose *m.* something; anything I-4
chrysanthèmes *m., pl.* chrysanthemums II-1
chut shh II-7
-ci (*used with demonstrative adjective* **ce** *and noun or with demonstrative pronoun* **celui**) here I-6
  ce mois-ci this month I-2
ciel *m.* sky II-6
cinéma (ciné) *m.* movie theater, movies I-4
cinq *m.* five I-1
cinquante *m.* fifty I-1
cinquième *adj.* fifth 7
circulation *f.* traffic II-3
clair(e) *adj.* clear II-7
  Il est clair que... It is clear that... II-7
classe *f.* (*group of students*) class I-1

camarade de classe *m., f.* classmate I-1
  salle de classe *f.* classroom I-1
clavier *m.* keyboard II-3
clé *f.* key I-7
client(e) *m., f.* client; guest I-7
cœur *m.* heart II-2
  avoir mal au cœur to feel nauseated II-2
coffre *m.* trunk II-3
coiffeur/coiffeuse *m., f.* hairdresser I-3
coin *m.* corner II-4
colis *m.* package II-4
colocataire *m., f.* roommate (*in an apartment*) I-1
Combien (de)... ? *adv.* How much/many... ? I-1
  Combien coûte... ? How much is... ? I-4
combiné *m.* receiver II-5
comédie (musicale) *f.* comedy (musical) II-7
commander *v.* to order II-1
comme *adv.* how; like, as I-2
  Comme ci, comme ça. So-so. I-1
commencer (à) *v.* to begin (*to do something*) I-2
comment *adv.* how I-4
  Comment? *adv.* What? I-4
  Comment allez-vous?, *form.* How are you? I-1
  Comment t'appelles-tu? *fam.* What is your name? I-1
  Comment vas-tu? *fam.* How are you? I-1
  Comment vous appelez-vous? *form.* What is your name? I-1
commerçant(e) *m., f.* shopkeeper II-1
commissariat de police *m.* police station II-4
commode *f.* dresser, chest of drawers I-8, II-P
compact disque *m.* compact disc II-3
complet (complète) *adj.* full (no vacancies) I-7
composer (un numéro) *v.* to dial (a number) II-3
compositeur *m.* composer II-7
comprendre *v.* to understand I-4
compris (comprendre) *p.p., adj.* understood; included I-6
comptable *m., f.* accountant II-5
compte *m.* account (*at a bank*) II-4
  avoir un compte bancaire *v.* to have a bank account II-4
  compte de chèques *m.* checking account II-4

compte d'épargne *m.* savings account II-4
  se rendre compte *v.* to realize II-2
compter sur quelqu'un *v.* to count on someone I-8, II-P
concert *m.* concert II-7
condition *f.* condition II-7
  à condition que on the condition that..., provided that... II-7
conduire *v.* to drive I-6
conduit (conduire) *p.p., adj.* driven I-6
confiture *f.* jam II-1
congé *m.* day off I-7
  jour de congé *m.* day off I-7
  prendre un congé *v.* to take time off II-5
congélateur *m.* freezer I-8, II-P
connaissance *f.* acquaintance I-5
  faire la connaissance de *v.* to meet (*someone*) I-5
connaître *v.* to know, to be familiar with I-8, II-P
connecté(e) *adj.* connected II-3
  être connecté(e) avec quelqu'un *v.* to be online with someone I-7, II-3
connu (connaître) *p.p., adj.* known; famous I-8, II-P
conseil *m.* advice II-5
conseiller/conseillère *m., f.* consultant; advisor II-5
considérer *v.* to consider I-5
constamment *adv.* constantly I-8, II-P
construire *v.* to build, to construct I-6
conte *m.* tale II-7
content(e) *adj.* happy II-5
  être content(e) que... *v.* to be happy that... II-6
continuer (à) *v.* to continue (*doing something*) II-4
contraire *adj.* contrary II-7
  au contraire on the contrary II-7
copain/copine *m., f.* friend I-1
corbeille (à papier) *f.* wastebasket I-1
corps *m.* body II-2
costume *m.* (*man's*) suit I-6
côte *f.* coast II-6
coton *m.* cotton II-4
cou *m.* neck II-2
couche d'ozone *f.* ozone layer II-6
  trou dans la couche d'ozone *m.* hole in the ozone layer II-6
couleur *f.* color 6
  De quelle couleur... ? What color... ? I-6

couloir *m.* hallway I-8, II-P
couple *m.* couple I-6
courage *m.* courage II-5
courageux/courageuse *adj.* courageous, brave I-3
couramment *adv.* fluently I-8, II-P
courir *v.* to run I-5
courrier *m.* mail II-4
cours *m.* class, course I-2
course *f.* errand II-1
   faire les courses *v.* to go (grocery) shopping II-1
court(e) *adj.* short I-3
   chemise à manches courtes *f.* short-sleeved shirt I-6
couru (courir) *p.p.* run I-6
cousin(e) *m., f.* cousin I-3
couteau *m.* knife II-1
coûter *v.* to cost I-4
   Combien coûte... ? How much is... ? I-4
couvert (couvrir) *p.p.* covered II-3
couverture *f.* blanket I-8, II-P
couvrir *v.* to cover II-3
covoiturage *m.* carpooling II-6
cravate *f.* tie I-6
crayon *m.* pencil I-1
crème *f.* cream II-1
   crème à raser *f.* shaving cream II-2
crêpe *f.* crêpe I-5
crevé(e) *adj.* deflated; blown up II-3
   pneu crevé *m.* flat tire II-3
critique *f.* review; criticism II-7
croire (que) *v.* to believe (that) II-7
   ne pas croire que... to not believe that... II-7
croissant *m.* croissant I-4
croissant(e) *adj.* growing II-6
   population croissante *f.* growing population II-6
cru (croire) *p.p.* believed II-7
cruel/cruelle *adj.* cruel I-3
cuillère (à soupe/à café) *f.* (soup/tea)spoon II-1
cuir *m.* leather II-4
cuisine *f.* cooking; kitchen 5
   faire la cuisine *v.* to cook 5
cuisiner *v.* to cook II-1
cuisinier/cuisinière *m., f.* cook II-5
cuisinière *f.* stove I-8, II-P
curieux/curieuse *adj.* curious I-3
curriculum vitæ (C.V.) *m.* résumé II-5
cybercafé *m.* cybercafé II-4

D

d'abord *adv.* first I-7
d'accord *(tag question)* all right? I-2; *(in statement)* okay I-2
   être d'accord to be in agreement I-2
d'autres *m., f.* others I-4
d'habitude *adv.* usually I-8, II-P
danger *m.* danger, threat II-6
dangereux/dangereuse *adj.* dangerous II-3
dans *prep.* in I-3
danse *f.* dance II-7
danser *v.* to dance I-4
danseur/danseuse *m., f.* dancer II-7
date *f.* date I-5
   Quelle est la date? What is the date? I-5
de/d' *prep.* of I-3; from I-1
   de l'après-midi in the afternoon I-2
   de laquelle *pron., f., sing.* which one II-5
   De quelle couleur... ? What color... ? I-6
   De rien. You're welcome. I-1
   de taille moyenne of medium height I-3
   de temps en temps *adv.* from time to time I-8, II-P
débarrasser la table *v.* to clear the table I-8, II-P
déboisement *m.* deforestation II-6
début *m.* beginning; debut II-7
décembre *m.* December I-5
déchets toxiques *m., pl.* toxic waste II-6
décider (de) *v.* to decide (*to do something*) II-3
découvert (découvrir) *p.p.* discovered II-3
découvrir *v.* to discover II-3
décrire *v.* to describe I-7
décrocher *v.* to pick up II-5
décrit (décrire) *p.p., adj.* described I-7
degrés *m., pl.* (*temperature*) degrees I-5
   Il fait ... degrés. (*to describe weather*) It is ... degrees. I-5
déjà *adv.* already I-5
déjeuner *m.* lunch II-1; *v.* to eat lunch I-4
de l' *part. art., m., f., sing.* some I-4
de la *part. art., f., sing.* some I-4
délicieux/délicieuse delicious I-8, II-P
demain *adv.* tomorrow I-2

   À demain. See you tomorrow. I-1
après-demain *adv.* day after tomorrow I-2
   demain matin/après-midi/ soir *adv.* tomorrow morning/ afternoon/evening I-2
demander (à) *v.* to ask (*someone*), to make a request (*of someone*) I-6
   demander que... *v.* to ask that... II-6
démarrer *v.* to start up II-3
déménager *v.* to move out I-8, II-P
demie half I-2
   et demie half past ... (o'clock) I-2
demi-frère *m.* half-brother, stepbrother I-3
demi-sœur *f.* half-sister, stepsister I-3
démissionner *v.* to resign II-5
dent *f.* tooth II-1
   brosse à dents *f.* toothbrush II-2
   se brosser les dents *v.* to brush one's teeth II-1
dentifrice *m.* toothpaste II-2
dentiste *m., f.* dentist I-3
départ *m.* departure I-7
dépasser *v.* to go over; to pass II-3
dépense *f.* expenditure, expense II-4
dépenser *v.* to spend I-4
   dépenser de l'argent *v.* to spend money I-4
déposer de l'argent *v.* to deposit money II-4
déprimé(e) *adj.* depressed II-2
depuis *adv.* since; for II-1
dernier/dernière *adj.* last I-2
dernièrement *adv.* lastly, finally I-8, II-P
derrière *prep.* behind I-3
des *part. art., m., f., pl.* some I-4
des (de + les) *m., f., pl.* of the I-3
dès que *adv.* as soon as II-5
désagréable *adj.* unpleasant I-1
descendre (de) *v.* to go downstairs; to get off; to take down I-6
désert *m.* desert II-6
désirer (que) *v.* to want (that) I-5
désolé(e) *adj.* sorry I-6
   être désolé(e) que... to be sorry that... II-6
desquelles (de + lesquelles) *pron., f., pl.* which ones II-5
desquels (de + lesquels) *pron., m., pl.* which ones II-5

dessert *m.* dessert I-6
dessin animé *m.* cartoon II-7
dessiner *v.* to draw I-2
détester *v.* to hate I-2
  Je déteste... I hate... I-2
détruire *v.* to destroy I-6
détruit (détruire) *p.p., adj.*
  destroyed I-6
deux *m.* two I-1
deuxième *adj.* second I-7
devant *prep.* in front of I-3
développer *v.* to develop II-6
devenir *v.* to become II-1
devoir *m.* homework I-2; *v.* to
  have to, must II-1
dictionnaire *m.* dictionary I-1
différemment *adv.* differently
  I-8, II-P
différence *f.* difference I-1
différent(e) *adj.* different I-1
difficile *adj.* difficult I-1
dimanche *m.* Sunday I-2
dîner *m.* dinner II-1; *v.* to have
  dinner I-2
diplôme *m.* diploma, degree I-2
dire *v.* to say I-7
  Ça te dit? Does that appeal
  to you? II-6
  ça veut dire that is to say II-2
  veut dire *v.* means, signifies
  II-1
diriger *v.* to manage II-5
discret/discrète *adj.* discreet;
  unassuming I-3
discuter *v.* discuss I-6
disque *m.* disk II-3
  compact disque *m.* compact
  disc II-3
  disque dur *m.* hard drive II-3
dissertation *f.* essay II-3
distributeur automatique/de
  billets *m.* ATM II-4
dit (dire) *p.p., adj.* said I-7
divorce *m.* divorce I-6
divorcé(e) *adj.* divorced I-3
divorcer *v.* to divorce I-3
dix *m.* ten I-1
dix-huit *m.* eighteen I-1
dixième *adj.* tenth I-7
dix-neuf *m.* nineteen I-1
dix-sept *m.* seventeen I-1
documentaire *m.*
  documentary II-7
doigt *m.* finger II-2
doigt de pied *m.* toe II-2
domaine *m.* field II-5
dommage *m.* harm II-6
  Il est dommage que... It's a
  shame that... II-6
donc *conj.* therefore I-7
donner (à) *v.* to give (*to*
  someone) I-2

dont *rel. pron.* of which; of
  whom; that II-3
dormir *v.* to sleep I-5
dos *m.* back II-2
  sac à dos *m.* backpack I-1
douane *f.* customs I-7
douche *f.* shower I-8, II-P
  prendre une douche *v.* to
  take a shower II-2
doué(e) *adj.* talented, gifted II-7
douleur *f.* pain II-2
douter (que) *v.* to doubt
  (that) II-7
douteux/douteuse *adj.*
  doubtful II-7
  Il est douteux que... It is
  doubtful that... II-7
doux/douce *adj.* sweet; soft I-3
douze *m.* twelve I-1
dramaturge *m.* playwright II-7
drame (psychologique) *m.*
  (psychological) drama II-7
draps *m., pl.* sheets I-8, II-P
droit *m.* law I-2
droite *f.* the right (side) I-3
  à droite de *prep.* to the right
  of I-3
drôle *adj.* funny I-3
du *part. art., m., sing.* some I-4
du (de + le) *m., sing.* of the I-3
dû (devoir) *p.p., adj. (used with*
  infinitive) had to; *(used with*
  noun) due, owed II-1
duquel (de + lequel) *pron., m.,*
  sing. which one II-5

E

eau (minérale) *f.* (mineral)
  water I-4
  carafe d'eau *f.* pitcher of
  water II-1
écharpe *f.* scarf I-6
échecs *m., pl.* chess I-5
échouer *v.* to fail I-2
éclair *m.* éclair I-4
école *f.* school I-2
écologie *f.* ecology II-6
écologique *adj.* ecological II-6
économie *f.* economics I-2
écotourisme *m.* ecotourism II-6
écouter *v.* to listen (to) I-2
écouteurs *m.* headphones II-3
écran *m.* screen 11
écrire *v.* to write I-7
écrivain/femme écrivain *m., f.*
  writer II-7
écrit (écrire) *p.p., adj.* written I-7
écureuil *m.* squirrel II-6
éducation physique *f.* physical
  education I-2

effacer *v.* to erase II-3
effet de serre *m.* greenhouse
  effect II-6
égaler *v.* to equal I-3
église *f.* church I-4
égoïste *adj.* selfish I-1
Eh! *interj.* Hey! I-2
électrique *adj.* electric I-8, II-P
  appareil électrique/ménager
  m. electrical/household
  appliance I-8, II-P
électricien/électricienne *m., f.*
  electrician II-5
élégant(e) *adj.* elegant 1
élevé *adj.* high II-5
élève *m., f.* pupil, student I-1
elle *pron., f.* she; it I-1; her I-3
  elle est... she/it is... I-1
elles *pron., f.* they I-1; them I-3
  elles sont... they are... I-1
e-mail *m.* e-mail II-3
emballage (en plastique) *m.*
  (plastic) wrapping/
  packaging II-6
embaucher *v.* to hire II-5
embrayage *m. (automobile)*
  clutch II-3
émission (de télévision) *f.*
  (television) program II-7
emménager *v.* to move in
  I-8, II-P
emmener *v.* to take (*someone*) I-5
emploi *m.* job II-5
  emploi à mi-temps/à temps
  partiel *m.* part-time job II-5
  emploi à plein temps *m.*
  full-time job II-5
employé(e) *m., f.* employee II-5
employer *v.* to use, to employ I-5
emprunter *v.* to borrow II-4
en *prep.* in I-3
  en automne in the fall I-5
  en avance early I-2
  en avoir marre to be fed up I-6
  en effet indeed; in fact II-6
  en été in the summer I-5
  en face (de) *prep.* facing,
  across (from) I-3
  en fait in fact I-7
  en général *adv.* in general
  I-8, II-P
  en hiver in the winter I-5
  en plein air in fresh air II-6
  en retard late I-2
  en tout cas in any case 6
  en vacances on vacation 7
  être en ligne to be online II-3
en *pron.* some of it/them; about
  it/them; of it/them; from it/
  them II-2
  Je vous en prie. *form.*
  Please.; You're welcome. I-1

Qu'en penses-tu? What do you think about that? II-6

enceinte *adj.* pregnant II-2

Enchanté(e). Delighted. I-1

encore *adv.* again; still I-3

endroit *m.* place I-4

énergie (nucléaire/solaire) *f.* (nuclear/solar) energy II-6

enfance *f.* childhood I-6

enfant *m., f.* child I-3

enfin *adv.* finally, at last I-7

enlever la poussière *v.* to dust I-8, II-P

ennuyeux/ennuyeuse *adj.* boring I-3

énorme *adj.* enormous, huge I-2

enregistrer *v.* to record II-3

enregistreur DVR *m.* DVR II-3

enseigner *v.* to teach I-2

ensemble *adv.* together I-6

ensuite *adv.* then, next I-7

entendre *v.* to hear I-6

entracte *m.* intermission II-7

entre *prep.* between I-3

entrée *f.* appetizer, starter II-1

entreprise *f.* firm, business II-5

entrer *v.* to enter I-7

entretien: passer un entretien *to have an interview* II-5

enveloppe *f.* envelope II-4

envie *f.* desire, envy I-2

avoir envie (de) to feel like (*doing something*) I-2

environnement *m.* environment II-6

envoyer (à) *v.* to send (*to someone*) I-5

épargne *f.* savings II-4

compte d'épargne *m.* savings account II-4

épicerie *f.* grocery store I-4

épouser *v.* to marry I-3

épouvantable *adj.* dreadful 5

Il fait un temps épouvantable. The weather is dreadful. I-5

époux/épouse *m., f.* husband/wife I-3

équipe *f.* team I-5

escalier *m.* staircase I-8, II-P

escargot *m.* escargot, snail II-1

espace *m.* space II-6

Espagne *f.* Spain 7

espagnol(e) *adj.* Spanish I-1

espèce (menacée) *f.* (endangered) species II-6

espérer *v.* to hope I-5

essayer *v.* to try I-5

essence *f.* gas II-3

réservoir d'essence *m.* gas tank II-3

voyant d'essence *m.* gas warning light II-3

essentiel(le) *adj.* essential II-6

Il est essentiel que... It is essential that... II-6

essuie-glace *m.* (**essuie-glaces** *pl.*) windshield wiper(s) II-3

essuyer (la vaisselle/la table) *v.* to wipe (the dishes/the table) I-8, II-P

est *m.* east II-4

Est-ce que... ? (*used in forming questions*) I-2

et *conj.* and I-1

Et toi? *fam.* And you? I-1

Et vous? *form.* And you? I-1

étage *m.* floor I-7

étagère *f.* shelf I-8, II-P

étape *f.* stage I-6

état civil *m.* marital status I-6

États-Unis *m., pl.* United States I-7

été *m.* summer I-5

en été in the summer I-5

été (être) *p.p.* been I-6

éteindre *v.* to turn off II-3

éternuer *v.* to sneeze II-2

étoile *f.* star II-6

étranger/étrangère *adj.* foreign I-2

langues étrangères *f., pl.* foreign languages I-2

étranger *m.* (*places that are*) abroad, overseas I-7

à l'étranger abroad, overseas I-7

étrangler *v.* to strangle II-5

être *v.* to be I-1

être bien/mal payé(e) to be well/badly paid II-5

être connecté(e) avec quelqu'un to be online with someone I-7, II-3

être en ligne avec to be online with II-3

être en pleine forme to be in good shape II-2

études (supérieures) *f., pl.* studies; (higher) education I-2

étudiant(e) *m., f.* student I-1

étudier *v.* to study I-2

eu (avoir) *p.p.* had I-6

eux *disj. pron., m., pl.* they, them I-3

évidemment *adv.* obviously, evidently; of course I-8, II-P

évident(e) *adj.* evident, obvious II-7

Il est évident que... It is evident that... II-7

évier *m.* sink I-8, II-P

éviter (de) *v.* to avoid (*doing something*) II-2

exactement *adv.* exactly II-1

examen *m.* exam; test I-1

être reçu(e) à un examen *v.* to pass an exam I-2

passer un examen *v.* to take an exam I-2

Excuse-moi. *fam.* Excuse me. I-1

Excusez-moi. *form.* Excuse me. I-1

exercice *m.* exercise II-2

faire de l'exercice *v.* to exercise II-2

exigeant(e) *adj.* demanding II-5

profession (exigeante) *f.* a (demanding) profession II-5

exiger (que) *v.* to demand (that) II-6

expérience (professionnelle) *f.* (professional) experience II-5

expliquer *v.* to explain I-2

explorer *v.* to explore I-4

exposition *f.* exhibit II-7

extinction *f.* extinction II-6

F

facile *adj.* easy I-2

facilement *adv.* easily I-8, II-P

facteur *m.* mailman II-4

faculté *f.* university; faculty I-1

faible *adj.* weak I-3

faim *f.* hunger I-4

avoir faim *v.* to be hungry I-4

faire *v.* to do; to make I-5

faire attention (à) *v.* to pay attention (to) I-5

faire quelque chose de beau *v.* to be up to something interesting II-4

faire de l'aérobic *v.* to do aerobics I-5

faire de la gym *v.* to work out I-5

faire de la musique *v.* to play music II-5

faire de la peinture *v.* to paint II-7

faire de la planche à voile *v.* to go windsurfing I-5

faire de l'exercice *v.* to exercise II-2

faire des projets *v.* to make plans II-5

faire du camping *v.* to go camping I-5

faire du cheval *v.* to go horseback riding I-5

faire du jogging *v.* to go jogging I-5

faire du shopping *v.* to go shopping I-7
faire du ski *v.* to go skiing I-5
faire du sport *v.* to do sports I-5
faire du vélo *v.* to go bike riding I-5
faire la connaissance de *v.* to meet (*someone*) I-5
faire la cuisine *v.* to cook I-5
faire la fête *v.* to party I-6
faire la lessive *v.* to do the laundry I-8, II-P
faire la poussière *v.* to dust I-8, II-P
faire la queue *v.* to wait in line II-4
faire la vaisselle *v.* to do the dishes I-8, II-P
faire le lit *v.* to make the bed I-8, II-P
faire le ménage *v.* to do the housework I-8, II-P
faire le plein *v.* to fill the tank II-3
faire les courses *v.* to run errands II-1
faire les musées *v.* to go to museums II-7
faire les valises *v.* to pack one's bags I-7
faire mal *v.* to hurt II-2
faire plaisir à quelqu'un *v.* to please someone II-5
faire sa toilette *v.* to wash up II-2
faire une piqûre *v.* to give a shot 10
faire une promenade *v.* to go for a walk I-5
faire une randonnée *v.* to go for a hike I-5
faire un séjour *v.* to spend time (*somewhere*) I-7
faire un tour (en voiture) *v.* to go for a walk (drive) I-5
faire visiter *v.* to give a tour I-8, II-P
fait (faire) *p.p., adj.* done; made I-6
falaise *f.* cliff II-6
faut (falloir) *v.* (*used with infinitive*) is necessary to... I-5
   Il a fallu... It was necessary to... I-6
   Il fallait... One had to... I-8, II-P
   Il faut que... One must.../It is necessary that... II-6
fallu (falloir) *p.p.* (*used with infinitive*) had to... I-6
   Il a fallu... It was necessary to... I-6

famille *f.* family I-3
fatigué(e) *adj.* tired I-3
fauteuil *m.* armchair I-8, II-P
favori/favorite *adj.* favorite I-3
fax *m.* fax (machine) II-3
félicitations congratulations II-7
femme *f.* woman; wife I-1
   femme d'affaires businesswoman I-3
   femme au foyer housewife II-5
   femme auteur author II-7
   femme cadre executive II-5
   femme écrivain writer II-7
   femme peintre painter II-7
   femme politique politician II-5
   femme pompier firefighter II-5
   femme sculpteur sculptor II-7
fenêtre *f.* window I-1
fer à repasser *m.* iron I-8, II-P
férié(e) *adj.* holiday I-6
   jour férié *m.* holiday I-6
fermé(e) *adj.* closed II-4
fermer *v.* to close; to shut off II-3
festival (festivals pl.) *m.* festival II-7
fête *f.* party; celebration I-6
   faire la fête *v.* to party I-6
fêter *v.* to celebrate I-6
feu de signalisation *m.* traffic light II-4
feuille de papier *f.* sheet of paper I-1
feuilleton *m.* soap opera II-7
février *m.* February I-5
fiancé(e) *adj.* engaged I-3
fiancé(e) *m., f.* fiancé I-6
fichier *m.* file II-3
fier/fière *adj.* proud I-3
fièvre *f.* fever II-2
   avoir de la fièvre *v.* to have a fever II-2
fille *f.* girl; daughter I-1
film (d'aventures, d'horreur, de science-fiction, policier) *m.* (adventure, horror, science-fiction, crime) film II-7
fils *m.* son I-3
fin *f.* end II-7
finalement *adv.* finally I-7
fini (finir) *p.p., adj.* finished, done, over I-4
finir (de) *v.* to finish (*doing something*) I-4
fleur *f.* flower I-8, II-P
fleuve *m.* river II-6
fois *f.* time I-8, II-P
   une fois *adv.* once I-8, II-P
   deux fois *adv.* twice I-8, II-P
fonctionner *v.* to work, to function II-3
fontaine *f.* fountain II-4

foot(ball) *m.* soccer I-5
   football américain *m.* football I-5
forêt (tropicale) *f.* (tropical) forest II-6
formation *f.* education; training II-5
forme *f.* shape; form II-2
   être en pleine forme *v.* to be in good shape II-2
formidable *adj.* great I-7
formulaire *m.* form II-4
   remplir un formulaire to fill out a form II-4
fort(e) *adj.* strong I-3
fou/folle *adj.* crazy I-3
four (à micro-ondes) *m.* (microwave) oven I-8, II-P
fourchette *f.* fork II-1
frais/fraîche *adj.* fresh; cool I-5
   Il fait frais. (*weather*) It is cool. I-5
fraise *f.* strawberry II-1
français(e) *adj.* French I-1
France *f.* France I-7
franchement *adv.* frankly, honestly I-8, II-P
freiner *v.* to brake II-3
freins *m., pl.* brakes II-3
fréquenter *v.* to frequent; to visit I-4
frère *m.* brother I-3
   beau-frère *m.* brother-in-law I-3
   demi-frère *m.* half-brother, stepbrother I-3
frigo *m.* refrigerator I-8, II-P
frisé(e) *adj.* curly I-3
frites *f., pl.* French fries I-4
froid *m.* cold I-2
   avoir froid to be cold I-2
   Il fait froid. (*weather*) It is cold. I-5
fromage *m.* cheese I-4
fruit *m.* fruit II-1
fruits de mer *m., pl.* seafood II-1
fumer *v.* to smoke II-2
funérailles *f., pl.* funeral II-1
furieux/furieuse *adj.* furious II-6
   être furieux/furieuse que... *v.* to be furious that... II-6

G

gagner *v.* to win I-5; to earn II-5
gant *m.* glove I-6
garage *m.* garage I-8, II-P
garanti(e) *adj.* guaranteed 5
garçon *m.* boy I-1
garder la ligne *v.* to stay slim II-2
gare (routière) *f.* train station (bus station) I-7
gaspillage *m.* waste II-6

gaspiller *v.* to waste II-6
gâteau *m.* cake I-6
gauche *f.* the left (side) I-3
  à gauche (de) *prep.* to the left (of) I-3
gazeux/gazeuse *adj.* carbonated, fizzy 4
  boisson gazeuse *f.* carbonated drink/beverage I-4
généreux/généreuse *adj.* generous I-3
génial(e) *adj.* great I-3
genou *m.* knee II-2
genre *m.* genre II-7
gens *m., pl.* people I-7
gentil/gentille *adj.* nice I-3
gentiment *adv.* nicely I-8, II-P
géographie *f.* geography I-2
gérant(e) *m., f.* manager II-5
gestion *f.* business administration I-2
glace *f.* ice cream I-6
glaçon *m.* ice cube I-6
glissement de terrain *m.* landslide II-6
golf *m.* golf I-5
enfler *v.* to swell II-2
gorge *f.* throat II-2
goûter *m.* afternoon snack II-1; *v.* to taste II-1
gouvernement *m.* government II-6
grand(e) *adj.* big I-3
  grand magasin *m.* department store I-4
grand-mère *f.* grandmother I-3
grand-père *m.* grandfather I-3
grands-parents *m., pl.* grandparents I-3
gratin *m.* gratin II-1
gratuit(e) *adj.* free II-7
grave *adj.* serious II-2
  Ce n'est pas grave. It's okay.; No problem. I-6
graver *v.* to record, to burn (CD, DVD) II-3
grille-pain *m.* toaster I-8, II-P
grippe *f.* flu II-2
gris(e) *adj.* gray I-6
gros(se) *adj.* fat I-3
grossir *v.* to gain weight I-4
guérir *v.* to get better II-2
guitare *f.* guitar II-7
gym *f.* exercise I-5
  faire de la gym *v.* to work out I-5
gymnase *m.* gym I-4

H

habitat *m.* habitat II-6
  sauvetage des habitats *m.* habitat preservation II-6

habiter (à) *v.* to live (in/at) I-2
haricots verts *m., pl.* green beans II-1
Hein? *interj.* Huh?; Right? I-3
herbe *f.* grass II-6
hésiter (à) *v.* to hesitate (*to do something*) II-3
heure(s) *f.* hour, o'clock; time I-2
  à ... heure(s) at ... (o'clock) I-4
  À quelle heure? What time?; When? I-2
  À tout à l'heure. See you later. I-1
  Quelle heure avez-vous? *form.* What time do you have? I-2
  Quelle heure est-il? What time is it? I-2
heureusement *adv.* fortunately I-8, II-P
heureux/heureuse *adj.* happy I-3
  être heureux/heureuse que... to be happy that... II-6
hier (matin/après-midi/soir) *adv.* yesterday (morning/afternoon/evening) I-7
  avant-hier *adv.* day before yesterday I-7
histoire *f.* history; story I-2
hiver *m.* winter I-5
  en hiver in the winter I-5
homme *m.* man I-1
  homme d'affaires *m.* businessman I-3
  homme politique *m.* politician II-5
honnête *adj.* honest II-7
honte *f.* shame I-2
  avoir honte (de) *v.* to be ashamed (of) I-2
hôpital *m.* hospital I-4
horloge *f.* clock I-1
hors-d'œuvre *m.* hors d'œuvre, appetizer II-1
hôte/hôtesse *m., f.* host I-6
hôtel *m.* hotel I-7
hôtelier/hôtelière *m., f.* hotel keeper I-7
huile *f.* oil II-1
  huile *f.* (automobile) oil II-3
  huile d'olive *f.* olive oil II-1
  vérifier l'huile to check the oil II-3
  voyant d'huile *m.* oil warning light II-3
huit *m.* eight I-1
huitième *adj.* eighth I-7
humeur *f.* mood I-8, II-P
  être de bonne/mauvaise humeur *v.* to be in a good/bad mood I-8, II-P

I

ici *adv.* here I-1
idée *f.* idea I-3
il *sub. pron.* he; it I-1
  il est... he/it is... I-1
  Il n'y a pas de quoi. It's nothing.; You're welcome. I-1
  Il vaut mieux que... It is better that... II-6
Il faut (falloir) *v. (used with infinitive)* It is necessary to... I-6
  Il a fallu... It was necessary to... I-6
  Il fallait... One had to... I-8, II-P
  Il faut (que)... One must.../ It is necessary that... II-6
il y a there is/are I-1
  il y a eu there was/were 6
  il y avait there was/were I-8, II-P
  Qu'est-ce qu'il y a? What is it?; What's wrong? I-1
  Y a-t-il... ? Is/Are there... ? I-2
il y a... *(used with an expression of time)* ... ago II-1
île *f.* island II-6
ils *sub. pron., m., pl.* they I-1
  ils sont... they are... I-1
immeuble *m.* building I-8, II-P
impatient(e) *adj.* impatient I-1
imperméable *m.* rain jacket I-5
important(e) *adj.* important I-1
  Il est important que... It is important that... II-6
impossible *adj.* impossible II-7
  Il est impossible que... It is impossible that... II-7
imprimante *f.* printer II-3
imprimer *v.* to print II-3
incendie *m.* fire II-6
  prévenir l'incendie to prevent a fire II-6
incroyable *adj.* incredible II-3
indépendamment *adv.* independently I-8, II-P
indépendant(e) *adj.* independent I-1
indications *f.* directions II-4
indiquer *v.* to indicate I-5
indispensable *adj.* essential, indispensable II-6
  Il est indispensable que... It is essential that... II-6
individuel(le) *adj.* single, individual I-7
  chambre individuelle *f.* single (hotel) room I-7
infirmier/infirmière *m., f.* nurse II-2

informations (infos) *f., pl.*
news II-7
informatique *f.* computer
science I-2
ingénieur *m.* engineer I-3
inquiet/inquiète *adj.* worried I-3
instrument *m.* instrument I-1
intellectuel(le) *adj.*
intellectual I-3
intelligent(e) *adj.* intelligent I-1
interdire *v.* to forbid, to
prohibit II-6
intéressant(e) *adj.* interesting I-1
inutile *adj.* useless I-2
invité(e) *m., f.* guest I-6
inviter *v.* to invite I-4
irlandais(e) *adj.* Irish I-7
Irlande *f.* Ireland I-7
Italie *f.* Italy I-7
italien(ne) *adj.* Italian I-1

J

jaloux/jalouse *adj.* jealous I-3
jamais *adv.* never I-5
ne... jamais never, not
ever II-4
jambe *f.* leg II-2
jambon *m.* ham I-4
janvier *m.* January I-5
Japon *m.* Japan I-7
japonais(e) *adj.* Japanese I-1
jardin *m.* garden; yard I-8, II-P
jaune *adj.* yellow I-6
je/j' *sub. pron.* I I-1
Je vous en prie. *form.*
Please.; You're welcome. I-1
jean *m., sing.* jeans I-6
jeter *v.* to throw away II-6
jeu *m.* game I-5
jeu télévisé *m.* game
show II-7
jeu vidéo (des jeux vidéo)
m. video game(s) II-3
jeudi *m.* Thursday I-2
jeune *adj.* young I-3
jeunes mariés *m., pl.* newlyweds I-6
jeunesse *f.* youth I-6
auberge de jeunesse *f.*
youth hostel I-7
jogging *m.* jogging I-5
faire du jogging *v.* to go
jogging I-5
joli(e) *adj.* handsome; beautiful I-3
joue *f.* cheek II-2
jouer (à/de) *v.* to play (a
sport/a musical instrument) I-5

jouer un rôle *v.* to play a
role II-7
joueur/joueuse *m., f.* player I-5
jour *m.* day I-2

jour de congé *m.* day off I-7
jour férié *m.* holiday I-6
Quel jour sommes-nous?
What day is it? I-2
journal *m.* newspaper;
journal I-7
journaliste *m., f.* journalist I-3
journée *f.* day I-2
juillet *m.* July I-5
juin *m.* June I-5
jungle *f.* jungle II-6
jupe *f.* skirt I-6
jus (d'orange/de pomme) *m.*
(orange/apple) juice I-4
jusqu'à (ce que) *prep.* until II-4
juste *adv.* just; right I-3
juste à côté right next door I-3

K

kilo(gramme) *m.* kilo(gram) II-1
kiosque *m.* kiosk I-4

L

l' *def. art., m., f. sing.* the I-1; *d.o.
pron., m., f.* him; her; it I-7
la *def. art., f. sing.* the I-1; *d.o.
pron., f.* her; it I-7
là(-bas) (over) there I-1
-là *(used with demonstrative
adjective* **ce** *and noun or with
demonstrative pronoun* **celui***)*
there I-6
lac *m.* lake II-6
laid(e) *adj.* ugly I-3
laine *f.* wool II-4
laisser *v.* to let, to allow II-3
laisser tranquille *v.* to leave
alone II-2
laisser un message *v.* to
leave a message II-5
laisser un pourboire *v.* to
leave a tip I-4
lait *m.* milk I-4
laitue *f.* lettuce II-1
lampe *f.* lamp I-8, II-P
langues (étrangères) *f., pl.*
(foreign) languages I-2
lapin *m.* rabbit II-6
laquelle *pron., f., sing.* which
one II-5
à laquelle *pron., f., sing.*
which one II-5
de laquelle *pron., f., sing.*
which one II-5
large *adj.* loose; big I-6
lavabo *m.* bathroom sink
I-8, II-P
lave-linge *m.* washing machine
I-8, II-P
laver *v.* to wash I-8, II-P
laverie *f.* laundromat II-4

lave-vaisselle *m.* dishwasher
I-8, II-P
le *def. art., m. sing.* the I-1; *d.o.
pron.* him; it I-7
**lecteur MP3 / (de) CD/
DVD** *m.* MP3/CD/DVD player II-3
légume *m.* vegetable II-1
lent(e) *adj.* slow I-3
lequel *pron., m., sing.* which
one II-5
auquel (à + lequel) *pron., m.,
sing.* which one II-5
duquel (de + lequel) *pron.,
m., sing.* which one II-5
les *def. art., m., f., pl.* the I-1;
d.o. pron., m., f., pl. them I-7
lesquelles *pron., f., pl.* which
ones II-5
auxquelles (à + lesquelles)
pron., f., pl. which ones II-5
desquelles (de + lesquelles)
pron., f., pl. which ones II-5
lesquels *pron., m., pl.* which
ones II-5
auxquels (à + lesquels)
pron., m., pl. which ones II-5
desquels (de + lesquels)
pron., m., pl. which ones II-5
lessive *f.* laundry I-8, II-P
faire la lessive *v.* to do the
laundry I-8, II-P
lettre *f.* letter II-4
boîte aux lettres *f.* mailbox II-4
lettre de motivation *f.* letter
of application II-5
lettre de recommandation
f. letter of recommendation,
reference letter II-5
lettres *f., pl.* humanities I-2
leur *i.o. pron., m., f., pl.* them I-6
leur(s) *poss. adj., m., f.* their I-3
librairie *f.* bookstore I-1
libre *adj.* available I-7
lien *m.* link II-3
lieu *m.* place I-4
ligne *f.* figure, shape II-2
garder la ligne *v.* to stay
slim II-2
limitation de vitesse *f.* speed
limit II-3
limonade *f.* lemon soda I-4
linge *m.* laundry I-8, II-P
lave-linge *m.* washing
machine I-8, II-P
sèche-linge *m.* clothes dryer
I-8, II-P
liquide *m.* cash (*money*) II-4
payer en liquide *v.* to pay in
cash II-4
lire *v.* to read I-7
lit *m.* bed I-7

faire le lit *v.* to make the bed I-8, II-P
littéraire *adj.* literary II-7
littérature *f.* literature I-1
livre *m.* book I-1
logement *m.* housing I-8, II-P
logiciel *m.* software, program II-3
loi *f.* law II-6
loin de *prep.* far from I-3
loisir *m.* leisure activity I-5
long(ue) *adj.* long I-3
  chemise à manches longues *f.* long-sleeved shirt I-6
longtemps *adv.* a long time I-5
louer *v.* to rent I-8, II-P
loyer *m.* rent I-8, II-P
lu (lire) *p.p.* read I-7
lui *pron., sing.* he I-1; him I-3; *i.o. pron.* (*attached to imperative*) to him/her II-1
l'un(e) à l'autre to one another I-3
l'un(e) l'autre one another II-3
lundi *m.* Monday I-2
Lune *f.* moon II-6
lunettes (de soleil) *f., pl.* (sun)glasses I-6
lycée *m.* high school I-1
lycéen(ne) *m., f.* high school student I-2

M

ma *poss. adj., f., sing.* my I-3
Madame *f.* Ma'am; Mrs. I-1
Mademoiselle *f.* Miss I-1
magasin *m.* store I-4
  grand magasin *m.* department store I-4
magazine *m.* magazine II-7
magnétophone *m.* tape recorder II-3
magnétoscope *m.* videocassette recorder (VCR) II-3
mai *m.* May I-5
maigrir *v.* to lose weight I-4
maillot de bain *m.* swimsuit, bathing suit I-6
main *f.* hand I-5
  sac à main *m.* purse, handbag I-6
maintenant *adv.* now I-5
maintenir *v.* to maintain II-1
mairie *f.* town/city hall; mayor's office II-4
mais *conj.* but I-1
  mais non (but) of course not; no I-2
maison *f.* house I-4
  rentrer à la maison *v.* to return home I-2
mal *adv.* badly I-7

Je vais mal. I am doing badly. I-1
le plus mal *super. adv.* the worst II-1
se porter mal *v.* to be doing badly II-2
mal *m.* illness; ache, pain II-2
  avoir mal *v.* to have an ache II-2
  avoir mal au cœur *v.* to feel nauseated II-2
  faire mal *v.* to hurt II-2
malade *adj.* sick, ill II-2
  tomber malade *v.* to get sick II-2
maladie *f.* illness II-5
  assurance maladie *f.* health insurance II-5
malheureusement *adv.* unfortunately I-2
malheureux/malheureuse *adj.* unhappy I-3
manche *f.* sleeve I-6
  chemise à manches courtes/ longues *f.* short-/long-sleeved shirt I-6
manger *v.* to eat I-2
  salle à manger *f.* dining room I-8, II-P
manteau *m.* coat I-6
maquillage *m.* makeup II-2
marchand de journaux *m.* newsstand II-4
marché *m.* market I-4
  bon marché *adj.* inexpensive I-6
marcher *v.* to walk (*person*) I-5; to work (*thing*) II-3
mardi *m.* Tuesday I-2
mari *m.* husband I-3
mariage *m.* marriage; wedding (ceremony) I-6
marié(e) *adj.* married I-3
mariés *m., pl.* married couple I-6
  jeunes mariés *m., pl.* newlyweds I-6
marocain(e) *adj.* Moroccan I-1
marron *adj., inv.* (*not for hair*) brown I-3
mars *m.* March I-5
martiniquais(e) *adj.* from Martinique I-1
match *m.* game I-5
mathématiques (maths) *f., pl.* mathematics I-2
matin *m.* morning I-2
  ce matin *adv.* this morning I-2
  demain matin *adv.* tomorrow morning I-2
  hier matin *adv.* yesterday morning I-7
matinée *f.* morning I-2
mauvais(e) *adj.* bad I-3
  Il fait mauvais. The weather is bad. I-5

le/la plus mauvais(e) *super. adj.* the worst II-1
mayonnaise *f.* mayonnaise II-1
me/m' *pron., sing.* me; myself I-6
mec *m.* guy II-2
mécanicien *m.* mechanic II-3
mécanicienne *f.* mechanic II-3
méchant(e) *adj.* mean I-3
médecin *m.* doctor I-3
médicament (contre/pour) *m.* medication (against/for) II-2
meilleur(e) *comp. adj.* better II-1
  le/la meilleur(e) *super. adj.* the best II-1
membre *m.* member II-7
même *adj.* even I-5; same
-même(s) *pron.* -self/-selves I-6
menacé(e) *adj.* endangered II-6
  espèce menacée *f.* endangered species II-6
ménage *m.* housework I-8, II-P
  faire le ménage *v.* to do housework I-8, II-P
ménager/ménagère *adj.* household I-8, II-P
  appareil ménager *m.* household appliance I-8, II-P
  tâche ménagère *f.* household chore I-8, II-P
mention *f.* distinction II-5
menu *m.* menu II-1
mer *f.* sea I-7
Merci (beaucoup). Thank you (very much). I-1
mercredi *m.* Wednesday I-2
mère *f.* mother I-3
  belle-mère *f.* mother-in-law; stepmother I-3
mes *poss. adj., m., f., pl.* my I-3
message *m.* message II-5
  laisser un message *v.* to leave a message II-5
messagerie *f.* voicemail II-5
météo *f.* weather II-7
métier *m.* profession II-5
métro *m.* subway I-7
  station de métro *f.* subway station I-7
metteur en scène *m.* director (*of a play*) II-7
mettre *v.* to put, to place 6
  mettre la table to set the table I-8, II-P
meuble *m.* piece of furniture I-8, II-P
mexicain(e) *adj.* Mexican I-1
Mexique *m.* Mexico I-7
Miam! *interj.* Yum! I-5
micro-onde *m.* microwave oven I-8, II-P
  four à micro-ondes *m.* microwave oven I-8, II-P
midi *m.* noon I-2

après-midi *m.* afternoon I-2
mieux *comp. adv.* better II-1
  aimer mieux *v.* to prefer I-2
  le mieux *super. adv.* the best II-1
  se porter mieux *v.* to be
  doing better II-2
mille *m.* one thousand I-5
  cent mille *m.* one hundred
  thousand I-5
million, un *m.* one million I-5
  deux millions *m.* two
  million I-5
minuit *m.* midnight I-2
miroir *m.* mirror I-8, II-P
mis (mettre) *p.p.* put,
  placed I-6
mode *f.* fashion I-2
modeste *adj.* modest II-5
moi *disj. pron., sing.* I, me I-3; *pron.*
  (attached to an imperative) to
  me, to myself II-1
  Moi aussi. Me too. I-1
  Moi non plus. Me neither. I-2
moins *adv.* before … (o'clock) I-2
moins (de) *adv.* less (of); fewer I-4
  le/la moins *super. adv. (used*
  with verb or adverb) the least II-1
  le moins de… *(used with noun*
  to express quantity) the
  least… II-6
  moins de… que… *(used with*
  noun to express quantity)
  less… than… II-6
mois *m.* month I-2
  ce mois-ci this month I-2
moment *m.* moment I-1
mon *poss. adj., m., sing.* my I-3
monde *m.* world I-7
moniteur *m.* monitor II-3
monnaie *f.* change, coins;
  money II-4
Monsieur *m.* Sir; Mr. I-1
montagne *f.* mountain I-4
monter *v.* to go up, to come up; to
  get in/on I-7
montre *f.* watch I-1
montrer (à) *v.* to show (*to*
  someone) I-6
morceau (de) *m.* piece, bit (of) I-4
mort *f.* death I-6
mort (mourir) *p.p., adj. (as past*
  participle) died; (*as adjective*)
  dead I-7
mot de passe *m.* password II-3
moteur *m.* engine II-3
mourir *v.* to die I-7
moutarde *f.* mustard II-1
moyen(ne) *adj.* medium I-3
  de taille moyenne of medium
  height I-3
MP3 *m.* MP3 II-3
mur *m.* wall I-8, II-P
musée *m.* museum I-4

faire les musées *v.* to go to
  museums II-7
musical(e) *adj.* musical II-7
  comédie musicale
  f. musical II-7
musicien(ne) *m., f.* musician I-3
musique: faire de la
  musique *v.* to play music II-7

N

nager *v.* to swim I-4
naïf/naïve *adj.* naïve I-3
naissance *f.* birth I-6
naître *v.* to be born I-7
nappe *f.* tablecloth II-1
nationalité *f.* nationality I-1
  Je suis de nationalité… I
  am of … nationality. I-1
  Quelle est ta nationalité?
  fam. What is your
  nationality? I-1
  Quelle est votre nationalité?
  fam., pl., form. What is your
  nationality? I-1
nature *f.* nature II-6
naturel(le) *adj.* natural II-6
  ressource naturelle *f.* natural
  resource II-6
né (naître) *p.p., adj.* born I-7
ne/n' no, not I-1
  ne… aucun(e) none, not
  any II-4
  ne… jamais never, not
  ever II-4
  ne… ni… ni… neither…
  nor… II-4
  ne… pas no, not I-2
  ne… personne nobody, no
  one II-4
  ne… plus no more, not
  anymore II-4
  ne… que only II-4
  ne… rien nothing, not
  anything II-4
  N'est-ce pas? *(tag question)*
  Isn't it? I-2
nécessaire *adj.* necessary II-6
  Il est nécessaire que…
  It is necessary that… II-6
neiger *v.* to snow I-5
  Il neige. It is snowing. I-5
nerveusement *adv.* nervously
  I-8, II-P
nerveux/nerveuse *adj.* nervous I-3
nettoyer *v.* to clean I-5
neuf *m.* nine I-1
neuvième *adj.* ninth I-7
neveu *m.* nephew I-3
nez *m.* nose II-2
ni nor II-4

ne… ni… ni… neither…
  nor II-4
nièce *f.* niece I-3
niveau *m.* level II-5
noir(e) *adj.* black I-3
non no I-2
  mais non (but) of course not;
  no I-2
nord *m.* north II-4
nos *poss. adj., m., f., pl.* our I-3
note *f. (academics)* grade I-2
notre *poss. adj., m., f., sing.* our I-3
nourriture *f.* food, sustenance II-1
nous *pron.* we I-1; us I-3;
  ourselves II-2
nouveau/nouvelle *adj.* new I-3
nouvelles *f., pl.* news II-7
novembre *m.* November I-5
nuage de pollution *m.* pollution
  cloud II-6
nuageux/nuageuse *adj.*
  cloudy I-5
  Le temps est nuageux. It is
  cloudy. I-5
nucléaire *adj.* nuclear II-6
  centrale nucléaire *f.* nuclear
  plant II-6
  énergie nucléaire *f.* nuclear
  energy II-6
nuit *f.* night I-2
  boîte de nuit *f.* nightclub I-4
nul(le) *adj.* useless I-2
numéro *m.* (telephone)
  number II-3
  composer un numéro *v.* to
  dial a number II-3
  recomposer un numéro *v.* to
  redial a number II-3

O

objet *m.* object I-1
obtenir *v.* to get, to obtain II-5
occupé(e) *adj.* busy I-1
octobre *m.* October I-5
œil (les yeux) *m.* eye (eyes) II-2
œuf *m.* egg II-1
œuvre *f.* artwork, piece of art II-7
  chef-d'œuvre *m.* masterpiece II-7
  hors-d'œuvre *m.* hors d'œuvre,
  starter II-1
offert (offrir) *p.p.* offered II-3
office du tourisme *m.* tourist
  office II-4
offrir *v.* to offer II-3
oignon *m.* onion II-1
oiseau *m.* bird I-3
olive *f.* olive II-1
  huile d'olive *f.* olive oil II-1
omelette *f.* omelette I-5
on *sub. pron., sing.* one (we) I-1
  on y va let's go II-2

oncle *m.* uncle I-3
onze *m.* eleven I-1
onzième *adj.* eleventh I-7
opéra *m.* opera II-7
optimiste *adj.* optimistic I-1
orageux/orageuse *adj.* stormy I-5
   Le temps est orageux. It is stormy. I-5
orange *adj. inv.* orange I-6; *f.* orange II-1
orchestre *m.* orchestra II-7
ordinateur *m.* computer I-1
ordonnance *f.* prescription II-2
ordures *f., pl.* trash II-6
   ramassage des ordures *m.* garbage collection II-6
oreille *f.* ear II-2
oreiller *m.* pillow I-8, II-P
organiser (une fête) *v.* to organize/to plan (a party) I-6
origine *f.* heritage I-1
   Je suis d'origine... I am of... heritage. I-1
orteil *m.* toe II-2
ou *or* I-3
où *adv., rel. pron.* where 4
ouais *adv.* yeah I-2
oublier (de) *v.* to forget (*to do something*) I-2
ouest *m.* west II-4
oui *adv.* yes I-2
ouvert (ouvrir) *p.p., adj. (as past participle)* opened; (*as adjective*) open II-3
ouvrier/ouvrière *m., f.* worker, laborer II-5
ouvrir *v.* to open II-3
ozone *m.* ozone II-6
   trou dans la couche d'ozone *m.* hole in the ozone layer II-6

P

page d'accueil *f.* home page II-3
pain (de campagne) *m.* (country-style) bread I-4
panne *f.* breakdown, malfunction II-3
   tomber en panne *v.* to break down II-3
pantalon *m., sing.* pants I-6
pantoufle *f.* slipper II-2
papeterie *f.* stationery store II-4
papier *m.* paper I-1
   corbeille à papier *f.* wastebasket I-1
   feuille de papier *f.* sheet of paper I-1
paquet cadeau *m.* wrapped gift I-6
par *prep.* by I-3

par jour/semaine/mois/an per day/week/month/year I-5
parapluie *m.* umbrella I-5
parc *m.* park I-4
parce que *conj.* because I-2
Pardon. Pardon (me). I-1
Pardon? What? I-4
pare-brise *m.* windshield II-3
pare-chocs *m.* bumper II-3
parents *m., pl.* parents I-3
paresseux/paresseuse *adj.* lazy I-3
parfait(e) *adj.* perfect I-4
parfois *adv.* sometimes I-5
parking *m.* parking lot II-3
parler (à) *v.* to speak (to) I-6
   parler (au téléphone) *v.* to speak (on the phone) I-2
partager *v.* to share I-2
partir *v.* to leave I-5
   partir en vacances *v.* to go on vacation I-7
pas (de) *adv.* no, none II-4
   ne... pas no, not I-2
   pas de problème no problem II-4
   pas du tout not at all I-2
   pas encore not yet I-8, II-P
   Pas mal. Not badly. I-1
passager/passagère *m., f.* passenger I-7
passeport *m.* passport I-7
passer *v.* to pass by; to spend time I-7
   passer chez quelqu'un *v.* to stop by someone's house I-4
   passer l'aspirateur *v.* to vacuum I-8, II-P
   passer un examen *v.* to take an exam I-2
passe-temps *m.* pastime, hobby I-5
pâté (de campagne) *m.* pâté, meat spread II-1
pâtes *f., pl.* pasta II-1
patiemment *adv.* patiently I-8, II-P
patient(e) *m., f.* patient II-2; *adj.* patient I-1
patienter *v.* to wait (on the phone), to be on hold II-5
patiner *v.* to skate I-4
pâtisserie *f.* pastry shop, bakery, pastry II-1
patron(ne) *m., f.* boss II-5
pauvre *adj.* poor I-3
payé (payer) *p.p., adj.* paid II-5
   être bien/mal payé(e) *v.* to be well/badly paid II-5
payer *v.* to pay I-5
   payer avec une carte de crédit *v.* to pay with a credit card II-4

payer en liquide *v.* to pay in cash II-4
payer par chèque *v.* to pay by check II-4
pays *m.* country I-7
peau *f.* skin II-2
pêche *f.* fishing I-5; peach II-1
   aller à la pêche *v.* to go fishing I-5
peigne *m.* comb II-2
peintre/femme peintre *m., f.* painter II-7
peinture *f.* painting II-7
pendant (que) *prep.* during, while I-7
   pendant (*with time expression*) *prep.* for II-1
pénible *adj.* tiresome I-3
penser (que) *v.* to think (that) I-2
   ne pas penser que... to not think that... II-7
   Qu'en penses-tu? What do you think about that? II-6
perdre *v.* to lose I-6
   perdre son temps *v.* to lose/ to waste time I-6
perdu *p.p., adj.* lost II-4
   être perdu(e) to be lost II-4
père *m.* father I-3
   beau-père *m.* father-in-law; stepfather I-3
permettre (de) *v.* to allow (*to do something*) I-6
permis *m.* permit; license II-3
   permis de conduire *m.* driver's license II-3
permis (permettre) *p.p., adj.* permitted, allowed I-6
personnage (principal) *m.* (main) character II-7
personne *f.* person I-1; *pron.* no one II-4
   ne... personne nobody, no one II-4
pessimiste *adj.* pessimistic I-1
petit(e) *adj.* small I-3; short (*stature*) I-3
   petit(e) ami(e) *m., f.* boy-friend/girlfriend I-1
petit-déjeuner *m.* breakfast II-1
petite-fille *f.* granddaughter I-3
petit-fils *m.* grandson I-3
petits-enfants *m., pl.* grand-children I-3
petits pois *m., pl.* peas II-1
peu (de) *adv.* little; not much (of) I-2
peur *f.* fear I-2
   avoir peur (de/que) *v.* to be afraid (of/that) I-2
peut-être *adv.* maybe, perhaps I-2
phares *m., pl.* headlights II-3
pharmacie *f.* pharmacy II-2

pharmacien(ne) *m., f.* pharmacist II-2
philosophie *f.* philosophy I-2
photo(graphie) *f.* photo (graph) I-3
physique *f.* physics I-2
piano *m.* piano II-7
pièce *f.* room I-8, II-P
pièce de théâtre *f.* play II-7
pièces de monnaie *f., pl.* change II-4
pied *m.* foot II-2
pierre *f.* stone II-6
pilule *f.* pill II-2
pique-nique *m.* picnic II-6
piqûre *f.* shot, injection II-2
    faire une piqûre *v.* to give a shot II-2
pire *comp. adj.* worse II-1
    le/la pire *super. adj.* the worst II-1
piscine *f.* pool I-4
placard *m.* closet; cupboard I-8, II-P
place *f.* square; place I-4; *f.* seat II-7
plage *f.* beach I-7
plaisir *m.* pleasure, enjoyment II-5
    faire plaisir à quelqu'un *v.* to please someone II-5
plan *m.* map I-7
    utiliser un plan *v.* to use a map I-7
planche à voile *f.* windsurfing I-5
    faire de la planche à voile *v.* to go windsurfing I-5
planète *f.* planet II-6
    sauver la planète *v.* to save the planet II-6
plante *f.* plant II-6
plastique *m.* plastic II-6
    emballage en plastique *m.* plastic wrapping/packaging II-6
plat (principal) *m.* (main) dish II-1
plein air *m.* outdoor, open-air II-6
pleine forme *f.* good shape, good state of health II-2
    être en pleine forme *v.* to be in good shape II-2
pleurer *v.* to cry
pleuvoir *v.* to rain I-5
    Il pleut. It is raining. I-5
plombier *m.* plumber II-5
plu (pleuvoir) *p.p.* rained I-6
pluie acide *f.* acid rain II-6
plus *adv.* (used in comparatives, superlatives, and expressions of quantity) more I-4
    le/la plus ... *super. adv.* (used with adjective) the most II-1
    le/la plus mauvais(e) *super. adj.* the worst II-1

le plus *super. adv.* (used with verb or adverb) the most II-1
le plus de... (used with noun to express quantity) the most... II-6
le plus mal *super. adv.* the worst II-1
plus... que (used with adjective) more... than II-1
plus de more of I-4
plus de... que (used with noun to express quantity) more... than II-6
plus mal *comp. adv.* worse II-1
plus mauvais(e) *comp. adj.* worse II-1
plus *adv.* no more, not any-more II-4
    ne... plus no more, not any-more II-4
plusieurs *adj.* several I-4
plutôt *adv.* rather I-2
pneu (crevé) *m.* (flat) tire II-3
    vérifier la pression des pneus *v.* to check the tire pressure II-3
poème *m.* poem II-7
poète/poétesse *m., f.* poet II-7
point *m.* (punctuation mark) period II-3
poire *f.* pear II-1
poisson *m.* fish I-3
poissonnerie *f.* fish shop II-1
poitrine *f.* chest II-2
poivre *m.* (spice) pepper II-1
poivron *m.* (vegetable) pepper II-1
poli(e) *adj.* polite I-1
police *f.* police II-3
    agent de police *m.* police officer II-3
    commissariat de police *m.* police station II-4
policier *m.* police officer II-3
    film policier *m.* detective film II-7
policière *f.* police officer II-3
poliment *adv.* politely I-8, II-P
politique *adj.* political I-2
    femme politique *f.* politician II-5
    homme politique *m.* politician II-5
    sciences politiques (sciences po) *f., pl.* political science I-2
polluer *v.* to pollute II-6
pollution *f.* pollution II-6
    nuage de pollution *m.* pollution cloud II-6
pomme *f.* apple II-1
pomme de terre *f.* potato II-1
pompier/femme pompier *m., f.* firefighter II-5
pont *m.* bridge II-4

population croissante *f.* growing population II-6
porc *m.* pork II-1
portable *m.* cell phone II-3
porte *f.* door I-1
porter *v.* to wear I-6
portière *f.* car door II-3
portrait *m.* portrait I-5
poser une question (à) *v.* to ask (someone) a question I-6
posséder *v.* to possess, to own I-5
possible *adj.* possible II-7
    Il est possible que... It is possible that... II-6
poste *f.* postal service; post office II-4
    bureau de poste *m.* post office II-4
poste *m.* position II-5
poste de télévision *m.* television set II-3
poster une lettre *v.* to mail a letter II-4
postuler *v.* to apply II-5
poulet *m.* chicken II-1
pour *prep.* for I-5
    pour qui? for whom? I-4
    pour rien for no reason I-4
    pour que so that II-7
pourboire *m.* tip I-4
    laisser un pourboire *v.* to leave a tip I-4
pourquoi? *adv.* why? I-2
poussière *f.* dust I-8, II-P
    enlever/faire la poussière *v.* to dust I-8, II-P
pouvoir *v.* to be able to; can II-1
pratiquer *v.* to play regularly, to practice I-5
préféré(e) *adj.* favorite, preferred I-2
préférer (que) *v.* to prefer (that) I-5
premier *m.* the first (day of the month) I-5
    C'est le 1er (premier) octobre. It is October first. I-5
premier/première *adj.* first I-2
prendre *v.* to take I-4; to have I-4
    prendre sa retraite *v.* to retire I-6
    prendre un train/avion/ taxi/autobus/bateau *v.* to take a train/plane/taxi/bus/ boat I-7
    prendre un congé *v.* to take time off II-5
    prendre une douche *v.* to take a shower II-2
    prendre (un) rendez-vous *v.* to make an appointment II-5
préparer *v.* to prepare (for) I-2

près (de) *prep.* close (to), near I-3
　tout près (de) very close (to) II-4
présenter *v.* to present, to introduce II-7
　Je te présente… *fam.* I would like to introduce… to you. I-1
　Je vous présente… *fam., form.* I would like to introduce… to you. I-1
préservation *f.* protection II-6
préserver *v.* to preserve II-6
presque *adv.* almost I-2
pressé(e) *adj.* hurried II-1
pression *f.* pressure II-3
　vérifier la pression des pneus to check the tire pressure II-3
prêt(e) *adj.* ready I-3
prêter (à) *v.* to lend (*to someone*) I-6
prévenir l'incendie *v.* to prevent a fire II-6
principal(e) *adj.* main, principal II-1
　personnage principal *m.* main character II-7
　plat principal *m.* main dish II-1
printemps *m.* spring I-5
　au printemps in the spring I-5
pris (prendre) *p.p., adj.* taken I-6
prix *m.* price I-4
problème *m.* problem I-1
prochain(e) *adj.* next I-2
produire *v.* to produce I-6
produit *m.* product II-6
produit (produire) *p.p., adj.* produced I-6
professeur *m.* teacher, professor I-1
profession (exigeante) *f.* (demanding) profession II-5
professionnel(le) *adj.* professional II-5
　expérience professionnelle *f.* professional experience II-5
profiter (de) *v.* to take advantage (of); to enjoy II-7
programme *m.* program II-7
projet *m.* project II-5
　faire des projets *v.* to make plans II-5
promenade *f.* walk, stroll I-5
　faire une promenade *v.* to go for a walk I-5
promettre *v.* to promise I-6
promis (promettre) *p.p., adj.* promised I-6
promotion *f.* promotion II-5
proposer (que) *v.* to propose (that) II-6
　proposer une solution *v.* to propose a solution II-6
propre *adj.* clean I-8, II-P

propriétaire *m., f.* owner I-8, II-P; landlord/landlady I-8, II-P
protection *f.* protection II-6
protéger *v.* to protect 5
psychologie *f.* psychology I-2
psychologique *adj.* psychological II-7
psychologue *m., f.* psychologist II-5
pu (pouvoir) *p.p.* (*used with infinitive*) was able to 9
publicité (pub) *f.* advertisement II-7
publier *v.* to publish II-7
puis *adv.* then I-7
pull *m.* sweater I-6
pur(e) *adj.* pure II-6

quand *adv.* when I-4
　C'est quand l'anniversaire de … ? When is …'s birthday? I-5
　C'est quand ton/votre anniversaire? When is your birthday? I-5
quarante *m.* forty I-1
quart *m.* quarter I-2
　et quart a quarter after… (o'clock) I-2
quartier *m.* area, neighborhood I-8, II-P
quatorze *m.* fourteen I-1
quatre *m.* four I-1
quatre-vingts *m.* eighty I-3
quatre-vingt-dix *m.* ninety I-3
quatrième *adj.* fourth I-7
que/qu' *rel. pron.* that; which II-3; *conj.* than II-1, II-6
　plus/moins … que (*used with adjective*) more/less … than II-1
　plus/moins de … que (*used with noun to express quantity*) more/less … than II-6
que/qu'…? *interr. pron.* what? I-4
　Qu'en penses-tu? What do you think about that? II-6
　Qu'est-ce que c'est? What is it? I-1
　Qu'est-ce qu'il y a? What is it?; What's wrong? I-1
que *adv.* only II-4
　ne… que only II-4
québécois(e) *adj.* from Quebec I-1
quel(le)(s)? *interr. adj.* which? I-4; what? I-4
　À quelle heure? What time?; When? I-2
　Quel jour sommes-nous? What day is it? I-2
　Quelle est la date? What is the date? I-5

Quelle est ta nationalité? *fam.* What is your nationality? I-1
Quelle est votre nationalité? *form.* What is your nationality? I-1
Quelle heure avez-vous? *form.* What time do you have? I-2
Quelle heure est-il? What time is it? I-2
Quelle température fait-il? (*weather*) What is the temperature? I-5
Quel temps fait-il? What is the weather like? I-5
quelqu'un *pron.* someone II-4
quelque chose *m.* something; anything I-4
　Quelque chose ne va pas. Something's not right. I-5
quelquefois *adv.* sometimes I-8, II-P
quelques *adj.* some I-4
question *f.* question I-6
　poser une question (à) to ask (*someone*) a question I-6
queue *f.* line II-4
　faire la queue *v.* to wait in line II-4
qui? *interr. pron.* who? I-4; whom? I-4; *rel. pron.* who, that II-3
　à qui? to whom? I-4
　avec qui? with whom? I-4
　C'est de la part de qui? On behalf of whom? II-5
　Qui est à l'appareil? Who's calling, please? II-5
　Qui est-ce? Who is it? I-1
quinze *m.* fifteen I-1
quitter (la maison) *v.* to leave (the house) I-4
　Ne quittez pas. Please hold. II-5
quoi? *interr. pron.* what? I-1
　Il n'y a pas de quoi. It's nothing.; You're welcome. I-1
　quoi que ce soit whatever it may be II-5

raccrocher *v.* to hang up II-5
radio *f.* radio II-7
　à la radio on the radio II-7
raide *adj.* straight I-3
raison *f.* reason; right I-2
　avoir raison *v.* to be right I-2
ramassage des ordures *m.* garbage collection II-6
randonnée *f.* hike I-5
　faire une randonnée *v.* to go for a hike I-5
ranger *v.* to tidy up, to put away I-8, II-P

rapide *adj.* fast I-3
rapidement *adv.* rapidly I-8, II-P
rarement *adv.* rarely I-5
rasoir *m.* razor II-2
ravissant(e) *adj.* beautiful; delightful II-5
réalisateur/réalisatrice *m., f.* director (*of a movie*) II-7
récent(e) *adj.* recent II-7
réception *f.* reception desk I-7
recevoir *v.* to receive II-4
réchauffement de la Terre *m.* global warming II-6
rechercher *v.* to search for, to look for II-5
recommandation *f.* recommendation II-5
recommander (que) *v.* to recommend (that) II-6
recomposer (un numéro) *v.* to redial (a number) II-3
reconnaître *v.* to recognize I-8, II-P
reconnu (reconnaître) *p.p., adj.* recognized I-8, II-P
reçu *m.* receipt II-4
reçu (recevoir) *p.p., adj.* received I-7
être reçu(e) à un examen to pass an exam I-2
recyclage *m.* recycling II-6
recycler *v.* to recycle II-6
redémarrer *v.* to restart, to start again II-3
réduire *v.* to reduce I-6
réduit (réduire) *p.p., adj.* reduced I-6
référence *f.* reference II-5
réfléchir (à) *v.* to think (about), to reflect (on) I-4
refuser (de) *v.* to refuse (*to do something*) II-3
regarder *v.* to watch I-2
Ça ne nous regarde pas. That has nothing to do with us.; That is none of our business. II-6
régime *m.* diet II-2
être au régime *v.* to be on a diet II-1
région *f.* region II-6
regretter (que) *v.* to regret (that) II-6
remplir (un formulaire) *v.* to fill out (a form) II-4
rencontrer *v.* to meet I-2
rendez-vous *m.* date; appointment I-6
prendre (un) rendez-vous *v.* to make an appointment II-5
rendre (à) *v.* to give back, to return (to) I-6
rendre visite (à) *v.* to visit I-6

rentrer (à la maison) *v.* to return (home) I-2
rentrer (dans) *v.* to hit II-3
renvoyer *v.* to dismiss, to let go II-5
réparer *v.* to repair II-3
repartir *v.* to go back II-7
repas *m.* meal II-1
repasser *v.* to take again II-7
repasser (le linge) *v.* to iron (the laundry) I-8, II-P
fer à repasser *m.* iron I-8, II-P
répéter *v.* to repeat; to rehearse I-5
répondeur (téléphonique) *m.* answering machine II-3
répondre (à) *v.* to respond, to answer (to) I-6
réseau (social) *m.* (social) network II-3
réservation *f.* reservation I-7
annuler une réservation *v.* to cancel a reservation I-7
réservé(e) *adj.* reserved I-1
réserver *v.* to reserve I-7
réservoir d'essence *m.* gas tank II-3
résidence universitaire *f.* dorm I-8, II-P
ressource naturelle *f.* natural resource II-6
restaurant *m.* restaurant I-4
restaurant universitaire (resto U) *m.* university cafeteria I-2
rester *v.* to stay I-7
résultat *m.* result I-2
retenir *v.* to keep, to retain II-1
retirer (de l'argent) *v.* to withdraw (money) II-4
retourner *v.* to return I-7
retraite *f.* retirement I-6
prendre sa retraite *v.* to retire I-6
retraité(e) *m., f.* retired person II-5
retrouver *v.* to find (again); to meet up with I-2
rétroviseur *m.* rear-view mirror II-3
réunion *f.* meeting II-5
réussir (à) *v.* to succeed (in doing something) I-4
réussite *f.* success II-5
réveil *m.* alarm clock II-2
revenir *v.* to come back II-1
rêver (de) *v.* to dream about II-3
revoir *v.* to see again II-7
Au revoir. Good-bye. I-1
revu (revoir) *p.p.* seen again II-7
rez-de-chaussée *m.* ground floor I-7

rhume *m.* cold II-2
ri (rire) *p.p.* laughed I-6
rideau *m.* curtain I-8, II-P
rien *m.* nothing II-4
De rien. You're welcome. I-1
ne... rien nothing, not anything II-4
ne servir à rien *v.* to be good for nothing II-1
rire *v.* to laugh I-6
rivière *f.* river II-6
riz *m.* rice II-1
robe *f.* dress I-6
rôle *m.* role II-6
jouer un rôle *v.* to play a role II-7
roman *m.* novel II-7
rose *adj.* pink I-6
roue (de secours) *f.* (emergency) tire II-3
rouge *adj.* red I-6
rouler en voiture *v.* to ride in a car I-7
rue *f.* street II-3
suivre une rue *v.* to follow a street II-4

S

s'adorer *v.* to adore one another II-3
s'aider *v.* to help one another II-3
s'aimer (bien) *v.* to love (like) one another II-3
s'allumer *v.* to light up II-3
s'amuser *v.* to play; to have fun II-2
s'amuser à *v.* to pass time by II-3
s'apercevoir *v.* to notice; to realize II-4
s'appeler *v.* to be named, to be called II-2
Comment t'appelles-tu? *fam.* What is your name? I-1
Comment vous appelez-vous? *form.* What is your name? I-1
Je m'appelle... My name is... I-1
s'arrêter *v.* to stop II-2
s'asseoir *v.* to sit down II-2
sa *poss. adj., f., sing.* his; her; its I-3
sac *m.* bag I-1
sac à dos *m.* backpack I-1
sac à main *m.* purse, handbag I-6
sain(e) *adj.* healthy II-2
saison *f.* season I-5
salade *f.* salad II-1
salaire (élevé/modeste) *m.* (high/low) salary II-5
augmentation de salaire *f.* raise in salary II-5

sale *adj.* dirty I-8, II-P
salir *v.* to soil, to make dirty I-8, II-P
salle *f.* room I-8, II-P
  salle à manger *f.* dining room I-8, II-P
  salle de bains *f.* bathroom I-8, II-P
  salle de classe *f.* classroom I-1
  salle de séjour *f.* living/family room I-8, II-P
salon *m.* formal living room, sitting room I-8, II-P
  salon de beauté *m.* beauty salon II-4
Salut! Hi!; Bye! I-1
samedi *m.* Saturday I-2
sandwich *m.* sandwich I-4
sans *prep.* without I-8, II-P
  sans que *conj.* without II-7
santé *f.* health II-2
  être en bonne/mauvaise santé *v.* to be in good/bad health II-2
saucisse *f.* sausage II-1
sauvegarder *v.* to save II-3
sauver (la planète) *v.* to save (the planet) II-6
sauvetage des habitats *m.* habitat preservation II-6
savoir *v.* to know (*facts*), to know how to do something I-8, II-P
  savoir (que) *v.* to know (that) II-7
  Je n'en sais rien. I don't know anything about it. II-6
savon *m.* soap II-2
sciences *f., pl.* science I-2
  sciences politiques (sciences po) *f., pl.* political science I-2
sculpture *f.* sculpture II-7
sculpteur/femme sculpteur *m., f.* sculptor II-7
se/s' *pron., sing., pl.* (*used with reflexive verb*) himself; herself; itself; 10 (*used with reciprocal verb*) each other II-3
séance *f.* show; screening II-7
se blesser *v.* to hurt oneself II-2
se brosser (les cheveux/les dents) *v.* to brush one's (hair/teeth) II-1
se casser *v.* to break II-2
sèche-linge *m.* clothes dryer I-8, II-P
se coiffer *v.* to do one's hair II-2
se connaître *v.* to know one another II-3
se coucher *v.* to go to bed II-2
secours *m.* help II-3
  Au secours! Help! II-3
s'écrire *v.* to write one another II-3

sécurité *f.* security; safety
  attacher sa ceinture de sécurité *v.* to buckle one's seatbelt II-3
se dépêcher *v.* to hurry II-2
se déplacer *v.* to move, to change location II-4
se déshabiller *v.* to undress II-2
se détendre *v.* to relax II-2
se dire *v.* to tell one another II-3
se disputer (avec) *v.* to argue (with) II-2
se donner *v.* to give one another II-3
se fouler (la cheville) *v.* to twist/to sprain one's (ankle) II-2
se garer *v.* to park II-3
seize *m.* sixteen I-1
séjour *m.* stay I-7
  faire un séjour *v.* to spend time (*somewhere*) I-7
  salle de séjour *f.* living room I-8, II-P
sel *m.* salt II-1
se laver (les mains) *v.* to wash oneself (one's hands) II-2
se lever *v.* to get up, to get out of bed II-2
semaine *f.* week I-2
  cette semaine this week I-2
s'embrasser *v.* to kiss one another II-3
se maquiller *v.* to put on makeup II-2
se mettre *v.* to put (*something*) on (yourself) II-2
  se mettre à *v.* to begin to II-2
  se mettre en colère *v.* to become angry II-2
s'endormir *v.* to fall asleep, to go to sleep II-2
s'énerver *v.* to get worked up, to become upset II-2
s'entendre bien (avec) *v.* to get along well (with one another) II-2
sentier *m.* path II-6
sentir *v.* to feel; to smell; to sense I-5
séparé(e) *adj.* separated I-3
se parler *v.* to speak to one another II-3
se porter mal/mieux *v.* to be ill/better II-2
se préparer (à) *v.* to get ready; to prepare (*to do something*) II-2
se promener *v.* to take a walk II-2
sept *m.* seven I-1
septembre *m.* September I-5
septième *adj.* seventh I-7
se quitter *v.* to leave one another II-3

se raser *v.* to shave oneself II-2
se réconcilier *v.* to make up II-7
se regarder *v.* to look at oneself; to look at each other II-2
se relever *v.* to get up again II-2
se rencontrer *v.* to meet one another, to make each other's acquaintance II-3
se rendre compte *v.* to realize II-2
se reposer *v.* to rest II-2
se retrouver *v.* to meet one another (*as planned*) II-3
se réveiller *v.* to wake up II-2
se sécher *v.* to dry oneself II-2
se sentir *v.* to feel II-2
sérieux/sérieuse *adj.* serious I-3
serpent *m.* snake II-6
serre *f.* greenhouse II-6
  effet de serre *m.* greenhouse effect II-6
serré(e) *adj.* tight I-6
serveur/serveuse *m., f.* server I-4
serviette *f.* napkin II-1
  serviette (de bain) *f.* (bath) towel II-2
servir *v.* to serve I-5
ses *poss. adj., m., f., pl.* his; her; its I-3
se souvenir (de) *v.* to remember II-2
se téléphoner *v.* to phone one another II-3
se tourner *v.* to turn (oneself) around II-2
se tromper (de) *v.* to be mistaken (about) II-2
se trouver *v.* to be located II-2
seulement *adv.* only I-8, II-P
s'habiller *v.* to dress II-2
shampooing *m.* shampoo II-2
shopping *m.* shopping I-7
  faire du shopping *v.* to go shopping I-7
short *m., sing.* shorts I-6
si *conj.* if II-5
si *adv.* (*when contradicting a negative statement or question*) yes I-2
signer *v.* to sign II-4
S'il te plaît. *fam.* Please. I-1
S'il vous plaît. *form.* Please. I-1
sincère *adj.* sincere I-1
s'inquiéter *v.* to worry II-2
s'intéresser (à) *v.* to be interested (in) II-2
site Internet/web *m.* web site II-3
six *m.* six I-1
sixième *adj.* sixth I-7
ski *m.* skiing I-5
  faire du ski *v.* to go skiing I-5
  station de ski *f.* ski resort I-7
skier *v.* to ski I-5

smartphone *m.* smartphone II-3
SMS *m.* text message II-3
s'occuper (de) *v.* to take care (*of something*), to see to II-2
sociable *adj.* sociable I-1
sociologie *f.* sociology I-1
sœur *f.* sister I-3
  belle-sœur *f.* sister-in-law I-3
  demi-sœur *f.* half-sister, stepsister I-3
soie *f.* silk II-4
soif *f.* thirst I-4
  avoir soif *v.* to be thirsty I-4
soir *m.* evening I-2
  ce soir *adv.* this evening I-2
  demain soir *adv.* tomorrow evening I-2
  du soir *adv.* in the evening I-2
  hier soir *adv.* yesterday evening I-7
soirée *f.* evening I-2
sois (être) *imp. v.* be I-2
soixante *m.* sixty I-1
soixante-dix *m.* seventy I-3
solaire *adj.* solar II-6
  énergie solaire *f.* solar energy II-6
soldes *f., pl.* sales I-6
soleil *m.* sun I-5
  Il fait (du) soleil. It is sunny. I-5
solution *f.* solution II-6
  proposer une solution *v.* to propose a solution II-6
sommeil *m.* sleep I-2
  avoir sommeil *v.* to be sleepy I-2
son *poss. adj., m., sing.* his; her; its I-3
sonner *v.* to ring II-3
s'orienter *v.* to get one's bearings II-4
sorte *f.* sort, kind II-7
sortie *f.* exit I-7
sortir *v.* to go out, to leave I-5; to take out I-8, II-P
  sortir la/les poubelle(s) *v.* to take out the trash I-8, II-P
soudain *adv.* suddenly I-8, II-P
souffrir *v.* to suffer II-3
souffert (souffrir) *p.p.* suffered II-3
souhaiter (que) *v.* to wish (that) II-6
soupe *f.* soup I-4
  cuillère à soupe *f.* soupspoon II-1
sourire *v.* to smile I-6; *m.* smile II-4
souris *f.* mouse II-3
sous *prep.* under I-3
sous-sol *m.* basement I-8, II-P
sous-vêtement *m.* underwear I-6
souvent *adv.* often I-5

soyez (être) *imp. v.* be I-7
soyons (être) *imp. v.* let's be I-7
spécialiste *m., f.* specialist II-5
spectacle *m.* show I-5
spectateur/spectatrice *m., f.* spectator II-7
sport *m.* sport(s) I-5
  faire du sport *v.* to do sports I-5
sportif/sportive *adj.* athletic I-3
stade *m.* stadium I-5
stage *m.* internship; professional training II-5
station (de métro) *f.* (subway) station I-7
station de ski *f.* ski resort I-7
station-service *f.* service station II-3
statue *f.* statue II-4
steak *m.* steak II-1
studio *m.* studio (*apartment*) I-8, II-P
stylisme *m.* **de mode** *f.* fashion design I-2
stylo *m.* pen I-1
su (savoir) *p.p.* known I-8, II-P
sucre *m.* sugar I-4
sud *m.* south II-4
suggérer (que) *v.* to suggest (that) II-6
sujet *m.* subject II-6
  au sujet de on the subject of; about II-6
suisse *adj.* Swiss I-1
Suisse *f.* Switzerland I-7
suivre (un chemin/une rue/ un boulevard) *v.* to follow (a path/a street/a boulevard) II-4
supermarché *m.* supermarket II-1
sur *prep.* on I-3
sûr(e) *adj.* sure, certain II-1
  bien sûr of course I-2
  Il est sûr que... It is sure that... II-7
  Il n'est pas sûr que... It is not sure that... II-7
surfer sur Internet *v.* to surf the Internet II-1
surpopulation *f.* overpopulation II-6
surpris (surprendre) *p.p., adj.* surprised I-6
  être surpris(e) que... *v.* to be surprised that... II-6
  faire une surprise à quelqu'un *v.* to surprise someone I-6
surtout *adv.* especially; above all I-2
sympa(thique) *adj.* nice I-1
symptôme *m.* symptom II-2
syndicat *m.* (*trade*) union II-5

T

ta *poss. adj., f., sing.* your I-3
table *f.* table I-1
  À table! Let's eat! Food is ready! II-1
  débarrasser la table *v.* to clear the table I-8, II-P
  mettre la table *v.* to set the table I-8, II-P
tableau *m.* blackboard; picture I-1; *m.* painting II-7
tablette (tactile) *f.* tablet computer II-3
tâche ménagère *f.* household chore I-8, II-P
taille *f.* size; waist I-6
  de taille moyenne of medium height I-3
tailleur *m.* (*woman's*) suit; tailor I-6
tante *f.* aunt I-3
tapis *m.* rug I-8, II-P
tard *adv.* late I-2
  À plus tard. See you later. I-1
tarte *f.* pie; tart I-8, II-P
tasse (de) *f.* cup (of) I-4
taxi *m.* taxi I-7
  prendre un taxi *v.* to take a taxi I-7
te/t' *pron., sing., fam.* you I-7; yourself II-2
tee-shirt *m.* tee shirt I-6
télécarte *f.* phone card II-5
télécharger *v.* to download II-3
télécommande *f.* remote control II-3
téléphone *m.* telephone I-2
  parler au téléphone *v.* to speak on the phone I-2
téléphoner (à) *v.* to telephone (*someone*) I-2
téléphonique *adj.* (*related to the*) telephone II-4
  cabine téléphonique *f.* phone booth II-4
télévision *f.* television I-1
  à la télé(vision) on television II-7
  chaîne (de télévision) *f.* television channel II-3
tellement *adv.* so much I-2
  Je n'aime pas tellement... I don't like... very much. I-2
température *f.* temperature I-5
  Quelle température fait-il? What is the temperature? I-5
temps *m., sing.* weather I-5
  Il fait un temps épouvantable. The weather is dreadful. I-5
  Le temps est nuageux. It is cloudy. I-5
  Le temps est orageux. It is stormy. I-5

Quel temps fait-il? What is the weather like? I-5

temps *m., sing.* time I-5

de temps en temps *adv.* from time to time I-8, II-P

emploi à mi-temps/à temps partiel *m.* part-time job II-5

emploi à plein temps *m.* full-time job II-5

temps libre *m.* free time I-5

Tenez! (tenir) *imp. v.* Here! II-1

tenir *v.* to hold II-1

tennis *m.* tennis I-5

terrasse (de café) *f.* (café) terrace I-4

Terre *f.* Earth II-6

réchauffement de la Terre *m.* global warming II-6

tes *poss. adj., m., f., pl.* your I-3

tête *f.* head II-2

texto *m.* text message II-3

thé *m.* tea I-4

théâtre *m.* theater II-7

thon *m.* tuna II-1

ticket de bus/métro *m.* bus/subway ticket I-7

Tiens! (tenir) *imp. v.* Here! II-1

timbre *m.* stamp II-4

timide *adj.* shy I-1

tiret *m.* (*punctuation mark*) dash; hyphen II-3

tiroir *m.* drawer I-8, II-P

toi *disj. pron., sing., fam.* you I-3; *refl. pron., sing., fam.* (*attached to imperative*) yourself II-2

toi non plus you neither I-2

toilette *f.* washing up, grooming II-2

faire sa toilette to wash up II-2

toilettes *f., pl.* restroom(s) I-8, II-P

tomate *f.* tomato II-1

tomber *v.* to fall I-7

tomber amoureux/amoureuse *v.* to fall in love I-6

tomber en panne *v.* to break down II-3

tomber/être malade *v.* to get/be sick II-2

tomber sur quelqu'un *v.* to run into someone I-7

ton *poss. adj., m., sing.* your I-3

tort *m.* wrong; harm I-2

avoir tort *v.* to be wrong I-2

tôt *adv.* early I-2

toujours *adv.* always I-8, II-P

tour *m.* tour I-5

faire un tour (en voiture) *v.* to go for a walk (drive) I-5

tourisme *m.* tourism II-4

office du tourisme *m.* tourist office II-4

tourner *v.* to turn II-4

tousser *v.* to cough II-2

tout *m., sing.* all I-4

tous les (*used before noun*) all the... I-4

tous les jours *adv.* every day I-8, II-P

toute la *f., sing.* (*used before noun*) all the... I-4

toutes les *f., pl.* (*used before noun*) all the... I-4

tout le *m., sing.* (*used before noun*) all the... I-4

tout le monde everyone II-1

tout(e) *adv.* (*before adjective or adverb*) very, really I-3

À tout à l'heure. See you later. I-1

tout à coup suddenly I-7

tout à fait absolutely; completely II-4

tout de suite right away I-7

tout droit straight ahead II-4

tout d'un coup *adv.* all of a sudden I-8, II-P

tout près (de) really close by, really close (to) I-3

toxique *adj.* toxic II-6

déchets toxiques *m., pl.* toxic waste II-6

trac *m.* stage fright II-5

traduire *v.* to translate I-6

traduit (traduire) *p.p., adj.* translated I-6

tragédie *f.* tragedy II-7

train *m.* train I-7

tranche *f.* slice II-1

tranquille *adj.* calm, serene II-2

laisser tranquille *v.* to leave alone II-2

travail *m.* work II-4

chercher un/du travail *v.* to look for work II-4

trouver un/du travail *v.* to find a job II-5

travailler *v.* to work I-2

travailleur/travailleuse *adj.* hard-working I-3

traverser *v.* to cross II-4

treize *m.* thirteen I-1

trente *m.* thirty I-1

très *adv.* (*before adjective or adverb*) very, really I-8, II-P

Très bien. Very well. I-1

triste *adj.* sad I-3

être triste que... *v.* to be sad that... II-6

trois *m.* three I-1

troisième *adj.* third 7

trop (de) *adv.* too many/much (of) I-4

tropical(e) *adj.* tropical II-6

forêt tropicale *f.* tropical forest II-6

trou (dans la couche d'ozone) *m.* hole (in the ozone layer) II-6

troupe *f.* company, troupe II-7

trouver *v.* to find; to think I-2

trouver un/du travail *v.* to find a job II-5

truc *m.* thing I-7

tu *sub. pron., sing., fam.* you I-1

U

un *m.* (*number*) one I-1

un(e) *indef. art.* a; an I-1

universitaire *adj.* (*related to the*) university I-1

restaurant universitaire (resto U) *m.* university cafeteria I-2

université *f.* university I-1

urgences *f., pl.* emergency room II-2

aller aux urgences *v.* to go to the emergency room II-2

usine *f.* factory II-6

utile *adj.* useful I-2

utiliser (un plan) *v.* use (a map) I-7

V

vacances *f., pl.* vacation I-7

partir en vacances *v.* to go on vacation I-7

vache *f.* cow II-6

vaisselle *f.* dishes I-8, II-P

faire la vaisselle *v.* to do the dishes I-8, II-P

lave-vaisselle *m.* dishwasher I-8, II-P

valise *f.* suitcase I-7

faire les valises *v.* to pack one's bags I-7

vallée *f.* valley II-6

variétés *f., pl.* popular music II-7

vaut (valoir) *v.*

Il vaut mieux que It is better that II-6

vélo *m.* bicycle I-5

faire du vélo *v.* to go bike riding I-5

velours *m.* velvet II-4

vendeur/vendeuse *m., f.* seller I-6

vendre *v.* to sell I-6

vendredi *m.* Friday I-2

venir *v.* to come II-1

venir de *v.* (*used with an infinitive*) to have just II-1

vent *m.* wind I-5

Il fait du vent. It is windy. I-5

ventre *m.* stomach II-2

vérifier (l'huile/la pression des pneus) *v.* to check (the oil/the tire pressure) II-3
véritable *adj.* true, real II-4
verre (de) *m.* glass (of) I-4
vers *adv.* about I-2
vert(e) *adj.* green I-3
   haricots verts *m., pl.* green beans II-1
vêtements *m., pl.* clothing I-6
   sous-vêtement *m.* underwear I-6
vétérinaire *m., f.* veterinarian II-5
veuf/veuve *adj.* widowed I-3
veut dire (vouloir dire) *v.* means, signifies II-1
viande *f.* meat II-1
vie *f.* life I-6
   assurance vie *f.* life insurance II-5
vieille *adj., f. (feminine form of vieux)* old I-3
vieillesse *f.* old age I-6
vietnamien(ne) *adj.* Vietnamese I-1
vieux/vieille *adj.* old I-3
ville *f.* city; town I-4
vin *m.* wine I-6
vingt *m.* twenty I-1
vingtième *adj.* twentieth I-7
violet(te) *adj.* purple; violet I-6
violon *m.* violin II-7
visage *m.* face II-2
visite *f.* visit I-6
   rendre visite (à) *v.* to visit (*a person or people*) I-6
visiter *v.* to visit (*a place*) I-2
   faire visiter *v.* to give a tour I-8, II-P
vite *adv.* quickly I-1; quick, hurry I-4
vitesse *f.* speed II-3
voici here is/are I-1
voilà there is/are I-1
voir *v.* to see II-7
voisin(e) *m., f.* neighbor I-3
voiture *f.* car II-3
   faire un tour en voiture *v.* to go for a drive I-5
   rouler en voiture *v.* to ride in a car I-7
vol *m.* flight I-7
volant *m.* steering wheel II-3
volcan *m.* volcano II-6
volley(-ball) *m.* volleyball I-5
volontiers *adv.* willingly II-2
vos *poss. adj., m., f., pl.* your I-3
votre *poss. adj., m., f., sing.* your I-3
vouloir *v.* to want; to mean (*with* **dire**) II-1
   ça veut dire that is to say II-2
   veut dire *v.* means, signifies II-1

vouloir (que) *v.* to want (that) II-6
voulu (vouloir) *p.p., adj. (used with infinitive)* wanted to… ; (*used with noun*) planned to/for II-1
vous *pron., sing., pl., fam., form.* you I-1; *d.o. pron.* you I-7; yourself, yourselves II-2
voyage *m.* trip I-7
   agence de voyages *f.* travel agency I-7
   agent de voyages *m.* travel agent I-7
voyager *v.* to travel I-2
voyant (d'essence/d'huile) *m.* (gas/oil) warning light 11
vrai(e) *adj.* true; real I-3
   Il est vrai que… It is true that… II-7
   Il n'est pas vrai que… It is untrue that… II-7
vraiment *adv.* really, truly I-5
vu (voir) *p.p.* seen II-7

W

W.-C. *m., pl.* restroom(s) I-8, II-P
week-end *m.* weekend I-2
   ce week-end this weekend I-2

Y

y *pron.* there; at (*a place*) II-2
   j'y vais I'm going/coming I-8, II-P
   nous y allons we're going/coming II-1
   on y va let's go II-2
   Y a-t-il… ? Is/Are there… ? I-2
yaourt *m.* yogurt II-1
yeux (œil) *m., pl.* eyes I-3

Z

zéro *m.* zero I-1
zut *interj.* darn I-6

English-French

A

a **un(e)** *indef. art.* I-1
able: to be able to **pouvoir** *v.* II-1
abolish **abolir** *v.* II-6
about **vers** *adv.* I-2
abroad **à l'étranger** I-7
absolutely **absolument**
    adv. I-8, II-P;
    tout à fait *adv.* I-6
accident **accident** *m.* II-2
    to have/to be in an accident
    avoir un accident *v.* II-3
accompany **accompagner** *v.* II-4
account (at a bank) **compte**
    m. II-4
    checking account **compte** *m.*
    de chèques II-4
    to have a bank account **avoir**
    un compte bancaire *v.* II-4
accountant **comptable** *m., f.* II-5
acid rain **pluie acide** *f.* II-6
across from **en face de** *prep.* I-3
acquaintance **connaissance** *f.* I-5
active **actif/active** *adj.* I-3
actively **activement** *adv.* I-8, II-P
actor **acteur/actrice** *m., f.* I-1
address **adresse** *f.* II-4
administration: business
    administration **gestion** *f.* I-2
adolescence **adolescence** *f.* I-6
adore **adorer** I-2
    I love… **J'adore…** I-2
    to adore one another
    s'adorer *v.* II-3
adulthood **âge adulte** *m.* I-6
adventure **aventure** *f.* II-7
    adventure film **film** *m.*
    d'aventures II-7
advertisement **publicité (pub)**
    f. II-7
advice **conseil** *m.* II-5
advisor **conseiller/conseillère**
    m., f. II-5
aerobics **aérobic** *m.* I-5
    to do aerobics **faire de**
    l'aérobic *v.* I-5
afraid: to be afraid of/that **avoir**
    peur de/que *v.* II-6
after **après (que)** *adv.* I-7
afternoon **après-midi** *m.* I-2
    … (o'clock) in the afternoon
    … heure(s) de l'après-midi I-2
afternoon snack **goûter** *m.* II-1
again **encore** *adv.* I-3
age **âge** *m.* I-6

agent: travel agent **agent de**
    voyages *m.* I-7
    real estate agent **agent**
    immobilier *m.* II-5
ago *(with an expression of time)*
    il y a… II-1
agree: to agree (with) **être**
    d'accord (avec) *v.* I-2
airport **aéroport** *m.* I-7
alarm clock **réveil** *m.* II-2
Algerian **algérien(ne)** *adj.* I-1
all **tout** *m., sing.* I-4
    all of a sudden **soudain** *adv.*
    I-8, II-P; **tout à coup** *adv.*; **tout**
    d'un coup *adv.* I-7
all right? *(tag question)*
    d'accord? I-2
allergy **allergie** *f.* II-2
allow *(to do something)* **laisser** *v.*
    II-3; **permettre (de)** *v.* I-6
allowed **permis (permettre)**
    p.p., adj. I-6
all the… *(agrees with noun that*
    follows) **tout le…** *m., sing;*
    toute la… *f., sing;* **tous les…**
    m., pl.; **toutes les…** *f., pl.* I-4
almost **presque** *adv.* I-5
a lot (of) **beaucoup (de)** *adv.* I-4
alone: to leave alone **laisser**
    tranquille *v.* II-2
already **déjà** *adv.* I-3
always **toujours** *adv.* I-8, II-P
American **américain(e)** *adj.* I-1
an **un(e)** *indef. art.* I-1
ancient *(placed after noun)*
    ancien(ne) *adj.* II-7
and **et** *conj.* I-1
    And you? **Et toi?**, *fam.;* **Et**
    vous? *form.* I-1
angel **ange** *m.* I-1
angry: to become angry
    s'énerver *v.* II-2; **se mettre**
    en colère *v.* II-2
animal **animal** *m.* II-6
ankle **cheville** *f.* II-2
answering machine **répondeur**
    téléphonique *m.* II-3
apartment **appartement** *m.* I-7
appetizer **entrée** *f.* II-1;
    hors-d'œuvre *m.* II-1
applaud **applaudir** *v.* II-7
applause **applaudissement**
    m. II-7
apple **pomme** *f.* II-1
appliance **appareil** *m.* I-8, II-P
    electrical/household appliance
    appareil *m.* **électrique/**
    ménager I-8, II-P
applicant **candidat(e)** *m., f.* II-5
apply **postuler** *v.* II-5

appointment **rendez-vous** *m.* II-5
    to make an appointment
    prendre (un) rendez-vous
    v. II-5
April **avril** *m.* I-5
architect **architecte** *m., f.* I-3
architecture **architecture** *f.* I-2
Are there… ? **Y a-t-il… ?** I-2
area **quartier** *m.* I-8, II-P
argue (with) **se disputer**
    (avec) *v.* II-2
arm **bras** *m.* II-2
armchair **fauteuil** *m.* I-8, II-P
armoire **armoire** *f.* I-8, II-P
around **autour (de)** *prep.* II-4
arrival **arrivée** *f.* I-7
arrive **arriver (à)** *v.* I-2
art **art** *m.* I-2
    artwork, piece of art **œuvre**
    f. II-7
    fine arts **beaux-arts** *m., pl.* II-7
artist **artiste** *m., f.* I-3
as *(like)* **comme** *adv.* I-6
    as … as *(used with adjective to*
    compare) **aussi … que** II-1
    as much … as *(used with*
    noun to express comparative
    quality) **autant de … que** II-6
    as soon as **dès que** *adv.* II-5
ashamed: to be ashamed of
    avoir honte de *v.* I-2
ask **demander** *v.* I-2
    to ask *(someone)* **demander**
    (à) *v.* I-6
    to ask *(someone)* a question
    poser une question (à) *v.* I-6
    to ask that… **demander**
    que… II-6
aspirin **aspirine** *f.* II-2
at **à** *prep.* I-4
    at … (o'clock) **à … heure(s)** I-4
    at the doctor's office **chez le**
    médecin *prep.* I-2
    at (someone's) house **chez…**
    prep. I-2
    at the end (of) **au bout (de)**
    prep. II-4
    at last **enfin** *adv.* II-3
athlete **athlète** *m., f.* I-3
ATM **distributeur** *m.* **automa-**
    tique/de billets *m.* II-4
attend **assister** *v.* I-2
August **août** *m.* I-5
aunt **tante** *f.* I-3
author **auteur/femme auteur**
    m., f. II-7
autumn **automne** *m.* I-5
    in autumn **en automne** I-5
available *(free)* **libre** *adj.* I-7
avenue **avenue** *f.* II-4
avoid **éviter de** *v.* II-2

B

back **dos** *m.* II-2
backpack **sac à dos** *m.* I-1
bad **mauvais(e)** *adj.* I-3
  to be in a bad mood **être de mauvaise humeur** I-8, II-P
  to be in bad health **être en mauvaise santé** II-2
badly **mal** *adv.* I-7
  I am doing badly. **Je vais mal.** I-1
  to be doing badly **se porter mal** *v.* II-2
baguette **baguette** *f.* I-4
bakery **boulangerie** *f.* II-1
balcony **balcon** *m.* I-8, II-P
banana **banane** *f.* II-1
bank **banque** *f.* II-4
  to have a bank account **avoir un compte bancaire** *v.* II-4
banker **banquier/banquière** *m., f.* II-5
banking **bancaire** *adj.* II-4
baseball **baseball** *m.* I-5
baseball cap **casquette** *f.* I-6
basement **sous-sol** *m.;* **cave** *f.* I-8, II-P
basketball **basket(-ball)** *m.* I-5
bath **bain** *m.* I-6
bathing suit **maillot de bain** *m.* I-6
bathroom **salle de bains** *f.* I-8, II-P
bathtub **baignoire** *f.* I-8, II-P
be **être** *v.* I-1
  sois (être) *imp. v.* I-7;
  soyez (être) *imp. v.* I-7
beach **plage** *f.* I-7
beans **haricots** *m., pl.* II-1
  green beans **haricots verts** *m., pl.* II-1
bearings: to get one's bearings **s'orienter** *v.* II-4
beautiful **beau (belle)** *adj.* I-3
beauty salon **salon** *m.* **de beauté** II-4
because **parce que** *conj.* I-2
become **devenir** *v.* II-1
bed **lit** *m.* I-7
  to go to bed **se coucher** *v.* II-2
bedroom **chambre** *f.* I-8, II-P
beef **bœuf** *m.* II-1
been **été (être)** *p.p.* I-6
beer **bière** *f.* I-6
before **avant (de/que)** *adv.* I-7
  before (o'clock) **moins** *adv.* I-2
begin (to do something) **commencer (à)** *v.* I-2;
  se mettre à *v.* II-2
beginning **début** *m.* II-7
behind **derrière** *prep.* I-3

Belgian **belge** *adj.* I-7
Belgium **Belgique** *f.* I-7
believe (that) **croire (que)** *v.* II-7
believed **cru (croire)** *p.p.* II-7
belt **ceinture** *f.* I-6
  to buckle one's seatbelt **attacher sa ceinture de sécurité** *v.* II-3
bench **banc** *m.* II-4
best: the best **le mieux** *super. adv.* II-1; **le/la meilleur(e)** *super. adj.* II-1
better **meilleur(e)** *comp. adj.;* **mieux** *comp. adv.* II-1
  It is better that… **Il vaut mieux que/qu'…** II-6
  to be doing better **se porter mieux** *v.* II-2
  to get better (from illness) **guérir** *v.* II-2
between **entre** *prep.* I-3
beverage (carbonated) **boisson** *f.* **(gazeuse)** I-4
bicycle **vélo** *m.* I-5
  to go bike riding **faire du vélo** *v.* I-5
big **grand(e)** *adj.* I-3; (clothing) **large** *adj.* I-6
bill (in a restaurant) **addition** *f.* I-4
bills (money) **billets** *m., pl.* II-4
biology **biologie** *f.* I-2
bird **oiseau** *m.* I-3
birth **naissance** *f.* I-6
birthday **anniversaire** *m.* I-5
bit (of) **morceau (de)** *m.* I-4
black **noir(e)** *adj.* I-3
blackboard **tableau** *m.* I-1
blanket **couverture** *f.* I-8, II-P
blonde **blond(e)** *adj.* I-3
blouse **chemisier** *m.* I-6
blue **bleu(e)** *adj.* I-3
boat **bateau** *m.* I-7
body **corps** *m.* II-2
book **livre** *m.* I-1
bookstore **librairie** *f.* I-1
bored: to get bored **s'ennuyer** *v.* II-2
boring **ennuyeux/ennuyeuse** *adj.* I-3
born: to be born **naître** *v.* I-7; **né (naître)** *p.p., adj.* I-7
borrow **emprunter** *v.* II-4
bottle (of) **bouteille (de)** *f.* I-4
boulevard **boulevard** *m.* II-4
boutique **boutique** *f.* II-4
bowl **bol** *m.* II-1
box **boîte** *f.* II-1
boy **garçon** *m.* I-1
boyfriend **petit ami** *m.* I-1
brake **freiner** *v.* II-3
brakes **freins** *m., pl.* II-3
brave **courageux/courageuse** *adj.* I-3

Brazil **Brésil** *m.* I-7
Brazilian **brésilien(ne)** *adj.* I-7
bread **pain** *m.* I-4
  country-style bread **pain** *m.* **de campagne** I-4
bread shop **boulangerie** *f.* II-1
break **se casser** *v.* II-2
breakdown **panne** *f.* II-3
break down **tomber en panne** *v.* II-3
break up (to leave one another) **se quitter** *v.* II-3
breakfast **petit-déjeuner** *m.* II-1
bridge **pont** *m.* II-4
bright **brillant(e)** *adj.* I-1
bring (a person) **amener** *v.* I-5; (a thing) **apporter** *v.* I-4
broom **balai** *m.* I-8, II-P
brother **frère** *m.* I-3
brother-in-law **beau-frère** *m.* I-3
brown **marron** *adj., inv.* I-3
  brown (hair) **châtain** *adj.* I-3
brush (hair/tooth) **brosse** *f.* **(à cheveux/à dents)** II-2
  to brush one's hair/teeth **se brosser les cheveux/ les dents** *v.* II-1
buckle: to buckle one's seatbelt **attacher sa ceinture de sécurité** *v.* II-3
build **construire** *v.* I-6
building **bâtiment** *m.* II-4; **immeuble** *m.* I-8, II-P
bumper **pare-chocs** *m.* II-3
burn (CD/DVD) **graver** *v.* II-3
bus **autobus** *m.* I-7
bus stop **arrêt d'autobus (de bus)** *m.* I-7
bus terminal **gare** *f.* **routière** I-7
business (profession) **affaires** *f., pl.* I-3; (company) **entreprise** *f.* II-5
business administration **gestion** *f.* I-2
businessman **homme d'affaires** *m.* I-3
businesswoman **femme d'affaires** *f.* I-3
busy **occupé(e)** *adj.* I-1
but **mais** *conj.* I-1
butcher's shop **boucherie** *f.* II-1
butter **beurre** *m.* I-4
buy **acheter** *v.* I-5
by **par** *prep.* I-3
Bye! **Salut!** *fam.* I-1

C

cabinet **placard** *m.* I-8, II-P
café **café** *m.* I-1; **brasserie** *f.* II-4
  café terrace **terrasse** *f.* **de café** I-4

cybercafé **cybercafé** *m.* II-4
cafeteria (school) **cantine** *f.* II-1
cake **gâteau** *m.* I-6
calculator **calculatrice** *f.* I-1
call **appeler** *v.* II-5
calm **calme** *adj.* I-1; **calme** *m.* I-1
camcorder **caméra vidéo** *f.* II-3;
   caméscope *m.* II-3
camera **appareil photo** *m.* II-3
   digital camera **appareil photo**
   m. **numérique** II-3
camping **camping** *m.* I-5
   to go camping **faire du**
   camping *v.* I-5
can (of food) **boîte**
   (de conserve) *f.* II-1
Canada **Canada** *m.* I-7
Canadian **canadien(ne)** *adj.* I-1
cancel (a reservation) **annuler**
   (une réservation) *v.* I-7
candidate **candidat(e)** *m., f.* II-5
candy **bonbon** *m.* I-6
cap: baseball cap **casquette** *f.* I-6
capital **capitale** *f.* I-7
car **voiture** *f.* II-3
   to ride in a car **rouler en**
   voiture *v.* I-7
card (letter) **carte postale**
   f. II-4; credit card **carte** *f.* **de**
   crédit II-4
   to pay with a credit card **payer**
   avec une carte de crédit
   v. II-4
   cards (playing) **cartes** *f.* I-5
carbonated drink/beverage
   boisson *f.* **gazeuse** I-4
career **carrière** *f.* II-5
carpooling **covoiturage** *m.* II-6
carrot **carotte** *f.* II-1
carry **apporter** *v.* I-4
cartoon **dessin animé** *m.* II-7
case: in any case **en tout cas** I-6
cash **liquide** *m.* II-4
   to pay in cash **payer en liquide**
   v. II-4
cat **chat** *m.* I-3
catastrophe **catastrophe** *f.* II-6
catch sight of **apercevoir** *v.* II-4
CD(s) **CD** *m.* II-3
CD/DVD /MP3 player **lecteur**
   (de) CD/DVD / lecteur
   MP3 *m.* II-3
celebrate **célébrer** *v.* I-5;
   fêter *v.* I-6
celebration **fête** *f.* I-6
cellar **cave** *f.* I-8, II-P
cell(ular) phone **portable** *m.* II-3
center: city/town center
   centre-ville *m.* I-4
certain **certain(e)** *adj.* II-1;
   sûr(e) *adj.* II-7

It is certain that... **Il est**
   certain que... II-7
   It is uncertain that... **Il n'est**
   pas certain que... II-7
chair **chaise** *f.* I-1
champagne **champagne** *m.* I-6
change (coins) **(pièces** *f. pl.* **de)**
   monnaie II-4
channel (television) **chaîne** *f.*
   (de télévision) II-3
character **personnage** *m.* II-7
   main character **personnage**
   principal *m.* II-7
charming **charmant(e)** *adj.* I-1
chat **bavarder** *v.* I-4
check **chèque** *m.* II-4; (bill)
   addition *f.* I-4
   to pay by check **payer par**
   chèque *v.* II-4;
   to check (the oil/the air
   pressure) **vérifier (l'huile/la**
   pression des pneus) *v.* II-3
checking account **compte** *m.*
   de chèques II-4
cheek **joue** *f.* II-2
cheese **fromage** *m.* I-4
chemistry **chimie** *f.* I-2
chess **échecs** *m., pl.* I-5
chest **poitrine** *f.* II-2
   chest of drawers **commode**
   f. I-8, II-P
chic **chic** *adj.* I-4
chicken **poulet** *m.* II-1
child **enfant** *m., f.* I-3
childhood **enfance** *f.* I-6
China **Chine** *f.* I-7
Chinese **chinois(e)** *adj.* I-7
choir **chœur** *m.* II-7
choose **choisir** *v.* I-4
chorus **chœur** *m.* II-7
chrysanthemums **chrysanthèmes**
   m., pl. II-1
church **église** *f.* I-4
city **ville** *f.* I-4
city hall **mairie** *f.* II-4
city/town center **centre-ville** *m.* I-4
class (group of students) **classe**
   f. I-1; (course) **cours** *m.* I-2
classmate **camarade de classe**
   m., f. I-1
classroom **salle** *f.* **de classe** I-1
clean **nettoyer** *v.* I-5; **propre**
   adj. I-8, II-P
clear **clair(e)** *adj.* II-7
   It is clear that... **Il est clair**
   que... II-7
   to clear the table **débarrasser**
   la table I-8, II-P
client **client(e)** *m., f.* I-7
cliff **falaise** *f.* II-6
clock **horloge** *f.* I-1
   alarm clock **réveil** *m.* II-2

close (to) **près (de)** *prep.* I-3
   very close (to) **tout près**
   (de) II-4
close **fermer** *v.* II-3
closed **fermé(e)** *adj.* II-4
closet **placard** *m.* I-8, II-P
clothes dryer **sèche-linge**
   m. I-8, II-P
clothing **vêtements** *m., pl.* I-6
cloudy **nuageux/nuageuse**
   adj. I-5
   It is cloudy. **Le temps est**
   nuageux. I-5
clutch **embrayage** *m.* II-3
coast **côte** *f.* II-6
coat **manteau** *m.* I-6
coffee **café** *m.* I-1
coffeemaker **cafetière** *f.* I-8, II-P
coins **pièces** *f. pl.* **de**
   monnaie II-4
cold **froid** *m.* I-2
   to be cold **avoir froid** *v.* I-2
   (weather) It is cold. **Il fait**
   froid. I-5
cold **rhume** *m.* II-2
color **couleur** *f.* I-6
   What color is... ? **De quelle**
   couleur est... ? I-6
comb **peigne** *m.* II-2
come **venir** *v.* I-7
come back **revenir** *v.* II-1
Come on. **Allez.** I-2
comedy **comédie** *f.* II-7
comic strip **bande dessinée**
   (B.D.) *f.* I-5
compact disc **compact disque**
   m. II-3
company (troop) **troupe** *f.* II-7
completely **tout à fait** *adv.* I-6
composer **compositeur** *m.* II-7
computer **ordinateur** *m.* I-1
computer science **informatique**
   f. I-2
concert **concert** *m.* II-7
congratulations **félicitations** II-7
consider **considérer** *v.* I-5
constantly **constamment**
   adv. I-8, II-P
construct **construire** *v.* I-6
consultant **conseiller/**
   conseillère *m., f.* II-5
continue (doing something)
   continuer (à) *v.* II-4
cook **cuisiner** *v.* II-1; **faire la**
   cuisine *v.* I-5; **cuisinier/**
   cuisinière *m., f.* II-5
cookie **biscuit** *m.* I-6
cooking **cuisine** *f.* I-5
cool: (weather) It is cool. **Il fait**
   frais. I-5
corner **angle** *m.* II-4; **coin** *m.* II-4
cost **coûter** *v.* I-4

cotton **coton** *m.* I-6
couch **canapé** *m.* I-8, II-P
cough **tousser** *v.* II-2
count (on someone) **compter (sur quelqu'un)** *v.* I-8, II-P
country **pays** *m.* I-7
   country(side) **campagne** *f.* I-7
country-style **de campagne** *adj.* I-4
couple **couple** *m.* I-6
courage **courage** *m.* II-5
courageous **courageux/ courageuse** *adj.* I-3
course **cours** *m.* I-2
cousin **cousin(e)** *m., f.* I-3
cover **couvrir** *v.* II-3
covered **couvert (couvrir)** *p.p.* II-3
cow **vache** *f.* II-6
crazy **fou/folle** *adj.* I-3
cream **crème** *f.* II-1
credit card **carte** *f.* **de crédit** II-4
   to pay with a credit card **payer avec une carte de crédit** *v.* II-4
crêpe **crêpe** *f.* I-5
crime film **film policier** *m.* II-7
croissant **croissant** *m.* I-4
cross **traverser** *v.* II-4
cruel **cruel/cruelle** *adj.* I-3
cry **pleurer** *v.*
cup (of) **tasse (de)** *f.* I-4
cupboard **placard** *m.* I-8, II-P
curious **curieux/ curieuse** *adj.* I-3
curly **frisé(e)** *adj.* I-3
currency **monnaie** *f.* II-4
curtain **rideau** *m.* I-8, II-P
customs **douane** *f.* I-7
cybercafé **cybercafé** *m.* II-4

D

dance **danse** *f.* II-7
   to dance **danser** *v.* I-4
danger **danger** *m.* II-6
dangerous **dangereux/ dangereuse** *adj.* II-3
dark (*hair*) **brun(e)** *adj.* I-3
darling **chéri(e)** *adj.* I-2
darn **zut** II-3
dash (*punctuation mark*) **tiret** *m.* II-3
date (*day, month, year*) **date** *f.* I-5; (*meeting*) **rendez-vous** *m.* I-6
   to make a date **prendre (un) rendez-vous** *v.* II-5
daughter **fille** *f.* I-1
day **jour** *m.* I-2; **journée** *f.* I-2
   day after tomorrow **après-demain** *adv.* I-2

day before yesterday **avant-hier** *adv.* I-7
day off **congé** *m.*, **jour de congé** I-7
dear **cher/chère** *adj.* I-2
death **mort** *f.* I-6
December **décembre** *m.* I-5
decide (*to do something*) **décider (de)** *v.* II-3
deforestation **déboisement** *m.* II-6
degree **diplôme** *m.* I-2
degrees (*temperature*) **degrés** *m., pl.* I-5
   It is... degrees. **Il fait... degrés.** I-5
delicatessen **charcuterie** *f.* II-1
delicious **délicieux/délicieuse** *adj.* I-4
Delighted. **Enchanté(e).** *p.p., adj.* I-1
demand (that) **exiger (que)** *v.* II-6
demanding **exigeant(e)** *adj.*
   demanding profession **profession** *f.* **exigeante** II-5
dentist **dentiste** *m., f.* I-3
department store **grand magasin** *m.* I-4
departure **départ** *m.* I-7
deposit: to deposit money **déposer de l'argent** *v.* II-4
depressed **déprimé(e)** *adj.* II-2
describe **décrire** *v.* I-7
described **décrit (décrire)** *p.p., adj.* I-7
desert **désert** *m.* II-6
design (*fashion*) **stylisme (de mode)** *m.* I-2
desire **envie** *f.* I-2
desk **bureau** *m.* I-1
dessert **dessert** *m.* I-6
destroy **détruire** *v.* I-6
destroyed **détruit (détruire)** *p.p., adj.* I-6
detective film **film policier** *m.* II-7
detest **détester** *v.* I-2
   I hate... **Je déteste...** I-2
develop **développer** *v.* II-6
dial (a number) **composer (un numéro)** *v.* II-3
dictionary **dictionnaire** *m.* I-1
die **mourir** *v.* I-7
died **mort (mourir)** *p.p., adj.* I-7
diet **régime** *m.* II-2
   to be on a diet **être au régime** II-1
difference **différence** *f.* I-1
different **différent(e)** *adj.* I-1
differently **différemment** *adv.* I-8, II-P
difficult **difficile** *adj.* I-1

digital camera **appareil photo** *m.* **numérique** II-3
dining room **salle à manger** *f.* I-8, II-P
dinner **dîner** *m.* II-1
   to have dinner **dîner** *v.* I-2
diploma **diplôme** *m.* I-2
directions **indications** *f.* II-4
director (*movie*) **réalisateur/ réalisatrice** *m., f.*; (*play/show*) **metteur en scène** *m.* II-7
dirty **sale** *adj.* I-8, II-P
discover **découvrir** *v.* II-3
discovered **découvert (découvrir)** *p.p.* II-3
discreet **discret/discrète** *adj.* I-3
discuss **discuter** *v.* II-3
dish (*food*) **plat** *m.* II-1
   to do the dishes **faire la vaisselle** *v.* I-8, II-P
dishwasher **lave-vaisselle** *m.* I-8, II-P
dismiss **renvoyer** *v.* II-5
distinction **mention** *f.* II-5
divorce **divorce** *m.* I-6
   to divorce **divorcer** *v.* I-3
divorced **divorcé(e)** *p.p., adj.* I-3
do (*make*) **faire** *v.* I-5
   to do odd jobs **bricoler** *v.* I-5
doctor **médecin** *m.* I-3
documentary **documentaire** *m.* II-7
dog **chien** *m.* I-3
done **fait (faire)** *p.p., adj.* I-6
door (*building*) **porte** *f.* I-1; (*automobile*) **portière** *f.* II-3
dorm **résidence** *f.* **universitaire** I-8, II-P
doubt (that)... **douter (que)...** *v.* II-7
doubtful **douteux/douteuse** *adj.* II-7
   It is doubtful that... **Il est douteux que...** II-7
download **télécharger** *v.* II-3
downtown **centre-ville** *m.* I-4
drag **barbant** *adj.* I-3; **barbe** *f.* I-3
drape **rideau** *m.* I-8, II-P
draw **dessiner** *v.* I-2
drawer **tiroir** *m.* I-8, II-P
dreadful **épouvantable** *adj.* I-5
dream (about) **rêver (de)** *v.* II-3
dress **robe** *f.* I-6
   to dress **s'habiller** *v.* II-2
dresser **commode** *f.* I-8, II-P
drink (carbonated) **boisson** *f.* **(gazeuse)** I-4
   to drink **boire** *v.* I-4
drive **conduire** *v.* I-6
   to go for a drive **faire un tour en voiture** I-5
driven **conduit (conduire)** *p.p.* I-6

driver (taxi/truck) **chauffeur (de taxi/de camion)** *m.* II-5
driver's license **permis** *m.* **de conduire** II-3
drums **batterie** *f.* II-7
drunk **bu (boire)** *p.p.* I-6
dryer *(clothes)* **sèche-linge** *m.* I-8, II-P
dry oneself **se sécher** *v.* II-2
due **dû(e) (devoir)** *adj.* II-1
during **pendant** *prep.* I-7
dust **enlever/faire la poussière** *v.* I-8, II-P
DVR **enregistreur DVR** *m.* II-3

E

each **chaque** *adj.* I-6
ear **oreille** *f.* II-2
early **en avance** *adv.* I-2; **tôt** *adv.* I-2
earn **gagner** *v.* II-5
Earth **Terre** *f.* II-6
easily **facilement** *adv.* I-8, II-P
east **est** *m.* II-4
easy **facile** *adj.* I-2
eat **manger** *v.* I-2
   to eat lunch **déjeuner** *v.* I-4
éclair **éclair** *m.* I-4
ecological **écologique** *adj.* II-6
ecology **écologie** *f.* II-6
economics **économie** *f.* I-2
ecotourism **écotourisme** *m.* II-6
education **formation** *f.* II-5
effect: in effect **en effet** II-6
egg **œuf** *m.* II-1
eight **huit** *m.* I-1
eighteen **dix-huit** *m.* I-1
eighth **huitième** *adj.* I-7
eighty **quatre-vingts** *m.* I-3
eighty-one **quatre-vingt-un** *m.* I-3
elder **aîné(e)** *adj.* I-3
electric **électrique** *adj.* I-8, II-P
   electrical appliance **appareil** *m.* **électrique** I-8, II-P
electrician **électricien/électricienne** *m., f.* II-5
elegant **élégant(e)** *adj.* I-1
elevator **ascenseur** *m.* I-7
eleven **onze** *m.* I-1
eleventh **onzième** *adj.* I-7
e-mail **e-mail** *m.* II-3
emergency room **urgences** *f., pl.* II-2
   to go to the emergency room **aller aux urgences** *v.* II-2
employ **employer** *v.* I-5
end **fin** *f.* II-7
endangered **menacé(e)** *adj.* II-6
   endangered species **espèce** *f.* **menacée** II-6
engaged **fiancé(e)** *adj.* I-3

engine **moteur** *m.* II-3
engineer **ingénieur** *m.* I-3
England **Angleterre** *f.* I-7
English **anglais(e)** *adj.* I-1
enormous **énorme** *adj.* I-2
enough (of) **assez (de)** *adv.* I-4
   not enough (of) **pas assez (de)** I-4
enter **entrer** *v.* I-7
envelope **enveloppe** *f.* II-4
environment **environnement** *m.* II-6
equal **égaler** *v.* I-3
erase **effacer** *v.* II-3
errand **course** *f.* II-1
escargot **escargot** *m.* II-1
especially **surtout** *adv.* I-2
essay **dissertation** *f.* II-3
essential **essentiel(le)** *adj.* II-6
   It is essential that... **Il est essentiel/indispensable que...** II-6
even **même** *adv.* I-5
evening **soir** *m.;* **soirée** *f.* I-2
   ... (o'clock) in the evening **... heures du soir** I-2
every day **tous les jours** *adv.* I-8, II-P
everyone **tout le monde** *m.* II-1
evident **évident(e)** *adj.* II-7
   It is evident that... **Il est évident que...** II-7
evidently **évidemment** *adv.* I-8, II-P
exactly **exactement** *adv.* II-1
exam **examen** *m.* I-1
Excuse me. **Excuse-moi.** *fam.* I-1; **Excusez-moi.** *form.* I-1
executive **cadre/femme cadre** *m., f.* II-5
exercise **exercice** *m.* II-2
   to exercise **faire de l'exercice** *v.* II-2
exhibit **exposition** *f.* II-7
exit **sortie** *f.* I-7
expenditure **dépense** *f.* II-4
expensive **cher/chère** *adj.* I-6
explain **expliquer** *v.* I-2
explore **explorer** *v.* I-4
extinction **extinction** *f.* II-6
eye (eyes) **œil (yeux)** *m.* II-2

F

face **visage** *m.* II-2
facing **en face (de)** *prep.* I-3
fact: in fact **en fait** I-7
factory **usine** *f.* II-6
fail **échouer** *v.* I-2
fall **automne** *m.* I-5
   in the fall **en automne** I-5
   to fall **tomber** *v.* I-7

to fall in love **tomber amoureux/amoureuse** *v.* I-6
to fall asleep **s'endormir** *v.* II-2
family **famille** *f.* I-3
famous **célèbre** *adj.* II-7; **connu (connaître)** *p.p., adj.* I-8, II-P
far (from) **loin (de)** *prep.* I-3
farewell **adieu** *m.* II-6
farmer **agriculteur/agricultrice** *m., f.* II-5
fashion **mode** *f.* I-2
   fashion design **stylisme de mode** *m.* I-2
fast **rapide** *adj.* I-3; **vite** *adv.* I-8, II-P
fat **gros(se)** *adj.* I-3
father **père** *m.* I-3
father-in-law **beau-père** *m.* I-3
favorite **favori/favorite** *adj.* I-3; **préféré(e)** *adj.* I-2
fax machine **fax** *m.* II-3
fear **peur** *f.* I-2
   to fear that **avoir peur que** *v.* II-6
February **février** *m.* I-5
fed up: to be fed up **en avoir marre** *v.* I-3
feel *(to sense)* **sentir** *v.* I-5; *(state of being)* **se sentir** *v.* II-2
   to feel like *(doing something)* **avoir envie (de)** I-2
   to feel nauseated **avoir mal au cœur** II-2
festival (festivals) **festival (festivals)** *m.* II-7
fever **fièvre** *f.* II-2
   to have fever **avoir de la fièvre** *v.* II-2
fiancé **fiancé(e)** *m., f.* I-6
field *(terrain)* **champ** *m.* II-6; *(of study)* **domaine** *m.* II-5
fifteen **quinze** *m.* I-1
fifth **cinquième** *adj.* I-7
fifty **cinquante** *m.* I-1
figure *(physique)* **ligne** *f.* II-2
file **fichier** *m.* II-3
fill: to fill out a form **remplir un formulaire** *v.* II-4
   to fill the tank **faire le plein** *v.* II-3
film **film** *m.* II-7
   adventure/crime film **film** *m.* **d'aventures/policier** II-7
finally **enfin** *adv.* I-7; **finalement** *adv.* I-7; **dernièrement** *adv.* I-8, II-P
find (a job) **trouver (un/du travail)** *v.* II-5
   to find again **retrouver** *v.* I-2
fine **amende** *f.* II-3
fine arts **beaux-arts** *m., pl.* II-7
finger **doigt** *m.* II-2

finish (*doing something*) **finir (de)** *v.* I-4, II-3
fire **incendie** *m.* II-6
firefighter **pompier/femme pompier** *m., f.* II-5
firm (*business*) **entreprise** *f.* II-5;
first **d'abord** *adv.* I-7; **premier/ première** *adj.* I-2; **premier** *m.* I-5
    It is October first. **C'est le 1er (premier) octobre.** I-5
fish **poisson** *m.* I-3
fishing **pêche** *f.* I-5
    to go fishing **aller à la pêche** *v.* I-5
fish shop **poissonnerie** *f.* II-1
five **cinq** *m.* I-1
flat tire **pneu** *m.* **crevé** II-3
flight (*air travel*) **vol** *m.* I-7
floor **étage** *m.* I-7
flower **fleur** *f.* I-8, II-P
flu **grippe** *f.* II-2
fluently **couramment** *adv.* I-8, II-P
follow (a path/a street/a boulevard) **suivre (un chemin/une rue/ un boulevard)** *v.* II-4
food item **aliment** *m.* II-1; **nourriture** *f.* II-1
foot **pied** *m.* II-2
football **football américain** *m.* I-5
for **pour** *prep.* I-5; **pendant** *prep.* II-1
    For whom? **Pour qui?** I-4
forbid **interdire** *v.* II-6
foreign **étranger/étrangère** *adj.* I-2
    foreign languages **langues** *f., pl.* **étrangères** I-2
forest **forêt** *f.* II-6
    tropical forest **forêt tropicale** *f.* II-6
forget (*to do something*) **oublier (de)** *v.* I-2
fork **fourchette** *f.* II-1
form **formulaire** *m.* II-4
former (*placed before noun*) **ancien(ne)** *adj.* II-7
fortunately **heureusement** *adv.* I-8, II-P
forty **quarante** *m.* I-1
fountain **fontaine** *f.* II-4
four **quatre** *m.* I-1
fourteen **quatorze** *m.* I-1
fourth **quatrième** *adj.* I-7
France **France** *f.* I-7
frankly **franchement** *adv.* I-8, II-P
free (*at no cost*) **gratuit(e)** *adj.* II-7
    free time **temps libre** *m.* I-5
freezer **congélateur** *m.* I-8, II-P
French **français(e)** *adj.* I-1
French fries **frites** *f., pl.* I-4
frequent (*to visit regularly*) **fréquenter** *v.* I-4

fresh **frais/fraîche** *adj.* I-5
Friday **vendredi** *m.* I-2
friend **ami(e)** *m., f.* I-1; **copain/ copine** *m., f.* I-1
friendship **amitié** *f.* I-6
from **de/d'** *prep.* I-1
    from time to time **de temps en temps** *adv.* I-8, II-P
front: in front of **devant** *prep.* I-3
fruit **fruit** *m.* II-1
full (*no vacancies*) **complet (complète)** *adj.* I-7
full-time job **emploi** *m.* **à plein temps** II-5
fun **amusant(e)** *adj.* I-1
    to have fun (*doing something*) **s'amuser (à)** *v.* II-3
funeral **funérailles** *f., pl.* II-1
funny **drôle** *adj.* I-3
furious **furieux/furieuse** *adj.* II-6
    to be furious that... **être furieux/furieuse que...** *v.* II-6

G

gain: gain weight **grossir** *v.* I-4
game (*amusement*) **jeu** *m.* I-5; (*sports*) **match** *m.* I-5
game show **jeu télévisé** *m.* II-7
garage **garage** *m.* I-8, II-P
garbage **ordures** *f., pl.* II-6
garbage collection **ramassage** *m.* **des ordures** II-6
garden **jardin** *m.* I-8, II-P
garlic **ail** *m.* II-1
gas **essence** *f.* II-3
gas tank **réservoir d'essence** *m.* II-3
gas warning light **voyant** *m.* **d'essence** II-3
generally **en général** *adv.* I-8, II-P
generous **généreux/généreuse** *adj.* I-3
genre **genre** *m.* II-7
gentle **doux/douce** *adj.* I-3
geography **géographie** *f.* I-2
German **allemand(e)** *adj.* I-1
Germany **Allemagne** *f.* I-7
get (*to obtain*) **obtenir** *v.* II-5
get along well (with) **s'entendre bien (avec)** *v.* II-2
get off **descendre (de)** *v.* I-6
get up **se lever** *v.* II-2
    get up again **se relever** *v.* II-2
gift **cadeau** *m.* I-6
    wrapped gift **paquet cadeau** *m.* I-6
gifted **doué(e)** *adj.* II-7
girl **fille** *f.* I-1
girlfriend **petite amie** *f.* I-1
give (*to someone*) **donner (à)** *v.* I-2
    to give a shot **faire une piqûre** *v.* II-2

to give a tour **faire visiter** *v.* I-8, II-P
to give back **rendre (à)** *v.* I-6
to give one another **se donner** *v.* II-3
glass (of) **verre (de)** *m.* I-4
glasses **lunettes** *f., pl.* I-6
    sunglasses **lunettes de soleil** *f., pl.* I-6
global warming **réchauffement** *m.* **de la Terre** II-6
glove **gant** *m.* I-6
go **aller** *v.* I-4
    Let's go! **Allons-y!** I-4; **On y va!** II-2
    I'm going. **J'y vais.** I-8, II-P
    to go back **repartir** *v.* II-7
    to go downstairs **descendre (de)** *v.* I-6
    to go out **sortir** *v.* I-7
    to go over **dépasser** *v.* II-3
    to go up **monter** *v.* I-7
    to go with **aller avec** *v.* I-6
golf **golf** *m.* I-5
good **bon(ne)** *adj.* I-3
    Good evening. **Bonsoir.** I-1
    Good morning. **Bonjour.** I-1
    to be good for nothing **ne servir à rien** *v.* II-1
    to be in a good mood **être de bonne humeur** *v.* I-8, II-P
    to be in good health **être en bonne santé** *v.* II-2
    to be in good shape **être en pleine forme** *v.* II-2
    to be up to something interesting **faire quelque chose de beau** *v.* II-4
Good-bye. **Au revoir.** I-1
government **gouvernement** *m.* II-6
grade (*academics*) **note** *f.* I-2
grandchildren **petits-enfants** *m., pl.* I-3
granddaughter **petite-fille** *f.* I-3
grandfather **grand-père** *m.* I-3
grandmother **grand-mère** *f.* I-3
grandparents **grands-parents** *m., pl.* I-3
grandson **petit-fils** *m.* I-3
grant **bourse** *f.* I-2
grass **herbe** *f.* II-6
gratin **gratin** *m.* II-1
gray **gris(e)** *adj.* I-6
great **formidable** *adj.* I-7; **génial(e)** *adj.* I-3
green **vert(e)** *adj.* I-3
green beans **haricots verts** *m., pl.* II-1
greenhouse **serre** *f.* II-6
    greenhouse effect **effet de serre** *m.* II-6
grocery store **épicerie** *f.* I-4

groom: to groom oneself *(in the morning)* **faire sa toilette** *v.* II-2

ground floor **rez-de-chaussée** *m.* I-7

growing population **population** *f.* **croissante** II-6

guaranteed **garanti(e)** *p.p., adj.* I-5

guest **invité(e)** *m., f.* I-6; **client(e)** *m., f.* I-7

guitar **guitare** *f.* II-7

guy **mec** *m.* II-2

gym **gymnase** *m.* I-4

H

habitat **habitat** *m.* II-6
  habitat preservation **sauvetage des habitats** *m.* II-6

had **eu (avoir)** *p.p.* I-6
  had to **dû (devoir)** *p.p.* II-1

hair **cheveux** *m., pl.* II-1
  to brush one's hair **se brosser les cheveux** *v.* II-1
  to do one's hair **se coiffer** *v.* II-2

hairbrush **brosse** *f.* **à cheveux** II-2

hairdresser **coiffeur/coiffeuse** *m., f.* I-3

half **demie** *f.* I-2
  half past … (o'clock) **… et demie** I-2

half-brother **demi-frère** *m.* I-3

half-sister **demi-sœur** *f.* I-3

half-time job **emploi** *m.* **à mi-temps** II-5

hallway **couloir** *m.* I-8, II-P

ham **jambon** *m.* I-4

hand **main** *f.* I-5

handbag **sac à main** *m.* I-6

handsome **beau** *adj.* I-3

hang up **raccrocher** *v.* II-5

happiness **bonheur** *m.* I-6

happy **heureux/heureuse** *adj.;* **content(e)** II-5
  to be happy that… **être content(e) que…** *v.* II-6; **être heureux/heureuse que…** *v.* II-6

hard drive **disque (dur)** *m.* II-3

hard-working **travailleur/ travailleuse** *adj.* I-3

hat **chapeau** *m.* I-6

hate **détester** *v.* I-2
  I hate… **Je déteste…** I-2

have **avoir** *v.* I-2; **aie (avoir)** *imp., v.* I-7; **ayez (avoir)** *imp. v.* I-7; **prendre** *v.* I-4
  to have an ache **avoir mal** *v.* II-2

to have to *(must)* **devoir** *v.* II-1

he **il** *sub. pron.* I-1

head *(body part)* **tête** *f.* II-2; *(of a company)* **chef** *m.* **d'entreprise** II-5

headache: to have a headache **avoir mal à la tête** *v.* II-2

headlights **phares** *m., pl.* II-3

headphones **écouteurs** *m.* II-3

health **santé** *f.* II-2
  to be in good health **être en bonne santé** *v.* II-2

health insurance **assurance** *f.* **maladie** II-5

healthy **sain(e)** *adj.* II-2

hear **entendre** *v.* I-6

heart **cœur** *m.* II-2

heat **chaud** *m.* 2

hello *(on the phone)* **allô** I-1; *(in the evening)* **Bonsoir.** I-1; *(in the morning or afternoon)* **Bonjour.** I-1

help **au secours** II-3
  to help *(to do something)* **aider (à)** *v.* I-5
  to help one another **s'aider** *v.* II-3

her **la/l'** *d.o. pron.* I-7; **lui** *i.o. pron.* I-6; *(attached to an imperative)* **-lui** *i.o. pron.* II-1

her **sa** *poss. adj., f., sing.* I-3; **ses** *poss. adj., m., f., pl.* I-3; **son** *poss. adj., m., sing.* I-3

Here! **Tenez!** *form., imp. v.* II-1; **Tiens!** *fam., imp., v.* II-1

here **ici** *adv.* I-1; *(used with demonstrative adjective* ce *and noun or with demonstrative pronoun* celui*);* **-ci** I-6;
  Here is…. **Voici…** I-1

heritage: I am of… heritage. **Je suis d'origine…** I-1

herself *(used with reflexive verb)* **se/s'** *pron.* II-2

hesitate *(to do something)* **hésiter (à)** *v.* II-3

Hey! **Eh!** *interj.* 2

Hi! **Salut!** *fam.* I-1

high **élevé(e)** *adj.* II-5

high school **lycée** *m.* I-1
  high school student **lycéen(ne)** *m., f.* 2

higher education **études supérieures** *f., pl.* 2

highway **autoroute** *f.* II-3

hike **randonnée** *f.* I-5
  to go for a hike **faire une randonnée** *v.* I-5

him **lui** *i.o. pron.* I-6; **le/l'** *d.o. pron.* I-7; *(attached to imperative)* **-lui** *i.o. pron.* II-1

himself *(used with reflexive verb)* **se/s'** *pron.* II-2

hire **embaucher** *v.* II-5

his **sa** *poss. adj., f., sing.* I-3; **ses** *poss. adj., m., f., pl.* I-3; **son** *poss. adj., m., sing.* I-3

history **histoire** *f.* I-2

hit **rentrer (dans)** *v.* II-3

hold **tenir** *v.* II-1
  to be on hold **patienter** *v.* II-5

hole in the ozone layer **trou dans la couche d'ozone** *m.* II-6

holiday **jour férié** *m.* I-6; **férié(e)** *adj.* I-6

home *(house)* **maison** *f.* I-4
  at (someone's) home **chez…** *prep.* 4

home page **page d'accueil** *f.* II-3

homework **devoir** *m.* I-2

honest **honnête** *adj.* II-7

honestly **franchement** *adv.* I-8, II-P

hood **capot** *m.* II-3

hope **espérer** *v.* I-5

hors d'œuvre **hors-d'œuvre** *m.* II-1

horse **cheval** *m.* I-5
  to go horseback riding **faire du cheval** *v.* I-5

hospital **hôpital** *m.* I-4

host **hôte/hôtesse** *m., f.* I-6

hot **chaud** *m.* I-2
  It is hot (weather). **Il fait chaud.** I-5
  to be hot **avoir chaud** *v.* I-2

hot chocolate **chocolat chaud** *m.* I-4

hotel **hôtel** *m.* I-7
  (single) hotel room **chambre** *f.* **(individuelle)** I-7

hotel keeper **hôtelier/ hôtelière** *m., f.* I-7

hour **heure** *f.* I-2

house **maison** *f.* I-4
  at (someone's) house **chez…** *prep.* I-2
  to leave the house **quitter la maison** *v.* I-4
  to stop by someone's house **passer chez quelqu'un** *v.* I-4

household **ménager/ménagère** *adj.* I-8, II-P

household appliance **appareil** *m.* **ménager** I-8, II-P

household chore **tâche ménagère** *f.* I-8, II-P

housewife **femme au foyer** *f.* II-5

housework: to do the housework **faire le ménage** *v.* I-8, II-P

housing **logement** *m.* I-8, II-P

how **comme** *adv.* I-2; **comment?** *interr. adv.* I-4
  How are you? **Comment allez-vous?** *form.* I-1; **Comment vas-tu?** *fam.* I-1
  How many/How much (of)? **Combien (de)?** I-1

How much is... ? **Combien coûte... ?** I-4
huge **énorme** *adj.* I-2
Huh? **Hein?** *interj.* I-3
humanities **lettres** *f., pl.* I-2
hundred: one hundred **cent** *m.* I-5
   five hundred **cinq cents** *m.* I-5
   one hundred one **cent un** *m.* I-5
   one hundred thousand **cent mille** *m.* I-5
hundredth **centième** *adj.* I-7
hunger **faim** *f.* I-4
hungry: to be hungry **avoir faim** *v.* I-4
hunt **chasse** *f.* II-6
   to hunt **chasser** *v.* II-6
hurried **pressé(e)** *adj.* II-1
hurry **se dépêcher** *v.* II-2
hurt **faire mal** *v.* II-2
   to hurt oneself **se blesser** *v.* II-2
husband **mari** *m.;* **époux** *m.* I-3
hyphen *(punctuation mark)* **tiret** *m.* II-3

I

I **je** *sub. pron.* I-1; **moi** *disj. pron., sing.* I-3
ice cream **glace** *f.* I-6
ice cube **glaçon** *m.* I-6
idea **idée** *f.* I-3
if **si** *conj.* II-5
ill: to become ill **tomber malade** *v.* II-2
illness **maladie** *f.* II-5
immediately **tout de suite** *adv.* I-4
impatient **impatient(e)** *adj.* I-1
important **important(e)** *adj.* I-1
   It is important that... **Il est important que...** II-6
impossible **impossible** *adj.* II-7
   It is impossible that... **Il est impossible que...** II-7
improve **améliorer** *v.* II-5
in **dans** *prep.* I-3; **en** *prep.* I-3; **à** *prep.* I-4
included **compris (comprendre)** *p.p., adj.* I-6
incredible **incroyable** *adj.* II-3
independent **indépendant(e)** *adj.* I-1
independently **indépendamment** *adv.* I-8, II-P
indicate **indiquer** *v.* 5
indispensable **indispensable** *adj.* II-6
inexpensive **bon marché** *adj.* I-6
injection **piqûre** *f.* II-2

to give an injection **faire une piqûre** *v.* II-2
injury **blessure** *f.* II-2
instrument **instrument** *m.* I-1
insurance (health/life) **assurance** *f.* **(maladie/vie)** II-5
intellectual **intellectuel(le)** *adj.* I-3
intelligent **intelligent(e)** *adj.* I-1
interested: to be interested (in) **s'intéresser (à)** *v.* II-2
interesting **intéressant(e)** *adj.* I-1
intermission **entracte** *m.* II-7
internship **stage** *m.* II-5
intersection **carrefour** *m.* II-4
interview: to have an interview **passer un entretien** II-5
introduce **présenter** *v.* I-1
   I would like to introduce *(name)* to you. **Je te présente...** , *fam.* I-1
   I would like to introduce *(name)* to you. **Je vous présente...** , *form.* I-1
invite **inviter** *v.* I-4
Ireland **Irlande** *f.* I-7
Irish **irlandais(e)** *adj.* I-7
iron **fer à repasser** *m.* I-8, II-P
   to iron (the laundry) **repasser (le linge)** *v.* I-8, II-P
isn't it? *(tag question)* **n'est-ce pas?** I-2
island **île** *f.* II-6
Italian **italien(ne)** *adj.* I-1
Italy **Italie** *f.* I-7
it: It depends. **Ça dépend.** I-4
   It is... **C'est...** I-1
itself *(used with reflexive verb)* **se/s'** *pron.* II-2

J

jacket **blouson** *m.* I-6
jam **confiture** *f.* II-1
January **janvier** *m.* I-5
Japan **Japon** *m.* I-7
Japanese **japonais(e)** *adj.* I-1
jealous **jaloux/jalouse** *adj.* I-3
jeans **jean** *m. sing.* I-6
jewelry store **bijouterie** *f.* II-4
jogging **jogging** *m.* I-5
   to go jogging **faire du jogging** *v.* I-5
joke **blague** *f.* I-2
journalist **journaliste** *m., f.* I-3
juice (orange/apple) **jus** *m.* **(d'orange/de pomme)** I-4
July **juillet** *m.* I-5
June **juin** *m.* I-5
jungle **jungle** *f.* II-6
just *(barely)* **juste** *adv.* I-3

K

keep **retenir** *v.* II-1
key **clé** *f.* I-7
keyboard **clavier** *m.* II-3
kilo(gram) **kilo(gramme)** *m.* II-1
kind **bon(ne)** *adj.* I-3
kiosk **kiosque** *m.* I-4
kiss one another **s'embrasser** *v.* II-3
kitchen **cuisine** *f.* I-8, II-P
knee **genou** *m.* II-2
knife **couteau** *m.* II-1
know *(as a fact)* **savoir** *v.* I-8, II-P; *(to be familiar with)* **connaître** *v.* I-8, II-P
   to know one another **se connaître** *v.* II-3
   I don't know anything about it. **Je n'en sais rien.** II-6
   to know that... **savoir que...** II-7
known *(as a fact)* **su (savoir)** *p.p.* I-8, II-P; *(famous)* **connu (connaître)** *p.p., adj.* I-8, II-P

L

laborer **ouvrier/ouvrière** *m., f.* II-5
lake **lac** *m.* II-6
lamp **lampe** *f.* I-8, II-P
landlord **propriétaire** *m., f.* I-3
landslide **glissement de terrain** *m.* II-6
language **langue** *f.* I-2
   foreign languages **langues** *f., pl.* **étrangères** I-2
last **dernier/dernière** *adj.* I-2
lastly **dernièrement** *adv.* I-8, II-P
late *(when something happens late)* **en retard** *adv.* I-2; *(in the evening, etc.)* **tard** *adv.* I-2
laugh **rire** *v.* I-6
laughed **ri (rire)** *p.p.* I-6
laundromat **laverie** *f.* II-4
laundry: to do the laundry **faire la lessive** *v.* I-8, II-P
law (academic discipline) **droit** *m.* I-2; *(ordinance or rule)* **loi** *f.* II-6
lawyer **avocat(e)** *m., f.* I-3
lay off *(let go)* **renvoyer** *v.* II-5
lazy **paresseux/paresseuse** *adj.* I-3
learned **appris (apprendre)** *p.p.* I-6
least **moins** II-1
   the least... *(used with adjective)* **le/la moins...** *super. adv.* II-1
   the least... , *(used with noun to express quantity)* **le moins de...** II-6

the least... *(used with verb or adverb)* **le moins...** *super. adv.* II-1
leather **cuir** *m.* I-6
leave **partir** *v.* I-5; **quitter** *v.* I-4
  to leave alone **laisser tranquille** *v.* II-2
  to leave one another **se quitter** *v.* II-3
  I'm leaving. **Je m'en vais.** I-8, II-P
left: to the left (of) **à gauche (de)** *prep.* I-3
leg **jambe** *f.* II-2
leisure activity **loisir** *m.* I-5
lemon soda **limonade** *f.* I-4
lend *(to someone)* **prêter (à)** *v.* I-6
less **moins** *adv.* I-4
  less of... *(used with noun to express quantity)* **moins de...** I-4
  less ... than *(used with noun to compare quantities)* **moins de... que** II-6
  less... than *(used with adjective to compare qualities)* **moins... que** II-1
let **laisser** *v.* II-3
  to let go *(to fire or lay off)* **renvoyer** *v.* II-5
  Let's go! **Allons-y!** I-4; **On y va!** II-2
letter **lettre** *f.* II-4
  letter of application **lettre** *f.* **de motivation** II-5
  letter of recommendation/ reference **lettre** *f.* **de recommandation** II-5
lettuce **laitue** *f.* II-1
level **niveau** *m.* II-5
library **bibliothèque** *f.* I-1
license: driver's license **permis** *m.* **de conduire** II-3
life **vie** *f.* I-6
life insurance **assurance** *f.* **vie** II-5
light: warning light *(automobile)* **voyant** *m.* II-3
  oil/gas warning light **voyant** *m.* **d'huile/d'essence** II-3
  to light up **s'allumer** *v.* II-3
like *(as)* **comme** *adv.* I-6; to like **aimer** *v.* I-2
  I don't like ... very much. **Je n'aime pas tellement...** I-2
  I really like... **J'aime bien...** I-2
  to like one another **s'aimer bien** *v.* II-3
  to like that... **aimer que...** *v.* II-6
line **queue** *f.* II-4
  to wait in line **faire la queue** *v.* II-4
link **lien** *m.* II-3

listen (to) **écouter** *v.* I-2
literary **littéraire** *adj.* II-7
literature **littérature** *f.* I-1
little *(not much)* (of) **peu (de)** *adv.* I-4
live (in) **habiter (à)** *v.* I-2
living room *(informal room)* **salle de séjour** *f.* I-8, II-P; *(formal room)* **salon** *m.* I-8, II-P
located: to be located **se trouver** *v.* II-2
long **long(ue)** *adj.* I-3
  a long time **longtemps** *adv.* I-5
look *(at one another)* **se regarder** *v.* II-3; *(at oneself)* **se regarder** *v.* II-2
look for **chercher** *v.* I-2
  to look for work **chercher du/un travail** II-4
loose *(clothing)* **large** *adj.* I-6
lose: to lose (time) **perdre (son temps)** *v.* I-6
  to lose weight **maigrir** *v.* I-4
lost: to be lost **être perdu(e)** *v.* II-4
lot: a lot of **beaucoup de** *adv.* I-4
love **amour** *m.* I-6
  to love **adorer** *v.* I-2
  I love... **J'adore...** I-2
  to love one another **s'aimer** *v.* II-3
  to be in love **être amoureux/ amoureuse** *v.* I-6
luck **chance** *f.* I-2
  to be lucky **avoir de la chance** *v.* I-2
lunch **déjeuner** *m.* II-1
  to eat lunch **déjeuner** *v.* I-4

M

ma'am **Madame.** *f.* I-1
machine: answering machine **répondeur** *m.* II-3
mad: to get mad **s'énerver** *v.* II-2
made **fait (faire)** *p.p., adj.* I-6
magazine **magazine** *m.* II-7
mail **courrier** *m.* II-4
mailbox **boîte** *f.* **aux lettres** II-4
mailman **facteur** *m.* II-4
main character **personnage principal** *m.* II-7
main dish **plat (principal)** *m.* II-1
maintain **maintenir** *v.* II-1
make **faire** *v.* I-5
makeup **maquillage** *m.* II-2
  to put on makeup **se maquiller** *v.* II-2
make up **se réconcilier** *v.* II-7
malfunction **panne** *f.* II-3
man **homme** *m.* I-1
manage *(in business)* **diriger** *v.* II-5; *(to do something)* **arriver à** *v.* I-2

manager **gérant(e)** *m., f.* II-5
many (of) **beaucoup (de)** *adv.* I-4
  How many (of)? **Combien (de)?** I-1
map *(of a city)* **plan** *m.* I-7; *(of the world)* **carte** *f.* I-1
March **mars** *m.* I-5
marital status **état civil** *m.* I-6
market **marché** *m.* I-4
marriage **mariage** *m.* I-6
married **marié(e)** *adj.* I-3
  married couple **mariés** *m., pl.* I-6
marry **épouser** *v.* I-3
Martinique: from Martinique **martiniquais(e)** *adj.* I-1
masterpiece **chef-d'œuvre** *m.* II-7
mathematics **mathématiques (maths)** *f., pl.* I-2
May **mai** *m.* I-5
maybe **peut-être** *adv.* I-2
mayonnaise **mayonnaise** *f.* II-1
mayor's office **mairie** *f.* II-4
me **moi** *disj. pron., sing.* I-3; *(attached to imperative)* **-moi** *pron.* II-1; **me/m'** *i.o. pron.* I-6; **me/m'** *d.o. pron.* I-7
  Me too. **Moi aussi.** I-1
  Me neither. **Moi non plus.** I-2
meal **repas** *m.* II-1
mean **méchant(e)** *adj.* I-3
  to mean *(with* **dire***)* **vouloir** *v.* II-1
means: that means **ça veut dire** *v.* II-1
meat **viande** *f.* II-1
mechanic **mécanicien/ mécanicienne** *m., f.* II-3
medication (against/ for) **médicament (contre/ pour)** *m., f.* II-2
meet *(to encounter, to run into)* **rencontrer** *v.* I-2; *(to make the acquaintance of)* **faire la connaissance de** *v.* I-5, **se rencontrer** *v.* II-3; *(planned encounter)* **se retrouver** *v.* II-3
meeting **réunion** *f.* II-5; **rendez-vous** *m.* I-6
member **membre** *m.* II-7
menu **menu** *m.* II-1; **carte** *f.* II-1
message **message** *m.* II-5
  to leave a message **laisser un message** *v.* II-5
Mexican **mexicain(e)** *adj.* I-1
Mexico **Mexique** *m.* I-7
microwave oven **four à micro-ondes** *m.* I-8, II-P
midnight **minuit** *m.* I-2
milk **lait** *m.* I-4
mineral water **eau** *f.* **minérale** I-4
mirror **miroir** *m.* I-8, II-P
Miss **Mademoiselle** *f.* I-1

mistaken: to be mistaken (*about something*) **se tromper (de)** *v.* II-2

modest **modeste** *adj.* II-5

moment **moment** *m.* I-1

Monday **lundi** *m.* I-2

money **argent** *m.* II-4; (*currency*) **monnaie** *f.* II-4

   to deposit money **déposer de l'argent** *v.* II-4

monitor **moniteur** *m.* II-3

month **mois** *m.* I-2

   this month **ce mois-ci** I-2

moon **Lune** *f.* II-6

more **plus** *adv.* I-4

   more of **plus de** I-4

   more … than (*used with noun to compare quantities*) **plus de… que** II-6

   more … than (*used with adjective to compare qualities*) **plus… que** II-1

morning **matin** *m.* I-2; **matinée** *f.* I-2

   this morning **ce matin** I-2

Moroccan **marocain(e)** *adj.* I-1

most **plus** II-1

   the most… (*used with adjective*) **le/la plus…** *super. adv.* II-1

   the most… (*used with noun to express quantity*) **le plus de…** II-6

   the most… (*used with verb or adverb*) **le plus…** *super. adv.* II-1

mother **mère** *f.* I-3

mother-in-law **belle-mère** *f.* I-3

mountain **montagne** *f.* I-4

mouse **souris** *f.* II-3

mouth **bouche** *f.* II-2

move (*to get around*) **se déplacer** *v.* II-4

   to move in **emménager** *v.* I-8, II-P

   to move out **déménager** *v.* I-8, II-P

movie **film** *m.* II-7

   adventure/horror/science-fiction/crime movie **film** *m.* **d'aventures/d'horreur/de science-fiction/policier** II-7

movie theater **cinéma (ciné)** *m.* I-4

MP3 **MP3** *m.* II-3

much (as much … as) (*used with noun to express quantity*) **autant de … que** *adv.* II-6

   How much (*of something*)? **Combien (de)?** I-1

   How much is… ? **Combien coûte… ?** I-4

museum **musée** *m.* I-4

   to go to museums **faire les**

musées *v.* II-7

mushroom **champignon** *m.* II-1

music: to play music **faire de la musique** II-7

musical **comédie** *f.* **musicale** II-7; **musical(e)** *adj.* II-7

musician **musicien(ne)** *m., f.* I-3

must (*to have to*) **devoir** *v.* II-1

   One must **Il faut…** I-5

mustard **moutarde** *f.* II-1

my **ma** *poss. adj., f., sing.* I-3; **mes** *poss. adj., m., f., pl.* I-3; **mon** *poss. adj., m., sing.* I-3

myself **me/m'** *pron., sing.* II-2; (*attached to an imperative*) **-moi** *pron.* II-1

naïve **naïf (naïve)** *adj.* I-3

name: My name is… **Je m'appelle…** I-1

named: to be named **s'appeler** *v.* II-2

napkin **serviette** *f.* II-1

nationality **nationalité** *f.*

   I am of … nationality. **Je suis de nationalité…** I-1

natural **naturel(le)** *adj.* II-6

natural resource **ressource naturelle** *f.* II-6

nature **nature** *f.* II-6

nauseated: to feel nauseated **avoir mal au cœur** *v.* II-2

near (to) **près (de)** *prep.* I-3

   very near (to) **tout près (de)** II-4

necessary **nécessaire** *adj.* II-6

   It was necessary… (*followed by infinitive or subjunctive*) **Il a fallu…** I-6

   It is necessary…. (*followed by infinitive or subjunctive*) **Il faut que…** I-5

   It is necessary that… (*followed by subjunctive*) **Il est nécessaire que/qu'…** II-6

neck **cou** *m.* II-2

need **besoin** *m.* I-2

   to need **avoir besoin (de)** *v.* I-2

neighbor **voisin(e)** *m., f.* I-3

neighborhood **quartier** *m.* I-8, II-P

neither… nor **ne… ni… ni…** *conj.* II-4

nephew **neveu** *m.* I-3

nervous **nerveux/nerveuse** *adj.* I-3

nervously **nerveusement** *adv.* I-8, II-P

network (social) **réseau (social)** *m.* II-3

never **jamais** *adv.* I-5; **ne… jamais** *adv.* II-4

new **nouveau/nouvelle** *adj.* I-3

newlyweds **jeunes mariés** *m., pl.* I-6

news **informations (infos)** *f., pl.* II-7; **nouvelles** *f., pl.* II-7

newspaper **journal** *m.* I-7

newsstand **marchand de journaux** *m.* II-4

next **ensuite** *adv.* I-7; **prochain(e)** *adj.* I-2

   next to **à côté de** *prep.* I-3

nice **gentil/gentille** *adj.* I-3; **sympa(thique)** *adj.* I-1

nicely **gentiment** *adv.* I-8, II-P

niece **nièce** *f.* I-3

night **nuit** *f.* I-2

nightclub **boîte (de nuit)** *f.* I-4

nine **neuf** *m.* I-1

nine hundred **neuf cents** *m.* I-5

nineteen **dix-neuf** *m.* I-1

ninety **quatre-vingt-dix** *m.* I-3

ninth **neuvième** *adj.* I-7

no (*at beginning of statement to indicate disagreement*) **(mais) non** I-2; **aucun(e)** *adj.* II-2

   no more **ne… plus** II-4

   no problem **pas de problème** II-4

   no reason **pour rien** I-4

   no, none **pas (de)** II-4

nobody **ne… personne** II-4

none (not any) **ne… aucun(e)** II-4

noon **midi** *m.* I-2

no one **personne** *pron.* II-4

north **nord** *m.* II-4

nose **nez** *m.* II-2

not **ne… pas** I-2

   not at all **pas du tout** *adv.* I-2

   Not badly. **Pas mal.** I-1

   to not believe that **ne pas croire que** *v.* II-7

   to not think that **ne pas penser que** *v.* II-7

   not yet **pas encore** *adv.* I-8, II-P

notebook **cahier** *m.* I-1

notes **billets** *m., pl.* II-3

nothing **rien** *indef. pron.* II-4

   It's nothing. **Il n'y a pas de quoi.** I-1

notice **s'apercevoir** *v.* II-4

novel **roman** *m.* II-7

November **novembre** *m.* I-5

now **maintenant** *adv.* I-5

nuclear **nucléaire** *adj.* II-6

nuclear energy **énergie nucléaire** *f.* II-6

nuclear plant **centrale nucléaire** *f.* II-6

nurse **infirmier/infirmière** *m., f.* II-2

O

object **objet** *m.* I-1
obtain **obtenir** *v.* II-5
obvious **évident(e)** *adj.* II-7
  It is obvious that… **Il est évident que…** II-7
obviously **évidemment** *adv.* I-8, II-P
o'clock: It's… (o'clock). **Il est… heure(s).** I-2
  at … (o'clock) **à … heure(s)** I-4
October **octobre** *m.* I-5
of **de/d'** *prep.* I-3
  of medium height **de taille moyenne** *adj.* I-3
  of the **des (de + les)** I-3
  of the **du (de + le)** I-3
  of which, of whom **dont** *rel. pron.* II-3
of course **bien sûr** *adv.;* **évidemment** *adv.* I-2
  of course not *(at beginning of statement to indicate disagreement)* **(mais) non** I-2
offer **offrir** *v.* II-3
offered **offert (offrir)** *p.p.* II-3
office **bureau** *m.* I-4
  at the doctor's office **chez le médecin** *prep.* I-2
often **souvent** *adv.* I-5
oil **huile** *f.* II-1
  automobile oil **huile** *f.* II-3
  oil warning light **voyant** *m.* **d'huile** II-3
  olive oil **huile** *f.* **d'olive** II-1
  to check the oil **vérifier l'huile** *v.* II-3
okay **d'accord** I-2
old **vieux/vieille** *adj.; (placed after noun)* **ancien(ne)** *adj.* I-3
old age **vieillesse** *f.* I-6
olive **olive** *f.* II-1
olive oil **huile** *f.* **d'olive** II-1
omelette **omelette** *f.* I-5
on **sur** *prep.* I-3
  On behalf of whom? **C'est de la part de qui?** II-5
  on the condition that… **à condition que** II-7
  on television **à la télé(vision)** II-7
  on the contrary **au contraire** II-7
  on the radio **à la radio** II-7
  on the subject of **au sujet de** II-6
  on vacation **en vacances** I-7
once **une fois** *adv.* I-8, II-P
one **un** *m.* I-1
  one **on** *sub. pron., sing.* I-1
  one another **l'un(e) à l'autre** II-3

one another **l'un(e) l'autre** II-3
one had to… **il fallait…** I-8, II-P
One must… **Il faut que/qu'…** II-6
One must… **Il faut…** *(followed by infinitive or subjunctive)* I-5
one million **un million** *m.* I-5
  one million *(things)* **un million de…** I-5
onion **oignon** *m.* II-1
online **en ligne** II-3
  to be online **être en ligne** *v.* II-3
  to be online (with someone) **être connecté(e) (avec quelqu'un)** *v.* I-7, II-3
only **ne… que** II-4; **seulement** *adv.* I-8, II-P
open **ouvrir** *v.* II-3; **ouvert(e)** *adj.* II-3
opened **ouvert (ouvrir)** *p.p.* II-3
opera **opéra** *m.* II-7
optimistic **optimiste** *adj.* I-1
or **ou** I-3
orange **orange** *f.* II-1; **orange** *inv.adj.* I-6
orchestra **orchestre** *m.* II-7
order **commander** *v.* II-1
organize (a party) **organiser (une fête)** *v.* I-6
orient oneself **s'orienter** *v.* II-4
others **d'autres** I-4
our **nos** *poss. adj., m., f., pl.* I-3; **notre** *poss. adj., m., f., sing.* I-3
outdoor *(open-air)* **plein air** II-6
over **fini** *adj., p.p.* I-7
overpopulation **surpopulation** *f.* II-6
overseas **à l'étranger** *adv.* I-7
over there **là-bas** *adv.* I-1
owed **dû (devoir)** *p.p., adj.* II-1
own **posséder** *v.* I-5
owner **propriétaire** *m., f.* I-3
ozone **ozone** *m.* II-6
  hole in the ozone layer **trou dans la couche d'ozone** *m.* II-6

P

pack: to pack one's bags **faire les valises** I-7
package **colis** *m.* II-4
paid **payé (payer)** *p.p., adj.* II-5
  to be well/badly paid **être bien/mal payé(e)** II-5
pain **douleur** *f.* II-2
paint **faire de la peinture** *v.* II-7
painter **peintre/femme peintre** *m., f.* II-7
painting **peinture** *f.* II-7; **tableau** *m.* II-7
Palm Pilot **palm** *m.* I-1

pants **pantalon** *m., sing.* I-6
paper **papier** *m.* I-1
Pardon (me). **Pardon.** I-1
parents **parents** *m., pl.* I-3
park **parc** *m.* I-4
  to park **se garer** *v.* II-3
parka **anorak** *m.* I-6
parking lot **parking** *m.* II-3
part-time job **emploi** *m.* **à mi-temps/à temps partiel** *m.* II-5
party **fête** *f.* I-6
  to party **faire la fête** *v.* I-6
pass **dépasser** *v.* II-3; **passer** *v.* I-7
  to pass an exam **être reçu(e) à un examen** *v.* I-2
passenger **passager/passagère** *m., f.* I-7
passport **passeport** *m.* I-7
password **mot de passe** *m.* II-3
past: in the past **autrefois** *adv.* I-8, II-P
pasta **pâtes** *f., pl.* II-1
pastime **passe-temps** *m.* I-5
pastry **pâtisserie** *f.* II-1
pastry shop **pâtisserie** *f.* II-1
pâté **pâté (de campagne)** *m.* II-1
path **sentier** *m.* II-6; **chemin** *m.* II-4
patient **patient(e)** *adj.* I-1
patiently **patiemment** *adv.* I-8, II-P
pay **payer** *v.* I-5
  to pay by check **payer par chèque** *v.* II-4
  to pay in cash **payer en liquide** *v.* II-4
  to pay with a credit card **payer avec une carte de crédit** *v.* II-4
  to pay attention (to) **faire attention (à)** *v.* I-5
peach **pêche** *f.* II-1
pear **poire** *f.* II-1
peas **petits pois** *m., pl.* II-1
pen **stylo** *m.* I-1
pencil **crayon** *m.* I-1
people **gens** *m., pl.* I-7
pepper *(spice)* **poivre** *m.* II-1; *(vegetable)* **poivron** *m.* II-1
per day/week/month/year **par jour/semaine/mois/an** I-5
perfect **parfait(e)** *adj.* I-2
perhaps **peut-être** *adv.* I-2
period *(punctuation mark)* **point** *m.* II-3
permit **permis** *m.* II-3
permitted **permis (permettre)** *p.p., adj.* I-6
person **personne** *f.* I-1

pessimistic **pessimiste** *adj.* I-1
pharmacist **pharmacien(ne)** *m., f.* II-2
pharmacy **pharmacie** *f.* II-2
philosophy **philosophie** *f.* I-2
phone booth **cabine télé-phonique** *f.* II-4
phone card **télécarte** *f.* II-5
phone one another **se téléphoner** *v.* II-3
photo(graph) **photo(graphie)** *f.* I-3
physical education **éducation physique** *f.* I-2
physics **physique** *f.* I-2
piano **piano** *m.* II-7
pick up **décrocher** *v.* II-5
picnic **pique-nique** *m.* II-6
picture **tableau** *m.* I-1
pie **tarte** *f.* II-1
piece (of) **morceau (de)** *m.* I-4
  piece of furniture **meuble** *m.* I-8, II-P
pill **pilule** *f.* II-2
pillow **oreiller** *m.* I-8, II-P
pink **rose** *adj.* I-6
pitcher (of water) **carafe (d'eau)** *f.* II-1
place **endroit** *m.* I-4; **lieu** *m.* I-4
planet **planète** *f.* II-6
plans: to make plans **faire des projets** *v.* II-5
plant **plante** *f.* II-6
plastic **plastique** *m.* II-6
plastic wrapping **emballage en plastique** *m.* II-6
plate **assiette** *f.* II-1
play **pièce de théâtre** *f.* II-7
play **s'amuser** *v.* II-2; *(a sport/a musical instrument)* **jouer (à/de)** *v.* I-5
  to play regularly **pratiquer** *v.* I-5
  to play sports **faire du sport** *v.* I-5
  to play a role **jouer un rôle** *v.* II-7
player **joueur/joueuse** *m., f.* I-5
playwright **dramaturge** *m.* II-7
pleasant **agréable** *adj.* I-1
please: to please someone **faire plaisir à quelqu'un** *v.* II-5
  Please. **S'il te plaît.** *fam.* I-1
  Please. **S'il vous plaît.** *form.* I-1
  Please. **Je vous en prie.** *form.* I-1
  Please hold. **Ne quittez pas.** II-5
plumber **plombier** *m.* II-5
poem **poème** *m.* II-7
poet **poète/poétesse** *m., f.* II-7
police **police** *f.* II-3; **policier** *adj.* II-7

police officer **agent de police** *m.* II-3; **policier** *m.* II-3; **policière** *f.* II-3
police station **commissariat de police** *m.* II-4
polite **poli(e)** *adj.* I-1
politely **poliment** *adv.* I-8, II-P
political science **sciences politiques (sciences po)** *f., pl.* I-2
politician **homme/femme politique** *m., f.* II-5
pollute **polluer** *v.* II-6
pollution **pollution** *f.* II-6
  pollution cloud **nuage de pollution** *m.* II-6
pool **piscine** *f.* I-4
poor **pauvre** *adj.* I-3
popular music **variétés** *f., pl.* II-7
population **population** *f.* II-6
  growing population **population** *f.* **croissante** II-6
pork **porc** *m.* II-1
portrait **portrait** *m.* I-5
position *(job)* **poste** *m.* II-5
possess *(to own)* **posséder** *v.* I-5
possible **possible** *adj.* II-7
  It is possible that… **Il est possible que…** II-6
post **afficher** *v.* II-5
post office **bureau de poste** *m.* II-4
postal service **poste** *f.* II-4
postcard **carte postale** *f.* II-4
poster **affiche** *f.* I-8, II-P
potato **pomme de terre** *f.* II-1
practice **pratiquer** *v.* I-5
prefer **aimer mieux** *v.* I-2; **préférer (que)** *v.* I-5
pregnant **enceinte** *adj.* II-2
prepare (for) **préparer** *v.* I-2
  to prepare *(to do something)* **se préparer (à)** *v.* II-2
prescription **ordonnance** *f.* II-2
present **présenter** *v.* II-7
preservation: habitat preservation **sauvetage des habitats** *m.* II-6
preserve **préserver** *v.* II-6
pressure **pression** *f.* II-3
  to check the tire pressure **vérifier la pression des pneus** *v.* II-3
pretty **joli(e)** *adj.* I-3; *(before an adjective or adverb)* **assez** *adv.* I-8, II-P
prevent: to prevent a fire **prévenir l'incendie** *v.* II-6
price **prix** *m.* I-4
principal **principal(e)** *adj.* II-4
print **imprimer** *v.* II-3
printer **imprimante** *f.* II-3
problem **problème** *m.* I-1
produce **produire** *v.* I-6

produced **produit (produire)** *p.p., adj.* I-6
product **produit** *m.* II-6
profession **métier** *m.* II-5; **profession** *f.* II-5
  demanding profession **profession** *f.* **exigeante** II-5
professional **professionnel(le)** *adj.* II-5
  professional experience **expérience professionnelle** *f.* II-5
program **programme** *m.* II-7; *(software)* **logiciel** *m.* II-3; *(television)* **émission** *f.* **de télévision** II-7
prohibit **interdire** *v.* II-6
project **projet** *m.* II-5
promise **promettre** *v.* I-6
promised **promis (promettre)** *p.p., adj.* I-6
promotion **promotion** *f.* II-5
propose that… **proposer que…** *v.* II-6
  to propose a solution **proposer une solution** *v.* II-6
protect **protéger** *v.* I-5
protection **préservation** *f.* II-6; **protection** *f.* II-6
proud **fier/fière** *adj.* I-3
psychological **psychologique** *adj.* II-7
psychological drama **drame psychologique** *m.* II-7
psychology **psychologie** *f.* I-2
psychologist **psychologue** *m., f.* II-5
publish **publier** *v.* II-7
pure **pur(e)** *adj.* II-6
purple **violet(te)** *adj.* I-6
purse **sac à main** *m.* I-6
put **mettre** *v.* I-6
  to put (on) (yourself) **se mettre** *v.* II-2
  to put away **ranger** *v.* I-8, II-P
  to put on makeup **se maquiller** *v.* II-2
put **mis (mettre)** *p.p.* I-6

Q

quarter **quart** *m.* I-2
  a quarter after … (o'clock) **… et quart** I-2
Quebec: from Quebec **québécois(e)** *adj.* I-1
question **question** *f.* I-6
  to ask *(someone)* a question **poser une question (à)** *v.* I-6
quick **vite** *adv.* I-4
quickly **vite** *adv.* I-1
quite *(before an adjective or adverb)* **assez** *adv.* I-8, II-P

R

rabbit **lapin** *m.* II-6
rain **pleuvoir** *v.* I-5
  acid rain **pluie** *f.* **acide** II-6
  It is raining. **Il pleut.** I-5
  It was raining. **Il pleuvait.**
  I-8, II-P
rain forest **forêt tropicale** *f.* II-6
rain jacket **imperméable** *m.* I-5
rained **plu (pleuvoir)** *p.p.* I-6
raise (in salary) **augmentation
(de salaire)** *f.* II-5
rapidly **rapidement** *adv.* I-8, II-P
rarely **rarement** *adv.* I-5
rather **plutôt** *adv.* I-1
ravishing **ravissant(e)** *adj.* II-5
razor **rasoir** *m.* II-2
read **lire** *v.* I-7
read **lu (lire)** *p.p., adj.* I-7
ready **prêt(e)** *adj.* I-3
real (*true*) **vrai(e)** *adj.;* **véritable**
adj. I-3
real estate agent **agent immobilier**
m., f. II-5
realize **se rendre compte** *v.* II-2
really **vraiment** *adv.* I-5; (*before
adjective or adverb*) **tout(e)**
adv. I-3; (*before adjective or
adverb*) **très** *adv.* I-8, II-P
  really close by **tout près** I-3
rear-view mirror **rétroviseur**
m. II-3
reason **raison** *f.* I-2
receive **recevoir** *v.* II-4
received **reçu (recevoir)** *p.p.,
adj.* II-4
receiver **combiné** *m.* II-5
recent **récent(e)** *adj.* II-7
reception desk **réception** *f.* I-7
recognize **reconnaître** *v.* I-8, II-P
recognized **reconnu (reconnaître)**
p.p., adj. I-8, II-P
recommend that… **recommander
que…** *v.* II-6
recommendation
recommandation *f.* II-5
record **enregistrer** *v.* II-3
  (*CD, DVD*) **graver** *v.* II-3
recycle **recycler** *v.* II-6
recycling **recyclage** *m.* II-6
red **rouge** *adj.* I-6
redial **recomposer (un numéro)**
v. II-3
reduce **réduire** *v.* I-6
reduced **réduit (réduire)** *p.p.,
adj.* I-6
reference **référence** *f.* II-5
reflect (on) **réfléchir (à)** *v.* I-4
refrigerator **frigo** *m.* I-8, II-P
refuse (*to do something*)
refuser (de) *v.* II-3
region **région** *f.* II-6

regret that… **regretter que…** II-6
relax **se détendre** *v.* II-2
remember **se souvenir (de)**
v. II-2
remote control **télécommande**
f. II-3
rent **loyer** *m.* I-8, II-P
  to rent **louer** *v.* I-8, II-P
repair **réparer** *v.* II-3
repeat **répéter** *v.* I-5
research **rechercher** *v.* II-5
researcher **chercheur/
chercheuse** *m., f.* II-5
reservation **réservation** *f.* I-7
  to cancel a reservation **annuler
une réservation** I-7
reserve **réserver** *v.* I-7
reserved **réservé(e)** *adj.* I-1
resign **démissionner** *v.* II-5
resort (ski) **station** *f.* **(de ski)** I-7
respond **répondre (à)** *v.* I-6
rest **se reposer** *v.* II-2
restart **redémarrer** *v.* II-3
restaurant **restaurant** *m.* I-4
restroom(s) **toilettes** *f., pl.*
I-8, II-P; **W.-C.** *m., pl.*
result **résultat** *m.* I-2
résumé **curriculum vitæ
(C.V.)** *m.* II-5
retake **repasser** *v.* II-7
retire **prendre sa retraite** *v.* I-6
retired person **retraité(e)** *m.,
f.* II-5
retirement **retraite** *f.* I-6
return **retourner** *v.* I-7
  to return (home) **rentrer (à la
maison)** *v.* I-2
review (*criticism*) **critique** *f.* II-7
rice **riz** *m.* II-1
ride: to go horseback riding
faire du cheval *v.* I-5
  to ride in a car **rouler en
voiture** *v.* I-7
right **juste** *adv.* I-3
  to the right (of) **à droite
(de)** *prep.* I-3
  to be right **avoir raison** I-2
  right away **tout de suite** I-7
  right next door **juste à
côté** I-3
ring **sonner** *v.* II-3
river **fleuve** *m.* II-6; **rivière** *f.* II-6
riverboat **bateau-mouche** *m.* I-7
role **rôle** *m.* II-6
room **pièce** *f.* I-8, II-P; **salle** *f.*
I-8, II-P
  bedroom **chambre** *f.* I-7
  classroom **salle** *f.* **de classe** I-1
  dining room **salle** *f.* **à manger**
I-8, II-P
  single hotel room **chambre**
f. **individuelle** I-7

roommate **camarade de
chambre** *m., f.* I-1
  (*in an apartment*) **colocataire**
m., f. I-1
round-trip **aller-retour** *adj.* I-7
  round-trip ticket **billet** *m.*
aller-retour I-7
rug **tapis** *m.* I-8, II-P
run **courir** *v.* I-5; **couru (courir)**
p.p., adj. I-6
  to run into someone **tomber
sur quelqu'un** *v.* I-7

S

sad **triste** *adj.* I-3
  to be sad that… **être triste
que…** *v.* II-6
safety **sécurité** *f.* II-3
said **dit (dire)** *p.p., adj.* I-7
salad **salade** *f.* II-1
salary (a high, low) **salaire
(élevé, modeste)** *m.* II-5
sales **soldes** *f., pl.* I-6
salon: beauty salon **salon** *m.*
de beauté II-4
salt **sel** *m.* II-1
sandwich **sandwich** *m.* I-4
sat (down) **assis (s'asseoir)**
p.p. II-2
Saturday **samedi** *m.* I-2
sausage **saucisse** *f.* II-1
save **sauvegarder** *v.* II-3
  save the planet **sauver la
planète** *v.* II-6
savings **épargne** *f.* II-4
savings account **compte
d'épargne** *m.* II-4
say **dire** *v.* I-7
scarf **écharpe** *f.* I-6
scholarship **bourse** *f.* I-2
school **école** *f.* I-2
science **sciences** *f., pl.* I-2
  political science
**sciences politiques
(sciences po)** *f., pl.* I-2
screen **écran** *m.* II-3
screening **séance** *f.* II-7
sculpture **sculpture** *f.* II-7
sculptor **sculpteur/femme
sculpteur** *m., f.* II-7
sea **mer** *f.* I-7
seafood **fruits de mer** *m., pl.* II-1
search for **chercher** *v.* I-2
  to search for work **chercher
du travail** *v.* II-4
season **saison** *f.* I-5
seat **place** *f.* II-7
seatbelt **ceinture de sécurité**
f. II-3
  to buckle one's seatbelt
**attacher sa ceinture de
sécurité** *v.* II-3

seated **assis(e)** *p.p., adj.* II-2
second **deuxième** *adj.* I-7
security **sécurité** *f.* II-3
see **voir** *v.* II-7; (*catch sight of*) **apercevoir** *v.* II-4
  to see again **revoir** *v.* II-7
  See you later. **À plus tard.** I-1
  See you later. **À tout à l'heure.** I-1
  See you soon. **À bientôt.** I-1
  See you tomorrow. **À demain.** I-1
seen **aperçu (apercevoir)** *p.p.* II-4; **vu (voir)** *p.p.* II-7
  seen again **revu (revoir)** *p.p.* II-7
self/-selves **même(s)** *pron.* I-6
selfish **égoïste** *adj.* I-1
sell **vendre** *v.* I-6
seller **vendeur/vendeuse** *m., f.* I-6
send **envoyer** *v.* I-5
  to send (*to someone*) **envoyer (à)** *v.* I-6
  to send a letter **poster une lettre** II-4
Senegalese **sénégalais(e)** *adj.* I-1
sense **sentir** *v.* I-5
separated **séparé(e)** *adj.* I-3
September **septembre** *m.* I-5
serious **grave** *adj.* II-2; **sérieux/sérieuse** *adj.* I-3
serve **servir** *v.* I-5
server **serveur/serveuse** *m., f.* I-4
service station **station-service** *f.* II-3
set the table **mettre la table** *v.* I-8, II-P
seven **sept** *m.* I-1
seven hundred **sept cents** *m.* I-5
seventeen **dix-sept** *m.* I-1
seventh **septième** *adj.* I-7
seventy **soixante-dix** *m.* I-3
several **plusieurs** *adj.* I-4
shame **honte** *f.* I-2
  It's a shame that... **Il est dommage que...** II-6
shampoo **shampooing** *m.* II-2
shape (*state of health*) **forme** *f.* II-2
share **partager** *v.* I-2
shave (oneself) **se raser** *v.* II-2
shaving cream **crème à raser** *f.* II-2
she **elle** *pron.* I-1
sheet of paper **feuille de papier** *f.* I-1
sheets **draps** *m., pl.* I-8, II-P
shelf **étagère** *f.* I-8, II-P
shh **chut** II-7
shirt (short-/long-sleeved) **chemise (à manches courtes/longues)** *f.* I-6
shoe **chaussure** *f.* I-6

shopkeeper **commerçant(e)** *m., f.* II-1
shopping **shopping** *m.* I-7
  to go shopping **faire du shopping** *v.* I-7
  to go (grocery) shopping **faire les courses** *v.* II-1
shopping center **centre commercial** *m.* I-4
short **court(e)** *adj.* I-3; (*stature*) **petit(e)** I-3
shorts **short** *m.* I-6
shot (*injection*) **piqûre** *f.* II-2
  to give a shot **faire une piqûre** *v.* II-2
show **spectacle** *m.* I-5; (*movie or theater*) **séance** *f.* II-7
  to show (*to someone*) **montrer (à)** *v.* I-6
shower **douche** *f.* I-8, II-P
shut off **fermer** *v.* II-3
shy **timide** *adj.* I-1
sick: to get/be sick **tomber/être malade** *v.* II-2
sign **signer** *v.* II-4
silk **soie** *f.* I-6
since **depuis** *adv.* II-1
sincere **sincère** *adj.* I-1
sing **chanter** *v.* I-5
singer **chanteur/chanteuse** *m., f.* I-1
single (*marital status*) **célibataire** *adj.* I-3
  single hotel room **chambre** *f.* **individuelle** I-7
sink **évier** *m.* I-8, II-P; (*bathroom*) **lavabo** *m.* I-8, II-P
sir **Monsieur** *m.* I-1
sister **sœur** *f.* I-3
sister-in-law **belle-sœur** *f.* I-3
sit down **s'asseoir** *v.* II-2
sitting **assis(e)** *adj.* II-2
six **six** *m.* I-1
six hundred **six cents** *m.* I-5
sixteen **seize** *m.* I-1
sixth **sixième** *adj.* I-7
sixty **soixante** *m.* I-1
size **taille** *f.* I-6
skate **patiner** *v.* I-4
ski **skier** *v.* I-5; **faire du ski** I-5
skiing **ski** *m.* I-5
ski jacket **anorak** *m.* I-6
ski resort **station** *f.* **de ski** I-7
skin **peau** *f.* II-2
skirt **jupe** *f.* I-6
sky **ciel** *m.* II-6
sleep **sommeil** *m.* I-2
  to sleep **dormir** *v.* I-5
  to be sleepy **avoir sommeil** *v.* I-2
sleeve **manche** *f.* I-6
slice **tranche** *f.* II-1
slipper **pantoufle** *f.* II-2

slow **lent(e)** *adj.* I-3
small **petit(e)** *adj.* I-3
smartphone **smartphone** *m.* II-3
smell **sentir** *v.* I-5
smile **sourire** *m.* I-6
  to smile **sourire** *v.* I-6
smoke **fumer** *v.* II-2
snack (afternoon) **goûter** *m.* II-1
snake **serpent** *m.* II-6
sneeze **éternuer** *v.* II-2
snow **neiger** *v.* I-5
  It is snowing. **Il neige.** I-5
  It was snowing... **Il neigeait...** I-8, II-P
so **si** II-3; **alors** *adv.* I-1
  so that **pour que** II-7
soap **savon** *m.* II-2
soap opera **feuilleton** *m.* II-7
soccer **foot(ball)** *m.* I-5
sociable **sociable** *adj.* I-1
sociology **sociologie** *f.* I-1
sock **chaussette** *f.* I-6
software **logiciel** *m.* II-3
soil (*to make dirty*) **salir** *v.* I-8, II-P
solar **solaire** *adj.* II-6
solar energy **énergie solaire** *f.* II-6
solution **solution** *f.* II-6
some **de l'** *part. art., m., f., sing.* I-4
  some **de la** *part. art., f., sing.* I-4
  some **des** *part. art., m., f., pl.* I-4
  some **du** *part. art., m., sing.* I-4
  some **quelques** *adj.* I-4
  some (of it/them) **en** *pron.* II-2
someone **quelqu'un** *pron.* II-4
something **quelque chose** *m.* I-4
  Something's not right. **Quelque chose ne va pas.** I-5
sometimes **parfois** *adv.* I-5; **quelquefois** *adv.* I-8, II-P
son **fils** *m.* I-3
song **chanson** *f.* II-7
sorry **désolé(e)** II-3
  to be sorry that... **être désolé(e) que...** *v.* II-6
sort **sorte** *f.* II-7
So-so. **Comme ci, comme ça.** I-1
soup **soupe** *f.* I-4
soupspoon **cuillère à soupe** *f.* II-1
south **sud** *m.* II-4
space **espace** *m.* II-6
Spain **Espagne** *f.* I-7
Spanish **espagnol(e)** *adj.* I-1
speak (on the phone) **parler (au téléphone)** *v.* I-2
  to speak (to) **parler (à)** *v.* I-6
  to speak to one another **se parler** *v.* II-3
specialist **spécialiste** *m., f.* II-5
species **espèce** *f.* II-6

endangered species **espèce** f. **menacée** II-6

spectator **spectateur/ spectatrice** m., f. II-7

speed **vitesse** f. II-3

speed limit **limitation de vitesse** f. II-3

spend **dépenser** v. I-4
to spend money **dépenser de l'argent** I-4
to spend time **passer** v. I-7
to spend time (somewhere) **faire un séjour** I-7

spoon **cuillère** f. II-1

sport(s) **sport** m. I-5
to play sports **faire du sport** v. I-5

sporty **sportif/sportive** adj. I-3

sprain one's ankle **se fouler la cheville** II-2

spring **printemps** m. I-5
in the spring **au printemps** I-5

square (place) **place** f. I-4

squirrel **écureuil** m. II-6

stadium **stade** m. I-5

stage (phase) **étape** f. I-6

stage fright **trac** II-5

staircase **escalier** m. I-8, II-P

stamp **timbre** m. II-4

star **étoile** f. II-6

starter **entrée** f. II-1

start up **démarrer** v. II-3

station **station** f. I-7
subway station **station** f. de **métro** I-7
train station **gare** f. I-7

stationery store **papeterie** f. II-4

statue **statue** f. II-4

stay **séjour** m. I-7; **rester** v. I-7
to stay slim **garder la ligne** v. II-2

steak **steak** m. II-1

steering wheel **volant** m. II-3

stepbrother **demi-frère** m. I-3

stepfather **beau-père** m. I-3

stepmother **belle-mère** f. I-3

stepsister **demi-sœur** f. I-3

stereo system **chaîne stéréo** f. II-3

still **encore** adv. I-3

stomach **ventre** m. II-2
to have a stomach ache **avoir mal au ventre** v. II-2

stone **pierre** f. II-6

stop (doing something) **arrêter (de faire quelque chose)** v.; (to stop oneself) **s'arrêter** v. II-2
to stop by someone's house **passer chez quelqu'un** v. I-4
bus stop **arrêt d'autobus (de bus)** m. I-7

store **magasin** m.; **boutique** f. II-4
grocery store **épicerie** f. I-4

stormy **orageux/orageuse** adj. I-5
It is stormy. **Le temps est orageux.** I-5

story **histoire** f. I-2

stove **cuisinière** f. I-8, II-P

straight **raide** adj. I-3
straight ahead **tout droit** adv. II-4

strangle **étrangler** v. II-5

strawberry **fraise** f. II-1

street **rue** f. II-3
to follow a street **suivre une rue** v. II-4

strong **fort(e)** adj. I-3

student **étudiant(e)** m., f. 1; **élève** m., f. I-1
high school student **lycéen(ne)** m., f. I-2

studies **études** f. I-2

studio (apartment) **studio** m. I-8, II-P

study **étudier** v. I-2

suburbs **banlieue** f. I-4

subway **métro** m. I-7

subway station **station** f. de **métro** I-7

succeed (in doing something) **réussir (à)** v. I-4

success **réussite** f. II-5

suddenly **soudain** adv. I-8, II-P; **tout à coup** adv. I-7.; **tout d'un coup** adv. I-8, II-P

suffer **souffrir** v. II-3

suffered **souffert (souffrir)** p.p. II-3

sugar **sucre** m. I-4

suggest (that) **suggérer (que)** v. II-6

suit (man's) **costume** m. I-6; (woman's) **tailleur** m. I-6

suitcase **valise** f. I-7

summer **été** m. I-5
in the summer **en été** I-5

sun **soleil** m. I-5
It is sunny. **Il fait (du) soleil.** I-5

Sunday **dimanche** m. I-2

sunglasses **lunettes de soleil** f., pl. I-6

supermarket **supermarché** m. II-1

sure **sûr(e)** II-1
It is sure that… **Il est sûr que…** II-7
It is unsure that… **Il n'est pas sûr que…** II-7

surf on the Internet **surfer sur Internet** II-3

surprise (someone) **faire une surprise (à quelqu'un)** v. I-6

surprised **surpris (surprendre)** p.p., adj. I-6
to be surprised that… **être surpris(e) que…** v. II-6

sweater **pull** m. I-6

sweep **balayer** v. I-8, II-P

swell **enfler** v. II-2

swim **nager** v. I-4

swimsuit **maillot de bain** m. I-6

Swiss **suisse** adj. I-1

Switzerland **Suisse** f. I-7

symptom **symptôme** m. II-2

T

table **table** f. I-1
to clear the table **débarrasser la table** v. I-8, II-P

tablecloth **nappe** f. II-1

tablet computer **tablette (tactile)** f. II-3

take **prendre** v. I-4
to take a shower **prendre une douche** II-2
to take a train (plane, taxi, bus, boat) **prendre un train (un avion, un taxi, un autobus, un bateau)** v. I-7
to take a walk **se promener** v. II-2
to take advantage of **profiter de** v. II-7
to take an exam **passer un examen** v. I-2
to take care (of something) **s'occuper (de)** v. II-2
to take out the trash **sortir la/ les poubelle(s)** v. I-8, II-P
to take time off **prendre un congé** v. II-5
to take (someone) **emmener** v. I-5

taken **pris (prendre)** p.p., adj. I-6

tale **conte** m. II-7

talented (gifted) **doué(e)** adj. II-7

tan **bronzer** v. I-6

tape recorder **magnétophone** m. II-3

tart **tarte** f. II-1

taste **goûter** v. II-1

taxi **taxi** m. I-7

tea **thé** m. I-4

teach **enseigner** v. I-2
to teach (to do something) **apprendre (à)** v. I-4

teacher **professeur** m. I-1

team **équipe** f. I-5

teaspoon **cuillére à café** f. II-1

tee shirt **tee-shirt** m. I-6

teeth **dents** f., pl. II-1
to brush one's teeth **se brosser les dents** v. II-1

telephone (receiver) **appareil** m. II-5
to telephone (someone) **téléphoner (à)** v. I-2

It's Mr./Mrs./Miss … (on the phone.) **C'est M./Mme/Mlle … (à l'appareil.)** II-5
television **télévision** *f.* I-1
  television channel **chaîne** *f.* **(de télévision)** II-3
  television program **émission** *f.* **de télévision** II-7
  television set **poste de télévision** *m.* II-3
tell one another **se dire** *v.* II-3
temperature **température** *f.* I-5
ten **dix** *m.* I-1
tennis **tennis** *m.* I-5
tennis shoes **baskets** *f., pl.* I-6
tenth **dixième** *adj.* I-7
terminal (bus) **gare** *f.* **routière** I-7
terrace (café) **terrasse** *f.* **de café** I-4
test **examen** *m.* I-1
text message **texto, SMS** *m.* II-3
than **que/qu'** *conj.* II-1, II-6
thank: Thank you (very much). **Merci (beaucoup).** I-1
that **ce/c', ça** I-1; **que** *rel. pron.* II-3
  Is that… ? **Est-ce… ?** I-2
  That's enough. **Ça suffit.** I-5
  That has nothing to do with us. That is none of our business. **Ça ne nous regarde pas.** II-6
  that is… **c'est…** I-1
  that is to say **ça veut dire** II-2
theater **théâtre** *m.* II-7
their **leur(s)** *poss. adj., m., f.* I-3
them **les** *d.o. pron.* I-7, **leur** *i.o. pron., m., f., pl.* I-6
then **ensuite** *adv.* I-7, **puis** *adv.* I-7, **puis** *adv.* I-4; **alors** *adv.* I-7
there **là** I-1; **y** *pron.* II-2
  Is there… ? **Y a-t-il… ?** I-2
  over there **là-bas** *adv.* I-1
  (over) there *(used with demonstrative adjective ce and noun or with demonstrative pronoun celui)* **-là** I-6
  There is/There are… **Il y a…** I-1
  There is/There are…. **Voilà…** I-1
  There was… **Il y a eu…** I-6; **Il y avait…** I-8, II-P
therefore **donc** *conj.* I-7
these/those **ces** *dem. adj., m., f., pl.* I-6
  these/those **celles** *pron., f., pl.* II-6
  these/those **ceux** *pron., m., pl.* II-6
they **ils** *sub. pron., m.* I-1; **elles** *sub. and disj. pron., f.* I-1; **eux** *disj. pron., pl.* I-3
thing **chose** *f.* I-1, **truc** *m.* I-7
think (about) **réfléchir (à)** *v.* I-4
  to think (that) **penser (que)** *v.* I-2

third **troisième** *adj.* I-7
thirst **soif** *f.* I-4
  to be thirsty **avoir soif** *v.* I-4
thirteen **treize** *m.* I-1
thirty **trente** *m.* I-1
thirty-first **trente et unième** *adj.* I-7
this/that **ce** *dem. adj., m., sing.* I-6; **cet** *dem. adj., m., sing.* I-6; **cette** *dem. adj., f., sing.* I-6
  this afternoon **cet après-midi** I-2
  this evening **ce soir** I-2
  this one/that one **celle** *pron., f., sing.* II-6; **celui** *pron., m., sing.* II-6
  this week **cette semaine** I-2
  this weekend **ce week-end** I-2
  this year **cette année** I-2
those are… **ce sont…** I-1
thousand: one thousand **mille** *m.* I-5
  one hundred thousand **cent mille** *m.* I-5
threat **danger** *m.* II-6
three **trois** *m.* I-1
three hundred **trois cents** *m.* I-5
throat **gorge** *f.* II-2
throw away **jeter** *v.* II-6
Thursday **jeudi** *m.* I-2
ticket **billet** *m.* I-7
  round-trip ticket **billet** *m.* **aller-retour** I-7 bus/subway ticket **ticket de bus/de métro** *m.* I-7
tie **cravate** *f.* I-6
tight **serré(e)** *adj.* I-6
time *(occurence)* **fois** *f.;* *(general sense)* **temps** *m., sing.* I-5
  a long time **longtemps** *adv.* I-5
  free time **temps libre** *m.* I-5
  from time to time **de temps en temps** *adv.* I-8, II-P
  to lose time **perdre son temps** *v.* I-6
tinker **bricoler** *v.* I-5
tip **pourboire** *m.* I-4
  to leave a tip **laisser un pourboire** *v.* I-4
tire **pneu** *m.* II-3
  flat tire **pneu** *m.* **crevé** II-3
  (emergency) tire **roue (de secours)** *f.* II-3
  to check the tire pressure **vérifier la pression des pneus** *v.* II-3
tired **fatigué(e)** *adj.* I-3
tiresome **pénible** *adj.* I-3
to **à** *prep.* I-4; **au (à + le)** I-4; **aux (à + les)** I-4
toaster **grille-pain** *m.* I-8, II-P
today **aujourd'hui** *adv.* I-2

toe **orteil** *m.* II-2; **doigt de pied** *m.* II-2
together **ensemble** *adv.* I-6
tomato **tomate** *f.* II-1
tomorrow (morning, afternoon, evening) **demain (matin, après-midi, soir)** *adv.* I-2
  day after tomorrow **après-demain** *adv.* I-2
too **aussi** *adv.* I-1
  too many/much (of) **trop (de)** I-4
tooth **dent** *f.* II-1
  to brush one's teeth **se brosser les dents** *v.* II-1
toothbrush **brosse** *f.* **à dents** II-2
toothpaste **dentifrice** *m.* II-2
tour **tour** *m.* I-5
tourism **tourisme** *m.* II-4
tourist office **office du tourisme** *m.* II-4
towel (bath) **serviette (de bain)** *f.* II-2
town **ville** *f.* I-4
town hall **mairie** *f.* II-4
toxic **toxique** *adj.* II-6
  toxic waste **déchets toxiques** *m., pl.* II-6
traffic **circulation** *f.* II-3
traffic light **feu de signalisation** *m.* II-4
tragedy **tragédie** *f.* II-7
train **train** *m.* I-7
train station **gare** *f.* I-7; **station** *f.* **de train** I-7
training **formation** *f.* II-5
translate **traduire** *v.* I-6
translated **traduit (traduire)** *p.p., adj.* I-6
trash **ordures** *f., pl.* II-6
travel **voyager** *v.* I-2
travel agency **agence de voyages** *f.* I-7
travel agent **agent de voyages** *m.* I-7
tree **arbre** *m.* II-6
trip **voyage** *m.* I-7
troop *(company)* **troupe** *f.* II-7
tropical **tropical(e)** *adj.* II-6
  tropical forest **forêt tropicale** *f.* II-6
true **vrai(e)** *adj.* I-3; **véritable** *adj.* I-6
  It is true that… **Il est vrai que…** II-7
  It is untrue that… **Il n'est pas vrai que…** II-7
trunk **coffre** *m.* II-3
try **essayer** *v.* I-5
Tuesday **mardi** *m.* I-2
tuna **thon** *m.* II-1
turn **tourner** *v.* II-4
  to turn off **éteindre** *v.* II-3

to turn on **allumer** *v.* II-3
to turn (oneself) around **se tourner** *v.* II-2
twelve **douze** *m.* I-1
twentieth **vingtième** *adj.* I-7
twenty **vingt** *m.* I-1
twenty-first **vingt et unième** *adj.* I-7
twenty-second **vingt-deuxième** *adj.* I-7
twice **deux fois** *adv.* I-8, II-P
twist one's ankle **se fouler la cheville** *v.* II-2
two **deux** *m.* I-1
two hundred **deux cents** *m.* I-5
two million **deux millions** *m.* I-5
type **genre** *m.* II-7

U

ugly **laid(e)** *adj.* I-3
umbrella **parapluie** *m.* I-5
uncle **oncle** *m.* I-3
under **sous** *prep.* I-3
understand **comprendre** *v.* I-4
understood **compris (comprendre)** *p.p., adj.* I-6
underwear **sous-vêtement** *m.* I-6
undress **se déshabiller** *v.* II-2
unemployed person **chômeur/ chômeuse** *m., f.* II-5
to be unemployed **être au chômage** *v.* II-5
unemployment **chômage** *m.* II-5
unfortunately **malheureusement** *adv.* I-2
unhappy **malheureux/ malheureuse** *adj.* I-3
union **syndicat** *m.* II-5
United States **États-Unis** *m., pl.* I-7
university **faculté** *f.* I-1; **université** *f.* I-1
university cafeteria **restaurant universitaire (resto U)** *m.* I-2
unless **à moins que** *conj.* II-7
unpleasant **antipathique** *adj.* I-3; **désagréable** *adj.* I-1
until **jusqu'à** *prep.* II-4; **jusqu'à ce que** *conj.* II-7
upset: to become upset **s'énerver** *v.* II-2
us **nous** *i.o. pron.* I-6; **nous** *d.o. pron.* I-7
use **employer** *v.* I-5
to use a map **utiliser un plan** *v.* I-7
useful **utile** *adj.* I-2
useless **inutile** *adj.* I-2; **nul(le)** *adj.* I-2
usually **d'habitude** *adv.* I-8, II-P

V

vacation **vacances** *f., pl.* I-7
vacation day **jour de congé** *m.* I-7
vacuum **aspirateur** *m.* I-8, II-P
to vacuum **passer l'aspirateur** *v.* I-8, II-P
valley **vallée** *f.* II-6
vegetable **légume** *m.* II-1
velvet **velours** *m.* I-6
very (before adjective) **tout(e)** *adv.* I-3; (before adverb) **très** *adv.* I-8, II-P
Very well. **Très bien.** I-1
veterinarian **vétérinaire** *m., f.* II-5
videocassette recorder (VCR) **magnétoscope** *m.* II-3
video game(s) **jeu vidéo (des jeux vidéo)** *m.* II-3
videotape **cassette vidéo** *f.* II-3
Vietnamese **vietnamien(ne)** *adj.* I-1
violet **violet(te)** *adj.* I-6
violin **violon** *m.* II-7
visit **visite** *f.* I-6
to visit (a place) **visiter** *v.* I-2; (a person or people) **rendre visite (à)** *v.* I-6; (to visit regularly) **fréquenter** *v.* I-4
voicemail **messagerie** *f.* II-5
volcano **volcan** *m.* II-6
volleyball **volley(-ball)** *m.* I-5

W

waist **taille** *f.* I-6
wait **attendre** *v.* I-6
to wait (on the phone) **patienter** *v.* II-5
to wait in line **faire la queue** *v.* II-4
wake up **se réveiller** *v.* II-2
walk **promenade** *f.* I-5; **marcher** *v.* I-5
to go for a walk **faire une promenade** I-5; **faire un tour** I-5
wall **mur** *m.* I-8, II-P
want **désirer** *v.* I-5; **vouloir** *v.* II-1
wardrobe **armoire** *f.* I-8, II-P
warming: global warming **réchauffement de la Terre** *m.* II-6
warning light (gas/oil) **voyant** *m.* **(d'essence/d'huile)** II-3
wash **laver** *v.* I-8, II-P
to wash oneself (one's hands) **se laver (les mains)** *v.* II-2
to wash up (in the morning) **faire sa toilette** *v.* II-2
washing machine **lave-linge** *m.* I-8, II-P

waste **gaspillage** *m.* II-6; **gaspiller** *v.* II-6
wastebasket **corbeille (à papier)** *f.* I-1
waste time **perdre son temps** *v.* I-6
watch **montre** *f.* I-1; **regarder** *v.* I-2
water **eau** *f.* I-4
mineral water **eau** *f.* **minérale** I-4
way (by the way) **au fait** I-3; (path) **chemin** *m.* II-4
we **nous** *pron.* I-1
weak **faible** *adj.* I-3
wear **porter** *v.* I-6
weather **temps** *m., sing.* I-5; **météo** *f.* II-7
The weather is bad. **Il fait mauvais.** I-5
The weather is dreadful. **Il fait un temps épouvantable.** I-5
The weather is good/warm. **Il fait bon.** I-5
The weather is nice. **Il fait beau.** I-5
web site **site Internet/web** *m.* II-3
wedding **mariage** *m.* I-6
Wednesday **mercredi** *m.* I-2
weekend **week-end** *m.* I-2
this weekend **ce week-end** *m.* I-2
welcome **bienvenu(e)** *adj.* I-1
You're welcome. **Il n'y a pas de quoi.** I-1
well **bien** *adv.* I-7
I am doing well/badly. **Je vais bien/mal.** I-1
west **ouest** *m.* II-4
What? **Comment?** *adv.* I-4; **Pardon?** I-4; **Quoi?** I-1 *interr. pron.* I-4
What day is it? **Quel jour sommes-nous?** I-2
What is it? **Qu'est-ce que c'est?** *prep.* I-1
What is the date? **Quelle est la date?** I-5
What is the temperature? **Quelle température fait-il?** I-5
What is the weather like? **Quel temps fait-il?** I-5
What is your name? **Comment t'appelles-tu?** *fam.* I-1
What is your name? **Comment vous appelez-vous?** *form.* I-1
What is your nationality? **Quelle est ta nationalité?** *sing., fam.* I-1
What is your nationality? **Quelle est votre nationalité?** *sing., pl., fam., form.* I-1

What time do you have? **Quelle heure avez-vous?** *form.* I-2
What time is it? **Quelle heure est-il?** I-2
What time? **À quelle heure?** I-2
What do you think about that? **Qu'en penses-tu?** II-6
What's up? **Ça va?** I-1
whatever it may be **quoi que ce soit** II-5
What's wrong? **Qu'est-ce qu'il y a?** I-1
when **quand** *adv.* I-4
When is …'s birthday? **C'est quand l'anniversaire de …?** I-5
When is your birthday? **C'est quand ton/votre anniversaire?** I-5
where **où** *adv., rel. pron.* I-4
which? **quel(le)(s)?** *adj.* I-4
which one **à laquelle** *pron., f., sing.* II-5
which one **auquel (à + lequel)** *pron., m., sing.* II-5
which one **de laquelle** *pron., f., sing.* II-5
which one **duquel (de + lequel)** *pron., m., sing.* II-5
which one **laquelle** *pron., f., sing.* II-5
which one **lequel** *pron., m., sing.* II-5
which ones **auxquelles (à + lesquelles)** *pron., f., pl.* II-5
which ones **auxquels (à + lesquels)** *pron., m., pl.* II-5
which ones **desquelles (de + lesquelles)** *pron., f., pl.* II-5
which ones **desquels (de + lesquels)** *pron., m., pl.* II-5
which ones **lesquelles** *pron., f., pl.* II-5
which ones **lesquels** *pron., m., pl.* II-5
while **pendant que** *prep.* I-7
white **blanc(he)** *adj.* I-6
who? **qui?** *interr. pron.* I-4; **qui** *rel. pron.* II-3
Who is it? **Qui est-ce?** I-1
Who's calling, please? **Qui est à l'appareil?** II-5
whom? **qui?** *interr.* I-4
For whom? **Pour qui?** I-4
To whom? **À qui?** I-4
why? **pourquoi?** *adv.* I-2, I-4
widowed **veuf/veuve** *adj.* I-3
wife **femme** *f.* I-1; **épouse** *f.* I-3
willingly **volontiers** *adv.* II-2
win **gagner** *v.* I-5

wind **vent** *m.* I-5
It is windy. **Il fait du vent.** I-5
window **fenêtre** *f.* I-1
windshield **pare-brise** *m.* II-3
windshield wiper(s) **essuie-glace (essuie-glaces** *pl.***)** *m.* II-3
windsurfing **planche à voile** *v.* I-5
to go windsurfing **faire de la planche à voile** *v.* I-5
wine **vin** *m.* I-6
winter **hiver** *m.* I-5
in the winter **en hiver** I-5
wipe (the dishes/the table) **essuyer (la vaisselle/la table)** *v.* I-8, II-P
wish that… **souhaiter que…** *v.* II-6
with **avec** *prep.* I-1
with whom? **avec qui?** I-4
withdraw money **retirer de l'argent** *v.* II-4
without **sans** *prep.* I-8, II-P; **sans que** *conj.* I-5
woman **femme** *f.* I-1
wood **bois** *m.* II-6
wool **laine** *f.* I-6
work **travail** *m.* II-4
to work **travailler** *v.* I-2; **marcher** *v.* II-3; **fonctionner** *v.* II-3
work out **faire de la gym** *v.* I-5
worker **ouvrier/ouvrière** *m., f.* II-5
world **monde** *m.* I-7
worried **inquiet/inquiète** *adj.* I-3
worry **s'inquiéter** *v.* II-2
worse **pire** *comp. adj.* II-1; **plus mal** *comp. adv.* II-1; **plus mauvais(e)** *comp. adj.* II-1
worst: the worst **le plus mal** *super. adv.* II-1; **le/la pire** *super. adj.* II-1; **le/la plus mauvais(e)** *super. adj.* II-1
wound **blessure** *f.* II-2
wounded: to get wounded **se blesser** *v.* II-2
write **écrire** *v.* I-7
to write one another **s'écrire** *v.* II-3
writer **écrivain/femme écrivain** *m., f.* II-7
written **écrit (écrire)** *p.p., adj.* I-7
wrong **tort** *m.* I-2
to be wrong **avoir tort** *v.* I-2

Y

yeah **ouais** I-2
year **an** *m.* I-2; **année** *f.* I-2
yellow **jaune** *adj.* I-6

yes **oui** I-2; *(when making a contradiction)* **si** I-2
yesterday (morning/afternoon evening) **hier (matin/après-midi/soir)** *adv.* I-7
day before yesterday **avant-hier** *adv.* I-7
yogurt **yaourt** *m.* II-1
you **toi** *disj. pron., sing., fam.* I-3; **tu** *sub. pron., sing., fam.* I-1; **vous** *pron., sing., pl., fam., form.* I-1
you neither **toi non plus** I-2
You're welcome. **De rien.** I-1
young **jeune** *adj.* I-3
younger **cadet(te)** *adj.* I-3
your **ta** *poss. adj., f., sing.* I-3; **tes** *poss. adj., m., f., pl.* I-3; **ton** *poss. adj., m., sing.* I-3; **vos** *poss. adj., m., f., pl.* I-3; **votre** *poss. adj., m., f., sing.* I-3;
yourself **te/t'** *refl. pron., sing., fam.* II-2; **toi** *refl. pron., sing., fam.* II-2; **vous** *refl. pron., form.* II-2
youth **jeunesse** *f.* I-6
youth hostel **auberge de jeunesse** *f.* I-7
Yum! **Miam!** *interj.* I-5

Z

zero **zéro** *m.* I-1

Vocabulaire supplémentaire

Mots utiles

absent(e) *absent*
un département *department*
une dictée *dictation*
une phrase *sentence*
une feuille d'activités
  activity sheet
l'horaire des cours (m.)
  class schedule
un paragraphe *paragraph*
une épreuve *quiz*
un examen *exam; test*
suivant(e) *following*

Expressions utiles

Asseyez-vous, s'il vous plaît.
  Sit down, please.
Avez-vous des questions?
  Do you have any questions?
Comment dit-on _____ en français? *How do you say _____ in French?*
Comment écrit-on _____ en français? *How do you write _____ in French?*
Écrivez votre nom. *Write your name.*
Étudiez la leçon trois. *Study lesson 3.*
Fermez votre livre. *Close your book(s).*
Je ne comprends pas. *I don't understand.*
Je ne sais pas. *I don't know.*
Levez la main. *Raise your hand(s).*
Lisez la phrase à voix haute. *Read the sentence aloud.*
Ouvrez votre livre à la page deux. *Open your book to page two.*
Plus lentement, s'il vous plaît. *Slower, please.*
Que signifie _____? *What does _____ mean?*
Répétez, s'il vous plaît. *Repeat, please.*
Répondez à la/aux question(s). *Answer the question(s).*
Vous comprenez? *Do you understand?*

Titres des sections du livre

À l'écoute *Listening*
Après la lecture *After Reading*
Avant la lecture *Before Reading*
Coup de main *Helping Hand*
Culture à la loupe *Culture through a magnifying glass*
Écriture *Writing*
Essayez! *Try it!*
Incroyable mais vrai! *Incredible But True!*
Le français quotidien *Everyday French*
Le français vivant *French Live*
Lecture *Reading*
Les sons et les lettres *Sounds and Letters*
Mise en pratique *Putting it into Practice*
Le monde francophone *The Francophone World*
Pour commencer *To Begin*
Projet *Project*
Roman-photo *Story based on photographs*
Savoir-faire *Know-how*
Structures *Structures; Grammar*
Le zapping *Channel-surfing*

D'autres adjectifs de nationalité en Europe

autrichien(ne) *Austrian*
belge *Belgian*
bulgare *Bulgarian*
danois(e) *Danish*
écossais(e) *Scottish*
finlandais(e) *Finnish*
grec/grecque *Greek*
hongrois(e) *Hungarian*
norvégien(ne) *Norwegian*
polonais(e) *Polish*
portugais(e) *Portuguese*
roumain(e) *Romanian*
russe *Russian*
slovaque *Slovakian*
slovène *Slovene; Slovenian*
suédois(e) *Swedish*
tchèque *Czech*
tunisien(ne) *Tunisian*

D'autres adjectifs de nationalité en Afrique

africain(e) *African*
angolais(e) *Angolan*
béninois(e) *Beninese*
camerounais(e) *Cameroonian*
congolais(e) *Congolese*
égyptien(ne) *Egyptian*
éthiopien(ne) *Ethiopian*
kenyan(e) *Kenyan*
ivoirien(ne) *of the Ivory Coast*
nigérien(ne) *Nigerian*
somalien(ne) *Somali*
soudanais(e) *Sudanese*
sud-africain(e) *South African*
tchadien(ne) *Chadian*
togolais(e) *Togolese*
tunisien(ne) *Tunisian*

D'autres adjectifs de nationalité dans le monde

antillais(e) *Caribbean, West Indian*
argentin(e) *Argentinian*
asiatique *Asian*
australien(ne) *Australian*
bolivien(ne) *Bolivian*
chilien(ne) *Chilean*
chinois(e) *Chinese*
colombien(ne) *Colombian*
cubain(e) *Cuban*
haïtien(ne) *Haitian*
indien(ne) *Indian*
irakien(ne) *Iraqi*
iranien(ne) *Iranian*
israélien(ne) *Israeli*
libanais(e) *Lebanese*
néo-zélandais(e) *New Zealander*
pakistanais(e) *Pakistani*
péruvien(ne) *Peruvian*
portoricain(e) *Puerto Rican*
syrien(ne) *Syrian*
turc/turque *Turkish*
vénézuélien(ne) *Venezuelan*

D'autres cours

l'**agronomie** (**f.**) *agriculture*
l'**algèbre** (**m.**) *algebra*
l'**anatomie** (**f.**) *anatomy*
l'**anthropologie** (**f.**) *anthropology*
l'**archéologie** (**f.**) *archaeology*
l'**architecture** (**f.**) *architecture*
l'**astronomie** (**f.**) *astronomy*
la **biochimie** *biochemistry*
la **botanique** *botany*
le **commerce** *business*
l'**éducation physique** (**f.**)
  physical education
une **filière** *course of study*
le **latin** *Latin*
les **langues romanes**
  romance languages
la **linguistique** *linguistics*
le **marketing** *marketing*
les **mathématiques**
  supérieures,
  spéciales *calculus*
la **médecine** *medicine*
la **musique** *music*
la **trigonométrie** *trigonometry*
la **zoologie** *zoology*

D'autres mots utiles

une **cantine** *cafeteria*
un **classeur** *binder*
une **gomme** *eraser*
l'**infirmerie** (**f.**) *infirmary*
une **règle** *ruler*

D'autres animaux familiers

un **cochon d'Inde** *guinea pig*
un **furet** *ferret*
une **gerbille** *gerbil*
un **hamster** *hamster*
un **rongeur** *rodent*
une **souris** *mouse*
une **tortue** *turtle*

D'autres adjectifs pour décrire les gens

ambitieux/ambitieuse *ambitious*
arrogant(e) *arrogant*
calme *calm*
compétent(e) *competent*
excellent(e) *excellent*
franc/franche *frank, honest*
(mal)honnête *(dis)honest*
idéaliste *idealistic*
immature *immature*
mûr(e) *mature*
(ir)responsable *(ir)responsible*
romantique *romantic*
séduisant(e) *attractive*
sentimental(e) *sentimental*
sincère *sincere*
souple *flexible*
studieux/ieuse *studious*
tranquille *quiet*

D'autres professions

un **boucher/une**
  bouchère *butcher*
un **boulanger/une**
  boulangère *baker*
un **caissier/une**
  caissière *cashier*
un **cordonnier** *cobbler*
un **dessinateur/une**
  dessinatrice *illustrator*
un **fermier/une fermière** *farmer*
un(e) informaticien(ne)
  computer scientist
un **instituteur/une institutrice**
  nursery/elementary school teacher
un(e) photographe *photographer*
un(e) pilote *pilot*
un(e) styliste *fashion designer*
un **tailleur (pour dames)**
  (ladies') tailor
un **teinturier** *dry cleaner*

Au café

une **brioche** *brioche, bun*
un **café crème** *espresso with milk*
un **croque-monsieur** *toasted
  ham and cheese sandwich*
de l'**eau gazeuse** (**f.**) *sparkling
  mineral water*
de l'**eau plate** (**f.**) *plain water*
un **garçon de café** *waiter*
une **omelette au jambon/au**
  fromage *omelet with ham/
  with cheese*
des **œufs au/sur le plat**
  (**m.**) *fried eggs*
une **part de tarte** *slice of a pie*
une **tartine de beurre** *slice of
  bread and butter*

Quelques fromages

du **bleu des Causses** *blue
  cheese made with cow's milk*
du **camembert** *soft cheese made
  with cow's milk*
du **fromage de chèvre**
  goat cheese
du **gruyère** *Swiss cheese*
du **munster** *semisoft cheese that
  can be sharp in flavor, made
  with cow's milk*
du **reblochon** *soft cheese made
  with cow's milk*
du **roquefort** *blue cheese made
  with sheep's milk*
de la **tomme de Savoie**
  *cheese from the Alps made of
  scalded curds*

D'autres loisirs

une bicyclette *bicycle*
bricolage (faire du) *fixing things*
collectionner les timbres *to collect stamps*
faire des mots croisés *to do a crossword puzzle*
une fête foraine/une foire *fair*
jouer à la pétanque/aux boules (f.) *to play the game of petanque*
jouer aux dames (f.) *to play checkers*
louer une vidéo/un DVD *to rent a video/DVD*
la natation (faire de) *swimming*
un parc d'attractions *amusement park*
tapisserie (faire de la) *needlework*
tricoter *knitting*
un vidéoclub *video store*

Des mots liés à la météo

une averse *shower*
la bise *North wind*
la brise *breeze*
un ciel couvert *overcast sky*
un ciel dégagé *clear sky*
une éclaircie *break in the weather; sunny spell*
la grêle *hale*
la grisaille *grayness*
de la neige fondue *sleet*
un nuage *cloud*
un orage *thunder storm*
une vague de chaleur *heat wave*
le verglas *black ice*

Des fêtes de famille

une bague de fiançailles *engagement ring*
un baptême *christening*
les fiançailles *engagement*
les noces d'argent *silver wedding anniversary*
les noces d'or *golden wedding anniversary*
un enterrement *funeral*

Des jours fériés

l'Action de grâce *Thanksgiving*
la fête de l'Indépendance *Independence Day*
une fête nationale *National holiday*
le Jour de l'an/la Saint-Sylvestre *New Year's Day*
le 14 juillet *Bastille Day*
la Saint-Valentin *Valentine's Day*

D'autres mots pour faire la fête

des accessoires de cotillon (m.) *party accessories*
des amuse-gueule (m.) *appetizers; nibbles*
un bal *ball*
des confettis *confetti*
une coupe *glass (champagne)*
des feux d'artifice *fireworks*
une flûte *flute (champagne)*
un serpentin *streamer*

Quelques vêtements

une doudoune *down coat*
un foulard *headscarf*
un gilet *cardigan; vest*
un moufle *mitten*
un pantacourt *capri pants*
un pull à col roulé *turtleneck*
un sweat-shirt *sweatshirt*
une veste *jacket*

Quelques pays d'Europe

l'/en Autriche (f.) *Austria*
la/en Bulgarie *Bulgaria*
le/au Danemark *Denmark*
l'/en Écosse (f.) *Scotland*
la/en Finlande *Finland*
la/en Grèce *Greece*
la/en Hongrie *Hungary*
la/en Norvège *Norway*
la/en Pologne *Poland*
le/au Portugal *Portugal*
la/en République tchèque *Czech Republic*
la/en Roumanie *Romania*
le/au Royaume-Uni *United Kingdom*
la/en Russie *Russia*
la/en Slovaquie *Slovakia*
la/en Slovénie *Slovenia*
la/en Suède *Sweden*

Quelques pays d'Afrique

l'/en Afrique du Sud (f.) *South Africa*
l'/en Algérie (f.) *Algeria*
l'/en Angola (f.) *Angola*
le/au Bénin *Benin*
le/au Cameroun *Cameroon*
le/au Congo *Congo*
la/en Côte d'Ivoire *Ivory Coast*
l'/en Égypte (f.) *Egypt*
l'/en Éthiopie (f.) *Ethiopia*
le/au Kenya *Kenya*
le/au Maroc *Morocco*
le/au Niger *Niger*
le/au Sénégal *Senegal*
la/en Somalie *Somalia*
le/au Soudan *Sudan*
le/au Tchad *Chad*
le/au Togo *Togo*
la/en Tunisie *Tunisia*

D'autres pays

l'/en Argentine (f.) *Argentina*
l'/en Australie (f.) *Australia*
la/en Bolivie *Bolivia*
le/au Chili *Chile*
la/en Colombie *Colombia*
(à) Cuba (f.) *Cuba*
(à) Haïti *Haiti*
l'/en Inde (f.) *India*
l'/en Irak (m.) *Iraq*
l'/en Iran (m.) *Iran*
(en) Israël (m.) *Israel*
le/au Liban *Lebanon*
la/en Nouvelle-Zélande *New Zealand*
le/au Pakistan *Pakistan*
le/au Pérou *Peru*
(à) Porto Rico (f.) *Puerto Rico*
la/en Syrie *Syria*
la/en Turquie *Turkey*
le/au Venezuela *Venezuela*

Partir en vacances

atterrir *to land*
l'atterrissage (m.) *landing*
une compagnie aérienne *airline*
une crème solaire *sunscreen*
une croisière *cruise*
le décollage *take-off*
décoller *to take off*
défaire ses valises *to unpack*
un douanier *customs officer*
une frontière *border*
un groom *bellhop*
un numéro de vol *flight number*
dormir à la belle étoile *to sleep out in the open*
une station balnéaire *seaside resort*

Dans la maison

allumer la lumière *to turn on the light*
du bois *wood*
le chauffage central *central heating*
la cheminé *chimney; fireplace*
la climatisation *air-conditioning*
la décoration intérieure *interior design*
en bas *downstairs*
en haut *upstairs*
éteindre la lumière *to turn off the light*
le fioul *heating oil*
le gaz *natural gas*
le grenier *attic*
la lumière *light*
une penderie *walk-in closet*
un plafond *ceiling*
le sol *floor*
le toit *roof*

Des tâches ménagères

aérer une pièce *to air a room*
arroser les plantes *to water the plants*
étendre le linge *to hang out/ hang up washing*
laver les vitres *to clean the windows*
une vitre *windowpane*

Des meubles et des objets de la maison

une ampoule *light bulb*
une bougie *candle*
un buffet *sideboard*
une corde à linge *clothesline*
une couette *comforter*
le linge de maison *linen*
une persienne *shutter*
une pince à linge *clothes pin*
un portemanteau *coat rack*
un radiateur *radiator*
un robot ménager *food processor*
un store *blind*
un volet *shutter*

Index

Photography and Art Credits

All images ©Vista Higher Learning unless otherwise noted.

Cover: (tl) VHL; (tr) © Picture Finders Ltd/eStock Photo; (bl) © Beatrice Preve/Alamy; (br) © Krista Rossow/Media Bakery.

Master Art: (banner background image) Jessica Beets.

Front Matter (SE): i: (tl) VHL; (tr) © Picture Finders Ltd/eStock Photo; (bl) © Beatrice Preve/Alamy; (br) © Krista Rossow/Media Bakery; **xviii:** (l, r) © North Wind Picture Archives/Alamy; **xix:** (l) From Frank Bond, "Louisiana" and the Louisiana Purchase, Washington, Government Printing Office, 1912 Map No. 4. Courtesy of the Library of Congress; (r) © Design Pics Inc/Alamy; **xx:** Renoir, Pierre-Auguste *Dance in the Country* 1883. Oil on canvas 180cm x 90cm (71in x 35in). Location: Musée d'Orsay, Paris. Photo credit: © The Gallery Collection/Corbis; **xxi:** (tl) © Moodboard/Fotolia; (bl) © Moshimochi/Shutterstock; (br) © Wavebreakmedia Ltd/Shutterstock; **xxii:** © JTB Media Creation, Inc/Alamy; **xxiii:** (l) © Dave & Les Jacobs/Blend Images/Corbis; (r) © Yuri/iStockphoto; **xxiv:** © Pascal Fayolle/NRJ/SIPA/Newscom; **xxv:** (t) © Monkey Business Images/Fotolia; (b) © Yuri Arcurs/Fotolia; **xxvi:** (t) © Monkeybusinessimages/iStockphoto; (b) © Masterfile Royalty-Free; **xxvii:** © H. Schmid/Corbis.

Front Matter (TE): T1: (tl) VHL; (tr) © Picture Finders Ltd/eStock Photo; (bl) © Beatrice Preve/Alamy; (br) © Krista Rossow/Media Bakery; **T10:** (l) © Mike Flippo/Shutterstock; (r) © Mr. Aesthetics/Shutterstock; **T11:** © Jordache/Dreamstime; **T12:** (l) © Mike Flippo/Shutterstock; **T29:** © SimmiSimons/iStockphoto; **T30:** © Monkeybusinessimages/Bigstock.

Reprise: 1: © Theodor Barth/laif/Redux Pictures; **3:** (l, r) VHL; **6:** (bl, bm) Martín Bernetti; (tr) © Reuters/Corbis; (tl) Annie Pickert Fuller; (tm, br) VHL; **9:** (l) Martín Bernetti; (r) Pascal Pernix; **10:** © John Kershaw/Alamy; **11:** (b) © Jeff Greenberg 4 of 6/Alamy; (t) © Dieu Nalio Chery/AP Images; **16:** (t, ml, bl, br) Martín Bernetti; (tl) © Dmitry Kutlayev/iStockphoto; (tr) VHL; (mr) Anne Loubet; **20:** Anne Loubet.

Unit 5: 21: © Aristide Economopoulos/Star Ledger/Corbis; **24:** Martín Bernetti; **28:** © Orban Thierry/ABACA/Newscom; **29:** (t) © Victor Fraile/Reuters/Corbis; (b) © Arko Datta/Reuters/Corbis; **42:** © Ron Koeberer/Getty Images; **46:** Anne Loubet; **47:** (l) Anne Loubet; (r) © Stefano Rellandini/Reuters/Corbis; **49:** Vanessa Bertozzi; **58:** (left col: t) © Bettmann/Corbis; (left col: b) © Hulton-Deutsch Collection/Corbis; (t) © Dean Conger/Corbis; (ml) © Reuters/Daniel Joubert/Corbis; (mr) © Dianne Maire/iStockphoto; (b) © Edyta Pawlowska/Shutterstock; **59:** (tl) © Demid Borodin/iStockphoto; (tr) © Alain Jocard/AFP/Getty Images; (bl) © Daniel Joubert/Reuters/Corbis; (br) © James Warren/iStockphoto; **60:** (t) © Perry Mastrovito/Corbis; (b) Rossy Llano; **61:** Anne Loubet; **62:** Pascal Pernix; **63:** (l) © Martine Coquilleau/Fotolia; (r) © Peter Adams Photography Ltd/Alamy.

Unit 6: 65: © Jupiterimages/Getty Images; **72:** © Eric Gaillard/Reuters/Corbis; **73:** (t) © Reuters/Corbis; (b) © Trevor Pearson/Alamy; **74:** Rachel Distler; **75:** (l, r) Martín Bernetti; **85:** (t) © Ben Blankenburg/Corbis; (ml) © Hemera Technologies/Getty Images; (mr) © Purestock/Jupiterimages; (b) © Ablestock.com/Getty Images; **90:** © Philippe Wojazer/Reuters/Corbis; **91:** (t) © Evening Standard/Hulton Archive/Getty Images; (b) © Corbis Sygma/Corbis; **95:** Anne Loubet; **99:** Anne Loubet; **101:** Anne Loubet; **102:** (left col: t, b) © Bettmann/Corbis; (t) © Frédérik Astier/Sygma/Corbis; (ml) © Peter Leyden/iStockphoto; (mr) © Mikhail Lavrenov/123RF; (b) © Francis G. Mayer/Bettmann/Corbis; **103:** (tl) © Foodfolio/Alamy; (tr) © Philip Lange/iStockphoto; (bl) © Owen Franken/Corbis; (br) © Philip de Bay/Historical Picture Archive/Corbis; **104:** © Trois-Rivieres Le Nouvelliste/The Canadian Press (Sylvain Mayer); **104-105:** (background) © Royalty Free/Corbis; **106:** © Jeff Greenberg/Alamy; **107:** © Brian McEntire/iStockphoto.

Unit 7: 109: Janet Dracksdorf; **112:** Martín Bernetti; **116:** Photo courtesy of www.Tahiti-Tourisme.com; **117:** (l) © Zonesix/Shutterstock; (r) Edgar Degas (1834–1917). *Danseuses bleues*, Blue dancers, c. 1890. Location: Musée d'Orsay, Paris, France. Photo credit: © Alfredo Dagli Orti/The Art Archive/Corbis; **125:** Photo courtesy of www.Tahiti-Tourisme.com; **129:** © Photolibrary; **130:** Martín Bernetti; **134:** (l) Janet Dracksdorf; (r) Anne Loubet; **135:** © Johner Images/Alamy; **143:** © Alantide Phototravel/Corbis; **145:** Anne Loubet; **146:** (left col: t) © Stephane Cardinale/People Avenue/Corbis; (left col: bl) © Bettmann/Corbis; (left col: br) © Stefano Bianchetti/Corbis; (t) © Beyond Fotomedia GmbH/Alamy; (ml) © Ferdericb/Dreamstime; (mr) © Larry Dale Gordon/zefa/Corbis; (b) © Tom Brakefield/Corbis; **147:** (tl) © Frederic Pitchal/Sygma/Corbis; (tr) © John Schults/Reuters/Corbis; (bl) Pascal Pernix; (br) © Andreas Karelias/iStockphoto; **148-149:** (background) © Ladislav Janicek/Corbis; **150:** Pascal Pernix; **151:** Jessica Beets.